U0216205

吉林人民出版社

晋书

卷八二——卷一三〇

（三）

[唐] 房玄龄等 撰

曹文柱等 标点

晋书卷八二
列传第五二

# 陈寿　王长文　虞浦
# 司马彪　王隐　虞预
# 孙盛　干宝　邓粲
# 谢沉　习凿齿　徐广

　　陈寿,字承祚,巴西安汉人也。少好学,师事同郡谯周,仕蜀为观阁令史。宦人黄皓专弄威权,大臣皆曲意附之,寿独不为之屈,由是屡被遣黜。

　　遭父丧,有疾,使婢丸药,客往见之,乡党以为贬议。及蜀平,坐是沉滞者累年。司空张华爱其才,以寿虽不远嫌,原情不至贬废,举为孝廉,除佐著作郎,出补阳平令。撰《蜀相诸葛亮集》,奏之。除著作郎,领本郡中正。撰魏、吴、蜀《三国志》,凡六十五篇。时人称其善叙事,有良史之才。夏侯湛时著《魏书》,见寿所作,便坏己书而罢。张华深善之,谓寿曰:“当以《晋书》相付耳。”其为时所重如此。

　　或云丁仪、丁廙有盛名于魏,寿谓其子曰:“可觅千斛米见与,当为尊公作佳传。”丁不与之,竟不为立传。寿父为马谡参军,谡为诸葛亮所诛,寿父亦坐被髡,诸葛瞻又轻寿。寿为亮立传,谓亮将略非长,无应敌之才,言瞻惟工书,名过其实。议者以此少之。

　　张华将举寿为中书郎,荀勖忌华而疾寿,遂讽吏部迁寿为长广太守。辞母老不就。杜预将之镇，复荐之于帝，宜补黄散。由是授御史治书。以母忧去职。母遗言令葬洛阳，寿遵其志。又坐不以母归葬，竟被贬议。

初，谯周尝谓寿曰："卿必以才学成名，当被损折，亦非不幸也。宜深慎之。"寿至此，再致废辱，皆如周言。后数岁，起为太子中庶子，未拜。

元康七年，病卒，时年六十五。梁州大中正、尚书郎范頵等上表曰："昔汉武帝诏曰：'司马相如病甚，可遣悉取其书。'使者得其遗书，言封禅事，天子异焉。臣等案：故治书侍御史陈寿作《三国志》，辞多劝诫，明乎得失，有益风化，虽文艳不若相如，而质直过之，愿垂采录。"于是诏下河南尹、洛阳令，就家写其书。寿又撰《古国志》五十篇、《益都耆旧传》十篇，余文章传于世。

王长文，字德睿，广汉郪人也。少以才学知名，而放荡不羁，州府辟命皆不就。州辟别驾，乃微服窃出，举州莫知所之。后于成都市中蹲踞啮胡饼。刺史知其不屈，礼遣之。闭门自守，不交人事。

著书四卷，拟《易》，名曰《通玄经》，有《文言》、《卦象》，可用卜筮，时人比之扬雄《太玄》。同郡马秀曰："扬雄作《太玄》，惟桓谭以为必传后世。晚遭陆绩，玄道遂明。长文《通玄经》未遭陆绩、君山耳。"

太康中，蜀土荒馑，开仓振贷。长文居贫，贷多，后无以偿。郡县切责，送长文到州。刺史徐干舍之，不谢而去。后成都王颖引为江源令。或问："前不降志，今何为屈？"长文曰："禄以养亲，非为身也。"梁王肜为丞相，引为从事中郎。在洛出行，辄著白帢小鄣以载车，当时异焉。后终于洛。

虞溥，字允源，高平昌邑人也。父秘，为偏将军，镇陇西。溥从父之官，专心坟籍。时疆场阅武，人争视之，溥未尝寓目。郡察孝廉，除郎中，补尚书都令史。

尚书令卫瓘、尚书褚翜并器重之。溥谓瓘曰:"往者金马启符,大晋应天,宜复先王五等之制,以绥久长。不可承暴秦之法,遂汉魏之失也。"瓘曰:"历代叹此,而终未能改。"

稍迁公车司马令,除鄱阳内史。大修庠序,广招学徒,移告属县曰:"学所以定情理性而积众善者也。情定于内而行成于外,积善于心而名显于教,故中人之性随教而移,善积则习与性成。唐虞之时,皆比屋而可封,及其废也,而云可诛,岂非化以成俗,教移人心者哉!自汉氏失御,天下分崩,江表寇隔,久替王教,庠序之训,废而莫修。今四海一统,万里同轨,熙熙兆庶,咸休息乎太和之中,宜崇尚道素,广开学业,以赞协时雍,光扬盛化。"乃具为条制。于是至者七百余人。溥乃作诰以奖训之,曰:

文学诸生皆冠带之流,年盛志美,始涉学庭,讲修典训,此大成之业,立德之基也。夫圣人之道淡而寡味,故始学者不好也。及至期月,所观弥博,所习弥多,日闻所不闻,日见所不见,然后心开意朗,敬业乐群,忽然不觉大化之陶己,至道之入神也。故学之染人,甚于丹青。丹青吾见其久而渝矣,未见久学而渝者也。

夫工人之染,先修其质,后事其色,质修色积,而染工毕矣。学亦有质,孝悌忠信是也。君子内正其心,外修其行,行有余力,则以学文,文质彬彬,然后为德。夫学者不患才不及,而患志不立,故曰希骥之马,亦骥之乘,希颜之徒,亦颜之伦也。又曰锲而舍之,朽木不知;锲而不舍,金石可亏。斯非其效乎!

今诸生口诵圣人之典,体闲庠序之训,比及三年,可以小成。而令名宣流,雅誉日新,朋友钦而乐之,朝士敬而叹之。于是州府交命,择官而仕,不亦美乎!

若乃含章舒藻,挥翰流离,称述世务,探赜究奇,使杨、班韬笔,仲舒结舌,亦惟才所居,固无常人也。然积一勺以成江河,累微尘以崇峻极,匪志匪勤,理无由济也。诸生若绝人间之务,心专亲学,累一以贯之,积渐以进之,则亦或迟或速,或先或后耳，何滞而不通，何远而不至邪！

时祭酒求更起屋行礼，溥曰："君子行礼，无常处也，故孔子射于矍相之圃，而行礼于大树之下。况今学庭庠序，高堂显敞乎！"

溥为政严而不猛，风化大行，有白鸟集于郡庭。注《春秋》经、传，撰《江表传》及文章诗赋数十篇。卒于洛，时年六十二。

子勃，过江上《江表传》于元帝，诏藏于秘书。

司马彪，字绍统，高阳王睦之长子也。出后宣帝弟敏。少笃学不倦，然好色薄行，为睦所责，故不得为嗣，虽名出继，实废之也。彪由此不交人事，而专精学习，故得博览群籍，终其缀集之务。

初拜骑都尉。泰始中，为秘书郎，转丞。注《庄子》，作《九州春秋》。以为"先王立史官以书时事，载善恶以为沮劝，撮教世之要也。是以《春秋》不修，则仲尼理之；《关雎》既乱，则师挚修之。前哲岂好烦哉？盖不得已故也。汉氏中兴，讫于建安，忠臣义士亦以昭著，而时无良史，记述烦杂，谯周虽已删除，然犹未尽，安顺以下，亡缺者多。"彪乃讨论众书，缀其所闻，起于世祖，终于孝献，编年二百，录世十二，通综上下，旁贯庶事，为纪、志、传凡八十篇，号曰《续汉书》。泰始初，武帝亲祠南郊，彪上疏定议，语在《郊祀志》。后拜散骑侍郎。

惠帝末年卒，时年六十余。

初，谯周以司马迁《史记》书周、秦以上，或采俗语百家之言，不专据正经，周于是作《古史考》二十五篇，皆凭旧典，以纠迁之谬误。彪复以周为未尽善也，条《古史考》中凡百二十二事为不当，多据《汲冢纪年》之义，亦行于世。

王隐，字处叔，陈郡陈人也。世寒素。父铨，历阳令，少好学，有著述之志，每私录晋事及功臣行状，未就而卒。隐以儒素自守，不交势援，博学多闻，受父遗业，西都旧事多所谙究。

建兴中，过江，丞相军咨祭酒涿郡祖纳雅相知重。纳好博弈，每谏止之。纳曰："聊用忘忧耳。"隐曰："盖古人遭时,则以功达其道;不遇,则以言达其才,故否泰不穷也。当今晋未有书,天下大乱,旧事荡灭,非凡才所能立。君少长王都,游宦四方,华夷成败皆在耳目,何不述而裁之!应仲远作《风俗通》,崔子真作《政论》,蔡伯喈作《劝学篇》,史游作《急就章》,犹行于世,便为没而不朽。当其同时,人岂少哉?而了无闻,皆由无所述作也。故君子疾没世而无闻,《易》称自强不息,况国史明乎得失之迹,何必博弈而后忘忧哉!"纳喟然叹曰："非不说子之道,力不足也。"乃上疏荐隐。元帝以草创务殷,未遑史官,遂寝不报。

太兴初,典章稍备,乃召隐及郭璞俱为著作郎,令撰晋史。豫平王敦功,赐爵平陵乡侯。时著作郎虞预私撰《晋书》,而生长东南,不知中朝事,数访于隐,并借隐所著书窃写之,所闻渐广。是后更疾隐,形于言色。预既豪族,交结权贵,共为朋党,以斥隐,竟以谤免,黜归于家。

贫无资用,书遂不就,乃依征西将军庾亮于武昌。亮供其纸笔,书乃得成,诣阙上之。隐虽好著述,而文辞鄙拙,芜舛不伦。其书次第可观者,皆其父所撰;文体混漫义不可解者,隐之作也。年七十余,卒于家。

隐兄瑚,字处仲。少重武节,成都王颖举兵向洛,以为冠军参军,积功,累迁游击将军,与司隶满奋、河南尹周馥等俱屯大司马门,以卫宫掖。时上官巳纵暴,瑚与奋等共谋除之,反为所害。

虞预,字叔宁,征士喜之弟也。本名茂,犯明穆皇后母讳,故改焉。预十二而孤,少好学,有文章。余姚风俗,各有朋党,宗人共荐预为县功曹,欲使沙汰秽浊。预书与其从叔父曰："近或闻诸君以预入仕,便应委质,则当亲事,不得徒已。然预下愚,过有所怀。邪党互瞻,异同蜂至,一旦差跌,众鼓交鸣。毫厘之失,差以千里,此古人之炯戒,而预所大恐也。"卒如预言,未半年,遂见斥退。

太守庾琛命为主簿,预上记陈时政所失,曰："军寇以来,赋役繁数,兼值年荒,百姓失业,是轻徭薄敛,宽刑省役之时也。自顷长吏轻多去来,送故迎新,交错道路。受迎者,惟恐船马之不多;见送者,惟恨吏卒之常少。穷奢竭费谓之忠义,省烦从简呼为薄俗,转相放效,流而不反,虽有常防,莫肯遵修。加以王涂未夷,所在停滞,送者经年,永失播植。一夫不耕,十夫无食,沉转百数,所妨不訾。愚谓宜勒属县,若令、尉先去官者,人船吏侍皆具条例,到当依法减省,使公私允当。又今统务多端,动加重制,每有特急,辄立督邮。计今直兼三十余人,人船吏侍皆当出官,益不堪命,宜复减损,严为之防。”琛善之,即皆施行。太守纪瞻到,预复为主簿,转功曹史。察孝廉,不行。安东从事中郎诸葛恢、参军庾亮等荐预,召为丞相行参军兼记室。遭母忧,服竟,除佐著作郎。

太兴二年,大旱,诏求谠言直谏之士。预上书谏曰:

大晋受命,于今五十余载。自元康以来,王德始阙,戎翟及于中国,宗庙焚为灰烬,千里无烟爨之气,华夏无冠带之人,自天地开辟,书籍所载,大乱之极未有若兹者也。

陛下以圣德先觉,超然远鉴,作镇东南,声教遐被,上天眷顾,人神赞谋,虽云中兴,其实受命,少康、宣王诚未足喻。然《南风》之歌可著,而陵迟之俗未改者,何也?臣愚谓为国之要在于得才,得才之术在于抽引。苟其可用,仇贱必举。高宗、文王思佐发梦,拔岩徒以为相,载钓老而师之。下至列国,亦有斯事,故燕重郭隗而三士竞至,魏式干木而秦兵退舍。今天下虽弊,人士虽寡,十室之邑,必有忠信,世不乏骥,求则可致。而束帛未贲于丘园,蒲轮顿毂而不驾,所以大化不洽而雍熙有阙者也。

预以寇贼未平,当须良将,又上疏曰:

臣闻承平之世,其教先文,拔乱之运,非武不克;故牧野之战,吕望杖钺;淮夷作难,召伯专征;猃狁为暴,卫、霍长驱。故阴阳不和,擢士为相;三军不胜,拔卒为将。汉帝既定天下,犹思猛士以守四方;孝文志存巨鹿,冯唐进说,魏尚复守。《诗》称

"赳赳武夫，公侯干城。"折冲之佐，岂可忽哉！况今中州荒弊，百无一存，牧守官长非戎貊之族类，即寇窃之幸脱。陛下登阼，威畅四远，故令此等反善向化。然狼子兽心，轻薄易动，羯虏未殄，益使难安。周抚、陈川相系背叛；徐龛骄黠，无所拘忌，放兵侵掠，罪已彰灼。

　　昔葛伯违道，汤献之牛；吴濞失礼，锡以几杖，恶成罪著，方复加戮。龛之小丑，可不足灭。然豫备不虞，古之善教，剙乃有虞，可不为防！为防之术，宜得良将。将不素简，难以应敌。寿春无镇，祖逖孤立，前有劲虏，后无系援，虽有智力，非可持久。愿陛下咨之群公，博举于众。若当局之才，必允其任，则宜奖厉，使不顾命。旁料冗猥，或有可者，厚加宠待，足令忘身。昔英布见慢，恚欲自裁，出观供置，然后致力。礼遇之恩，可不隆哉！

　　诚知山河之量非尘露可益，神鉴之虑非愚浅所测；然匹夫婺妇犹有忧国之言，况臣得厕朝堂之末，蒙冠带之荣者乎！转琅邪国常侍，迁秘书丞、著作郎。

咸和初，夏旱，诏众官各陈致雨之意。预议曰：

　　臣闻天道贵信，地道贵诚。诚信者，盖二仪所以生植万物，人君所以保乂黎蒸。是以杀伐拟于震电，推恩象于云雨。刑罚在于必信，庆赏贵于平均。臣闻间者以来，刑狱转繁，多力者，则广牵连逮，以稽年月；无援者，则严其榎楚，期于入重。是以百姓嗷然，感伤和气。臣愚以为轻刑耐罪，宜速决遣，殊死重囚，重加以请。宽徭息役，务遵节俭，砥砺朝臣，使各知禁。

　　盖老牛不犉，礼有常制，而自顷众官拜授祖赠，转相夸尚，屠杀牛犊，动有十数，醉酒流湎，无复限度，伤财败俗，所亏不少。

　　昔殷宗修德以消桑谷之异，宋景善言以退荧惑之变，楚国无灾，庄王是惧。盛德之君，未尝无眚，应以信顺，天祐乃隆。臣学见浅暗，言不足采。

　　从平王含，赐爵西乡侯。苏峻作乱，预先假归家，太守王舒请为咨议参军。峻平，进爵平康县侯，迁散骑侍郎，著作如故。除散骑常侍，仍领著作。以年老归，卒于家。

　　预雅好经史，憎疾玄虚，其论阮籍裸袒，比之伊川被发，所以胡虏遍于中国，以为过衰周之时。著《晋书》四十余卷、《会稽典录》二十篇、《诸虞传》十二篇，皆行于世。所著诗赋碑诔论难数十篇。

　　孙盛，字安国，太原中都人。祖楚，冯翊太守。父恂，颍川太守。恂在郡遇贼，被害。盛年十岁，避难渡江。及长，博学，善言名理。

　　于时殷浩擅名一时，与抗论者，惟盛而已。盛尝诣浩谈论，对食，奋掷尘尾，毛悉落饭中，食冷而复暖者数四，至暮忘餐，理竟不定。盛又著医卜及《易象妙于见形论》，浩等竟无以难之，由是遂知名。

　　起家佐著作郎，以家贫亲老，求为小邑，出补浏阳令。太守陶侃请为参军。庾亮代侃，引为征西主簿，转参军。时丞相王导执政，亮以元舅居外，南蛮校尉陶称谗构其间，导、亮颇怀疑贰。盛密谏亮曰：“王公神情朗达，常有世外之怀，岂肯为凡人事邪！此必佞邪之徒欲间内外耳。”亮纳之。庾翼代亮，以盛为安西咨议参军，寻迁廷尉正。会桓温代翼，留盛为参军，与俱伐蜀。军次彭模，温自以轻兵入蜀。盛领羸老辎重在后，贼数千忽至，众皆遑遽。盛部分诸将，并力距之，应时败走。蜀平，赐爵安怀县侯，累迁温从事中郎。从入关平洛，以功进封吴昌县侯，出补长沙太守。

　　以家贫，颇营资货，部从事至郡察知之，服其高名而不劾之。盛与温笺，而辞旨放荡，称州遣从事观采风声，进无威凤来仪之美，退无鹰鹯搏击之用，徘徊湘川，将为怪鸟。温得盛笺，复遣从事重案之，赃私狼籍，槛车收盛到州，舍而不罪。累迁秘书监，加给事中。年七十二卒。

　　盛笃学不倦，自少至老，手不释卷。著《魏氏春秋》、《晋阳秋》，并造诗赋论难复数十篇。《晋阳秋》词直而理正，咸称良史焉。既而桓温见之,怒谓盛子曰:"枋头诚为失利,何至乃如尊君所说！若此史遂行,自是关君门户事。"其子遽拜谢,谓请删改之。时盛年老还家,性方严有轨宪,虽子孙班白,而庭训愈峻。至此,诸子乃共号泣稽颡,请为百口切计。盛大怒。诸子遂尔改之。盛写两定本,寄于慕容儁。

太元中,孝武帝博求异闻,始于辽东得之,以相考校,多有不同,书遂两存。子潜、放。

潜,字齐由。为豫章太守。殷仲堪之讨王国宝也,潜时在郡,仲堪逼以为咨议参军,固辞不就,以忧卒。

放,字齐庄。幼称令慧。年七、八岁,在荆州,与父俱从庾亮猎,亮谓曰:"君亦来邪?"应声答曰:"无小无大,从公于迈。"亮又问:"欲齐何庄邪?"放曰:"欲齐庄周。"亮曰:"不慕仲尼邪?"答曰:"仲尼生而知之,非希企所及。"亮大奇之,曰:"王辅嗣弗过也。"庾翼子爱客尝候盛,见放而问曰:"安国何在?"放答曰:"庾稚恭家。"爱客大笑曰:"诸孙太盛,有儿如此也！"放又曰:"未若诸庾翼翼。"既而语人曰:"我故得重呼奴父也。"终于长沙相。

干宝,字令升,新蔡人也。祖统,吴奋武将军、都亭侯。父莹,丹阳丞。宝少勤学,博览书记,以才器召为著作郎。平杜弢有功,赐爵关内侯。

中兴草创,未置史官,中书监王导上疏曰:"夫帝王之迹,莫不以书,著为令典,垂之无穷。宣皇帝廓定四海,武皇帝受禅于魏,至德大勋,等踪上圣,而纪传不存于王府,德音未被乎管弦。陛下圣明,当中兴之盛,宜建立国史,撰集帝纪,上敷祖宗之烈,下纪佐命之勋,务以实录,为后代之准,厌率土之望,悦人神之心,斯诚雍熙之至美,王者之弘基也。宜备史官,敕佐著作郎干宝等渐就撰集。"元帝纳焉。宝于是始领国史。

以家贫,求补山阴令,迁始安太守。王导请为司徒右长史,迁散骑常侍。著《晋纪》,自宣帝迄于愍帝五十三年,凡二十卷,奏之。其书简略，直而能婉，咸称良史。

性好阴阳术数，留思京房、夏侯胜等传。宝父先有所宠侍婢，母甚妒忌，及父亡，母乃生推婢于墓中。宝兄弟年小，不之审也。后十余年，母丧，开墓，而婢伏棺如生，载还，经日乃苏。言其父常取饮食与之，恩情如生。在家中吉凶辄语之，考校悉验，地中亦不觉为恶。既而嫁之，生子。又宝兄尝病气绝，积日不冷，后遂悟，云见天地间鬼神事，如梦觉，不自知死。宝以此遂撰集古今神祇灵异人物变化，名为《搜神记》，凡二十卷。以示刘惔，惔曰："卿可谓鬼之董狐。"宝既博采异同，遂混虚实，因作序以陈其志曰：

虽考先志于载籍，收遗逸于当时，盖非一耳一目之所亲闻睹也，亦安敢谓无失实者哉！卫朔失国，二传互其所闻；吕望事周，子长存其两说，若此比类，往往有焉。从此观之，闻见之难一，由来尚矣。夫书赴告之定辞，据国史之方策，犹尚若兹，况仰述千载之前，记殊俗之表，缀片言于残阙，访行事于故老，将使事不二迹，言无异涂，然后为信者，固亦前史之所病。然而国家不废注记之官，学士不绝诵览之业，岂不以其所失者小，所存者大乎！今之所集，设有承于前载者，则非余之罪也。若使采访近世之事，苟有虚错，愿与先贤前儒分其讥谤。及其著述，亦足以明神道之不诬也。

群言百家不可胜览，耳目所受不可胜载，今粗取足以演八略之旨，成其微说而已。幸将来好事之士录其根体，有以游心寓目而无尤焉。

宝又为《春秋左氏义外传》，注《周易》、《周官》凡数十篇，及杂文集皆行于世。

邓粲，长沙人。少以高洁著名，与南阳刘驎之、南郡刘尚公同志友善，并不应州郡辟命。荆州刺史桓冲卑辞厚礼请粲为别驾，粲嘉其好贤，乃起应召。驎之、尚公谓之曰："卿道广学深，众所推怀，忽然改节，诚失所望。"粲笑答曰："足下可谓有志于隐而未知隐。夫隐之为道,朝亦可隐,市亦可隐。隐初在我,不在于物。"尚公等无以难之,然粲亦于此名誉减半矣。后患足疾,不能朝拜,求去职,不听,令卧视事。后以病笃,乞骸骨,许之。

粲以父骞有忠信言而世无知者,乃著《元明纪》十篇,注《老子》,并行于世。

谢沈,字行思,会稽山阴人也。曾祖斐,吴豫章太守。父秀,吴翼正都尉。沈少孤,事母至孝,博学多识,明练经史。

郡命为主簿、功曹,察孝廉,太尉郗鉴辟,并不就。会稽内史何充引为参军,以母老去职。平西将军庾亮命为功曹,征北将军蔡谟版为参军,皆不就。闲居养母,不交人事,耕耘之暇,研精坟籍。康帝即位,朝议疑七庙迭毁,乃以太学博士征,以质疑滞。以母忧去职。服阕,除尚书度支郎。

何充、庾冰并称沉有史才,迁著作郎,撰《晋书》三十余卷。会卒,时年五十二。沈先著《后汉书》百卷及《毛诗》、《汉书外传》,所著述及诗赋文论皆行于世。其才学在虞预之右云。

习凿齿,字彦威,襄阳人也。宗族富盛,世为乡豪。凿齿少有志气,博学洽闻,以文笔著称。

荆州刺史桓温辟为从事,江夏相袁乔深器之,数称其才于温,转西曹主簿,亲遇隆密。

时温有大志,追蜀人知天文者至,夜执手问国家祚运修短。答云:"世祚方永。"温疑其难言,乃饰辞云:"如君言,岂独吾福,乃苍生之幸。然今日之语自可令尽,必有小小厄运,亦宜说之。"星人曰:"太微、紫微、文昌三宫气候如此,决无忧虞。至五十年外不论耳。"温不悦,乃止。异日,送绢一匹、钱五千文以与之。星人乃驰诣凿齿曰:"家在益州,被命远下,今受旨自裁,无由致其骸骨。缘君仁厚,乞为摽碣棺木耳。"凿齿问其故,星人曰:"赐绢一匹,令仆自裁,惠钱五千,以买棺耳。"凿齿曰:"君几误死!君尝闻干知星宿有不覆之义乎?此以绢戏君,以钱供道中资,是听君去耳。"星人大喜,明便诣温别。温问去意,以凿齿言答。温笑曰:"凿齿忧君误死,君定是误活。然徒三十年看儒书,不如一诣习主簿。"

累迁别驾。温出征伐,凿齿或从或守,所在任职,每处机要,莅事有绩,善尺牍论议,温甚器遇之。时清谈文章之士韩伯、伏滔等并相友善,后使至京师,简文亦雅重焉。既还,温问:"相王何似?"答曰:"生平所未见。"以此大忤温旨,左迁户曹参军。时有桑门释道安,俊辩有高才,自北至荆州,与凿齿初相见。道安曰:"弥天释道安。"凿齿曰:"四海习凿齿。"时人以为佳对。

初,凿齿与其二舅罗崇、罗友俱为州从事。及迁别驾,以坐越舅右,屡经陈请。温后激怒既盛,乃超拔其二舅,相继为襄阳都督,出凿齿为荥阳太守。

温弟秘亦有才气,素与凿齿相亲善。凿齿既罢郡归,与秘书曰:

吾以去五月三日来达襄阳,触目悲感,略无欢情,痛恻之事,故非书言之所能具也。每定省家舅,从北门入,西望隆中,想卧龙之吟;东眺白沙,思凤雏之声;北临樊墟,存邓老之高;南眷城邑,怀羊公之风;纵目檀溪,念崔、徐之友;肆睇鱼梁,追二德之远,未尝不俳佪移日,惆怅极多,抚乘踌躇,慨尔而泣。曰若乃魏武之所置酒,孙坚之所殒毙,裴、杜之故居,繁、王之旧宅,遗事犹存,星列满目。琐琐常流,碌碌凡士,焉足以感其方寸哉!

夫芳芬起于椒兰,清响生乎琳琅。命世而作佐者,必垂可大之余风;高尚而迈德者,必有明胜之遗事。若向八君子者,千载犹使义想其为人,况相去之不远乎!彼一时也,此一时也,焉知今日之才不如畴辰,百年之后,吾与足下不并为景升乎!

其风期俊迈如此。

是时温觊觎非望,凿齿在郡,著《汉晋春秋》以裁正之。起汉光武,终于晋愍帝。于三国之时,蜀以宗室为正,魏武虽受汉禅晋,尚为篡逆,至文帝平蜀,乃为汉亡而晋始兴焉。引世祖讳炎兴而为禅受,明天心不可以势力强也。凡五十四卷。后以脚疾,遂废于里巷。

及襄阳陷于苻坚,坚素闻其名,与道安俱舆而致焉。既见,与语,大悦之,赐遗甚厚。又以其蹇疾,与诸镇书:"昔晋氏平吴,利在二陆;今破汉南,获士裁一人有半耳。"俄以疾归襄阳。寻而襄邓反正,朝廷欲征凿齿,使典国史,会卒,不果。临终上疏曰:

臣每谓皇晋宜越魏继汉,不应以魏后为三恪。而身微官卑,无由上达,怀抱愚情,三十余年。今沈沦重疾,性命难保,遂尝怀此,当与之朽烂,区区之情,切所悼惜,谨力疾著论一篇,写上如左。愿陛下考寻古义,求经常之表,超然远览,不以臣微贱废其所言。论曰:

或问:"魏武帝功盖中夏,文帝受禅于汉,而吾子谓汉终有晋,岂实理乎?且魏之见废,晋道亦病,晋之臣子宁可以同此言哉!"

答曰:"此乃所以尊晋也。但绝节赴曲,非常耳所悲,见殊心异,虽奇莫察,请为子言焉。

"昔汉氏失御,九州残隔,三国乘间,鼎峙数世,干戈日寻,流血百载,虽各有偏平,而其实乱也。宣皇帝势逼当年,力制魏氏,蠖屈从时,遂羁戎役,晦明掩耀,龙潜下位,俯首重足,鞠躬屏息,道有不容之难,躬蹈履霜之险,可谓危矣!魏武既亡,大难获免,始南擒孟达,东荡海隅,西抑劲蜀,旋抚诸夏,摧吴人入侵之锋,扫曹爽见忌之党,植灵根以跨中岳,树群才以翼子弟,命世之志既恢,非常之业亦固。景文继之,灵武冠世,克伐贰违,以定厥庸,席卷梁、益,奄征西极,功格皇天,勋侔古烈,丰规显祚,故以灼如也。至于武皇,遂并强吴,混一宇宙,义清四海,同轨二汉。除三国之大害,静汉末之交争,开九域之蒙晦,定千载之盛功者,皆司马氏也。而推魏继汉,以晋承魏,比义唐虞,自托纯臣,岂不惜哉!

"今若以魏有代汉之德,则其道不足;有静乱之功,则孙刘鼎立。道不足则不可谓制当年,当年不制于魏,则魏未曾为天下之主；王道不足于曹，则曹未始为一日之王矣。昔共工伯有九州，秦政奄平区夏，鞭挞华戎，专总六合，犹不见序于帝王，沦没于战国，何况暂制数州之人，威行境内而已，便可推为一代者乎！

“若以晋尝事魏，惧伤皇德，拘惜禅名，谓不可割，则惑之甚者也。何者？隗嚣据陇，公孙帝蜀，蜀陇之人虽服其役，取之大义，于彼何有！且吴、楚僭号，周室未亡，子文、延陵不见贬绝。宣皇帝官魏，逼于性命，举非择木，何亏德美，禅代之义，不同尧舜，校实定名，必彰于后，人各有心，事胡可掩？！定空虚之魏以屈于己，孰若杖义而以贬魏哉！夫命世之人正情遇物，假之际会，必兼义勇。宣皇祖考立功于汉，世笃尔劳，思报亦深。魏武超越，志在倾主，德不素积，义险冰薄，宣帝与之，情将何重！虽形屈当年，意申百世，降心全己，愤慨于下，非道服北面，有纯臣之节，毕命曹氏，忘济世之功者也。

“夫成业者系于所为，不系所藉；立功者言其所济，不言所起。是故汉高禀命于怀王，刘氏乘毙于亡秦，超二伪以远嗣，不论近而计功，考五德于帝典，不疑道于力政，季无承楚之号，汉有继周之业，取之既美，而已德亦重故也。凡天下事有可借喻于古，以晓于今，定之往昔而足为来证者。当阳秋之时，吴楚二国皆僭号之王也，若使楚庄推鄢郢以尊有德，阖闾举三江以奉命世，命世之君、有德之主或藉之以应天，或抚之而光宅，彼必自系于周室，不推吴楚以为代明矣。况积勋累功，静乱宁众，数之所录，众之所与，不资于燕哙之授，不赖于因藉之力，长辔庙堂，吴、蜀两毙，运奇二纪而平定天下，服魏武之所不能臣，荡累叶之所不能除者哉！

“自汉末鼎沸，五、六十年，吴、魏犯顺而强，蜀人杖正而弱，三家不能相一，万姓旷而无主。夫有定天下之大功，为天下之所推，孰如见推于暗人，受尊于微弱？配天而为帝，方驾于三代，岂比俯首于曹氏，侧足于不正？即情而恒实，取之而无惭，何与诡事而托伪,开乱于将来者乎?是故故旧之恩可封魏后,三恪之数不宜见列。以晋承汉,功实显然,正名当事,情体亦厌,又何为虚尊不正之魏而亏我道于大通哉!

"昔周人咏祖宗之德,追述翦商之功;仲尼明大孝之道,高称配天之义。然后稷勤于所职,聿来未以翦商,异于司马氏仕乎曹族,三祖之寓于魏世矣。且夫魏自君之道不正,则三祖臣魏之义未尽。义未尽,故假涂以运高略;道不正,故君臣之节有殊。然则弘道不以辅魏而无逆取之嫌,高拱不劳汗马而有静乱之功者,盖勋足以王四海,义可以登大位,虽我德惭于有周,而彼道异于殷商故也。

"今子不疑共工之不得列于帝王,不嫌汉之系周而不系秦,何至于一魏犹疑滞而不化哉!夫欲尊其君而不知推之于尧舜之道,欲重其国而反厝之于不胜之地,岂君子之高义!若犹未悟,请于是止矣。"

子辟强,才学有父风,位至骠骑从事中郎。

徐广,字野民,东莞姑幕人。侍中邈之弟也。世好学,至广尤为精纯,百家数术无不研览。谢玄为兖州,辟从事。谯王恬为镇北,补参军。孝武世,除秘书郎,典校秘书省。增置省职,转员外散骑侍郎,仍领校书。尚书令王珣深相钦重,举为祠部郎。会稽世子元显时录尚书,欲使百僚致敬,内外顺之,使广为议,广常以为愧焉。元显引为中军参军,迁领军长史。桓玄辅政,以为大将军文学祭酒。义熙初,奉诏撰《车服仪注》,除镇军咨议,领记室,封乐成侯,转员外散骑常侍,领著作。

尚书奏:"左史述言,右官书事,《乘》《志》显于晋、郑,《春秋》著乎鲁史。自圣代有造《中兴记》者,道风帝典,焕乎史策。而太和以降,世历三朝,玄风圣迹,倏为畴古。臣等参详,宜敕著作郎徐广撰成国史。"于是敕广撰集焉。迁骁骑将军,领徐州大中正,转正员常侍、大司农,仍领著作如故。十二年,勒成《晋纪》,凡四十六卷,表上之。因乞解史任，不许。迁秘书监。

初，桓玄篡位，帝出宫，广陪列，悲动左右。及刘裕受禅，恭帝逊位，广独哀感，涕泗交流。谢晦见之，谓曰："徐公将无小过也。"广收泪而言曰："君为宋朝佐命，吾乃晋室遗老，忧喜之事，固不同时。"乃更歔欷。因辞衰老，乞归桑梓。性好读书，老犹不倦。年七十四，卒于家。广《答礼问》行于世。

史臣曰：古之王者咸建史官，昭法立训，莫近于此。若夫原始要终，纪情括性，其言微而显，其义皎而明，然可以茵蔼缇油，作程遐世者也。丘明既没，班马迭兴，奋鸿笔于西京，骋直词于东观。自斯已降，分明竞爽，可以继明先典者，陈寿得之乎！江汉英灵，信有之矣。允源将率之子，笃志典坟；绍统戚藩之胤，研机载籍：咸能综缉遗文，垂诸不朽，岂必克传门业，方擅箕裘者哉！处叔区区，励精著述，混淆芜舛，良不足观。叔宁寡闻，穿窬王氏，虽勒成一家，未足多尚。令升、安国有良史之才，而所著之书惜非正典。悠悠晋室，斯文将坠。邓粲、谢沈祖述前史，茸宇连轩之下，施床连榻之上，奇词异义，罕见称焉。习氏、徐公俱云笔削，彰善瘅恶，以为惩劝。夫蹈忠履正，贞士之心；背义图荣，君子不取。而彦威迹沦寇壤，逡巡于伪国；野民运遭革命，流连于旧朝。行不违言，广得之矣。

赞曰：陈寿含章，岩岩孤峙。彪溥励节，摛辞综理。王恶雅才，虞惭悼史。于、孙抚翰，前良可拟。邓、谢怀铅，异闻无纪。习亦研思，徐非绚美。咸被简册，共传遥祀。

晋书卷八三
列传第五三

# 顾和　袁环 子乔　乔孙崧　环弟猷

## 从祖准　准孙耽　耽子质　质子湛　湛弟豹

# 江逌 从弟灌　灌子绩　车胤

# 殷颉　王雅

顾和,字君孝,侍中众之族子也。曾祖容,吴荆州刺史。祖相,临海太守。和二岁丧父,总角便有清操,族叔荣雅重之,曰:"此吾家麒麟,兴吾宗者,必此子也。"时宗人球亦有令闻,为州别驾,荣谓之曰:"卿速步,君孝超卿矣!"

王导为扬州,辟从事。月旦当朝,未入,停车门外。周颉遇之,和方择虱,夷然不动。颉既过,顾指和心曰:"此中何所有?"和徐应曰:"此中最是难测地。"颉入,谓导曰:"卿州史中有一令仆才。"导亦以为然。和尝诣导,导小极,对之疲睡。和欲叩会之,因谓同坐曰:"昔每闻族叔元公道公叶赞中宗,保全江表。体小不安,令人喘息。"导觉之,谓和曰:"卿珪璋特达,机警有锋,不徒东南之美,实为海内之俊。"由是遂知名。既而导遣八部从事之部,和为下传还,同时俱见,诸从事各言二千石官长得失,和独无言。导问和:"卿何所闻?"答曰:"明公作辅,宁使网漏吞舟,何缘采听风闻,以察察为政。"导咨嗟称善。

　　累迁司徒掾。是时东海王冲为长水校尉,妙选僚属,以沛国刘耽为司马,和为主簿。永昌初,除司徒左曹掾。太宁初,王敦请为主簿,迁太子舍人、车骑参军、护军长史。王导为扬州,请为别驾,所历皆著称。迁散骑侍郎、尚书吏部。司空郗鉴请为长史,领晋陵太守。咸康初,拜御史中丞,劾奏尚书左丞戴抗赃污百万,付法议罪,并免尚书傅玩、郎刘佣官,百僚惮之。迁侍中。

　　初,中兴东迁,旧章多阙,而冕旒饰以翡翠珊瑚及杂珠等。和奏:"旧冕有十二旒,皆用玉珠,今用杂珠等,非礼。若不能用玉,可用白璇。"成帝于是始下太常改之。

　　先是,帝以保母周氏有阿保之劳,欲假其名号,内外皆奉诏。和独上疏以为"周保祐圣躬,不遗其勋,第舍供给拟于戚属,恩泽所加已为过隆。若假名号,记籍未见明比。惟汉灵帝以乳母赵娆为平氏君,此末代之私恩,非先代之令典。且君举必书,将轨物垂则。书而不法,后嗣何观"! 帝从之。转吏部尚书,频徙领军将军、太常卿、国子祭酒。

　　康帝即位,将祀南北郊,和议以为车驾宜亲行。帝从之,皆躬亲行礼。迁尚书仆射,以母老固辞,诏书敕喻,特听暮出朝还,其见优遇如此。寻朝议以端右之副不宜处外,更拜银青光禄大夫,领国子祭酒。

　　顷之,母忧去职,居丧以孝闻。既练,卫将军褚裒上疏荐和,起为尚书令,遣散骑郎喻旨。和每见逼促,辄号啕恸绝,谓所亲曰:"古人或有释其忧服以祗王命,盖以才足干时,故不得不体国殉义。吾在常日犹不如人,况今中心荒乱,将何以补于万分,只足以示轻忘孝道,贻素冠之议耳。"帝又下诏曰:"百揆务殷,端右总要,而旷职经久,甚以悒然。昔先朝政道休明,中夏隆盛,山贾诸公皆释服从时,不获遂其情礼。况今日艰难百王之弊,尚书令礼已过祥练,岂得听不赴急疾而遂罔极之情乎!"和表疏十余上,遂不起,服阕,然后视职。

　　时南中郎将谢尚令宣城内史,收泾令陈干杀之,有司以尚违法纠黜,诏原之。和重奏曰:"尚先效奸赃罪,入甲戌赦,听自首减死。而尚近表云干包藏奸猾,辄收行刑。干事状自郡,非犯军戎,不由都督。按尚蒙亲贤之举,荷文武之任,不能为国惜体,平心听断,内挟小憾,肆其威虐,远近怪愕,莫不解体。尚忝外属,宥之有典,至于下吏,宜正刑辟。"尚,皇太后舅,故寝其奏。时汝南王统、江夏公卫崇并为庶母制服三年,和乃奏曰:"礼所以轨物成教,故有国家者莫不崇正明本,以一其统,斯人伦之纪,不二之道也。为人后者,降其所出,夺天属之性,显至公之义,降杀节文,著于周典。案汝南王统为庶母居庐服重,江夏公卫崇本由疏属,开国之绪,近丧所生,复行重制,违冒礼度,肆其私情。间阎许其过厚,谈者莫以为非,则政道陵迟由乎礼废,宪章颓替始于容违。若弗纠正,无以齐物。皆可下太常夺服。若不祗王命,应加贬黜。"诏从之。和居任多所献纳,虽权臣不苟阿挠。

永和七年,以疾笃辞位,拜左光禄大夫、仪同三司,加散骑常侍,尚书令如故。其年卒,年六十四。追赠侍中、司空,谥曰穆。

子淳,历尚书吏部郎、给事黄门侍郎、左卫将军。

袁环,字山甫,陈郡阳夏人,魏郎中令涣之曾孙也。祖、父并早卒。环与弟猷欲奉母避乱,求为江、淮间县,拜吕令,转江都,因南渡。元帝以为丹阳令。中兴建,拜奉朝请,迁治书御史。时东海王越尸既为石勒所焚,妃裴氏求招魂葬越,朝廷疑之。环与博士傅纯议,以为招魂葬是谓埋神,不可从也。帝然之,虽许裴氏招魂葬越,遂下诏禁之。寻除庐江太守。大将军王敦引为咨议参军。俄为临川太守。敦平,为镇南将军卞敦军司。寻自解还都,游于会稽。苏峻之难,与王舒共起义军,以功封长合乡侯,征补散骑常侍,徙大司农。寻除国子祭酒。顷之,加散骑常侍。

于时丧乱之后,礼教陵迟,环上疏曰:

臣闻先王之教也,崇典训以弘远代,明礼学以流后生,所以导万物之性,畅为善之道也。宗周既兴,文史载焕,端委垂于南蛮，颂声溢于四海，故延州聘鲁，闻《雅》而叹；韩起适鲁，观《易》而美。何者？立人之道，于斯为首。孔子恂恂以教洙、泗，孟轲系之，诲诱无倦，是以仁义之声于今犹存，礼让之节时或有之。

　　畴昔皇运陵替，丧乱屡臻，儒林之教渐颓，庠序之礼有阙，国学索然，坟籍莫启，有心之徒抱志无由。昔魏武帝身亲介胄，务在武功，犹尚废鞍览卷，投戈吟咏，况今陛下以圣明临朝，百官以虔恭莅事，朝野无虞，江外谧静，如之何泱泱之风漠然无闻，洋洋之美坠于圣世乎！古人有言，"《诗》、《书》义之府，礼乐德之则"。实宜留心经籍，阐明学义，使讽诵之音盈于京室，味道之贤是则是咏，岂不盛哉！若得给其宅地，备其学徒，博士僚属粗有其官，则臣之愿也。

疏奏，成帝从之。国学之兴，自环始也。以年在悬车，上疏告老，寻卒。追赠光禄大夫，谥曰恭。子乔嗣。

　　乔，字彦叔。初拜佐著作郎。辅国将军桓温请为司马，除司徒左西属，不就，拜尚书郎。桓温镇京口，复引为司马，领广陵相。

　　初，乔与褚裒友善，及康献皇后临朝，乔与裒书曰："皇太后践登正阼，临御皇朝，将军之于国，外姓之太上皇也。至于皇子近属，咸有揖让之礼，而况策名人臣，而交媟人父，天性攸尊，亦宜体国而重矣。故友之好，请于此辞。染丝之变，墨翟致怀，岐路之感，杨朱兴叹，况与将军游处少长，虽世誉先后而臭味同归也。平昔之交，与礼数而降，箕踞之欢，随时事而替，虽欲虚咏濠肆，脱落仪制，其能得乎！来物无停，变化迁代，岂惟寸晷，事亦有之。夫御器者神，制众以约，愿将军怡情无事，以理胜为任，亲仗贤达，以纳善为大。执笔惆怅，不能自尽。"论者以为得礼。

　　迁安西咨议参军、长沙相，不拜。寻督沔中诸戍江夏随义阳三郡军事、建武将军、江夏相。时桓温谋伐蜀，众以为不可，乔劝温曰："夫经略大事，故非常情所具，智者了于胸心，然后举无遗算耳。今天下之难，二寇而已。蜀虽险固，方胡为弱，将欲除之，先从易者。今

溯流万里,经历天险,彼或有备,不必可克。然蜀人自以斗绝一方,
恃其完固,不修攻战之具,若以精卒一万,轻军速进,比彼闻之,我
已入其险要,李势君臣不过自力一战,擒之必矣。论者恐大军既西,
胡必窥觎,此又似是而非。何者?胡闻万里征伐,以为内有重备,必
不敢动。纵复越逸江渚,诸军足以守境,此无忧矣。蜀土富实,号称
天府,昔诸葛武侯欲以抗衡中国。今诚不能为害,然势据上流,易为
寇盗。若袭而取之者,有其人众,此国之大利也。"温从之,使乔以江
夏相领二千人为军锋。师次彭模,去贼已近,议者欲两道并进,以分
贼势。乔曰:"今深入万里,置之死地,士无反顾之心,所谓人自为战
者也。今分为两军,军力不一,万一偏败,则大事去矣。不如全军而
进,弃去釜甑,赍三日粮,胜可必矣。"温以为然,即一时俱进。去成
都十里,与贼大战,前锋失利,乔军亦退,矢及马首,左右失色。乔因
麾而进,声气愈厉,遂大破之,长驱至成都。李势既降,势将邓定、隗
文以其属反,众各万余。温自击定,乔击文,破之。进号龙骧将军,
封湘西伯。寻卒,年三十六,温甚悼惜之。追赠益州刺史,谥曰简。

乔博学,有文才,注《论语》及《诗》,并诸文笔皆行于世。

子方平嗣,亦以轨素自立,辟大司马掾,历义兴、琅邪太守。卒,
子山松嗣。

崧,少有才名,博学有文章,著《后汉书》百篇。襟情秀远,善音
乐。旧歌有《行路难》曲,辞颇疏质,山松好之,乃文其辞句,婉其节
制,每因酣醉纵歌之,听者莫不流涕。初,羊昙善唱乐,桓伊能挽歌,
及山松《行路难》继之,时人谓之"三绝"。时张湛好为斋前种松柏,
而山松每出游,好令左右作挽歌,人谓"湛屋下陈尸,山松道上行
殡"。

山松历显位,为吴郡太守。孙恩作乱,山松守沪渎城,城陷被
害。

猷,字申甫。少与环齐名。代环为吕令,复相继为江都,由是俱
渡江。环为丹杨,猷为武康,兄弟列宰名邑,论者美之。历位侍中、
卫尉卿。猷孙宏,见《文苑传》。

准,字孝尼。以儒学知名,注《丧服经》。官至给事中。

准子冲,字景玄,光禄勋。冲子耽。

耽,字彦道,少有才气,俶傥不羁,为士类所称。桓温少时游于博徒,资产俱尽,尚有负进,思自振之方,莫知所出,欲求济于耽,而耽在艰,试以告焉。耽略无难色,遂变服怀布帽,随温与债主戏。耽素有艺名,债者闻之而不相识,谓之曰:"卿当不办作袁彦道也。"遂就局,十万一掷,直上百万。耽投马绝叫,探布帽掷地,曰:"竟识袁彦道不?"其通脱若此。

苏峻之役,王导引为参军,随导在石头。初,路永、匡术、贾宁等皆峻心腹,闻祖约奔败,惧事不立,迭说峻诛大臣。峻既不纳,永等虑必败,阴结于导。导使耽潜说路永,使归顺。峻平,封秭归男,拜建威将军、历阳太守。

咸康初,石季龙游骑十余匹至历阳,耽上列不言骑少。时胡寇强盛,朝野危惧,王导以宰辅之重请自讨之。既而贼骑不多,又已退散,导止不行。朝廷以耽失于轻妄,黜之。寻复为导从事中郎,方加大任,会卒,时年二十五。子质。

质,字道和。自涣至质五世,并以道素继业,惟其父耽以雄豪著。及质,又以孝行称。官历琅邪内史、东阳太守。质子湛。

湛,字士深。少有操植,以冲粹自立,而无文华,故不为流俗所重。时谢混为仆射,范泰赠湛及混诗云:"亦有后出俊,离群颇骞翥。"湛恨而不答。自中书令为仆射、左光禄大夫、晋宁男,卒于官。湛弟豹。

豹,字士蔚。博学善文辞,有经国材,为刘裕所知。后为太尉长史、丹杨尹,卒。

江逌字道载,陈留圉人也。曾祖蕤,谯郡太守。祖允,芜湖令。父济,安东参军。逌少孤,与从弟灌共居,甚相友悌,由是获当时之誉。避苏峻之乱,屏居临海,绝弃人事,翦茅结宇,耽玩载籍,有终焉之志。本州辟从事,除佐著作郎,并不就。征北将军蔡谟命为参军,何充复引为骠骑功曹。以家贫,求试守,为太末令。县界深山中,有亡命数百家,恃险为阻,前后守宰莫能平。逌到官,召其魁帅,厚加抚接,谕以祸福,旬月之间,襁负而至,朝廷嘉之。州檄为治中,转别驾,迁吴令。

中军将军殷浩将谋北伐,请为咨议参军。浩甚重之,迁长史。浩方修复洛阳,经营荒梗,逌为上佐,甚有匡弼之益,军中书檄皆以委逌。时羌及丁零叛,浩军震惧。姚襄去浩十里结营以逼浩,浩令逌击之。逌进兵至襄营,谓将校曰:“今兵非不精,而众少于羌,且其堑栅甚固,难与较力,吾当以计破之。”乃取数百鸡以长绳连之,系火于足。群鸡骇散,飞集襄营。襄营火发,因其乱,随而击之,襄遂小败。及桓温奏废浩佐吏,逌遂免。顷之,除中书郎。升平中,迁吏部郎,长兼侍中。

穆帝将修后池,起阁道,逌上疏曰:

臣闻王者处万乘之极,享富有之大,必显明制度以表崇高,盛其文物以殊贵贱。建灵台,浚辟雍,立宫馆,设苑囿,所以弘于皇之尊,彰临下之义。前圣创其礼,后代遵其矩,当代之君咸营斯事。周宣兴百堵之作,《鸿雁》歌安宅之欢;鲁僖修泮水之宫,采芹有思乐之颂。盖上之有为非予欲是盈,下之奉上不以劬劳为勤,此自古之令典,轨仪之大式也。

夫理无常然,三正相诡,司牧之体,与世而移。致饰则素,故《贲》返于《剥》;有大必盈,则受之以《谦》。损上益下,顺兆庶之悦;享以二簋,用至约之义。是以唐虞化于茅茨,夏禹垂美于卑室。过俭之陋,非中庸之制,然三圣行之以致至道。汉高祖当营建之始,怒宫库之壮;孝文处既富之世,爱十家之产,亦以播惠当时,著称来叶。

今者二虏未殄,神州荒芜,举江左之众,经略艰难,漕扬、越之粟,北馈河、洛,兵不获戢,运戍悠远,仓库内罄,百姓力竭。加春夏以来,水旱为害,远近之收,普减常年,财伤人困,大役未已,军国之用无所取给。方之往代,丰弊相悬。损之又损,实在今日。伏惟陛下圣质天纵，凝旷清虚，阐日新之盛，茂钦明之量，无欲体于自然，冲素刑乎万国。《韶》既尽美，则必尽善。宜养以玄虚，守以无为，登览不以台观，游豫不以苑沼，偃息毕于仁义，驰骋极于六艺，观巍巍之隆，鉴二代之文，仰味羲、农，俯寻周、孔。其为逍遥，足以尊道德之辅，亲缙绅之秀。畴咨以时，顾问不倦，献替讽谏，日月而闻，则庶绩惟凝，六合咸熙，中兴之盛迈于殷宗，休嘉之庆流乎无穷。

昔汉起德阳，钟离抗言；魏营宫殿，陈群正辞。臣虽才非若人，然职忝近侍，言不足采，而义在以闻。

帝嘉其言而止。复领本州大中正。升平末，迁太常，逌累让不许。

穆帝崩，山陵将用宝器，逌谏曰：“以宣皇顾命终制，山陵不设明器，以贻后则。景帝奉遵遗制。逮文明皇后崩，武皇帝亦承前制，无所施设，惟脯糒之奠，瓦器而已。昔康皇帝玄宫始用宝剑金舄，此盖太妃罔已之情，实违先旨累世之法。今外欲以为故事，臣请述先旨，停此二物。”书奏，从之。

哀帝以天文失度，欲依《尚书》洪祀之制，于太极前殿亲执虔肃，冀以免咎，使太常集博士草其制。逌上疏谏曰：

臣寻《史》、《汉》旧制，《艺文志》刘向《五行传》，洪祀出于其中。然自前代以来，莫有用者。又其文惟说为祀，而不载仪注。此盖久远不行之事，非常人所参校。案《汉仪》，天子所亲之祠，惟宗庙而已。祭天于云阳，祭地于汾阴，在于别宫遥拜，不诣坛所。其余群祀之所，必在幽静，是以圆丘方泽列于郊野。今若于承明之庭，正殿之前，设群神之坐，行躬亲之礼，准之旧典，有乖常式。

臣闻妖眚之发，所以鉴悟时主，故寅畏上通，则宋灾退度；德礼增修，则殷道以隆。此往代之成验，不易之定理。顷者星辰颇有变异，陛下祗戒之诚达于天人，在予之惧，忘寝与食，仰虔玄象，俯凝庶政，嘉祥之应，实在今日。而犹乾乾夕惕，思广兹道，诚实圣怀殷勤之至。然洪祀有书无仪，不行于世，询访时

学,莫识其理。且其文曰:"洪祀,大祀也。阳曰神,阴曰灵。举
国相率而行祀,顺四时之序,无令过差。"今按文而言,皆漫而
无适,不可得详。若不详而修,其失不小。

帝不纳,逌又上疏曰:

> 臣谨更寻思,参之时事。今强戎据于关、雍,桀狄纵于河
> 朔,封豕四逸,虔刘神州,长旌不卷,钲鼓日戒,兵疲人困,岁无
> 休已。人事弊于下,则七曜错于上,灾沴之作,固其宜然。又顷
> 者以来,无乃大异。彼月之蚀,义见诗人,星辰莫同,载于《五
> 行》,故《洪范》不以为沴。

> 陛下今以暑度之失同之六沴,引其轻变方之重眚,求己笃
> 于禹、汤,忧勤逾乎日昃,将修大祀,以礼神祇。传曰:"外顺天
> 地时气而祭其鬼神。"然则神必有号,祀必有义。按洪祀之文,
> 惟神灵大略而无所祭之名,称举国行祀而无贵贱之阻,有赤黍
> 之盛而无牲醴之奠,仪法所用,阙略非一。若率文而行,则举义
> 皆阙;有所施补,则不统其源。汉侍中卢植,时之达学,受法不
> 究,则不敢厝心。诚以五行深远,神道幽昧,探赜之求难以常
> 思,错综之理不可一数。臣非至精,孰能与此!

帝犹敕撰定,逌又陈古义,帝乃止。

逌在职多所匡谏。著《阮籍序赞》、《逸士箴》及诗赋奏议数十篇
行于世。病卒,时年五十八。子蔚,吴兴太守。

灌,字道群。父曹,尚书郎。灌少知名,才识亚于逌。州辟主簿,
举秀才,为治中,转别驾,历司徒属、北中郎长史,领晋陵太守。简文
帝引为抚军从事中郎,后迁吏部郎。时谢奕为尚书,铨叙不允,灌每
执正不从,奕托以他事免之,受黜无怨色。顷之,简文帝又以为抚军
司马,甚相宾礼。迁御史中丞,转吴兴太守。

灌性方正,视权贵蔑如也,为大司马桓温所恶。温欲中伤之,征
拜侍中,以在郡时公事有失,追免之。后为秘书监,寻复解职。时温
方执权,朝廷希旨,故灌积年不调。温末年,以为咨议参军。会温薨,
迁尚书、中护军,复出为吴郡太守,加秩中二千石,未拜,卒。子绩。

绩,字仲元。有志气,除秘书郎。以父与谢氏不穆,故谢安之世辟召无所从,论者多之。安薨,始为会稽王道子骠骑主簿,多所规谏。历咨议参军,出为南郡相。

会荆州刺史殷仲堪举兵以应王恭,仲堪要绩与南蛮校尉殷颙同行,并不从。仲堪等屡以为言,绩终不为之屈。颙虑绩及祸,乃于仲堪坐和解之。绩曰:"大丈夫何至以死相胁!江仲元行年六十,但未知获死所耳。"一坐皆为之惧。仲堪惮其坚正,以杨佺期代之。朝廷闻而征绩为御史中丞,奏劾无所屈挠。

会稽世子元显专政,夜开六门,绩密启会稽王道子,欲以奏闻,道子不许。车胤亦曰:"元显骄纵,宜禁制之。"道子默然。元显闻而谓众曰:"江绩、车胤间我父子。"遣人密让之。俄而绩卒,朝野悼之。

车胤,字武子,南平人也。曾祖浚,吴会稽太守。父育,郡主簿。太守王胡之名知人,见胤于童幼之中,谓胤父曰:"此儿当大兴卿门,可使专学。"

胤恭勤不倦,博学多通。家贫不常得油,夏月则练囊盛数十萤火以照书,以夜继日焉。及长,风姿美劭,机悟敏速,甚有乡曲之誉。

桓温在荆州,辟为从事,以辩识义理深重之。引为主簿,稍迁别驾、征西长史,遂显于朝廷。时惟胤与吴隐之以寒素博学知名于世。又善于赏会,当时每有盛坐而胤不在,皆云:"无车公不乐。"谢安游集之日,辄开筵待之。

宁康初,以胤为中书侍郎、关内侯。孝武帝尝讲《孝经》,仆射谢安侍坐,尚书陆纳侍讲,侍中卞耽执读,黄门侍郎谢石、吏部郎袁宏执经,胤与丹杨尹王混摘句,时论荣之。累迁侍中。太元中,增置太学生百人,以胤领国子博士。其后年,议郊庙明堂之事,胤以"明堂之制既甚难详,且乐主于和,礼主于敬,故质文不同,音器亦殊。既茅茨广厦不一其度,何必守其形范而不弘本顺时乎!九服咸宁,四野无尘,然后明堂辟雍可光而修之"。时从其议。又迁骠骑长史、太常,进爵临湘侯,以疾去职。俄为护军将军。时王国宝谄于会稽王道子,讽八坐启以道子为丞相,加殊礼。胤曰:"此乃成王所以尊周公也。今主上当阳,非成王之地,相王在位,岂得为周公乎!望实二三,并不宜尔,必大忤上意。"乃称疾不署其事。疏奏,帝大怒,而甚嘉胤。

隆安初,为吴兴太守,秩中二千石,辞疾不拜。加辅国将军、丹杨尹。顷之,迁吏部尚书。元显有过,胤与江绩密言于道子,将奏之,事泄,元显逼令自裁。俄而胤卒,朝廷伤之。

殷颢,字伯通,陈郡人也。祖融,太常卿。父康,吴兴太守。颢性通率,有才气,少与从弟仲堪俱知名。太元中,以中书郎擢为南蛮校尉,莅职清明,政绩肃举。

及仲堪得王恭书,将兴兵内伐,告颢,欲同举。颢不平之,曰:"夫人臣之义,慎保所守。朝廷是非,宰辅之务,岂藩屏之所图也。晋阳之事,宜所不豫。"仲堪要之转切,颢怒曰:"吾进不敢同,退不敢异。"仲堪甚以为恨。犹密谏仲堪,辞甚切至。仲堪既贵,素情亦殊,而志望无厌,谓颢言为非。颢见江绩亦以正直为仲堪所斥,知仲堪当逐异己,树置所亲,因出行散,托疾不还。仲堪闻其病,出省之,谓颢曰:"兄病殊为可忧。"颢曰:"我病不过身死,但汝病在灭门,幸熟为虑,勿以我为念也。"仲堪不从,卒与杨佺期、桓玄同下。颢遂以忧卒。隆安中,诏曰:"故南蛮校尉殷颢忠绩未融,奄焉陨丧,可赠冠军将军。"弟仲文、叔献别有传。

王雅,字茂达,东海郯人,魏卫将军肃之曾孙也。祖隆,后将军。父景,大鸿胪。雅少知名,州檄主簿,举秀才,除郎中,出补永兴令,以干理著称。累迁尚书左右丞,历廷尉、侍中、左卫将军、丹杨尹,领太子左卫率。雅性好接下,敬慎奉公,孝武帝深加礼遇,虽在外职,侍见甚数,朝廷大事多参谋议。帝每置酒宴集,雅未至,不先举觞,其见重如此。然任遇有过其才,时人被以佞幸之目。帝起清暑殿于后宫,开北上阁,出华林园,与美人张氏同游止,惟雅与焉。

会稽王道子领太子太傅，以雅为太子少傅。时王珣儿婚，宾客车骑甚众，会闻雅拜少傅，回诣雅者过半。时风俗颓弊，无复廉耻。然少傅之任，朝望属珣，珣亦颇以自许。及中诏用雅，众遂赴雅焉。将拜，遇雨，请以伞入。王珣不许之，因冒雨而拜。雅既贵幸，威权甚震，门下车骑常数百，而善应接，倾心礼之。

帝以道子无社稷器干，虑晏驾之后皇室倾危，乃选时望以为藩屏，将擢王恭、殷仲堪等，先以访雅。雅以恭等无当世之才，不可大任，乃从容曰："王恭风神简贵，志气方严，既居外戚之重，当亲贤之寄，然其禀性峻隘，无所包容，执自是之操，无守节之志。仲堪虽谨于细行，以文义著称，亦无弘量，且干略不长。若委以连率之重，据形胜之地，今四海无事，足能守职，若道不常隆，必为乱阶矣。"帝以恭等为当时秀望，谓雅疾其胜已，故不从。二人皆被升用，其后竟败，有识之士称其知人。

迁领军、尚书、散骑常侍，方大崇进之，将参副相之重，而帝崩，仓卒不获顾命。雅素被优遇，一旦失权，又以朝廷方乱，内外携离，但慎默而已，无所辩正。虽在孝武世，亦不能犯颜廷争，凡所谋谟，唯唯而已。寻迁左仆射。

隆安四年卒，时年六十七。追赠光禄大夫、仪同三司。

长子准之，散骑侍郎。次协之，黄门。次少卿，侍中。并有士操，立名于世云。


史臣曰：爰在中兴，玄风滋扇，溺王纲于拱默，挠国步于清虚，骨鲠謇谔之风，盖亦微矣。而君孝固情礼而违显命，山甫献诚说而振颓风，彦叔之兵谋，道载之正谏，洋洋盈耳，有足可称。灌不屈节于权臣，绩敢危言于贼将，道子殊物之礼，车胤沮之无惧心，仲堪反常之举，殷颛折之以正色，求诸古烈，何以加焉！山松悦哀挽于轩冕之辰，彦道欢博徒于衰绖之日，天心已丧，其能济乎！旋及于促龄，俄致于非命，宜哉！

赞曰：顾生轨物，屡申诚说。袁子崇儒，拯斯颓丧。遹、绩刚謇，车、殷忠壮。眷言遗直,莫之能尚。

# 晋书卷八四
# 列传第五四

# 王恭　庾楷　刘牢之 子敬宣
# 殷仲堪　杨佺期

　　王恭，字孝伯，光禄大夫蕴子，定皇后之兄也。少有美誉，清操过人，自负才地高华，恒有宰辅之望。与王忱齐名友善，慕刘惔之为人。谢安常曰："王恭人地可以为将来伯舅。"尝从其父自会稽至都，忱访之，见恭所坐六尺簟，忱谓其有余，因求之。恭辄以送焉，遂坐荐上。忱闻而大惊，恭曰："吾平生无长物。"其简率如此。

　　起家为佐著作郎，叹曰："仕官不为宰相，才志何足以骋！"因以疾辞。俄为秘书丞，转中书郎，未拜，遭父忧。服阕，除吏部郎，历建威将军。太元中，代沈嘉为丹杨尹，迁中书令，领太子詹事。

　　孝武帝以恭后兄，深相钦重。时陈郡袁悦之以倾巧事会稽王道子，恭言之于帝，遂诛之。道子尝集朝士，置酒于东府，尚书令谢石因醉为委巷之歌，恭正色曰："居端右之重，集藩王之第，而肆淫声，欲令群下何所取则！"石深衔之。淮陵内史虞珧子妻裴氏有服食之术，常衣黄衣，状如天师，道子甚悦之，令与宾客谈论，时人皆为降节。恭抗言曰："未闻宰相之坐有失行妇人。"坐宾莫不反侧，道子甚愧之。

　　其后帝将擢时望以为藩屏，乃以恭为都督兖青冀幽并徐州晋陵诸军事、平北将军、兖青二州刺史、假节、镇京口。初，都督以"北"为号者，累有不祥，故桓冲、王坦之、刁彝之徒不受镇北之号。

恭表让军号,以超受为辞,而实恶其名,于是改号前将军。慕容垂入青州,恭遣偏师御之,失利,降号辅国将军。

及帝崩,会稽王道子执政,宠昵王国宝,委以机权。恭每正色直言,道子深惮而忿之。及赴山陵,罢朝,叹曰:"榱栋虽新,便有《黍离》之叹矣。"时国宝从弟绪说国宝,因恭入觐相王,伏兵杀之,国宝不许。而道子亦欲辑和内外,深布腹心于恭,冀除旧恶。恭多不顺,每言及时政,辄厉声色。道子知恭不可和协,王绪之说遂行,于是国难始结。

或劝恭因入朝以兵诛国宝,而庾楷党于国宝,士马甚盛,恭惮之,不敢发,遂还镇。临别,谓道子曰:"主上谅暗,冢宰之任,伊、周所难,愿大王亲万机,纳直言,远郑声,放佞人。"辞色甚厉,故国宝等愈惧。以恭为安北将军,不拜。乃谋诛国宝,遣使与殷仲堪、桓玄相结,仲堪伪许之。恭得书,大喜,乃抗表京师曰:"后将军国宝得以姻戚频登显列,不能感恩效力,以报时施,而专宠肆威,将危社稷。先帝登遐,夜乃犯阁叩扉,欲矫遗诏。赖皇太后聪明,相王神武,故逆谋不果。又割东宫见兵以为己府,谗疾二昆甚于仇敌。与其从弟绪同党凶狡,共相扇动。此不忠不义之明白也。以臣忠诚,必亡身殉国,是以潜臣非一。赖先帝明鉴,浸润不行。昔赵鞅兴甲,诛君侧之恶,臣虽驽劣,敢忘斯义!"表至,内外戒严。国宝及绪惶惧不知所为,用王珣计,请解职。道子收国宝,赐死,斩绪于市,深谢愆失,恭乃还京口。

恭之初抗表也,虑事不捷,乃版前司徒左长史王廞为吴国内史,令起兵于东鲁。国宝死,令廞解军去职。廞怒,以兵伐恭。恭遣刘牢之击灭之,上疏自贬,诏不许。

谯王尚之复说道子以藩伯强盛,宰相权弱,宜多树置以自卫。道子然之,乃以其司马王愉为江州刺史,割庾楷豫州四郡使愉督之。由是楷怒,遣子鸿说恭曰:"尚之兄弟专弄相权,欲假朝威贬削方镇,惩警前事,势转难测。及其议未成,宜早图之。"恭以为然,复以谋告殷仲堪、桓玄。玄等从之,推恭为盟主,克期同赴京师。

时内外疑阻，津逻严急，仲堪之信因庾楷达之，以斜绢为书，内箭竿中，合镝漆之，楷送于恭。恭发书，绢文角戾，不复可识，谓楷为诈。又料仲堪去年已不赴盟，今无动理，乃先期举兵。司马刘牢之谏曰："将军今动以伯舅之重，执忠贞之节，相王以姬旦之尊，时望所系，昔年已戮宝、绪，送王廞书，是深伏将军也。顷所授用，虽非皆允，未为大失。割庾楷四郡以配王愉，于将军何损！晋阳之师，其可再乎！"恭不从，乃上表以讨王愉、司马尚之兄弟为辞。朝廷使元显及王珣、谢琰等距之。

恭梦牢之坐其处，旦谓牢之曰："事克，即以卿为北府。"遣牢之率帐下督颜延先据竹里。元显使说牢之，啖以重利，牢之乃斩颜延以降。是日，牢之遣其婿高雅之、子敬宣，因恭曜军，轻骑击恭。恭败，将还，雅之已闭城门，恭遂与弟履单骑奔曲阿。恭久不骑乘，髀生疮，不复能去。曲阿人殷确，恭故参军也，以船载之，藏于苇席之下，将奔桓玄。至长塘湖，遇商人钱强，强宿憾于确，以告湖浦尉。尉收之，以送京师。道子闻其将至，欲出与语，面折之，而未之杀也。时桓玄等已至石头，惧其有变，即于建康之倪塘斩之。恭五男及弟爽、爽兄子秘书郎和及其党孟璞、张恪等皆杀之。

恭性抗直，深存节义，读《左传》至"奉王命讨不庭"，每辍卷而叹。为性不弘，以暗于机会，自在北府，虽以简惠为政，然自矜贵，与下殊隔。不闲用兵，尤信佛道，调役百姓，修营佛寺，务在壮丽，士庶怨嗟。临刑，犹诵佛经，自理须鬓，神无惧容，谓临刑者曰："我暗于信人，所以致此，原其本心，岂不忠于社稷！但令百代之下知有王恭耳。"家无财帛，唯书籍而已，为识者所伤。

恭美姿仪，人多爱悦，或目之云："濯濯如春月柳。"尝披鹤氅裘，涉雪而行，孟昶窥见之，叹曰："此真神仙中人也！"初见执，遇故吏戴耆之为湖孰令，恭私告之曰："我有庶儿未举，在乳母家，卿为我送寄桓南郡。"耆之遂送之于夏口。桓玄抚养之，为立丧庭吊祭焉。及玄执政，上表理恭，诏赠侍中、太保，谥曰忠简。爽赠太常，和及子简并通直散骑郎，殷确散骑侍郎。腰斩湖浦尉及钱强等。恭庶子昙亨，宋义熙中，为给事中。

庾楷，征西将军亮之孙，会稽内史羲小子也。初拜侍中，代兄准为西中郎将、豫州刺史、假节，镇历阳。

隆安初，进号左将军。时会稽王道子惮王恭、殷仲堪等擅兵，故出王愉为江州，督豫州四郡，以为形援。楷上疏以江州非险塞之地，而西府北带寇戎，不应使愉分督，诏不许。时楷怀恨，使子鸿说王恭，以谯王尚之兄弟复握机权，势过国宝。恭亦素忌尚之，遂连谋举兵，事在《恭传》。诏使尚之讨楷。楷遣汝南太守段方逆尚之，战于慈湖，方大败，被杀，楷奔于桓玄。及玄等盟于柴桑，连名上疏自理，诏赦玄等而不赦恭、楷，楷遂依玄，玄用为武昌太守。楷后惧玄必败，密遣使结会稽世子元显："若朝廷讨玄，当为内应。"及玄得志，楷以谋泄，为玄所诛。

刘牢之，字道坚，彭城人也。曾祖羲，以善射事武帝，历北地、雁门太守。父建，有武干，为征虏将军。世以壮勇称。牢之面紫赤色，须目惊人，而沈毅多计划。太元初，谢玄北镇广陵，时苻坚方盛，玄多募劲勇，牢之与东海何谦、琅邪诸葛侃、乐安高衡、东平刘轨、西河田洛及晋陵孙无终等以骁猛应选。玄以牢之为参军，领精锐为前锋，百战百胜，号为"北府兵"，敌人畏之。及坚将句难南侵，玄率何谦等距之。牢之破难辎重于盱眙，获其运船，迁鹰扬将军、广陵相。

时车骑将军桓冲击襄阳，宣城内史胡彬率众向寿阳，以为冲声援。牢之领卒二千，为彬后继。淮肥之役，苻坚遣其弟融及骁将张蚝攻陷寿阳，谢玄使彬与牢之距之。师次硖石，不敢进。坚将梁成又以二万人屯洛涧，玄遣牢之以精卒五千距之。去贼十里，成阻涧列阵。牢之率参军刘袭、诸葛求等直进渡水，临阵斩成及其弟云，又分兵断其归津。贼步骑崩溃，争赴淮水，杀获万余人，尽收其器械。坚寻亦大败，归长安，余党所在屯结。牢之进平谯城，使安丰太守戴宝戍之。迁龙骧将军、彭城内史，以功赐爵武冈县男，食邑五百户。

牢之进屯鄄城，讨诸未服，河南城堡承风归顺者甚众。

时苻坚子丕据邺，为慕容垂所逼，请降，牢之引兵救之。垂闻军至，出新兴城北走。牢之与沛郡太守田次之追之，行二百里，至五桥泽中，争趣辎重，稍乱，为垂所击，牢之败绩，士卒歼焉。牢之策马跳五丈涧，得脱。会丕救至，因入临漳，集亡散，兵复少振。牢之以军败征还。顷之，复为龙骧将军，守淮阴。后进戍彭城，复领太守。妖贼刘黎僭尊号于皇丘，牢之讨灭之。苻坚将张遇遣兵击破金乡，围太山太守羊迈，牢之遣参军向钦之击走之。会慕容垂叛将翟钊救遇，牢之引还。钊还，牢之进平太山，追钊于鄄城，钊走河北，因获张遇以归之彭城。妖贼司马徽聚党马头山，牢之遣参军竺朗之讨灭之。时慕容氏掠廪丘，高平太守徐含远告急，牢之不能救，坐畏懦免。

及王恭将讨王国宝，引牢之为府司马，领南彭城内史，加辅国将军。恭使牢之讨破王廞，以牢之领晋陵太守。恭本以才地陵物，及檄至京师，朝廷戮国宝、王绪，自谓威德已著，虽杖牢之为爪牙，但以行阵武将相遇，礼之甚薄。牢之负其才能，深怀耻恨。及恭之后举，元显遣庐江太守高素说牢之使叛恭，事成，当即其位号，牢之许焉。恭参军何澹之以其谋告恭。牢之与澹之有隙，故恭疑而不纳。乃置酒请牢之于众中，拜牢之为兄，精兵利器悉以配之，使为前锋。行至竹里，牢之背恭归朝廷。恭既死，遂代恭为都督兖、青、冀、幽、并、徐、扬州、晋陵军事。牢之本自小将，一朝据恭位，众情不悦，乃树用腹心徐谦之等以自强。时杨佺期、桓玄将兵逼京师，上表理王恭，求诛牢之。牢之率北府之众驰赴京师，次于新亭。玄等受诏退兵，牢之还镇京口。

及孙恩陷会稽，牢之遣将桓宝率师救三吴，复遣子敬宣为宝后继。比至曲阿，吴郡内史桓谦已弃郡走，牢之乃率众东讨，拜表辄行。至吴，与卫将军谢琰击贼，屡胜，杀伤甚众，径临浙江。进拜前将军、都督吴郡诸军事。时谢琰屯乌程，遣司马高素助牢之。牢之率众军济江浙，恩惧，逃于海。牢之还镇，恩复入会稽，害谢琰。牢之进号镇北将军、都督会稽五郡,率众东征,屯上虞,分军戍诸县。恩复攻破吴国,杀内史袁山松。牢之使参军刘裕讨之,恩复入海。顷之,恩浮海奄至京口,战士十万,楼船千余。牢之在山阴,使刘裕自海盐赴难,牢之率大众而还。裕兵不满千人,与贼战,破之。恩闻牢之已还京口,乃走郁洲,又为敬宣、刘裕等所破。及恩死,牢之威名转振。

元兴初,朝廷将讨桓玄,以牢之为前锋都督、征西将军,领江州事。元显遣使以讨玄事咨牢之。牢之以玄少有雄名,杖全楚之众,惧不能制,又虑平玄之后功盖天下,必不为元显所容,深怀疑贰,不得已率北府文武屯洌洲。桓玄遣何穆说牢之曰:"自古乱世君臣相信者有燕昭乐毅、玄德孔明,然皆勋业未卒而二主早世,设使功成事遂,未保二臣之祸也。鄙语有之:'高鸟尽,良弓藏;狡兔殚,猎犬烹。'故文种诛于勾践。韩、白戮于秦、汉。彼皆英雄霸王之主,犹不敢信其功臣,况凶愚愍庸之流乎!自开辟以来,戴震主之威,挟不赏之功,以见容于暗世者而谁?至如管仲相齐,雍齿侯汉,则往往有之,况君见与无射钩屡逼之仇邪!今君战败则倾宗,战胜亦覆族,欲以安归乎?孰若翻然改图,保其富贵,则身与金石等固,名与天壤无穷,孰与头足异处,身名俱灭,为天下笑哉!惟君图之。"牢之自谓握强兵,才能算略足以经纶江表,时谯王尚之已败,人情转沮,乃颇纳穆说,遣使与玄交通。其甥何无忌与刘裕固谏之,并不从。俄令敬宣降玄。玄大喜,与敬宣置酒宴集,阴谋诛之,陈书法画图与敬宣共观,以安悦其志。敬宣不之觉,玄佐吏莫不相视而笑。

元显既败,玄以牢之为征东将军、会稽太守,牢之乃叹曰:"始尔,便夺我兵,祸将至矣!"时玄屯相府,敬宣劝牢之袭玄,犹豫不决,移屯班渎,将北奔广陵相高雅之,欲据江北以距玄,集众大议。参军刘袭曰:"事不可者莫大于反,而将军往年反王兖州,近日司马郎君,今复欲反桓公。一人而三反,岂得立也。"语毕,趋出,佐吏多散走。而敬宣先还京口援其家,失期不到。牢之谓其为刘袭所杀,乃自缢而死。俄而敬宣至,不遑哭,奔于高雅之。将吏共殡敛牢之,丧归丹徒。桓玄令斫棺斩首,暴尸于市。及刘裕建义,追理牢之,乃复本官。

敬宣,牢之长子也。智略不及父,而技艺过之。孙恩之乱,随父征讨,所向有功。为元显从事郎,又为桓玄咨议参军。牢之败,与广陵相高雅之俱奔慕容超,梦丸土而服之,既觉,喜曰:“丸者,桓也,丸既吞矣,我当复本土也。”旬日而玄败,遂与司马休之还京师。拜辅国将军、晋陵太守。与诸葛长民破桓歆于芍陂,迁建威将军、江州刺史,镇寻阳。又击桓亮、苻宏于湘中,所在有功。

安帝反政,征拜冠军将军、宣城内史,领襄城太守。谯纵反,以敬宣督征蜀诸军事、假节,与宁朔将军臧喜西伐。敬宣入自白帝,所攻皆克。军次黄兽,与伪将谯道福相持六十余日,遇疠疫,又以食尽,班师,为有司所劾,免官。

顷之,为中军咨议,加冠军将军,寻迁镇蛮护军、安丰太守、梁国内史。会卢循反,以冠军将军从大军南讨。循平,迁左卫将军、散骑常侍,又迁征虏将军、青州刺史。寻改镇冀州,为其参军司马道赐所害。

殷仲堪,陈郡人也。祖融,太常、吏部尚书。父师,骠骑咨议参军、晋陵太守、沙阳男。仲堪能清言,善属文,每云三日不读《道德论》,便觉舌本间强。其谈理与韩康伯齐名,士咸爱慕之。

调补佐著作郎。冠军谢玄镇京口,请为参军。除尚书郎,不拜。玄以为长史,厚任遇之。仲堪致书于玄曰:

胡亡之后,中原子女鬻于江东者不可胜数,骨肉星离,荼毒终年,怨苦之气,感伤和理,诚丧乱之常,足以惩戒,复非王泽广润,爱育苍生之意也。当世大人既慨然经略,将以救其涂炭,而使理至于此,良可叹息!愿节下弘之以道德,运之以神明,隐心以及物,垂理以禁暴,使足践晋境者必无怀戚之心,枯槁之类莫不同渐天润,仁义与干戈并运,德主与功业俱隆,实所期于明德也。

　　顷闻抄掠所得，多皆采樵饥人，壮者欲以救子，少者志在存亲，行者倾筐以顾念，居者呼嗟以待延。而一旦幽絷，生离死绝，求之于情，可伤之甚。昔孟孙猎而得麑，使秦西以归之，其母随而悲鸣，不忍而放之，孟孙赦其罪以傅其子。禽兽犹不可离，况于人乎！夫飞鸮，恶鸟也，食桑葚，犹怀好音。虽曰戎狄，其无情乎！苟感之有物，非难化也。必使边界无贪小利，强弱不得相陵，德音一发，必声振沙漠，二寇之党，将靡然向风，何忧黄河之不济，函谷之不开哉！

玄深然之。

　　领晋陵太守，居郡禁产子不举，久丧不葬，录父母以质亡叛者，所下条教甚有义理。父病积年，仲堪衣不解带，躬学医术，究其精妙，执药挥泪，遂眇一目。居丧哀毁，以孝闻。

　　服阕，孝武帝召为太子中庶子，甚相亲爱。仲堪父尝患耳聪，闻床下蚁动，谓之牛斗。帝素闻之而不知其人。至是，从容问仲堪曰："患此者为谁？"仲堪流涕而起曰："臣进退惟谷。"帝有愧焉。复领黄门郎，宠任转隆。帝尝示仲堪诗，乃曰："勿以己才而笑不才。"帝以会稽王非社稷之臣，擢所亲幸以为藩捍，乃授仲堪都督荆益宁三州军事、振威将军、荆州刺史、假节，镇江陵。将之任，又诏曰："卿去有日，使人酸然。常谓永为廊庙之宝，而忽为荆楚之珍，良以慨恨！"其恩狎如此。

　　仲堪虽有英誉，议者未以分陕许之。既受腹心之任，居上流之重，朝野属想，谓有异政。及在州，纲目不举，而好行小惠，夷夏颇安附之。先是，仲堪游于江滨，见流棺，接而葬焉。旬日间，门前之沟忽起为岸。其夕，有人通仲堪，自称徐伯玄，云："感君之惠，无以报也。"仲堪因问："门前之岸是何祥乎？"对曰："水中有岸，其名为洲，君将为州。"言终而没。至是，果临荆州。桂阳人黄钦生父没已久，诈服衰麻，言迎父丧。府曹先依律诈取父母卒弃市，仲堪乃曰："律诈取父母宁依驱晋法弃市。原此之旨，当以二亲生存而横言死没，情事悖逆，忍所不当，故同之驱晋之科，正以大辟之刑。今钦生父实终没，墓在旧邦，积年久远，方诈服迎丧，以此为大妄耳。比之于父存言亡，相殊远矣。”遂活之。又以异姓相养，礼律所不许，子孙继亲族无后者，唯令主其蒸尝，不听别籍以避役也。佐吏咸服之。

时朝廷征益州刺史郭铨，犍为太守卞苞于坐劝铨以蜀反，仲堪斩之以闻。朝廷以仲堪事不预察，降号鹰扬将军。尚书下以益州所统梁州三郡人丁一千番戍汉中，益州未肯承遣。仲堪乃奏之曰：

夫制险分国，各有攸宜，剑阁之隘，实蜀之关键。巴西、梓潼、宕渠三郡去汉中辽远，在剑阁之内，成败与蜀为一，而统属梁州，盖定鼎中华，虑在后伏，所以分斗绝之势，开荷戟之路。自皇居南迁，守在岷、邛，衿带之形，事异曩昔。是以李势初平，割此三郡配隶益州，将欲重复上流为习坎之防。事经英略，历年数纪。梁州以统接旷远，求还得三郡，忘王侯设险之义，背地势内外之实，盛陈事力之寡弱，饰哀矜之苦言。

今华阳乂清，沔、陇顺轨，关中余烬，自相鱼肉，梁州以论求三郡，益州以本统有定，更相牵制，莫知所从。致令巴、宕二郡为群獠所覆，城邑空虚，士庶流亡，要害膏腴皆为獠有。今远虑长规，宜保全险塞。又蛮獠炽盛，兵力寡弱，如遂经理乖缪，号令不一，则剑阁非我保，丑类转难制。此乃藩捍之大机，上流之至要。

昔三郡全实，正差文武三百，以助梁州。今俘没蛮獠，十不遗二，加逐食鸟散，资生未立，苟顺符指以副梁州，恐公私困弊，无以堪命，则剑阁之守无击柝之储，号令选用不专于益州，虚有监统之名，而无制御之用，惧非分位之本旨，经国之远术。谓今正可更加梁州文武五百，合前为一千五百，自此之外，一仍旧贯。设梁州有急，蜀当倾力救之。

书奏，朝廷许焉。

桓玄在南郡，论四皓来仪汉庭，孝惠以立。而惠帝柔弱，吕后凶忌，此数公者，触彼埃尘，欲以救弊。二家之中，各有其党，夺彼与此，其仇必兴。不知匹夫之志，四公何以逃其患？素履终吉，隐以保生者，其若是乎！以其文赠仲堪。仲堪乃答之曰：

隐显默语，非贤达之心，盖所遇之时不同，故所乘之涂必异。道无所屈，而天下以之获宁，仁者之心未能无感。若夫四公者，养志岩阿，道高天下，秦网虽虐，游之而莫惧，汉祖虽雄，请之而弗顾，徒以一理有感，泛然而应，事同宾客之礼，言无是非之对，孝惠以之获安，莫由报其德，如意以之定藩，无所容其怨。且争夺滋生，主非一姓，则百姓生心；祚无常人，则人皆自贤。况夫汉以剑起，人未知义，戎遏奸邪，特宜以正顺为宝。天下，大器也，苟乱亡见惧，则沧海横流。原夫若人之振策，岂为一人之废兴哉！苟可以畅其仁义，与夫伏节委质，可荣可辱者，道迹悬殊，理势不同，君何疑之哉！

又谓诸吕强盛，几危刘氏，如意若立，必无此患。夫祸福同门，倚伏万端，又未可断也。于时天下新定，权由上制，高祖分王子弟，有磐石之固，社稷深谋之臣，森然比肩，岂琐琐之禄、产所能倾夺之哉！此或四公所预，于今亦无以辩之，但求古贤之心，宜存之远大耳。端本正源者，虽不能无危，其危易持。苟启竞津，虽未必不安，而其安难保。此最有国之要道，古今贤哲所同惜也。

玄屈之。

仲堪自在荆州，连年水旱，百姓饥馑，仲堪食常五碗，盘无余肴，饭粒落席间，辄拾以啖之，虽欲率物，亦缘其性真素也。每语子弟云："人物见我受任方州，谓我豁平昔时意，今吾处之不易。贫者，士之常，焉得登枝而捐其本？尔其存之！"

其后蜀水大出，漂浮江陵数千家。以堤防不严，复降为宁远将军。安帝即位，进号冠军将军，固让不受。

初，桓玄将应王恭，乃说仲堪，推恭为盟主，共兴晋阳之举，立桓、文之功，仲堪然之。仲堪以王恭在京口，去都不盈二百，自荆州道远连兵，势不相及，乃伪许恭，而实不欲下。闻恭已诛王国宝等，始抗表兴师，遣龙骧将军杨佺期次巴陵。会稽王道子遣书止之，仲堪乃还。

初，桓玄弃官归国，仲堪惮其才地，深相交结。玄亦欲假其兵势，诱而悦之。国宝之役，仲堪既纳玄之诱，乃外结雍州刺史郗恢，内要从兄南蛮校尉觊、南郡相江绩等。恢、觊、绩并不同之，乃以杨佺期代绩，觊自逊位。

会王恭复与豫州刺史庾楷举兵讨江州刺史王愉及谯王尚之等，仲堪因集议，以为朝廷去年自戮国宝，王恭威名已震，今其重举，势无不克。而我去年缓师，已失信于彼，今可整棹晨征，参其霸功。于是使佺期舟师五千为前锋，桓玄次之，仲堪率兵二万，相继而下。佺期、玄至溢口，王愉奔于临川，玄遣偏军追获之。佺期等进至横江，庾楷败奔于玄，谯王尚之等退走，尚之弟恢之所领水军皆没。玄等至石头，仲堪至芜湖，忽闻王恭已死，刘牢之反恭，领北府兵在新亭，玄等三军失色，无复固志，乃回师屯于蔡洲。

时朝廷新平恭、楷，且不测西方人心，仲堪等拥众数万，充斥郊畿，内外忧逼。玄从兄修告会稽王道子曰："西军可说而解也。修知其情矣。若许佺期以重利，无不倒戈于仲堪者。"道子纳之，乃以玄为江州，佺期为雍州，黜仲堪为广州，以桓修为荆州，遣仲堪叔父太常茂宣诏回军。

仲堪恚被贬退，以王恭虽败，己众亦足以立事，令玄等急进军。玄等喜于宠授，并欲顺朝命，犹豫未决。会仲堪弟逷为佺期司马，夜奔仲堪，说佺期受朝命，纳桓修。仲堪遑遽，即于芜湖南归，使徇于玄等军曰："若不各散而归，大军至江陵，当悉戮余口。"仲堪将刘系先领二千人隶于佺期，辄率众而归。玄等大惧，狼狈追仲堪，至寻阳，及之。于是仲堪失职，倚玄为援，玄等又资仲堪之兵，虽互相疑阻，亦不得异。仲堪与佺期以子弟交质，遂于寻阳结盟，玄为盟主，临坛歃血，并不受诏，申理王恭，求诛刘牢之、谯王尚之等。朝廷深惮之，于是诏仲堪曰："间以将军凭寄失所，朝野怀忧。然既往之事，宜其两忘，用乃班师回斾，祗顺朝旨，所以改授方任，盖随时之宜。将军大议，诚感朕心，今还复本位，即抚所镇，释甲休兵，则内外宁一,故遣太常茂具宣乃怀。"仲堪等并奉诏,各旋所镇。

顷之,桓玄将讨佺期,先告仲堪云:"今当入沔讨除佺期,已顿兵江口。若见与无贰,可杀杨广;若其不然,便当率军入江。"仲堪乃执玄兄伟,遣从弟遹等水军七千至江西口。玄使郭铨、符宏击之,遹等败走。玄顿巴陵,而馆其谷。玄又破杨广于夏口。仲堪既失巴陵之积,又诸将皆败,江陵震骇。城内大饥,以胡麻为廪。仲堪急召佺期。佺期率众赴之,直济江击玄,为玄所败,走还襄阳。仲堪出奔酂城,为玄追兵所获,逼令自杀,死于柞溪,弟子道护、参军罗企生等并被杀。仲堪少奉天师道,又精心事神,不吝财贿,而急行仁义,啬于周急,及玄来攻,犹勤请祷。然善取人情,病者自为诊脉分药,而用计倚伏烦密,少于鉴略,以至于败。

子简之,载丧下都,葬于丹徒,遂居墓侧。义旗建,率私僮客随义军蹑桓玄。玄死,简之食其肉。桓振之役,义军失利,简之没阵。弟旷之,有父风,仕至剡令。

杨佺期,弘农华阴人,汉太尉震之后也。曾祖准,太常。自震至准,七世有名德。祖林,少有才望,值乱没胡。父亮,少仕伪朝,后归国,终于梁州刺史,以贞干知名。佺期沈勇果劲,而兄广及弟思平等皆强犷粗暴。自云门户承籍,江表莫比,有以其门地比王珣者,犹恚恨,而时人以其晚过江,婚宦失类,每排抑之,恒慷慨切齿,欲因事际以逞其志。

佺期少仕军府。咸康中,领众屯城固。符坚将潘猛距守康回垒,佺期击走之,其众悉降,拜广威将军、河南太守,戍洛阳。符坚将窦冲率众攻平阳太守张元熙于皇天坞,佺期击走之。佺期自湖城入潼关,累战皆捷,斩获千计,降九百余家,归于洛阳,进号龙骧将军。以病,改为新野太守,领建威司马。迁唐邑太守,督石头军事,以疾去职。荆州刺史殷仲堪引为司马,代江绩为南郡相。

仲堪与桓玄举众应王恭、庾楷,仲堪素无戎略,军旅之事一委佺期兄弟,以兵五千人为前锋,与桓玄相次而下。至石头,恭死,楷败，朝廷未测玄军，乃以佺期代郗恢为都督梁雍秦三州诸军事、雍州刺史，仲堪、玄皆有迁换，于是俱还寻阳，结盟不奉诏。俄而朝廷复仲堪本职，乃各还镇。

初，玄未奉诏，欲自为雍州，以郗恢为广州。恢惧玄之来，问于众，咸曰："佺期来者，谁不戮力！若桓玄来，恐难与为敌。"既知佺期代己，乃谋于南阳太守闾丘羡，称丘距守。佺期虑事不济，乃声言玄来入沔，而佺期为前驱。恢众信之，无复固志。恢军散请降，佺期入府斩闾丘羡，放恢还都，抚将士，恤百姓，缮修城池，简练甲卒，甚得人情。

佺期、仲堪与桓玄素不穆，佺期屡欲相攻，仲堪每抑止之。玄以是告执政，求广其所统。朝廷亦欲成其衅隙，故以桓伟为南蛮校尉。佺期内怀忿惧，勒兵建牙，声云援洛，欲与仲堪袭玄。仲堪虽外结佺期，内疑其心，苦止之，又遣从弟通屯北塞以驻之。佺期不得举，乃解兵。

隆安三年，桓玄遂举兵讨佺期，先攻仲堪。初，仲堪得玄书，急召佺期。佺期曰："江陵无食，当何以待敌？可来见就，共守襄阳。"仲堪自以保境全军，无缘弃城逆走，忧佺期不赴，乃绐之曰："比来收集，已有储矣。"佺期信之，乃率众赴焉。步骑八千，精甲耀日。既至，仲堪唯以饭饷其军。佺期大怒曰："今兹败矣！"乃不见仲堪。时玄在零田，佺期与兄广击玄。玄畏佺期之锐，乃渡军马头。明日，佺期率殷道护等精锐万人乘舰出战，玄距之，不得进。佺期乃率其麾下数十舰，直济江，径向玄船。俄而回击郭铨，殆获铨，会玄诸军至，佺期退走，余众尽没，单马奔襄阳。玄追军至，佺期与兄广俱死之，传首京都，枭于朱雀门。

弟思平，从弟尚保、孜敬，俱逃于蛮。刘裕起义，始归国，历位州郡。

孜敬，为人剽锐，果于行事。昔与佺期劝殷仲堪杀殷觊，仲堪不从，孜敬拔刃而起，欲自出取之，仲堪苦禁乃止。乃为梁州刺史，常怏怏不满其志。经襄阳，见鲁宗之侍卫皆佺期之旧也，孜敬愈愤，见于辞色。宗之参军刘千期于座面折之，因发大怒，抽剑刺千期立死。宗之表而斩之。

思平、尚保后亦以罪诛，杨氏遂灭。

史臣曰：生灵道断，忠贞路绝，弃彼弊冠，崇兹新履。牢之事非其主，抑亦不臣，功多见疑，势陵难信，而投兵散地，二三之甚。若夫司牧居愆，方隅作厉，口顺勤王，心乖抗节。王恭鲠言时政，有昔贤之风。国宝就诛，而晋阳犹起。是以仲堪侥幸，佺期无状，雅志多隙，佳兵不和，足以亡身，不足以静乱也。

赞曰：孝伯怀功，牢之总戎。王因起衅，刘亦惭忠。殷杨乃武，抽旆争雄。庾君含怨，交斗其中。猗欤群采，道睽心异。是曰乱阶，非关臣事。

晋书卷八五
列传第五五

# 刘毅 兄迈　诸葛长民　何无忌
# 檀凭之　魏咏之

刘毅，字希乐，彭城沛人也。曾祖距，广陵相。叔父镇，左光禄大夫。毅少有大志，不修家人产业，仕为州从事，桓弘以为中兵参军属。

桓玄篡位，毅与刘裕、何无忌、魏咏之等起义兵，密谋讨玄，毅讨徐州刺史桓修于京口、青州刺史桓弘于广陵。裕率毅等至竹里，玄使其将皇甫敷、吴甫之北距义兵，遇之于江乘，临阵斩甫之，进至罗洛桥，又斩敷首。玄大惧，使桓谦、何之澹屯覆舟山。毅等军至蒋山，裕使羸弱登山，多张旗帜，玄不之测，益以危惧。谦等士卒多北府人，素慑伏裕，莫敢出斗。裕与毅等分为数队，进突谦阵，皆殊死战，无不一当百。时东北风急，义军放火，烟尘张天，鼓噪之音震骇京邑，谦等诸军一时奔散。

玄既西走，裕以毅为冠军将军、青州刺史，与何无忌、刘道规蹑玄。玄逼帝及琅邪王西上，毅与道规及下邳太守孟怀玉等追及玄，战于峥嵘洲。毅乘风纵火，尽锐争先，玄众大溃，烧辎重夜走。玄将郭铨、刘雅等袭陷寻阳，毅遣武威将军刘怀肃讨平之。

及玄死，桓振、桓谦复聚众距毅于灵溪。玄将冯该以兵会于振，毅进击，为振所败，退次寻阳，坐免官，寻原之。刘裕命何无忌受毅节度，无忌以督摄为烦，辄便解统。毅疾无忌专擅，免其琅邪内史，以辅国将军摄军事，无忌遂与毅不平。毅唯自引咎，时论题之。毅复与道规发寻阳。桓亮自号江州刺史，遣刘敬宣击走之。毅军次夏口。时振党冯该戍大岸，孟山图据鲁城，桓山客守偃月垒，众合万人，连舰二岸，水陆相援。毅督众军进讨，未至夏口，遇风飘没千余人。毅与刘怀肃、索超等攻鲁城，道规攻偃月垒，何无忌与檀祗列舰于中流，以防越逸。毅躬贯甲胄，陵城半日而二垒俱溃，生擒山客，而冯该遁走。毅进平巴陵。以毅为使持节、兖州刺史，将军如故。毅号令严整，所经墟邑，百姓安悦。南阳太守鲁宗之起义，袭襄阳，破桓蔚。毅等诸军次江陵之马头。振拥乘舆，出营江津。宗之又破伪将温楷，振自击宗之。毅因率无忌、道规等诸军破冯该于豫章口，推锋而进，遂入江陵。振闻城陷，与谦北走，乘舆反正，毅执玄党卞范之、羊僧寿、夏侯崇之、桓道恭等，皆斩之。桓振复与符宏自郧城袭陷江陵，与刘怀肃相持。毅遣部将击振，杀之，并斩伪辅国将军桓珍。毅又攻拔迁陵，斩玄太守刘叔祖于临嶂。其余拥众假号以十数，皆讨平之。二州既平，以毅为抚军将军。时刁预等作乱，屯于湘中，毅遣将分讨，皆灭之。

初，毅丁忧在家，及义旗初兴，遂墨绖从事。至是，军役渐宁，上表乞还京口，以终丧礼，曰："弘道为国者，理尽于仁孝。诉穷归天者，莫甚于丧亲。但臣凡庸，本无感概，不能陨越，故其宜耳。往年国难滔天，故志竭愚忠，腼然苟存。去春銮驾回轸，而狂狡未灭，虽奸凶时枭，余烬窜伏，威怀寡方，文武劳弊，微情未申，顾景悲愤。今皇威遐肃，海内清荡，臣穷毒艰秽，亦已具于圣听。兼羸患滋甚，众疾互动，如今寝顿无复人理。臣之情也，本不甘生；语其事也，亦可以没。乞赐余骸，终其丘坟，庶几忠孝之道获宥于圣世。"不许。诏以毅为都督豫州扬州之淮南历阳庐江安丰五郡诸军事、豫州刺史，持节、将军、常侍如故，本府文武悉令西属。以匡复功，封南平郡开国公，兼都督宣城军事，给鼓吹一部。梁州刺史刘雅反，毅遣将讨擒之。初，桓玄于南州起斋，悉画盘龙于其上，号为盘龙斋。毅小字盘龙，至是，遂居之。俄进拜卫将军、开府仪同三司。

及何无忌为卢循所败，贼军乘胜而进，朝廷震骇。毅具舟船讨之，将发，而疾笃，内外失色。朝议欲奉乘舆北就中军刘裕，会毅疾瘳，将率军南征，裕与毅书曰："吾往与妖贼战，晓其变态。今修船垂毕，将居前扑之。克平之日，上流之任皆以相委。"又遣毅从弟藩往止之。毅大怒，谓藩曰："我以一时之功相推耳，汝便谓我不及刘裕也！"投书于地。遂以舟师二万发姑孰。徐道覆闻毅将至建邺，报卢循曰："刘毅兵重，成败系此一战，宜并力距之。"循乃引兵发巴陵，与道覆连旗而下。毅次于桑落洲，与贼战，败绩，弃船，以数百人步走，余众皆为贼所虏，辎重盈积，皆弃之。毅走，经涉蛮晋，饥困死亡，至者十二、三。参军羊邃竭力营护之，仅而获免。刘裕深慰勉之，复其本职。毅乃以邃为咨议参军。

及裕讨循，诏毅知内外留事。毅以丧师，乞解任，降为后将军。寻转卫将军、开府仪同三司、江州都督。毅上表曰：

臣闻天以盈虚为运，政以损益为道。时否而政不革，人凋而事不损，则无以救急病于已危，拯涂炭于将绝。自顷戎车屡骇，干戈溢境，所统江州，以一隅之地当逆顺之冲，自桓玄以来，驱蹙残败，至乃男不被养，女无匹对，逃亡去就，不避幽深，自非财殚力竭，无以至此。若不曲心矜理，有所厘改，则靡遗之叹，奄焉必及。

夫设官分职，军国殊用，牧养以息务为大，武略以济事为先。兼而领之，盖出于权事，因藉既久，遂似常体。江州在腹心之内，凭接阳、豫，藩屏所倚，实为重复。昔胡寇纵逸，朔马临江，抗御之宜，盖权尔耳。今江左区区，户不盈数十万，地不逾数千里，而统旅鳞次，未获减息，大而言之，足为国耻。况乃地在无虞，而犹置军府文武将佐，资费非要，岂所谓经国大情，扬汤去火者哉！自州郡边江，百姓辽落，加邮亭险阔，畏阻风波，转输往复，恒有淹废，又非所谓因其所利，以济其弊者也。愚谓宜解军府，移镇豫章，处十郡之中，厉简惠之政，以及数年，可有生气。且属县凋散，示有所存，而役调送迎不得止息，亦谓应随宜并合，以简众费。刺史庾悦，自临莅以来，甚有恤隐之诚，但纲维不革，自非纲目所理。寻阳接蛮，宜示有遏防，可即州府千兵以助郡戍。

于是解悦，毅移镇豫章，遣其亲将赵恢领千兵守寻阳。俄进毅为都督荆宁秦雍四州之河东河南广平扬州之义成四郡诸军事、卫将军、开府仪同三司、荆州刺史，持节、公如故。毅表荆州编户不盈十万，器械索然。广州虽凋残，犹出丹漆之用，请依先准。于是加督交、广二州。

毅至江陵，乃辄取江州兵及豫州西府文武万余，留而不遣，又告疾困，请藩为副。刘裕以毅贰于己，乃奏之。安帝下诏曰："刘毅傲恨凶戾，履霜日久，中间覆败，宜即显戮。晋法含弘，复蒙宠授。曾不思愆内讼，怨望滋甚。赖宰辅藏疾，特加遵养，遂复推毅陕西，宠荣隆泰，庶能洗心感遇，革音改意。而长恶不悛，志为奸宄，陵上虐下，纵逸无度。既解督任，江州非复所统，而辄徙兵众，略取军资，驱斥旧戍，厚树亲党。西府二局，文武盈万，悉皆割留，曾无片言。肆心恣欲，罔顾天朝。又与从弟藩远相影响，招聚剽狡，缮甲阻兵，外托省疾，实窥伺隙，同恶相济，图会荆、郢。尚书左仆射谢混，凭藉世资，超蒙殊遇，而轻佻躁脱，职为乱阶，扇动内外，连谋万里，是而可忍，孰不可怀！"乃诛藩、混。

刘裕自率众讨毅，命王弘、王镇恶、蒯恩等率军至豫章口，于江津燔舟而进。毅参军朱显之逢镇恶，以所统千人赴毅。镇恶等攻陷外城，毅守内城，精锐尚数千人，战至日昃，镇恶以裕书示城内，毅怒，不发书而焚之。毅冀有外救，督士卒力战。众知裕至，莫有斗心。既暮，镇恶焚诸门，齐力攻之，毅众乃散。毅自北门单骑而走，去江陵二十里而缢。经宿，居人以告，乃斩于市，子姓皆伏诛。毅兄模奔于襄阳，鲁宗之斩送之。

毅刚猛沈断，而专肆狠愎，与刘裕协成大业，而功居其次，深自矜伐，不相推伏。及居方岳，常怏怏不得志，裕每柔而顺之。毅骄纵滋甚，每览史籍，至蔺相如降屈于廉颇，辄绝叹以为不可能也。尝云："恨不遇刘、项，与之争中原。"又谓郗僧施曰："昔刘备之有孔明，犹鱼之有水。今吾与足下虽才非古贤，而事同斯言。"众咸恶其陵傲不逊。及败于桑落，知物情去己，弥复愤激。

初，裕征卢循，凯归，帝大宴于西池，有诏赋诗。毅诗云："六国多雄士，正始出风流。"自知武功不竞，故示文雅有余也。后于东府聚樗蒲大掷，一判应至数百万，余人并黑犊以还，唯刘裕及毅在后。毅次掷得雉，大喜，褰衣绕床，叫谓同坐曰："非不能卢，不事此耳。"裕恶之，因接五木久之，曰："老兄试为卿答。"既而四子俱黑，其一子转跃未定，裕厉声喝之，即成卢焉。毅意殊不快，然素黑，其面如铁色焉，而乃和言曰："亦知公不能以此见借！"既出西藩，虽上流分陕，而顿失内权，又颇自嫌事计，故欲擅其威强，伺隙图裕，以至于败。

初，江州刺史庾悦，隆安中为司徒长史，曾至京口。毅时甚屯窭，先就府借东堂与亲故出射。而悦后与僚佐径来诣堂，毅告之曰："毅辈屯否之人，合一射甚难。君于诸堂并可，望以今日见让。"悦不许。射者皆散，唯毅留射如故。既而悦食鹅，毅求其余，悦又不答，毅常衔之。义熙中，故夺悦豫章，解其军府，使人微示其旨，悦忿惧而死。毅之褊躁如此。

迈，字伯群。少有才干，为殷仲堪中兵参军。桓玄之在江陵，甚豪横，士庶畏之，过于仲堪。玄曾于仲堪厅事前戏马，以稍拟仲堪。迈时在坐，谓玄曰："马稍有余，精理不足。"玄自以才雄冠世，而心知外物不许之。仲堪为之失色。玄出，仲堪谓迈曰："卿乃狂人也！玄夜遣杀卿，我岂能相救！"迈以正辞折仲堪，而不以为悔。仲堪使迈下都以避之。玄果令追之，迈仅而免祸。后玄得志，迈诣门称谒，玄谓迈曰："安知不死而敢相见？"迈对曰："射钩、斩祛，与迈为三，故不知死。"玄甚喜，以为刑狱参军。后为竟临太守。及毅与刘裕等同谋起义，迈将应之，事泄，为玄所害。

诸葛长民，琅邪阳郡人也。有文武干用，然不持行检，无乡曲之誉。桓玄引为参军平西军事，寻以贪刻免。及刘裕建义，与之定谋，为扬武将军。从裕讨桓玄，以功拜辅国将军、宣城内史。于时桓歆聚众向历阳，长民击走之，又与刘敬宣破歆于芍陂，封新淦县公，食邑二千五百户，以本官督淮北诸军事，镇山阳。

义熙初，慕容超寇下邳，长民遣部将徐琰击走之，进位使持节、督青扬二州诸军事、青州刺史，领晋陵太守，镇丹徒，本号及公如故。

及何无忌为徐道覆所害，贼乘胜逼京师，朝廷震骇，长民率众入卫京都，因表曰："妖贼集船伐木，而南康相郭澄之隐蔽经年，又深相保明，屡欺无忌，罪合斩刑。"诏原澄之。及卢循之败刘毅也，循与道覆连旗而下，京都危惧。长民劝刘裕权移天子过江。裕不听，令长民与刘毅屯于北陵，以备石头。事平，转督豫州扬州之六郡诸军事、豫州刺史，领淮南太守。

及裕讨毅，以长民监太尉留府事，诏以甲杖五十人入殿。长民骄纵贪侈，不恤政事，多聚珍宝美色，营建第宅，不知纪极，所在残虐，为百姓所苦。自以多行无礼，恒惧国宪。及刘毅被诛，长民谓所亲曰："昔年醢彭越，前年杀韩信，祸其至矣！"谋欲为乱，问刘穆之曰："人间论者谓太尉与我不平，其故何也？"穆之曰："相公西征，老母弱弟委之将军，何谓不平？！"长民弟黎民轻狡好利，固劝之曰："黥、彭异体而势不偏全，刘毅之诛，亦诸葛氏之惧，可因裕未还以图之。"长民犹豫未发，既而叹曰："贫贱常思富贵，富贵必履机危。今日欲为丹徒布衣，岂可得也！"裕深疑之，骆驿继遣辎重兼行而下，前克三日，百司于道候之，辄差其期。既而轻舟径进，潜入东府。明旦，长民闻之，惊而至门，裕伏壮士丁旿于幕中，引长民进语，素所未尽皆说焉。长民悦，旿自后拉而杀之，舆尸付廷尉。使收黎民，黎民骁勇绝人，与捕者苦战而死。小弟幼民为大司马参军，逃于山中，追擒戮之。诸葛氏之诛也，士庶咸恨正刑之晚，若释桎梏焉。

初，长民富贵之后，常一月中辄十数夜眠中惊起，跳踉，如与人相打。毛修之尝与同宿，见之骇愕，问其故。长民答曰："正见一物，甚黑而有毛,脚不分明,奇健,非我无以制之。"其后来转数。屋中柱及橡桷间,悉见有蛇头,令人以刀悬斫,应刃隐藏,去辄复出。又捣衣杵相与语如人声,不可解。于壁见有巨手,长七八尺,臂大数围,令斫之,豁然不见。未几伏诛。

何无忌,东海郯人也。少有大志,忠亮任气,人有不称其心者,辄形于言色。州辟从事,转太学博士。镇北将军刘牢之,即其舅也。时镇京口,每有大事,常与参议之。会稽世子元显子彦章,封东海王,以无忌为国中尉,加广武将军。及桓玄害彦章于市,无忌入市恸哭而出,时人义焉。随牢之南征桓玄。牢之将降于玄也,无忌屡谏,辞旨甚切,牢之不从。及玄篡位,无忌与玄吏部郎曹靖之有旧,请莅小县。靖之白玄,玄不许,无忌乃还京口。

初,刘裕尝为刘牢之参军,与无忌素相亲结。至是,因密共图玄。刘毅家在京口,与无忌素善,言及兴复之事,无忌曰:"桓氏强盛,其可图乎?"毅曰:"天下自有强弱,虽强易弱,正患事主难得耳!"无忌曰:"天下草泽之中非无英雄也。"毅曰:"所见唯有刘下邳。"无忌笑而不答,还以告裕,因共要毅,与相推结,遂共举义兵,袭京口。无忌伪著传诏服,称敕使,城中无敢动者。

初,桓玄闻裕等及无忌之起兵也,甚惧。其党曰:"刘裕乌合之众,势必无成,愿不以为虑。"玄曰:"刘裕勇冠三军,当今无敌。刘毅家无儋石之储,樗蒲一掷百万;何无忌,刘牢之之甥,酷似其舅。共举大事,何谓无成!"其见惮如此。

及玄败走,武陵王遵承制以无忌为辅国将军、琅邪内史,以会稽王道子所部精兵悉配之,南追桓玄,与振武将军刘道规俱受冠军将军刘毅节度。玄留其龙骧将军何澹之、前将军郭铨、江州刺史郭昶之守溢口。无忌等次桑落洲,澹之等率军来战。澹之常所乘舫旌旗甚盛,无忌曰:"贼帅必不居此,欲诈我耳,宜亟攻之。"众咸曰:"澹之不在其中,其徒得之无益。"无忌谓道规曰:"今众寡不敌,战无全胜。澹之虽不居此舫,取则易获,因纵兵腾之,可以一鼓而败也。"道规从之,遂获贼舫,因传呼曰:"已得何澹之矣!"贼中惊扰,无忌之众亦谓为然。道规乘胜径进,无忌又鼓噪赴之,澹之遂溃。进据寻阳,遣使奉送宗庙主祐及武康公主、琅邪王妃还京都。又与毅、道规破走玄于峥嵘洲。无忌进据巴陵。玄从兄谦、从子振乘间陷江陵,无忌、道规进攻谦于马头,攻桓蔚于龙泉,皆破之。既而为桓振所败,退还寻阳。无忌与毅、道规复进讨振,克夏口三城,遂平巴陵,进次马头。桓谦请割荆、江二州,奉送天子,无忌不许。进军破江陵,谦等败走。无忌侍卫安帝还京师,以无忌督豫州扬州淮南庐江安丰历阳堂邑五郡军事、右将军、豫州刺史,加节,甲杖五十人入殿,未之职。迁会稽内史、督江东五郡军事,持节、将军如故,给鼓吹一部。

义熙二年,迁都督江荆二州江夏随义阳绥安豫州西阳新蔡汝南颍川八郡军事、江州刺史,将军、持节如故。以兴复之功,封安成郡开国公,食邑三千户,增督司州之弘农扬州之松滋,加散骑侍郎,进镇南将军。

卢循遣别帅徐道覆顺流而下,舟舰皆重楼。无忌将率众距之,长史邓潜之谏曰:"今以神武之师抗彼逆众,回山压卵,未足为譬。然国家之计在此一举。闻其舟舰大盛,势若上流。蜂虿之毒,邾、鲁成鉴。宜决破南塘,守二城以待之,其必不敢舍我远下。蓄力俟其疲老,然后击之。若弃万全之长策,而决成败于一战,如其失利,悔无及矣。"无忌不从,遂以舟师距之。既及,贼令强弩数百登西岸小山以邀射之,而薄于山侧。俄而西风暴急,无忌所乘小舰被飘东岸,贼乘风以大舰逼之,众遂奔败,无忌尚厉声曰:"取我苏武节来!"节至,乃躬执以督战。贼众云集,登舰者数十人。无忌辞色无挠,遂握节死之。

诏曰:"无忌秉哲履正,忠亮明允,亡身殉国,则契协英谟;经纶屯昧,则重氛载廓。及敷政方夏,实播风惠。妖寇构乱,侵扰邦畿,投袂致讨,志清王略。而事出虑外,临危弥厉,握节陨难,诚贯古贤,朕用伤恸于厥怀。其赠侍中、司空,本官如故,谥曰忠肃。"子邕嗣。

初,桓玄克京邑,刘裕东征,无忌密至裕军所,潜谋举义,劝裕于山阴起兵。裕以玄大逆未彰,恐在远举事,克济为难。若玄遂窃天位,然后于京口图之,事未晚也。无忌乃还。及义师之举,参赞大勋,皆以算略攻取为效,而此举败于轻脱,朝野痛之。

檀凭之,字庆子,高平人也。少有志力。闺门邕肃,为世所称。从兄子韶兄弟五人,皆稚弱而孤,凭之抚养若己所生。

初为会稽王骠骑行参军,转桓修长流参军,领东莞太守,加宁远将军。与刘裕有州闾之旧,又数同东讨,情好甚密。义旗之建,凭之与刘毅俱以私艰,墨缞而赴。虽才望居毅之后,而官次及威声过之,故裕以为建武将军。

裕将义举也,尝与何无忌、魏咏之同会凭之所。会善相者晋陵韦叟见凭之,大惊曰:"卿有急兵之厄,其候不过三四日耳。且深藏以避之,不可轻出。"及桓玄将皇甫敷之至罗落桥也,凭之与裕各领一队而战,军败,为敷军所害。赠冀州刺史。

义熙初,诏曰:"夫旌善纪功,有国之通典,没而不朽,节义之笃行。故冀州刺史檀凭之,忠烈果毅,亡身为国,既义敦其情,故临危授命。考诸心迹,古人无以远过,近者之赠,意犹恨焉。可加赠散骑常侍,本官如故。既陨身王事,亦宜追论封赏。可封曲阿县公,邑三千户。"

魏咏之,字长道,任城人也。家世贫素,而躬耕为事,好学不倦。生而兔缺。有善相者谓之曰:"卿当富贵。"年十八,闻荆州刺史殷仲堪帐下有名医能疗之,贫无行装,谓家人曰:"残丑如此,用活何为!"遂赍数斛米西上,以投仲堪。既至,造门自通。仲堪与语,嘉其盛意,召医视之。医曰:"可割而补之,但须百日进粥,不得笑语。"

咏之曰:"半生不语,而有半生,亦当疗之,况百日邪!"仲堪于是处之别屋,令医善疗之。咏之遂闭口不语,唯食薄粥,其厉志如此。及差,仲堪厚资遣之。

初为州主簿,尝见桓玄。既出,玄鄙其精神不俊,谓坐客曰:"庸神而宅伟干，不成令器。"竟不调而遣之。咏之早与刘裕游款，及玄篡位，协赞义谋。玄败，授建威将军、豫州刺史。桓歆寇历阳，咏之率众击走之。义熙初，进征虏将军、吴国内史，寻转荆州刺史、持节、都督六州，领南蛮校尉。咏之初在布衣，不以贫贱为耻；及居显位，亦不以富贵骄人。始为殷仲堪之客，未几竟践其位，论者称之。寻卒于官。诏曰："魏咏之器宇弘劭，识局贞隐，同奖之诚，实铭王府；敷绩之效，垂惠在人。奄致陨丧，恻怆于心。可赠太常，加散骑常侍。"其后录其赞义之功，追封江陵县公，食邑二千五百户，谥曰桓。弟顺之至琅邪内史。

　　史臣曰：臣观自古承平之化，必仗正人；非常之业，莫先奇士。当衰晋陵夷之际，逆玄僭擅之秋，外乏桓、文，内无平、勃，不有雄杰，安能济之哉！此数子者，气足以冠时，才足以经世，属大亨数穷之运，乘义熙天启之资，建大功若转圜，剪群凶如拉朽，势倾百辟，禄极万钟，斯亦丈夫之盛也。然希乐陵傲而速祸，诸葛骄淫以成衅，造宋而乖同德，复晋而异纯臣，谋之不臧，自取夷灭。无忌挟功名之大志，挺文武之良才，追旧而恸感时人，率义而响震勍敌，因机效捷，处死不懦，比乎向时之辈，岂同日而言欤！

　　赞曰：刘生刚愎，葛侯凶恣。患结满盈，祸生疑贰。安成英武，体兹忠烈。舍家殉义，亡生存节。檀实棱威，身陨名飞。魏然协契，效绩扬辉。

# 晋书卷八六
## 列传第五六

# 张轨 轨子实　实弟茂　实子骏　骏子重华
### 华子耀灵　灵伯父祚　灵弟玄靓　靓叔天锡

　　张轨,字士彦,安定乌氏人,汉常山景王耳十七代孙也。家世孝廉,以儒学显。父温,为太官令。轨少明敏好学,有器望,姿仪典则,与同郡皇甫谧善,隐于宜阳女几山。

　　泰始初,受叔父锡官五品。中书监张华与轨论经义及政事损益,甚器之,谓安定中正为蔽善抑才,乃美为之谈,以为二品之精。卫将军杨珧辟为掾,除太子舍人,累迁散骑常侍、征西军司。

　　轨以时方多难,阴图据河西,筮之,遇《泰》之《观》,乃投策喜曰:“霸者兆也。”于是求为凉州。公卿亦举轨才堪御远。永宁初,出为护羌校尉、凉州刺史。于时鲜卑反叛,寇盗纵横,轨到官,即讨破之,斩首万余级,遂威著西州,化行河右。以宋配、阴充、氾瑗、阴澹为股肱谋主,征九郡胄子五百人,立学校,始置崇文祭酒,位视别驾,春秋行乡射之礼。秘书监缪世征、少府挚虞夜观星象,相与言曰:“天下方乱,避难之国唯凉土耳。张凉州德量不恒,殆其人乎!”及河间、成都二王之难,遣兵三千,东赴京师。初,汉末金城人阳成远杀太守以叛,郡人冯忠赴尸号哭,呕血而死。张掖人吴咏为护羌校尉马贤所辟,后为太尉庞参掾,参、贤相诬,罪应死,各引咏为证,咏计理无两直,遂自刎而死。参、贤惭悔,自相和释。轨皆祭其墓而旌其子孙。

永兴中，鲜卑若罗拔能皆为寇，轨遣司马宋配击之，斩拔能，俘十余万口，威名大震。惠帝遣加安西将军，封安乐乡侯，邑千户。于是大城姑臧。其城本匈奴所筑也，南北七里，东西三里，地有龙形，故名“卧龙城”。初，汉末博士敦煌侯瑾谓其门人曰：“后城西泉水当竭，有双阙起其上，与东门相望，中有霸者出焉。”至魏嘉平中，郡官果起学馆，筑双阙于泉上，与东门正相望矣。至是，张氏遂霸河西。

永嘉初，会东羌校尉韩稚杀秦州刺史张辅，轨少府司马杨胤言于轨曰：“今稚逆命，擅杀张辅，明公杖钺一方，宜惩不恪，此亦《春秋》之义，诸侯相灭亡，桓公不能救，则桓公耻之。”轨从焉，遣中督护氾瑗率众二万讨之，先遗稚书曰：“今王纲纷挠，牧守宜戮力勤王。适得雍州檄，云卿称兵内侮。吾董任一方，义在伐叛，武旅三万，骆驿继发，伐木之感，心岂可言！古之行师，全国为上，卿若单马军门者，当与卿共平世难也。”稚得书而降。

遣主簿令狐亚聘南阳王模，模甚悦，遗轨以帝所赐剑，谓轨曰：“自陇以西，征伐断割悉以相委，如此剑矣。”俄而王弥寇洛阳，轨遣北宫纯、张纂、马鲂、阴濬等率州军击破之，又败刘聪于河东，京师歌之曰：“凉州大马，横行天下。凉州鸲鹆，寇贼消，鸲鹆翩翩，怖杀人。”帝嘉其忠，进封西平郡公，不受。张掖临松山石有“金马”字，磨灭粗可识，而“张”字分明，又有文曰：“初祚天下，西方安万年。”姑臧又有玄石，白点成二十八宿。于时天下既乱，所在使命莫有至者，轨遣使贡献，岁时不替。朝廷嘉之，屡降玺书慰劳。

轨后患风，口不能言，使子茂摄州事。酒泉太守张镇潜引秦州刺史贾龛以代轨，密使诣京师，请尚书侍郎曹祛为西平太守，图为辅车之势。轨别驾麹晁欲专威福，又遣使诣长安，告南阳王模，称轨废疾，以请贾龛，而龛将受之。其兄让龛曰：“张凉州一时名士，威著西州，汝何德以代之！”龛乃止。更以侍中爰瑜为凉州刺史。治中杨澹驰诣长安，割耳盘上，诉轨之被诬，模乃表停之。

晋昌张越，凉州大族，谶言张氏霸凉，自以才力应之。从陇西内史迁凉州刺史。越志在凉州，遂托病归河西，阴图代轨，乃遣兄镇及曹祛、曲佩移檄废轨，以军司杜耽摄州事，使耽表越为刺史。轨令曰："吾在州八年，不能绥靖区域，又值中州兵乱，秦陇倒悬，加以寝患委笃，实思敛迹避贤。但负荷任重，未便辄遂。不图诸人横兴此变，是不明吾心也。吾视去贵州如脱屣耳！"欲遣主簿尉髦奉表诣阙，便速脂辖，将归老宜阳。长史王融、参军孟畅蹋折镇檄，排阁入谏曰："晋室多故，人神涂炭，实赖明公抚宁西夏。张镇兄弟敢肆凶逆，宜声其罪而戮之，不可成其志也。"轨嘿然。融等出而戒严。武威太守张琠遣子坦驰诣京，表曰："魏尚安边而获戾，充国尽忠而被谴，皆前史之所讥，今日之明鉴也。顺阳之为刘陶，守阙者十人。刺史之莅臣州，若慈母之于赤子，百姓之爱臣轨，若旱苗之得膏雨。伏闻信惑流言，当有迁代，民情嗷嗷，如失父母。今戎夷猾夏，不宜摇动一方。"寻以子实为中督护，率兵讨镇。遣镇外甥太府主簿令狐亚前喻镇曰："舅何不审安危，明成败？主公西河著德，兵马如云，此犹烈火已焚，待江汉之水，溺于洪流，望越人之助，其何及哉！今数万之军已临近境，今唯全老亲，存门户，输诚归官，必保万全之福。"镇流涕曰："人误我也！"乃委罪功曹鲁连而斩之，诣实归罪。南讨曹祛，走之。张坦至自京师，帝优诏劳轨，依模所表，命诛曹祛。轨大悦，赦州内殊死已下。命实率尹员、宋配步骑三万讨祛，别遣从事田回、王丰率骑八百自姑臧西南出石驴，据长宁。祛遣曲晁距战于黄阪。实诡道出浩亹，战于破羌。轨斩祛及牙门田嚣。

遣治中张阆送义兵五千及郡国秀孝贡计、器甲方物归于京师。令有司可推详立州已来清贞德素，嘉遁遗荣；高才硕学，著述经史；临危殉义，杀身为君；忠谏而婴祸，专对而释患；权智雄勇，为时除难；谄佞误主，伤陷忠贤；具状以闻。州中父老莫不相庆。

光禄傅祗、太常挚虞遗轨书，告京师饥匮，轨即遣参军杜勋献马五百匹、毯布三万匹。帝遣使者进拜镇西将军、都督陇右诸军事，封霸城侯，进车骑将军、开府辟召、仪同三司。策未至，而王弥遂逼洛阳，轨遣将军张斐、北宫纯、郭敷等率精骑五千来卫京都。及京都陷，斐等皆没于贼。中州避难来者日月相继，分武威置武兴郡以居之。太府主簿马鲂言于轨曰："四海倾覆，乘舆未反，明公以全州之力径造平阳，必当万里风披，有征无战。未审何惮不为此举？"轨曰："是孤心也。"又闻秦王入关，乃驰檄关中，曰："主上遭危，迁幸非所，普天分崩，率土丧气。秦王天挺圣德，神武应期。世祖之孙，王今为长。凡我晋人，食土之类，龟筮克从，幽明同款。宜简令辰，奉登皇位。今遣前锋督护宋配步骑二万，径至长安，翼卫乘舆，折冲左右。西中郎实中军三万，武威太守张琠胡骑二万，骆驿继发，仲秋中旬会于临晋。"

俄而秦王为皇太子，遣使拜张轨为骠骑大将军、仪同三司，固辞。秦州刺史裴苞、东羌校尉贯与据险断使，命宋配讨之。西平王叔与曹祛余党曲儒等劫前福禄令曲恪为主，执太守赵彝，东应裴苞。实回师讨之，斩儒等。左督护阴预与苞战狭西，大败之，苞奔桑凶坞。是岁，北宫纯降刘聪。皇太子遣使重申前授，固辞。左司马窦涛言于轨曰："曲阜周旦弗辞，营丘齐望承命，所以明国宪，厉殊勋。天下崩乱，皇舆迁幸，州虽僻远，不忘匡卫，故朝廷倾怀，嘉命屡集。宜从朝旨，以副群心。"轨不从。

初，实平曲儒，徙元恶六百余家。治中令狐浏曰："夫除恶人，犹农夫之去草，令绝其本，勿使能滋。今宜悉徙，以绝后患。"实不纳。儒党果叛，实进平之。

愍帝即位，进位司空，固让。太府参军索辅言于轨曰："古以金贝皮币为货，息谷帛量度之耗。二汉制五铢钱，通易不滞。泰治中，河西荒废，遂不用钱，裂匹以为段数。繀布既坏，市易又难，徒坏女工，不任衣用，弊之甚也。今中州虽乱，此方安全，宜复五铢以济通变之会。"轨纳之，立制准布用钱，钱遂大行，人赖其利。

是时刘曜寇北地，轨又遣参军曲陶领三千人卫长安。帝遣大鸿胪辛攀拜轨侍中、太尉、凉州牧、西平公，轨又固辞。

在州十三年，寝疾，遗令曰："吾无德于人，今疾病弥留，殆将命也。文武将佐咸当弘尽忠规，务安百姓，上为报国，下以宁家。素棺薄葬，无藏金玉。善相安逊，以听朝旨。"表立子实为世子。卒年六十。谥曰武公。

实，字安逊。学尚明察，敬贤爱士，以秀才为郎中。永嘉初，固辞骁骑将军，请迁凉州，许之，改授议郎。及至姑臧，以讨曹祛功，封建武亭侯。寻迁西中郎将，进爵福禄县侯。建兴初，除西中郎将，领护羌校尉。

轨卒，州人推实摄父位。愍帝因下策书曰："维乃父武公，著勋西夏。顷胡贼狡猾，侵逼近甸，义兵锐卒，万里相寻，方贡远珍，府无虚岁。方委专征，荡清九域，昊天不吊，凋余藩后，朕用悼厥心。维尔俊勋英毅，宜世表西海。今授持节、都督凉州诸军事、西中郎将、凉州刺史、领护羌校尉、西平公。往钦哉！其阐弘先绪，俾屏王室。"

兰池长赵奭上军士张冰得玺，文曰："皇帝玺"。群僚上庆称德，实曰："孤常忿袁本初拟肘，诸君何忽有此言！"因送于京师。下令国中曰："忝绍前踪，庶几刑政不为百姓之患，而比年饥旱，殆由庶事有缺。窃慕箴诵之言，以补不逮。自今有面刺孤罪者，酬以束帛；翰墨陈孤过者，答以筐篚；谤言于市者，报以羊米。"贼曹佐高昌隗瑾进言曰："圣王将举大事，必崇三讯之法，朝置谏官以匡大理，疑承辅弼以补阙拾遗。今事无巨细，尽决圣虑，兴军布令，朝中不知，若有谬阙，则下无分谤。窃谓宜偃聪塞智，开纳群言，政刑大小，与众共之。若恒内断圣心，则群僚畏威而面从矣。若恶专归于上，虽赏千金，终无言也。"实纳之，增位三等，赐帛四十匹。遣督护王该送诸郡贡计，献名马方珍、经史图籍于京师。

会刘曜逼长安，实遣将军王该率众以援京城。帝嘉之，拜都督陕西诸军事。及帝将降于刘曜，下诏于实曰："天步危运，祸降晋室，京师倾陷，先帝晏驾贼庭。朕流漂宛、许，爰暨旧京。群臣以宗庙无主，归之于朕，遂以冲眇之身托于王公之上。自践宝位，四载于兹，不能翦除巨寇以救危难，元元兆庶仍遭涂炭，皆朕不明所致。羯贼刘载僭称大号，祸加先帝，肆杀藩王，深惟仇耻，枕戈待旦。刘曜自去年九月率其蚁众，乘虚深寇，劫质羌胡，攻没北地。曲允总戎在外，六军败绩，侵逼京城，矢流宫阙。胡崧等虽赴国难，殿而无效，围堑十重,外救不至,粮尽人穷,遂为降虏。仰惭乾灵,俯痛宗庙。君世笃忠亮,勋隆西夏,四海具瞻,朕所凭赖。今进君大都督、凉州牧、侍中、司空,承制行事。琅邪王,宗室亲贤,远在江表。今朝廷播越,社稷倒悬,朕以诏王,时摄大位。君其挟赞琅邪,共济艰运。若不忘主,宗庙有赖。明便出降,故夜见公卿,属以后事,密遣黄门郎史淑、侍御史王冲赍诏假授。临出寄命,公其勉之!”实以天子蒙尘,冲让不拜。

建威将军、西海太守张肃,实叔父也。以京师危逼,请为先锋击刘曜。实以肃年老,弗许。肃曰:“狐死首丘,心不忘本;钟仪在晋,楚弁南音。肃受晋宠,剖符列位。羯逆滔天,朝廷倾覆,肃宴安方裔,难至不奋,何以为人臣!”实曰:“门户受重恩,自当阖宗效死,忠卫社稷,以申先公之志。但叔父春秋已高,气力衰竭,军旅之事非耆耄所堪。”乃止。既而闻京师陷没,肃悲愤而卒。

实知刘曜逼迁天子,大临三日。遣太府司马韩璞、灭寇将军田齐、抚戎将军张阆、前锋督护阴预步骑一万,东赴国难。命讨虏将军陈安、故太守贾骞、陇西太守吴绍各统郡兵为璞等前驱。戒璞曰:“前遣诸将多违机信,所执不同,致有乖阻。且内不和亲,焉能服物!今遣卿督五将兵事,当如一体,不得令乖异之问达孤耳也。”复遗南阳王保书曰:“王室有事,不忘投躯。孤州远域,首尾多难,是以前遣贾骞,瞻望公举。中被符命,救骞还军。忽闻北地陷没,寇逼长安,胡崧不进,曲允持金五百请救于崧,是以决遣骞等进军度岭。会闻朝廷倾覆,为忠不达于主,遣兵不及于难,痛慨之深,死有余责。今更遣韩璞等,唯公命是从。”

及璞次南安,诸羌断军路,相持百余日,粮竭矢尽。璞杀驾牛飨军,泣谓众曰:“汝曹念父母乎?”曰:“念。”“念妻子乎?”曰:“念。”“欲生还乎?”曰:“欲。”“从我令乎?”曰:“诺。”乃鼓噪进战。会张阆率金城军继至,夹击,大败之,斩级数千。

时焦崧、陈安寇陇右,东与刘曜相持,雍秦之人死者十八九。初,永嘉中,长安谣曰:“秦川中,血没腕,惟有凉州倚柱观。”至是,谣言验矣。焦崧、陈安逼上邽，南阳王保遣使告急。以金城太守窦涛为轻车将军，率威远将军宋毅及和苞、张阆、宋辑、辛韬、张选、董广步骑二万赴之。军次新阳，会愍帝崩问至，素服举哀，大临三日。

时南阳王保谋称尊号，破羌都尉张诜言于寔曰："南阳王忘莫大之耻，而欲自尊，天不受其图箓，德不足以应运，终非济时救难者也。晋王明德昵藩，先帝凭属，宜表称圣德，劝即尊号，传檄诸藩，副言相府，则欲竞之心息，未合之徒散矣。"从之。于是驰檄天下，推崇晋王为天子，遣牙门蔡忠奉表江南，劝即尊位。

是岁，元帝即位于建邺，改年太兴，实犹称建兴六年，不从中兴之所改也。

保闻愍帝崩，自称晋王，建元，署置百官，遣使拜寔征西大将军、仪同三司，增邑三千户。俄而保为陈安所叛，氐、羌皆应之。保窘迫，遂去上邽，迁祁山，寔遣将韩璞步骑五千赴难。陈安退保绵诸，保归上邽。未几，保复为安所败，使诣寔乞师。寔遣宋毅赴之，而安退。会保为刘曜所逼，迁于桑城，将谋奔寔。寔以其宗室之望，若至河右，必动物情，遣其将阴监逆保，声言翼卫，实御之也。会保薨，其众散奔凉州者万余人。寔自恃险远，颇自骄恣。

初，寔寝室梁间有人像，无头，久而乃灭，寔甚恶之。

京兆人刘弘者，挟左道，客居天梯第五山，然灯悬镜于山穴中为光明，以惑百姓，受道者千余人，寔左右皆事之。帐下阎沙、牙门赵仰皆弘乡人，弘谓之曰："天与我神玺，应王凉州。"沙、仰信之，密与寔左右十余人谋杀寔，奉弘为主。寔潜知其谋，收弘杀之。沙等不知之，以其夜害寔。在位六年。私谥曰昭公，元帝赐谥曰元。子骏，年幼，弟茂摄事。

茂，字成逊。虚靖好学，不以世利婴心。建兴初，南阳王保辟从事中郎，又荐为散骑侍郎、中垒将军，皆不就。二年，征为侍中，以父老固辞。寻拜平西将军、秦州刺史。

太兴三年，寔既遇害，州人推茂为大都督、太尉、凉州牧，茂不从，但受使持节、平西将军、凉州牧。乃诛严沙及党与数百人，赦其境内。复以兄子骏为抚军将军、武威太守、西平公。

岁余，茂筑灵钧台，周轮八十余堵，基高九仞。武陵人严曾夜叩门呼曰："武公遣我来，曰："何故劳百姓而筑台乎？"姑臧令辛岩以曾妖妄，请杀之。茂曰："吾信劳人。曾称先君之令，何谓妖乎！"太府主簿马鲂谏曰："今世难未夷，唯当弘尚道素，不宜劳役崇饰台榭。且比年已来，转觉众务日奢于往，每所经营，轻违雅度，实非士女所望于明公。"茂曰："吾过也，吾过也！"命止作役。

明年，刘曜遣其将刘咸攻韩璞于冀城，呼延实攻宁羌护军阴鉴于桑壁。临洮人翟楷、石琮等逐令长，以县应曜，河西大震。参军马岌劝茂亲征，长史汜祎怒曰："亡国之人复欲干乱大事，宜斩岌以安百姓。"岌曰："汜公书生糟粕，刺举近才，不惟国家大计。且朝廷旰食有年矣，今大贼自至，不烦远师，遐迩之情，实系此州，事势不可以不出。且宜立信勇之验，以副秦、陇之望。"茂曰："马生之言得之矣。"乃出次石头。

茂谓参军陈珍曰："刘曜以乘胜之声握三秦之锐，缮兵积年，士卒习战，若以精骑奄克南安，席卷河外，长驱而至者，计将安在？"珍曰："曜虽乘威怙众，恩德未结于下，又其关东离贰，内患未除，精卒寡少，多是氐、羌乌合之众，终不能近舍关东之难，增陇上之戍，旷日持久与我争衡也。若二旬不退者，珍请为明公率弊卒数千以擒之。"茂大悦，以珍为平虏护军，率卒骑一千八百救韩璞。曜阴欲引归，声言要先收陇西，然后回灭桑壁。珍募发氐、羌之众，击曜走之，克复南安。茂深嘉之，拜折冲将军。

未几，茂复大城姑臧，修灵钧台，别驾吴绍谏曰："伏惟修城筑台，盖是惩既往之事。愚以为恩德未洽于近侍，虽处层楼，适所以疑诸下，徒见不安之意，而失士民系托之本心，示怯弱之形，乖匡霸之势。遐方异境窥我之龌龊也，必有乘人之规。尝愿止役省劳，与下休息。而更兴功动众，百姓岂所望于明君哉！"茂曰："亡兄怛然失身于物。王公设险，武夫重闭，亦达人之至戒也。且忠臣义士岂不欲尽节义于亡兄哉？直以危机密发，虽有贲、育之勇，无所复施。今事未靖，不可以拘系常言，以太平之理责人于迍邅之世。"绍无以对。

茂雅有志节，能断大事。凉州大姓贾摹，实之妻弟也，势倾西土。先是，谣曰："手莫头，图凉州。"茂以为信，诱而杀之，于是豪右屏迹，威行凉域。永昌初，茂使将军韩璞率众取陇西南安之地，以置秦州。

太宁三年卒。临终，执骏手，泣曰："昔吾先人以孝友见称。自汉初以来，世执忠顺。今虽华夏大乱，皇舆播迁，汝当谨守人臣之节，无或失坠。吾遭扰攘之运，承先人余德，假摄此州，以全性命，上欲不负晋室，下欲保完百姓。然官非王命，位由私议，苟以集事，岂荣之哉！气绝之日，白帢入棺，无以朝服，以彰吾志焉。"年四十八。在位五年。私谥曰成。茂无子，骏嗣位。

骏，字公庭。幼而奇伟。建兴四年，封霸城侯。十岁能属文，卓越不羁，而淫纵过度，常夜微行于邑里，国中化之。及统任，年十八。先是，愍帝使人黄门侍郎史淑在姑臧，左长史氾祎、右长史马谟等讽淑，令拜骏使持节、大都督、大将军、凉州牧、领护羌校尉、西平公。赦其境内，置左右前后四率官，缮南宫。刘曜又使人拜骏凉州牧、凉王。

时辛晏阻兵于枹罕，骏宴群僚于闲豫堂，命窦涛等进讨辛晏。从事刘庆谏曰："霸王不以喜怒兴师，不以乾没取胜，必须天时人事，然后起也。辛晏父子安心凶狂，其亡可待，奈何以饥年大举，猛寒攻城！昔周武回戈以须亡殷之期，曹公缓袁氏使自毙，何独殿下以旋兵为耻乎！"骏纳之。

遣参军王骘聘于刘曜。曜谓之曰："贵州必欲追踪窦融，款诚和好，卿能保之乎？"骘曰："不能。"曜侍中徐邈曰："君来和同，而云不能，何也？"骘曰："齐桓贯泽之盟，忧心兢兢，诸侯不召自至。葵丘之会，骄而矜诞，叛者九国。赵国之化，常如今日可也，若政教陵迟，尚未能察迩者之变，况鄙州乎！"曜顾谓左右曰："此凉州高士，使乎得人！"礼而遣之。

太宁元年，骏犹称建兴十二年。骏亲耕籍田。寻承元帝崩问，骏大临三日。会有黄龙见于揖次之嘉泉，右长史氾祎言于骏曰："案建兴之年，是少帝始建之号。帝以凶终，理应改易。朝廷越在江南，音问隔绝，宜因龙改号，以章休征。"不从。

初，骏之立也，姑臧谣曰："鸿从南来雀不惊，谁谓孤雏尾翅生，高举六翮凤凰鸣。"至是而复收河南之地。

咸和初，骏遣武威太守窦涛、金城太守张阆、武兴太守辛岩、扬烈将军宋辑等率众东会韩璞，攻讨秦州诸郡。曜遣其将刘胤来距，屯于狄道城。韩璞进度沃干岭。辛岩曰："我握众数万，籍氐、羌之锐，宜速战以灭之，不可以久，久则变生。"璞曰："自夏末以来，太白犯月，辰星逆行，白虹贯日，皆变之大者，不可以轻动。轻动而不捷，为祸更深。吾将久而毙之。且曜与石勒相攻，胤亦不能久也。"积七十余日，军粮竭，遣辛岩督运于金城。胤闻之，大悦，谓其将士曰："韩璞之众十倍于吾，羌胡皆叛，不为之用。吾粮廪将悬，难以持久。今虏分兵运粮，可谓天授吾也。若败辛岩，璞等自溃。彼众我寡，宜以死战。战而不捷，当无匹马得还，宜厉尔戈矛，竭汝智力。"众咸奋。于是率骑三千，袭岩于沃干岭，败之，璞军遂溃，死者二万余人。面缚归罪，骏曰："孤之罪也，将军何辱！"皆赦之。胤乘胜追奔，济河，攻陷令居，入据振武，河西大震。骏遣皇甫该御之，赦其境内。

会刘曜东讨石生，长安空虚。大蒐讲武，将袭秦、雍，理曹郎中索询谏曰："曜虽东征，胤犹守本。险阻路遥，为主人甚易。胤若轻骑凭氐、羌以距我者，则奔突难测；辍彼东合而逆战者，则寇我未已。顷年频出，戎马生郊，外有饥羸，内资虚耗，岂是殿下子物之谓邪！"骏曰："每患忠言不献，面从背违，吾政教缺然而莫我匡者。卿尽辞规谏，深副孤之望也。"以羊酒礼之。

西域诸国献汗血马、火浣布、犎牛、孔雀、巨象及诸珍异二百余品。西域长史李柏请击叛将赵贞，为贞所败。议者以柏造谋致败，请诛之。骏曰："吾每以汉世宗之杀王恢，不如秦穆之赦孟明。"竟以减罪论，群心咸悦。

骏观兵新乡，狩于北野，因讨轲没虏，破之。下令境中曰："昔鲧殛而禹兴,芮诛而缺进,唐帝所以珍洪灾,晋侯所以成五霸。法律犯死罪,期亲不得在朝。今尽听之,唯不宜内参宿卫耳。"于是刑清国富,群僚劝骏称凉王,领秦、凉二州牧,置公卿百官,如魏武、晋文故事。骏曰:"此非人臣所宜言也。敢有言此者,罪在不赦。"然境内皆称之为王。群僚又请骏立世子,骏不从。中坚将军宋辑言于骏曰:"礼急储君者,盖重宗庙之故。周成、汉昭立于襁褓,诚以国嗣不可旷,储宫当素定也。昔武王始有国,元王作储君。建兴之初,先王在位,殿下正名统,况今社稷弥崇,圣躬介立,大业遂殷,继贰阙然哉!臣窃以为国有累卵之危,而殿下以为安逾泰山,非所谓也。"骏纳之,遂立子重华为世子。

先是,骏遣傅颖假道于蜀,通表京师。李雄弗许。骏又遣治中从事张淳称藩于蜀,托以假道焉。雄大悦。雄又有憾于南氏杨初,淳因说曰:"南氏无状,屡为边害,宜先讨百顷,次平上邽。二国并势,席卷三秦,东清许、洛,埽氛燕、赵,拯二帝梓宫于平阳,反皇舆于洛邑,此英霸之举,千载一时。寡君所以遣下臣冒险通诚,不远万里者,以陛下义声远播,必能愍寡君勤王之志。天下之善,一也,惟陛下图之。"雄怒,伪许之,将覆淳于东峡。蜀人桥赞密以告淳。淳言于雄曰:"寡君使小臣行无迹之地、通百蛮之域、万里表诚者,诚以陛下义矜戮力之臣,能成人之美节故也。若欲杀臣者,当显于都市,宣示众目,云凉州不忘旧义,通使琅邪,为表忠诚,假途于我,主圣臣明,发觉杀之。当令义声远著,天下畏威。今盗杀江中,威刑不显,何足以扬休烈,示天下也!"雄大惊曰:"安有此邪!当相放还河右耳。"雄司隶校尉景骞言于雄曰:"张淳壮士,宜留任之。"雄曰:"壮士岂为人留,且可以卿意观之。"骞谓淳曰:"卿体大,暑热,可且遣下吏,少住须凉。"淳曰:"寡君以皇舆幽辱,梓宫未反,天下之耻未雪,苍生之命倒悬,故遣淳来,表诚大国。所论事重,非下吏能传。若下吏所了者,则淳本亦不来。虽有火山汤海,无所辞难,岂寒暑之足避哉!"雄曰:"此人矫矫,不可得用也。"厚礼遣之。谓淳曰:"贵主英名盖世,土险兵盛,何不称帝,自娱一方?"淳曰:"寡君以乃祖乃父世济忠良，未能雪天人之大耻，解众庶之倒悬，日昃忘食，枕戈待旦。以琅邪中兴江东，故万里翼戴，将成桓文之事，何言自娱邪！”雄有惭色，曰：“我乃祖乃父亦是晋臣，往与六郡避难此都，为同盟所推，遂有今日。琅邪若能中兴大晋于中州者，亦当率众辅之。”淳还至龙鹤，募兵通表，后皆达京师，朝廷嘉之。

骏议欲严刑峻制，众咸以为宜。参军黄斌进曰：“臣未见其可。”骏问其故。斌曰：“夫法制所以经纶邦国，笃俗齐物，既立必行，不可注隆也。若尊者犯令，则法不行矣。”骏屏几改容曰：“夫法唯上行，制无高下。且微黄君，吾不闻过矣。黄君可谓忠之至也。”于坐擢为敦煌太守。

骏有计略，于是厉操改节，勤修庶政，总御文武，咸得其用，远近嘉咏，号曰“积贤君”。自轨据凉州，属天下之乱，所在征伐，军无宁岁。至骏，境内渐平。又使其将杨宣率众越流沙，伐龟兹、鄯善，于是西域并降。鄯善王元孟献女，号曰美人，立宾遐观以处之。焉耆前部、于窴王并遣使贡方物。得玉玺于河，其文曰“执万国，建无极”。

时骏尽有陇西之地，士马强盛，虽称臣于晋，而不行中兴正朔。舞六佾，建豹尾，所置官僚府寺拟于王者，而微异其名。又分州西界三郡置沙州，东界六郡置河州。二府官僚莫不称臣。又于姑臧城南筑城，起谦光殿，画以五色，饰以金玉，穷尽珍巧。殿之四面各起一殿，东曰“宜阳青殿”，以春三月居之，章服器物皆依方色；南曰“朱阳赤殿”，夏三月居之；西曰“政刑白殿”，秋三月居之；北曰“玄武黑殿”，冬三月居之。其傍皆有直省内官寺署，一同方色。及末年，任所游处，不复依四时而居。

咸和初，惧为刘曜所逼，使将军宋辑、魏纂将兵徙陇西南安人二千余家于姑臧，使聘于李雄，修邻好。及曜攻枹罕，护军辛晏告急，骏使韩璞、辛岩率步骑二万击之，战于临洮，大为曜军所败，璞等退走，追至令居，骏遂失河南之地。

初，戊己校尉赵贞不附于骏，至是，骏击擒之，以其地为高昌郡。及石勒杀刘曜，骏因长安乱，复收河南地，至于狄道，置武卫、石门、候和、漒川、甘松五屯护军，与勒分境。勒遣使拜骏官爵，骏不受，留其使。后惧勒强，遣使称臣于勒，兼贡方物，遣其使归。

骏境内尝大饥，谷价踊贵，市长谭详请出仓谷与百姓，秋收三倍征之。从事阴据谏曰："昔西门豹宰邺，积之于人；解扁莅东封之邑，计入三倍。文侯以豹有罪而可赏，扁有功而可罚。今群欲因人之饥，以要三倍，反裘伤皮，未足喻之。"骏纳之。

初，建兴中，敦煌计吏耿访到长安，既而遇贼，不得反，奔汉中，因东渡江，以太兴二年至京都，屡上书，以本州未知中兴，宜遣大使，乞为乡导。时连有内难，许而未行。至是，始以访守治书御史，拜骏镇西大将军，校尉、刺史、公如故，选西方人陇西贾陵等十二人配之。访停梁州七年，以驿道不通，召还。访以诏书付贾陵，托为贾客。到长安，不敢进，以咸和八年始达凉州。骏受诏，遣部曲督王丰等报谢，并遣陵归，上疏称臣，而不奉正朔，犹称建兴二十一年。九年，复使访随丰等赍印板进骏大将军。自是每岁使命不绝。

后骏遣参军曲护上疏曰：

东西隔塞，逾历年载，凤承圣德，心系本朝。而江吴寂蔑，余波莫及，虽肆力修涂，同盟靡恤。奉诏之日，悲喜交并。天恩光被，褒崇辉渥，即以臣为大将军、都督陕西雍秦凉州诸军事。休宠振赫，万里怀戴，嘉命显至，衔感屏营。

伏惟陛下天挺岐嶷，堂构晋室，遭家不造，播幸吴、楚，宗庙有《黍离》之哀，园陵有殄废之痛，普天咨嗟，含气悲伤。臣专命一方，职在斧钺，遐城僻陋，势极秦、陇。勒、雄既死，人怀反正，谓季龙、李期之命曾不崇朝，而皆篡继凶逆，鸱目有年。东西辽旷，声援不接，遂使桃虫鼓翼，四夷喧哗，向义之徒，更思背诞，铅刀有干将之志，萤烛希日月之光。是以臣前章恳切，欲齐力时讨。而陛下雍容江表，坐观祸败，怀目前之安，替四祖之业，驰檄布告，徒设空文，臣所以宵吟荒漠，痛心长路者也。且兆庶离主，渐冉经世，先老消落，后生靡识，忠良受枭悬之罚，群凶贪纵横之利,怀君恋故,日月告流。虽时有尚义之士,畏逼首领,哀叹穷庐。

臣闻少康中兴,由于一旅,光武嗣汉,众不盈百,祀夏配天,不失旧物,况以荆、扬剽悍,臣州突骑,吞噬遗羯,在于掌握哉!愿陛下敷弘臣虑,永念先绩,敕司空鉴、征西亮等泛舟江沔,使首尾俱至也。

自后骏遣使多为季龙所获,不达。后骏又遣护羌参军陈寓、从事徐虓、华驭等至京师。征西大将军亮上疏言陈寓等冒险远至,宜蒙铨叙,诏除寓西平相,虓等为县令。

永和元年,以世子重华为五官中郎将、凉州刺史。酒泉太守马岌上言:"酒泉南山,即昆仑之体也。周穆王见西王母,乐而忘归,即谓此山。此山有石室玉堂,珠玑镂饰,焕若神宫。宜立西王母祠,以裨朝廷无疆之福。"骏从之。

骏在位二十二年卒,时年四十。私谥曰文公,穆帝追谥曰忠成公。

重华,字泰临,骏之第二子也。宽和懿重,沈毅少言。父卒,时年十六。以永和二年自称持节、大都督、太尉、护羌校尉、凉州牧、西平公、假凉王,赦其境内。尊其母严氏为大王太后,居永训宫;所生母马氏为王太后,居永寿宫。轻赋敛,除关税,省园囿,以恤贫穷。

遣使奉章于石季龙。季龙使王擢、麻秋、孙伏都等侵寇不辍。金城太守张冲降于秋。于是凉州振动。重华埽境内,使其征南将军裴恒御之。恒壁于广武,欲以持久弊之。牧府相司马张耽言于重华曰:"臣闻国以兵为强,以将为主。主将者,存亡之机,吉凶所系。故燕任乐毅,克平全齐,及任骑劫,丧七十城之地。是以古之明君靡不慎于将相也。今之所要,在于军师。然议者举将多推宿旧,未必妙尽精才也。且韩信之举,非旧名也;穰苴之信,非旧将也;吕蒙之进,非旧勋也;魏延之用,非旧德也。盖明王之举,举无常人,才之所能,则授以大事。今强寇在郊,诸将不进,人情骚动,危机稍逼。主簿谢艾,兼资文武,明识兵略,若授以斧钺,委以专征,必能折冲御侮,奸殄

凶类。"重华召艾,问以讨寇方略。艾曰:"昔耿弇不欲以贼遗君父,
黄权愿以万人当寇。乞假臣兵七千,为殿下吞王擢、麻秋等。"重华
大悦,以艾为中坚将军,配步骑五千击秋。引师出振武,夜有二枭鸣
于牙中,艾曰:"枭,邀也,六博得枭者胜。今枭鸣牙中,克敌之兆。"
于是进战,大破之,斩首五千级。重华封艾为福禄伯,善待之。诸宠
贵恶其贤,共毁潛之,乃出为酒泉太守。

季龙又令麻秋进陷大夏,大夏护军梁式执太守宋晏,以城应
秋。秋遣晏以书诱宛城都尉宋矩。宋矩谓秋曰:"辞父事君,当立功
义;功义不立,当守名节。矩终不背主偷生于世。"于是先杀妻子,自
刎而死。

是月,有司议遣司兵赵长迎秋西郊。谢艾以《春秋》之义,国有
大丧,省蒐狩之礼,宜待逾年。别驾从事索遐议曰:"礼,天子崩,诸
侯薨,未殡,五祀不行,既殡而行之。鲁宣三年,天王崩,不废郊祀。
今圣上统承大位,百揆惟新,宜在璿玑玉衡以齐七政。立秋,万物将
成,杀气之始,其于王事,杖麾誓众,峥鼓礼神,所以讨逆除暴,成功
济务,宁宗庙社稷,致天下之福,不可废也。"重华从之。

俄而麻秋进攻枹罕,时晋阳太守郎坦以城大难守,宜弃外城。
武城太守张悛曰:"弃外城则大事去矣,不可以动众心。"宁戎校尉
张璩从之,固守大城。秋率众八万,围堑数重,云梯电车,地突百道,
皆通于内。城中亦应之,杀伤秋众已数万。季龙复遣其将刘浑等率
步骑二万会之。郎坦恨言之不从,教军士李嘉潜与秋通,引贼千余
人上城西北隅。璩使宋修、张弘、辛抱、郭普距之,短兵接战,斩二百
余人,贼乃退。璩戮李嘉以徇,烧其攻具。秋退保大夏,谓诸将曰:
"我用兵于五都之间,攻城略地,往无不捷。及登秦、陇,谓有征无
战。岂悟南袭仇池,破军杀将;筑城长最,匹马不归;及攻此城,伤兵
挫锐。殆天所赞,非人力也。"季龙闻而叹曰:"吾以偏师定九州,今
以九州之力困于枹罕,真所谓彼有人焉,未可图也。"

重华以谢艾为使持节、军师将军,率步骑三万,进军临河。秋以
三万众距之。艾乘轺车,冠白帢,鸣鼓而行。秋望而怒曰:"艾年少

书生,冠服如此,轻我也。"命黑矟龙骧三千人驰击之。艾左右大扰。左战帅李伟劝艾乘马,艾不从,乃下车踞胡床,指麾处分。贼以为伏兵发也,惧不敢进。张瑁从左南缘河而截其后,秋军乃退。艾乘胜奔击,遂大败之,斩秋将杜勋、汲鱼,俘斩一万三千级,秋匹马奔大夏。重华论功,以谢艾为太府左长史,进封福禄县伯,邑五千户,帛八千匹。

麻秋又据枹罕,有众十二万,进屯河内,遣王擢略地晋兴、广武,越洪池岭,至于曲柳,姑臧大震。重华议欲亲出距之,谢艾固谏以为不可。别驾从事索遐进曰:"贼众甚盛,渐逼京畿。君者,国之镇也,不可以亲动。左长史谢艾,文武兼资,国之方邵,宜委以推毂之任。殿下居中作镇,授以算略,小贼不足平也。"重华纳之,于是以艾为使持节、都督征讨诸军事、行卫将军,遐为军正将军,率步骑二万距之。艾建牙旗,盟将士,有西北风吹旌旗东南指。遐曰:"风为号令,今能令旗指之,天所赞也,破之必矣。"军次神鸟,王擢与前锋战,败,遁还河南。还讨叛虏斯骨真万余落,破之,斩首千余级,俘擒二千八百,获牛羊十余万头。

重华自以连破勍敌,颇怠政事,希接宾客。司直索超谏曰:"殿下承四圣之基,当升平之会,荷当今之任,忧率土之涂炭,宜躬亲万机,开延英乂,夙夜乾乾,勉于庶政。自顷内外嚣然,皆云去贼投诚者应即抚慰,而弥日不接。国老朝贤,当虚己引纳,询访政事,比多经旬积朔,不留意接之。文奏入内,历月不省,废替见务,注情于棋弈之间,缱绻左右小臣之娱,不存将相远大之谋。至使亲臣不言,朝吏杜口,愚臣所以回惶忘寝与食也。今王室如毁,百姓倒悬,正是殿下衔胆茹辛厉心之日。深愿垂心朝政,延纳直言,周爱五美,以成六德,捐彼近习,弭塞外声,修政听朝,使下观而化。"重华览之大悦,优文答谢,然不之改也。

诏遣侍御史俞归拜重华护羌校尉、凉州刺史、假节。是时石季龙西中郎将王擢屯结陇上,为符雄所破,奔重华。重华厚宠之,以为征虏将军、秦州刺史、假节,使张弘、宗悠率步骑万五千配擢,伐符健。健遣符硕御之,战于龙黎。擢等大败,单骑而还,弘、悠皆没。重华痛之,素服为战亡吏士举哀号恸,各遣吊问其家。复授擢兵,使攻秦州,克之。遣使上疏曰:"季龙自毙,遗烬游魂,取乱侮亡,睹机则发。臣今遣前锋都督裴恒步骑七万,遥出陇上,以俟圣朝赫然之威。山东骚扰,不足厝怀,长安膏腴,宜速平荡。臣守任西荒,山川悠远,大誓六军,不及听受之末,猛将鹰扬,不豫告成之次。瞻云望日,孤愤义伤,弹剑慷慨,中情蕴结。"于是康献皇后诏报,遣使进重华为凉州牧。

是时,御史俞归至凉州,重华方谋为凉王,不肯受诏,使亲信人沈猛谓归曰:"我家主公奕世忠于晋室,而不如鲜卑矣。台加慕容皝燕王,今甫授州主大将军,何以加劝有功忠义之臣乎!明台今宜移河右,共劝州主为凉王。大夫出使,苟利社稷,专之可也。"归对曰:"王者之制,异姓不得称王;九州之内,重爵不得过公。汉高一时王异姓,寻皆诛灭,盖权时之宜,非旧体也。故王陵曰:'非刘氏而王,天下共伐之。'至于戎狄,不从此例。春秋时吴、楚称王,而诸侯不以为非者,盖蛮夷畜之也。假令齐、鲁称王,诸侯岂不伐之!故圣上以贵公忠贤,是以爵以上公,位以方伯,鲜卑北狄,岂足为比哉!子失问也。曰吾又闻之,有殊勋绝世者,亦有不世之赏。若今便以贵公为王者,设贵公以河右之众南平巴、蜀,东扫赵、魏,修复旧都,以迎天子,天子复以何爵何位可以加赏?幸三思之。"猛具宣归言,重华遂止。

重华好与群小游戏,屡出钱帛以赐左右。征事索振谏曰:"先王寝不安席,志平天下,故缮甲兵,积资实。大业未就,怀恨九泉。殿下遭臣寇于谅暗之中,赖重饵以挫勃敌。今遗烬尚广,仓帑虚竭,金帛之费,所宜慎之。昔世祖即位,躬亲万机,章奏诣阙,报不终日,故能隆中兴之业,定万世之功。今章奏停滞,动经时月,下情不得上达,哀穷困于囹圄,盖非明主之事,臣窃未安。"重华善之。

将受诏,未及而卒。时年二十七。在位十一年。私谥曰昭公,后改曰桓公,穆帝赐谥曰敬烈。子耀灵嗣。

耀灵，字元舒。年十岁嗣事，称大司马、校尉、刺史、西平公。伯父长宁侯祚，性倾巧，善承内外，初与重华宠臣赵长、尉缉等结异姓兄弟。长等矫称重华遗令，以祚为持节、督中外诸军、抚军将军，辅政。长等议以耀灵冲幼，时难未夷，宜立长君。祚先烝重华母马氏，马氏遂从缉议，命废耀灵为凉宁侯而立祚。祚寻使杨秋胡害耀灵于东苑，埋之于沙坑，私谥曰哀公。

祚，字太伯。博学雄武，有政事之才。既立，自称大都督、大将军、凉州牧、凉公。淫暴不道，又通重华妻裴氏，自阁内媵妾及骏、重华未嫁子女，无不暴乱，国人相目，咸赋《墙茨》之诗。

永和十年，祚纳尉缉、赵长等议，僭称帝位，立宗庙，舞八佾，置百官。下书曰：“昔金行失驭，戎狄乱华，胡、羯、氐、羌咸怀窃玺。我武公以神武拔乱，保宁西夏，贡款勤王，旬朔不绝。四祖承光，忠诚弥著。往受晋禅，天下所知，谦冲逊让，四十年于兹矣。今中原丧乱，华裔无主，群后佥以九州之望无所依归，神祇岳渎罔所凭系，逼孤摄行大统，以一四海之心。辞不获已，勉从群议。待扫秽二京，荡清周、魏，然后迎帝旧都，谢罪天阙，思与兆庶同兹更始。”改建兴四十二年为和平元年，赦殊死，赐鳏寡帛，加文武爵各一级。追崇曾祖轨为武王，祖实为昭王，从祖茂为成王，父骏为文王，弟重华为明王。立妻辛氏为皇后，弟天锡为长宁王，子泰和为太子，庭坚为建康王，耀灵弟玄靓为凉武侯。其夜，天有光如车盖，声若雷霆，震动城邑。明日，大风拔木。灾异屡见，而祚凶虐愈甚。其尚书马岌以切谏免官。郎中丁琪又谏曰：“先公累执忠节，远宗吴会，持盈守谦，五十余载。苍生所以鹄企西望、四海所以注心大凉、皇天垂赞、士庶效死者，正以先公道高彭、昆，忠逾西伯，万里通虔，任节不贰故也。能以一州之众抗崩天之虏，师徒岁起，人不告疲。陛下虽以大圣雄姿纂戎鸿绪，勋德未高于先公，而行革命之事，臣窃未见其可。华夷所以归系大凉、义兵所以千里响赴者，以陛下为本朝之故。今既自尊，人斯高竞，一隅之地何以当中国之师！城峻冲生，负乘致寇，惟陛下图之。”祚大怒，斩之于阙下。遣其将和昊率众伐骊轩戎于南山，大败而还。

太尉桓温入关，王擢时镇陇西，驰使于祚，言温善用兵，势在难测。祚既震惧，又虑擢反噬，即召马岌复位而与之谋。密遣亲人刺擢，事觉，不克。祚益惧，大聚众，声言东征，实欲西保敦煌。会温还而止。更遣其平东将军秦州刺史牛霸、司兵张芳率三千人击擢，破之。擢奔于苻健。

其国中五月霜降，杀苗稼果实。

祚宗人张瓘时镇枹罕，祚恶其强，遣其将易揣、张玲率步骑万三千以袭之。时张掖人王鸾颇知神道，言于祚曰："军出不复还，凉国将有不利矣。"祚大怒，以鸾妖言沮众，斩之以徇，三军乃发。鸾临刑曰："我死不二十日，军必败。"时有神降于玄武殿，自称玄冥，与人交语。祚日夜祈之，神言与之福利，祚甚信之。祚又遣张掖太守索孚伐瓘镇枹罕，为瓘所杀。玲等济河未毕，又为瓘兵所破。揣单骑奔走，瓘军蹑之，祚众震惧。敦煌人宋混与弟澄等聚众以应瓘。赵长、张琚等惧罪，入阁呼重华母马氏出殿拜耀灵庶弟玄靓为主。揣等率众入殿伐长，杀之。瓘弟琚及子嵩募数百市人，扬声言"张祚无道，我兄大军已到城东，敢有举手者诛三族"。祚众披散。琚、嵩率众入城，祚按剑殿上，大呼，令左右死战。祚既失众心，莫有斗志，于是被杀。枭其首，宣示内外，暴尸道左，国内咸称万岁。祚篡立三年而亡。

玄靓，字元安。既立，自号大都督、大将军、校尉、凉州牧、西平公，赦其国内，废和平之号，复称建兴四十三年。诛祚二子，以张瓘为卫将军，领兵万人，行大将军事，改易僚属。

有陇西人李俨，诛大姓彭姚，自立于陇右，奉中兴年号，百姓悦之。玄靓遣牛霸率众讨之，未达，而西平人卫缉又据郡叛。霸众溃，单骑而还。瓘先欲征缉，以兄圭在缉中为疑，瓘亦以弟在缉中，故彼我经年不相伐。西平人郭勋解天文，不应州郡之命，缉礼聘之。勋曰："张氏应衰，卫氏当兴，岂得以一弟而灭一门，宜速伐瓘。"缉将从之。

瓘遣弟琚领大众征綝，败之。西平田旋要酒泉太守马基背瓘应綝，旋谓基曰："綝击其东，我等绝其西，不六旬，天下可定，斯闭口捕舌也。"基许之。瓘遣司马张姚、王国将二千人伐基，败之，斩基、旋二人之首，传姑臧。

瓘兄弟强盛，负其勋力，有篡立之谋。辅国宋混与弟澄共讨瓘，尽夷其属。玄靓以混为都督中外诸军事、车骑大将军、假节、辅政。混卒，又以澄代之。玄靓右司马张邕恶澄专擅，杀之，遂灭宋氏。玄靓乃以邕为中护军，叔父天锡为中领军，共辅政。

邕自以功大，骄矜淫纵，又通马氏，树党专权，国人患之。天锡腹心郭增、刘肃二人，并年十八、九，因寝，谓天锡曰："天下事欲未静。"天锡曰："何谓也？"二人曰："今护军出入，有似长宁。"天锡大惊，曰："我早疑之，未敢出口。计当云何？"肃曰："政当速除之耳。"天锡曰："安得其人？"肃曰："肃即是也。"天锡曰："汝年少，更求可与谋者。"肃曰："赵白驹及肃二人足以办之矣。"于是天锡从兵四百人，与邕俱入朝，肃与白驹剔刀鞘出刃，从天锡入。值邕于门下，肃斫之不中，白驹继之，又不克，二人与天锡俱入禁中。邕得逸走，因率甲士三百余人反攻禁门。天锡上屋大呼，谓将士曰："张邕凶逆，所行无道，诸宋何罪，尽诛灭之？倾覆国家，肆乱社稷。我不惜死，实惧大人废祀，事不获已故耳。我家门户事，而将士岂可以干戈见向！今之所取，邕身而已。天地有灵，吾不食言。"邕众闻之，悉散走，邕以剑自刎而死。于是悉诛邕党。

玄靓年既幼冲，性又仁弱，天锡既克邕，专掌朝政，改建兴四十九年，奉升平之号。

兴宁元年，骏妻马氏卒，玄靓以其庶母郭氏为太妃。郭氏以天锡专政，与大臣张钦等谋讨之。事泄，钦等伏法。

是岁，天锡率众入禁门，潜害玄靓，宣言暴薨，时年十四。在位九年。私谥曰冲公，孝武帝赐谥曰敬悼公。

天锡，字纯嘏，骏少子也。小名独活。初字公纯嘏，入朝，人笑其三字，因自改焉。玄靓死，国人立之。自号大将军、校尉、凉州牧、

西平公。遣司马纶骞奉章请命,并送御史俞归还京都。太和初,诏
以天锡为大将军、大都督、督陇右关中诸军事、护羌校尉、凉州刺
史、西平公。

　　天锡数宴园池,政事颇废。荡难将军、校书祭酒索商上疏极谏,
天锡答曰:"吾非好行,行有得也。观朝荣,则敬才秀之士;玩芝兰,
则爱德行之臣;睹松竹,则思贞操之贤;临清流,则贵廉洁之行;览
蔓草,则贱贪秽之吏;逢飙风,则恶凶狡之徒。若引而申之,触类而
长之,庶无遗漏矣。"

　　羌廉岐自称益州刺史,率略阳四千家背符坚就李俨。天锡自往
讨之,以别驾杨通为监前锋军事、前将军,趣金城,晋兴相常据为使
持节、征东将军,向左南,游击将军张统出白土,天锡自率三万人次
仓松,伐俨。俨大败,入城固守,遣子纯求救于符坚。坚使其将王猛
救之。天锡败绩,死者十二三,天锡乃还。立子大怀为世子。

　　自天锡之嗣事也,连年地震山崩,水泉涌出,柳化为松,火生泥
中。而天锡荒于声色,不恤政事。

　　初,安定梁景、敦煌刘肃并以门胄,总角与天锡友昵。张邕之
诛,肃、景有勋,天锡深德之,赐姓张氏,又改其子,以为己子。天锡
诸子皆以"大"为字,故景曰大奕,肃曰大诚。废大怀为高昌公,更立
嬖子大豫为世子。景、肃等俱参政事。人情怨惧,从弟从事中郎宪
切谏,不纳。

　　时符坚强盛,每攻之,兵无宁岁。天锡甚惧,乃立坛刑牲,率典
军将军张宁、中坚将军马芮等,遥与晋三公盟誓,献书大司马桓温,
克六年夏誓同大举。遣从事中郎韩博、奋节将军康妙奉表,并送盟
文。博有口才,温甚称之。尝大会,温使司马刁彝嘲之,彝谓博曰:
"君是韩卢后邪?"博曰:"卿是韩卢后。"温笑曰:"刁以君姓韩,故相
问焉。他自姓刁,那得韩卢后邪?"博曰:"明公脱未之思,短尾者则
为刁也。"一坐推叹焉。

　　太元元年,符坚遣其将苟苌、毛当、梁熙、姚苌来寇,渡石城津。
天锡集议,中录事席仂曰:"先公既有故事,徐思后变,此孙仲谋屈

伸之略也。"众以伪为老怯,咸曰:"龙骧将军马达,精兵万人距之,必不敢进。"广武太守辛章保城固守。章与晋兴相彭知正、西平相赵疑谋曰:"马达出于行阵,必不为用,则秦军深入。吾相与率三郡精卒,断其粮运,决一朝命矣。"征东常据亦欲先击姚苌,须天锡命。天锡率万人屯金昌城。马达率万人逆苌等,因请降,兵人散走。常据、席仇皆战死。司兵赵充哲与苌苦战,又死。中卫将军史景亦没于阵。天锡大惧,出城自战,城内又反。天锡窘逼,降于苌等。

初,天锡所居西安门及平章殿无故而崩,旬日而国亡。即位凡十三年。自轨为凉州,至天锡,凡九世,七十六年矣。符坚先为天锡起宅,至,以为尚书,封归义侯。

坚大败于淮肥时,天锡为符融征南司马,于阵归国。诏曰:"昔孟明不替,终显厥功,岂以一眚而废才用!其以天锡为散骑常侍、左员外。"又诏曰:"故太尉、西平公张轨,著德遐域,世袭前劳。强兵纵害,遂至失守。散骑常侍天锡,拔迹登朝,先祀沦替,用增矜慨,可复天锡西平郡公爵。"俄拜金紫光禄大夫。

天锡少有文才,流誉远近。及归朝,甚被恩遇。朝士以其国破身虏,多共毁之。会稽王道子尝问其西土所出,天锡应声曰:"桑葚甜甘,鸱鸮革响,乳酪养性,人无妒心。"

后形神昏丧,虽处列位,不复被齿遇。隆安中,会稽世子元显用事,常延致之,以为戏弄。以其家贫,拜庐江太守,本官如故。桓玄时,欲招怀四远,乃用天锡为护羌校尉、凉州刺史。寻卒,年六十一。追赠金紫光禄大夫。

史臣曰:长河外区,流沙作纪,玉关悬险,金城负固。有苗攸窜,帝舜投而不羁;渠搜是居,大禹即而方叙。世逢多难,婴五郡以谁何;时遇兵凶,阻三边而高视。虽非久安之地,足为苟全之所乎!周公保之而立功,士彦拥之而延世。挚虞观象,记洪灾之不流;侯瑾觇泉,知霸者之斯在。匪唯地势,抑且有天道欤!茂、骏、重华资忠踵武,崎岖僻陋,无忘本朝,故能西控诸戎,东攘巨猾,绵累叶之圭组,赋绝域之琛赆，振曜遐荒，良由杖顺之效矣。祚以卑孽，阴倾冢嗣，播有茨于彤管，拟宸居于黑山，丁琪以切谏遇诛夷，王鸾以谠言婴显戮，境内云扰，仇其窃名，卒致枭悬，自然之理也。纯瑕微弱，竟亡其众。奉身魏阙，齿迹朝流，再袭银黄，祖德之延庆矣。

赞曰：三象构氛，九土瓜分。鼎迁江介，地绝河渍。归诚晋室，美矣张君。内抚遗黎，外攘逋寇。世既绵远，国亦完富。杖顺为基，盖天所祐。

晋书卷八七
列传第五七

# 凉武昭王李玄盛 子士业

　　武昭王,讳暠,字玄盛,小字长生,陇西成纪人,姓李氏,汉前将军广之十六世孙也。广曾祖仲翔,汉初为将军,讨叛羌于素昌,素昌乃狄道也,众寡不敌,死之。仲翔子伯考奔丧,因葬于狄道之东川,遂家焉。世为西州右姓。高祖雍,曾祖柔,仕晋并历位郡守。祖弇,仕张轨为武卫将军、安世亭侯。父昶,幼有令名,早卒,遗腹生玄盛。

　　少而好学,性沈敏宽和,美器度,通涉经史,尤善文义。及长,颇习武艺,诵孙吴兵法。尝与吕光太史令郭黁及其同母弟宋繇同宿,黁起谓繇曰:"君当位极人臣,李君有国士之分,家有骟草马生白额驹,此其时也。"

　　吕光末,京兆段业自称凉州牧,以敦煌太守赵郡孟敏为沙州刺史,署玄盛效谷令。敏寻卒,敦煌护军冯翊郭谦、沙州治中敦煌索仙等以玄盛温毅有惠政,推为宁朔将军、敦煌太守。玄盛初难之,会宋繇仕于业,告归敦煌,言于玄盛曰:"兄忘郭黁之言邪? 白额驹今已生矣。"玄盛乃从之。寻进号冠军,称藩于业。业以玄盛为安西将军、敦煌太守,领护西胡校尉。

　　及业僭称凉王,其右卫将军索嗣构玄盛于业,乃以嗣为敦煌太守,率骑五百而西,未至二十里,移玄盛使迎己。玄盛惊疑,将出迎之,效谷令张邈及宋繇止之曰:"吕氏政衰,段业暗弱,正是英豪有为之日。将军处一国成资,奈何束手于人! 索嗣自以本邦,谓人情附己，不虞将军卒能距之，可一战而擒矣。"宋繇亦曰："大丈夫已为世所推，今日便授首于嗣，岂不为天下笑乎！大兄英姿挺杰，有雄霸之风，张王之业不足继也。"玄盛曰："吾少无风云之志，因官至此，不图此郡士人忽尔见推。向言出迎者，未知士大夫之意故也。"因遣繇觇嗣。繇见嗣，咳以甘言，还谓玄盛曰："嗣志骄兵弱，易擒耳。"于是遣其二子士业、让与邈、繇及司马尹建兴等逆战，破之，嗣奔还张掖。玄盛素与嗣善，结为刎颈交，反为所构，故深恨之，乃罪状嗣于段业。业将且渠男又恶嗣，至是，因劝除之。业乃杀嗣，遣使谢玄盛，分敦煌之凉兴、乌泽、晋昌之宜禾三县为凉兴郡，进玄盛持节、都督凉兴已西诸军事、镇西将军，领护西夷校尉。

时有赤气起于玄盛后园，龙迹见于小城。

隆安四年，晋昌太守唐瑶移檄六郡，推玄盛为大都督、大将军、凉公、领秦凉二州牧、护羌校尉。玄盛乃赦其境内，建年为庚子，追尊祖弇曰凉景公，父昶凉简公。以唐瑶为征东将军，郭谦为军咨祭酒，索仙为左长史，张邈为右长史，尹建兴为左司马，张体顺为右司马，张条为牧府左长史，令狐溢为右长史，张林为太府主簿，宋繇、张谡为从事中郎，繇加折冲将军，谡加扬武将军，索承明为牧府右司马，令狐迁为武卫将军、晋兴太守，汜德瑜为宁远将军、西都太守，张靖为折冲将军、河湟太守，索训为威远将军、西平太守，赵开为骟马护军、大夏太守，索慈为广武太守，阴亮为西安太守，令狐赫为武威太守，索术为武兴太守，以招怀东夏。

又遣宋繇东伐凉兴，并击玉门已西诸城，皆下之。遂屯玉门、阳关，广田积谷，为东伐之资。

初，吕光之称王也，遣使市六玺玉于于寘，至是，玉至敦煌，纳之郡府。仍于南门外临水起堂，名曰"靖恭之堂"，以议朝政，阅武事。图赞自古圣帝明王、忠臣孝子、烈士贞女，玄盛亲为序颂，以明鉴戒之义，当时文武群僚亦皆图焉。有白雀翔于靖恭堂，玄盛观之，大悦。又立泮宫，增高门学生五百人。起嘉纳堂于后园，以图赞所志。

义熙元年，玄盛改元为建初，遣舍人黄始、梁兴间行奉表诣阙曰：

昔汉运将终，三国鼎峙，钧天之历，数钟皇晋。高祖阐鸿基，景文弘帝业，嗣武受终，要荒率服，六合同风，宇宙齐贯。而惠皇失驭，权臣乱纪，怀愍屯邅，蒙尘于外，悬象上分，九服下裂，眷言顾之，普天同憾。

伏惟中宗元皇帝，基天绍命，迁幸江表，荆、扬蒙弘覆之矜，五都为荒榛之薮。胡太尉、西平武公轨，当元康之初，属扰攘之际，受命典方，出抚此州，威略所振，声盖海内。明、盛继统，不隕前志，长旌所指，仍辟三秦，义立兵强，拓境万里。文、桓嗣位，奕叶载德，襄括关西，化被昆裔，遐迩款藩，世修职贡。晋德之远扬，繄此州是赖。

大都督、大将军天锡以英挺之姿，承七世之业，志匡时难，克隆先勋，而中年降灾，兵寇侵境，皇威遐邈，同奖弗及，以一方之师抗七州之众，兵孤力屈，社稷以丧。

臣闻历数相推，归余于终，帝王之兴，必有闰位。是以共工乱象于黄、农之间，秦、项篡窃于周、汉之际，皆机不转踵，覆餗成凶。自戎狄陵华，已涉百龄，五胡僭袭，期运将杪，四海颙颙，悬心象魏。故师次东关，赵、魏莫不企踵；淮南大捷，三方欣然引领。伏惟陛下道协少康，德侔光武，继天统位，志清函夏。至如此州，世笃忠义，臣之群僚以臣高祖东莞太守雍、曾祖北地太守柔，荷宠前朝，参忝时务；伯祖龙骧将军、广晋太守、长宁侯卓，亡祖武卫将军、天水太守、安世亭侯弇毗佐凉州，著功秦、陇，殊宠之隆，勒于天府；妄臣无庸，辄依窦融故事，迫臣以义，上臣大都督、大将军、凉公、领秦凉二州牧、护羌校尉。臣以为荆、楚替贡，齐桓兴召陵之师；诸侯不恭，晋文起城濮之役，用能勋光践土，业隆一匡，九域赖其弘猷，《春秋》恕其专命，功冠当时，美垂千祀。况今帝居未复，诸夏昏垫；大禹所经，奄为戎墟；五岳神山，狄污其三；九州名都，夷秽其七；辛有所言，于兹而验。微臣所以叩心绝气，忘寝与食，雕肝焦虑，不遑宁息者也。江、凉虽辽，义诚密迩，风云苟通，实如唇齿。臣虽名未结于天台，量未著于海内，然凭赖累祖宠光余烈，义不细辞，以稽大务，辄顺群议，亡身即事。辕弱任重，惧忝威命。昔在春秋，诸侯宗周，国皆称元，以布时令。今天台邈远，正朔未加，发号施令，无以纪数，辄年冠建初，以崇国宪。冀杖宠灵，全制一方，使义诚著于所天，玄风扇于九壤，殉命灰身，陨越慷慨。

玄盛谓群僚曰："昔河右分崩，群豪竞起，吾以寡德为众贤所推，何尝不忘寝与食，思济黎庶。故前遣母弟繇，董率云骑，东殄不庭，军之所至，莫不宾下。今惟蒙逊鸱峙一城。自张掖已东，晋之遗黎虽为戎虏所制，至于向义思风，过于殷人之望西伯。大业须定，不可安寝，吾将迁都酒泉，渐逼寇穴，诸君以为何如？"张邈赞成其议，玄盛大悦曰："二人同心，其利断金。张长史与孤同矣，夫复何疑！"乃以张体顺为宁远将军、建康太守，镇乐涫，征宋繇为右将军，领敦煌护军，与其子敦煌太守让镇敦煌，遂迁居于酒泉。

手令诫其诸子曰：

吾自立身，不营世利；经涉累朝，通否任时；初不役智，有所要求，今日之举，非本愿也。然事会相驱，遂荷州土，忧责不轻，门户事重。虽详人事，未知天心，登车理辔，百虑填胸。后事付汝等，粗举旦夕近事数条，遭意便言，不能次比。至于杜渐防萌，深识情变，此当任汝所见深浅，非吾救诫所益也。汝等虽年未至大，若能克己纂修，比之古人，亦可以当事业矣。苟其不然，虽至白首，亦复何成！汝等其戒之慎之！

节酒慎言，喜怒必思，爱而知恶，憎而知善，动念宽恕，审而后与。众之所恶，勿轻承信。详审人，核真伪，远佞谀，近忠正；蠲刑狱，忍烦扰，存高年，恤丧病，勤省案，听讼诉。刑法所应，和颜理狱，慎忽以情轻加声色。赏勿漏疏，罚勿容亲。耳目人间，知外患苦；禁御左右，无作威福。勿伐善施劳，逆诈亿必，以示己明。广加咨询，无自专用，从善如顺流，去恶如探汤。富贵而不骄者，至难也，念此贯心，勿忘须臾。僚佐邑宿，尽礼承敬；宴飨馔食，事事留怀。古今成败，不可不知，退朝之暇，念观典籍，面墙而立，不成人也。

此郡世笃忠厚，人物敦雅，天下全盛时，海内犹称之，况复今日，实是名邦。正为五百年乡党婚亲相连，至于公理，时有小小颇回，为当随宜斟酌。吾临莅五年，兵难骚动，未得休众息役，惠康士庶。至于掩瑕藏疾，涤除疵垢，朝为寇仇，夕委心膂，虽未足希准古人，粗亦无负于新旧。事任公平，坦然无类，初不容怀，有所损益，计近便为少，经远如有余，亦无愧于前志也。

初，玄盛之西也，留女敬爱养于外祖尹文。文既东迁，玄盛从姑梁褒之母养之。其后秃发傉檀假道于北山，鲜卑遣褒送敬爱于酒泉，并通和好。玄盛遣使报聘，赠以方物。玄盛亲率骑二万，略地至于建东，鄯善前部王遣使贡其方物。且渠蒙逊来侵，至于建康，掠三千余户而归。玄盛大怒，率骑追之，及于弥安，大败之，尽收所掠之户。

初，符坚建元之末，徙江汉之人万余户于敦煌，中州之人有田畴不辟者，亦徙七千余户。郭黁之寇武威，武威、张掖已东人西奔敦煌、晋昌者数千户。及玄盛东迁，皆徙之于酒泉，分南人五千户置会稽郡，中州人五千户置广夏郡，余万三千户分置武威、武兴、张掖三郡。筑城于敦煌南子亭，以威南虏。又以前表未报，复遣沙门法泉间行奉表，曰：

江山悠隔，朝宗无阶，延首云极，翘企遐方。伏惟陛下应期践位，景福自天。臣去乙巳岁顺从群议，假统方城，时遣舍人黄始奉表通诚，遥途嶮旷，未知达不？吴、凉悬邈，蜂虿充衢，方珍贡使，无由展御，谨副写前章，或希简达。

臣以其岁进师酒泉，戒戎广平，庶攘茨秽，而黠虏恣睢，未率威教，凭守巢穴，阻臣前路。窃以诸事草创，仓帑未盈，故息兵按甲，务农养士。时移节迈，荏苒三年，抚剑叹愤，以日成岁。

今资储已足，器械已充，西招城郭之兵，北引丁零之众，冀凭国威，席卷河、陇，扬旌秦川，承望诏旨，尽节竭诚，陨越为效。

又臣州界迥远，勍寇未除，当须镇副为行留部分，辄假臣世子士业，监前锋诸军事、抚军将军、护羌校尉，督摄前军，为臣先驱。又敦煌，郡大众殷，制御西域，管辖万里，为军国之本，辄以次子让为宁朔将军、西夷校尉、敦煌太守，统摄昆裔，辑宁殊方。自余诸子，皆在戎间，率先士伍。臣总督大纲，毕在输力，临机制命，动靖续闻。

玄盛既迁酒泉，乃敦劝稼穑。群僚以年谷频登，百姓乐业，请勒铭酒泉，玄盛许之。于是使儒林祭酒刘彦明为文，刻石颂德。既而蒙逊每年侵寇不止，玄盛志在以德抚其境内，但与通和立盟，弗之校也。

是时白狼、白兔、白雀、白雉、白鸠皆栖其园囿，其群下以为白祥，金精所诞，皆应时雍而至，又有神光、甘露、连理、嘉禾众瑞，请史官记其事，玄盛从之。

寻而蒙逊背盟来侵，玄盛遣世子士业要击，败之，获其将且渠百年。

玄盛上巳日宴于曲水，命群僚赋诗，而亲为之序。于是写诸葛亮训诫以勖诸子曰："吾负荷艰难，宁济之勋未建，虽外总良能，凭股肱之力，而戎务孔殷，坐而待旦。以维城之固，宜兼亲贤，故使汝等未及师保之训，皆弱年受任。常惧弗克，以贻咎悔。古今之事不可以不知，苟近而可师，何必远也！览诸葛亮训励，应璩奏谏，寻其终始，周、孔之教尽在中矣。为国足以致安，立身足以成名。质略易通，寓目则了，虽言发往人，道师于此。且经史道德如采菽中原，勤之者则功多，汝等可不勉哉！"玄盛乃修敦煌旧塞东西二围，以防北虏之患，筑敦煌旧塞西南二围，以威南虏。

玄盛以纬世之量，当吕氏之末，为群雄所奉，遂启霸图；兵无血刃，坐定千里，谓张氏之业指期而成，河西十郡岁月而一。既而秃发傉檀入据姑臧，且渠蒙逊基宇稍广，于是慨然著《述志赋》焉，其辞曰：

涉至虚以诞驾，乘有舆于本无，禀玄元而陶衍，承景灵之
冥符。荫朝云之庵蔼，仰朗日之照煦。既敷既载，以育以成。幼
希颜子曲肱之荣，游心上典，玩礼敦经。茂玄冕于朱门，羡漆园
之傲生；尚渔父于沧浪，善沮、溺之耦耕。秽鹪鹩之笼吓，钦飞
凤于太清；杜世竞于方寸，绝时誉之嘉声。超霄吟于崇领，奇秀
木之陵霜；挺修干之青葱，经岁寒而弥芳。情遥遥以远寄，想四
老之晖光，将戢繁荣于常衢，控云辔而高骧；攀琼枝于玄圃，漱
华泉之渌浆；和吟凤之逸响，应鸣鸾于南冈。

时弗获彰，心往形留，眷驾阳林，宛首一丘；冲风沐雨，载
沉载浮。利害缤纷以交错，观感循环而相求。乾扉奄寂以重闭，
天地绝津而无舟；悼贞信之道薄，谢惭德于圜流。遂乃去玄览，
应世宾，肇弱巾于东宫，并羽仪于英伦，践宣德之秘庭，翼明后
于紫宸。赫赫谦光，崇明奕奕，岌岌王居，诜诜百辟，君希虞夏，
臣庶夔益。

张王颓岩，梁后坠壑。淳风杪莽以永丧，缙绅沦胥而覆溺。
吕发衅于闱墙，厥构摧以倾颠；疾风飘于高木，回汤沸于重泉；
飞尘翕以蔽日，大火炎其燎原；名都幽然影绝，千邑间而无烟。
斯乃百六之恒数，起灭相因而迭然。于是人希逐鹿之图，家有
雄霸之想，暗王命而不寻，邈非分于无象。故覆车接路而继轨，
膏生灵于土壤。哀余类之松蒙，邈靡依而靡仰；求欲专而失逾
远，寄玄珠于罔象。

悠悠凉道，鞠焉荒凶；杪杪余躬，迢迢西邦，非相期之所
会，谅冥契而来同。跨弱水以建基，蹑昆墟以为埔；总奔驷之骇
辔，接摧辕于峻峰。崇崖崪嵘，重崄万寻，玄邃窈窕，磐纡嵚岑，
榛棘交横，河广水深，狐狸夹路，鸱鸮群吟。挺非我以为用，任
至当如影响；执同心以御物，怀自彼于握掌；匪矫情而任荒，乃
冥合而一往；华德是用来庭，野逸所以就鞅。

休矣时英，茂哉俊哲，庶罩网以远笼，岂徒射钩与斩袪！或

脱梏而缨緌，或后至而先列，采殊才于岩陆，拔翘彦于无际。思留侯之神遇，振高浪以荡秽；想孔明于草庐，运玄筹之罔滞；洪操桀而慷慨，起三军以激锐。咏群豪之高轨，嘉关、张之飘杰，誓报曹而归刘，何义勇之超世！据断桥而横矛，亦雄姿之壮发。辉辉南珍，英英周、鲁，挺奇荆吴，昭文、烈武，建策乌林，龙骧江浦。摧堂堂之劲阵，郁风翔而云举，绍樊、韩之远纵，侔徽猷于召、武，非刘、孙之鸿度，孰能臻兹大祐！信乾坤之相成，庶物希风而润雨。

　　嶕崼既荡，三江已清。穆穆盛勋，济济隆平。御群龙而奋策，弥万载以飞荣。仰遗尘于绝代，企高山而景行。将建朱旗以启路，驱长毂而迅征。麾商风以抗斾，拂招摇之华旌。资神兆于皇极，协五纬之所宁。赳赳干城，翼翼上弼。志臧奔鲸，截彼丑类。且洒游尘于当阳，拯凉德于已坠。间昌寓之骖乘，暨襄城而按辔。知去害之在兹，体牧童之所述。审机动之至微，思遗餐而忘寐。表略韵于纨素，托精诚于白日。

　　玄盛寝疾，顾命宋繇曰：“吾少离荼毒，百艰备尝。于丧乱之际，遂为此方所推，才弱智浅，不能一同河右。今气力惙然，当不复起矣。死者大理，吾不悲之，所恨志不申耳。居元首之位者，宜深诫危殆之机。吾终之后，世子犹卿子也，善相辅导，述吾平生，勿令居人之上，专骄自任。军国之宜，委之于卿，无使筹略乖衷，失成败之要。”十三年，薨，时年六十七。国人上谥曰武昭王，墓曰建世陵，庙号太祖。

　　先是，河右不生楸、槐、柏、漆，张骏之世，取于秦、陇而植之，终于皆死，而酒泉宫之西北隅有槐树生焉，玄盛又著《槐树赋》以寄情，盖叹僻陋遐方，立功非所。亦命主簿梁中庸及刘彦明等并作文。感兵难繁兴，时俗喧竞，乃著《大酒容赋》，以表恬豁之怀。与辛景、辛恭靖，同志友善，景等归晋，遇害江南，玄盛闻而吊之。玄盛前妻，同郡辛纳女，贞顺有妇仪，先卒，玄盛亲为之诔。自余诗赋数十篇。世子谭早卒，第二子士业嗣。

凉后主,讳歆,字士业。玄盛薨时,府僚奉为大都督、大将军、凉公、领凉州牧、护羌校尉,大赦境内,改年为嘉兴。尊母尹氏为太后,以宋繇为武卫将军、广夏太守、军咨祭酒、录三府事,索仙为征虏将军、张掖太守。

且渠蒙逊遣其张掖太守且渠广宗诈降诱士业,士业遣武卫温宜等赴之,亲勒大军为之后继。蒙逊率众三万,设伏于蓼泉。士业闻,引兵还,为逊所逼。士业亲贯甲先登,大败之,追奔百余里,俘斩七千余级。

明年,蒙逊大伐士业,士业将出距之,左长史张体顺固谏,乃止。蒙逊大芟秋稼而还。是岁,朝廷以士业为持节、都督七郡诸军事、镇西大将军、护羌校尉、酒泉公。

士业用刑颇严,又缮筑不止,从事中郎张显上疏谏曰:"入岁已来,阴阳失序,屡有贼风暴雨,犯伤和气。今区域三分,势不久并。并兼之本,实在农战。怀远之略,事归宽简。而更繁刑峻法,宫室是务,人力凋残,百姓愁悴。致灾之咎,实此之由。"主簿氾称又上疏谏曰:

臣闻天之子爱人后,殷勤至矣。故政之不修,则垂灾谴以戒之。改者虽危必昌,宋景是也;其不改者,虽安必亡,虢公是也。元年三月癸卯,敦煌谦德堂陷;八月,效谷地裂;二年元日,昏雾四塞;四月,日赤无光,二旬乃复;十一月,狐上南门。今兹春、夏,地频五震;六月,陨星于建康。臣虽学不稽古,敏谢仲舒,颇亦闻道于先师,且行年五十有九,请为殿下略言耳目之所闻见,不复能远论书传之事也。

乃者咸安之初,西平地裂,狐入谦光殿前,俄而秦师奄至,都城不守。梁熙既为凉州,藉秦氏兵乱,规有全凉之地,外不抚百姓,内多聚敛,建元十九年姑臧南门崩,陨石于闲豫堂,二十年而昌光东反,子败于前,身戮于后。段业因群胡创乱,遂称制此方,三年之中,地震五十余所,既而先主龙兴瓜州,蒙逊杀之张掖。此皆目前之成事,亦殿下之所闻知。效谷,先主鸿渐之始,谦德,即尊之室,基陷地裂,大凶之征也。日者,太阳之精,中国之象；赤而无光，中国将为胡夷之所陵灭。谚曰："野兽入家，主人将去。"今狐上南门，亦灾之大也。又狐者，胡也。天意若曰：将有胡人君于此城，南面而君者也。昔春秋之世，星陨于宋，襄公卒为楚所擒。地者至阴，胡夷之象，当静而动，反乱天常。天意若：曰胡夷将震动中国。中国若不修德，将有宋襄之祸。

臣蒙先朝布衣之眷，辄自同子弟之亲，是以不避忤上之诛，昧死而进愚款。愿殿下亲仁善邻，养威观衅，罢宫室之务，止游畋之娱。后宫嫔妃、诸夷子女，躬受分田，身劝蚕绩。以清俭素德为荣，息兹奢靡之费。百姓租税，专拟军国。虚衿下士，广招英俊，修秦氏之术，以强国富俗。待国有数年之积，庭盈文武之士，然后命韩、白为前驱，纳子房之妙算，一鼓而姑臧可平，长驱可以饮马泾渭，方东面而争天下，岂蒙逊之足忧！不然，臣恐宗庙之危，必不出纪。

士业并不纳。

士业立年而宋受禅，士业将谋东伐，张体顺切谏，乃止。

士业闻蒙逊南伐秃发傉檀，命中外戒严，将攻张掖。尹氏固谏，不听。宋繇又固谏，士业并不从。繇退而叹曰："大事去矣，吾见师之出，不见师之还也！"士业遂率步骑三万东伐，次于都渎涧。蒙逊自浩亹来，距战于怀城，为蒙逊所败。左右劝士业还酒泉，士业曰："吾违太后明诲，远取败辱，不杀此胡，复何面目以见母也！"勒众复战，败于蓼泉，为蒙逊所害。士业诸弟酒泉太守翻、新城太守预、领羽林右监密、左将军眺、右将军亮等西奔敦煌，蒙逊遂入于酒泉。

士业之未败也，有大蛇从南门而入，至于恭德殿前；有双雉飞出宫内；通街大树上有乌鹊争巢，鹊为乌所杀。又有敦煌父老令狐炽梦白头公衣帢而谓炽曰："南风动，吹长木；胡桐椎，不中毂。"言讫忽然不见。士业小字桐椎，至是而亡。

翻及弟敦煌太守恂与诸子等弃敦煌，奔于北山。蒙逊以索嗣子元绪行敦煌太守。元绪粗险好杀，大失人和。郡人宋承、张弘以恂在郡有惠政，密信招恂。恂率数十骑入于敦煌，元绪东奔凉兴，宋承等推恂为冠军将军、凉州刺史。蒙逊遣世子德政率众攻恂，恂闭门不战，蒙逊自率众二万攻之，三面起堤，以水灌城。恂遣壮士一千，连版为桥，潜欲决堤，蒙逊勒兵逆战，屠其城。

士业子重耳，脱身奔于江左，仕于宋。后归魏，为恒农太守。蒙逊徙翻子宝等于姑臧，岁余，北奔伊吾，后归于魏。独尹氏及诸女死于伊吾。

玄盛以安帝隆安四年立，至宋少帝景平元年灭。据河右凡二十四年。

史臣曰：王者受图，咸资世德。犹混成之先大帝，若一气之生两仪。是以中阳勃兴，资豢龙之构趾；景、亳垂统，本吞燕之开基。凉武昭王，英姿杰出，运阴阳而纬武，应变之道如神；吞日月以经天，成物之功若岁。故能怀荒弭暴，开国化家，宅五郡以称藩，屈三分而奉顺。若乃《诗》褒秦仲，后嗣建削平之业；颂美公刘，末孙兴配天之祚。或发迹于汧、渭，或布化于邠、岐，覆篑创元天之基，疏涓开环海之宅。彼既有渐，此亦同符。是知景命攸归，非一朝之可致，累功积庆，其所由来远矣。

赞曰：武昭英睿，忠勇霸世。王室虽微，乃诚无替。遗黎饮德，绝壤沾惠。积祉丕基，克昌来裔。

# 晋书卷八八
## 列传第五八

# 孝　友

李密　　盛彦　　夏方　　王裒　　许孜
庾衮　　孙晷　　颜含　　刘殷　　王延
王谈　　桑虞　　何琦　　吴逵

　　大矣哉，孝之为德也。分浑元而立体，道贯三灵；资品汇以顺名，功苞万象。用之于国，动天地而降休征；行之于家，感鬼神而昭景福。若乃博施备物，尊仁安义，柔色承颜，怡怡尽乐，击鲜就养，亹亹忘劬，集包思艺黍之勤，循陔有采兰之咏，事亲之道也。属属如在，哀哀罔极，聚薪流恸，衔索兴嗟，洒风树以颓心，俯寒泉而昧泣，追远之情也。审德筮仕，正务移官，居高匪危，在丑无争，协修升以匡化，怀履冰而砥节，立身之行也。是以闵、曾翼翼，遵六教而缉贞规；蔡、董蒸蒸，弘七体而垂令迹。亦有至诚上感，明祗下赞，郭巨致锡金之庆，阳雍标莳玉之祉；乌驯丹羽，巢叔和之室，鹿呈白毳，扰功文之庐。然则因被孝慈而生友悌，理在兼综，义归一揆。夫天伦之重，共气分形，心暌则叶悴荆枝，性合则华承棣萼。乃有推肥代瘦，徇急难之情；让果同衾，尽欢愉之致；缅窥湘素，载流尘躅者欤！
　　晋氏始自中朝，逮于江左，虽百六之灾遄及，而君子之道未消，孝悌名流，犹为继踵。王伟元之行己，许季义之立节，夏方、盛彦体至性以驰芬，庾衮、颜含笃友于而宣范，自余群士，咸标懿德。采其遗绚，足厉浇风，故著《孝友篇》以续前史云耳。

李密，字令伯，犍为武阳人也。一名虔。父早亡，母何氏改醮。密时年数岁，感恋弥至，蒸蒸之性，遂以成疾。祖母刘氏，躬自抚养，密奉事以孝谨闻。刘氏有疾，则涕泣侧息，未尝解衣，饮膳汤药必先尝后进。有暇则讲学忘疲，而师事谯周，周门人方之游、夏。

少仕蜀，为郎。数使吴，有才辩，吴人称之。

蜀平，泰始初，诏征为太子洗马。密以祖母年高，无人奉养，遂不应命。乃上疏曰：

臣以险衅，夙遭闵凶，生孩六月，慈父见背；行年四岁，舅夺母志。祖母刘，愍臣孤弱，躬亲抚养。臣少多疾病，九岁不行，零丁辛苦，至于成立。既无伯叔，终鲜兄弟，门衰祚薄，晚有儿息。外无期功强近之亲，内无应门五尺之童，茕茕孑立，形影相吊。而刘早婴疾病，常在床蓐，臣侍汤药，未尝废离。

自奉圣朝，沐浴清化，前太守臣逵察臣孝廉，后刺史臣荣举臣秀才。臣以供养无主，辞不赴命。明诏特下，拜臣郎中，寻蒙国恩，除臣洗马。猥以微贱，当侍东宫，非臣陨首所能上报。臣具以表闻，辞不就职。诏书切峻，责臣逋慢，郡县逼迫，催臣上道，州司临门，急于星火。臣欲奉诏奔驰，则刘病日笃；苟徇私情，则告诉不许。臣之进退，实为狼狈。

伏惟圣朝以孝治天下，凡在故老，犹蒙矜恤，况臣孤苦嗥羸之极。且臣少仕伪朝，历职郎署，本图宦达，不矜名节。今臣亡国贱俘，至微至陋，猥蒙拔擢，宠命殊私，岂敢盘桓有所希冀！但以刘日薄西山，气息奄奄，人命危浅，朝不虑夕。臣无祖母，无以至今日；祖母无臣，无以终余年。母孙二人更相为命，是以私情区区，不敢弃远。臣密今年四十有四，祖母刘今年九十有六，是臣尽节于陛下之日长，而报养刘之日短也。乌鸟私情，愿乞终养。

臣之辛苦,非但蜀之人士及二州牧伯之所明知,皇天后土实所鉴见。伏愿陛下矜愍愚诚,听臣微志,庶刘侥幸,保卒余年。臣生当陨身,死当结草。

帝览之曰:"士之有名,不虚然哉!"乃停召。

后刘终,服阕,复以洗马征至洛。司空张华问之曰:"安乐公何如?"密曰:"可次齐桓。"华问其故,对曰:"齐桓得管仲而霸,用竖刁而虫流。安乐公得诸葛亮而抗魏,任黄皓而丧国,是知成败一也。"次问:"孔明言教何碎?"密曰:"昔舜、禹、皋陶相与语,故得简大雅;诰与凡人言,宜碎。孔明与言者无己敌,言教是以碎耳。"华善之。

出为温令,而憎疾从事,尝与人书曰:"庆父不死,鲁难未已。"从事白其书司隶,司隶以密在县清慎,弗之劾也。密有才能,常望内转,而朝廷无援,乃迁汉中太守,自以失分怀怨。及赐饯东堂。诏密令赋诗,末章曰:"人亦有言,有因有缘。官无中人,不如归田。明明在上,斯语岂然!"武帝忿之,于是都官从事奏免密官。后卒于家。二子:赐、兴。

赐,字宗石。少能属文,尝为《玄鸟赋》,词甚美。州辟别驾,举秀才,未行而终。

兴,字俊石。亦有文才,刺史罗尚辟别驾。尚为李雄所攻,使兴诣镇南将军刘弘求救,兴因愿留,为弘参军而不还。尚白弘,即夺其手版而遣之。兴之在弘府,弘立诸葛孔明、羊叔子碣,使兴俱为之文,甚有辞理。

盛彦,字翁子,广陵人也。少有异才。年八岁,诣吴太尉戴昌,昌赠诗以观之,彦于坐答之,辞甚慷慨。母王氏因疾失明,彦每言及,未尝不流涕。于是不应辟召,躬自侍养,母食必自哺之。母既疾久,至于婢使,数见捶挞。婢忿恨,伺彦暂行,取蚝蟆炙饴之。母食以为美,然疑是异物,密藏以示彦。彦见之,抱母恸哭,绝而复苏。母目豁然即开,从此遂愈。

彦仕吴,至中书侍郎。吴平,陆云荐之于刺史周浚,本邑大中正刘颂又举彦为小中正。太康中卒。

夏方，字文正，会稽永兴人也。家遭疫疠，父母伯叔群从死者十三人。方年十四，夜则号哭，昼则负土，十有七载，葬送得毕，因庐于墓侧，种植松柏，乌鸟猛兽驯扰其旁。

吴时拜仁义都尉，累迁五官中郎将。朝会未尝乘车，行必让路。

吴平，除高山令。百姓有罪应加捶挞者，方向之涕泣而不加罪，大小莫敢犯焉。在官三年，州举秀才。还家，卒，年八十七。

王裒，字伟元，城阳营陵人也。祖修，有名魏世。父仪，高亮雅直，为文帝司马。东关之役，帝问于众曰："近日之事，谁任其咎？"仪对曰："责在元帅。"帝怒曰："司马欲委罪于孤邪！"遂引出斩之。

裒少立操尚，行己以礼，身长八尺四寸，容貌绝异，音声清亮，辞气雅正，博学多能。痛父非命，未尝西向而坐，示不臣朝廷也。于是隐居教授，三征七辟皆不就。庐于墓侧，旦夕常至墓所拜跪，攀柏悲号，涕泪著树，树为之枯。母性畏雷，母没，每雷，辄到墓曰："裒在此。"及读《诗》至"哀哀父母，生我劬劳"，未尝不三复流涕，门人受业者，并废《蓼莪》之篇。

家贫，躬耕，计口而田，度身而蚕。或有助之者，不听。诸生密为刈麦，裒遂弃之。知旧有致遗者，皆不受。门人为本县所役，告裒求属令，裒曰："卿学不足以庇身，吾德薄不足以荫卿，属之何益！且吾不执笔已四十年矣。"乃步担乾饭，儿负盐豉草屩，送所役生到县，门徒随从者千余人。安丘令以为诣己，整衣出迎之。裒乃下道至土牛旁，磬折而立，云："门生为县所役，故来送别。"因执手涕泣而去。令即放之，一县以为耻。

乡人管彦少有才而未知名，裒独以为必当自达，拔而友之。男女各始生，便共许为婚。彦后为西夷校尉，卒而葬于洛阳，裒后更嫁其女。彦弟馥问裒，裒曰："吾薄志毕愿山薮，昔嫁姊妹皆远，吉凶断绝，每以此自誓。今贤兄子葬父于洛阳，此则京邑之人也，岂吾结好之本意哉！”馥曰：“嫂，齐人也，当还临淄。”哀曰：“安有葬父河南而随母还齐！用意如此，何婚之有！”

北海邴春少立志操，寒苦自居，负笈游学，乡邑金以为邴原复出。哀以春性险狭慕名，终必不成。其后春果无行，学业不终，有识以此归之。哀常以为人之所行期于当归善道，何必以所能而责人所不能。

及洛京倾覆，寇盗蜂起，亲族悉欲移渡江东，哀恋坟垄不去。贼大盛，方行，犹思慕不能进，遂为贼所害。

许孜，字季义，东阳吴宁人也。孝友恭让，敏而好学。年二十，师事豫章太守会稽孔冲，受《诗》、《书》、《礼》、《易》及《孝经》、《论语》。学竟，还乡里。冲在郡丧亡，孜闻问尽哀，负担奔赴，送丧还会稽，蔬食执役，制服三年。

俄而二亲没，柴毁骨立，杖而能起，建墓于县之东山，躬自负土，不受乡人之助。或愍孜羸惫，苦求来助，孜昼则不逆，夜便除之。每一悲号，鸟兽翔集。孜以方营大功，乃弃其妻，镇宿墓所，列植松柏亘五、六里。时有鹿犯其松栽，孜悲叹曰：“鹿独不念我乎！”明日，忽见鹿为猛兽所杀，置于所犯栽下。孜怅惋不已，乃为作冢，埋于隧侧。猛兽即于孜前自扑而死，孜益叹息，又取埋之。自后树木滋茂，而无犯者。积二十余年，孜乃更娶妻，立宅墓次，蒸蒸朝夕，奉亡如存，鹰雉栖其梁，檐鹿与猛兽扰其庭圃，交颈同游，不相搏噬。

元康中，郡察孝廉，不起，巾褐终身。年八十余，卒于家。邑人号其居为孝顺里。

咸康中，太守张虞上疏曰：“臣闻圣贤明训存乎举善，褒贬所兴，不远千载。谨案所领吴宁县物故人许孜，至性孝友，立节清峻，与物恭让，言行不贰。当其奉师，则在三之义尽；及其丧亲，实古今之所难。咸称殊类致感，猛兽弭害。虽臣不及见，然备闻斯语，窃谓蔡顺、董黯无以过之。孜没积年，其子尚在，性行纯悫，今亦家于墓侧。臣以为孜之履操，世所希逮，宜标其令迹，甄其后嗣，以酬既往，以奖方来。《阳秋传》曰：'善善及其子孙。'臣不达大体，请台量议。"
疏奏，诏旌表门闾，蠲复子孙。

其子生亦有孝行，图孜像于堂，朝夕拜焉。

庾衮，字叔褒，明穆皇后伯父也。少履勤俭，笃学好问，事亲以
孝称。咸宁中，大疫，二兄俱亡，次兄毗复殆，疠气方炽，父母诸弟皆
出次于外，衮独留不去。诸父兄强之，乃曰："衮性不畏病。"遂亲自
扶持，昼夜不眠，其间复抚柩哀临不辍。如此十有余旬，疫势既歇，
家人乃反，毗病得差，衮亦无恙。父老咸曰："异哉此子！守人所不
能守，行人所不能行，岁寒然后知松柏之后凋，始疑疫疠之不相染
也。"

初，衮诸父并贵盛，惟父独守贫约。衮躬亲稼穑，以给供养，而
执事勤恪，与弟子树篱，跪以授条。或曰："今在隐屏，先生何恭之
过？"衮曰："幽显易操，非君子之志也。"父亡，作筥卖以养母。母见
其勤，曰："我无所食。"对曰："母食不甘，衮将何居！"母感而安之。
衮前妻荀氏，继妻乐氏，皆官族富室，及适衮，俱弃华丽，散资财，与
衮共安贫苦，相敬如宾。母终，服丧居于墓侧。

岁大饥，藜羹不糁，门人欲进其饭者，而衮每曰已食，莫敢为
设。及麦熟，获者已毕，而采捃尚多，衮乃引其群子以退，曰："待其
间。"及其捃也，不曲行，不旁掇，跪而把之，则亦大获。又与邑人入
山拾橡，分夷崄，序长幼，推易居难，礼无违者。或有斩其墓柏，莫知
其谁，乃召邻人集于墓而自责焉，因叩头泣涕，谢祖祢曰："德之不
修，不能庇先人之树，衮之罪也。"父老咸亦为之垂泣，自后，人莫之
犯。抚诸孤以慈，奉诸寡以仁，事加于厚而教之义方，使长者体其
行，幼者忘其孤。孤甥郭秀，比诸子侄，衣食而每先之。孤兄女曰芳，
将嫁，美服既具，衮乃刈荆苕为箕帚，召诸子集之于堂，男女以班，
命芳曰："芳乎！汝少孤，汝逸汝豫，不汝疵瑕。今汝适人，将事舅姑，
洒扫庭内，妇之道也，故赐汝此。匪器之为美，欲温恭朝夕，虽休勿
休也。"而以旧宅与其长兄子赓、翁。及翁卒，衮哀其早孤，痛其成人

而未娶，乃抚柩长号，哀感行路，闻者莫不垂涕。

初，衮父诫衮以酒，每醉，辄自责曰："余废先父之诫，其何以训人！"乃于父墓前自杖三十。

邻人褚德逸者，善事其亲，老而不倦，衮每拜之。尝与诸兄过邑人陈准兄弟，诸兄友之，皆拜其母，衮独不拜。准弟徽曰："子不拜吾亲何？"衮曰："未知所以拜也。夫拜人之亲者，将自同于人之子也，其义至重，衮敢轻之乎！"遂不拜。准、徽叹曰："古有亮直之士，君近之矣。君若当朝，则社稷之臣欤！君若握兵，临大节，孰能夺之！方今征聘，君实宜之。"于是乡党荐之，州郡交命，察孝廉，举秀才、清白异行，皆不降志，世遂号之为"异行"。

元康末，颍川太守召为功曹，衮服造役之衣，杖锸荷斧，不俟驾而行，曰："请受下夫之役。"太守饰车而迎，衮逡巡辞退，请徒行入郡，将命者遂逼扶升车，纳于功曹舍。既而衮自取已车而寝处焉，形虽恭而神有不可动之色。太守知其不屈，乃叹曰："非常士也，吾何以降之！"厚为之礼而遣焉。

齐王冏之唱义也，张弘等肆掠于阳翟，衮乃率其同族及庶姓保于禹山。是时百姓安宁，未知战守之事，衮曰："孔子云：'不教而战，是谓弃之。'乃集诸群士而谋曰："二三君子相与处于险，将以安保亲尊，全妻孥也。古人有言：'千人聚而不以一人为主，不散则乱矣。'将若之何？"众曰："善。今日之主非君而何！"衮默然有间，乃言曰："古人急病让夷，不敢逃难，然人之立主，贵从其命也。"乃誓之曰："无恃险，无怙乱，无暴邻，无抽屋，无樵采人所植，无谋非德，无犯非义，戮力一心，同恤危难。"众咸从之。于是峻险厄，杜蹊径，修壁坞，树藩障，考功庸，计丈尺，均劳逸，通有无，缮完器备，量力任能，物应其宜，使邑推其长，里推其贤，而身率之。分数既明，号令不二，上下有礼，少长有仪，将顺其美，匡救其恶。

及贼至，衮乃勒部曲，整行伍，皆持满而勿发。贼挑战，晏然不动，且辞焉。贼服其慎而畏其整，是以皆退，如是者三。时人语曰："所谓临事而惧、好谋而成者，其庾异行乎！"

及衮归于京师，逾年不朝，衮曰："晋室卑矣，寇难方兴！"乃携其妻子适林虑山，事其新乡如其故乡，言忠信，行笃敬。比及期年，而林虑之人归之，咸曰"庾贤"。及石勒攻林虑，父老谋曰："此有大头山，九州之绝险也。上有古人遗迹，可共保之。"惠帝迁于长安，衮乃相与登于大头山而田于其下。年谷未熟，食木实，饵石蕊，同保安之，有终焉之志。及将收获，命子怞与之下山，中涂目眩瞀，坠崖而卒。同保赴哭曰："天乎！独不可舍我贤乎！"时人伤之曰："庾贤绝尘避地，超然远迹，固穷安陋，木食山栖，不与世同荣，不与人争利，不免遭命，悲夫！"

衮学通《诗》、《书》，非法不言，非道不行，尊事耆老，惠训蒙幼，临人之丧必尽哀，会人之葬必躬筑，劳则先之，逸则后之，言必行之，行必安之。是以宗族乡党莫不崇仰，门人感慕，为之树碑焉。

有四子：怞、蔑、泽、捃。在泽生，故名泽，因捃生，故曰捃。蔑后南渡江，中兴初，为侍中。蔑生愿，安成太守。

孙晷，字文度，吴国富春人，吴伏波将军秀之曾孙也。晷为儿童，未尝被呵怒。顾荣见而称之，谓其外祖薛兼曰："此儿神用清审，志气贞立，非常童也。"及长，恭孝清约，学识有理义，每独处幽暗之中，容止瞻望未尝倾邪。虽侯家丰厚，而晷常布衣蔬食，躬亲垄亩，诵咏不废，欣然独得。父母愍其如此，欲加优饶，而夙兴夜寐，无暂懈也。父母起居尝馔，虽诸兄亲馈，而晷不离左右。富春车道既少，动经山川，父难于风波，每行乘篮舆，晷躬自扶侍，所诣之处，则于门外树下藩屏之间隐息，初不令主人知之。兄尝笃疾经年，晷躬自扶侍，药石甘苦，必经心目，跋涉山水，祈求恳至。而闻人之善，欣若有得；闻人之恶，惨若有失。见人饥寒，并周赡之，乡里赠遗，一无所受。亲故有穷老者数人，恒往来告索，人多厌慢之，而晷见之，欣敬逾甚，寒则与同衾，食则与同器，或解衣推被以恤之。时年饥谷贵，人有生刈其稻者，晷见而避之，须去而出，既而自刈送与之。乡邻感愧，莫敢侵犯。

会稽虞喜隐居海隅，有高世之风。暴钦其德，聘喜弟预女为妻。喜戒女弃华尚素，与暴同志。时人号为"梁鸿夫妇"。济阳江惇少有高操，闻暴学行过人，自东阳往候之，始面，便终日谭宴，结欢而别。

司空何充为扬州，檄暴为主簿，司徒蔡谟辟为掾属，并不就。尚书张国明，州土之望，表荐暴，公车特征。会卒，时年三十八，朝野嗟痛之。暴未及大敛，有一老父缊袍草履，不通姓名，径入抚柩而哭，哀声慷慨，感于左右。哭止便出，容貌甚清，眼瞳又方，门者告之丧主，怪而追焉。直去不顾。同郡顾和等百余人叹其神貌有异，而莫之测也。

颜含，字弘都，琅邪莘人也。祖钦，给事中。父默，汝阴太守。含少有操行，以孝闻。兄畿，咸宁中得疾，就医自疗，遂死于医家。家人迎丧，旐每绕树而不可解，引丧者颠仆，称畿言曰："我寿命未死，但服药太多，伤我五脏耳。今当复活，慎无葬也。"其父祝之曰："若尔有命复生，岂非骨肉所愿！今但欲还家，不尔葬也。"旐乃解。及还，其妇梦之曰："吾当复生，可急开棺。"妇颇说之。其夕，母及家人又梦之，即欲开棺，而父不听。含时尚少，乃慨然曰："非常之事，古则有之，今灵异至此，开棺之痛，孰与不开相负？"父母从之，乃共发棺，果有生验，以手刮棺，指爪尽伤，然气息甚微，存亡不分矣。饮哺将护，累月犹不能语，饮食所须，托之以梦。阖家营视，顿废生业，虽在母妻，不能无倦矣。含乃绝弃人事，躬亲侍养，足不出户者十有三年。石崇重含惇行，赠以甘旨，含谢而不受。或问其故，答曰："病者绵昧，生理未全，既不能进啖，又未识人惠，若当谬留，岂施者之意也！"畿竟不起。

含二亲既终，两兄继没，次嫂樊氏因疾失明，含课励家人，尽心奉养，每日自尝省药馔，察问息耗，必簪屦束带。医人疏方，应须鼍蛇胆，而寻求备至，无由得之，含忧叹累时。尝昼独坐，忽有一青衣童子年可十三四，持一青囊授含，含开视，乃蛇胆也。童子逡巡出户，化成青鸟飞去。得胆，药成，嫂病即愈。由是著名。

本州辟，不就。东海王越以为太傅参军，出补闾阳令。

元帝初镇下邳，复命为参军。过江，以含为上虞令，转主国郎中、丞相东阁祭酒，出为东阳太守。东宫初建，含以儒素笃行补太子中庶子，迁黄门侍郎、本州大中正，历散骑常侍、大司农。豫讨苏峻功，封西平县侯，拜侍中，除吴郡太守。王导问含曰："卿今莅名郡，政将何先？"答曰："王师岁动，编户虚耗，南北权豪竞招游食，国弊家丰，执事之忧。且当征之势门，使反田桑，数年之间，欲令户给人足，如其礼乐，俟之明宰。"含所历简而有恩，明而能断，然以威御下。导叹曰："颜公在事，吴人敛手矣。"未之官，复为侍中。寻除国子祭酒，加散骑常侍，迁光禄勋，以年老逊位。成帝美其素行，就加右光禄大夫，门施行马，赐床帐被褥，敕大官四时致膳，固辞不受。

于时论者以王导帝之师傅，名位隆重，百僚宜为降礼。太常冯怀以问于含，含曰："王公虽重，理无偏敬，降礼之言，或是诸君事宜。鄙人老矣，不识时务。"既而告人曰："吾闻伐国不问仁人。向冯祖思问佞于我，我有邪德乎？"人尝论少正卯、盗跖其恶孰深。或曰："正卯虽奸，不至剖人充膳，盗跖为甚。"含曰："为恶彰露，人思加戮；隐伏之奸，非圣不诛。由此言之，少正为甚。"众咸服焉。郭璞尝遇含，欲为之筮。含曰："年在天，位在人，修己而天不与者，命也；守道而人不知者，性也。自有性命，无劳蓍龟。"桓温求婚于含，含以其盛满，不许。惟与邓攸深交。或问江左群士优劣，答曰："周伯仁之正，邓伯道之清，卞望之之节，余则吾不知也。"其雅重行实，抑绝浮伪如此。

致仕二十余年，年九十三卒。遗命素棺薄敛。谥曰靖。丧在殡而邻家失火，移棺绋断，火将至而灭，佥以为淳诚所感也。三子：髦、谦、约。

髦历黄门郎、侍中、光禄勋，谦至安成太守，约零陵太守，并有声誉。

刘殷，字长盛，新兴人也。高祖陵，汉光禄大夫。殷七岁丧父，哀毁过礼,服丧三年,未曾见齿。曾祖母王氏,盛冬思堇而不言,食不饱者一旬矣。殷怪而问之,王言其故。殷时年九岁,乃于泽中恸哭,曰:"殷罪衅深重,幼丁艰罚,王母在堂,无旬月之养。殷为人子,而所思无获,皇天后土,愿垂哀愍。"声不绝者半日,于是忽若有人云:"止,止声。"殷收泪视地,便有堇生焉,因得斛余而归,食而不减,至时堇生乃尽。又尝夜梦人谓之曰:"西篱下有粟。"寤而掘之,得粟十五钟,铭曰"七年粟百石,以赐孝子刘殷"。自是食之,七载方尽。时人嘉其至性通感,竞以谷帛遗之。殷受而不谢,直云待后贵当相酬耳。

弱冠,博通经史,综核群言,文章诗赋靡不该览。性倜傥,有济世之志,俭而不陋,清而不介,望之颓然而不可侵也。乡党亲族莫不称之。郡命主簿,州辟从事,皆以供养无主,辞不赴命。司空、齐王攸辟为掾,征南将军羊祜召参军事,皆以疾辞。同郡张宣子,识达之士也,劝殷就征。殷曰:"当今二公,有晋之栋楹也。吾方希达如榱椽耳,不凭之,岂能立乎!吾今王母在堂,既应他命,无容不竭尽臣礼,便不得就养。子舆所以辞齐大夫,良以色养无主故耳。"宣子曰:"如子所言,岂庸人所识哉!而今而后,吾子当为吾师矣。"遂以女妻之。宣子者,并州豪族也,家富于财,其妻怒曰:"我女年始十四,姿识如此,何虑不得为公侯妃,而遽以妻刘殷乎!"宣子曰:"非尔所及也。"诫其女曰:"刘殷至孝冥感,兼才识超世,此人终当远达,为世名公,汝其谨事之。"张氏性亦婉顺,事王母以孝闻,奉殷如君父焉。及王氏卒,殷夫妇毁瘠,几至灭性。时枢在殡而西邻失火,风势甚盛,殷夫妇叩殡号哭,火遂越烧东家。后有二白鸠巢其庭树,自是名誉弥显。

太傅杨骏辅政,备礼聘殷,殷以母老固辞。骏于是表之,优诏遂其高志,听终色养,敕所在供其衣食,蠲其徭赋,赐帛二百匹,谷五百斛。赵王伦篡位,孙秀凤重殷名,以散骑常侍征之,殷逃奔雁门。及齐王冏辅政,辟为大司马军咨祭酒。既至,谓殷曰:"先王虚心召君,君不至。今孤辟君,君何能屈也?"殷曰:"世祖以大圣应期,先王以至德辅世,既尧、舜为君,稷、契为佐,故殷希以一夫而距千乘,为不可回之图,幸邀唐虞之世,是以不惧斧钺之戮耳。今殿下以神武睿姿,除残反政,然圣迹稍粗,严威滋肃,殷若复尔,恐招华士之诛,故不敢不至也。"罔奇之,转拜新兴太守,明刑旌善,甚有政能。

属永嘉之乱,没于刘聪。聪奇其才而擢任之,累至侍中、太保、录尚书事。殷恒戒子孙曰:"事君之法,当务几谏,凡人尚不可面斥其过,而况万乘乎!夫犯颜之祸,将彰君过,宜上思召公咨商之义,下含鲍勋触鳞之诛也。"在聪之朝,与公卿恂恂然,常有后己之色。士不修操行者,无得入其门,然滞理不申,籍殷而济者,亦已百数。

有七子,五子各授一经,一子授《太史公》,一子授《汉书》,一门之内,七业俱兴,北州之学,殷门为盛。竟以寿终。

王延,字延元,西河人也。九岁丧母,泣血三年,几至灭性。每至忌日,则悲啼一旬。继母卜氏遇之无道,恒以蒲穰及败麻头与延贮衣。其姑闻而问之,延知而不言,事母弥谨。卜氏尝盛冬思生鱼,敕延求而不获,杖之流血。延寻汾叩凌而哭,忽有一鱼长五尺,踊出水上,延取以进母。卜氏食之,积日不尽,于是心悟,抚延如己生。延事亲色养,夏则扇枕席,冬则以身温被,隆冬盛寒,体无全衣,而亲极滋味。昼则佣赁,夜则诵书,遂究览经史,皆通大义。州郡礼辟,贪供养不起。父母终后,庐于墓侧,非其蚕不衣,非其耕不食。

属天下大乱,随刘元海迁于平阳,农蚕之暇,训诱宗族,侃侃不倦。家牛生一犊,他人认之,延牵而授与,初无吝色。其人后自知妄认,送犊还延,叩头谢罪,延仍以与之,不复取也。

年六十,方仕于刘聪,稍迁尚书左丞,至金紫光禄大夫。聪死后,靳准将作乱,谋之于延,延不从。准既诛刘氏,自号汉天王,以延为左光禄大夫,延又大骂不受,准遂杀之。

王谈,吴兴乌程人也,年十岁,父为邻人窦度所杀。谈阴有复仇志,而惧为度所疑,寸刃不畜,日夜伺度,未得。至年十八,乃密市利锸，阳若耕锄者。度常乘船出入，经一桥下，谈伺度行还，伏草中，度既过，谈于桥上以锸斩之，应手而死。既而归罪有司，大守孔岩义其孝勇，列上宥之。岩诸子为孙恩所害，无嗣，谈乃移居会稽，修理岩父子坟墓，尽其心力。后太守孔廞究其义行，元兴三年，举谈为孝廉，时称其得人。谈不应召，终于家。

桑虞，字子深，魏郡黎阳人也。父冲，有深识远量，惠帝时为黄门郎。河间王颙执权，引为司马。冲知颙必败，就职一旬，便称疾求退。虞仁孝自天至，年十四丧父，毁瘠过礼，日以米百粒用糁藜藿，其姊谕之曰："汝毁瘠如此，必至灭性，灭性不孝，宜自抑割。"虞曰："藜藿杂米，足以胜哀。"虞有园在宅北数里，瓜果初熟，有人逾垣盗之。虞以园援多棘刺，恐偷见人惊走而致伤损，乃使奴为之开道。及偷负瓜将出，见道通利，知虞使除之，乃送所盗瓜，叩头请罪。虞乃欢然，尽以瓜与之。尝行，寄宿逆旅，同宿客失脯，疑虞为盗。虞默然无言，便解衣偿之。主人曰："此舍数失鱼肉鸡鸭，多是狐狸偷去，君何以疑人？"乃将脯主至山冢间寻求，果得之。客求还衣，虞投之不顾。

虞诸兄仕于石勒之世，咸登显位，惟虞耻臣非类，阴欲避地海东，会丁母忧，遂止。哀毁骨立，庐于墓侧。

五年后，石勒以为武城令。虞以密迩黄河，去海微近，将申前志，欣然就职。石季龙太守刘征甚器重之，征迁青州刺史，请虞为长史，带祝阿郡。征遇疾还邺，令虞监行州府属。季龙死，国中大乱，朝廷以虞名父之子，必能立功海岱，潜遣东莞人华挺授虞宁朔将军、青州刺史。虞曰："功名非吾志也。"乃附使者启让刺史，靖居海右，不交境外。虽历伪朝，而不豫乱，世以此高之。卒于官。

虞五世同居，闺门邕穆。符坚青州刺史符朗甚重之，尝诣虞家，升堂拜其母，时人以为荣。

何琦，字万伦，司空充之从兄也。祖父龛，后将军。父阜，淮南内史。琦年十四丧父,哀毁过礼。性沉敏有识度,好古博学,居于宣城阳谷县。事母孜孜,朝夕色养。常患甘鲜不赡,乃为郡主簿,察孝廉,除郎中,以选补宣城泾县令。司徒王导引为参军,不就。

及丁母忧,居丧泣血,杖而后起。停枢在殡,为邻火所逼,烟焰已交,家乏僮使,计无从出,乃匍匐抚棺号哭。俄而风止火息,堂屋一间免烧,其精诚所感如此。服阕,乃慨然叹曰:"所以出身仕者,非谓有尺寸之能以效智力,实利微禄,私展供养。一旦茕然,无复恃怙,岂可复以朽钝之质尘黩清朝哉!"于是养志衡门,不交人事,耽玩典籍,以琴书自娱。不营产业,节俭寡欲,丰约与乡邻共之。乡里遭乱,姊没人家,琦惟有一婢,便为购赎。然不为小谦,凡有赠遗,亦不苟让,但于己有余,辄复随而散之。任心而行,率意而动,不占卜,无所事。司空陆玩、太尉桓温并辟命,皆不就。诏征博士,又不起。简文帝时为抚军,钦其名行,召为参军,固辞以疾。公车再征通直散骑侍郎、散骑常侍,不行。由是君子仰德,莫能屈也。桓温尝登琦县界山,喟然叹曰:"此山南有人焉,何公真止足者也!"

琦善养性,老而不衰,布褐蔬食,恒以述作为事,著《三国评论》,凡所撰录百许篇,皆行于世。年八十二卒。

吴逵,吴兴人也。经荒饥疾病,合门死者十有三人。逵时亦病笃,其丧皆邻里以苇席裹而埋之。逵夫妻既存,家极贫窭,冬无衣被,昼则佣赁,夜烧砖瓦,昼夜在山,未尝休止,遇毒虫猛兽,辄为之下道。期年,成七墓、十三棺。时有赙赠,一无所受。太守张崇义之,以羔雁之礼礼焉。卒于家。

史臣曰:尊亲之道,礼经之明训;孝友之义,诗人之美谈,是知人伦之本,罔兹攸尚。盛翁子立行淳至,素蓄异才,流恸致其感通,含哺申其就养,载昌赏其清韵,陆云嘉其茂德。王裒隐居不从其辟,行己莫逾其礼,枯柏以应其诚,惊雷以危其虑。永言董察,异时均美。许孜少而敏学,礼备在三,驯雉栖其梁栋,猛兽扰其庭圃,居丧之礼，实古今之所难焉。庾叔褒不匮表于执勤，则裕存乎敬业，幽显不易其操，疫疠不骇其心，急病让夷之规，有古人之风烈矣。孙晷之匪懈，王谈之复仇，神人惜其亡，良守宥其罪。刘殷幼丁艰酷，柴毁逾制，发三冬之堇，赐七年之粟，至诚之契，义形于兹。王延叩冰而召鳞，扇席而清暑，虽黄香、孟宗，抑为伦辈。其余群子，并孝养可崇，清风素范，高山景行，会其宗流，同斯志也。

赞曰：德之所届，有感必征。孝哉王、许，永慕蒸蒸。挥泗凋柏，对榥巢鹰。密、彦、夏、庾，凤标至性。文度、弘都，勤修懿行。敦彼孝友，载光谣咏。鸠驯长盛，鱼荐延元。谈、桑义阐，琦、吴道存。专洞之德，咸摛左言。

晋书卷八九
列传第五九

# 忠　义

稽绍 从子含　王豹　刘沉　麴允
焦嵩　贾浑　王育　韦忠　辛勉
刘敏元　周该　桓雄　韩阶　周崎
易雄　乐道融　虞悝　沈劲　吉挹
王谅　宋矩　车济　丁穆　辛恭靖
罗企生　张祎

　　古人有言："君子杀身以成仁，不求生以害仁。"又云："非死之难，处死之难。"信哉，斯言也！是知陨节苟合其宜，义夫岂吝其没；捐躯若得其所，烈士不爱其存。故能守铁石之深衷，厉松筠之雅操，见贞心于岁暮，标劲节于严风，赴鼎镬其如归，履危亡而不顾，书名竹帛，画象丹青，前史以为美谈，后来仰其徽烈者也。
　　晋自元康之后，政乱朝昏，祸难荐兴，艰虞孔炽。遂使奸凶放命，戎狄交侵；函夏沸腾，苍生涂炭；干戈日用，战争方兴。虽背恩忘义之徒不可胜载，而蹈节轻生之士无乏于时。至若稽绍之卫难乘舆，卞壶之亡躯锋镝，桓雄之义高田叔，周崎之节迈解扬，罗、丁致命于旧君，辛、吉耻臣于戎虏，张祎引鸩以全节，王谅断臂以厉忠，莫不志烈秋霜，精贯白日，足以激清风于万古，厉薄俗于当年者欤！所谓"乱世识忠臣"，斯之谓也。卞壶、刘超、钟雅、周嵩等已入列传，其余即叙其行事以为《忠义传》，用旌晋氏之有人焉。

嵇绍，字延祖，魏中散大夫康之子也。十岁而孤，事母孝谨。以父得罪，靖居私门。山涛领选，启武帝曰："《康诰》有言：'父子罪不相及。'嵇绍贤侔郤缺，宜加旌命，请为秘书郎。"帝谓涛曰："如卿所言，乃堪为丞，何但郎也。"乃发诏征之，起家为秘书丞。

绍始入洛，或谓王戎曰："昨于稠人中始见嵇绍，昂昂然如野鹤之在鸡群。"戎曰："君复未见其父耳。"累迁汝阴太守。尚书左仆射裴颜亦深器之，每曰："使延祖为吏部尚书，可使天下无复遗才矣。"沛国戴晞少有才智，与绍从子含相友善，时人许以远致，绍以为必不成器。晞后为司州主簿，以无行被斥，州党称绍有知人之明。转豫章内史，以母忧，不之官。服阕，拜徐州刺史。时石崇为都督，性虽骄暴，而绍将之以道，崇甚亲敬之。后以长子丧去职。

元康初，为给事黄门侍郎。时侍中贾谧以外戚之宠，年少居位，潘岳、杜斌等皆附托焉。谧求交于绍，绍距而不答。及谧诛，绍时在省，以不阿比凶族，封弋阳子，迁散骑常侍，领国子博士。太尉、广陵公陈准薨，太常奏谧，绍驳曰："谧号所以垂之不朽，大行受大名，细行受细名，文、武显于功德，灵、厉表于暗蔽。自顷礼官协情，谥不依本。准谧为过，宜谥曰缪。"事下太常。时虽不从，朝廷惮焉。

赵王伦篡位，署为侍中。惠帝复阼，遂居其职。司空张华为伦所诛，议者追理其事，欲复其爵，绍又驳之曰："臣之事君，当除烦去惑。华历位内外，虽粗有善事，然阃阃之责，著于远近。兆祸始乱，华实为之。故郑讨幽公之乱，斫子家之棺；鲁戮隐罪，终篇贬翚。未忍重戮，事已弘矣，谓不宜复其爵位，理其无罪。"时帝初反正，绍又上疏曰："臣闻改前辙者则车不倾，革往弊者则政不爽。太一统于元首，百司役于多士，故周文兴于上，成、康穆于下也。存不忘亡，《易》之善义；愿陛下无忘金墉，大司马无忘颍上，大将军无忘黄桥，则祸乱之萌无由而兆矣。"

齐王冏既辅政,大兴第舍,骄奢滋甚,绍以书谏曰:"夏禹以卑室称美,唐虞以茅茨显德,丰屋蔀家,无益危亡。窃承毁败太乐以广第舍,兴造功力为三王立宅,此岂今日之先急哉!今大事始定,万姓颙颙,咸待覆润,宜省起造之烦,深思谦损之理。复主之勋不可弃矣,矢石之殆不可忘也。"冏虽谦顺以报之,而卒不能用。绍尝诣冏咨事,遇冏宴会,召董艾、葛旟等共论时政。艾言于冏曰:"嵇侍中善于丝竹,公可令操之。"左右进琴,绍推不受。冏曰:"今日为欢,卿何吝此邪!"绍对曰:"公匡复社稷,当轨物作则,垂之于后。绍虽虚鄙,忝备常伯,腰绂冠冕,鸣玉殿省,岂可操执丝竹,以为伶人之事!若释公服从私宴,所不敢辞也。"冏大惭。艾等不自得而退。顷之,以公事免,冏以为左司马。旬日,冏被诛。初,兵交,绍奔散赴宫,有持弩在东阁下者,将射之,遇有殿中将兵萧隆,见绍姿容长者,疑非凡人,趋前拔箭,于此得免。遂还荥阳旧宅。

寻征为御史中丞,未拜,复为侍中。河间王颙、成都王颖举兵向京都,以讨长沙王乂,大驾次于城东。乂宣言于众曰:"今日西讨,欲谁为都督乎?"六军之士皆曰:"愿嵇侍中戮力前驱,死犹生也。"遂拜绍使执节、平西将军。属乂被执,绍复为侍中。公王以下皆诣邺谢罪于颖,绍等咸见废黜,免为庶人。

寻而朝廷复有北征之役,征绍,复其爵位。绍以天子蒙尘,承诏驰诣行在所。值王师败绩于荡阴,百官及侍卫莫不散溃,唯绍俨然端冕,以身捍卫。兵交御辇,飞箭雨集,绍遂被害于帝侧,血溅御服,天子深哀叹之。及事定,左右欲浣衣,帝曰:"此嵇侍中血,勿去。"

初,绍之行也,侍中秦准谓曰:"今日向难,卿有佳马否?"绍正色曰:"大驾亲征,以正伐逆,理必有征无战。若使皇舆失守,臣节有在,骏马何为!"闻者莫不叹息。及张方逼帝迁长安,河间王颙表赠绍司空,进爵为公。会帝还洛阳,事遂未行。东海王越屯许,路经荥阳,过绍墓,哭之悲恸,刊石立碑,又表赠官爵。帝乃遣使册赠侍中、光禄大夫,加金章紫绶,进爵为侯;赐墓田一顷,客十户,祠以少牢。

元帝为左丞相，承制，以绍死节事重，而赠礼未副勋德，更表赠太尉，祠以太牢。及帝即位，赐谥曰忠穆，复加太牢之祠。

绍诞于行己，不饰小节，然旷而有检，通而不杂。与从子含等五人共居，抚恤如所同生。门人故吏思慕遗爱，行服墓次，毕三年者三十余人。

长子眕，有父风，早夭。以从孙翰袭封。成帝时追述绍忠，以翰为奉朝请。翰以无兄弟，自表还本宗。太元中，孝武帝诏曰："褒德显仁，哲王令典。故太尉、忠穆公执德高邈，在否弥宣，贞洁之风，义著千载。每念其事，怆然伤怀。忠贞之胤，蒸尝宜远，所以大明至节，崇奖名教。可访其宗族，袭爵主祀。"于是复以翰孙旷为弋阳侯。

含，字君道。祖喜，徐州刺史。父蕃，太子舍人。含好学能属文。家在巩县亳丘，自号"亳丘子"，门曰"归厚之门"，室曰"慎终之室"。楚王玮辟为掾。玮诛，坐免。举秀才，除郎中。

时弘农王粹以贵公子尚主，馆宇甚盛，图庄周于室，广集朝士，使含为之赞。含援笔为吊文，文不加点。其序曰："帝婿王弘远华池丰屋，广延贤彦，图庄生垂纶之象，记先达辞聘之事，画真人于刻桷之室，载退士于进趣之堂，可谓托非其所，可吊不可赞也。"其辞曰："迈矣庄周，天纵特放，大块授其生，自然资其量，器虚神清，穷玄极旷。人伪俗季，真风既散，野无讼屈之声，朝有争宠之叹，上下相陵，长幼失贯。于是借玄虚以助溺，引道德以自奖，户咏恬旷之辞，家画老庄之象。今王生沉沦名利，身尚帝女，连耀三光，有出无处，池非岩石之溜，宅非茅茨之宇，驰屈产于皇衢，画兹象其焉取！嗟乎先生，高迹何局！生处岩岫之居，死寄雕楹之屋，托非其所，没有余辱，悼大道之湮晦，遂含悲而吐曲。"粹有愧色。

齐王冏辟为征西参军，袭爵武昌乡侯。长沙王乂召为骠骑记室督、尚书郎。乂与成都王颖交战，颖军转盛，尚书郎且出督战，夜还理事。含言于乂曰："昔魏武每有军事，增置掾属。青龙二年，尚书令陈矫以有军务，亦奏增郎。今奸逆四逼，王路拥塞，倒悬之急，不复过此。但居曹理事，尚须增郎，况今都官中骑三曹，昼出督战，夜还理事，一人两役，内外废乏。含谓今有十万人，都督各有主帅，推毂授绥，委付大将，不宜复令台僚杂与其间。"乂从之，乃增郎及令史。

怀帝为抚军将军，以含为从事中郎。惠帝北征，转中书侍郎。及荡阴之败，含走归荥阳。永兴初，除太弟中庶子。西道阻阂，未得应召。范阳王虓为征南将军，屯许昌，复以含为从事中郎。寻授振威将军、襄城太守。虓为刘乔所破，含奔镇南将军刘弘于襄阳，弘待以上宾之礼。含性通敏，好荐达才贤，常欲崇赵武之谥，加臧文之罪。属陈敏作乱，江扬震荡，南越险远，而广州刺史王毅病卒，弘表含为平越中郎将、广州刺史、假节。未发，会弘卒，时或欲留含领荆州。含性刚躁，素与弘司马郭劢有隙，劢疑含将为己害，夜掩杀之，时年四十四。怀帝即位，谥曰宪。

王豹，顺阳人也。少而抗直。初为豫州别驾，齐王冏为大司马，以豹为主簿。冏骄纵，失天下心，豹致笺于冏曰：

豹闻王臣蹇蹇，匪躬之故，将以安主定时，保存社稷者也。是以为人臣而欺其君者，刑罚不足以为诛；为人主而逆其谏者，灵、厉不足以为谥。伏惟明公虚心下士，开怀纳善，款诚以著，而逆耳之言未入于听。豹伏思晋政渐缺，始自元康以来，宰相在位，未有一人获终，乃事势使然，未为辄有不善也。今公克平祸乱，安国定家，故复因前倾败之法，寻中间覆车之轨，欲冀长存，非所敢闻。今河间树根于关右，成都盘桓于旧魏，新野大封于江汉，三面贵王，各以方刚强盛，并兴戎马，处险害之地。且明公兴义讨逆，功盖天下，圣德光茂，名震当世。今以难赏之功，挟震主之威，独据京都，专执大权，进则亢龙有悔，退则藜蓷生庭，冀此求安，未知其福。敢以浅见，陈写愚情。

昔武王伐纣，封建诸侯为二伯，自陕以东，周公主之，自陕以西，召公主之。及至其末，霸国之世，不过数州之地，四海强兵不敢入窥九鼎，所以然者，天下习于所奉故也。今诚能尊用周法,以成都为"北州伯",统河北之王侯,明公为"南州伯",以摄南土之官长,各因本职,出居其方,树德于外,尽忠于内,岁终率所领而贡于朝,简良才,命贤俊,以为天子百官,则四海长宁,万国幸甚,明公之德当与周、召同其至美,危败路塞,社稷可保。愿明公思高祖纳娄敬之策,悟张良履足之谋,远临深之危,保泰山之安。若合圣思,宛、许可都也。

书入,无报,豹重笺曰:

豹书御已来,十有二日,而圣旨高远,未垂采察,不赐一字之令,不敕可否之宜。盖霸王之神宝,安危之秘术,不可须臾而忽者也。伏思明公挟大功,抱大名,怀大德,执大权,此"四大"者,域中所不能容,贤圣所以战战兢兢,日昃不暇食,虽休勿休者也。昔周公以武王为兄,成王为君。伐纣有功,以亲辅政,执德弘深,圣恩博远,至忠至仁,至孝至敬。而摄事之日,四国流言,离主出奔,居东三年,赖风雨之变,成王感悟。若不遭皇天之应,神人之察,恐公旦之祸未知所限也。至于执政,犹与召公分陕为伯。今明公自视功德孰如周公。且元康以来,宰相之患,危机窃发,不及容思,密祸潜起,辄在呼吸,岂复晏然得全生计!前鉴不远,公所亲见也。君子不有远虑,必有近忧,忧至乃悟,悔无所及也。

今若从豹此策,皆遣王侯之国,北与成都分河为伯,成都在邺,明公都宛,规方千里,以与圻内侯伯子男,小大相率,结好要盟,同奖皇家;贡御之法,一如周典。若合圣规,可先旨与成都共论。虽以小才,愿备行人。昔斯养、燕、赵之微者耳,百里奚,秦、楚之商人也,一开其说,两国以宁。况豹虽陋,大州之纲纪,加明公起事险难之主簿也。故身虽轻,其言未必否也。

冏令曰:"得前后白事,具意,辄别思量也。"

会长沙王乂至,于冏案上见豹笺,谓冏曰:"小子离间骨肉,何不铜驼下打杀!"冏既不能嘉豹之策,遂纳乂言。乃奏豹曰:"臣忿奸凶肆逆,皇祚颠坠,与成都、长沙、新野共兴义兵,安复社稷,唯欲戮力皇家，与亲亲宗室腹心从事，此臣夙夜自誓，无负神明。而主簿王豹比有白事，敢造异端，谓臣忝备宰相，必遘危害，虑在一旦，不祥之声可跷足而待，欲臣与成都分陕为伯，尽出藩王。一诬圣朝鉴御之威，下长妖惑，疑阻众心，啎沓背憎，巧卖两端，讪上谤下，谗内间外，遘恶导奸，坐生猜嫌。昔孔丘匡鲁，乃诛少正；子产相邓，先戮邓析，诚以交乱名实，若赵高诡怪之类也。豹为臣，不忠、不顺、不义，辄敕都街考竟，以明邪正。"豹将死，曰："悬吾头大司马门，见兵之攻齐也。"众庶冤之。俄而冏败。

刘沈，字道真，燕国蓟人也。世为北州名族。少仕州郡，博学好古。太保卫瓘辟为掾，领本邑大中正。敦儒道，爱贤能，进霍原为二品，及申理张华，皆辞旨明峻，为当时所称。

齐王冏辅政，引为左长史，迁侍中。于时李流乱蜀，诏沈以侍中、假节，统益州刺史罗尚、梁州刺史许雄等以讨流。行次长安，河间王颙请留沈为军司，遣席薳代之。后领雍州刺史。及张昌作乱，诏颙遣沈将州兵万人征西府五千人，自蓝田关以讨之，颙不奉诏。沈自领州兵至蓝田，颙又逼夺其众。长沙王乂命沈将武吏四百人还州。

张方既逼京都，王师屡败，王湖、祖逖言于乂曰："刘沈忠义果毅，雍州兵力足制河间，宜启上诏与沈，使发兵袭颙，颙窘急，必召张方以自救，此计之良也。"乂从之。沈奉诏驰檄四境，合七郡之众及守防诸军、坞壁甲士万余人，以安定太守卫博、新平太守张光、安定功曹皇甫澹为先登，袭长安。颙时顿于郑县之高平亭，为东军声援，闻沈兵起，还镇渭城，遣督护虞夔率步骑万余人逆沈于好畤。接战，夔众败，颙大惧，退入长安，果急呼张方。沈渡渭而垒，颙每遣兵出斗，辄不利。沈乘胜攻之，使澹、博以精甲五千，从长安门而入，力战至颙帐下。沈军来迟，颙军见澹等无继，气益倍。冯翊太守张辅率众救颙，横击之，大战于府门，博父子皆死之，澹又被擒。颙奇澹壮勇，将活之。澹不为之屈，于是见杀。沈军遂败，率余卒屯于故营。

张方遣其将敦伟夜至，沉军大惊而溃，与麾下百余人南遁，为陈仓令所执。沉谓颙曰："夫知己之顾轻，在三之节重，不可违君父之诏，量强弱以苟全。投袂之日，期之必死，菹醢之戮，甘之如荠。"辞义慷慨，见者哀之。颙怒，鞭之而后腰斩。有识者以颙干上犯顺，虐害忠义，知其灭亡不久也。

麹允，金城人也。与游氏世为豪族，西州为之语曰："麹与游，牛羊不数头。南开朱门，北望青楼。"

洛阳倾覆，阎鼎等立秦王为皇太子于长安，鼎总摄百揆。允时为安夷护军、始平太守，心害鼎功，且规权势，因鼎杀京兆太守梁综，乃与综弟冯翊太守纬等攻鼎，走之。会雍州刺史贾疋为屠各所杀，允代其任。

愍帝即尊位，以允为尚书左仆射、领军、持节、西戎校尉、录尚书事，雍州如故。时刘曜、殷凯、赵染数万众逼长安，允击破之，擒凯于阵。曜复攻北地，允为大都督、骠骑将军，次于青白城以救之。曜闻而转寇上郡，允军于灵武，以兵弱不敢进。曜后复围北地，太守麹昌遣使求救，允率步骑赴之。去城数十里，群贼绕城放火，烟尘蔽天，纵反间诈允曰："郡城已陷，焚烧向尽，无及矣。"允信之，众惧而溃。后数日，麹昌突围赴长安，北地遂陷。

允性仁厚，无威断，吴皮、王隐之徒，无赖凶人，皆加重爵，新平太守竺恢、始平太守杨像、扶风太守竺爽、安定太守焦嵩，皆征镇杖节，加侍中、常侍，村坞主帅小者，犹假银青、将军之号，欲以抚结众心。然诸将骄恣，恩不及下，人情颇离，由是羌胡因此跋扈，关中淆乱。

刘曜复攻长安，百姓饥甚，死者太半。久之，城中窘逼，帝将出降，叹曰："误我事者，麹、索二公也。"帝至平阳，为刘聪所幽辱，允伏地号哭不能起。聪大怒，幽之于狱，允发愤自杀。聪嘉其忠烈，赠车骑将军，谥节愍侯。

焦嵩，安定人。初率众据雍。曜之逼京都，允告难于嵩，嵩素侮允，曰："须允困，当救之。"及京都败，嵩亦寻为寇所灭。

　　贾浑，不知何郡人也。太安中，为介休令。及刘元海作乱，遣其将乔晞攻陷之。浑抗节不降，曰"吾为晋守，不能全之，岂苟求生以事贼虏，何面目以视息世间哉！"晞怒，执将杀之，晞将尹崧曰："将军舍之，以劝事君。"晞不听，遂害之。

　　王育，字伯春，京兆人也。少孤贫，为人佣牧羊，每过小学，必歔欷流涕。时有暇，即折蒲学书，忘而失羊，为羊主所责，育将鬻己以偿之。同郡许子章，敏达之士也，闻而嘉之，代育偿羊，给其衣食，使与子同学，遂博通经史。身长八尺余，须长三尺，容貌绝异，音声动人。子章以兄之子妻之，为立别宅，分之资业，育受之无愧色。然行己任性，颇不偶俗。妻丧，吊之者不过四五人，然皆乡闾名士。

　　太守杜宣命为主簿。俄而宣左迁万年令，杜令王攸诣宣，宣不迎之，攸怒曰："卿往为二千石，吾所敬也。今吾侪耳，何故不见迎？欲以小雀遇我，使我畏死鹞乎？"育执刀叱攸曰："君辱臣死，自昔而然。我府君以非罪黜降，如日月之蚀耳，小县令敢轻辱吾君！汝谓吾刀钝邪，敢如是乎！"前将杀之。宣惧，跣下抱育，乃止。自此知名。

　　司徒王浑辟为掾，除南武阳县令。为政清约，宿盗逃奔他郡。迁并州督护。成都王颖在邺，又以育为振武将军。刘元海之为北单于，育说颖曰："元海今去，育请为殿下促之，不然，惧不至也。"颖然之，以育为破虏将军。元海遂拘之，其后以为太傅。

　　韦忠，字子节，平阳人也。少慷慨，有不可夺之志。好学博通，性不虚诺。闭门修己，不交当世，每至吉凶，亲表赠遗，一无所受。年十二，丧父，哀慕毁悴，杖而后起。司空裴秀吊之，匍匐号诉，哀恸感人。秀出而告人曰："此子长大必为佳器。"归而命子頠造焉。服阕，遂庐于墓所。頠慕而造之，皆托行不见。家贫，藜藿不充，人不堪其忧，而忠不改其乐。頠为仆射，数言之于司空张华，华辟之，辞疾不起。人问其故,忠曰:"吾茨檐贱士,本无宦情。是茂先华而不实,裴颜欲而无厌,弃典礼而附贼后,若此,岂大丈夫之所宜行邪!裴常有心托我,常恐洪涛荡岳,余波见漂,况可临尾闾而窥沃焦哉!"

太守陈楚迫为功曹。会山羌破郡,楚携子出走,贼射之,中三创。忠冒刃伏楚,以身捍之,泣曰:"韦忠愿以身代君,乞诸君哀之。"亦遭五矢。贼相谓曰:"义士也!"舍之。忠于是负楚以归。后仕刘聪,为镇西大将军、平羌校尉。讨叛羌,矢尽,不屈节而死。

辛勉,字伯力,陇西狄道人也。父洪,左卫将军。勉博学,有贞固之操。怀帝世,累迁为侍中。及洛阳陷,随帝至平阳。刘聪将署为光禄大夫,勉固辞不受。聪遣其黄门侍郎乔度赍药酒逼之,勉曰:"大丈夫岂以数年之命而亏高节,事二姓,下见武皇帝哉!"引药将饮,度遽止之曰:"主上相试耳,君真高士也!"叹息而去。聪嘉其贞节,深敬异之,为筑室于平阳西山,月致酒米,勉亦辞而不受。年八十,卒。

勉族弟宾,愍帝时为尚书郎。及帝蒙尘于平阳,刘聪使帝行酒洗爵,欲观晋臣在朝者意。宾起而抱帝大哭。聪曰:"前杀庾珉辈,故不足为戒邪!"引出,遂加害焉。

刘敏元,字道光,北海人也。厉己修学,不以险难改心。好星历阴阳术数,潜心《易》、《太玄》,不好读史,常谓同志曰:"诵书当味义根,何为费功于浮辞之文!《易》者,义之源,《太玄》,理之门,能明此者,即吾师也。"

永嘉之乱,自齐西奔。同县管平年七十余,随敏元而西,行及荥阳,为盗所劫。敏元已免,乃还谓贼曰:"此公孤老,余年无几,敏元请以身代,愿诸君舍之。"贼曰:"此公于君何亲?"敏元曰:"同邑人也。穷窭无子,依敏元为命。诸君若欲役之,老不堪使,若欲食之,复不如敏元,乞诸君哀也。"有一贼瞋目叱敏元曰:"吾不放此公,忧不得汝乎!"敏元奋剑曰:"吾岂望生邪! 当杀汝而后死。此公穷老,神祇尚当哀矜之。吾亲非骨肉，义非师友，但以见投之故，乞以身代。诸大夫慈惠，皆有听吾之色，汝何有靦面目而发斯言！"顾谓诸盗长曰："夫仁义何常，宁可失诸君子！上当为高皇、光武之事，下岂失为陈、项乎！当取之由道，使所过称咏威德，奈何容畜此人以损盛美！当为诸君除此人，以成诸君霸王之业。"前将斩之。盗长遽止之，而相谓曰："义士也！害之犯义。"乃俱免之。后仕刘曜，为中书侍郎、太尉长史。

　　周该，天门人也。性果烈，以义勇称。虽不好学，而率由名教。叔父级为宜都内史，亦忠节士也。闻谯王承立义湘州，甘卓又不同王敦之举，而书檄不至，级谓该曰："吾尝疾王敦挟陵上之心，今称兵构逆，有危社稷之势。谯王，宗室之望，据方州之重，建旗誓众，图袭武昌。甘安南，少著勇名，士马器械当今为盛，闻与谯王克期举义。此乃烈士急病之秋，吾致死之时也，汝其成吾之志，申款于谯王乎？"该欣然奉命，潜至湘州，与承相见，口陈至诚。承大悦。会王敦遣其将魏乂围承甚急，该乃与湘州从事周崎间出反命，俱为乂所执，考之至死，竟不言其故，级由是获免王敦之难。

　　桓雄，长沙人也。少仕州郡。谯王承为湘州刺史，命为主簿。王敦之逆，承为敦将魏乂所执，佐吏奔散，雄与西曹韩阶、从事武延并毁服为僮竖，随承向武昌。乂见雄姿貌长者，进退有礼，知非凡人，有畏惮之色，因害之。

　　韩阶，长沙人也。性廉谨笃慎，为闾里所敬爱。刺史谯王承辟为议曹祭酒，转西曹书佐。及承为魏乂所执，送武昌，阶与武延等同心随从，在承左右。桓雄被害之后，二人执志愈固。及承遇祸，阶、延亲营殡敛，送枢还都，朝夕哭奠，俱葬毕乃还。

　　周崎，邵陵人也。为湘州从事。王敦之难，谯王承使崎求救于外,与周该俱为魏乂侦人所执,乂责崎辞情,临以白刃。崎曰:"州将使求援于外,本无定指,随时制宜耳。"乂谓崎曰:"汝为我语城中,称大将军已破刘隗、戴若思;甘卓住襄阳,无复异议;三江州郡,万里肃清,外援理绝。如是者,我当活汝。"崎伪许之。既到城下,大呼曰:"王敦军败于湖,甘安南已克武昌,即日分遣大众来赴此急,努力坚守,贼今散矣!"乂于是数而杀之。

易雄,字兴长,长沙浏阳人也。少为县吏,自念卑贱,无由自达,乃脱帻挂县门而去。因习律令及施行故事,交结豪右,州里稍称之。仕郡,为主簿。张昌之乱也,执太守万嗣,将斩之,雄与贼争论曲直。贼怒,叱使牵雄斩之,雄趋出自若。贼又呼问之,雄对如初。如此者三,贼乃舍之。嗣由是获免,雄遂知名。举孝廉,为州主簿,迁别驾。自以门寒,不宜久处上纲,谢职还家。后为春陵令。

刺史、谯王承既距王敦,将谋起兵以赴朝廷。雄承符驰檄远近,列敦罪恶,宣募县境,数日之中,有众千人,负粮荷戈而从之。承既固守,而湘中残荒之后,城池不完,兵资又阙。敦遣魏乂、李恒攻之,雄勉厉所统,捍御累旬,士卒死伤者相枕。力屈城陷,为乂所虏,意气慷慨,神无惧色。送到武昌,敦遣人以檄示雄而数之。雄曰:"此实有之,惜雄位微力弱,不能救国之难。王室如毁,雄安用生为!今日即戮,得作忠鬼,乃所愿也。"敦惮其辞正,释之。众人皆贺,雄笑曰:"昨夜梦乘车,挂肉其傍。夫肉必有筋,筋者斤也,车傍有斤,吾其戮乎!"寻而敦遣杀之。当时见者,莫不伤惋。

乐道融,丹阳人也。少有大志,好学不倦,与朋友信,每约己而务周给,有国士之风。为王敦参军。

敦将图逆,谋害朝贤,以告甘卓。卓以为不可,迟留不赴。敦遣道融召之。道融虽为敦佐,忿其逆节,因说卓曰:"主上躬统万机,非专任刘隗。今虑七国之祸,故割湘州以削诸侯,而王氏擅权日久,卒见分政,便谓被夺耳。王敦背恩肆逆,举兵伐主,国家待君至厚,今若同之，岂不负义！生为逆臣，死为愚鬼，永成宗党之耻邪！君当伪许应命，而驰袭武昌，敦众闻之，必不战自散，大勋可就矣。"卓大然之，乃与巴东监军柳纯等露檄陈敦过逆，率所统致讨，又遣赍表诣台。卓性不果决，且年老多疑，遂待诸方同进，出军稽迟。至猪口，敦闻卓已下兵，卓兄子卬时为敦参军，使卬求和于卓，令其旋军。卓信之，将旋，主簿邓骞与道融劝卓曰："将军起义兵而中废，为败军之将，窃为将军不取。今将军之下，士卒各求其利，一旦而还，恐不可得也。"卓不从。道融昼夜涕泣谏卓，忧愤而死。

虞悝，长沙人也。弟望，字子都。并有士操，孝悌廉信为乡党所称，而俱好臧否，以人伦为己任。少仕州郡，兄弟更为治中、别驾。元帝为丞相，招延四方之士，多辟府掾，时人谓之"百六掾"。望亦被召，耻而不应。

谯王承临州，知其名，檄悝为长史。未到，遭母丧。会王敦作逆，承往吊悝，因留与语曰："吾前被诏，遣镇此州，正以王敦专擅，防其为祸。今敦果为逆谋，吾受任一方，欲率所领驰赴朝廷，而众少粮乏，且始到贵州，恩信未著。卿兄弟南夏之翘俊，而智勇远闻，古人墨绖即戎，况今鲸鲵塞路，王室危急，安得遂罔极之情，忘忠义之节乎！如今起事，将士器械可以济不？"悝、望对曰："王敦居分陕之任，一旦构逆，图危社稷，此天地所不容，人神所忿疾。大王不以猥劣，枉驾访及，悝兄弟并受国恩，敢不自奋！今天朝中兴，人思晋德，大王以宗子之亲，奉信顺而诛有罪，孰不荷戈致命！但鄙州荒弊，粮器空竭，舟舰寡少，难以进讨。宜且收众固守，传檄四方，其势必分，然后图之，事可捷也。"承以为然，乃命悝为长史，望为司马，督护诸军。

湘东太守郑澹，敦之姊夫也，不顺承旨，遣望讨之。望率众一旅，直入郡斩澹，以徇四境。及魏乂来攻，望每先登，力战而死。城破，悝复为乂所执，将害之，子弟对之号泣，悝谓曰："人生有死，阖门为忠义鬼，亦何恨哉！"及王敦平，赠悝襄阳太守，望荥阳太守，遣谒者至墓,祭以少牢。

沈劲,字世坚。吴兴武康人也。父充,与王敦构逆,众败而逃,为部曲将吴儒所杀。劲当坐诛,乡人钱举匿之得免。其后竟杀仇人。

劲少有节操,哀父死于非义,志欲立勋以雪先耻。年三十余,以刑家不得仕进。郡将王胡之深异之,及迁平北将军、司州刺史,将镇洛阳,上疏曰:"臣当藩卫山陵,式遏戎狄,虽义督群心,人思自奋,然方翦荆棘,奉宣国恩,艰难急病,非才不济。吴兴男子沈劲,清操著于乡邦,贞固足以干事。且臣今西,文武义故,吴兴人最多,若令劲参臣府事者,见人既悦,义附亦众。劲父充昔虽得罪先朝,然其门户累蒙旷荡,不审可得特垂沛然,许臣所上否?"诏听之。劲既应命,胡之以疾病解职。

升平中,慕容恪侵逼山陵。时冠军将军陈佑守洛阳,众不过二千,劲自表求配佑效力,因以劲补冠军长史,令自募壮士,得千余人,以助佑击贼,频以寡制众。而粮尽援绝,佑惧不能保全。会贼寇许昌,佑因以救许昌为名,兴宁三年,留劲以五百人守城,佑率众而东。会许昌已没,佑因奔崖坞。劲志欲致命,欣获死所。寻为恪所攻,城陷,被执,神气自若。恪奇而将宥之,其中军将军慕容虔曰:"劲虽奇士,观其志度,终不为人用。今若赦之,必为后患。"遂遇害。恪还,从容言于慕容晖曰:"前平广固,不能济辟闾,今定洛阳而杀沈劲,实有愧于四海。"朝廷闻而嘉之,赠东阳太守。子赤黔为大长秋。赤黔子叔任,义熙中为益州刺史。

吉挹,字祖冲,冯翊莲芍人也。祖朗,愍帝时为御史中丞。西朝不守,朗叹曰:"吾智不能谋,勇不能死,何忍君臣相随北面事贼虏乎!"乃自杀。

挹少有志节。孝武帝初,符坚陷梁、益,桓豁表挹为魏兴太守,寻加轻车将军,领晋昌太守。以距坚之功,拜员外散骑侍郎。符坚将韦钟攻魏兴,挹遣众距之,斩七百余级,加督五郡军事。钟率众欲趣襄阳,挹又邀击,斩五千余级。钟怒,回军围之,挹又屡挫其锐。其后贼众继至,挹力不能抗,城将陷,引刀欲自杀,其友止之曰:"且苟存以展他计,为计不立,死未晚也。"挹不从,友人逼夺其刀。会贼执之,挹闭口不言,不食而死。

车骑将军桓冲上言曰:"故轻车将军、魏兴太守吉挹祖朗,西台倾覆,陨身守节。挹世笃忠孝,乃心本朝。臣亡兄温,昔伐咸阳,军次灞水,挹携将二弟,单马来奔,录其此诚,仍加擢授,自新野太守转在魏兴。久处兵任,委以边戍,疆场归怀,著称所莅。前年狨氏纵逸,浮河而下,挹孤城独立,众无一旅,外摧凶锐,内固津要,虏贼舟船,俘馘千计。而贼并力攻围,经历时月,会襄阳失守,边情沮丧,加众寡势殊,以至陷没。挹辞气慷慨,志在不辱,杖刃推戈,期之以陨,将吏持守,用不即毙,遂乃杜口无言,绝粒而死。挹参军史颖,近于贼中得,赍挹临终手疏,并具说意状。挹之忠志,犹在可录。若蒙天地垂曲宥之恩,则荣加枯朽,惠隆泉壤矣。"帝嘉之,追赠益州刺史。

王谅,字幼成,丹阳人也。少有干略,为王敦所擢,参其府事,稍迁武昌太守。

初,新昌太守梁硕专威交土,迎立陶咸为刺史。咸卒,王敦以王机为刺史,硕发兵距机,自领交趾太守,乃迎前刺史修湛行州事。永兴三年,敦以谅为交州刺史。谅将之任,敦谓曰:"修湛、梁硕,皆国贼也,卿至,便收斩之。"谅既到境,湛退还九真。广州刺史陶侃遣人诱湛来诣谅所,谅敕从人不得入阁,既前,执之。硕时在坐,曰:"湛故州将之子,有罪可遣,不足杀也。"谅曰:"是君义故,无豫我事。"即斩之。硕怒而出。谅阴谋诛硕,使客刺之,弗克,遂率众围谅于龙编。陶侃遣军救之,未至而谅败。硕逼谅夺其节,谅固执不与,遂断谅右臂。谅正色曰:"死且不畏,臂断何有!"十余日,愤恚而卒。硕据交州,凶暴酷虐,一境患之,竟为侃军所灭,传首京都。

宋矩,字处规,敦煌人也,慷慨有志节。张重华据凉州地,以矩为宛戍都尉。石季龙遣将麻秋攻大夏，护军梁式执太守宋晏，以城应秋。秋遣晏以书致矩。矩既至，谓秋曰："辞父事君，当立功与义；苟功义不立，当守名节。矩终不背主覆宗，偷生于世。"先杀妻子，自刎而死。秋曰："义士也！"命葬之。重华嘉其诚节，赠振威将军。

车济，字万度，敦煌人也。果毅有大量。张重华以为金城令。为石季龙将麻秋所陷，济不为秋屈。秋必欲降之，乃临之以兵。济辞色不挠，曰："吾虽才非庞德，而受任同之。身可杀，志不可移。"乃伏剑而死。秋叹其忠节，以礼葬之。后重华迎致其丧，亲临恸哭，赠宜禾都尉。

丁穆，字彦远，谯国人也。积功劳，封真定侯，累迁为顺阳太守。太元四年，除振武将军、梁州刺史。受诏未发，会符坚遣众寇顺阳，穆战败，被执至长安，称疾不仕伪朝。坚又倾国南寇，穆与关中人士唱义，谋袭长安，事泄，遇害，临死作表以付其妻周。其后周得至京师，诣阙上之。孝武帝下诏曰："故顺阳太守、真定侯丁穆力屈身陷，而诚节弥固，直亮壮劲，义贯古烈。其丧柩始反，言寻伤悼。可赠龙骧将军、雍州刺史，赙赐一依周虓故事。为立屋宅，并给其妻衣食，以终厥身。"

辛恭靖，陇西狄道人也。少有器干，才量过人。隆安中，为河南太守。会姚兴来寇，恭靖固守百余日，以无救而陷，被执至长安。兴谓之曰："朕将任卿以东南之事，可乎？"恭靖厉色曰："我宁为国家鬼，不为羌贼臣。"兴怒，幽之别室。经三年，至元兴中，迁守者，乃逾垣而遁，归于江东，安帝嘉之。桓玄请为咨议参军，置之朝首。寻而病卒。

罗企生，字宗伯，豫章人也。多才艺。初拜佐著作郎，以家贫亲老，求补临汝令，刺史王凝之请为别驾。殷仲堪之镇江陵，引为功

曹。累迁武陵太守。未之郡,而桓玄攻仲堪,仲堪更以企生为咨议
参军。仲堪多疑少决,企生深忧之,谓弟遵生曰:"殷侯仁而无断,事
必无成。成败,天也。吾当死生以之!"仲堪果走,文武无送者,唯企
生从焉。路经家门,遵生曰:"作如此分离,何可不执手!"企生回马
授手,遵生有勇力,便牵下之,谓曰:"家有老母,将欲何之?"企生挥
泪曰:"今日之事,我必死之。汝等奉养不失子道,一门之中有忠与
孝,亦复何恨!"遵生抱之愈急。仲堪于路待之,企生遥呼曰:"生死
是同,愿少见待。"仲堪见企生无脱理,策马而去。

　　玄至荆州,人士无不诣者,企生独不往,而营理仲堪家。或谓之
曰:"玄猜忍之性,未能取卿诚节,若遂不诣,祸必至矣。"企生正色
曰:"我是殷侯吏,见遇以国士,为弟以力见制,遂不我从,不能共殄
丑逆,至此奔败,亦何面目复就桓求生乎!"玄闻之大怒,然素待企
生厚,先遣人谓曰:"若谢我,当释汝。"企生曰:"为殷荆州吏,荆州
奔亡,存亡未判,何颜复谢!"玄即收企生,遣人问欲何言,答曰:"文
帝杀嵇康,嵇绍为晋忠臣,从公乞一弟,以养老母。"玄许之。又引企
生于前,谓曰:"吾相遇甚厚,何以见负?今者死矣!"企生对曰:"使
君既兴晋阳之甲,军次寻阳,并奉王命,各还所镇,升坛盟誓,口血
未干,而生奸计。自伤力劣,不能剪灭凶逆,恨死晚也。"玄遂害之,
时年三十七,众咸悼焉。先是,玄以羔裘遗企生母胡氏,及企生遇
害,即日焚裘。

　　张祎,吴郡人也。少有操行。恭帝为琅邪王,以祎为郎中令。及
帝践祚,刘裕以祎帝之故吏,素所亲信,封药酒一罂付祎,密令鸩
帝。祎既受命而叹曰:"鸩君而求生,何面目视息世间哉,不如死
也!"因自饮之而死。

　　史臣曰:中散以肤受见诛,王仪以抗言获戾,时皆可谓死非其
罪也。伟元耻臣晋室,延祖甘赴危亡,所由之理虽同,所趣之涂即
异,而并见称当世,垂芳竹帛,岂不以君父居在三之极,忠孝为百行

之先者乎！且褒独善其身，故得全其孝，而绍兼济于物，理宜竭其忠，可谓兰、桂异质而齐芳，《韶》、《武》殊音而并美。或有论绍者以死难获讥，杨榷言之，未为笃论。夫君，天也。天可仇乎！安既享其荣，危乃违其祸，进退无据，何以立人！嵇生之隐身全节，用此道也。

　　赞曰：重义轻生，亡躯殉节。劲松方操，严霜比烈。白刃可陵，贞心难折。道光振古，芳流来哲。

晋书卷九〇
列传第六〇

# 良　吏

鲁芝　胡威　杜轸　窦允　王宏
曹摅　潘京　范晷　丁绍　乔智明
邓攸　吴隐之

汉宣帝有言:"百姓所以安其田里而无叹息愁恨之心者,政平
讼理也。与我共此者,其唯良二千石乎!"此则长吏之官实为抚导之
本。是以东里相郑,西门宰邺,颍川黄霸,蜀郡文翁,或吏不敢欺,或
人怀其惠,或教移齐、鲁,或政务宽和,斯并惇史播其徽音,良吏以
为准的。

有晋肇兹王业,光启霸图,授方任能,经文纬武。泰始受禅,更
物君临,纂三叶之鸿基,膺百王之大宝,劳心庶绩,垂意黎元,申敕
守宰之司,屡发忧矜之诏,辞旨恳切,诲谕殷勤,欲使直道正身,抑
末敦本。当此时也,可谓农安其业,吏尽其能者欤! 而帝宽厚足以
君人,明威未能厉俗,政刑以之私谒,贿赂于此公行,结绶者以放浊
为通,弹冠者以苟得为贵,流遁忘反,浸以为常。刘毅抗卖官之言,
当时以为矫枉,察其风俗,岂虚也哉! 爰及惠、怀,中州鼎沸,逮于江
左,晋政多门,元帝比少康之隆,处仲为梗,海西微昌邑之罪,元子
乱常,既权逼是忧,故羁縻成俗。苟职者为身择利,铨综者为人择

官，下僚多英俊之才，势位必高门之胄，遂使良能之绩仅有存焉。虽复茂弘以明允赞经纶，安石以时宗镇雅俗，然外虞孔炽，内难方殷，而匡救弥缝，方免倾覆，弘风革弊，彼则未遑。今采其政绩可称者，以为《良吏传》。

鲁芝，字世英，扶风郿人也。世有名德，为西州豪族。父为郭汜所害，芝襁褓流离，年十七，乃移居雍。耽思坟籍。郡举上计吏，州辟别驾。魏车骑将军郭淮为雍州刺史，深敬重之。举孝廉，除郎中。会蜀相诸葛亮侵陇右，淮复请芝为别驾。事平，荐于公府，辟大司马曹真掾，转临淄侯文学。郑袤荐于司空王朗，朗即加礼命。后拜骑都尉、参军事、行安南太守，迁尚书郎。曹真出督关右，又参大司马军事。真薨，宣帝代焉，乃引芝参骠骑军事，转天水太守。郡邻于蜀，数被侵掠，户口减削，寇盗充斥，芝倾心镇卫，更造城市，数年间旧境悉复。迁广平太守。天水夷夏慕德，老幼赴阙献书，乞留芝。魏明帝许焉，仍策书嘉叹，勉以黄霸之美，加讨寇将军。

曹爽辅政，引为司马。芝屡有谠言嘉谋，爽弗能纳。及宣帝起兵诛爽，芝率余众犯门斩关，驰出赴爽，劝爽曰：“公居伊、周之位，一旦以罪见黜，虽欲牵黄犬，复可得乎！若挟天子保许昌，杖大威以羽檄征四方兵，孰敢不从！舍此而去，欲就东市，岂不痛哉！”爽懦惑不能用，遂委身受戮。芝坐爽下狱，当死，而口不讼直，志不苟免。宣帝嘉之，赦而不诛。俄而起为使持节、领护匈奴中郎将、振威将军、并州刺史。以绥缉有方，迁大鸿胪。

高贵乡公即位，赐爵关内侯，邑二百户。毋丘俭平，随例增邑二百户，拜扬武将军、荆州刺史。诸葛诞以寿春叛，文帝奉魏帝出征，征兵四方，芝率荆州文武以为先驱。诞平，进爵武进亭侯，又增邑九百户。迁大尚书，掌刑理。

常道乡公即位，进爵靃城乡侯，又增邑八百户，迁监青州诸军事、振武将军、青州刺史，转平东将军。五等建，封阴平伯。

武帝践阼，转镇东将军，进爵为侯。帝以芝清忠履正，素无居宅,使军兵为作屋五十间。芝以年及悬车,告老逊位,章表十余上,于是征为光禄大夫,位特进,给吏卒,门施行马。羊祜为车骑将军,乃以位让芝,曰:"光禄大夫鲁芝,洁身寡欲,和而不同,服事华发,以礼终始,未蒙此选,臣更越之,何以塞天下之望!"上不从。其为人所重如是。

泰始九年卒,年八十四。帝为举哀,赙赠有加,谥曰贞,赐莹田百亩。

胡威,字伯武,一名貔,淮南寿春人也。父质,以忠清著称,少与乡人蒋济、朱绩俱知名于江淮间,仕魏至征东将军、荆州刺史。威早厉志尚。质之为荆州也,威自京都定省,家贫,无车马僮仆,自驱驴单行。每至客舍,躬放驴,取樵炊爨,食毕,复随侣进道。既至,见父,停厩中十余日。告归,父赐绢一匹为装。威曰:"大人清高,不审于何得此绢?"质曰:"是吾俸禄之余,以为汝粮耳。"威受之,辞归。质帐下都督先威未发,请假还家,阴资装于百余里,要威为伴,每事佐助。行数百里,威疑而诱问之,既知,乃取所赐绢与都督,谢而遣之。后因他信以白质,质杖都督一百,除吏名。其父子清慎如此。于是名誉著闻。

拜侍御史,历南乡侯、安丰太守,迁徐州刺史。勤于政术,风化大行。后入朝,武帝语及平生,因叹其父清,谓威曰:"卿孰与父清?"对曰:"臣不如也。"帝曰:"卿父以何为胜耶?"对曰:"臣父清恐人知,臣清恐人不知,是臣不及远也。"帝以威言直而婉,谦而顺。累迁监豫州诸军事、右将军、豫州刺史,入为尚书,加奉车都尉。

威尝谏时政之宽,帝曰:"尚书郎以下,吾无所假借。"威曰:"臣之所陈,岂在丞郎令史,正谓如臣等辈,始可以肃化明法耳。"拜前将军、监青州诸军事、青州刺史,以功封平春侯。

太康元年,卒于位,追赠使持节、都督青州诸军事、镇东将军,余如故,谥曰烈。子奕嗣。

奕,字次孙,仕至平东将军。

威弟黑，字季象，亦有干用，仕至益州刺史、安东将军。

杜轸，字超宗，蜀郡成都人也。父雄，绵竹令。轸师事谯周，博涉经书。州辟不就，为郡功曹史。时邓艾至成都，轸白太守曰："今大军来征，必除旧布新，明府宜避之，此全福之道也。"太守乃出。艾果遣其参军牵弘自之郡，弘问轸前守所在，轸正色对曰："前守达去就之机，辄自出官舍以俟君子。"弘器之，命复为功曹，轸固辞。

察孝廉，除建宁令，导以德政，风化大行，夷夏悦服。秩满将归，群蛮追送，赂遗甚多，轸一无所受，去如初至。又除池阳令，为雍州十一郡最。百姓生为立祠，得罪者无怨言。累迁尚书郎。

轸博闻广涉，奏议驳论多见施用。时涪人李骧亦为尚书郎，与轸齐名，每有论议，朝廷莫能逾之，号蜀有二郎。轸后拜犍为太守，甚有声誉。当迁，会病卒，年五十一。子毗。

毗，字长基。州举秀才，成都王颖辟大将军掾，迁尚书郎，参太傅军事。及洛阳覆没，毗南渡江，王敦表为益州刺史，将与宜都太守柳纯共固白帝。杜弢遣军要毗，遂遇害。

毗弟秀，字彦颖。为罗尚主簿。州没，为氐贼李骧所得，欲用为司马。秀不受，见害。

毗次子歆，举秀才。

轸弟烈，明政事，察孝廉。历平康、安阳令，所居有异绩，迁衡阳太守。闻轸亡，因自表兄子幼弱，求去官，诏转犍为太守，蜀土荣之。后迁湘东太守，为成都王颖郎中令，病卒。

烈弟良，举秀才，除新都令、涪陵太守，不就，补州大中正，卒。

窦允，字雅，始平人也。出自寒门，清尚自修。少仕县，稍迁郡主簿。察孝廉，除浩亹长。勤于为政，劝课田蚕，平均调役，百姓赖之。迁谒者，泰始中，诏曰："当官者能洁身修己，然后在公之节乃全。身善有章，虽贱必赏，此兴化立教之务也。谒者窦允前为浩亹长，以修勤清白见称河右。是辈当擢用，使立行者有所劝。主者详复参访，有以旌表之。"拜临水令。克己厉俗，改修政事，士庶悦服，咸歌咏之。迁钜鹿太守，甚有政绩。卒于官。

王宏，字正宗，高平人。魏侍中粲之从孙也。魏时辟公府，累迁尚书郎，历给事中。泰始初，为汲郡太守，抚百姓如家，耕桑树艺，屋宇阡陌，莫不躬自教示，曲尽事宜，在郡有殊绩。司隶校尉石鉴上其政术，武帝下诏称之曰："朕惟人食之急，而惧天时水旱之运，夙夜警戒，念在于农。虽诏书屡下，救厉殷勤，犹恐百姓废惰以损生植之功。而刺史、二千石、百里长吏未能尽勤，至使地有遗利而人有余力，每思闻监司纠举能不，将行其赏罚，以明沮劝。今司隶校尉石鉴上汲郡太守王宏勤恤百姓，导化有方，督劝开荒五千余顷，而熟田常课顷亩不减。比年普饥，人不足食，而宏郡界独无匮乏，可谓能矣。其赐宏谷千斛，布告天下，咸使闻知。"

俄迁卫尉、河南尹、大司农，无复能名，更为苛碎。坐桎梏罪人，以泥墨涂面，置深坑中，饿不与食，又擅纵五岁刑以下二十一人，为有司所劾。帝以宏累有政绩，听以赎罪论。

太康中，代刘毅为司隶校尉，于是检察士庶，使车服异制，庶人不得衣紫绛及绮绣锦缋。帝常遣左右微行，观察风俗，宏缘此复遣吏科检妇人袒服，至褰发于路。论者以为暮年谬妄，由是获讥于世，复坐免官。后起为尚书。太康五年卒，追赠太常。

曹摅，字颜远，谯国谯人也。祖肇，魏卫将军。摅少有孝行，好学善属文，太尉王衍见而器之，调补临淄令。县有寡妇，养姑甚谨。姑以其年少，劝令改适，妇守节不移。姑愍之，密自杀。亲党告妇杀姑，官为考鞫，寡妇不胜苦楚，乃自诬。狱当决，适值摅到。摅知其有冤，更加辨究，具得情实，时称其明。狱有死囚，岁夕，摅行狱，愍之，曰："卿等不幸致此非所，如何？新岁人情所重，岂不欲暂见家邪？"众囚皆涕泣曰："若得暂归，死无恨也。"摅悉开狱出之，克日令还。掾吏固争，咸谓不可。摅曰："此虽小人，义不见负，自为诸君任之。"至日,相率而还,并无违者,一县叹服,号曰圣君。入为尚书郎,转洛阳令,仁惠明断,百姓怀之。时天大雨雪,宫门夜失行马,群官检察,莫知所在。摅使收门士,众官咸谓不然。摅曰:"宫掖禁严,非外人所敢盗,必是门士以燎寒耳。"诘之,果服。以病去官。复为洛阳令。

及齐王冏辅政,摅与左思俱为记室督。冏尝从容问摅曰:"天子为贼臣所逼,莫有能奋。吾率四海义兵兴复王室,今入辅朝廷,匡振时艰,或有劝吾还国,于卿意如何?"摅曰:"荡平国贼,匡复帝祚,古今人臣之功未有如大王之盛也。然道闷隆而不杀,物无盛而不衰,非唯人事,抑亦天理。窃预下问,敢不尽情。愿大王居高虑危,在盈思冲,精选百官,存公屏欲,举贤进善,务得其才,然后脂车秣马,高揖归藩,则上下同庆,摅等幸甚。"冏不纳。寻转中书侍郎,长沙王乂以为骠骑司马。乂败,免官。因丁母忧。惠帝末,起为襄城太守。时襄城屡经寇难,摅绥怀振理,旬月克复。

永嘉二年,高密王简镇襄阳,以摅为征南司马。其年流人王逌等聚众屯冠军,寇掠城邑。简遣参军崔旷讨之,令摅督护旷。旷,奸凶人也,诳摅前战,期为后继,既而不至。摅独与逌战于郦县,军败死之。故吏及百姓并奔丧会葬,号哭即路,如赴父母焉。

潘京,字世长,武陵汉寿人也。弱冠,郡辟主簿,太守赵廞甚器之,尝问曰:"贵郡何以名武陵?"京曰:"鄙郡本名义陵,在辰阳县界,与夷相接,数为所攻,光武时移东出,遂得全完,共议易号。传曰止戈为武,《诗》称高平曰陵,于是名焉。"为州所辟,因谒见问策,探得"不孝"字,刺史戏京曰:"辟士为不孝邪?"京举版答曰:"今为忠臣,不得复为孝子。"其机辩皆此类。后太庙立,州郡皆遣使贺,京白太守曰:"夫太庙立,移神主,应问讯,不应贺。"遂遣京作文,使诣京师,以为永式。

京仍举秀才,到洛。尚书令乐广,京州人也,共谈累日,深叹其才。谓京曰:"君天才过人,恨不学耳。若学,必为一代谈宗。"京感其言,遂勤学不倦。时武陵太守戴昌亦善谈论,与京共谈,京假借之,昌以为不如己,笑而遣之,令过其子若思,京方极其言论。昌窃听之,乃叹服曰:"才不可假。"遂父子俱屈焉。历巴丘、邵陵、泉陵三令。京明于政术,路不拾遗。迁桂林太守,不就,归家,年五十卒。

范晷,字彦长,南阳顺阳人也。少游学清河,遂徙家侨居。郡命为五官掾,历河内郡丞。太守裴楷雅知之,荐为侍御史。调补上谷太守,遭丧,不之官。后为司徒左长史,转冯翊太守,甚有政能,善于绥抚,百姓爱悦之。征拜少府,出为凉州刺史,转雍州。于时西土荒毁,氐羌蹈藉,田桑失收,百姓困弊,晷倾心化导,劝以农桑,所部甚赖之。元康中,加左将军,卒于官。二子:广、稚。

广,字仲将。举孝廉,除灵寿令,不之官。姊适孙氏,早亡,有孙名迈,广负以南奔,虽盗贼艰急,终不弃之。元帝承制,以为堂邑令。丞刘荣坐事当死,郡劾以付县。荣即县人,家有老母,至节,广辄听暂还,荣亦如期而反。县堂为野火所及,荣脱械救火,事毕,还自著械。后大旱,米贵,广散私谷振饥人,至数千斛,远近流寓归投之,户口十倍。卒于官。

稚少知名,辟大将军掾,早卒。子汪,别有传。

丁绍,字叔伦,谯国人也。少开朗公正,早历清官。为广平太守,政平讼理,道化大行。于时河北骚扰,靡有完邑,而广平一郡四境乂安,是以皆悦其法而从其令。及临漳被围,南阳王模窘急,绍率郡兵赴之,模赖以获全。模感绍恩,生为立碑。迁徐州刺史,士庶恋慕,攀附如归。未之官,复转荆州刺史。从车千乘,南渡河至许。时南阳王模为都督,留绍,启转为冀州刺史。到镇,率州兵讨破汲桑有功,加宁北将军、假节、监冀州诸军事。时境内羯贼为患,绍捕而诛之,号为"严肃",河北人畏而爱之。

绍自以为才足为物雄,当官莅政,每事克举,视天下之事若运于掌握,遂慨然有董正四海之志矣。是时王浚盛于幽州,苟晞盛于青州，然绍视二人蔑如也。永嘉三年，暴疾而卒，临终叹曰："此乃天亡冀州，岂吾命哉！"怀帝策赠车骑将军。

乔智明，字元达，鲜卑前部人也。少丧二亲，哀毁过礼，长而以德行著称。成都王颖辟为辅国将军。颖之败赵王伦也，表智明为珍寇将军，隆虑、共二县令。二县爱之，号为"神君"。部人张兑为父报仇，母老单身，有妻无子，智明愍之，停其狱。岁余，令兑将妻入狱，兼阴纵之。人有劝兑逃者，兑曰："有君如此，吾何忍累之！纵吾得免，作何面目视息世间！"于狱产一男。会赦，得免。其仁感如是。

惠帝之伐邺也，颖以智明为折冲将军、参丞相前锋军事。智明劝颖奉迎乘舆，颖大怒曰："卿名晓事，投身事孤。主上为群小所逼，将加非罪于孤，卿奈何欲使孤束手就刑邪！共事之义，正若此乎？"智明乃止。

寻属永嘉之乱，仕于刘曜。

邓攸，字伯道，平阳襄陵人也。祖殷，亮直强正。钟会伐蜀，奇其才，自黾池令召为主簿。贾充伐吴，请殷为长史。后授皇太子《诗》，为淮南太守。梦行水边，见一女子，猛兽自后断其盘囊。占者以为水边有女，汝字也，断盘囊者，新兽头代故兽头也，不作汝阴，当汝南也。果迁汝阴太守。后为中庶子。

攸七岁丧父，寻丧母及祖母，居丧九年，以孝致称。清和平简，贞正寡欲。少孤，与弟同居。初，祖父殷有赐官，敕攸受之。后太守劝攸去王官，欲举为孝廉，攸曰："先人所赐，不可改也。"尝诣镇军贾混，混以人讼事示攸，使决之。攸不视，曰："孔子称听讼吾犹人也，必也使无讼乎！"混奇之，以女妻焉。举灼然二品，为吴王文学，历太子洗马、东海王越参军。越钦其为人，转为世子文学、吏部郎。越弟腾为东中郎将，请攸为长史。出为河东太守。

永嘉末，没于石勒。然勒宿忌诸官长二千石，闻攸在营，驰召，将杀之。攸至门，门干乃攸为郎时干，识攸，攸求纸笔作辞。干候勒和悦,致之。勒重其辞,乃命勿杀。勒长史张宾先与攸比舍,重攸名操,因称攸于勒。勒召至幕下,与语,悦之,以为参军,给车马。勒每东西,置攸车营中。勒夜禁火,犯之者死。攸与胡邻毂,胡夜失火烧车。吏按问,胡乃诬攸。攸度不可与争,遂对以弟妇散发温酒为辞。勒赦之。既而胡人深感,自缚诣勒以明攸,而阴遗攸马驴,诸胡莫不叹息宗敬之。

石勒过泗水,攸乃斫坏车,以牛马负妻子而逃。又遇贼,掠其牛马,步走,担其儿及其弟子绥。度不能两全,乃谓其妻曰:"吾弟早亡,唯有一息,理不可绝,止应自弃我儿耳。幸而得存,我后当有子。"妻泣而从之,乃弃之。其子朝弃而暮及。明日,攸系之于树而去。

至新郑,投李矩。三年,将去,而矩不听。荀组以为陈郡、汝南太守,愍帝征为尚书左丞、长水校尉,皆不果就。后密舍矩去,投荀组于许昌,矩深恨焉,久之,乃送家属还攸。攸与刁协、周顗素厚,遂至江东。元帝以攸为太子中庶子。时吴郡阙守,人多欲之,帝以授攸。攸载米之郡,俸禄无所受,唯饮吴水而已。时郡中大饥,攸表振贷,未报,乃辄开仓救之。台遣散骑常侍桓彝、虞騉慰劳饥人,观听善不,乃劾攸以擅出谷。俄而有诏原之。攸在郡刑政清明,百姓欢悦,为中兴良守。后称疾去职。郡常有送迎钱数百万,攸去郡,不受一钱。百姓数千人留牵攸船,不得进,攸乃小停,夜中发去。吴人歌之曰:"纻如打五鼓,鸡鸣天欲曙。邓侯挽不留,谢令推不去。"百姓诣台乞留一岁,不听。拜侍中。岁余,转吏部尚书。蔬食弊衣,周急振乏。性谦和,善与人交,宾无贵贱,待之若一,而颇敬媚权贵。

永昌中,代周顗为护军将军。太宁二年,王敦反,明帝密谋起兵,乃迁攸为会稽太守。初,王敦伐都之后,中外兵数每月言之于敦。攸已出在家,不复知护军事,有恶攸者,诬攸尚白敦兵数。帝闻而未之信,转攸为太常。时帝南郊,攸病不能从。车驾过攸问疾,攸力病出拜。有司奏攸不堪行郊而拜道左,坐免。攸每有进退,无喜愠之色。久之,迁尚书右仆射。

咸和元年卒，赠光禄大夫，加金章紫绶，祠以少牢。

攸弃子之后，妻不复孕。过江，纳妾，甚宠之，讯其家属，说是北人遭乱，忆父母姓名，乃攸之甥。攸素有德行，闻之感恨，遂不复蓄妾，卒以无嗣。时人义而哀之，为之语曰："天道无知，使邓伯道无儿。"弟子绥服攸丧三年。

吴隐之，字处默，濮阳甄城人，魏侍中质六世孙也。隐之美姿容，善谈论，博涉文史，以儒雅标名。弱冠而介立，有清操，虽日晏歠菽，不飨非其粟；儋石无储，不取非其道。年十余，丁父忧，每号泣，行人为之流涕。事母孝谨，及其执丧，哀毁过礼。家贫，无人鸣鼓，每至哭临之时，恒有双鹤警叫，及祥练之夕，复有群雁俱集，时人咸以为孝感所至。尝食咸菹，以其味旨，掇而弃之。

与太常韩康伯邻居，康伯母，殷浩之姊，贤明妇人也，每闻隐之哭声，辍飧投箸，为之悲泣。既而谓康伯曰："汝若居铨衡，当举如此辈人。"及康伯为吏部尚书，隐之遂阶清级，解褐辅国功曹，转参征虏军事。兄坦之为袁真功曹，真败，将及祸。隐之诣桓温，乞代兄命，温矜而释之。遂为温所知赏，拜奉朝请、尚书郎，累迁晋陵太守。在郡清俭，妻自负薪。入为中书侍郎、国子博士、太子右卫率，转散骑常侍，领著作郎。孝武帝欲用为黄门郎，以隐之貌类简文帝，乃止。寻守廷尉、秘书监、御史中丞，领著作如故，迁左卫将军。虽居清显，禄赐皆班亲族，冬月无被，尝浣衣，乃披絮，勤苦同于贫庶。

广州包带山海，珍异所出，一箧之宝，可资数世；然多瘴疫，人情惮焉。唯贫窭不能自立者，求补长史，故前后刺史皆多黩货。朝廷欲革岭南之弊，隆安中，以隐之为龙骧将军、广州刺史、假节，领平越中郎将。未至州二十里，地名石门，有水曰"贪泉"，饮者怀无厌之欲。隐之既至，语其亲人曰："不见可欲，使心不乱。越岭丧清，吾知之矣。"乃至泉所，酌而饮之，因赋诗曰："古人云此水，一歃怀千金。试使夷齐饮，终当不易心。"及在州，清操愈厉，常食不过菜及干鱼而已，帷帐器服皆付外库，时人颇谓其矫，然亦终始不易。帐下人进鱼,每剔去骨存肉,隐之觉其用意,罚而黜焉。

元兴初,诏曰:"夫孝行笃于闺门,清节厉乎风霜,实立人之所难,而君子之美致也。龙骧将军、广州刺史吴隐之,孝友过人,禄均九族,菲己洁素,俭愈鱼飧。夫处可欲之地,而能不改其操,飨惟错之富,而家人不易其服,革奢务啬,南域改观,朕有嘉焉。可进号前将军,赐钱五十万、谷千斛。"

及卢循寇南海,隐之率厉将士,固守弥时,长子旷之战没。循攻击百有余日,逾城放火,焚烧三千余家,死者万余人,城遂陷。隐之携家累出,欲奔还都,为循所得。循表朝廷,以隐之党附桓玄,宜加裁戮,诏不许。刘裕与循书,令遣隐之还,久方得反。归舟之日,装无余资。及至,数亩小宅,篱垣仄陋,内外茅屋六间,不容妻子。刘裕赐车牛,更为起宅,固辞。寻拜度支尚书、太常,以竹蓬为屏风,坐无毡席。后迁中领军,清俭不革,每月初得禄,裁留身粮,其余悉分振亲族,家人绩纺以供朝夕。时有困绝,或并日而食,身恒布衣不完,妻子不沾寸禄。

义熙八年,请老致事,优诏许之,授光禄大夫,加金章紫绶,赐钱十万、米三百斛。九年,卒,追赠左光禄大夫,加散骑常侍。隐之清操不渝,屡被褒饰,致事及于身没,常蒙优锡显赠,廉士以为荣。

初,隐之为奉朝请,谢石请为卫将军主簿。隐之将嫁女,石知其贫素,遣女必当率薄,乃令移厨帐助其经营。使者至,方见婢牵犬卖之,此外萧然无办。后至自番禺,其妻刘氏赍沈香一斤,隐之见之,遂投于湖亭之水。

子延之复厉清操,为鄱阳太守。延之弟及子为郡县者,常以廉慎为门法,虽才学不逮隐之,而孝悌洁敬,犹为不替。

史臣曰:鲁芝等建旟剖竹,布政宣条,存树威恩,没留遗爱,咸见知明主,流誉当年。若伯武之洁己克勤,颜远之申冤缓狱,邓攸嬴粮以述职,吴隐酌水以厉清,晋代良能,此焉为最。而攸弃子存侄,以义断恩,若力所不能,自可割情忍痛,何至预加徽缠,绝其奔走者乎！斯岂慈父仁人之所用心也？卒以绝嗣，宜哉！勿谓天道无知，此乃有知矣。世英尽节曹氏，犯门斩关，宣帝收雷霆之威，奖忠贞之烈，岂非既已在我，欲其骂人者欤！

　　赞曰：猗欤良宰，嗣美前贤。威同御黠，静若烹鲜。唯尝吴水，但挹贪泉。人风既偃，俗化斯迁。

晋书卷九一
列传第六一

# 儒　林

范平　　文立　　陈邵　　虞喜　　刘兆
氾毓　　徐苗　　崔游　　范隆　　杜夷
董景道　续咸　　徐邈　　孔衍　　范宣
韦谀　　范弘之　　王欢

　　昔周德既衰,诸侯力政,礼经废缺,《雅》、《颂》陵夷。夫子将圣多能,固天攸纵,叹凤鸟之不至,伤麟出之非时,于是乃删《诗》、《书》,定礼乐,赞《易》道,修《春秋》,载籍逸而复存,风雅变而还正。其后卜商、卫赐、田、吴、孙、孟之俦,或亲禀微言,或传闻大义,犹能强晋存鲁,藩魏却秦;既抗礼于邦君,亦驰声于海内。及嬴氏惨虐,弃德任刑,炀坟籍于埃尘,填儒林于坑阱,严是古之法,抵挟书之罪,先王徽烈,靡有孑遗。汉祖勃兴,救焚拯溺,粗修礼律,未遑俎豆。逮于孝武,崇尚文儒。爰及东京,斯风不坠。于是傍求蠹简,博访遗书,创甲乙之科,擢贤良之举,莫不纡青拖紫,服冕乘轩,或徒步而取公卿,或累旬以膺台鼎。故缙绅之士靡然向风,余芳遗烈,焕乎可纪者也。洎当涂草创,深务兵权,而主好斯文,朝多君子,鸿儒硕学,无乏于时。

　　武帝受终,忧劳军国,时既初并庸蜀,方事江湖,训卒厉兵,务农积谷，犹复修立学校，临幸辟雍。而荀颛以制度赞惟新，郑冲以儒宗登保傅，茂先以博物参朝政，子真以好礼居秩宗，虽愧明扬，亦非遐弃。既而荆、扬底定，区寓乂安，群公草封禅之仪，天子发谦冲之诏，未足比隆三代，固亦擅美一时。惠帝缵戎，朝昏政弛，衅起宫掖，祸成藩翰。惟怀逮愍，丧乱弘多，衣冠礼乐，扫地俱尽。元帝运钟百六，光启中兴，贺、荀、刁、杜诸贤并稽古博文，财成礼度。虽尊儒劝学亟降于纶言，东序西胶未闻于弦诵。明皇聪睿，雅爱流略；简文玄嘿，敦悦丘坟，乃招集学徒，弘奖风烈，并时艰祚促，未能详备。

有晋始自中朝，迄于江左，莫不崇饰华竞，祖述虚玄，摈阙里之典经，习正始之余论，指礼法为流俗，目纵诞以清高，遂使宪章弛废，名教颓毁，五胡乘间而竞逐，二京继踵以沦胥，运极道消，可为长叹息者矣。郑冲等名位既隆，自有列传，其余编之于左，以续前史《儒林》云。

范平，字子安，吴郡钱塘人也。其先经侯馥，避王莽之乱适吴，因家焉。平研览坟索，遍该百氏，姚信、贺邵之徒皆从受业。吴时举茂才，累迁临海太守，政有异能。孙皓初，谢病还家，敦悦儒学。吴平，太康中，频征不起，年六十九卒。有诏追加谥号曰"文贞先生"，贺循勒碑纪其德行。

三子：奭、咸、泉，并以儒学至大官。

泉子蔚，关内侯。家世好学，有书七千余卷。远近来读者恒有百余人，蔚为办衣食。蔚子文才，亦幼知名。

文立，字广休，巴郡临江人也。蜀时游太学，专《毛诗》、《三礼》，师事谯周，门人以立为颜回，陈寿、李虔为游夏，罗宪为子贡。仕至尚书。蜀平，举秀才，除郎中。泰始初，拜济阴太守，入为太子中庶子。上表请以诸葛亮、蒋琬、费祎等子孙流徙中畿，宜见叙用，一以慰巴蜀之心，其次倾吴人之望，事皆施行。诏曰："太子中庶子文立，忠贞清实，有思理器干。前在济阴，政事修明。后事东宫，尽辅导之节。昔光武平陇蜀,皆收其贤才以叙之,盖所以拔幽滞而济殊方也。其以立为散骑常侍。”

蜀故尚书、犍为程琼,雅有德业,与立深交。武帝闻其名,以问立,对曰:“臣至知其人,但年垂八十,禀性谦退,无复当时之望,不以上闻耳。”琼闻之曰:“广休可谓不党矣,故吾善夫人也。”

时西域献马,帝问立:“马何如?”对曰:“乞问太仆。”帝善之。迁卫尉。咸宁末,卒。所著章奏诗赋数十篇行于世。

陈邵,字节良,东海襄贲人也。郡察孝廉,不就。以儒学征为陈留内史,累迁燕王师。撰《周礼评》,甚有条贯,行于世。泰始中,诏曰:“燕王师陈邵,清贞洁静,行著邦族,笃志好古,博通六籍,耽悦典诰,老而不倦,宜在左右以笃儒教。可为给事中。”卒于官。

虞喜,字仲宁,会稽余姚人,光禄潭之族也。父察,吴征虏将军。喜少立操行,博学好古。诸葛恢临郡,屈为功曹。察孝廉,州举秀才,司徒辟,皆不就。元帝初镇江左,上疏荐喜。怀帝即位,公车征拜博士,不就。喜邑人贺循为司空,先达贵显,每诣喜,信宿忘归,自云不能测也。

太宁中,与临海任旭俱以博士征,不就。复下诏曰:“夫兴化致政,莫尚乎崇道教,明退素也。丧乱以来,儒雅陵夷,每览《子衿》之诗,未尝不慨然。临海任旭、会稽虞喜,并洁静其操,岁寒不移,研精坟典,居今行古,志操足以励俗,博学足以明道,前虽不至,其更以博士征之。”喜辞疾不赴。咸和末,诏公卿举贤良方正直言之士,太常华恒举喜为贤良。会国有军事,不行。咸康初,内史何充上疏曰:“臣闻二八举而四门穆,十乱用而天下安,徽猷克阐,有自来矣。方今圣德钦明,思恢遐烈,旌舆整驾,俟贤而动。伏见前贤良虞喜,天挺贞素,高尚遗世,束修立德,皓首不倦,加以傍综广深,博闻强识,钻坚研微有弗及之勤,处静味道无风尘之志,高枕柴门,怡然自足。宜使蒲轮纡衡,以旌殊操。一则翼赞大化,二则敦励薄俗。”疏奏,诏曰:"寻阳翟汤、会稽虞喜,并守道清贞,不营世务,耽学高尚,操拟古人。往虽征命而不降屈,岂素丝难染而搜引礼简乎! 政道须贤,宜纳诸廊庙,其并以散骑常侍征之。"又不起。

永和初,有司奏称十月殷祭,京兆府君当迁祧室,征西、豫章、颍川三府君初毁主,内外博议不能决。时喜在会稽,朝廷遣就喜咨访焉。其见重如此。

喜专心经传,兼览谶纬,乃著《安天论》以难浑、盖,又释《毛诗略》,注《孝经》,为《志林》三十篇。凡所注述数十万言,行于世。年七十六卒,无子。弟豫自有传。

刘兆,字延世,济南东平人,汉广川惠王之后也。兆博学洽闻,温笃善诱,从受业者数千人。武帝时五辟公府,三征博士,皆不就。安贫乐道,潜心著述,不出门庭数十年。以《春秋》一经而三家殊涂,诸儒是非之议纷然,互为仇敌,乃思三家之异,合而通之。《周礼》有调人之官,作《春秋调人》七万余言,皆论其首尾,使大义无乖,时有不合者,举其长短以通之。又为《春秋左氏》解,名曰《全综》,《公羊》、《谷梁》解诂皆纳经传中,朱书以别之。又撰《周易训注》,以正动二体互通其文。凡所赞述百余万言。

尝有人著靴骑驴至兆门外,曰:"吾欲见刘延世。"兆儒德道素,青州无称其字者,门人大怒。兆曰:"听前。"既进,踞床问兆曰:"闻君大学,比何所作?"兆答如上事,末云:"多有所疑。"客问之。兆说疑毕,客曰:"此易解耳。"因为辩释疑者是非耳。兆别更立意,客一难,兆不能对。客去,已出门,兆欲留之,使人重呼还。客曰:"亲亲在此营葬,宜赴之,后当更来也。"既去,兆令人视葬家,不见此客,竟不知姓名。兆年六十六卒。有五子:卓、焗、燿、育、脐。

樊毓,字稚春,济北卢人也。奕世儒素,敦睦九族,客居青州,逮毓七世,时人号其家"儿无常父,衣无常主"。毓少履高操,安贫有志业。父终,居于墓所三十余载。至晦朔,躬埽坟垅,循行封树,还家,则不出门庭。或荐之武帝，召补南阳王文学、秘书郎、太傅参军，并不就。

于时青土隐逸之士刘兆、徐苗等皆务教授，惟毓不蓄门人，清净自守。时有好古慕德者咨询，亦倾怀开诱，以三隅示之。合《三传》为之解注，撰《春秋释疑》、《肉刑论》，凡所述造七万余言。年七十一卒。

徐苗，字叔胄，高密淳于人也。累世相承，皆以博士为郡守。曾祖华，有至行。尝宿亭舍，夜有神人告之"亭欲崩"，遽出，得免。祖邵，为魏尚书郎，以廉直见称。

苗少家贫，昼执锄耒，夜则吟诵。弱冠，与弟贾就博士济南宋钧受业，遂为儒宗。作《五经同异评》，又依道家著《玄微论》，前后所造数万言，皆有义味。

性抗烈，轻财贵义，兼有知人之鉴。弟患口痈，脓溃，苗为吮之。其兄弟皆早亡，抚养孤遗，慈爱闻于州里，田宅奴婢尽推与之。乡邻有死者，便辍耕助营棺椁，门生亡于家，即敛于讲堂。其行己纯至，类皆如此。远近咸归其义，师其行焉。

郡察孝廉，州辟从事、治中、别驾，举异行，公府五辟博士，再征，并不就。武、惠时，计吏至台，帝辄访其安不。永宁二年卒，遗命濯巾浣衣，榆棺杂砖，露车载尸，苇席瓦器而已。

崔游，字子相，上党人也。少好学，儒术甄明，恬靖谦退，自少及长，口未尝语及财利。魏末，察孝廉，除相府舍人，出为氐池长，甚有惠政。以病免，遂为废疾。泰始初，武帝录叙文帝故府僚属，就家拜郎中。年七十余，犹敦学不倦，撰《丧服图》，行于世。及刘元海僭位，命为御史大夫，固辞不就。卒于家，时年九十三。

范隆，字玄嵩，雁门人。父方，魏雁门太守。隆在孕十五月，生而父亡。年四岁，又丧母，哀号之声，感恸行路。单孤无缌功之亲，疏族范广愍而养之，迎归教书，为立祠堂。隆好学修谨，奉广如父。
博通经籍，无所不览，著《春秋三传》，撰《三礼吉凶宗纪》，甚有条
义。

惠帝时，天下将乱，隆隐迹不应州辟之命，昼勤耕稼，夜诵书
典。颇习秘历阴阳之学，知并州将有氛祲之祥，故弥不复出仕。与
上党朱纪友善，尝共纪游山，见一父老于穷涧之滨。父老曰："二公
何为在此？"隆等拜之，仰视则不见。后与纪依于刘元海，元海以隆
为大鸿胪，纪为太常，并封公。隆死于刘聪之世，聪赠太师。

杜夷，字行齐，庐江灊人也。世以儒学称，为郡著姓。夷少而恬
泊，操尚贞素，居甚贫窭，不营产业，博览经籍百家之书，算历图纬
靡不毕究。寓居汝、颍之间，十载足不出门。年四十余，始还乡里，
闭门教授，生徒千人。

惠帝时，三察孝廉，州命别驾，永嘉初，公车征拜博士，太傅、东
海王越辟，并不就。怀帝诏王公举贤良方正，刺史王敦以贺循为贤
良，夷为方正，乃上疏曰："臣闻有唐畴咨，元凯时登；汉武钦贤，俊
彦响应，故能允协时雍，敷崇盛化。伏见太孙舍人会稽贺循、处士庐
江杜夷，履道弥高，清操绝俗，思学融通，才经王务。循宰二县，皆有
名绩，备僚东宫，忠恪允著。夷清虚冲淡，与俗异轨，考盘空谷，肥遁
匿迹。盖经国之良宝，聘命之所急。若得待诏公车，承对册问，必有
忠谠良谟，弘益政道矣。"敦于是逼夷赴洛。夷遁于寿阳。镇东将军
周馥倾心礼接，引为参军，夷辞之以疾。馥知不可屈，乃自诣夷，为
起宅宇，供其医药。馥败，夷归旧居，道遇兵寇，刺史刘陶告庐江郡
曰："昔魏文侯轼干木之间，齐相曹参尊崇盖公，皆所以优贤表德，
敦励末俗。征士杜君，德懋行洁，高尚其志，顷流离道路，闻其顿踬，
刺史忝任，不能崇饰有道，而使高操之士有此艰屯。今遣吏宣慰，郡
可遣一吏，县五吏，恒营恤之，常以市租供给家人粮廪，勿令阙乏。"
寻以胡寇，又移渡江，王导遣吏周赡之。元帝为丞相，教曰："今大义
颓替，礼典无宗，朝廷滞义莫能攸正，宜特立儒林祭酒官，以弘其

事。处士杜夷，栖情遗远，确然绝俗，才学精博，道行优备。其以夷为祭酒。"夷辞疾，未尝朝会。帝常欲诣夷，夷陈万乘之主不宜往庶人之家。帝乃与夷书曰："吾与足下虽情在忘言，然虚心历载。正以足下羸疾，故欲相省，宁论常仪也！"又除国子祭酒。建武中，令曰："国子祭酒杜夷安贫乐道，静志衡门，日不暇给，虽原宪无以加也。其赐谷二百斛。"皇太子三至夷第，执经问义。夷虽逼时命，亦未尝朝谒，国有大政，恒就夷咨访焉。明帝即位，夷自表请退。诏曰："先王之道将坠于地，君下帷研思，今之刘、杨。缙绅之徒景仰轨训，岂得高退，而朕靡所取则焉！"

太宁元年卒，年六十六。赠大鸿胪，谥曰贞子。夷临终，遗命子晏曰："吾少不出身，顷虽见羁录，冠冕之饰，未尝加体，其角巾素衣，敛以时服，殡葬之事，务从简俭，亦不须苟取矫异也。"夷所著《幽求子》二十篇行于世。

晏仕至苍梧太守。夷兄弟三人。兄嵩，字行高。亦有志节。惠帝时，俗多浮伪，著《任子春秋》以刺之。弟援，高平相。援子潜，右卫将军。

董景道，字文博，弘农人也。少而好学，千里追师，所在惟昼夜读诵，略不与人交通。明《春秋三传》、《京氏易》、《马氏尚书》、《韩诗》，皆精究大义。《三礼》之义，专遵郑氏，著《礼通论》非驳诸儒，演广郑旨。

永平中，知天下将乱，隐于商洛山，衣木叶，食树果，弹琴歌笑以自娱，毒虫猛兽皆绕其傍，是以刘元海及聪屡征，皆碍而不达。至刘曜时出山，庐于渭汭。曜征为太子少傅、散骑常侍，并固辞，竟以寿终。

续咸，字孝宗，上党人也。性孝谨敦重，履道贞素。好学，师事京兆杜预，专《春秋》、《郑氏易》，教授常数十人。博览群言，高才善文论。又修陈杜律，明达刑书。

永嘉中,历廷尉平、东安太守。刘琨承制于并州,以为从事中郎。后遂没石勒,勒以为理曹参军。持法平详,当时称其清裕,比之于公。

著《远游志》、《异物志》、《汲冢古文释》,皆十卷,行于世。年九十七,死于石季龙之世,季龙赠仪同三司。

徐邈,东莞姑幕人也。祖澄之为州治中,属永嘉之乱,遂与乡人臧琨等,率子弟并间里士庶千余家,南渡江,家于京口。父藻,都水使者。

邈姿性端雅,勤行励学,博涉多闻,以慎密自居。少与乡人臧寿齐名,下帷读书,不游城邑。

及孝武帝始览典籍,招延儒学之士,邈既东州儒素,太傅谢安举以应选。年四十四,始补中书舍人,在西省侍帝。虽不口传章句,然开释文义,标明指趣,撰正《五经》音训,学者宗之。迁散骑常侍,犹处西省,前后十年,每被顾问,辄有献替,多所匡益,甚见宠待。帝宴集酣乐之后,好为手诏诗章,以赐侍臣,或文词率尔,所言秽杂,邈每应时收敛,还省刊削,皆使可观,经帝重览,然后出之。是时侍臣被诏者,或宣扬之,故时议以此多邈。及谢安薨,论者或有异同,邈固劝中书令王献之奏加殊礼,仍崇进谢石为尚书令,玄为徐州。邈转祠部郎,上南北郊宗庙迭毁礼,皆有证据。

豫章太守范宁,欲遣十五议曹下属城,采求风政,并吏假还,讯问官长得失。邈与宁书曰:

知足下遣十五议曹各之一县,又吏假归,白所闻见。诚是足下留意百姓,故广其视听。吾谓劝导以实不以文,十五议曹,欲何所敷宣邪?庶事辞讼,足下听断允塞,则物理足矣。上有理务之心,则下之求理者至矣。日昃省览,庶事无滞,则吏惭其负而人听不惑,岂须邑至里诣,饰其游声哉!非徒不足致益,乃是蚕渔之所资,又不可纵小吏为耳目也。岂有善人君子而干非其事,多所告白者乎!君子之心,谁毁谁誉?如有所誉,必由历试；如有所毁，必以著明。托社之鼠，攻之甚害。自古以来，欲为左右耳目者，无非小人，皆先因小忠而成其大不忠，先藉小信而成其大不信，遂使君子道消，善人舆尸，前史所书，可为深鉴。

足下选纲纪必得国士，足以摄诸曹；诸曹皆是良吏，则足以掌文案；又择公方之人以为司监，则清浊能否，与事而明。足下但平心居宗，何取于耳目哉！昔明德马后未尝顾与左右言，可谓远识，况大丈夫而不能免此乎！

迁中书侍郎，专掌纶诏，帝甚亲昵之。

初，范宁与邈皆为帝所任使，共补朝廷之阙。宁才素高而措心正直，遂为王国宝所谮，出远郡。邈孤宦易危，而无敢排强族，乃为自安之计。会帝颇疏会稽王道子，邈欲和协之，因从容言于帝曰："昔淮南、齐王，汉晋成戒。会稽王虽有醉娱之累，而奉上纯一，宜加弘贷，消散纷议，外为国家之计，内慰太后之心。"帝纳焉。邈尝诣东府，遇众宾沈湎，引满喧哗。道子曰："君时有畅否？"邈对曰："邈陋巷书生，惟以节俭清修为畅耳。"道子以邈业尚道素，笑而不以为忤也。道子将用为吏部郎，邈以波竞成俗，非己所能节制，苦辞乃止。

时皇太子尚幼，帝甚钟心，文武之选皆一时之后。以邈为前卫率，领本郡大中正，授太子经。帝谓邈曰："虽未敕以师礼相待，然不以博士相遇也。"古之帝王，受经必敬，自魏晋以来，多使微人教授，号为博士，不复尊以为师，故帝有云。邈虽在东宫，犹朝夕入见，参综朝政，修饰文诏，拾遗补阙，勤劳左右。帝嘉其谨密，方之于金、霍，有托重之意，将进显位，未及行而帝暴崩。

安帝即位，拜骁骑将军。隆安元年，遭父忧。邈先疾患，因哀毁增笃，不逾年而卒。年五十四，州里伤悼，识者悲之。

邈莅官简惠，达于从政，论议精密，当时多咨禀之，触类辩释，问则有对。旧疑岁辰在卯，此宅之左则彼宅之右，何得俱忌于东。邈以为太岁之属，自是游神，譬如日出之时，向东皆逆，非为藏体地中也。所注《谷梁传》，见重于时。

邈长子豁,有父风,以孝闻。为太常博士、秘书郎。

豁弟浩,散骑侍郎。镇南将军何无忌请为功曹,出补西阳太守,与无忌俱为卢循所害。邈弟广,别有传。

孔衍,字舒元,鲁国人,孔子二十二世孙也。祖文,魏大鸿胪。父毓,征南军司。衍少好学,年十二,能通《诗》、《书》。弱冠,公府辟,本州举异行直言,皆不就。避地江东,元帝引为安东参军,专掌记室。书令殷积,而衍每以称职见知。

中兴初,与庾亮俱补中书郎。明帝之在东宫,领太子中庶子。于时庶事草创,衍经学深博,又练识旧典,朝仪轨制多取正焉。由是元、明二帝并亲爱之。

王敦专权,衍私于太子曰:“殿下宜博延朝彦,搜扬才俊,询谋时政,以广圣聪。”敦闻而恶之,乃启出衍为广陵郡。时人为之寒心,而衍不形于色。虽郡邻接西贼,犹教诱后进,不以戎务废业。石勒常骑至山阳,敕其党以衍儒雅之士,不得妄入郡境。视职期月,以太兴三年卒于官,年五十三。

衍虽不以文才著称,而博览过于贺循,凡所撰述,百余万言。

子启,庐陵太守。

宗人夷吾有美名,博学不及衍,涉世声誉过之。元帝以为主簿,转参军,稍迁侍中,徙太子左卫率。卒,追赠太仆。

范宣,字宣子,陈留人也。年十岁,能诵《诗》、《书》。尝以刀伤手,捧手改容。人问痛邪,答曰:“不足为痛,但受全之体而致毁伤,不可处耳。”家人以其年幼而异焉。少尚隐遁,加以好学,手不释卷,以夜继日,遂博综众书,尤善《三礼》。家至贫俭,躬耕供养。亲没,负土成坟,庐于墓侧。太尉郗鉴命为主簿,诏征太学博士、散骑郎,并不就。

家于豫章,太守殷羡见宣茅茨不完,欲为改宅,宣固辞之。庾爱之以宣素贫,加年荒疾疫,厚饷给之,宣又不受。爱之问宣曰:“君博学通综,何以太儒?"宣曰:"汉兴,贵经术,至于石渠之论,实以儒为弊。正始以来,世尚《老》、《庄》。逮晋之初,竟以裸裎为高。仆诚太儒,然立不与易"。宣言谈未尝及《老》、《庄》。客有问人生与忧俱生,不知此语何出。宣云:"出《庄子·至乐篇》。"客曰:"君言不读《老》、《庄》,何由识此?"宣笑曰:"小时常一览。"时人莫之测也。

宣虽闲居屡空,常以读诵为业,谯国戴逯等皆闻风宗仰,自远而至,讽诵之声,有若齐、鲁。太元中,顺阳范宁为豫章太守,宁亦儒博通综,在郡立乡校,教授恒数百人。由是江州人士并好经学,化二范之风也。年五十四卒。著《礼易论难》皆行于世。

子楷,历郡守、国子博士、大将军从事中郎。自免归,亦以讲授为事。义熙中,连征不至。

韦谀,字宪道,京兆人也。雅好儒学,善著述,于群言秘要之义,无不综览。仕于刘曜,为黄门郎。后又入石季龙,署为散骑常侍,历守七郡,咸以清化著名。又征为廷尉,识者拟之于、张。前后四登九列,六在尚书,三为侍中,再为太子太傅,封京兆公。好直谏,陈军国之宜,多见允纳。著《伏林》三千余言,遂演为《典林》二十三篇。凡所述作及集记世事数十万言,皆深博有才义。

至冉闵,又署为光禄大夫。时闵拜其子胤为大单于,而以降胡一千处之麾下。谀谏曰:"今降胡数千,接之如旧,诚是招诱之恩。然胡羯本为仇敌,今之款附,苟全性命耳。或有刺客,变起须臾,败而悔之,何所及也!古人有言,一夫不可狃,而况千乎!愿诛屏降胡,去单于之号,深思圣王苞桑之诚也。"闵志在绥抚,锐于澄定,闻其言,大怒,遂诛之。并杀其子伯阳。

谀性不严重,好徇己之功,论者亦以是小之。尝谓伯阳曰:"我高我曾重光累徽,我祖我考父父子子,汝为我对,正值恶抵。"伯阳曰:"伯阳之不肖,诚如尊教,尊亦正值软抵耳。"谀惭无言。时人传之以为嗤笑。

范弘之，字长文，安北将军汪之孙也。袭爵武兴侯。雅正好学，以儒术该明，为太学博士。时卫将军谢石薨，请谥，下礼官议。弘之议曰：

> 石阶藉门荫，屡登崇显，总司百揆，翼赞三台，闲练庶事，勤劳匪懈，内外佥议，皆曰与能。当淮肥之捷，勋拯危坠，虽皇威遐震，狡寇天亡，因时立功，石亦与焉。又开建学校，以延胄子，虽盛化未洽，亦爱礼存羊。然古之贤辅，大则以道事君，侃侃终日；次则厉身奉国，夙夜无怠；下则爱人惜力，以济时务。此数者，然后可以免惟尘之讥，塞素餐之责矣。今石位居朝端，任则论道，唱言无忠国之谋，守职则容身而已，不可谓事君；货黩京邑，聚敛无厌，不可谓厉身；坐拥大众，侵食百姓，《大东》流于远近，怨毒结于众心，不可谓爱人；工徒劳于土木，思虑殚于机巧，纨绮尽于婢妾，财用糜于丝桐，不可谓惜力。此人臣之大害，有国之所去也。

> 先王所以正风俗，理人伦者，莫尚乎节俭。故夷吾受谤乎三归，平仲流美于约己。自顷风轨陵迟，奢僭无度，廉耻不兴，利竞交驰，不可不深防原本，以绝其流。汉文袭弋绨之服，诸侯犹侈；武帝焚雉头之裘，靡丽不息。良由俭德虽彰，而威禁不肃；道自我建，而刑不及物。若存罚其违，亡败其恶，则四维必张，礼义行矣。

> 案谥法，因事有功曰"襄"，贪以败官曰"墨"，宜谥曰襄墨公。

又论殷浩宜加赠谥，不得因桓温之黜以为国典，仍多叙温移鼎之迹。

时谢族方显，桓宗犹盛，尚书仆射王珣，温故吏也，素为温所宠，三怨交集，乃出弘之为余杭令。将行，与会稽王道子笺曰：

> 下官轻微寒士，谬得厕在俎豆，实惧辱累清流，惟尘圣世。窃以人君居庙堂之上、智周四海之外者，非徒聪明内照，亦赖群言之助也。是以舜之佐尧，以启辟为首；咎繇谟禹，以侃侃为

先。故下无隐情之责，上收神明之功。敢缘斯义，志在输尽。常以谢石黩累，应被清澄；殷浩忠贞，宜蒙褒显。是以不量轻弱，先众言之。而恶直丑正，其徒实繁，虽仰恃圣主钦明之度，俯赖明公爱物之隆，而交至之患，实有无赖。下官与石本无怨忌，生不相识，事无相干，正以国体宜明，不应稍计强弱。与浩年时邈绝，世不相及，无复藉闻，故老语其遗事耳，于下官之身有何痛痒，而当为之犯时干主邪！

每观载籍，志士仁人有发中心任直道而行者，有怀知阳愚负情曲从者，所用虽异，而并传后世。故比干处三仁之中，箕子为名贤之首。后人用舍，参差不同，各信所见，率应而至，或荣名显赫，或祸败继踵。此皆不量时趣，以身尝祸，虽有胫胫之称，而非大雅之致，此亦下官所不为也。世人乃云下官正直，能犯艰难，斯谈实过。下官知主上圣明，明公虚己，思求格言，必不使尽忠之臣屈于邪枉之门也。是以敢献愚诚，布之执事，岂与昔人拟其轻重邪！亦以臣之事君，惟思尽忠而已，不应复计利钝。事不允心，则谠言悟主，义感于情，则陈辞靡悔。若怀情藏意，蕴而不言，此乃古人所以得罪于明君，明君所以致法于群下者也。

桓温事迹，布在天朝，逆顺之情，暴之四海。在三者臣子，情岂或异！凡厥黔首，谁独无心！举朝嘿嘿，未有唱言者，是以顿笔按气，不敢多云。桓温于亡祖，虽其意难测，求之于事，止免黜耳，非有至怨也。亡父昔为温吏，推之情礼，义兼他人。所以每怀愤发，痛若身首者，明公有以寻之。王珣以下官议殷浩谥，不宜暴扬桓温之恶。珣感其提拔之恩，怀其入幕之遇，托以废黜昏暗，建立圣明，自谓此事足以明其忠贞之节。明公试复以一事观之。昔周公居摄，道致升平，礼乐刑政皆自己出。以德言之，周公大圣，以年言之，成王幼弱，犹复遽避君位，复子明辟。汉之霍光，大勋赫然，孝宣年未二十，亦反万机。故能君臣俱隆，道迈千岁。若温忠为社稷，诚存本朝，便当仰遵二公，式是令矩,何不奉还万机,退守藩屏?方提勒公王,匡总朝廷,岂为先帝幼弱,未可亲政邪?将德桓温,不能听政邪?又逼胁袁宏,使作九锡,备物光赫,其文具存,朝廷畏怖,莫不景从,惟谢安、王坦之以死守之,故得稽留耳。会上天降怒,奸恶自亡,社稷危而复安,灵命坠而复构。

晋自中兴以来,号令威权多出强臣,中宗、肃祖敛衽于王敦,先皇受屈于桓氏。今主上亲览万机,明公光赞百揆,政出王室,人无异望,复不于今大明国典,作制百代,不审复欲待谁?先王统物,必明其典诰,贻厥孙谋,故令问休嘉,千岁承风。愿明公远览殷、周,近察汉、魏,虑其所以危,求其所以安,如此而已。

又与王珣书曰:

见足下答仲堪书,深具义发之怀。夫人道所重,莫过君亲;君亲所系,忠孝而已。孝以扬亲为主,忠以节义为先。殷侯忠贞居正,心贯人神,加与先帝隆布衣之好,著莫逆之契,契阔艰难,夷崄以之,虽受屈奸雄,志达千载,此忠良之徒,所以义干其心不获以已者也。既当时贞烈之徒所究见,亦后生所备闻,吾亦何敢苟避狂狡,以欺圣明。足下不推居正之大致,而怀知己之小惠,欲以幕府之小节,夺名教之重义,于君臣之际既以亏矣。尊大君以殷侯协契忠规,同戴王室,志厉秋霜,诚贯一时,殷侯所以得宣其义声,实尊大君协赞之力也。足下不能光大君此之直志,乃感温小顾,怀其曲泽,公在圣世,欺罔天下,使丞相之德不及三叶,领军之基一构而倾,此忠臣所以解心,孝子所以丧气,父子之道固若是乎?足下言臣则非忠,语子则非孝。二者既亡,吾谁畏哉!

吾少尝过庭,备闻祖考之言,未尝不发愤冲冠,情见乎辞。当尔之时,惟覆亡是惧,岂暇谋及国家。不图今日得操笔斯事,是以上愤国朝无正义之臣,次惟祖考有没身之恨,岂得与足下同其肝胆邪!先君往亦尝为其吏,于时危惧,恒不自保,仰首圣朝,心口愤叹,岂复得计策名昔日,自同在三邪!昔子政以五世纯臣,子骏以下委质王莽,先典既已正其逆顺,后人亦已鉴其成败。每读其事,未尝不临文痛叹,愤忼交怀。以今况古,乃知一揆耳。

弘之词虽亮直,终以桓、谢之故不调,卒于余杭令,年四十七。

王欢,字君厚,乐陵人也。安贫乐道,专精耽学,不营产业,常丐食诵《诗》,虽家无斗储,意怡如也。其妻患之,或焚毁其书而求改嫁,欢笑而谓之曰:"卿不闻朱买臣妻邪?"时闻者多哂之。欢守志弥固,遂为'通儒'。

至慕容晔袭伪号,署为国子博士,亲就受经。迁祭酒。及晔为符坚所灭,欢死于长安。

史臣曰:范平等学府儒宗,誉隆望重,或质疑是属,或师范攸归,虽为未及古人,故亦一时之俊。若仲宁之清贞守道,抗志柴门;行齐之居室屡空,栖心陋巷;文博之漱流枕石,铲迹销声;宣子之乐道安贫,弘风阐教:斯并通儒之高尚者也。而邈协和主相,刊削繁辞,可谓将顺其美,匡救其恶。舒元入参机务,明主赏其博闻;出莅边隅,犷狄钦其明德。弘之抗言立论,不避朝权,贬石抵温,斯为当矣。遂乃厄于三怨,以至陵迟,悲夫!

赞曰:郁郁周文,洋洋汉典。炙輠流誉,解颐飞辩。雅诰弗沦,微言复显。爰及晋代,斯风逾阐。

晋书卷九二
列传第六二

# 文　苑

应贞　成公绥　左思　赵至　邹湛
枣据　褚陶　王沉　张翰　庾阐
曹毗　李充　袁宏　伏滔　罗含
顾恺之　郭澄之

夫文以化成，惟圣之高义；行而不远，前史之格言，是以温、洛祯图，绿字符其丕业；苑山灵篆，金简成其帝载。既而书契之道聿兴，钟石之文逾广，移风俗于王化，崇孝敬于人伦，经纬乾坤，弥纶中外，故知文之时义，大哉远矣！

洎姬历云季，歌颂滋繁，荀、宋之流，导源自远，总金羁而齐骛，扬玉轶而并驰，言泉会于九流，文律谐于六变。自时已降，轨躅相趋，西都贾、马耀灵蛇于掌握，东汉班、张发雕龙于绵絷，俱摽称首，咸推雄伯。逮乎当涂基命，文宗郁起，三祖叶其高韵，七子分其丽则，《翰林》总其菁华，《典论》详其藻绚，彬蔚之美，竞爽当年。独彼陈、王，思风遒举，备乎典奥，悬诸日月。

及金行纂极，文雅斯盛。张载擅铭山之美，陆机挺焚研之奇，藩夏连辉，颉颃名辈，并综采繁缛，杼轴清英，穷广内之青编，缉平台之丽曲，嘉声茂迹，陈诸别传。至于吉甫、太冲，江右之才杰；曹毗、庾阐,中兴之时秀。信乃金相玉润,野会川冲,埒美前修,垂裕来叶。今撰其鸿笔之彦,著之《文苑》云。

应贞,字吉甫,汝南南顿人,魏侍中据之子也。自汉至魏,世以文章显,轩冕相袭,为郡盛族。贞善谈论,以才学称。夏侯玄有盛名,贞诣玄,玄甚重之。举高第,频历显位。武帝为抚军大将军,以为参军。及践阼,迁给事中。帝于华林园宴射,贞赋诗最美。其辞曰:

悠悠太上,人之厥初。皇极肇建,彝伦攸敷。五德更运,应箓受符。陶唐既谢,天历在虞。于时上帝,乃顾惟眷。光我晋祚,应期纳禅。位以龙飞,文以豹变。玄泽滂流,仁风潜扇。区内宅心,方隅回面。天垂其象,地耀其文。凰鸣朝阳,龙翔景云。嘉禾重颖,冀荚载芬。率土咸宁,人胥悦欣。

恢恢皇度,穆穆圣容。言思其允,貌思其恭。在视斯明,在听斯聪。登庸以德,明试以功。其恭惟何? 昧旦丕显。无义不经,无理不践。行舍其华,言去其辩。游心至虚,同规易简。六府孔修,九有来践。泽罔不被,化莫不加。声教南暨,西渐流沙。幽人肆险,远国忘遐;越常重译,充轫皇家。峨峨列辟,赫赫武臣。内和五品,外威四宾。顺时贡职,入觐天人。备言锡命,羽盖朱轮。

贻宴好会,不常厥数。神心所授,不言而喻。于时肆射,弓矢斯具。发彼互的,有酒斯饮。文武之道,厥猷未坠。在昔先王,射御兹器。示武惧荒,过则有失。凡厥群后,无惰于位。

初,置太子中庶子官,贞与护军长史孔恂俱为之。后迁散骑常侍,以儒学与太尉荀颉撰定新礼,未施行。泰始五年卒,文集行于世。

弟纯。纯子绍,永嘉中,至黄门郎,为东海王越所害。纯弟秀,秀子詹,自有传。

成公绥,字子安,东郡白马人也。幼而聪敏,博涉经传。性寡欲,不营资产，家贫岁饥，常晏如也。少有俊才，词赋甚丽，闲默自守，不求闻达。时有孝乌，每集其庐舍，绥谓有反哺之德，以为祥禽，乃作赋美之，文多不载。又以"赋者贵能分赋物理，敷演无方，天地之盛，可以致思矣。历观古人未之有赋，岂独至丽无文，难以辞赞；不然，何其阙哉？"遂为《天地赋》，曰：

惟自然之初载兮，道虚无而玄清，太素纷以溷淆兮，始有物而混成，何元一之芒昧兮，廓开辟而著形。尔乃清浊剖分，玄黄判离。太极既殊，是生两仪，星辰焕列，日月重规，天动以尊，地静以卑，昏明迭炤，或盈或亏，阴阳协气而代谢，寒暑随时而推移。三才殊性，五行异位，千变万化，繁育庶类，授之以形，禀之以气。色表文采，声有音律，覆载无方，流形品物。鼓以雷霆，润以庆云，八风翱翔，六气氤氲。蚑行蠕动，方聚类分，鳞殊族别，羽毛异群，各含精而熔冶，咸受范于陶钧，何滋育之罔极兮，伟造化之至神！

若夫悬象成文，列宿有章，三辰烛耀，五纬重光，河汉委蛇而带天，虹霓偃蹇于昊苍，望舒弥节于九道，义和正辔于中黄，众星回而环极，招摇运而指方，白兽峙据于参伐，青龙垂尾于心房，玄龟匿首于女虚，朱鸟奋翼于注张，帝皇正坐于紫宫，辅臣列位于文昌，垣屏骆驿而珠连，三台差池而雁翔，轩辕华布而曲列，摄提鼎跱而相望。若乃征瑞表祥，灾变呈异，交会薄蚀，抱晕带珥，流逆犯历，谴悟事象，蓬容著而妖害生，老人形而主受喜，天矢黄而国吉祥，彗孛发而世所忌。

尔乃旁观四极，俯察地理，川渎浩汗而分流，山岳磊落而罗峙，沧海沉潆而四周，悬圃隆崇而特起，昆吾嘉于南极，烛龙曜于北址，扶桑高于万仞，寻木长于千里，昆仑镇于阴隅，赤县据于辰巳。于是八十一域，区分方别；风乖俗异，险断阻绝。万国罗布，九州并列。青冀白壤，荆衡涂泥，海岱赤埴，华梁青黎，兖带河、洛，扬有江、淮。辩方正士，经略建邦，王圻九服，列国一同，连城比邑，深池高埔，康衢交路，四达五通。东至旸谷，西极泰濛,南暨丹炮,北尽空同。逮方外区,绝域殊邻,人首蛇躯,鸟翼龙身,衣毛被羽,或介或鳞,栖林浮水,若兽若人,居于大荒之外,处于巨海之滨。

于是六合混一而同宅,宇宙结体而括囊,浑元运流而无穷,阴阳循度而率常,回动纠纷而乾乾,天道不息而自强。统群生而载育,人托命于所系,尊太一于上皇,奉万神于五帝,故万物之所宗,必敬天而事地。

若乃共工赫怒,天柱摧折,东南俄其既倾,西北豁而中裂,断鳌足而续毁,炼玉石而补缺。岂斯事之有征,将言者之虚设?何阴阳之难测,伟二仪之参阔!

坤厚德以载物,乾资始而至大,俯尽鉴于有形,仰蔽视于所盖,游万物而极思,故一言于天外。

绥雅好音律,尝当暑承风而啸,泠然成曲,因为《啸赋》,曰:

逸群公子,体奇好异,敖世忘荣,绝弃人事,希高慕古,长想远思,将登箕山以抗节,浮沧海以游志。于是延友生,集同好,精性命之至机,研道德之玄奥,愍流俗之未悟,独超然而先觉,狭世路之厄僻,仰天衢而高蹈,邈跨俗而遗身,乃慷慨而长啸。于时曜灵俄景,流光濛汜,逍遥携手,踌躇步趾,发妙声于丹唇,激哀音于皓齿,响抑扬而潜转,气冲郁而熛起,协黄宫于清角,杂商羽于流征,飘浮云于泰清,集长风于万里。曲既终而响绝,遗余玩而未已,良自然之至音,非丝竹之所拟。是故声不假器,用不借物,近取诸身,役心御气。动唇有曲,发口成音,触类感物,因歌随吟。大而不洿,细而不沈,清激切于竽笙,优润和于瑟琴,玄妙足以通神悟灵,精微足以穷幽测深,收激楚之哀荒,节北里之奢淫,济洪灾于炎旱,反亢阳于重阴。引唱万变,曲用无方,和乐怡怿,悲伤摧藏。时幽散而将绝,中矫厉而慨慷,徐婉约而优游,纷繁骛而激扬。情既思而能反,心虽哀而不伤。总八音之至和,固极乐而无荒。

若乃登高台以临远,披文轩而骋望,喟仰抃而抗首,嘈长引而憀亮。或舒肆而自反,或徘徊而复放,或冉弱而柔挠,或澎濞而奔壮。横郁鸣而滔涸,咧缭眺而清昶。逸气奋涌,缤纷交错,烈烈飚扬,啾啾响作。奏胡马之长思,回寒风乎北朔,又似鸿雁之将雏,群鸣号乎沙漠。故能因形创声,随时造曲,应物无穷,机发响速,怫郁冲流,参谭云属,若离若合,将绝复续。飞廉鼓于幽隧,猛兽应于中谷;南箕动于穹苍,清飚振于乔木;散滞积而播扬,荡埃霭之溷浊,变阴阳于至和,移淫风之秽俗。

若乃游崇冈,陵景山,临岩侧,望流川,坐磐石,漱清泉,藉皋兰之猗靡,荫修竹之婵娟,乃吟咏而发叹,声驿驿而响连,舒蓄思之悱愤,奋久结之缠绵,心涤荡而无累,志离俗而飘然。

若夫假象金革,拟则陶匏,众声繁奏,若笳若箫;碉硠震隐,訇礚唧嘈。发征则隆冬熙烝,骋羽则严霜夏凋,动商则秋霖春降,奏角则谷风鸣条。音均不恒,曲无定制,行而不流,止而不滞,随口吻而发扬,假芳气而远逝,音要妙而流响,声激曜而清厉。信自然之极丽,羌殊尤而绝世,越《韶》、《夏》与《咸池》,何徒取异乎《郑》、《卫》!

于时绵驹结舌而丧精,王豹杜口而失色,虞公辍声而止歌,宁子敛手而叹息,钟期弃琴而改听,尼父忘味而不食,百兽率舞而抃足,凤皇来仪而拊翼。乃知长啸之奇妙,此音声之至极。

张华雅重绥,每见其文,叹伏以为绝伦,荐之太常,征为博士。历秘书郎,转丞,迁中书郎。每与华受诏并为诗赋,又与贾充等参定法律。泰始九年卒,年四十三,所著诗赋杂笔十余卷行于世。

左思,字太冲,齐国临淄人也。其先齐之公族有左右公子,因为氏焉。家世儒学。父雍,起小吏,以能擢授殿中侍御史。思少学钟、胡书及鼓琴,并不成。雍谓友人曰:"思所晓解,不及我少时。"思遂感激勤学,兼善阴阳之术。貌寝,口讷,而辞藻壮丽。不好交游,惟以闲居为事。

造《齐都赋》,一年乃成。复欲赋三都,会妹芬入宫,移家京师,乃诣著作郎张载访岷、邛之事。遂构思十年,门庭藩溷皆著笔纸,遇得一句,即便疏之。自以所见不博,求为秘书郎。及赋成,时人未之重。思自以其作不谢班、张,恐以人废言,安定皇甫谧有高誉,思造而示之。谧称善,为其赋序。张载为注《魏都》,刘逵注《吴》、《蜀》而序之曰:"观中古以来,为赋者多矣,相如《子虚》擅名于前,班固《两都》理胜其辞,张衡《二京》文过其意。至若此赋,拟议数家,傅辞会义,抑多精致,非夫研核者,不能练其旨,非夫博物者,不能统其异。世咸贵远而贱近,莫肯用心于明物。斯文吾有异焉,故聊以余思为其引诂,亦犹胡广之于《官箴》,蔡邕之于《典引》也。"陈留卫瓘又为思赋作《略解》,序曰:"余观《三都》之赋,言不苟华,必经典要,品物殊类,禀之图籍;辞义环玮,良可贵也。有晋征士、故太子中庶子、安定皇甫谧,西州之逸士,耽籍乐道,高尚其事,览斯文而慷慨,为之都序。中书著作郎安平张载、中书郎济南刘逵,并以经学洽博,才章美茂,咸皆悦玩,为之训诂;其山川土域,草木鸟兽,奇怪珍异,佥皆研精所由,纷散其义矣。余嘉其文,不能默已,聊藉二子之遗忘,又为之《略解》,祗增烦重,览者阙焉。"自是之后,盛于当时,文多不载。司空张华见而叹曰:"班、张之流也。使读之者尽而有余,久而更新。"于是豪贵之家竞相传写,洛阳为之纸贵。

初,陆机入洛,欲为此赋,闻思作之,抚掌而笑,与弟云书曰:"此间有伧父,欲作《三都赋》,须其成,当以覆酒瓮耳。"及思赋出,机绝叹伏,以为不能加也,遂辍笔焉。

秘书监贾谧请讲《汉书》,谧诛,退居宜春里,专意典籍。齐王冏命为记室督,辞疾,不就。及张方纵暴都邑,举家适冀州。数岁,以疾终。

赵至,字景真,代郡人也。寓居洛阳。缑氏令初到官,至年十三,与母同观。母曰:"汝先世本非微贱,世乱流离,遂为士伍耳。尔后能如此不?"至感母言,诣师受业。闻父耕叱牛声,投书而泣。师怪问之，至曰："我小未能荣养，使老父不免勤苦。"师甚异之。

年十四，诣洛阳，游太学，遇稽康于学写石经，徘徊视之不能去，而请问姓名。康曰："年少何以问邪？"曰："观君风器非常，所以问耳。"康异而告之。后乃亡到山阳，求康不得而还。又将远学，母禁之，至遂阳狂，走三五里，辄追得之。年十六，游邺，复与康相遇，随康还山阳，改名浚，字允元。康每曰："卿头小而锐，童子白黑分明，有白起之风矣。"及康卒，至诣魏兴见太守张嗣宗，甚被优遇。嗣宗迁江夏相，随到涢川，欲因入吴，而嗣宗卒，乃向辽西而占户焉。

初，至与康兄子蕃友善，及将远适，乃与蕃书叙离，并陈其志曰：

> 昔李叟入秦，及关而叹；梁生适越，登岳长谣。夫以嘉遁之举，犹怀恋恨，况乎不得已者哉！惟别之后，离群独逝，背荣宴，辞伦好，经回路，造沙漠。鸡鸣戒旦，则飘尔晨征；日薄西山，则马首靡托。寻历曲阻，则沈思纡结，登高远眺，则山川攸隔。或乃回风狂厉，白日寝光，徙倚交错，陵隰相望，徘徊九皋之内，慷慨重阜之颠，进无所由，退无所据，涉泽求蹊，披榛觅路，啸咏沟渠，良不可度。斯亦行路之艰难，然非吾心之所惧也。至若兰芷倾顿，桂林移殖，根萌未树而牙浅弦急，每恐风波潜骇，危机密发，此所以怵惕于长衢也。又北土之性，难以托根，投人夜光，鲜不按剑。今将殖橘柚于玄朔，荣华藕于修陵，表龙章于裸壤，奏《韶》、《武》于聋俗，固难以取贵矣。夫物不我贵，则莫之与，莫之与，则伤之者至矣。飘摇远游之士，托身无人之乡，总辔遐路，则有前言之难；悬鞍陋宇，则有后虑之戒；朝霞启晖，则身疲而遄征；太阳戢曜，则情劬而夕惕；肆目平隰，则寥廓而无睹；极听修原，则掩寂而无闻。吁其悲矣！心伤瘁矣！然后知步骤之士不足为贵也。

> 顾景中原，愤气云踊，哀物悼世，激情风厉。龙啸大野，兽睇六合，猛志纷纭，雄心四据。思蹑云梯，横奋八极，披艰扫秽，荡海夷岳，蹴昆仑使西倒，蹋太山令东覆，平涤九区，恢维宇

宙，斯吾之鄙愿也。时不我与，垂翼远逝，锋距靡加，六翮摧屈，自非知命，孰能不愤悒者哉！吾子殖根芳苑，濯秀清流，晞叶华崖，飞藻云肆，俯据潜龙之渚，仰荫游凤之林，荣曜眩其前，艳色饵其后，良畴交其左，声名驰其右，翱翔伦党之间，弄姿帷房之里，从容顾盻，绰有余裕，俯仰吟啸，自以为得志矣，岂能与吾曹同大丈夫之忧乐哉！

去矣稽生，远离隔矣！茕茕飘寄，临沙漠矣！悠悠三千，路难涉矣！携手之期，邈无日矣！思心弥结，谁云释矣！无金玉尔音而有遐心。身虽胡越，意存断金。各敬尔仪，敦履璞沈，繁华流荡，君子弗钦。临纸意结，知复何云。

至身长七尺四寸，论议精辩，有纵横才气。辽西举郡计吏，到洛，与父相遇。时母已亡，父欲令其宦立，弗之告，仍戒以不归，至乃还辽西。幽州三辟部从事，断九狱，见称精审。太康中，以良吏赴洛，方知母亡。初，至自耻士伍，欲以宦学立名，期于荣养。既而其志不就，号愤恸哭，流血而卒，时年三十七。

邹湛，字润甫，南阳新野人也。父轨，魏左将军。湛少以才学知名，仕魏历通事郎、太学博士。泰始初，转尚书郎、廷尉平、征南从事中郎，深为羊祜所器重。入为太子中庶子。太康中，拜散骑常侍，出补渤海太守，转太傅杨骏长史，迁侍中。骏诛，以僚佐免官。寻起为散骑常侍、国子祭酒，转少府。元康末卒，所著诗及论事议二十五首，为时所重。

初，湛尝见一人，自称甄舒仲，余无所言，如此非一。久之，乃悟曰：“吾宅西有积土败瓦，其中必有死人。甄舒仲者，予舍西土瓦中人也。”检之，果然，厚加敛葬。葬毕，遂梦此人来谢。

子捷，字太应，亦有文才。永康中，为散骑侍郎。及赵王伦篡逆，捷与陆机等俱作禅文。伦诛，坐下廷尉，遇赦免。后为太傅参军。永嘉末，卒。

枣据，字道彦，颖川长社人也。本姓棘，其先避仇改焉。父叔祎，魏钜鹿太守。据美容貌，善文辞。弱冠，辟大将军府，出为山阳令，有政绩。迁尚书郎，转右丞。贾充伐吴，请为从事中郎。军还，徙黄门侍郎、冀州刺史、太子中庶子。太康中卒，时年五十余。所著诗赋论四十五首，遇乱多亡失。

子腆，字玄方。亦以文章显。永嘉中，为襄城太守。

弟嵩，字台产。才艺尤美，为太子中庶子、散骑常侍，为石勒所杀。

褚陶，字季雅，吴郡钱塘人也。弱不好弄，少而聪慧，清淡闲默，以坟典自娱。年十三，作《鸥鸟》、《水碓》二赋，见者奇之。陶尝谓所亲曰："圣贤备在黄卷中，舍此何求！"

州郡辟，不就。吴平，召补尚书郎。张华见之，谓陆机曰："君兄弟龙跃云津，顾彦先凤鸣朝阳，谓东南之宝已尽，不意复见褚生。"机曰："公但未睹不鸣不跃者耳。"华曰："故知延门之德不孤，川岳之宝不匮矣。"迁九真太守，转中尉。年五十五卒。

王沈，字彦伯，高平人也。少有俊才，出于寒素，不能随俗沉浮，为时豪所抑。仕郡文学掾，郁郁不得志，乃作《释时论》，其辞曰：

东野丈人观时以居，隐耕污腴之墟。有冰氏之子者，出自沍寒之谷，过而问涂。丈人曰："子奚自？"曰："自涸阴之乡。""奚适？"曰："欲适煌煌之堂。"丈人曰："入煌煌之堂者，必有赫赫之光。今子困于寒而欲求诸热，无所热之方。"冰子瞿然曰："胡为其然也？"丈人曰："融融者皆趣热之士，其得炉冶之门者，惟挟炭之子。苟非斯人，不如其已。"冰子曰："吾闻宗庙之器，不要华林之木，四门之宾，何必冠盖之族。前贤有解韦索而佩朱绂，舍徒担而乘丹毂。由此言之，何恤而无禄！惟先生告我涂之速也。"

丈人曰："呜乎！子闻得之若是，不知时之在彼。吾将释子。

夫道有安危,时有险易,才有所应,行有所适。英奇奋于纵横之世,贤知显于霸王之初,当厄难则骋权谲以良图,值制作则展儒道以畅摅,是则衮龙出于缊褐,卿相起于匹夫,故有朝贱而夕贵,先卷而后舒。当斯时也,岂计门资之高卑,论势位之轻重乎!今则不然。上圣下明,时隆道宁,群后逸豫,宴安守平。百辟君子,奕世相生,公门有公,卿门有卿。指秃腐骨,不简虫仳。多士丰于贵族,爵命不出闺庭。四门穆穆,绮襦是盈,仍叔之子,皆为老成。贱有常辱,贵有常荣,肉食继踵于华屋,疏饭袭迹于耨耕。谈名位者,以谄媚附势,举高誉者,因资而随形。至乃空嚣者,以泓噌为雅量,琐慧者,以浅利为枪枪,腝胎者以无检为弘旷,偻垢者,以守意为坚贞,嘲哮者,以粗发为高亮,韫蠢者,以色厚为笃诚,庵娄者,以博纳为通济,视视者,以难入为凝清,拉答者,有沈重之誉,嗛闪者,得清剿之声,呛哼怯畏于谦让,阘茸勇敢于饕净。斯皆寒素之死病,荣达之嘉名。凡兹流也,视其用心,察其所安,责人必急,于己恒宽。德无厚而自贵,位未高而自尊,眼罔向而远视,鼻髗鼿而刺天。忌恶君子,悦媚小人,傲蔑道素,慑吁权门。心以利倾,智以势惛,姻党相扇,毁誉交纷。当局迷于所受,听采惑于所闻。京邑翼翼,群士千亿,奔集势门,求官买职,童仆窥其车乘,阍寺相其服饰,亲客阴参于靖室,疏宾徙倚于门侧。时因接见,矜厉容色,心怀内荏,外诈刚直,谭道义谓之俗生,论政刑以为鄙极。高会曲宴,惟言迁除消息,官无大小,问是谁力。今以子孤寒,怀真抱素,志陵云霄,偶景独步,直顺常道,关津难渡,欲骋韩卢,时无狡兔,众涂圮塞,投足何错!"

于是冰子释然乃悟曰:"富贵,人之所欲;贫贱,人之所恶。仆少长于孔、颜之门,久处于清寒之路,不谓热势自共遮锢。敬承明诲,服我初素,弹琴咏典,以保年祚。伯成、延陵,高节可慕。丹毂灭族,吕、霍哀吟,朝荣夕灭,且飞暮沉。聃、周道师,巢、由德林,丰屋蔀家,《易》著明箴。人薄位尊,积罚难任,三郤尸晋,宋华咎深,投局正幅,实获我心。”

是时王政陵迟,官才失实,君子多退而穷处,遂终于里间。

元康初,松滋令、吴郡蔡洪,字叔开,有才名,作《孤奋论》,与《释时》意同,读之者莫不叹息焉。

张翰,字季鹰,吴郡吴人也。父俨,吴大鸿胪。翰有清才,善属文,而纵任不拘,时人号为“江东步兵”。会稽贺循赴命入洛,经吴阊门,于船中弹琴。翰初不相识,乃就循言谭,便大相钦悦。问循,知其入洛,翰曰:“吾亦有事北京。”便同载即去,而不告家人。

齐王冏辟为大司马东曹掾。冏时执权,翰谓同郡顾荣曰:“天下纷纷,祸难未已。夫有四海之名者,求退良难。吾本山林间人,无望于时。子善以明防前,以智虑后。”荣执其手,怆然曰:“吾亦与子采南山蕨,饮三江水耳。”翰因见秋风起,乃思吴中菰菜、莼羹、鲈鱼脍,曰:“人生贵得适志,何能羁宦数千里以要名爵乎!”遂命驾而归。著《首丘赋》,文多不载。俄而冏败,人皆谓之见机。然府以其辄去,除吏名。

翰任心自适,不求当世。或谓之曰:“卿乃可纵适一时,独不为身后名邪?”答曰:“使我有身后名,不如即时一杯酒。”时人贵其旷达。

性至孝,遭母忧,哀毁过礼。年五十七卒。其文笔数十篇行于世。

庾阐,字仲初,颍川鄢陵人也。祖辉,安北长史。父东,以勇力闻。武帝时,有西域健胡趫捷无敌,晋人莫敢与校。帝募勇士,惟东应选,遂扑杀之,名震殊俗。

阐好学,九岁能属文。少随舅孙氏渡江。母随兄肇为安乐长史,在项城。永嘉末,为石勒所陷,阐母亦没。阐不栉沐,不婚宦,绝酒肉,垂二十年,邻亲称之。

州举秀才,元帝为晋王,辟之,皆不行。后为太宰、西阳王兼掾,累迁尚书郎。苏峻之难，阐出奔郗鉴，为司空参军。峻平，以功赐爵吉阳县男，拜彭城内史。鉴复请为从事中郎。寻召为散骑侍郎，领大著作。顷之，出补零陵太守，入湘川，吊贾谊。其辞曰：

中兴二十三载，余忝守衡南，鼓枻三江，路次巴陵，望君山而过洞庭，涉湘川而观汨水，临贾生投书之川，慨以永怀矣。及选长沙，观其遗象，喟然有感，乃吊之云。

伟哉兰生而芳，玉产而洁，阳葩熙冰，寒松负雪，莫邪挺锷，天骥汗血，苟云其隽，谁与比杰！是以高明倬茂，独发奇秀，道率天真，不议世疢，焕乎若望舒耀景而焯群星，矫乎若翔鸾拊翼而逸宇宙也。飞荣洛汭，擢颖山东，质清浮磬，声若孤桐，琅琅其璞，岩岩其峰。信道居正，而以天下为公，方驾逸步，不以曲路期通。是以张高弦悲，声激柱落，清唱未和，而桑、濮代作；虽有惠音，莫过《韶》《濩》；虽有腾鳞，终仆一壑。呜呼！大庭既邈，玄风悠缅，皇道不以智隆，上德不以仁显。三五亲誉，其轨可仰而标；霸功虽逸，其涂可翼而阐，悲夫先生，何命之蹇！怀宝如玉，而生运之浅！

昔咎繇谟虞，吕尚归昌，德协充符，乃应帝王。夷吾相桓，汉登萧、张；草庐三顾，臭若兰芳。是以道隐则蠖屈，数感则凤睹，若栖不择木，翔非九五，虽曰玉折，俊才何补！夫心非死灰，智必存形，形托神王，故能全生。奈何兰膏，扬芳汉庭，摧景飚风，独丧厥明。悠悠太素，存亡一指，道来斯通，世往斯圮。吾哀其生，未见其死，敢不敬吊，寄之渌水。

后以疾，征拜给事中，复领著作。吴国内史虞潭为太伯立碑，阐制其文。又作《扬都赋》，为世所重。

年五十四卒，谥曰贞，所著诗赋铭颂十卷行于世。

子肃之，亦有文藻著称，历给事中、相府记室、湘东太守。太元中卒。

曹毗，字辅佐，谯国人也。高祖休，魏大司马。父识，右军将军。

毗少好文籍，善属词赋。郡察孝廉，除郎中，蔡谟举为佐著作郎。父忧去职。服阕，迁句章令，征拜太学博士。时桂阳张硕为神女杜兰香所降，毗因以二篇诗嘲之，并续《兰香歌》诗十篇，甚有文彩。又著《扬都赋》，亚于庾阐。

累迁尚书郎、镇军大将军从事中郎、下邳太守。以名位不至，著《对儒》以自释。其辞曰：

或问曹子曰："夫宝以含珍为贵，士以藏器为峻，麟以绝迹标奇，松以负霜称俊；是以兰生幽涧，玉辉千仞。故子州浮沧澜而龙蟠，吴季忽万乘以解印，虞公潜崇岩以颐神，梁生适南越以保慎；固能全真养和，夷迹洞庭，陵冬扬芳，披雪独振也。

"今子少晞冥风，弱挺秀容，奇发幼龄，翰披孺童。吐辞则藻落扬、班，抗心则志拟高鸿，味道则理贯庄肆，研妙则颖夺豪锋。固以腾广莫而萎茜，排素薄而青葱者矣，何必以刑礼为己任，申、韩为宏通！既登东观，染史笔，又据太学，理儒功。曾无玄韵淡泊，逸气虚洞，养采幽翳，晦明蒙笼。不追林栖之迹，不希抱鳞之龙，不营练真之术，不慕内听之聪。而处泛位以核物，扇尘教以自灌，负盐车以显能，饰一己以求恭。退不居漆园之场，出不蹑曾城之冲，游不践绰约之室，趋不希骥骝之踪；徒以区区之怀，而整名目之典，覆蕢之量，而塞北川之洪，检名实于俄顷之间，定得失乎一管之锋。

"子若谓我果是邪？则是不必以合俗。子若云俗果非邪？则俗非不可以苟从。俗我纷以交争，利害浑而弥重，何异执朽辔以御逸驷，承劲风以握秋蓬，役恬性以充劳府，对群物以耦怨仇者乎？子不闻乎，终军之颖，贾生之才，拔奇山东，玉映汉台，可谓响播六合，声骇婴孩，而见毁绛、灌之口，身离狼狈之灾。由此言之，名为实宾，福萌祸胎，朝敷荣华，夕归尘埃，未若澄虚心于玄圃，荫瑶林于蓬莱，绝世事而俊黄、绮，鼓沧川而浪龙鳏者矣。蒙窃惑焉。"

主人焕耳而笑，欣然而言曰："夫两仪既辟，阴阳汗浩，五才迭用,化生纷扰,万类云云,孰测其兆！故不登阆风,安以瞻殊目之形？不步景宿,何以观恢廓之表？是以迷粗者,循一往之智,狷介者,守一方之矫,岂知火林之蔚炎柯,冰津之擢阳草！故大人达观,任化昏晓,出不极劳,处不巢皓,在儒亦儒,在道亦道,运屈则纡其清晖,时申则散其龙藻,此盖员动之用舍,非寻常之所宝也。

"今三明互照,二气载宣,玄教夕凝,朗风晨鲜,道以才扬,化随理全。故五典克明于百揆,虞音齐响于五弦,安期解褐于秀林,渔父摆钩于长川。如斯则化无不融,道无不延,风澄于俗,波清于川。方将舞黄虬于庆云,招仪凤于灵山,流玉醴乎华阅,秀朱草于庭前。何有违理之患,累真之嫌！子徒知辩其说而未测其源,明朝菌不可喻晦朔,蟪蛄无以观大年,固非管翰之所述,聊对敬以终篇。"

累迁至光禄勋,卒。凡所著文笔十五卷,传于世。

李充,字弘度,江夏人。父矩,江州刺史。充少孤,其父墓中柏树尝为盗贼所斫,充手刃之,由是知名。善楷书,妙参钟、索,世咸重之。辟丞相王导掾,转记室参军。

幼好刑名之学,深抑虚浮之士,尝著《学箴》,称:

《老子》云:"绝仁弃义,家复孝慈。"岂仁义之道绝,然后孝慈乃生哉？盖患乎情仁义者寡,而利仁义者众也。道德丧而仁义彰,仁义彰而名利作,礼教之弊,直在兹也。先王以道德之不行,故以仁义化之,行仁义之不笃,故以礼律检之;检之弥繁,而伪亦愈广,老、庄是乃明无为之益,塞争欲之门。夫极灵智之妙、总会通之和者,莫尚乎圣人。革一代之弘制,垂千载之遗风,则非圣不立。然则圣人之在世,吐言则为训辞,莅事则为物轨,运通则与时隆,理丧则与世弊矣。是以大为之论以标其旨。物必有宗,事必有主,寄责于圣人而遗累乎陈迹也。故化之以绝圣弃智,镇之以无名之朴。圣教救其末,老、庄明其本,本末之涂殊，而为教一也。人之迷也，其日久矣！见形者众，及道者鲜。不亲千仞之门而逐适物之迹，逐迹逾笃，离本逾远，遂使华端与薄俗俱兴，妙绪与淳风并绝。所以圣人长潜，而迹未尝灭矣。惧后进惑其如此，将越礼弃学而希无为之风，见义教之杀而不观其隆矣，略言所怀，以补其阙。引道家之弘旨，会世教之适当，义之违本，言不流放，庶以祛困蒙之蔽，悟一往之惑乎！其辞曰：

芒芒太初，悠悠鸿荒，蚩蚩万类，与道兼忘。圣迹未显，贤名不彰，怡此鼓腹，率我猖狂。资生既广，群涂思通，暗实师明，匪予求蒙，遗己济物而天下为公。大庭唱基，羲农宏赞，六位时成，离晖大观，泽洽雨濡，化流风散，比屋同尘而人罔僭乱。爰暨中古，哲王胥承，质文代作，礼统迭兴，事藉用以繁，化因阻而凝，动非性扰，静岂神澄！名之攸彰，道之攸废，乃损所隆，乃崇所替，刑作由于德衰，三辟兴乎叔世，既敦既诱，乃矫乃厉。敦亦既备，矫亦既深，雕琢生文，抑扬成音，群能骋技，众巧竭心，野无陆马，山无散林。风罔不动，化罔不移，人之失德，反正作奇。乃放欲以越礼，不知希竞之为病，违彼夷涂而遵此险径。狡兔陵冈，游鱼遁川，至颐深妙，大象幽玄，弃饵收置而责功蹄筌，先统丧归而寄旨忘言。政异征辞，拔本塞源，遁迹永日，寻响穷年，刻意离性而失其常然。世有险夷，运有通圮，损益适时，升降惟理。道不可以一日废，亦不可以一朝拟，礼不可以千载制，亦不可以当年止。非仁无以长物，非义无以齐耻，仁义固不可远，去其害仁义者而已。力行犹惧不逮，希企邈以远矣。室有善言，应在千里，况乎行止复礼克己。风人司箴，敬贻君子。

征北将军褚裒又引为参军，充以家贫，苦求外出。裒将许之为县，试问之，充曰："穷猿投林，岂暇择木！"乃除剡县令。遭母忧。服阕，为大著作郎。

于时典籍混乱，充删除烦重，以类相从，分作四部，甚有条贯，秘阁以为永制。累迁中书侍郎，卒官。充注《尚书》及《周易旨》六篇，

《释庄论》上、下二篇,诗赋表颂等杂文二百四十首,行于世。

子颐,亦有文义,多所述作,郡举孝廉。

充从兄式,以平隐著称,善楷、隶。中兴初,仕至侍中。

袁宏,字彦伯,侍中猷之孙也。父勖,临汝令。宏有逸才,文章绝美,曾为咏史诗,是其风情所寄。少孤贫,以运租自业。谢尚时镇牛渚,秋夜乘月,率尔与左右微服泛江。会宏在舫中讽咏,声既清会,辞又藻拔,遂驻听久之,遣问焉。答云:"是袁临汝郎诵诗。"即其咏史之作也。尚倾率有胜致,即迎升舟,与之谭论,申旦不寐,自此名誉日茂。

尚为安西将军、豫州刺史,引宏参其军事。累迁大司马桓温府记室。温重其文笔,专综书记。后为《东征赋》,赋末列称过江诸名德,而独不载桓彝。时伏滔先在温府,又与宏善,苦谏之。宏笑而不答。温知之甚忿,而惮宏一时文宗,不欲令人显问。后游青山饮归,命宏同载,众为之惧。行数里,问宏云:"闻君作《东征赋》,多称先贤,何故不及家公?"宏答曰:"尊公称谓非下官敢专,既未遑启,不敢显之耳。"温疑不实,乃曰:"君欲为何辞?"宏即答云:"风鉴散朗,或搜或引,身虽可亡,道不可陨,宣城之节,信义为允也。"温泫然而止。宏赋又不及陶侃,侃子胡奴尝于曲室抽刃问宏曰:"家公勋迹如此,君赋云何相忽?"宏窘急,答曰:"我已盛述尊公,何乃言无?"因曰:"精金百汰,在割能断,功以济时,职思静乱,长沙之勋,为史所赞。"胡奴乃止。

后为《三国名臣颂》曰:

夫百姓不能自牧,故立君以治之;明君不能独治,则为臣以佐之。然则三五迭隆,历代承基,揖让之与干戈,文德之与武功,莫不宗匠陶钧而群才缉熙,元首经略而股肱肆力。虽遭罹不同,迹有优劣,至于体分冥固,道契不坠,风美所扇,训革千载,其揆一也。故二八升而唐朝盛,伊、吕用而汤、武宁,三贤进而小白兴,五臣显而重耳霸。中古陵迟,斯道替矣。居上者不以至公理物;为下者必以私路期荣;御员者不以信诚率众;执方者必以权谋自显。于是君臣离而名教薄,世多乱而时不治,故蘧、宁以之卷舒,柳下以之三黜,接舆以之行歌,鲁连以之赴海。衰世之中,保持名节,君臣相体,若合符契,则燕昭、乐毅古之流矣。夫未遇伯乐,则千载无一骥;时值龙颜,则当年控三杰,汉之得贤,于斯为贵。高祖虽不以道胜御物,群下得尽其忠;萧、曹虽不以三代事主,百姓不失其业。静乱庇人,抑亦其次。夫时方颠沛,则显不如隐;万物思治,则默不如语。是以古之君子不患弘道难,患遭时难;遭时匪难,遇君难。故有道无时,孟子所以咨嗟;有时无君,贾生所以垂泣。夫万岁一期,有生之通涂;千载一遇,贤智之嘉会。遇之不能无欣,丧之何能无慨。古人之言,信有情哉! 余以暇日常览《国志》,考其君臣,比其行事,虽道谢先代,亦异世一时也。

文若怀独见之照,而有救世之心,论时则人方涂炭,计能则莫出魏武,故委图霸朝,豫谋世事。举才不以标鉴,故人亡而后显;筹画不以要功,故事至而后定。虽亡身明顺,识亦高矣。

董卓之乱,神器迁逼,公达慨然,志在致命。由斯而谭,故以大存名节。至如身为汉隶而迹入魏幕,源流趣舍,抑亦文若之谓。所以存亡殊致,始终不同,将以文若既明且哲,名教有寄乎! 夫仁义不可不明,则时宗举其致;生理不可不全,故识达摄其契。相与弘道,岂不远哉!

崔生高朗,折而不挠,所以策名魏武、执笏霸朝者,盖以汉主当阳,魏后北面者哉! 若乃一旦进玺,君臣易位,则崔生所以不与、魏氏所以不容。夫江湖所以济舟,亦所以覆舟;仁义所以全身,亦所以亡身。然而先贤玉摧于前,来哲攘袂于后,岂天怀发中,而名教束物者乎!

孔明盘桓,俟时而动,遐想管、乐,远明风流,治国以礼,人无怨声,刑罚不滥,没有余泣,虽古之遗爱,何以加兹! 及其临终顾托,受遗作相,刘后授之无疑心,武侯受之无惧色,继体纳之无贰情，百姓信之无异辞。君臣之际，良可咏矣！

公瑾卓尔，逸志不群，总角断主，则素契于伯符；晚节曜奇，则三分于赤壁。惜其龄促，志未可量。

子布佐策，致延誉之美，辍哭止哀，有翼戴之功，神情所涉，岂徒謇谔而已哉！然杜门不用，登坛受讥。夫一人之身所照未异，而用舍之间俄有不同，况沉迹沟壑，遇与不遇者乎！

夫诗颂之作，有自来矣。或以吟咏情性，或以纪德显功，虽大指同归，所托或乖。若夫出处有道，名体不滞，风轨德音，为世作范，不可废也。复缀序所怀，以为之赞曰：

火德既微，运缠大过。洪飚扇海，二溟扬波。虬兽虽惊，风云未和。潜鱼择川，高鸟侯柯。赫赫三雄，并回乾轴。竞收杞梓，争采松竹。凤不及栖，龙不暇伏。谷无幽兰，岭无停菊。

英英文若，灵鉴洞照。应变知微，颐奇赏要，日月在躬，隐之弥曜。文明映心，钻之愈妙。沧海横流，玉石俱碎。达人兼善，废己存爱。谋解时纷，功济宇内。始救生灵，终明风概。

公达潜朗，思同蓍蔡。运用无方，动摄群会。爰初发迹，遭此颠沛。神情玄定，处之弥泰。惛惛幕里，算无不经。蹇蹇通韵，迹不暂停。虽怀尺璧，顾哂连城。智能极物，愚足全生。

郎中温雅，器识纯素。贞而不谅，通而能固。恂恂德心，汪汪轨度。志成弱冠，道敷岁暮。仁者必勇，德亦有言。虽遇履尾，神气恬然。行不修饰，名迹无愆。操不激切，素风愈鲜。

邈哉崔生，体正心直。天骨疏朗，墙岸高嶷。忠存轨迹，义形风色。思树芳兰，蕲除荆棘。人恶其上，世不容哲。琅琅先生，雅杖名节。虽遇尘雾，犹震霜雪。运极道消，碎此明月。

景山恢诞，韵与道合。形器不存，方寸海纳。和而不同，通而不杂。遇醉忘辞，在醒贻答。

长文通雅，义格终始。思载元首，拟伊同耻。人未知德，惧若在己。嘉谋肆庭，谠言盈耳。玉生虽丽，光不逾把。德积虽微，道暎天下。邈哉太初，宇量高雅。器范自然，标准无假。全身曲直，迹洿必伪。处死匪难，理存则易。万物波荡，孰任其累！六合徒广，容身靡寄。君亲自然，非由名教。爱敬既同，情礼兼到。

烈烈王生，知死不挠。求仁不远，期在忠孝。

玄伯刚简，大存名体。志在高构，增堂及陛。端委兽门，正言弥启。临危致命，尽其心礼。

堂堂孔明，基宇宏邈。器同生灵，独禀先觉。标谤风流，远明管、乐。初九龙盘，雅志弥确。百六道丧，干戈迭用。苟非命世，孰埽雰雾！宗子思宁，薄言解控。释褐中林，郁为时栋。

士元弘长，雅性内融。崇善爱物，观始知终。丧乱备矣，胜涂未隆。先生标之，振起清风。绸缪哲后，无妄惟时。夙夜匪懈，义在缉熙。三略既陈，霸业已基。

公琰殖根，不忘中正。岂曰模拟，实在雅性。亦既羁勒，负荷时命。推贤恭己，久而可敬。

公衡冲达，秉志渊塞。媚兹一人，临难不惑。畴昔不造，假翮邻国。进能徽音，退不失德。六合纷纭，人心将变。鸟择高梧，臣须顾眄。

公瑾英达，朗心独见。披草求君，定交一面。桓桓魏武，外托霸迹。志掩衡、霍，恃战忘敌。卓卓若人，曜奇赤壁。三光参分，宇宙暂隔。

子布擅名，遭世方扰。抚翼桑梓，息肩江表。王略威夷，吴魏同宝。遂赞宏谟，匡此霸道。桓王之薨，大业未纯。把臂托孤，惟贤与亲。辍哭止哀，临难忘身。成此南面，实由老臣。才为世生，世亦须才。得而能任，贵在无猜。

昂昂子敬，拔迹草莱。荷檐吐奇，乃构云台。

子瑜都长，体性纯懿。谏而不犯，正而不毅。将命公庭，退忘私位。岂无鹙鸧，固慎名器。

伯言謇謇，以道佐世。出能勤功，入亦献替。谋宁社稷，解纷挫锐。正以招疑，忠而获戾。

元叹邈远,神和形检。如彼白圭,质无尘点。立行以恒,匡主以渐。清不增洁,浊不加染。

仲翔高亮,性不和物。好是不群,折而不屈。屡攓逆鳞,直道受黜。叹过孙阳,放同贾、屈。

莘莘众贤,千载一遇。整辔高衢,骧首天路。仰揖玄流,俯弘时务。名节殊涂,雅致同趣。日月丽天,瞻之不坠。仁义在躬,用之不匮。尚想遗风,载揖载昧。后生击节,懦夫增气。

从桓温北征,作《北征赋》,皆其文之高者。常与王珣、伏滔同在温坐,温令滔读其《北征赋》,至"闻所传于相传,云获麟于此野,诞灵物以瑞德,奚授体于虞者! 疢尼父之洞泣,似实恸而非假。岂一性之足伤,乃致伤于天下"其本至此便改韵。珣云:"此赋方传千载,无容率尔。今于'天下'之后,移韵徙事,然于写送之致,似为未尽。"滔云:"得益写韵一句,或为小胜。"温曰:"卿思益之。"宏应声答曰:"感不绝于余心,诉流风而独写。"珣诵味久之,谓滔曰:"当今文章之美,故当共推此生。"性强正亮直,虽被温礼遇,至于辩论,每不阿屈,故荣任不至。与伏滔同在温府,府中呼为"袁伏"。宏心耻之,每叹曰:"公之厚恩未优国士,而与滔比肩,何辱之甚。"

谢安常赏其机对辩速。后安为扬州刺史,宏自吏部郎出为东阳郡,乃祖道于冶亭。时贤皆集,安欲以卒迫试之,临别执其手,顾就左右取一扇而授之曰:"聊以赠行。"宏应声答曰:"辄当奉扬仁风,慰彼黎庶。"时人叹其率而能要焉。

宏见汉时傅毅作《显宗颂》,辞甚典雅,乃作颂九章,颂简文之德,上之于孝武。

太元初,卒于东阳,时年四十九。撰《后汉纪》三十卷及《竹林名士传》三卷、诗赋诔表等杂文凡三百首,传于世。

三子:长超子,次成子,次明子。明子有父风,最知名,官至临贺太守。

伏滔,字玄度,平昌安丘人也。有才学,少知名。州举秀才,辟

别驾,皆不就。大司马桓温引为参军,深加礼接,每宴集之所,必命
滔同游。从温伐袁真,至寿阳,以淮南屡叛,著论二篇,名曰《正淮》。
其上篇曰:

　　淮南者,三代扬州之分也。当春秋时,吴、楚、陈、蔡之与
地。战国之末,楚全有之,而考烈王都焉。秦并天下,建立郡县,
是为九江。刘、项之际,号曰东楚。爰自战国至于晋之中兴,六
百有余年,保淮南者九姓,称兵者十一人,皆亡不旋踵,祸溢于
世,而终莫戒焉。其天时欤,地势欤,人事欤?何丧乱之若是也!
试商较而论之。

　　夫悬象著明,而休征表于列宿;山河衿带,而地险彰于丘
陵;治乱推移,而兴亡见于人事。由此而观,则兼也必矣。昔妖
星出于东南,而弱楚以亡;飞字横于天汉,而刘安诛绝;近则火
星晨见,而王凌首谋;长彗宵暎,而毋丘袭乱。斯则丧乎天时
也。彼寿阳者,南引荆汝之利,东连三吴之富;北接梁、宋,平涂
不过七日;西援陈、许,水陆不出千里;外有江湖之阻,内保淮
肥之固。龙泉之陂,良畴万顷,舒、六之贡,利尽蛮越,金石皮革
之具萃焉,苞木箭竹之族生焉,山湖薮泽之隩,水旱之所不害,
土产草滋之实,荒年之所取给。此则系乎地利者也。其俗尚气
力而多勇悍,其人习战争而贵诈伪,豪右并兼之门,十室而七;
藏甲挟剑之家,比屋而发。然而仁义之化不渐,刑法之令不及,
所以屡多亡国也。

　　昔考烈以衰弱之楚屡迁其都,外迫强秦之威,内构阳、申
之祸,逃死劫杀,二世而灭。黥布以三雄之选,功成垓下,淮阴
既囚,梁、越受戮,嫌结震主之威,虑生同体之祸,遂谋图全之
计,庶几后亡之福,众溃于一战,身脂于汉斧。刘长支庶,奄王
大国,承丧乱之余,御新化之俗,无德而宠,欲极祸发。王安内
怀先父之憾,外眩奸臣之说,招引宾客,沉溺数术,藉二世之
资,恃戈甲之盛,屈强江、淮之上,西向而图宗国,言未绝口,身
嗣俱灭。李宪因亡新之余,袁术当衰汉之末,负力幸乱,遂生僭

逆之计,建号九江,称制下邑,狼狈奔亡,倾城受戮。及至彦云、仲恭、公休之徒,或凭宿名,或怙前功,握兵淮、楚,力制东夏,属当多难之世,仍值废兴之会,谋非所议,相系祸败。祖约助逆,身亡家族。彼十乱者,成乎人事者也。然则侵弱昏迷,以至绝灭,亡楚当之。恃强畏逼,遂谋叛乱,黥布有焉。二王遘逆,宠之之过也。公路僭伪,乘衅之盗也。二将以图功首难,士少以骄矜乐祸。本其所因,考其成迹,皆宠盛祸淫,福过灾生,而制之不渐,积之有由也。

其下篇曰:

　　昔高祖之诛黥布也,撮三策之要,驰赦过之书,乘人主之威以除逆节之虏,然犹决战陈都,暴尸横野,仅乃克之,害亦深矣!长安之谋,虽兵未交于山东,祸未遍于天下,而驰说之士与阖境之人幽囚诛放者,亦已众矣。光武连兵于肥、舒,魏祖驰马于蕲、苦,而庐、九之间流溺兵凶者十而七八焉。夫王陵面缚,得之于矿石;仲恭接刃,成之于后觉也。而高祖以之宵征,世宗以之发疾,岂不勤哉!文皇挟万乘之威,杖伊、周之权,内举京畿之众,外征四海之锐,云合雨集,推锋以临淮浦,而诞、钦晏然,方婴城自固,凭轼以观王师。于是筑长围,起梦橹,高壁连堑,负戈击柝以守之。自夏及春,而后始知亡焉。然则屠城之祸,其可极言乎?约之出奔,淮左为墟,悲夫!

　　信哉鲁哀之言,夫生乎深宫,长于膏粱,忧惧不切于身,荣辱不交于前,则其仁义之本浅矣。奉以南面之尊,藉以列城之富,宅以制险之居,养以众强之盛,而无德以临之,无制以节之,则厌溢乐祸之心生矣。夫以昏主御奸臣,利甲资坚城,伪令行于封内,邪惠结于人心,乘间幸济之说,日交于侧,猾诈锢咎之群,各驰于前,见利如归,安在其不为乱乎!况乘旧宠,挟前功,畏逼惧亡,以谋图身之举者,望其俯首就羁,不亦迂哉!《易》称“履霜坚冰,驯致之道”,盖言渐也。呜呼!斯所以乱臣贼子亡国覆家,累世而不绝者欤!

昔先王之宰天下也，选于有德，访之三吏；正其分位，明其等级；画之封疆，宣之政令；上下有序，无僭差之嫌；四人安业，无并兼之国。三载考陟，功罪不得逃其迹，九伐时修，刑赏无所谬其实。令之有渐，轨之有度，宠之有节，权不外授，威不下黜，所以杜其萌际，重其名器，深根固本，传之百世。虽时有盛衰，弱者无所惧其亡；道有兴废，强者不得资其弊。夫如是，将使天下从风，穆然轨道，庆自一人，惠流万国，安有向时之患哉！

寿阳平，以功封闻喜县侯，除永世令。温嶠，征西将军桓豁引为参军，领华容令。太元中，拜著作郎，专掌国史，领本州大中正。孝武帝尝会于西堂，滔豫坐，还，下车先呼子系之，谓曰："百人高会，天子先问伏滔在坐不，此故未易得。为人作父如此，定何如也？"迁游击将军，著作如故。卒官。

子系之，亦有文才，历黄门郎、侍中、尚书、光禄大夫。

罗含，字君章，桂阳耒阳人也。曾祖彦，临海太守。父绥，荥阳太守。含幼孤，为叔母朱氏所养。少有志尚，尝昼卧，梦一鸟文彩异常，飞入口中，因惊起说之。朱氏曰："鸟有文彩，汝后必有文章。"自此后，藻思日新。弱冠，州三辟，不就。含父尝宰新淦，新淦人杨羡后为含州将，引含为主簿，含傲然不顾，羡招致不已，辞不获而就焉。及羡去职，含送之到县。新淦人以含旧宰之子，咸致赂遗，含难违而受之。及归，悉封置而去。由是远近推服焉。

后为郡功曹，刺史庾亮以为部江夏从事。太守谢尚与含为方外之好，乃称曰："罗君章可谓湘中之琳琅。"寻转州主簿。后桓温临州，又补征西参军。温尝使含诣尚，有所检劾。含至，不问郡事，与尚累日酣饮而还。温问所劾事，含曰："公谓尚何如人？"温曰："胜我也。"含曰："岂有胜公而行非邪！故一无所问。"温奇其意而不责焉。

转州别驾。以廨舍喧扰，于城西池小洲上立茅屋，伐木为材，织苇为席而居，布衣蔬食，晏如也。温尝与僚属宴会，含后至。温问众坐曰："此何如人？"或曰："可谓荆楚之材。"温曰："此自江左之秀，岂惟荆楚而已。"征为尚书郎。温雅重其才,又表转征西户曹参军。俄迁宜都太守。及温封南郡公,引为郎中令。寻征正员郎,累迁散骑常侍、侍中,仍转廷尉、长沙相。

年老致仕,加中散大夫,门施行马。初,含在官舍,有一白雀栖集堂宇,及致仕还家,阶庭忽兰菊丛生,以为德行之感焉。年七十七卒。所著文章行于世。

顾恺之,字长康,晋陵无锡人也。父悦之,尚书左丞。恺之博学有才气,尝为《筝赋》成,谓人曰:"吾赋之比嵇康琴,不赏者必以后出相遗,深识者亦当以高奇见贵。"

桓温引为大司马参军,甚见亲昵。温薨后,恺之拜温墓,赋诗云:"山崩溟海竭,鱼鸟将何依!"或问之曰:"卿凭重桓公乃尔,哭状其可见乎?"答曰:"声如震雷破山,泪如倾河注海。"

恺之好谐谑,人多爱狎之。后为殷仲堪参军,亦深被眷接。仲堪在荆州,恺之尝因假还,仲堪特以布帆借之,至破冢,遭风大败。恺之与仲堪笺曰:"地名破冢,真破冢而出。行人安稳,布帆无恙。"还至荆州,人问以会稽山川之状。恺之云:"千岩竞秀,万壑争流。草木蒙笼,若云兴霞蔚。"桓玄时与恺之同在仲堪坐,共作了语。恺之先曰:"火烧平原无遗燎。"玄曰:"白布缠根树旅旋。"仲堪曰:"投鱼深泉放飞鸟。"复作危语。玄曰:"矛头折米剑头炊。"仲堪曰:"百岁老翁攀枯枝。"有一参军云:"盲人骑瞎马临深池。"仲堪眇目,惊曰:"此太逼人!"因罢。恺之每食甘蔗,恒自尾至本。人或怪之。云:"渐入佳境。"

尤善丹青,图写特妙。谢安深重之,以为有苍生以来未之有也。恺之每画人成,或数年不点目精。人问其故,答曰:"四体妍蚩,本无阙少于妙处,传神写照,正在阿堵中。"尝悦一邻女,挑之弗从,乃图其形于壁,以棘针钉其心,女遂患心痛。恺之因致其情,女从之,遂密去针而愈。恺之每重嵇康四言诗,因为之图,恒云:"手挥五弦易,目送归鸿难。"每写起人形,妙绝于时,尝图裴楷象,颊上加三毛,观者觉神明殊胜。又为谢鲲象，在石岩里，云："此子宜置丘壑中。"欲图殷仲堪，仲堪有目病，固辞。恺之曰："明府正为眼耳，若明点瞳子，飞白拂上，使如轻云之蔽月，岂不美乎！"仲堪乃从之。恺之尝以一厨画糊题其前，寄桓玄，皆其深所珍惜者。玄乃发其厨后，窃取画，而缄闭如旧以还之，绐云未开。恺之见封题如初，但失其画，直云妙画通灵，变化而去，亦犹人之登仙，了无怪色。

恺之矜伐过实，少年因相称誉以为戏弄。又为吟咏，自谓得先贤风制。或请其作洛生咏，答曰："何至作老婢声！"义熙初，为散骑常侍，与谢瞻连省，夜于月下长咏，瞻每遥赞之，恺之弥自力忘倦。瞻将眠，令人代己，恺之不觉有异，遂申旦而止。尤信小术，以为求之必得。桓玄尝以一柳叶，绐之曰："此蝉所翳叶也，取以自蔽，人不见己。"恺之喜，引叶自蔽，玄就溺焉，恺之信其不见己也，甚以珍之。

初，恺之在桓温府，常云："恺之体中痴黠各半，合而论之，正得平耳。故俗传恺之有三绝：才绝，画绝，痴绝。年六十二，卒于官，所著文集及《启蒙记》行于世。

郭澄之，字仲静，太原阳曲人也。少有才思，机敏兼人。调补尚书郎，出为南康相。值卢循作逆，流离仅得还都。刘裕引为相国参军。从裕北伐，既克长安，裕意更欲西伐，集僚属议之，多不同。次问澄之，澄之不答，西向诵王粲诗曰："南登霸陵岸，回首望长安。"裕便意定，谓澄之曰："当与卿共登霸陵岸耳。"因还。

澄之位至裕相国从事中郎，封南丰侯，卒于官，所著文集行于世。

史臣曰：夫赏好生于情，刚柔本于性，情之所适，发乎咏歌，而感召无象，风律殊制。至于应贞宴射之文，极形言之美，华林群藻罕或畴。子安幼摽明敏，少蓄清思，怀天地之寥廓，赋辞人之所遗，特构新情，岂常均之所企！太冲贪豪历载，以赋《三都》，士安见而称善,平原睹而韬翰,匪惟高步当年,故以腾华终古。邹湛之持论,枣据之缘情,实南阳之人杰,盖颖川之时秀。季雅摛属遒迈,夙备成德,称为泉岱之珍,固其然矣。彦伯未能混迹光尘,而屈乎卑位,《释时》宏论,亦足见其志耳。季鹰纵诞一时,不邀名爵,《黄花》之什,浚发神府。仲初之文,风流可尚,擢秀士林,《阳都》之美,尤重时彦。曹毗沉研秘籍,跬足下僚,绮靡降神之歌,朗畅《对儒》之论。李充之《学箴》,信清壮也。袁宏《东征》、《名臣》之作,抑潘、陆之亚。玄度学艺优赡,笔削擅奇,降帝问于西堂,故其荣观也。君章耀湘中之宝,挺荆楚之材,梦鸟发乎精诚,岂独日者之蛟凤!长康矜能过实,谭谐取容,而才多逸气,故有三绝之目。仲静机思通敏,延誉清流,德舆西伐之计,取定于微指者矣。

　　赞曰:爻象垂流,宫征流音。美哉群彦,扬菜翰林。俱谐振玉,各擅锵金。子安、太冲,遒文绮烂。袁、庚、充、恺,缛藻霞焕。架彼辞人,共超清贯。

晋书卷九三
列传第六三

# 外　戚

羊琇　王恂 弟虔 恺　杨文宗
羊玄之　虞豫 子胤　庾琛　杜乂
褚裒　何准 子澄　王濛 子修
王遐　王蕴　褚爽

　　详观往诰，遐听前闻，阶缘外戚以致显荣者，其所由来尚矣。而多至祸败，鲜克令终者，何哉？岂不由禄以恩升，位非德举；识惭明哲，材谢经通；假椒房之宠灵，总军国之枢要，或威权震主，或势力倾朝；居安而不虑危，务进而不知退；骄奢既至，衅隙随之者乎！是以吕、霍之家，诛夷于西汉，梁、邓之族，剿绝于东都，其余干纪乱常、害时蠹政者，不可胜载。至若樊靡卿之父子，窦广国之弟兄，阴兴之守约戒奢，史丹之掩恶扬善，斯并后族之所美者也。由此观之，干时纵溢者，必以凶终，守道谦冲者，永保贞吉，古人所谓祸福无门，惟人所召。此非其效欤！

　　逮于晋难，始自宫掖。杨骏藉武帝之宠私，叨窃非据，贾谧乘惠皇之蒙昧，成此厉阶，遂使悍后遇云林之灾，愍、怀滥湖城之酷。天人道尽，丧乱弘多，宗庙以之颠覆，黎庶于焉殄瘁。《诗》云："赫赫宗周，褒姒灭之。"其此之谓也。

爰及江左，未改覆车。庾亮世族羽仪，王恭高门领袖，既而职兼出纳，任切股肱。孝伯竟以亡身，元规几于败国，岂不哀哉！若褚季野之畏避朝权，王叔仁之固求出镇，用能全身远害，有可称焉。贾充、杨骏、庾亮、王献之、王恭等已入列传，其余即叙其成败，以为《外戚篇》云。

羊琇，字稚舒，景献皇后之从父弟也。父耽，官至太常。兄瑾，尚书右仆射。琇少举郡计，参镇西钟会军事，从平蜀。及会谋反，琇正言苦谏，还，赐爵关内侯。

琇涉学有智算，少与武帝通门，甚相亲狎，每接筵同席，尝谓帝曰："若富贵见用，任领护各千年。"帝戏而许之。初，帝未立为太子，而声论不及弟攸，文帝素意重攸，恒有代宗之议。琇密为武帝画策，甚有匡救。又观察文帝为政损益，揆度应所顾问之事，皆令武帝默而识之。其后文帝与武帝论当世之务及人间可否，武帝答无不允，由是储位遂定。及帝为抚军，命琇参军事。帝即王位后，擢琇为左卫将军，封甘露亭侯。帝践阼，累迁中护军，加散骑常侍。琇在职十三年，典禁兵，豫机密，宠遇甚厚。

初，杜预拜镇南将军，朝士毕贺，皆连榻而坐。琇与裴楷后至，曰："杜元凯乃复以连榻而坐客邪?"遂不坐而去。

琇性豪侈，费用无复齐限，而屑炭和作兽形以温酒，洛下豪贵咸竞效之。又喜游宴，以夜续昼，中外五亲无男女之别，时人讥之。然党慕胜己，其所推奉，便尽心无二。穷窘之徒，特能振恤。选用多以得意者居先，不尽铨次之理。将士有冒官位者，为其致节，不惜躯命。然放恣犯法，每为有司所贷。其后司隶校尉刘毅劾之，应至重刑，武帝以旧恩，直免官而已。寻以侯白衣领护军。顷之，复职。

及齐王攸出镇也，琇以切谏忤旨，左迁太仆。既失宠愤怨，遂发病，以病笃求退。拜特进，加散骑常侍，还第，卒。帝手诏曰："琇与朕有先后之亲，少小之恩，历位外内，忠允茂著。不幸早薨，朕甚悼之。其追赠辅国大将军、开府仪同三司，赐东园秘器，朝服一袭，钱三十万，布百匹。"谥曰威。

王恂，字良夫，文明皇后之弟也。父肃，魏兰陵侯。恂文义通博，在朝忠正，累迁河南尹，建立二学，崇明《五经》，鬲令袁毅尝馈以骏马，恂不受。及毅败，受货者皆被废黜焉。

魏氏给公卿已下租牛客户数各有差。自后小人惮役，多乐为之，贵势之门动有百数。又太原诸部亦以匈奴胡人为田客，多者数千。武帝践位，诏禁募客，恂明峻其防，所部莫敢犯者。

咸宁四年卒，赠车骑将军。恂弟虔、恺。

虔，字恭祖。以功干见称，累迁卫尉，封安寿亭侯，拜平东将军、假节、监青州诸军事。征为光禄勋，转尚书，卒。

子士文嗣，历右卫将军、南中郎将，镇许昌，为刘聪所害。

恺，字君夫。少有才力，历位清显，虽无细行，有在公之称。以讨杨骏勋，封山都县公，邑千八百户。迁龙骧将军，领骁骑将军，加散骑常侍，寻坐事免官。起为射声校尉，久之，转后将军。恺既世族国戚，性复豪侈，用赤石脂泥壁。石崇与恺将为鸩毒之事，司隶校尉傅祇劾之，有司皆论正重罪，诏特原之。由是众人金畏恺，故敢肆其意，所欲之事无所顾惮焉。及卒，谥曰丑。

杨文宗，武元皇后父也。其先事汉，四世为三公。文宗为魏通事郎，袭封茦亭侯。早卒，以后父，追赠车骑将军，谥曰穆。

羊玄之，惠皇后父，尚书右仆射瑾之子也。玄之初为尚书郎，以后父，拜光禄大夫、特进、散骑常侍，更封兴晋侯。迁尚书右仆射，加侍中，进爵为公。成都王颖之攻长沙王乂也，以讨玄之为名，遂忧惧而卒。追赠车骑将军、开府仪同三司。

虞豫，元敬皇后父也。少有美称，州郡礼辟，并不就。拜南阳王文学。早卒。明帝即位，追赠散骑常侍、骠骑大将军、开府仪同三司、平山县侯。子胤嗣。

胤，敬后弟也。初拜散骑常侍，迁步兵校尉。太宁末，追赠豫官，以胤袭侯爵，转右卫将军。与南顿王宗俱为明帝所昵，并典禁兵。及帝不豫，宗以阴谋发觉，事连胤，帝隐忍不问，徙胤为宗正卿，加散骑常侍。咸和二年，宗伏诛，左迁胤为桂阳太守，秩中二千石。频徙琅邪、庐陵太守。

咸康元年卒，追赠卫将军，加散骑常侍。子洪袭爵。

庾琛，字子美，明穆皇后父也。兄衮，在《孝友传》。琛，永嘉初为建威将军。过江，为会稽太守，征为丞相军咨祭酒。卒官，以后父追赠左将军，妻母丘氏追封乡君，子亮陈先志不受。咸和中，成帝又下诏追赠琛骠骑将军、仪同三司，亮又辞焉。亮在列传。

杜乂，字弘理，成恭皇后父，镇南将军预孙，尚书左丞锡之子也。性纯和，美姿容，有盛名于江左。王羲之见而目之曰："肤若凝脂，眼如点漆，此神仙人也。"桓彝亦曰："卫璋神清，杜乂形清。"袭封当阳侯，辟公府掾，为丹阳丞。早卒，无男，生后而乂终，妻裴氏鬐居养后，以礼自防，甚有德音。咸康初，追赠金紫光禄大夫，谥曰穆。封裴氏为高安乡君，邑五百户。至孝武帝时，崇进为广德县君。裴氏寿考，百姓号曰"杜姥"。初，司徒蔡谟甚器重乂，尝言于朝曰："恨诸君不见杜乂也。"其为名流所重如此。

褚裒，字季野，康献皇后父也。祖䂮，有局量，以干用称。尝为县吏，事有不合，令欲鞭之，䂮曰："物各有所施，樗栎之材，不合以为藩落也，愿明府垂察。"乃舍之。家贫，辞史。年垂五十，镇南将军羊祜与䂮有旧，言于武帝，始被升用，官至安东将军。父洽，武昌太守。

裒少有简贵之风，与京兆杜乂俱有盛名，冠于中兴。谯国桓彝见而目之曰："季野有皮里春秋。"言其外无臧否，而内有所褒贬也。

谢安亦雅重之,恒云:"裒虽不言,而四时之气亦备矣。"

初辟西阳王羕、吴王文学。苏峻之构逆也,车骑将军郗鉴以裒为参军。峻平,以功封都乡亭侯,稍迁司徒从事中郎,除给事黄门侍郎。康帝为琅邪王时,将纳妃,妙选素望,诏娉裒女为妃,于是出为豫章太守。及康帝即位,征拜侍中,迁尚书。以后父,若求外出,除建威将军、江州刺史,镇平洲。在官清约,虽居方伯,恒使私童樵采。顷之,征为卫将军,领中书令。裒以中书铨管诏命,不宜以姻戚居之,固让,诏以为左将军、兖州刺史、都督兖州徐州之琅邪诸军事、假节,镇金城,又领琅邪内史。

初,裒总角诣庾亮,亮使郭璞筮之。卦成,璞骇然,亮曰:"有不祥乎?"璞曰:"此非人臣卦,不知此年少何以乃表斯祥?二十年外,吾言方验。"及此二十九年而康献皇太后临朝,有司以裒皇太后父,议加不臣之礼,拜侍中、卫将军、录尚书事,持节、都督、刺史如故。裒以近戚,惧获讥嫌,上疏固请居藩,曰:"臣以虚鄙,才不周用,过蒙国恩,累忝非据。无劳受宠,负愧实深,岂可复加殊特之命,显号重叠!臣有何勋可以克堪?何颜可以冒进?委身圣世,岂复遗力!实惧颠坠,所误者大。今王略未振,万机至殷,陛下宜委诚宰辅,一遵先帝任贤之道,虚己受成,坦平心于天下,无疑内示私亲之举,朝野失望,所损岂少!"于是改授都督徐兖青扬州之晋陵吴国诸军事、卫将军、徐兖二州刺史、假节,镇京口。

永和初,复征裒,将以为扬州、录尚书事。吏部尚书刘遐说裒曰:"会稽王令德,国之周公也,足下宜以大政付之。"裒长史王胡之亦劝焉,于是固辞归藩,朝野咸欢服之。进号征北大将军、开府仪同三司,固辞开府。裒又以政道在于得才,宜委贤任能,升敬旧齿,乃荐前光禄大夫顾和、侍中殷浩。疏奏,即以和为尚书令,浩为扬州刺史。

及石季龙死,裒上表请伐之,即日戒严,直指泗口。朝议以裒事任贵重,不宜深入,可先遣偏师。裒重陈前所遣前锋督护王颐之等径造彭城,示成威信,后遣督护麋嶷进军下邳,贼即奔溃,嶷率所领据其城池,今宜速发,以成声势,于是除征讨大都督青、扬、徐、兖、豫五州诸军事。衷率众三万径进彭城,河朔士庶归降者日以千计,衷抚纳之,甚得其欢心。先遣督护徐龛伐沛,获伪相支重,郡中二千余人归降。鲁郡山有五百余家,亦建义请援,衷遣龛领锐卒三千迎之。龛违衷节度,军次代陂,为石遵将李菟所败,死伤太半,龛执节不挠,为贼所害。衷以《春秋》责帅,授任失所,威略亏损,上疏自贬,以征北将军行事,求留镇广陵。诏以偏帅之责,不应引咎,逋寇未殄,方镇任重,不宜贬降,使还镇京口,解征讨都督。

时石季龙新死,其国大乱,遗户二十万口渡河,将归顺,乞师救援。会衷已旋,威势不接,莫能自拔,皆为慕容皝及符健之众所掠,死亡咸尽。衷以远图不就,忧慨发病。及至京口,闻哭声甚众,衷问:"何哭之多?"左右曰:"代陂之役也。"衷益惭恨。

永和五年卒,年四十七,远近嗟悼,吏士哀慕之。赠侍中、太傅,本官如故,谥曰元穆。

子歆,字幼安,以学行知名,历散骑常侍、秘书监。

何准,字幼道,穆章皇后父也。高尚寡欲,弱冠知名,州府交辟,并不就。兄充为骠骑将军,劝其令仕,准曰:"第五之名何减骠骑?"准兄弟中第五,故有此言。充居宰辅之重,权倾一时,而准散带衡门,不及人事,唯诵佛经,修营塔庙而已。征拜散骑郎,不起。年四十七卒。升平元年,追赠金紫光禄大夫,封晋兴县侯。子惔以父素行高洁,表让不受。三子:放、惔、澄。

放继充。

惔官至南康太守,早卒。惔子元度,西阳太守;次叔度,太常卿、尚书。

澄,字季玄。起家秘书郎,转丞,清正有器望,累迁秘书监、太常、中护军。孝武帝深爱之,以为冠军将军、吴国内史。太元末,琅邪王出居外第,妙选师傅,征拜尚书,领琅邪王师。安帝即位,迁尚书左仆射,典选、王师如故。时澄以脚疾,固让,特听不朝,坐家视事。又领本州大中正。及桓玄执政，以疾奏免，卒于家。安帝反正，追赠金紫光禄大夫。

长子藉，早卒。次子融，元熙中，为大司农。

王濛，字仲祖，哀靖皇后父也。曾祖黯，历位尚书。祖佑，北军中侯。父纳，新淦令。濛少时放纵不羁，不为乡曲所齿，晚节始克己励行，有风流美誉，虚己应物，恕而后行，莫不敬爱焉。事诸母甚谨，奉禄资产，常推厚居薄，喜愠不形于色，不修小洁，而以清约见称。善隶书。美姿容，尝览镜自照，称其父字曰："王文开生如此儿邪！"居贫，帽败，自入市买之，妪悦其貌，遗以新帽，时人以为达。与沛国刘惔齐名友善，惔常称濛性至通，而自然有节，濛每云："刘君知我，胜我自知。"时人以惔方荀奉倩，濛比袁曜卿，凡称风流者，举濛、惔为宗焉。

司徒王导辟为掾。导复引匡术弟孝，濛致笺于导曰："开国承家，小人勿用。杖德义以尹天下，方将澄清彝伦，崇重名器。夫军国殊用，文武异容，岂可令泾渭混流，亏清穆之风，以允答具瞻，仪形海内！"导不答。后出补长山令，复为司徒左西属。濛以此职有谴则应受杖，固辞。诏为停罚，犹不就。徙中书郎。

简文帝之为会稽王也，尝与孙绰商略诸风流人，绰言曰："刘惔清蔚简令，王濛温润恬和，桓温高爽迈出，谢尚清易令达，而濛性和畅，能言理，辞简而有会。"及简文帝辅政，益贵幸之，与刘惔号为入室之宾。转司徒左长史。晚求为东阳，不许。及濛病，乃恨不用之。濛闻之，曰："人言会稽王痴，竟痴也！"疾渐笃，于灯下转麈尾视之，叹曰："如此人曾不得四十也！"年三十九卒。临殡，刘惔以犀杷麈尾置棺中，因恸绝久之。谢安亦常称美濛云："王长史语甚不多，可谓有令音。"有二子：修、蕴。

修，字敬仁，小字荀子。明秀有美称，善隶书，号曰"流奕清举"。年十二，作《贤全论》。濛以示刘惔曰："敬仁此论，便足以参微言。"起家著作郎、琅邪王文学，转中军司马，未拜而卒，年二十四。临终，叹曰:"无愧古人,年与之齐矣。"

王遐,字桓子,简顺皇后父,骠骑将军述之从叔也。少以华族,仕至光禄勋。宁康初,追赠特进、光禄大夫,加散骑常侍,谥曰靖。

长子恪,领军将军。恪子欣之,豫章太守,秩中二千石。欣之弟欢之,广州刺史。

遐少子臻,崇德卫尉。

王蕴,字叔仁,孝武定皇后父,司徒左长史濛之子也。起家佐著作郎,累迁尚书吏部郎。性平和,不抑寒素,每一官缺,求者十辈,蕴无所是非。时简文帝为会稽王,辅政,蕴辄连状白之,曰:"某人有地,某人有才。"务存进达,各随其方,故不得者无怨焉。补吴兴太守,甚有德政。属郡荒人饥,辄开仓赡恤。主簿执谏,请先列表上待报,蕴曰:"今百姓嗷然,路有饥馑,若表上须报,何以救将死之命乎?!专辄之愆,罪在太守,且行仁义而败,无所恨也。"于是大振贷之,赖蕴全者十七八焉。朝廷以违科免蕴官,士庶诣阙讼之,诏特左降晋陵太守。复有惠化,百姓歌之。

定后立,以后父,迁光禄大夫,领五兵尚书、本州大中正,封建昌县侯。蕴以恩泽赐爵,非三代令典,固辞不受。朝廷敦劝,终不肯拜,乃授都督京口诸军事、左将军、徐州刺史、假节,复固让。谢安谓蕴曰:"卿居后父之重,不应妄自菲薄,以亏时遇,宜依褚公故事,但令在贵权于事不事耳。可暂临此任,以纾国姻之重。"于是乃受命,镇于京口。顷之,征拜尚书左仆射,将军如故,迁丹阳尹,即本军号加散骑常侍。蕴以姻戚,不欲在内,苦求外出,复以为都督浙江东五郡、镇军将军、会稽内史,常侍如故。

蕴素嗜酒,末年尤甚。及在会稽,略少醒日,然犹以和简为百姓所悦。时王悦来拜墓,蕴子恭往省之,素相善,遂留十余日方还。蕴问其故,恭曰:"与阿太语,蝉连不得归。"蕴曰:"恐阿太非尔之友。"阿太,悦小字也。后竟乖初好,时以为知人。太元九年卒,年五十五,追赠左光禄大夫、开府仪同三司。

　　长子华，早卒。次恭，在列传。

　　恭弟爽，字季明，强正有志力，历给事黄门侍郎、侍中。孝武帝崩，王国宝夜欲开门入为遗诏，爽距之，曰："大行晏驾，皇太子未至，敢入者斩！"乃止。

　　爽尝与会稽王道子饮，道子醉呼爽为小子，爽曰："亡祖长史与简文皇帝为布衣之交，亡姑、亡姊伉俪二宫，何小子之有！"及国宝执权，免爽官。后兄恭再起事，并以爽为宁朔将军，参预军事。恭败，被诛。

　　褚爽，字弘茂，小字期生，恭思皇后父也。祖裒，父歆。爽少有令称，谢安甚重之，尝曰："若期生不佳，我不复论士矣。"为义兴太守，早卒，以后父，追赠金紫光禄大夫。爽子秀之、炎之、喻之，义熙中，并历大官。

　　史臣曰：羊琇托肺腑之亲，处多闻之益，遭逢潜跃之际，预参经始之谋，故得缱绻恩私，便蕃任遇。凭宠灵而逞欲，恃势位而骄陵，屡犯宪章，频干国纪，幸逢宽政，得免刑书。王恺地即渭阳，家承世禄，曾弗闻于恭俭，但崇纵于奢淫，竞爽于季伦，争先于武子，既尘清论，有斁王猷，虽复议行易名，未足惩恶劝善。弘理仪形外朗，季野神鉴内融，仲祖温润风流，幼道清虚寡欲，皆擅名江表，见重当时。岂惟后族之英华，抑亦缙绅之令望者也。

　　赞曰：托属丹掖，承辉紫宸。地既权宠，任惟执钧。约乃寡失，骄则陵人。覆车遗戒，谅足书绅。

晋书卷九四
列传第六四

# 隐　逸

孙登　董京　夏统　朱冲　范粲
　子乔　鲁胜　董养　霍原　郭琦
伍朝　鲁褒　氾腾　任旭　郭文
龚壮　孟陋　韩绩　谯秀　翟汤
　子庄　郭翻　辛谧　刘驎之　索袭
杨轲　公孙凤　公孙永　张忠
石坦　宋纤　郭荷　郭瑀　祈嘉
瞿硎　谢敷　戴逵　龚玄之　陶淡
陶潜

　　若夫穹昊垂景，少微以瞩其次；《文》、《系》探幽，贞遁以成其
象。故有避于言色，其道闻乎孔公；骄乎富贵，厥义详于孙子。是以
处柔伊存，有生之恒性；在盈斯害，惟神之常道。古先智士体其若
兹，介焉超俗，浩然养素，藏声江海之上，卷迹嚣氛之表，漱流而激
其清，寝巢而韬其耀，良画以符其志，绝机以虚其心。玉辉冰洁，川
亭岳峙，修至乐之道，固无疆之休，长往邈而不追，安排肎而无闷，

修身自保,悔吝弗生,诗人《考槃》之歌,抑在兹矣。至于体天作制之后,讼息刑清之时,尚乃仄席幽贞以康神化,征聘之礼,贲于岩穴;玉帛之赟,委于窀衡。故《月令》曰"季春之月聘名士,礼贤者",斯之谓欤!

自典午运开,旁求隐逸,谯元彦之杜绝人事,江思悛之啸咏林薮,峻其贞白之轨,成其出尘之迹,虽不应其嘉招,亦足激其贪竞。今美其高尚之德,缀集于篇。

孙登,字公和,汲郡共人也。无家属,于郡北山为土窟居之,夏则编草为裳,冬则被发自覆。好读《易》,抚一弦琴,见者皆亲乐之。性无恚怒,人或投诸水中,欲观其怒,登既出,便大笑。时时游人间,所经家或设衣食者,一无所受,辞去皆舍弃。尝住宜阳山,有作炭人见之,知非常人,与语,登亦不应。

文帝闻之,使阮籍往观,既见,与语,亦不应。嵇康又从之游三年,问其所图,终不答,康每叹息。将别,谓曰:"先生竟无言乎?"登乃曰:"子识火乎?火生而有光,而不用其光,果在于用光。人生而有才,而不用其才,而果在于用才。故用光在乎得薪,所以保其耀;用才在乎识真,所以全其年。今子才多识寡,难乎免于今之世矣!子无求乎?"康不能用,果遭非命,乃作《幽愤诗》曰:昔惭柳下,今愧孙登。"或谓登以魏、晋去就,易生嫌疑,故或嘿者也。竟不知所终。

董京,字威辇,不知何郡人也。初为陇西计吏俱至洛阳,被发而行,逍遥吟咏,常宿白社中。时乞于市,得残碎缯絮,结以自覆,全帛佳绵,则不肯受。或见推排骂辱,曾无怒色。

孙楚时为著作郎,数就社中与语,遂载与俱归,京不肯坐。楚乃贻之书,劝以今尧舜之世,胡为怀道迷邦。京答之以诗曰:"周道衰兮颂声没,夏政衰兮五常汨。便便君子,顾望而逝,洋洋乎满目,而作者七。岂不乐天地之化也?哀哉乎时之不可与,对之以独处。无娱我以为欢,清流可饮,至道可餐,何为栖栖,自使疲单?鱼悬兽槛,鄙夫知之。夫古之至人，藏器于灵，缊袍不能令暖，轩冕不能令荣；动如川之流，静如川之渟。鹦鹉能言，泗滨浮磬，众人所玩，岂合物情！玄鸟纤幕，而不被害？鸱隼远巢，咸以欲死。眄彼梁鱼，逡巡倒尾，沉吟不决，忽焉失水。嗟乎！鱼鸟相与，万世而不悟；以我观之，乃明其故。焉知不有达人，深穆其度，亦将窥我，卑顾而去。万物皆贱，惟人为贵，动以九州为狭，静以环堵为大。"

后数年，遁去，莫知所之，于其所寝处惟有一石竹子及诗二篇。其一曰："乾道刚简，坤体敦密，茫茫太素，是则是述。末世流奔，以文代质，悠悠世目，孰知其实！逝将去此至虚，归我自然之室。"又曰："孔子不遇，时彼感麟。麟乎麟！胡不遁世以存真？"

夏统，字仲御，会稽永兴人也。幼孤贫，养亲以孝闻，睦于兄弟，每采稆求食，星行夜归，或至海边，拘蝘蜓以资养。雅善谈论。宗族劝之仕，谓之曰："卿清亮质直，可作郡纲纪，与府朝接，自当显至，如何甘辛苦于山林，毕性命于海滨也！"统悖然作色曰："诸君待我乃至此乎！使统属太平之时，当与元凯评议出处；遇浊代，念与屈生同污共泥；若污隆之间，自当耦耕沮溺，岂有辱身曲意于郡府之间乎！闻君之谈，不觉寒毛尽戴，白汗四布，颜如渥丹，心热如炭，舌缩口张，两耳壁塞也。"言者大惭。统自此遂不与宗族相见。

会母疾，统侍医药，宗亲因得见之。其从父敬宁祠先人，迎女巫章丹、陈珠二人，并有国色，庄服甚丽，善歌舞，又能隐形匿影。甲夜之初，撞钟击鼓，间以丝竹，丹、珠乃拔刀破舌，吞刀吐火，云雾杳冥，流光电发。统诸从兄弟欲往观之，难统，于是共绐之曰："从父间疾病得瘳，大小以为喜庆，欲因其祭祀，并往贺之，卿可俱行乎？"统从之。入门，忽见丹、珠在中庭，轻步徊舞，灵谈鬼笑，飞触挑拌，酬酢翩翩。统惊愕而走，不由门，破藩直出。归责诸人曰："昔淫乱之俗兴，卫文公为之悲惋；蜮蛴之气见，君子尚不敢指；季桓纳齐女，仲尼载驰而退；子路见夏南，愤恚而慷忾。吾常恨不得顿叔向之头，陷华父之眼。奈何诸君迎此妖物，夜与游戏，放傲逸之情，纵奢淫之行,乱男女之礼,破贞高之节,何也?"遂隐床上,被发而卧,不复言。众亲踧踖,即退遣丹、珠,各各分散。

后其母病笃,乃诣洛市药。会三月上巳,洛中王公已下并至浮桥,士女骈填,车服烛路。统时在船中曝所市药,诸贵人车乘来者如云,统并不之顾。太尉贾充怪而问之,统初不应,重问,乃徐答曰:"会稽夏仲御也。"充使问其土地风俗,统曰:"其人循循,犹有大禹之遗风,太伯之义让,严遵之抗志,黄公之高节。"又问:"卿居海滨,颇能随水戏乎?"答曰:"可。"统乃操柂正橹,折旋中流,初作鲻鲷跃,后作鲋鲟引,飞鹢首,掇兽尾,奋长梢而船直逝者三焉。于是风波振骇,云雾杳冥,俄而白鱼跳入船者有八九。观者皆悚遽,充心尤异之,乃更就船与语,其应如响,欲使之仕,即俯而不答。充又谓曰:"昔尧亦歌,舜亦歌,子与人歌而善,必反而后和之,明先圣前哲无不尽歌。卿颇能作卿土地间曲乎?"统曰:"先公惟寓稽山,朝会万国,授化鄙邦,崩殂而葬。恩泽云布,圣化犹存,百姓感咏,遂作《慕歌》。又孝女曹娥,年甫十四,贞顺之德过越梁、宋,其父堕江不得尸,娥仰天哀号,中流悲叹,便投水而死,父子丧尸,后乃俱出,国人哀其孝义,为歌《河女》之章。伍子胥谏吴王,言不纳用,见戮投海,国人痛其忠烈,为作《小海唱》。今欲歌之。"众人佥曰:"善。"统于是以足叩船,引声喉啭,清激慷慨,大风应至,含水嗽天,云雨响集,叱咤欢呼,雷电昼冥,集气长啸,沙尘烟起。王公已下皆恐,止之乃已。诸人顾相谓曰:"若不游洛水,安见是人!听《慕歌》之声,便仿佛见大禹之容。闻《河女》之音,不觉涕泪交流,即谓伯姬高行在目前也。聆《小海》之唱,谓子胥、屈平立吾左右矣。"充欲耀以文武卤簿,觊其来观,因而谢之,遂命建朱旗,举幡校,分羽骑为队,军伍肃然。须臾,鼓吹乱作,胡葭长鸣,车乘纷错,纵横驰道,又使妓女之徒服袿襡,炫金翠,绕其船三匝。统危坐如故,若无所闻。充等各散曰:"此吴儿是木人石心也。"统归会稽,竟不知所终。

朱冲,字巨容,南安人也。少有至行,闲静寡欲,好学而贫,常以耕艺为事。邻人失犊，认冲犊以归，后得犊于林下，大惭，以犊还冲，冲竟不受。有牛犯其禾稼，冲屡持刍送牛而无恨色。主愧之，乃不复为暴。

咸宁四年，诏补博士，冲称疾不应。寻又诏曰：“东宫官属亦宜得履蹈至行、敦悦典籍者，其以冲为太子右庶子。”冲每闻征书至，辄逃入深山，时人以为梁、管之流。冲居近夷俗，羌戎奉之若君，冲亦以礼让为训，邑里化之，路不拾遗，村无凶人，毒虫猛兽皆不为害。卒以寿终。

范粲，字承明，陈留外黄人，汉莱芜长丹之孙也。粲高亮贞正，有丹风，而博涉强记，学皆可师，远近请益者甚众。性不矜庄，而见之皆肃如也。魏时州府交辟，皆无所就。久之，乃应命为治中，转别驾，辟太尉掾、尚书郎，出为征西司马，所历职皆有声称。

及宣帝辅政，选武威太守。到郡，选良吏，立学校，劝农桑。是时戎夷颇侵疆场，粲明设防备，敌不敢犯，西域流通，无烽燧之警。又郡壤富实，珍玩充积，粲检制之，息其华侈。以母老罢官。郡既接近寇戎，粲以重镇去职，朝廷尤之，左迁乐涫令。

顷之，转太宰从事中郎。遭母忧，以至孝称。服阕，复为太宰中郎。齐王芳被废，迁于金墉城，粲素服拜送，哀恸左右。时景帝辅政，召群官会议，粲又不到，朝廷以其时望，优容之。粲又称疾，阖门不出。于是特诏为侍中，持节使于雍州。粲因阳狂不言，寝所乘车，足不履地。子孙恒侍左右，至有婚宦大事，辄密咨焉。合者则色无变，不合则眠寝不安，妻子以此知其旨。

武帝践阼，泰始中，粲同郡孙和时为太子中庶子，表荐粲，称其操行高洁，久婴疾病，可使郡县舆致京师，加以圣恩，赐其医药，若遂瘳除，必有益于政。乃诏郡县给医药，又以二千石禄养病，岁以为常，加赐帛百匹。子乔以父疾笃，辞不敢受，诏不许。以太康六年卒，时年八十四，不言三十六载，终于所寝之车。

长子乔，字伯孙。年二岁时，祖馨临终，抚乔首曰：“恨不见汝成人!"因以所用砚与之。至五岁，祖母以告乔，乔便执砚涕泣。九岁讲学，在同辈之中，言无媟辞。弱冠，受业于乐安蒋国明。济阴刘公荣有知人之鉴，见乔，深相器重。友人刘彦秋，夙有声誉，尝谓人曰："范伯孙体应纯和，理思周密，吾每欲错其一事而终不能。"光禄大夫李铨尝论扬雄才学优于刘向，乔以为向定一代之书，正群籍之篇，使雄当之，故非所长，遂著《刘杨优劣论》，文多不载。

乔好学不倦。父粲阳狂不言，乔与二弟并弃学业，绝人事，侍疾家庭，至粲没，足不出邑里。司隶校尉刘毅尝抗论于朝廷曰："使范武威疾若不笃，是为伯夷、叔齐复存于今。如其疾笃，益是圣主所宜哀矜。其子久侍父疾，名德著茂，不加叙用，深为朝廷惜遗贤之讥也。"元康中，诏求廉让冲退履道寒素者，不计资，以参选叙。尚书郎王琨乃荐乔曰："乔禀德真粹，立操高洁，儒学精深，含章内奥，安贫乐道，栖志穷巷，箪瓢咏业，长而弥坚，诚当今之寒素，著厉俗之清彦。"时张华领司徒，天下所举凡十七人，于乔特发优论。又吏部郎郗隆亦思求海内幽遁之士，乔供养衡门，至于白首，于是除乐安令。辞疾不拜。乔凡一举孝廉，八荐公府，再举清白异行，又举寒素，一无所就。

初，乔邑人腊夕盗斫其树，人有告者，乔阳不闻，邑人愧而归之。乔往喻曰："卿节日取柴，欲与父母相欢娱耳，何以愧为!"其通物善导，皆此类也。外黄令高颙叹曰："诸士大夫未有不及私者，而范伯孙恂恂率道，名讳未尝经于官曹，士之贵异，于今而见。大道废而有仁义，信矣!"其行身不秽，为物所叹服如此。以元康八年卒，年七十八。

鲁胜，字叔时，代郡人也。少有才操，为佐著作郎。元康初，迁建康令。到官，著《正天论》云："以冬至之后立晷测影，准度日月星。臣按日月裁径百里，无千里；星十里，不百里。"遂表上，求下群公卿士考论。"若臣言合理，当得改先代之失，而正天地之纪。如无据验，甘即刑戮，以彰虚妄之罪"。事遂不报。尝岁日望气，知将来多故，便称疾去官。中书令张华遣子劝其更仕,再征博士,举中书郎,皆不就。

其著述为世所称,遭乱遗失,惟注《墨辩》,存其叙曰:

名者所以别同异,明是非,道义之门,政化之准绳也。孔子曰:"必也正名,名不正则事不成。"墨子著书,作《辩经》以立名本,惠施、公孙龙祖述其学,以正刑名显于世。孟子非墨子,其辩言正辞则与墨同。荀卿、庄周等,皆非毁名家,而不能易其论。

名必有形,察莫如别色,故有坚白之辩。名必有分明,分明莫如有无,故有无序之辩。是有不是,可有不可,是名两可。同而有异,异而有同,是之谓辩同异。至同无不同,至异无不异,是谓辩同辩异。同异生是非,是非生吉凶,取辩于一物而原极天下之污隆,名之至也。

自邓析至秦时名家者,世有篇籍,率颇难知,后学莫复传习,于今五百余岁,遂亡绝。《墨辩》有上、下《经》,《经》各有《说》,凡四篇,与其书众篇连第,故独存。今引说就经,各附其章,疑者阙之。又采诸众杂集为《刑》、《名》二篇,略解指归,以俟君子。其或兴微继绝者,亦有乐乎此也!

董养,字仲道,陈留浚仪人也。泰初,到洛下,不干禄求荣。及杨后废,养因游太学,升堂叹曰:"建斯堂也,将何为乎?每览国家赦书,谋反大逆皆赦,至于杀祖父母、父母不赦者,以为王法所不容也。奈何公卿处议,文饰礼典,以至此乎!天人之理既灭,大乱作矣。"因著《无化论》以非之。

永嘉中,洛城东北步广里中地陷,有二鹅出焉,其苍者飞去,白者不能飞。养闻,叹曰:"昔周时所盟会狄泉,即此地也。今有二鹅,苍者胡象,白者国家之象,其可尽言乎!"顾谓谢鲲、阮孚曰:"《易》称'知几其神乎',君等可深藏矣。"乃与妻荷檐入蜀,莫知所终。

霍原,字休明,燕国广阳人也。少有志力,叔父坐法当死,原入狱讼之,楚毒备加,终免叔父。年十八,观太学行礼,因留习之。贵游子弟闻而重之,欲与相见,以其名微,不欲昼往,乃夜共造焉。父友同郡刘岱将举之,未果而病笃,临终,敕其子沈曰:"霍原慕道清虚,方成奇器,汝后必荐之。"后归乡里。高阳许猛素服其名,会为幽州刺史,将诣之,主簿当车谏不可出界,猛叹恨而止。

原山居积年,门徒百数,燕王月致羊酒。及刘沈为国大中正,元康中,进原为二品,司徒不过,沈乃上表理之。诏下司徒参论,中书监张华令陈准奏为上品,诏可。元康末,原与王褒等俱以贤良征,累下州郡,以礼发遣,皆不到。后王浚称制谋僭,使人问之,原不答,浚心衔之。又有辽东囚徒三百余人,依山为贼,意欲劫原为主事,亦未行。时有谣曰:"天子在何许?近在豆田中。"浚以豆为霍,收原斩之,悬其首。诸生悲哭,夜窃尸共埋殡之。远近骇愕,莫不冤痛之。

郭琦,字公伟,太原晋阳人也。少方直,有雅量,博学,善五行,作《天文志》、《五行传》,《注谷梁》、《京氏易》百卷。乡人王游等皆就琦学。武帝欲以琦为佐著作郎,问琦族人尚书郭彰。彰素疾琦,答云:"不识。"帝曰:"若如卿言,乌丸家儿能事卿,即堪为郎矣。"遂决意用之。及赵王伦篡位,又欲用琦,琦曰:"我已为武帝史,不容复为今世吏。"终身处于家。

伍朝,字世明,武陵汉寿人也。少有雅操,闲居乐道,不修世事。性好学,以博士征,不就。刺史刘弘荐朝为零陵太守,主者以非选例,不听。尚书郎胡济奏曰:"臣以为,当今资丧乱之余运,承百王之遗弊。进趋者,乘国故以侥幸,守道者,怀蕴椟以终身,故令敦褒之化亏,退让之风薄。按朝游心物外,不屑时务,守静衡门,志道日新,年过耳顺而所尚无亏,诚江南之奇才,丘园之逸老也。不加饰进,何以劝善!且白衣为郡,前汉有旧,宜听光显,以奖风尚。"奏可,而朝不就。终于家。

鲁褒，字元道，南阳人也。好学多闻，以贫素自立。元康之后，纲纪大坏，褒伤时之贪鄙，乃隐姓名，而著《钱神论》以刺之。其略曰：

钱之为体，有乾坤之象，内则其方，外则其圆。其积如山，其流如川。动静有时，行藏有节，市井便易，不患耗折。难折象寿，不匮象道，故能长久，为世神宝。亲之如兄，字曰“孔方”，失之则贫弱，得之则富昌。无翼而飞，无足而走，解严毅之颜，开难发之口。钱多者处前，钱少者居后。处前者为君长，在后者为臣仆。君长者丰衍而有余，臣仆者穷竭而不足。《诗》云：“哿矣富人，哀此茕独。”

钱之为言泉也，无远不往，无幽不至。京邑衣冠，疲劳讲肆，厌闻清谈，对之睡寐，见我家兄，莫不惊视。钱之所佑，吉无不利，何必读书，然后富贵！昔吕公欣悦于空版，汉祖克之于嬴二，文君解布裳而被锦绣，相如乘高盖而解犊鼻，官尊名显，皆钱所致。空版至虚，而况有实；嬴二虽少，以致亲密。由此论之，谓为神物。无德而尊，无势而热，排金门而入紫闼。危可使安，死可使活，贵可使贱，生可使杀。是故忿争非钱不胜，幽滞非钱不拔，怨仇非钱不解，令问非钱不发。

洛中朱衣，当途之士，爱我家兄，皆无已已。执我之手，抱我终始，不计优劣，不论年纪，宾客辐辏，门常如市。谚曰：“钱无耳，可使鬼。”凡今之人，惟钱而已。故曰军无财，士不来；军无赏，士不往。仕无中人，不如归田。虽有中人，而无家兄，不异无翼而欲飞，无足而欲行。

盖疾时者共传其文。褒不仕，莫知其所终。

氾腾，字无忌，敦煌人也。举孝廉，除郎中。属天下兵乱，去官还家。太守张阆造之，闭门不见，礼遗一无所受。叹曰：“生于乱世，贵而能贫，乃可以免。”散家财五十万，以施宗族，柴门灌园，琴书自适。张轨征之为府司马，腾曰："门一杜，其可开乎！"固辞。病两月余而卒。

任旭，字次龙，临海章安人也。父访，吴南海太守。旭幼孤弱，儿童时勤于学。及长，立操清修，不染流俗，乡曲推而爱之。郡将蒋秀嘉其名，请为功曹。秀居官贪秽，每不奉法，旭正色苦谏。秀既不纳，旭谢去，闭门讲习，养志而已。久之，秀坐事被收，旭狼狈营送，秀慨然叹曰："任功曹，真人也。吾违其谠言，以至于此，复何言哉！"寻察孝廉，除郎中，州郡仍举为郡中正，固辞归家。

永康初，惠帝博清节俊异之士，太守仇馥荐旭清贞洁素，学识通博。诏下州郡以礼发遣。旭以朝廷多故，志尚隐遁，辞疾不行。寻天下大乱，陈敏作逆，江东名豪并见羁縻，惟旭与贺循守死不回。敏卒不能屈。

元帝初镇江东，闻其名，召为参军，手书与旭，欲使必到，旭固辞以疾。后帝进位镇东大将军，复召之；及为丞相，辟为祭酒，并不就。中兴建，公车征，会遭母忧。于时司空王导启立学校，选天下明经之士，旭与会稽虞喜俱以隐学被召。事未行，会有王敦之难，寻而帝崩，事遂寝。

明帝即位，又征拜给事中，旭称疾笃，经年不到，尚书以稽留除名，仆射荀崧议以为不可。太宁末，明帝复下诏备礼征旭，始下而帝崩。咸和二年卒，太守冯怀上疏谓宜赠九列，值苏峻作乱，事竟不行。

子琚，位至大宗正，终于家。

郭文，字文举，河内轵人也。少爱山水，尚嘉遁。年十三，每游山林，弥旬忘反。父母终，服毕，不娶，辞家游名山，历华阴之崖，以观石室之石函。

洛阳陷，乃步担入吴兴余杭大辟山中穷谷无人之地，倚木于树，苫覆其上而居焉，亦无壁障。时猛兽为暴，入屋害人，而文独宿十余年,卒无患害。恒着鹿裘葛巾,不饮酒食肉,区种菽麦,采竹叶木实,贸盐以自供。人或酬下价者,亦即与之。后人识文,不复贱酬。食有余谷,辄恤穷匮。人有致遗,取其粗者,示不逆而已。有猛兽杀大麋鹿于庵侧,文以语人,人取卖之,分钱与文。文曰:"我若须此,自当卖之。所以相语,正以不须故也。"闻者皆嗟叹之。尝有猛兽忽张口向文,文视其口中有横骨,乃以手探去之,猛兽明旦致一鹿于其室前。猎者时往寄宿,夜文为担手汲水而无倦色。

余杭令顾飐与葛洪共造之,而携与俱归。飐以文山行或须皮衣,赠以韦裤褶一具,文不纳,辞归山中。飐追遣使者置衣室中而去,文亦无言,韦衣乃至烂于户内,竟不服用。

王导闻其名,遣人迎之,文不肯就船车,荷担徒行。既至,导置之西园,园中果木成林,又有鸟兽麋鹿,因以居文焉。于是朝士咸共观之,文颓然踑踞,傍若无人。温峤尝问文曰:"人皆有六亲相娱,先生弃之何乐?"文曰:"本行学道,不谓遭世乱,欲归无路,是以来也。"又问曰:"饥而思食,壮而思室,自然之性,先生安独无情乎?"文曰:"情由忆生,不忆故无情。"又问曰:"先生独处穷山,若疾病遭命,则为乌鸟所食,顾不酷乎?"文曰:"藏埋者亦为蝼蚁所食,复何异乎!"又问曰:"猛兽害人,人之所畏,而先生独不畏邪?"文曰:"人无害兽之心,则兽亦不害人。"又问曰:"苟世不宁,身不得安。今将用先生以济时,若何?"文曰:"山草之人,安能佐世!"导尝众宾共集,丝竹并奏,试使呼之。文瞠眄不转,跨蹑华堂如行林野。于时坐者咸有钩深味远之言,文常称不达来语。天机铿宏,莫有窥其门者。温峤尝称曰:"文有贤人之性,而无贤人之才,柳下、梁踦之亚乎!"永昌中,大疫,文病亦殆。王导遗药,文曰:"命在天,不在药也。夭寿长短,时也。"

居导园七年,未尝出入。一旦忽求还山,导不听。后逃归临安,结庐舍于山中。临安令万宠迎至县中。及苏峻反,破余杭,而临安独全,人皆异之,以为知几。自后不复语,但举手指麾,以宣其意。病甚,求还山,欲枕石安尸,不令人殡葬,宠不听。不食二十余日,亦不瘦。宠问曰:"先生复可得几日?"文三举手,果以十五日终。宠葬之于所居之处而祭哭之,葛洪、庾阐并为作传,赞颂其美云。

龚壮,字子玮,巴西人也。洁己自守,与乡人谯秀齐名。父叔为李特所害,壮积年不除丧,力弱不能复仇。及李寿戍汉中,与李期有嫌,期,特孙也,壮欲假寿以报,乃说寿曰:"节下若能并有西土,称藩于晋,人必乐从。且舍小就大,以危易安,莫大之策也。"寿然之,遂率众讨期,果克之。寿犹袭伪号,欲官之,壮誓不仕,赂遗一无所取。会天久雨,百姓饥垫,壮上书说寿以归顺,允天心,应人望,永为国藩,福流子孙。寿省书内愧,秘而不宣。乃遣使入胡,壮又谏之,寿又不纳。壮谓百行之本莫大忠孝,既假寿杀期,私仇以雪,又欲使其归朝,以明臣节。寿既不从,壮遂称聋,又云手不制物,终身不复至成都,惟研考经典,谭思文章,至李势时卒。

初,壮每叹中夏多经学,而巴蜀鄙陋,兼遭李氏之难,无复学徒,乃著《迈德论》,文多不载。

孟陋,字少孤,武昌人也,吴司空宗之曾孙也。兄嘉,桓温征西长史。陋少而贞立,清操绝伦,布衣蔬食,以文籍自娱。口不及世事,未曾交游,时或弋钓,孤兴独往,虽家人亦不知其所之也。丧母,毁瘠殆于灭性,不饮酒食肉十有余年。亲族迭谓之曰:"少孤!谁无父母?谁有父母!圣人制礼,令贤者俯就,不肖企及。若使毁性无嗣,更为不孝也。"陋感此言,然后从吉。由是名著海内。

简文帝辅政,命为参军,称疾不起。桓温躬往造焉。或谓温曰:"孟陋高行,学为儒宗,宜引在府,以和鼎味。"温叹曰:"会稽王尚不能屈,非敢拟议也。"陋闻之曰:"桓公正当以我不往故耳。亿兆之人,无官者十居其九,岂皆高士哉!我疾病不堪恭相王之命,非敢为高也。"由是名称益重。

博学多通,长于《三礼》。注《论语》,行于世。卒以寿终。

　　韩绩,字兴齐,广陵人也。其先避乱,居于吴之嘉兴。父建,仕吴至大鸿胪。绩少好文学,以潜退为操,布衣蔬食,不交当世,由是东土并宗敬焉。司徒王导闻其名,辟以为掾,不就。咸康末,会稽内史孔愉上疏荐之,诏以安车束帛征之。尚书令诸葛恢奏绩名望犹轻,未宜备礼,于是召拜博士。称老病不起,卒于家。

　　于时高密刘鲥字长鱼、城阳邴郁字弘文,并有高名。鲥幼不慕俗,长而希古,笃学厉行,化流邦邑。郁,魏征士原之曾孙,少有原风,敕身谨洁,口不妄说,耳不妄听,端拱恂恂,举动有礼。咸康中,成帝博求异行之士,鲥、郁并被公卿荐举,于是依绩及翟汤等例,以博士征之。郁辞以疾,鲥随使者到京师,自陈年老,不拜。各以寿终。

　　谯秀,字元彦,巴西人也。祖周,以儒学著称,显明蜀朝。秀少而静默,不交于世,知天下将乱,预绝人事,虽内外宗亲,不与相见。郡察孝廉,州举秀才,皆不就。及李雄据蜀,略有巴西,雄叔父骧、骧子寿皆慕秀名,具束帛安车征之,皆不应。常冠皮弁,弊衣,躬耕山薮,龚壮常叹服焉。

　　桓温灭蜀,上疏荐之,朝廷以秀年在笃老,兼道远,故不征,遣使敕所在四时存问。寻而范贲、萧敬相继作乱,秀避难宕渠,乡里宗族依凭之者以百数。秀年出八十,众人欲代之负担,秀曰:“各有老弱,当先营护。吾气力犹足自堪,岂以垂朽之年累诸君也!”年九十余卒。

　　翟汤,字道深,寻阳人。笃行纯素,仁让廉洁,不屑世事,耕而后食,人有馈赠,虽釜庾一无所受。永嘉末,寇害相继,闻汤名德,皆不敢犯,乡人赖之。

　　司徒王导辟,不就,隐于县界南山。始安太守干宝与汤通家,遣船饷之,敕吏云:“翟公廉让,卿致书讫,便委船还。”汤无人反致,乃货易绢物,因寄还宝。宝本以为惠,而更烦之,益愧叹焉。咸康中,征西大将军庾亮上疏荐之,成帝征为国子博士,汤不起。建元初,安西将军庾翼北征石季龙，大发僮客以充戎役，敕有司特蠲汤所调。汤悉推仆使委之乡吏，吏奉旨一无所受，汤依所调限，放免其仆，使令编户为百姓。康帝复以散骑常侍征汤，固辞老疾，不至。年七十三，卒于家。

子庄，字祖休。少以孝友著名，遵汤之操，不交人物，耕而后食，语不及俗，惟以弋钓为事。及长，不复猎。或问："渔猎同是害生之事，而先生止去其一，何哉？"庄曰："猎自我，钓自物，未能顿尽，故先节其甚者。且夫贪饵吞钩，岂我哉！"时人以为知言。晚节亦不复钓，端居荜门，歠菽饮水。州府礼命，及公车征，并不就。年五十六，卒。

子矫亦有高操，屡辞辟命。矫子法赐，孝武帝以散骑郎征，亦不至。世有隐行云。

郭翻，字长翔，武昌人也。伯父讷，广州刺史。父察，安城太守。翻少有志操，辞州郡辟及贤良之举。家于临川，不交世事，惟以渔钓射猎为娱。居贫无业，欲垦荒田，先立表题，经年无主，然后乃作。稻将熟，有认之者，悉推与之。县令闻而诘之，以稻还翻，翻遂不受。尝以车猎，去家百余里，道中逢病人，以车送之，徒步而归。其渔猎所得，或从买者，便与之而不取值，亦不告姓名。由是士庶咸敬贵焉。

与翟汤俱为庾亮所荐，公车博士征，不就。咸康末，乘小船暂归武昌省坟墓，安西将军庾翼以帝舅之重，躬往造翻，欲强起之。翻曰："人性各有所短，焉可强逼！"翼又以其船小狭，欲引就大船。翻曰："使君不以鄙贱而辱临之，此固野人之舟也。"翼俯屈入其船中，终日而去。

尝坠刀于水，路人有为取者，因与之。路人不取，固辞，翻曰："尔向不取，我岂能得！"路人曰："我若取此，将为天地鬼神所责矣。"翻知其终不受，复沉刀于水。路人怅焉，乃复沉没取之。翻于是不逆其意，乃以十倍刀价与之。其廉不受惠，皆此类也。卒于家。

辛谧,字叔重,陇西狄道人也。父怡,幽州刺史,世称冠族。谧少有志尚,博学善属文,工草隶书,为时楷法。性恬静,不妄交游。召拜太子舍人、诸王文学,累征不起。永嘉末,以谧兼散骑常侍,慰抚关中。谧以洛阳将败,故应之。及长安陷没于刘聪,聪拜大中大夫,固辞不受。又历石勒、季龙之世,并不应辟命。虽处丧乱之中,颓然高迈,视荣利蔑如也。

及冉闵僭号,复备礼征为太常,谧遗闵书曰:“昔许由辞尧,以天下让之,全其清高之节。伯夷去国,子推逃赏,皆显史牒,传之无穷。此往而不反者也。然贤人君子虽居庙堂之上,无异于山林之中,斯穷理尽性之妙,岂有识之者邪!是故不婴于祸难者,非为避之,但冥心至趣而与吉会耳。谧闻物极则变,冬夏是也;致高则危,累棋是也。君王功以成矣,而久处之,非所以顾万全、远危亡之祸也。宜因兹大捷,归身本朝,必有许由、伯夷之廉,享松乔以之寿,永为世辅,岂不美哉!”因不食而卒。

刘驎之,字子骥,南阳人。光禄大夫耽之族也。驎之少尚质素,虚退寡欲,不修仪操,人莫之知。好游山泽,志存遁逸。尝采药至衡山,深入忘反,见有一涧水,水南有二石囷,一囷闭,一囷开,水深广不得过。欲还,失道,遇伐弓人,问径,仅得还家。或说囷中皆仙灵方药诸杂物,驎之欲更寻索,终不复知处也。

车骑将军桓冲闻其名,请为长史,驎之固辞不受。冲尝到其家,驎之于树条桑,使者致命,驎之曰:“使君既枉驾光临,宜先诣家君。”冲闻大愧,于是乃造其父。父命驎之,然后方还,拂短褐与冲言话。父使驎之于内自持浊酒蔬菜供宾,冲敕人代驎之斟酌,父辞曰:“若使从者,非野人之意也。”冲慨然,至昏乃退。

驎之虽冠冕之族,信义著于群小,凡厮伍之家婚娶葬送,无不躬自造焉。居于阳岐,在官道之侧,人物来往,莫不投之。驎之躬自供给,士君子颇以劳累,更惮过焉。凡人致赠,一无所受。去驎之家百余里,有一孤姥,病将死,叹息谓人曰:“谁当埋我,惟有刘长史耳！何由令知？”骥之先闻其有患，故往侯之，值其命终，乃身为营棺殡送之。其仁爱隐恻若此。卒以寿终。

索袭，字伟祖，敦煌人也。虚靖好学，不应州郡之命，举孝廉、贤良方正，皆以疾辞。游思于阴阳之术，著天文地理十余篇，多所启发。不与当世交通，或独语独笑，或长叹涕泣，或请问不言。

张茂时，敦煌太守阴澹奇而造焉，经日忘反，出而叹曰：“索先生硕德名儒，真可以咨大义。”澹欲行乡射之礼，请袭为三老，曰：“今四表辑宁，将行乡射之礼，先生年耆望重，道冠一时，养老之义，实系儒贤。既树非梧桐，而希鸾凤降翼；器谢曹公，而冀盖公枉驾，诚非所谓也。然夫子至圣，有召赴焉；孟轲大德，无聘不至，盖欲弘阐大猷，敷明道化故也。今之相屈，遵道崇教，非有爵位，意者或可然乎！”会病卒，时年七十九。澹素服会葬，赠钱二万。澹曰：“世人之所有余者，富贵也；目之所好者，五色也；耳之所玩者，五音也。而先生弃众人之所收，收众人之所弃，味无味于慌惚之际，兼重玄于众妙之内。宅不弥亩而志忽九州，形居尘俗而栖心天外，虽黔娄之高远，庄生之不愿，蔑以过也。”乃谥曰玄居先生。

杨轲，天水人也。少好《易》，长而不娶，学业精微，养徒数百，常食粗饮水，衣褐缊袍，人不堪其忧，而轲悠然自得，疏宾异客，音旨未曾交也。虽受业门徒，非入室弟子，莫得亲言。欲所论授，须旁无杂人，授入室弟子，令递相宣授。

刘曜僭号，征拜太常，轲固辞不起，曜亦敬而不逼，遂隐于陇山。曜后为石勒所擒，秦人东徙，轲留长安。及石季龙嗣伪位，备玄缥束帛安车征之，轲以疾辞。迫之，乃发。既见季龙，不拜，与语，不言，命舍之于永昌乙第。其有司以轲倨傲，请从大不敬论，季龙不从，下书任轲所尚。

轲在永昌，季龙每有馈饩，辄口授弟子，使为表谢，其文甚美，览者叹有深致。季龙欲观其真趣，乃密令美女夜以动之，轲萧然不顾。又使人将其弟子尽行,遣魁壮羯士衣甲持刀,临之以兵,并窃其所赐衣服而去,轲视而不言,了无惧色。常卧土床,覆以布被,裸寝其中,下无茵褥。颍川荀铺,好奇之士也,造而谈经,轲瞑目不答。铺发轲被,露其形,大笑之。轲神体颓然,无惊怒之状。于时咸以为焦先之徒,未有能量其深浅也。

后上疏陈乡思,求还,季龙送以安车蒲轮,躅十户供之。自归秦州,仍教授不绝。其后秦人西奔凉州,轲弟子以牛负之,为戍军追擒,并为所害。

公孙凤,字子鸾,上谷人也。隐于昌黎之九城山谷。冬衣单布,寝土床;夏则并食于器,停令臭败,然后食之。弹琴吟咏,陶然自得,人咸异之,莫能测也。慕容晃以安车征至邺,及见晃,不言不拜,衣食举动如在九城。宾客造请,鲜得与言。数年病卒。

公孙永,字子阳,襄平人也。少而好学恬虚,隐于平郭南山,不娶妻妾,非身所垦植,则不衣食之,吟咏岩间,欣然自得,年余九十,操尚不亏。

与公孙凤俱被慕容晃征至邺,及见晃,不拜,王公以下造之,皆不与言,虽经隆冬盛暑,端然自若。一岁余,诈狂,晃送之平郭。后苻坚又将备礼征之,难其年耆路远,乃遣使者致问。未至而永亡,坚深悼之,谥曰崇虚先生。

张忠,字巨和,中山人也。永嘉之乱,隐于泰山。恬静寡欲,清虚服气,餐芝饵石,修导养之法。冬则缊袍,夏则带索,端拱若尸。无琴书之适,不修经典,劝教但以至道虚无为宗。其居依崇岩幽谷,凿地为窟室。弟子亦以窟居,去忠六十余步,五日一朝。其教以形不以言,弟子受业,观形而退。立道坛于窟上,每旦朝拜之。食用瓦器,凿石为釜。左右居人馈之衣食,一无所受。好事少年颇或问以水旱之祥,忠曰:"天不言而四时行焉,万物生焉,阴阳之事,非穷山野叟所能知之。”其遣诸外物，皆此类也。年在期颐，而视听无爽。

符坚遣使征之。使者至，忠沐浴而起，谓弟子曰：“吾余年无几，不可以逆时主之意。”浴讫就车。及至长安，坚赐以冠衣，辞曰：“年朽发落，不堪衣冠，请以野服入觐。”从之。及见，坚谓之曰：“先生考磐山林，研精道素，独善之美有余，兼济之功未也。故远屈先生，将任齐尚父。”忠曰：“昔因丧乱，避地泰山，与鸟兽为侣，以全朝夕之命。属尧舜之世，思一奉圣颜。年衰志谢，不堪展效，尚父之况，非敢窃拟。山栖之性，情存岩岫，乞还余齿，归死岱宗。”坚以安车送之。行达华山，叹曰：“我东岳道士，没于西岳，命也，奈何！”行五十里，及关而死。使者驰驲白之，坚遣黄门郎韦华持节策吊，祀以太牢，褒赐命服，谥曰安道先生。

石坦，字洪孙，自云北海剧人。居无定所，不娶妻妾，不营产业，食不求美，衣必粗弊。或有遗其衣服，受而施人。人有丧葬，辄杖策吊之。路无远近，时有寒暑，必在其中；或同日共时，咸皆见焉。又能暗中取物，如昼无差。姚苌之乱，莫知所终。

宋纤，字令艾，敦煌效谷人也。少有远操，沉靖不与世交，隐居于酒泉南山。明究经纬，弟子受业三千余人。不应州郡辟命，惟与阴颙、齐好友善。张祚时，太守杨宣画其象于阁上，出入视之，作颂曰：“为枕何石？为漱何流？身不可见，名不可求。”酒泉太守马岌，高尚之士也，具威仪，鸣铙鼓，造焉。纤高楼重阁，距而不见。岌叹曰：“名可闻而身不可见，德可仰而形不可睹，吾今而后知先生人中之龙也。”铭诗于石壁曰：“丹崖百丈，青壁万寻。奇木蓊郁，蔚若邓林。其人如玉，维国之琛。室迩人遐，实劳我心。”

纤注《论语》，及为诗颂数万言。年八十，笃学不倦。张祚后遣使者张兴备礼征为太子友，兴逼喻甚切，纤喟然叹曰：“德非庄生，才非干木，何敢稽停明命！”遂随兴至姑臧。祚遣其太子太和以执友礼造之，纤称疾不见，赠遗一皆不受。寻迁太子太傅。顷之，上疏曰：

"臣受生方外,心慕太古。生不喜存,死不悲没。素有遗属,属诸知识,在山投山,临水投水,处泽露形,在人亲士。声闻书疏,勿告我家。今当命终,乞如素愿。"遂不食而卒,时年八十二,谥曰玄虚先生。

郭荷,字承休,略阳人也。六世祖整,汉安顺之世,公府八辟,公车五征,皆不就。自整及荷,世以经学致位。荷明究群籍,特善史书。不应州郡之命。张祚遣使者以安车束帛征为博士祭酒,使者迫而致之。及至,署太子友。荷上疏乞还,祚许之,遣以安车蒲轮遂还张掖东山。年八十四卒,谥曰玄德先生。

郭瑀,字元瑜,敦煌人也。少有超俗之操,东游张掖,师事郭荷,尽传其业。精通经义,雅辩谈论,多才艺,善属文。荷卒,瑀以为父生之,师成之,君爵之,而五服之制,师不服重,盖圣人谦也,遂服斩衰,庐墓三年。礼毕,隐于临松薤谷,凿石窟而居,服柏实以轻身,作《春秋墨说》、《孝经错纬》,弟子著录千余人。

张天锡遣使者孟公明持节,以蒲轮玄纁备礼征之,遗瑀书曰:"先生潜光九皋,怀真独远,心与至境冥符,志与四时消息,岂知苍生倒悬,四海待拯者乎!孤忝承时运,负荷大业,思与贤明同赞帝道。昔传说龙翔殷朝,尚父鹰扬周室,孔圣车不停轨,墨子驾不俟旦,皆以黔首之祸不可以不救,君不独立,道由人弘故也。况今九服分为狄场,二都尽为戎穴,天子僻陋江东,名教沦于布袀,创毒之甚,开辟未闻。先生怀济世之才,坐观而不救,其于仁智,孤窃惑焉。故遣使者虚左授绥,鹤企先生,乃眷下国。"公明至山,瑀指翔鸿以示之曰:"此鸟也,安可笼哉!"遂深逃绝迹。公明拘其门人,瑀叹曰:"吾逃禄,非避罪也,岂得隐居行义,害及门人!"乃出而就征。及至姑臧,值天锡母卒,瑀括发入吊,三踊而出,还于南山。

及天锡灭,苻坚又以安车征瑀定礼仪,会父丧而止,太守辛章遣书生三百人就受业焉。及苻氏之末,略阳王穆起兵酒泉,以应张大豫,遣使招瑀。瑀叹曰:"临河救溺,不卜命之短长;脉病三年,不豫绝其餐馈;鲁连在赵,义不结舌,况人将左衽而不救之!"乃与敦煌索嘏起兵五千,运粟三万石,东应王穆。穆以瑀为太府左长史、军师将军。虽居元佐,而口咏黄老,冀功成世定,追伯成之踪。

穆惑于谗间,西伐索嘏,瑀谏曰:"昔汉定天下,然后诛功臣。今事业未建而诛之,立见麋鹿游于此庭矣。"穆不从。瑀出城大哭,举手谢城曰:"吾不复见汝矣!"还而引被覆面,不与人言,不食七日,舆疾而归,且夕祈死。夜梦乘青龙上天,至屋而止,寤而叹曰:"龙飞在天,今止于屋。屋之为字,尸下至也。龙飞至尸,吾其死也。古之君子不卒内寝,况吾正士乎!"遂还酒泉南山赤崖阁,饮气而卒。

祈嘉,字孔宾,酒泉人也。少清贫,好学。年二十余,夜忽窗中有声呼曰:"祈孔宾,祈孔宾!隐去来,隐去来!修饰人世,甚苦不可谐。所得未毛铢,所丧如山崖。"旦而逃去,西至敦煌,依学官诵书,贫无衣食,为书生厮养以自给,遂博通经传,精究大义。西游海渚,教授门生百余人。张重华征为儒林祭酒。性和裕,教授不倦,依《孝经》作《二九神经》。在朝卿士、郡县守令彭和正等受业独拜床下者二千余人,天锡谓为先生而不名之。竟以寿终。

瞿硎先生者,不得姓名,亦不知何许人也。太和末,尝居宣城郡界文脊山中,山有瞿硎,因以为名焉。大司马桓温尝往造之。既至,见先生被鹿裘,坐于石室,神无忤色,温及僚佐数十人皆莫测之,乃命伏滔为之铭赞。竟卒于山中。

谢敷,字庆绪,会稽人也。性澄靖寡欲,入太平山十余年。镇军郗愔召为主簿,台征博士,皆不就。

初,月犯少微,少微一名处士星,占者以隐士当之。谯国戴逵有美才,人或忧之。俄而敷死,故会稽人士以嘲吴人云:"吴中高士,便是求死不得死。"

戴逵，字安道，谯国人也。少博学，好谈论，善属文，能鼓琴，工书画，其余巧艺靡不毕综。总角时，以鸡卵汁溲白瓦屑作《郑玄碑》，又为文而自镌之，词丽器妙，时人莫不惊叹。性不乐当世，常以琴书自娱。师事术士范宣于豫章，宣异之，以兄女妻焉。太宰、武陵王晞闻其善鼓琴，使人召之，逵对使者破琴曰："戴安道不为王门伶人！"晞怒，乃更引其兄述。述闻命欣然，拥琴而往。

逵后徙居会稽之剡县。性高洁，常以礼度自处，深以放达为非道，乃著论曰：

夫亲没而采药不反者，不仁之子也；君危而屡出近关者，苟免之臣也。而古之人未始以彼害名教之体者何？达其旨故也。达其旨，故不惑其迹。若元康之人，可谓好遁迹而不求其本，故有捐本徇末之弊，舍实逐声之行，是犹美西施而学其颦眉，慕有道而折其巾角，所以为慕者，非其所以为美，徒贵貌似而已矣。夫紫之乱朱，以其似朱也。故乡原似中和，所以乱德；放达似达，所以乱道。然竹林之为放，有疾而为颦者也，元康之为放，无德而折巾者也，可无察乎！

且儒家尚誉者，本以兴贤也，既失其本，则有色取之行。怀情丧真，以容貌相欺，其弊必至于末伪。道家去名者，欲以笃实也，苟失其本，又有越检之行。情礼俱亏，则仰咏兼忘，其弊必至于本薄。夫伪薄者，非二本之失，而为弊者必托二本以自通。夫道有常经，而弊无常情，是以《六经》有失，二政有弊，苟乖其本，固圣贤所无奈何也。

嗟夫！行道之人，自非性足体备、暗蹈而当者，亦曷能不栖情古烈，拟规前修。苟迷拟之然后动，议之然后言，固当先辩其趣舍之极，求其用心之本，识其枉尺直寻之旨，采其被褐怀玉之由。若斯，涂虽殊，而其归可观也；迹虽乱，而其契不乖也。不然，则流遁忘反，为风波之行，自驱以物，自诳以伪，外眩嚣华，内丧道实，以矜尚夺其真主，以尘垢翳其天正，贻笑千载，可不慎欤!

孝武帝时,以散骑常侍、国子博士累征,辞父疾不就。郡县敦逼不已,乃逃于吴国。吴国内史王珣有别馆在武丘山,逯潜诣之,与珣游处积旬。会稽内史谢玄虑逯远遁不反,乃上疏曰:"伏见谯国戴逯,希心俗表,不婴世务,栖迟衡门,与琴书为友。虽策命屡加,幽操不回,超然绝迹,自求其志。且年垂耳顺,常抱羸疾,时或失适,转至委笃。今王命未回,将离风霜之患。陛下既已爱而器之,亦宜使其身名并存,请绝其召命。"疏奏,帝许之,逯复还剡。

后王珣为尚书仆射,上疏复请征为国子祭酒,加散骑常侍,征之,复不至。太元二十年,皇太子始出东宫,太子太傅会稽王道子、少傅王雅、詹事王珣又上疏曰:"逯执操贞厉,含味独游,年在耆老,清风弥劭。东宫虚德,式延事外,宜加旌命,以参僚侍。逯既重幽居之操,必以难进为美,宜下所在备礼发遣。"会病卒。

长子勃,有父风。义熙初,以散骑常侍征,不起,寻卒。

龚玄之,字道玄,武陵汉寿人也。父登,历长沙相、散骑常侍。玄之好学潜默,安于陋巷。州举秀才,公府辟,不就。孝武帝下诏曰:"夫哲王御世,必搜扬幽隐,故空谷流縶维之咏,丘园旅束帛之观。谯国戴逯、武陵龚玄之并高尚其操,依仁游艺,洁己贞鲜,学弘儒业,朕虚怀久矣。二三君子,岂其戢贤于怀抱哉!思挹雅言,希承讽议,可并以为散骑常侍,领国子博士,指下所在备礼发遣,不得循常,以稽侧席之望。"郡县敦逼,苦辞疾笃,不行。寻卒,时年五十八。

弟子元嘉,亦有德操,高尚不仕,举秀才及州辟召,并称疾不就。孝武帝以太学博士、散骑侍郎、给事中累征,遂不起。卒于家。

陶淡,字处静,太尉侃之孙也。父夏,以无行被废。淡幼孤,好导养之术,谓仙道可祈。年十五六,便服食绝谷,不婚娶。家累千金,僮客百数,淡终日端拱,曾不营问。颇好读《易》,善卜筮。于长沙临湘山中结庐居之,养一白鹿以自偶。亲故有侯之者,辄移渡涧水,莫得近之。州举秀才，淡闻，遂转逃罗县埠山中，终身不返，莫知所终。

　　陶潜，字元亮，大司马侃之曾孙也。祖茂，武昌太守。潜少怀高尚，博学善属文，颖脱不羁，任真自得，为乡邻之所贵。尝著《五柳先生传》以自况，曰："先生不知何许人，不详姓字，宅边有五柳树，因以为号焉。闲静少言，不慕荣利。好读书，不求甚解，每有会意，欣然忘食。性嗜酒，而家贫不能恒得。亲旧知其如此，或置酒招之，造饮必尽，期在必醉，既醉而退，曾不吝情。环堵萧然，不蔽风日，短褐穿结，箪瓢屡空，晏如也。常著文章自娱，颇示己志，忘怀得失，以此自终。"其自序如此，时人谓之实录。

　　以亲老家贫，起为州祭酒，不堪吏职，少日自解归。州召主簿，不就，躬耕自资，遂抱羸疾。复为镇军、建威参军，谓亲朋曰："聊欲弦歌，以为三径之资，可乎？"执事者闻之，以为彭泽令。在县，公田悉令种秫秔谷，曰："令吾常醉于酒，足矣。"妻子固请种秔，乃使一顷五十亩种秫，五十亩种秔。素简贵，不私事上官。郡遣督邮至县，吏白应束带见之，潜叹曰："吾不能为五斗米折腰，拳拳事乡里小人邪！"义熙三年，解印去县，乃赋《归去来》。其辞曰：

　　　　归去来兮，田园将芜，胡不归？既自以心为形役，奚惆怅而独悲？悟已往之不谏，知来者之可追。实迷途其未远，觉今是而昨非。舟遥遥以轻扬，风飘飘而吹衣，问征夫以前路，恨晨光之希微。乃瞻衡宇，载欣载奔，僮仆来迎，稚子侯门。三径就荒，松菊犹存。携幼入室，有酒盈樽。引壶觞以自酌，眄庭柯以怡颜，倚南窗以寄傲，审容膝之易安。园日涉而成趣，门虽设而常关；策扶老而流憩，时翘首而遐观。云无心而出岫，鸟倦飞而知还；景翳翳其将入，抚孤松而盘桓。

　　　　归去来兮，请息交以绝游，世与我而相遗，复驾言兮焉求！悦亲戚之情话，乐琴书以消忧。农人告余以春暮，将有事乎西畴。或命巾车，或棹孤舟，既窈窕以寻壑，亦崎岖而经丘。木欣欣以向荣，泉涓涓而始流，善万物之得时，感吾生之行休。

已矣乎！寓形宇内复几时，曷不委心任去留，胡为乎遑遑欲何之？富贵非吾愿，帝乡不可期。怀良晨以孤往，或植杖而芸耔，登东皋以舒啸，临清流而赋诗；聊乘化而归尽，乐夫天命复奚疑！

顷之，征著作郎，不就。既绝州郡觐谒，其乡亲张野及周旋人羊松龄、宠遵等或有酒要之，或要之共至酒坐，虽不识主人，亦欣然无忤，酣醉便返。未尝有所造诣，所之唯至田舍及庐山游观而已。

刺史王弘以元熙中临州，甚钦迟之，后自造焉。潜称疾不见，既而语人云：“我性不狎世，因疾守闲，幸非洁志慕声，岂敢以王公纡轸为荣邪！夫谬以不贤，此刘公干所以招谤君子，其罪不细也。”弘每令人候之，密知当往庐山，乃遣其故人庞通之等赍酒，先于半道要之。潜既遇酒，便引酌野亭，欣然忘进。弘乃出与相见，遂欢宴穷日。潜无履，弘顾左右为之造履。左右请履度，潜便于坐申脚令度焉。弘要之还州，问其所乘，答云：“素有脚疾，向乘篮舆，亦足自反。”乃令一门生二儿共举之至州，而言笑赏适，不觉其有羡于华轩也。弘后欲见，辄于林泽间候之。至于酒米乏绝，亦时相赡。

其亲朋好事，或载酒肴而往，潜亦无所辞焉。每一醉，则大适融然。又不营生业，家务悉委之儿仆。未尝有喜愠之色，惟遇酒则饮，时或无酒，亦雅咏不辍。尝言夏月虚闲，高卧北窗之下，清风飒至，自谓羲皇上人。性不解音，而畜素琴一张，弦徽不具，每朋酒之会，则抚而和之，曰：“但识琴中趣，何劳弦上声！”以宋元嘉中卒，时年六十三，所有文集并行于世。

史臣曰：君子之行殊涂，显晦之谓也。出则允厘庶政，以道济时；处则振拔嚣埃，以卑自牧。详求厥义，其来复矣。公和之居窟室，裳唯编草，诚叔夜而凝神鉴；威辇之处丛祠，衣无全帛，对子荆而陈贞则：并灭景而弗追，柳禽、尚平之流亚。夏统远迩称其孝友，宗党高其谅直，歌《小海》之曲，则伍胥犹存；固贞石之心，则公闾尤愧，时幸洛滨之观，信乎兹言。宋纤幼怀远操，清规映拔，杨宣颂其画象,马岌叹其人龙,玄虚之号,实斯为美。余之数子,或移病而去官,或著论而矫俗,或箕踞而对时人,或弋钓而栖衡泌,含和隐璞,乘道匿辉,不屈其志,激清风于来叶者矣。

赞曰:厚秩招累,修名顺欲。确乎群士,超然绝俗。养粹岩阿,销声林曲。激贪止竞,永垂高躅。

晋书卷九五
列传第六五

# 艺　术

陈训　戴洋　韩友　淳于智
步熊　杜不愆　严卿　隗炤
卜珝　鲍靓　吴猛　幸灵
佛图澄　麻襦　单道开　黄泓
索䃅　孟钦　王嘉　僧涉　郭黁
鸠摩罗什　沙门昙霍　台产

　　艺术之兴，由来尚矣。先王以是决犹豫，定吉凶，审存亡，省祸福。曰神与智，藏往知来；幽赞冥符，弼成人事；既兴利而除害，亦威众以立权，所谓神道设教，率由于此。然而诡托近于妖妄，迂诞难可根源，法术纷以多端，变态谅非一绪，真虽存矣，伪亦凭焉。圣人不语怪力乱神，良有以也。逮丘明首唱，叙妖梦以垂文，子长继作，援龟策以立传，自兹厥后，史不绝书。汉武雅好神仙，世祖尤耽谶术，遂使文成、五利逞诡诈而取宠荣，尹敏、桓谭由忤时而婴罪戾，斯固通人之所蔽，千虑之一失者乎！

　　详观众术，抑惟小道，弃之如或可惜，存之又恐不经。载籍既务在博闻，笔削则理宜详备，晋谓之《乘》，义在于斯。今录其推步尤精、伎能可纪者，以为《艺术传》，式备前史云。

陈训，字道元，历阳人。少好秘学，天文、算历、阳阴、占侯无不毕综，尤善风角。孙皓以为奉禁都尉，使其占侯。皓政严酷，训知其必败而不敢言。时钱唐湖开，或言“天下当太平，青盖入洛阳”。皓以问训，训曰：“臣止能望气，不能达湖之开塞。”退而告其友曰：“青盖入洛，将有舆榇衔璧之事，非吉祥也。”寻而吴亡。训随例内徙，拜谏议大夫。俄而去职还乡。

及陈敏作乱，遣弟宏为历阳太守，训谓邑人曰：“陈家无王气，不久当灭。”宏闻，将斩之，训乡人秦璩为宏参军，乃说宏曰：“训善风角，可试之。如不中，徐斩未晚也。”乃赦之。时宏攻征东参军衡彦于历阳，乃问训曰：“城中有几千人？攻之可拔不？”训登牛渚山望气，曰：“不过五百人。然不可攻，攻之必败。”宏复大怒曰：“何有五千人攻五百人而有不得理？”命将士攻之，果为彦所败，方信训有道术，乃优遇之。

都水参军淮南周亢尝问训以官位，训曰：“君至卯年当剖符近郡，酉年当有曲盖。”亢曰：“脱如来言，当相荐拔。”训曰：“性不好官，惟欲得米耳。”后亢果为义兴太守、金紫将军。

时刘聪、王弥寇洛阳，历阳太守武瑕问训曰：“国家人事如何？”训曰：“胡贼三逼，国家当败，天子野死。今尚未也。”其后怀、愍二帝果有平阳之酷焉。

或问其以明年吉凶者，训曰：“扬州刺史当死，武昌大火，上方节将亦当死。”至时，刘陶、周访皆卒，武昌大火，烧数千家。

时甘卓为历阳太守，训私谓所亲曰：“甘侯头低而视仰，相法名为眄刀，及目有赤脉，自外而入，不出十年，必以兵死，不领兵则可以免。”卓果为王敦所害。

丞相王导多病，每自忧虑，以问训。训曰：“公耳竖垂肩，必寿，亦大贵，子孙当兴于江东。”咸如其言。训年八十余卒。

戴洋,字国流,吴兴长城人也。年十二,遇病死,五日而苏。说死时天使其为酒藏吏,授符录,给吏从幡麾,将上蓬莱、昆仑、积石、太室、恒、庐、衡等诸山。既而遣归,逢一老父,谓之曰:"汝后当得道,为贵人所识。"及长,遂善风角。

为人短陋,无风望,然好道术,妙解占候卜数。吴末为台吏,知吴将亡,托病不仕。及吴平,还乡里。后行至濑乡,经老子祠,皆是洋昔死时所见使处,但不复见昔物耳。因问守藏应凤曰:"去二十余年,尝有人乘马东行,过老君而不下马,未达桥,坠马死者不?"凤言有之。所问之事,多与洋同。

扬州刺史尝问吉凶于洋,答曰:"荧惑入南斗,八月有暴水,九月当有客军西南来。"如期果大水,而石冰作乱。冰既据扬州,洋谓人曰:"视贼云气,四月当破。"果如其言。时陈敏为右将军,堂邑令孙混见而羡之。洋曰:"敏当作贼族灭,何足羡也!"未几,敏果反而诛焉。初,混欲迎其家累,洋曰:"此地当败,得腊不得正,岂可移家于贼中乎!"混便止。岁末,敏弟昶攻堂邑,混遂以单身走免。其后都水马武举洋为都水令史,洋请急还乡。将赴洛,梦神人谓之曰:"洛中当败,人尽南渡,后五年扬州必有天子。"洋信之,遂不去。既而皆如其梦。

庐江太守华谭问洋曰:"天下谁当复作贼者?"洋曰:"王机。"寻而机反。陈眕问洋曰:"人言江南当有贵人,顾彦先、周宣珮当是不?"洋曰:"顾不及腊,周不见来年八月。"荣果以十二月十七日卒,十九日腊;珮以明年七月晦亡。王导遇病,召洋问之。洋曰:"君侯本命在申,金为土使之主,而于申上石头立治,火光照天,此为金火相烁,水火相煎,以故受害耳。"导即移居东府,病遂差。

镇东从事中郎张闿举洋为丞相令史。时司马飏为乌程令,将赴职,洋曰:"君宜深慎下吏。"飏后果坐吏免官。洋又谓曰:"卿虽免官,十一月当作郡,加将军。"至期,为太山太守、镇武将军。飏卖宅将行,洋止之曰:"君不得至,当还,不可无宅。"飏果为徐龛所逼,不得之郡。元帝增飏众二千,使助祖逖。洋劝飏不行,飏乃称疾。收付廷尉,俄而因赦得出。

元帝将登阼,使洋择日,洋以为宜用三月二十四日景午。太史令陈卓奏用二十二日,言:"昔越王用甲辰三月反国,范蠡称在阳之前,当主尽出,上下尽空,德将出游,刑入中宫,今与此同。"洋曰:"越王为吴所囚,虽当时逊媚,实怀怨愤,蠡故用甲辰,乘德而归,留刑吴宫。今大王内无含咎,外无怨愤,当承天洪命,纳祚无穷,何为追越王去国留殃故事邪!"乃从之。

及祖约代兄镇谯,请洋为中典军,迁督护。永昌元年四月庚辰,禺中时有大风,起自东南,折木。洋谓约曰:"十月必有贼到谯城东,至历阳,南方有反者。"主簿王振以洋为妖,白约收洋,付刺奸而绝其食五十日,言语如故。约知其有神术,乃赦之而让振。振后有罪被收,洋救之。约曰:"振往日相系,今何以救之?"洋曰:"振不识风角,非有宿嫌。振往时垂饿死,洋养活之,振犹尚遗忘。夫处富贵而不弃贫贱甚难。"约义之,即原振,赐洋米三十石。至十月三日,石勒骑果到谯城东。洋言于约曰:"贼必向城父,可遣骑水南迎之,步军于水北断要路,贼必败。"约竟不迎,贼乃掠城父妇女辎重而去。约将鲁延求追贼,洋曰:"不可。"约不从,使兄子智与延追之。贼伪弃妇女辎重走,智与延等争物,贼还掩之,智、延仅以身免,士卒皆死。约表洋为下邑长。时梁国人反,逐太守袁晏。梁城峻崄,约欲讨之而未决,洋曰:"贼以八月辛酉日反,日辰俱王,辛德在南方,酉受自刑,梁在谯北,乘德伐刑,贼必破亡。又甲子日东风而雷西行,谯在东南,雷在军前,为军驱除。昔吴伐关羽,天雷在前,周瑜拜贺。今与往同,故知必克。"约从之,果平梁城。

太宁三年正月,有大流星东南行,洋曰:"至秋,府当移寿阳。"及王敦作逆,约问其胜败,洋曰:"太白在东方,辰星不出。兵法先起为主,应者为客。辰星若出,太白为主,辰星为客。辰星不出,太白为客,先起兵者败。今有客无主,有前无后,宜传檄所部,应诏伐之。"约乃率众向合肥。俄而敦死众败,遂住寿阳。洋又曰:"江淮之间当有军事,谯城虚旷,宜还固守。不者,雍丘、沛皆非官有也。"约不从，豫土遂陷于贼。

咸和元年春，约南行佃，遇大雷雨西南来，洋曰："甲子西南天雷，其夏必失大将。"至夏，汝南人反，执约兄子济，送于石勒。约府内地忽赤如丹，洋曰："案《河图征》云：'地赤如丹血丸丸，当有下犯上者。'恐十月二十七日胡马当来饮淮水。"至时，石勒骑大至，攻城大战。其日西南，兵火俱发，约大惧。会风回，贼退。时传言勒遣骑向寿阳，约欲送其家还江东，洋曰："必无此事。"寻而传言果妄。

咸和初，月晕在角，有赤白珥。约问洋，洋曰："角为天门，开布阳道，官门当有大战。"俄而苏峻遣使招约俱反，洋谓约曰："苏峻必败，然其初起，兵锋不可当，可外和内严，以待其变。"约不从，遂与峻反。至三年五月，大风雷雨西北来，城内晦暝，洋谓约曰："雷鸣人上，明使君当远佞近直，爱下振贫。昔秦有此变，卒致乱亡。"约大怒，收洋系之。遣部将李概将兵到庐江，其众尽散。约召洋出，问之曰："吾还东何如留寿阳？若留寿阳，何如入胡？"洋曰："东入失半，入胡灭门，留寿阳尚可。"约欲东向历阳，其众不乐东下，皆叛约，劫约姊及嫂奔于石勒。约到历阳，祖焕问洋曰：君昔言平西在寿阳可得五年，果如君言。今在历阳，可得几时？"洋曰："得六月耳。"约问洋："台下及此气候何如？"洋曰："此当复有反者。台下来年三月当太平，江州当大丧。后南方复有军事，去此千里。"寻而牵腾叛约，约率所亲将家属奔于石勒。二月而天子反正，四月而温峤卒，郭默据湓口以叛。后勒诛约及亲属并尽，皆如洋言。

约既败，洋往寻阳。时刘胤镇寻阳，胤问洋曰："我病当差不？"洋曰："不忧使君不差，忧使君今年有大厄。使君年四十七，行年入庚寅。《太公阴谋》曰：'六庚为白兽，在上为客星，在下为害气。'年与命并，必凶当忌。十二月二十二日庚寅勿见客。"胤曰："我当解职，将君还野中治病。"洋曰："使君当作江州，不得解职。"胤曰："温公不复还邪？"洋曰："温公虽还，使君故作江州。"俄如其言。九月甲寅申时，回风从东来，入胤儿船中，西过，状如匹练，长五六丈。洋曰："风从咸池下来，摄提下去，咸池为刀兵，大杀为死丧。到甲子日申时，府内大聚骨埋之。"胤问在何处，洋曰："不出州府门也。"胤架府东门。洋又曰："东为天牢，牢下开门，忧天狱至。"十二月十七日，洋又曰："腊近可闭门，以五十人备守，并以百人备东北寅上，以却害气。"胤不从。二十四日壬辰，胤遂为郭默所害。

南中郎将桓宣以洋为参军，将随宣往襄阳，太尉陶侃留之住武昌。时侃谋北伐，洋曰："前年十一月荧惑守胃昴，至今年四月，积五百余日。昴，赵之分野，石勒遂死。荧惑以七月退，从毕右顺行入黄道，未及天关，以八月二十二日复逆行还钩，绕毕向昴。昴毕为边兵，主胡夷，胡置天弓以射之。荧惑逆行，司无德之国，石勒死是也。勒之余烬，以自残害。今年官与太岁、太阴三合癸巳，癸为北方，北方当受灾。岁镇二星共合翼轸，从子及巳，徘徊六年。荆楚之分，岁镇所守，其下国昌，岂非功德之征也！今年六月，镇星前角亢。角亢，郑之分。岁星移入房，太白在心。心房，宋分。顺之者昌，逆之者亡。石季龙若兴兵东南，此其死会也。官若应天伐刑，径据宋郑，则无敌矣。若天与不取，反受其咎。"侃志在中原，闻而大喜。会病笃，不果行。

侃薨，征西将军庾亮代镇武昌，复引洋问气候。洋曰："天有白气，丧必东行，不过数年必应。"寻有大鹿向西城门，洋曰："野兽向城，主人将去。"城东家夜半望见城内有数炬火，从城上出，如大车状，白布幔覆，与火俱出城东北行，至江乃灭。洋闻而叹曰："此与前白气同。"时亮欲西镇石城，或问洋："此西足当欲东下？"洋曰："不当也。"咸康三年，洋言于亮曰："武昌土地有山无林，政可图始，不可居终。山作八字，数不及九。昔吴用壬寅来上，创立宫城，至己酉，还下秣陵。陶公亦涉八年。土地盛衰有数，人心去就有期，不可移也。公宜更择吉处，武昌不可久住。"五年，亮令毛宝屯邾城。九月，洋言于亮曰："毛豫州今年受死问。昨朝大雾晏风，当有怨贼报仇，攻围诸侯，诚宜远侦逻。"宝问当在何时，答曰："五十日内。"其夕，又曰："九月建戌，朱雀飞惊，征军还归，乘戴火光，天示有信，灾发东房，叶落归本，虑有后患。"明日，又曰："昨夜火祅，非国福，今年架屋,致使君病,可因烧屋,移家南渡,无嫌也。"宝即遣儿妇还武昌。寻传贼当来攻城,洋曰:"十月丁亥夜半时得贼问,干为君,支为臣,丁为征西府,亥为邾城,功曹为贼神,加子时十月水王木相,王相气合,贼必来。寅数七,子数九,贼高可九千人,下可七千人。从魁为贵人加丁,下克上,有空亡之事,不敢进武昌也。"贼果陷邾城而去。亮问洋曰:"故当不失石城否?"洋曰:"贼从安陆向石城,逆太白,当伐身,无所虑。"亮曰:"天何以利胡而病我?"洋曰:"天符有吉凶,土地有盛衰,今年害气三合己亥,己为天下,亥为戎胡,季龙亦当受死。今乃不忧贼,但忧公病耳。"亮曰:"何方救我疾?"洋曰:"荆州受兵,江州受灾,公可去此二州。"亮曰:"如此,当有解不?"洋曰:"恨晚,犹差不也。"亮竟不能解二州,遂至大困。洋曰:"昔苏峻时,公于白石祠中祈福,许赛其牛,至今未解,故为此鬼所考。"亮曰:"有之,君是神人也。"或问洋曰:"庾公可得几时?"洋曰:"见明年。"时亮已不识人,咸以为妄,果至正月一日而薨。

　　庾翼代亮,洋复为占候。少时卒,年八十余。所占验者不可胜纪。

　　韩友,字景先,庐江舒人也。为书生,受《易》于会稽伍振,善占卜,能图宅相冢,亦行京、费厌胜之术。

　　龙舒长邓林妇病积年,垂死,医巫皆息意。友为筮之,使或作野猪著卧屏风上,一宿觉佳,于是遂差。舒县廷掾王睦病死,已复魄。友为筮之,令以丹画版作日月置床头,又以豹皮马鞴泥卧上,立愈。刘世则女病魅积年,巫为攻祷,伐空冢故城间,得狸鼍十,病犹不差。友筮之,命作布囊,依女发时,张囊著窗牖间,友闭户作气,若有所驱。斯须之间,见囊大胀如吹,因决败之,女仍大发。友乃更作布囊二枚,沓张之,施张如前,囊复胀满,因急缚囊口,悬着树二十许日,渐消,开视有二斤狐毛,女遂差。

　　宣城边洪以四月中就友卜家中安否,友曰:"卿家有兵殃,其祸甚重。可伐七十束柴,积于庚地,至七月丁酉放火烧之,咎可消也。

不尔,其凶难言。"洪即聚柴。至日,大风,不敢发火。洪后为广阳领校,遭母丧归家,友来投之,时日已暮,出告从者,速装束,吾当夜去。从者曰:"今日已暝,数十里草行,何急复去?"友曰:"非汝所知也。此间血覆地,宁可复住!"苦留之,不待食而去。其夜洪欻发狂,绞杀两子,并杀妇,又斫父妾二人,皆被创,因出亡走。明日,其宗族往收殡亡者,寻索洪,数日,于宅前林中得之,已自经死。

宣城太守殷祐有病,友筮之,曰:"七月晦日,将有大鹳鸟来集厅事上,宜勤伺取,若获者为善,不获将成祸。"祐乃谨为其备。至日,果有大鹳垂尾九尺,来集厅事上,掩捕得之,祐乃迁石头督护,后为吴郡太守。

友卜占神效甚多,而消欻转祸,无不皆验。干宝问其故,友曰:"筮卦用五行相生杀,如按方投药治病,以冷热相救。其差与不差,不可必也。"友以元康六年举贤良,元帝渡江,以为广武将军,永嘉末卒。

淳于智,字叔平,济北卢人也。有思义,能《易》筮,善厌胜之术。

高平刘柔夜卧,鼠啮其左手中指,以问智。智曰:"是欲杀君而不能,当为君使其反死。"乃以朱书手腕横文后三寸作"田"字,辟方一寸二分,使露手以卧。明旦,有大鼠伏死手前。谯人夏侯藻母病困,诣智卜,忽有一狐当门向之嗥。藻怖愕,驰见智。智曰:"其祸甚急,君速归,在狐嗥处拊心啼哭,令家人惊怪,大小必出,一人不出,哭勿止,然后其祸可救也。"藻还,如其言,母亦扶病而出。家人既集,堂屋五间拉然而崩。护军张劭母病笃,智筮之,使西出市沐猴,系母臂,令傍人捶拍,恒使作声,三日放去。劭从之。其猴出门即为犬所咋死,母病遂差。上党鲍瑗家多丧病贫苦,或谓之曰:"淳于叔平,神人也,君何不试就卜,知祸所在?"瑗性质直,不信卜筮,曰:"人生有命,岂卜筮所移!"会智来,应詹谓曰:"此君寒士,每多屯虞,君有通灵之思,可为一卦。"智乃为卦,卦成,谓瑗曰:"君安宅失宜,故令君困。君舍东北有大桑树,君径至市,入门数十步,当有一人持荆马鞭者,便就买以悬此树,三年当暴得财。"瑗承言诣市,果得马鞭,悬之三年,浚井,得钱数十万,铜铁器复二十余万,于是致赡,疾者亦愈。其消灾转祸,不可胜纪,而卜筮所占,千百皆中。应詹少亦多病,智乃为符使詹佩之,诵其文,既而皆验,莫能学也。

性深沉,常自言短命,曰:"辛亥岁天下有事,当有巫医挟道术者死。吾守《易》义以行之,犹当不应此乎!"太元末,为司马督,有宠于杨骏,故见杀。

步熊,字叔罴,阳平发干人也。少好卜筮数术,门徒甚盛。熊学舍侧有一人烧死,吏持熊诸生,谓为失火。熊曰:"已为卿卜得其人矣。使从道南行,当有一人来问得火主来者,便缚之。"吏如熊言,果是耕人,自言草恶难耕,故烧之,忽风起延烧远近,实不知草中有人。又邻人儿远行,或告以死,其父母号哭制服,熊为之卜,克日当还,如期果至。

赵王伦闻其名,召之。熊谓诸生曰:"伦死不久,不足应也。"伦怒,遣兵围之数重。熊乃使诸生着其裘南走,伦兵悉赴捉之,熊密从北出,得脱。后为成都王颖所辟,颖使熊射覆,物无所失。后颖奔关中,平昌公模镇邺,以熊颖党,诛之。

杜不愆,卢江人也。少就外祖郭璞学《易》卜,屡有验。高平郗超年二十余,得重疾,试令筮之。不愆曰:"按卦言之,卿所苦寻除。然宜于东北三十里上宫姓家索其所养雄雉,笼盛置东檐下,却后九日景午日午时,必当有雌雉飞来与交,既而双去。若如此,不出二十日病都除,又是休应,年将八十,位极人臣。若但雌逝雄留者,病一周方差,年半八十,名位亦失。"超时正羸笃,虑命在旦夕,笑而答曰:"若保八十之半,便有余矣。一周病差,何足为淹!"然未之信。或劝依其言,索雉果得。至景午日,超卧南轩之下观之,至日晏,果有雌雉飞入笼,与雄雉交而去,雄雉不动。超叹息曰:"虽管、郭之奇,何以尚此!"超病弥年乃起,至四十,卒于中书郎。

不愆后占筮转疏，无复此类。后为桓嗣建威参军。

严卿，会稽人也。善卜筮。乡人魏序欲暂东行，荒年多抄盗，令卿筮之。卿筮曰："君慎不可东行，必遭暴害之气，而非劫也。"序不之信。卿曰："既必不停，宜以禳之，可索西郭外独母家白雄狗系着船前。"求索止得驳狗，无白者。卿曰："驳者亦足，然犹恨其色不纯，当余小毒，正及六畜辈耳，无所复忧。"序行半路，狗或然作声甚急，有如人打之者。比视，已死，吐黑血斗余。其夕，序墅上白鹅数头无故自死，而序家无恙。

隗炤，汝阴人也。善于《易》。临终，书版授其妻曰："吾亡后当大荒穷，虽尔，慎莫卖宅也。却后五年春，当有诏来顿此亭，姓龚，此人负吾金，即以此版往责之，勿违言也。"炤亡后，其家大困乏，欲卖宅，忆夫言辄止。期日，有龚使者止亭中，妻遂赍版往责之。使者执版惘然，不知所以。妻曰："夫临亡，手书版见命如此，不敢妄也。"使者沉吟良久而悟，谓曰："贤夫何善？"妻曰："夫善于《易》，而未曾为人卜也。"使者曰："噫，可知矣！"乃命取蓍筮之，卦成，抚掌而叹曰："妙哉隗生！"含明隐迹，可谓镜穷达而洞吉凶者也。"于是告炤妻曰："吾不相负金也，贤夫自有金耳，知亡后当暂穷，故藏金以待太平，所以不告儿妇者，恐金尽而困无已也。知吾善易，故书版以寄意耳。金有五百斤，盛以青瓮，覆以铜柈，埋在堂屋东头，去壁一丈，入地九尺。"妻还掘之，皆如卜焉。

卜珝，字子玉，匈奴后部人也。少好读易，郭璞见而叹曰："吾所弗如也，奈何不免兵厄！"珝曰："然。吾大厄在四十一，位为卿相，当受祸耳。不尔者，亦为猛兽所害。吾亦未见子之令终也。"璞曰："吾祸在江南，甚营之，未见免兆。虽然，在南犹可延期，住此不过时月。"珝曰："子勿为公吏，可以免诸。"璞曰："吾不能免公吏，犹子之不能免卿相也。"珝曰："吾此虽当有帝王子，终不复奉二京矣。琅邪可奉,卿谨奉之,主晋祀者必此人也。"翊遂隐于龙门山。

刘元海僭号,征为大司农、侍中,固以疾辞。元海曰:"人各有心,卜翊之不欲在吾朝,何异高祖四公哉！可遂其高志。"后复征为光禄大夫,翊谓使者曰:"非吾死所也。"及刘聪嗣伪位,征为太常。时刘琨据并州,聪问何时可平,翊答曰:"并州陛下之分,今兹克之必矣。"聪戏曰:"朕欲劳先生一行可乎？"翊曰:"臣所以来不及装者,正为是行也。聪大悦,署翊使持节、平北将军。将行,谓其妹曰:"此行也,死自吾分,后慎勿纷纭。"及攻晋阳,为琨所败,翊卒先去,为其元帅所杀。

鲍靓,字太玄,东海人也。年五岁,语父母云:"本是曲阳李家儿,九岁坠井死。"其父母寻访得李氏,推问皆符验。靓学兼内外,明天文河洛书,稍迁南阳中部都尉,为南海太守。尝行部入海,遇风,饥甚,取白石煮食之以自济。王机时为广州刺史,入厕,忽见二人着乌衣,与机相捍,良久擒之,得二物似乌鸭。靓曰:"此物不祥。"机焚之,径飞上天,机寻诛死。靓尝见仙人阴君,授道诀,百余岁卒。

吴猛,豫章人也。少有孝行,夏日常手不驱蚊,惧其去己而噬亲也。年四十,邑人丁义始授其神方。因还豫章,江波甚急,猛不假舟楫,以白羽扇画水而渡,观者异之。庾亮为江州刺史,尝遇疾,闻猛神异,乃迎之,问己疾何如。猛辞以算尽,请具棺服。旬日而死,形状如生。未及大敛,遂失其尸。识者以为亮不祥之征。亮疾果不起。

幸灵者,豫章建昌人也。性少言,与小人群居,见侵辱而无愠色,邑里号之痴,虽其父母兄弟亦以为痴也。尝使守稻,群牛食之,灵见而不驱,待牛去乃往理其残乱者。其父母见而怒之,灵曰:"夫万物生天地之间,各欲得食。牛方食,奈何驱之！"其父愈怒曰:"即如汝言,复用理坏者何为？"灵曰:"此稻又欲得终其性,牛自犯之,灵可以不收乎！"

　　时，顺阳樊长宾为建昌令，发百姓作官船于建城山中，吏令人各作箸一双。灵作而未输，或窃之焉。俄而窃者心痛欲死，灵谓之曰："尔得无窃我箸乎？"窃者不应。有顷，愈急，灵曰："若尔不以情告我者，今真死矣。"窃者急遽，乃首出之。灵于是饮之以水，病即立愈。行人由此敬畏之。船成，当下，吏以二百人引一艘，不能动，方请益人。灵曰："此以过足，但部分未至耳。灵请自牵。"乃手执箸，惟用百人，而船去如流。众大惊怪，咸称其神，于是知名。

　　有龚仲儒女病积年，气息财属，灵使以水含之，已而强起，应时大愈。又吕猗母皇氏得痿痹病，十有余年，灵疗之，去皇氏数尺而坐，冥目寂然，有顷，顾谓猗曰："扶夫人令起。"猗曰："老人得病累年，奈何可仓卒起邪？"灵曰："但试扶起。"于是两人夹扶以立。少选，灵又令去扶，即能自行，由此遂愈。于是百姓奔趣，水陆辐辏，从之如云。皇氏自以病久，惧有发动，灵乃留水一器令食之，每取水，辄以新水补处，二十余年水清如新，尘垢不能加焉。

　　时高悝家有鬼怪，言语诃叱，投掷内外，不见人形，或器物自行，再三发火，巫祝厌劾而不能绝。适值灵，乃要之。灵于陌头望其屋，谓悝曰："此君之家邪？"悝曰："是也。"灵曰："知之足矣。"悝固请之，灵不得已，至门，见符索甚多，谓悝曰："当以正止邪，而以邪救邪，恶得已乎！"并使焚之，惟据轩小坐而去，其夕鬼怪即绝。

　　灵所救愈多此类，然不取报谢。行不骑乘，长不娶妻，性至恭，见人即先拜，言辄自名。凡草木之夭伤于山林者，必起理之，器物之倾覆于途路者，必举正之。周旋江州间，谓其士人曰："天地之于人物，一也，咸欲不失其情性，奈何制服人以为奴婢乎！诸君若欲享多福以保性命，可悉免遣之。"十余年间，赖其术以济者极多。后乃娶妻，畜车马奴婢，受货赂致遗，于是其术稍衰，所疗得失相半焉。

　　佛图澄，天竺人也。本姓帛氏。少学道，妙通玄术。永嘉四年，来适洛阳，自云百有余岁，常服气自养，能积日不食。善诵神咒，能役使鬼神。腹旁有一孔，常以絮塞之，每夜读书，则拔絮，孔中出光，照于一室。又尝斋时,平旦至流水侧,从腹旁孔中引出五藏六腑洗之,讫,还内腹中。又能听铃音以言吉凶,莫不悬验。

及洛中寇乱,乃潜草野以观变。石勒屯兵葛陂,专行杀戮,沙门遇害者甚众。澄投勒大将军郭黑略家,黑略每从勒征伐,辄豫克胜负,勒疑而问曰:"孤不觉卿有出众智谋,而每知军行吉凶,何也?"黑略曰:"将军天挺神威,幽灵所助,有一沙门智术非常,云将军当略有区夏,已应为师。臣前后所白,皆其言也。"勒召澄,试以道术。澄即取钵盛水,烧香咒之,须臾钵中生青莲花,光色曜目,勒由此信之。

勒自葛陂还河北,过枋头,枋头人夜欲斫营,澄谓黑略曰:"须臾贼至,可令公知。"果如其言,有备,故不败。勒欲试澄,夜冠胄衣甲,执刀而坐,遣人告澄云:"夜来不知大将军何所在。"使人始至,未及有言,澄逆问曰:"平居无寇,何故夜严?"勒益信之。勒后因忿,欲害诸道士,并欲苦澄。澄乃潜避至黑略舍,语弟子曰:"若将军信至,问吾所在者,报云不知所之。"既而勒使至,觅澄不得。使还报勒,勒惊曰:"吾有恶意向澄,澄舍我去矣。"通夜不寝,思欲见澄。澄知勒意悔,明旦造勒。勒曰:"昨夜何行?"澄曰:"公有怒心,昨故权避公。今改意,是以敢来。"勒大笑曰:"道人谬矣。"

襄国城堑水源在城西北五里,其水源暴竭,勒问澄何以致水。澄曰:"今当敕龙取水。"乃与弟子法首等数人至故泉源上,坐绳床,烧安息香,咒愿数百言。如此三日,水泫然微流,有一小龙长五六寸许,随水而来,诸道士竞往视之。有顷,水大至,隍堑皆满。

鲜卑段末波攻勒,众甚盛。勒惧,问澄。澄曰:"昨日寺铃鸣云,明旦食时,当擒段末波。"勒登城望末波军,不见前后,失色曰:"末波如此,岂可获乎!"更遣夔安问澄。澄曰:"已获末波矣。"时城北伏兵出,遇末波,执之。澄劝勒宥末波,遣还本国,勒从之,卒获其用。

刘曜遣从弟岳攻勒,勒遣石季龙距之。岳败,退保石梁坞,季龙坚栅守之。澄在襄国,忽叹曰:"刘岳可悯!"弟子法祚问其故,澄曰:"昨日亥时,岳已败被执。"果如所言。

及曜自攻洛阳，勒将救之，其群下咸谏以为不可。勒以访澄，澄曰："相轮铃音云：'秀支替戾冈，仆谷劬秃当。'此羯语也。秀支，军也。替戾冈，出也。仆谷，刘曜胡位也。劬秃当，捉也。此言军出捉得曜也。"又令一童子洁斋七日，取麻油合胭脂，躬自研于掌中，举手示童子，粲然有辉。童子惊曰："有军马甚众，见一人长大白皙，以朱丝缚其肘。"澄曰："此即曜也。"勒甚悦，遂赴洛距曜，生擒之。

勒僭称赵天王，行皇帝事，敬澄弥笃。时石葱将叛，澄诫勒曰："今年葱中有虫，食必害人，可令百姓无食葱也。"勒班告境内，慎无食葱。俄而石葱果走。勒益重之，事必咨而后行，号曰大和尚。

勒爱子斌暴病死，将殡，勒叹曰："朕闻虢太子死，扁鹊能生之，今可得效乎？"乃令告澄。澄取杨树沾水，洒而咒之，就执斌手曰："可起矣！"因此遂苏，有顷，平复。自是勒诸子多在澄寺中养之。勒死之年，天静无风，而塔上一铃独鸣，澄谓众曰："铃音云，国有大丧，不出今年矣。"既而勒果死。

及季龙僭位，迁都于邺，倾心事澄，有重于勒。下书衣澄以绫锦，乘以雕辇，朝会之日，引之升殿，常侍以下悉助举舆，太子诸公扶翼而上，主者唱大和尚，众坐皆起，以彰其尊。又使司空李农旦夕亲问，其太子诸公五日一朝，尊敬莫与为比。支道林在京师，闻澄与诸公游，乃曰："澄公其以季龙为海鸥鸟也。"

百姓因澄故多奉佛，皆营造寺庙，相竞出家，真伪混淆，多生愆过。季龙下书料简，其著作郎王度奏曰："佛，外国之神，非诸华所应祠奉。汉代初传其道，惟听西域人得立寺都邑，以奉其神，汉人皆不出家。魏承汉制，亦循前轨。今可断赵人悉不听诣寺烧香礼拜，以遵典礼，其百辟卿士逮众隶，例皆禁之，其有犯者，与淫祀同罪。其赵人为沙门者，还服百姓。"朝士多同度所奏。季龙以澄故，下书曰："朕出自边戎，忝君诸夏，至于飨祀，应从本俗。佛是戎神，所应兼奉，其夷赵百姓有乐事佛者，特听之。"

澄时止邺城寺中，弟子遍于郡国。常遣弟子法常北至襄国，弟子法佐从襄国还，相遇于梁基城下，对车夜谈，言及和尚，比旦各

去。佐始入，澄逆笑曰："昨夜尔与法常交车共说汝师邪?"佐愕然愧
忏。于是国人每相语："莫起恶心，和尚知汝。"及澄之所在，无敢向
其方面涕唾者。

季龙太子邃有二子，在襄国，澄语邃曰："小阿弥比当得疾，可
往看之。"邃即驰信往视，则果已得疾。太医殷腾及外国道士自言能
疗之，澄告弟子法牙曰："正使圣人复出，不愈此疾，况此等乎!"后
三日果死。邃将图为逆，谓内竖曰："和尚神通，倘发吾谋。明日来
者，当先除之。"澄月望将入觐季龙，谓弟子僧慧曰："昨夜天神呼我
曰：'明日若入，还勿过人。'我倘有所过，汝当止我。"澄常入，必过
邃。邃知澄入，要侯甚苦。澄将上南台，僧慧引衣，澄曰："事不得
止。"坐未安便起，邃固留不住，所谋遂差。还寺，叹曰："太子作乱，
其形将成，欲言难言，欲忍难忍。"乃因事从容箴季龙，季龙终不能
解。俄而事发，方悟澄言。

后郭黑略将兵征长安北山羌，堕羌伏中。时澄在堂上坐，惨然
改容曰："郭公今有厄。"乃唱云："众僧祝愿。"澄又自祝愿。须臾，更
曰："若东南出者活，余向者则困。"复更祝愿。有顷，曰："脱矣。"后
月余，黑略还，自说堕羌围中，东南走，马乏，正遇帐下人，推马与之
曰："公乘此马，小人乘公马，济与不济，命也。"略得其马，故获免。
推检时日，正是澄祝愿时也。

时天旱，季龙遣其太子诣临漳西滏口祈雨，久而不降，乃令澄
自行，即有白龙二头降于祠所，其日大雨方数千里。澄尝遣弟子向
西域市香，既行，澄告余弟子曰："掌中见买香弟子在某处被劫垂
死。"因烧香祝愿，遥救护之。弟子后还，云某月某日某处为贼所劫，
垂当见杀，忽闻香气，贼无故自惊曰："救兵已至。"弃之而走。黄河
中旧不生鼋，时有得者，以献季龙。澄见而叹之曰："桓温入河，其不
久乎!"温字元子，后果如其言也。季龙尝昼寝，梦见群羊负鱼从东
北来，寤以访澄。澄曰："不祥也，鲜卑其有中原乎!"后亦皆验。澄
尝与季龙升中台，澄忽惊曰："变，变，幽州当火灾。"乃取酒噀之，久
而笑曰："救已得矣。"季龙遣验幽州，云尔日火从四门起，西南有黑

云来,骤雨灭之,雨亦颇有酒气。

石宣将杀石韬,宣先到寺与澄同坐,浮屠一铃独鸣,澄谓曰:"解铃音乎?云胡子洛度。"宣变色曰:"是何言欤?"澄谬曰:"老胡为道,不能山居无言,重茵美服,岂非洛度乎!"石韬后至,澄孰视良久。韬惧而问澄,澄曰:"怪公血臭,故相视耳。"季龙梦龙飞西南,自天而落,旦而问澄,澄曰:"祸将作矣,宜父子慈和,深以慎之。"季龙引澄入东阁,与其后杜氏问讯之。澄曰:"胁下有贼,不出十日,自浮图以西,此殿以东,当有血流,慎勿东也。"杜后曰:"和尚毫邪!何处有贼?"澄即易语云:"六情所受,皆悉是贼。老自应毫,但使少者不昏即好耳。"遂便寓言,不复彰的。后二日,宣果遣人害韬于佛寺中,欲因季龙临丧杀之。季龙以澄先诫,故获免。及宣被收,澄谏季龙曰:"皆陛下之子也,何为重祸邪!陛下若含怒加慈者,尚有六十余岁。如必诛之,宣当为彗星下埽邺宫。"季龙不从。后月余,有一妖马,髦尾皆有烧状,入中阳门,出显阳门,东首东宫,皆不得入,走向东北,俄尔不见。澄闻而叹曰:"灾其及矣!"季龙大享群臣于太武前殿,澄吟曰:"殿乎,殿乎!棘子成林,将坏人衣。"季龙令发殿石下视之,有棘生焉。冉闵,小字棘奴。

季龙造太武殿初成,图画自古贤圣、忠臣、孝子、烈士、贞女,皆变为胡状,旬余,头悉缩入肩中,惟冠犎髴髯微出,季龙大恶之,秘而不言也。澄对之流涕,乃自启茔墓于邺西紫陌,还寺,独语曰:"得三年乎?"自答:"不得。"又曰:"得二年、一年、百日、一月乎?"自答:"不得。"遂无复言。谓弟子法祚曰:"戊甲岁祸乱渐萌,己酉石氏当灭。吾及其未乱,先从化矣。"卒于邺宫寺。后有沙门从雍州来,称见澄西入关,季龙掘而视之,惟有一石而无尸。季龙恶之曰:"石者,朕也,葬我而去,吾将死矣。"因而遇疾。明年,季龙死,遂大乱。

麻襦者,不知何许人也,莫得其姓名。石季龙时,在魏县市中乞丐,恒着麻襦布裳,故时人谓之"麻襦"。言语卓越,状如狂者,乞得米谷不食,辄散置大路,云饴天马。赵兴太守籍状收送诣季龙。

先是，佛图澄谓季龙曰："国东二百里某月日当送一非常人，勿杀之也。"如期果至。季龙与共语，了无异言，惟道"陛下当终一柱殿下"。季龙不解，送以诣澄。麻襦谓澄曰："昔在光和中会，奄至今日。酉戎受玄命，绝历终有期。金离消于壤，边荒不能遵。驱除灵期迹，莫已已之懿。裔苗叶繁，其来方积。休期于何期，永以叹之。"澄曰："天回运极，否将不支，九木水为难，无可以术宁。玄哲虽存世，莫能基必莫能基必颓。久游阎浮利，扰扰多此患。行登陵云宇，会于虚游间。"其所言，人莫能晓。季龙遣驿马送还本县，既出城，请步，云："我当有所过，君至合口桥见待。"使人如言而驰，至桥，麻襦已先至。

后慕容儁投季龙尸于漳水，倚桥柱不流，时人以为"一柱殿下"即谓此也。及元帝嗣位江左，亦以为"天马"之应云。

单道开，敦煌人也。常衣粗褐，或赠以缯服，皆不着。不畏寒暑，昼夜不卧。恒服细石子，一吞数枚，日一服，或多或少。好山居，而山树诸神见异形试之，初无惧色。

石季龙时，从西平来，一日行七百里，其一沙弥年十四，行亦及之。至秦州，表送到邺，季龙令佛图澄与语，不能屈也。初至邺城西沙门法綝祠中，后徙临漳昭德寺。于房内造重阁，高八九尺，于上编菅为禅室，常坐其中。季龙资给甚厚，道开皆以施人。人或来咨问者，道开都不答。日服镇守药数丸，大如梧子，药有松蜜姜桂茯苓之气，时复饮茶苏一二升而已。自云能疗目疾，就疗者颇验。视其行动，状若有神。佛图澄曰："此道士观国兴衰，若去者，当有大乱。"及季龙末，道开南渡许昌，寻而邺中大乱。

升平三年至京师，后至南海，入罗浮山，独处茅茨，萧然物外。年百余岁，卒于山舍，敕弟子以尸置石穴中，弟子乃移入石室。陈郡袁宏为南海太守，与弟颖叔及沙门支法防共登罗浮山，至石室口，见道开形骸如生，香火瓦器犹存。宏曰："法师业行殊群，正当如蝉蜕耳。"乃为之赞云。

黄泓,字始长,魏郡斥丘人也。父沈,善天文秘术。泓从父受业,精妙逾深,兼博览经史,尤明《礼》、《易》。性忠勤,非礼不动。永嘉之乱,与渤海高瞻避地幽州,说瞻曰:"王浚昏暴,终必无成,宜思去就以图久安。慕容廆法政修明,虚怀引纳,且谶言真人出东北,傥或是乎? 宜相与归之,同建事业。"瞻不从。泓乃率宗族归廆,廆待以客礼,引为参军,军国之务动辄访之。泓止说成败,事皆如言。廆常曰:"黄参军,孤之仲翔也。"

及皝嗣位,迁左常侍,领史官,甚重之。石季龙攻皝,皝将走辽东,泓曰:"贼有败气,无可忧也,不过二日,必当奔溃。宜严勒士马,为追击之备。"皝曰:"今寇盛如此,卿言必走,孤未敢信。"泓曰:"殿下言盛者,人事耳;臣言必走者,天时也,胡足为疑!"及期,季龙果退,皝益奇之。

及慕容儁即王位,迁从事中郎。儁闻冉闵乱,将图中原,访之于泓。泓劝行,儁从之。及僭号,署为进谋将军、太史令、关内侯,寻加奉车都尉、西海太守、领太史令、开阳亭侯,又封平舒县五等伯,常从左右,咨决大事。灵台令许敦害其宠,谄事慕容评,设异议以毁之,乃以泓为太史灵台诸署统,加给事中。泓待敦弥厚,不以毁己易心。

慕容㬽败,以老归家,叹曰:"燕必中兴,其在吴人,恨吾年过不见耳。"年九十七卒。卒后三年,伪吴王慕容垂兴焉。

索紞,字叔彻,敦煌人也。少游京师,受业太学,博综经籍,遂为通儒。明阴阳天文,善术数占候。司徒辟,除郎中,知中国将乱,避世而归。乡人从紞占问吉凶,门中如市,紞曰:"攻乎异端,戒在害己;无为多事,多事多患。"遂诡言虚说,无验乃止。惟以占梦为无悔吝,乃不逆问者。

孝廉令狐策梦立冰上,与冰下人语。紞曰:"冰上为阳,冰下为阴,阴阳事也。士如归妻,迨冰未泮,婚姻事也。君在冰上与冰下人语,为阳语阴,媒介事也。君当为人作媒,冰泮而婚成。"策曰:"老夫耄矣,不为媒也。"会太守田豹因策为子求乡人张公征女,仲春而成婚焉。

郡主簿张宅梦走马上山,还绕舍三周,但见松柏,不知门处。纮曰:"马属离,离为火。火,祸也。人上山,为凶字。但见松柏,墓门象也。不知门处,为无门也。三周,三期也。后三年必有大祸。"宅果以谋反伏诛。

索充初梦天上有二棺落充前。纮曰:"棺者,职也,当有京师贵人举君。二官者,频再迁。"俄而司徒王戎书属太守使举充,太守先署充功曹而举孝廉。充后梦见一虏,脱上衣来诣充。纮曰:"虏去上中,下半男字,夷狄阴类,君妇当生男。"终如其言。

宋桷梦内中有一人着赤衣,桷手把两杖,极打之。纮曰:"内中有人,肉字也。肉色,赤也。两杖,箸象也。极打之,饱肉食也。"俄而亦验焉。

黄平问纮曰:"我昨夜梦舍中马舞,数十人向马拍手,此何祥也?"纮曰:"马者,火也,舞为火起。向马拍手,救火人也。"平未归而火作。

索绥梦东有二角书诣绥,大角朽败,小角有题韦囊角佩,一在前,一在后。纮曰:"大角朽败,腐棺木。小角有题,题所诣。一在前,前凶也。一在后,后背也。当有凶背之问。"时绥父在东,居三日而凶问至。

郡功曹张遨尝奉使诣州,夜梦狼咬一脚。纮曰:"脚肉被咬,为却字。"会东房反,遂不行。凡所占莫不验。

太守阴澹从求占书,纮曰:"昔入太学,因一父老为主人,其人无所不知,又匿姓名,有似隐者,纮因从父老问占梦之术,审测而说,实无书也。"澹命为西阁祭酒,纮辞曰:"少无山林之操,游学京师,交结时贤,希申鄙艺。会中国不靖,欲养志终年。老亦至矣,不求闻达。又少不习勤,老无吏干,濛汜之年,弗敢闻命。"澹以束帛礼之,月致羊酒。年七十五,卒于家。

　　孟钦，洛阳人也。有左慈、刘根之术，百姓惑而赴之。苻坚召诣长安，恶其惑众，命苻融诛之。俄而钦至，融留之，遂大宴郡僚，酒酣，目左右收钦。钦化为旋风，飞出第外。顷之，有告在城东者，融遣骑追之，垂及，忽然已远，或有兵众距战，或前溪涧，骑不得过，遂不知所在。坚末，复见于青州。苻朗寻之，入于海岛。

　　王嘉，字子年，陇西安阳人也。轻举止，丑形貌，外若不足，而聪睿内明。滑稽好语笑，不食五谷，不衣美丽，清虚服气，不与世人交游。隐于东阳谷，凿崖穴居，弟子受业者数百人，亦皆穴处。

　　石季龙之末，弃其徒众，至长安，潜隐于终南山，结庵庐而止。门人闻而复随之，乃迁于倒兽山。苻坚累征不起，公侯已下，咸躬往参诣，好尚之士，无不师宗之。问其当世事者，皆随问而对。好为譬喻，状如戏调；言未然之事，辞如谶记，当时鲜能晓之，事过皆验。

　　坚将南征，遣使者问之。嘉曰："金刚火强。"乃乘使者马，正衣冠，徐徐东行数百步，而策马驰反，脱衣服，弃冠履而归，下马踞床，一无所言。使者还告，坚不悟，复遣问之，曰："吾世祚云何？"嘉曰："未央。"咸以为吉。明年癸未，败于淮南，所谓未年而有殃也。人候之者，至心则见之，不至心则隐形不见。衣服在架，履杖犹存，或欲取其衣者，终不及，企而取之，衣架逾高，而屋亦不大，履杖诸物亦如之。

　　姚苌之入长安，礼嘉如苻坚故事，逼以自随，每事谘之。苌既与苻登相持，问嘉曰："吾得杀苻登定天下不？"嘉曰："略得之。"苌怒曰："得当云得，何略之有！"遂斩之。先此，释道安谓嘉曰："世故方殷，可以行矣。"嘉答曰："卿其先行，吾负债未果去。"俄而道安亡，至是而嘉戮死，所谓"负债"者也。苻登闻嘉死，设坛哭之，赠太师，谥曰文。及苌死，苌子兴字略方杀登，"略得"之谓也。嘉之死日，人有陇上见之。其所造《牵三歌谶》，事过皆验，累世犹传之。又著《拾遗录》十卷，其记事多诡怪，今行于世。

　　僧涉者,西域人也。不知何姓。少为沙门,苻坚时入长安。虚静服气,不食五谷,日能行五百里,言未然之事,验若指掌。能以秘祝下神龙,每旱,坚常使之咒龙请雨。俄而龙下钵中,天辄大雨,坚及群臣亲就钵观之。卒于长安。后大旱移时,苻坚叹曰:“涉公在此,岂忧此乎!”

　　郭黁,西平人也。少明式《易》,仕郡主簿。张天锡末年,苻氏每有西伐之问,太守赵凝使黁筮之,黁曰:“若郡内二月十五日失囚者,东军当至,凉祚必终。”凝乃申约属县。至十五日,鲜卑折掘送马于凝,凝怒其非骏,幽之内厩,鲜卑惧而夜遁。凝以告黁,黁曰:“是也。国家将亡,不可复振。”

　　苻坚末,当阳门震,刺史梁熙问黁曰:“其祚安在?”黁曰:“为四夷之事也。当有外国二王来朝主上,一当反国,一死此城。”岁余而鄯善及前部王朝于苻坚,西归,鄯善王死于姑臧。

　　吕光之王河西也,西海太守王桢叛,黁劝光袭之。光之左丞吕宝曰:“千里袭人,自昔所难,况王者之师,天下所闻,何可侥幸以邀成功!黁不可从,误人大事。”黁曰:“若有不捷,黁自伏铁钺之诛。如其克也,左丞为无谋矣。”光从而克之。光比之京、管,常参帷幄密谋。

　　光将伐乞伏乾归,黁谏曰:“今太白未出,不宜行师,往必无功,终当覆败。”太史令贾曜以为必有秦陇之地。及克金城,光使曜诘黁,黁密谓光曰:“昨有流星东坠,当有伏尸死将,虽得此城,忧在不守。正月上旬,河冰将解,若不早渡,恐有大变。”后二日而败问至,光引军渡河讫,冰泮。时人服其神验。光以黁为散骑常侍、太常。

　　黁后以光年老,知其将败,遂与光仆射王祥起兵作乱。百姓闻黁起兵,咸以圣人起事,事无不成,故相率从之如不及。黁以为代吕者王,乃推王乞基为主。后吕隆降姚兴,兴以王尚为凉州刺史,终如黁言。黁之与光相持也,逃人称吕统病死,黁曰:“未也,光、统之命

尽在一时。"后统死三日而光死。��尝曰:"凉州谦光殿后当有索头
鲜卑居之。"终于秃发傉檀、沮渠蒙逊迭据姑臧。���性褊酷,不为士
庶所附。战败,奔乞伏乾归。乾归败,入姚兴。�以灭姚者晋,遂将
妻子南奔,为追兵所杀也。

　　鸠摩罗什,天竺人也。世为国相。父鸠摩罗炎,聪懿有大节,将
嗣相位,乃辞避出家,东渡葱岭。龟兹王闻其名,郊迎之,请为国师。
王有妹,年二十,才悟明敏,诸国交娉,并不许,及见炎,心欲当之,
王乃逼以妻焉。既而罗什在胎,其母慧解倍常。及年七岁,母遂与
俱出家。

　　罗什从师受经,日诵千偈,偈有三十二字,凡三万二千言,义亦
自通。年十二,其母携到沙勒,国王甚重之,遂停沙勒一年。博览五
明诸论及阴阳星算,莫不必尽,妙达吉凶,言若符契。为性率达,不
拘小检,修行者颇共疑之。然罗什自得于心,未尝介意,专以大乘为
化,诸学者皆共师焉。年二十,龟兹王迎之还国,广说诸经,四远学
徒,莫之能抗。

　　有顷,罗什母辞龟兹王往天竺,留罗什住,谓之曰:"方等深教,
不可思议,传之东土,惟尔之力。但于汝无利,其可如何?"什曰:"必
使大化流传,虽苦而无恨。"母至天竺,道成,进登第三果。西域诸国
咸伏罗什神俊,每至讲说,诸公皆长跪坐侧,令罗什践而登焉。

　　苻坚闻之,密有迎罗什之意。会太史奏云:"有星见外国分野,
当有大智入辅中国。"坚曰:"朕闻西域有鸠摩罗什,将非此邪?"乃
遣骁骑将军吕光等率兵七万,西伐龟兹,谓光曰:"若获罗什,即弛
驿送之。"光军未至,罗什谓龟兹王白纯曰:"国运衰矣,当有勍敌从
日下来,宜恭承之,勿抗其锋。"纯不从,出兵距战,光遂破之,仍获
罗什。光见其年齿尚少,以凡人戏之,强妻以龟兹王女,罗什距而不
受,辞甚苦至。光曰:"道士之操不逾先父,何所固辞?"乃饮以醇酒,
同闭密室。罗什被逼,遂妻之。光还,中路置军于山下,将士已休,
罗什曰:"在此必狼狈,宜徙军陇上。"光不纳。至夜,果大雨,洪潦暴

起，水深数丈，死者数千人，光密异之。

光欲留王西国，罗什谓光曰："此凶亡之地，不宜淹留，中路自有福地可居。"光还至凉州，闻苻坚已为姚苌所害，于是窃号河右。属姑臧大风，罗什曰："不祥之风当有奸叛，然不劳自定也。"俄而有叛者，寻皆殄灭。

沮渠蒙逊先推建康太守段业为主，光遣其子纂率众讨之。时论谓业等乌合，纂有威声，势必全克。光以访罗什，答曰："此行未见其利。"既而纂败于合黎，俄又郭黁起兵，纂弃大军轻还，复为黁所败，仅以身免。

中书监张资病，光博营救疗。有外国道人罗叉，云能差资病。光喜，给赐甚重。罗什知叉诳诈，告资曰："叉不能为益，徒烦费耳。冥运虽隐，可以事试也。"乃以五色丝作绳结之，烧为灰末，投水中，灰若出水还成绳者，病不可愈。须臾，灰聚浮出，复为绳，叉疗果无效，少日资亡。

顷之，光死，纂立。有猪生子，一身三头。龙出东箱井中，于殿前蟠卧，比旦失之。纂以为美瑞，号其殿为龙翔殿。俄而有黑龙升于当阳九宫门，纂改九宫门为龙兴门。罗什曰："比日潜龙出游，豕妖表异，龙者阴类，出入有时，而今屡见，则为灾眚，必有下人谋上之变。宜克己修德，以答天戒。"纂不纳，后果为吕超所杀。

罗什之在凉州积年，吕光父子既不弘道，故蕴其深解，无所宣化。姚兴遣姚硕德西伐，破吕隆，乃迎罗什，待以国师之礼，仍使入西明阁及逍遥园，译出众经。罗什多所暗诵，无不究其义旨，既览旧经多有纰缪，于是兴使沙门僧睿、僧肇等八百余人传受其旨，更出经论，凡三百余卷。沙门慧睿才识高明，常随罗什传写，罗什每为慧睿论西方辞体，商略同异，云："天竺国俗甚重文制，其宫商体韵，以入管弦为善。凡觐国王，必有赞德，经中偈颂，皆其式也。"罗什雅好大乘，志在敷演，常叹曰："吾若著笔作大乘阿毗昙，非迦旃子比也。今深识者既寡，将何所论！"惟为姚兴著《实相论》二卷，兴奉之若神。

　　尝讲经于草堂寺，兴及朝臣、大德沙门千有余人肃容观听，罗什忽下高坐，谓兴曰："有二小儿登吾肩，欲郭须妇人。"兴乃召宫女进之，一交而生二子焉。兴尝谓罗什曰："大师聪明超悟，天下莫二，何可使法种少嗣。"遂以伎女十人，逼令受之。尔后不住僧坊，别立解舍，诸僧多效之。什乃聚针盈钵，引诸僧谓之曰："若能见效食此者，乃可畜室耳。"因举匕进针，与常食不别，诸僧愧服乃止。

　　杯渡比丘在彭城，闻罗什在长安，乃叹曰："吾与此子戏，别三百余年，相见杳然未期，迟有遇于来生耳。"罗什未终少日，觉四大不愈，乃口出三番神咒，令外国弟子诵之以自救，失及致力，转觉危殆，于是力疾与众僧告别曰："因法相遇，殊失尽心，方复后世，恻怆何言。"死于长安。姚兴于逍遥园依外国法以火焚尸，薪灭形碎，惟舌不烂。

　　沙门昙霍者，不知何许人也。秃发傉檀时从河南来，持一锡杖，令人跪曰："此是波若眼，奉之可以得道。"时人咸异之。或遗以衣服，受而投之于河，后日以还其本主，衣无所污。行步如风云，言人死生贵贱无毫厘之差。人或藏其锡杖，昙霍大哭数声，闭目须臾，起而取之，咸奇其神异，莫能测也。每谓傉檀曰："若能安坐无为，则天下可定，祚胤克昌。如其穷兵好杀，祸将及己。"傉檀不能从。

　　傉檀女病甚，请救疗，昙霍曰："人之生死自有定期，圣人亦不能转祸为福，昙霍安能延命邪！正可知早晚耳。"傉檀固请之。时后宫门闭，昙霍曰："急开后门，及开门则生，不及则死。"傉檀命开之，不及而死。后兵乱，不知所在也。

　　台产，字国儁，上洛人，汉侍中崇之后也。少专京氏易，善图谶、秘纬、天文、洛书、风角、星算、六日六分之学，尤善望气、占候、推步之术。隐居商洛南山，兼善经学，泛情教授，不交当世。

　　刘曜时，灾异特甚，命公卿各举博识直言之士一人。其大司空刘均举产。曜亲临东堂，遣中黄门策问之，产极言其故。曜览而嘉之，引见，访以政事。产流涕歔欷，具陈灾变之祸，政化之阙，辞甚恳至。曜改容礼之，署为博士祭酒、谏议大夫，领太史令。至明年而其言皆验，曜弥重之，转太中大夫，岁中三迁。历位尚书、光禄大夫、太子少师，位特进，金章紫绶，爵关中侯。

史臣曰：陈、戴等诸子，并该洽坟典，研精数术，究推步之幽微，穷阴阳之秘奥，虽前代京、管，何以加之！郭麿知有晋之亡姚，去姚以归晋，追兵奄及，至毙中涂，斯则远见秋毫，不能近知目睫。澄、什爰自遐裔，来游诸夏。什既兆见星象，澄乃驱役鬼神，并通幽洞冥，垂文阐教，谅见珍于道艺，非取贵于他山，姚石奉之若神，良有以也。鲍、吴、王、幸等，或假灵道诀，或受教神方，遂能厌胜禳灾，隐文彰义，虽获讥于妖妄，颇有益于世用者焉。然而硕学通人，未宜枉辔。

赞曰：《传》叙灾祥，《书》称龟筮。应如影响，叶若符契。怪力乱神，诡时惑世，崇尚弗已，必致流弊。

晋书卷九六
列传第六六

# 列　女

姜耽妻辛氏　　杜有道妻严氏
王浑妻钟氏　　郑袤妻曹氏
愍怀太子妃王氏　　郑休妻石氏
陶侃母湛氏　　贾浑妻宗氏
梁纬妻辛氏　　许延妻杜氏
虞潭母孙氏　　周颙母李氏
张茂妻陆氏　　尹虞二女
荀崧小女灌　　王凝之妻谢氏
刘臻妻陈氏　　皮京妻龙氏
孟昶妻周氏　　何无忌母刘氏
刘聪妻刘氏　　王广女　　陕妇人
靳康女　　韦逞母宋氏
张天锡二妾 阎氏　薛氏
符坚妾张氏　　窦滔妻苏氏
符登妻毛氏　　慕容垂妻段氏

# 段丰妻慕容氏　吕纂妻杨氏
# 吕绍妻张氏
# 凉武昭王李玄盛后尹氏

夫三才分位，室家之道克隆；二族交欢，贞烈之风斯著。振高情而独秀，鲁册于是飞华；挺峻节而孤标，周篇于焉腾茂。徽烈兼劭，柔顺无愆，隔代相望，谅非一绪。然则虞兴妫讷，夏盛涂山，有娀、有婺广隆殷之业，大妊、大姒衍昌姬之化，马、邓恭俭，汉朝推德；宣、昭懿淑，魏代扬芬，斯皆礼极中闱，义殊月室者矣。至若恭姜誓节，孟母求仁，华率傅而经齐，樊授规而霸楚，讥文伯于奉剑，让子发于分菽，少君之从约礼，孟光之符隐志，既昭妇则，且擅母仪。子政缉之于前，元凯编之于后，具宣闺范，有裨阴训。故上从泰始，下迄恭、安，一操可称，一艺可纪，咸皆撰录，为之传云。或位极后妃，或事因夫子，各随本传，今所不录。在诸伪国，暂阻王猷，天下之善，足以惩劝，亦同搜次，附于篇末。

姜耽妻辛氏，字宪英，陇西人，魏侍中毗之女也。聪朗有才鉴。初，魏文帝得立为太子，抱毗项谓之曰："辛君知我喜不？"毗以告宪英，宪英叹曰："太子，代君主宗庙社稷者也。代君不可以不戚，主国不可以不惧，宜戚而喜，何以能久！魏其不昌乎？"

弟敞为大将军曹爽参军，宣帝将诛爽，因其从魏帝出而闭城门，爽司马鲁芝率府兵斩关赴爽，呼敞同去。敞惧，问宪英曰："天子在外，太傅闭城门，人云将不利国家，于事可得尔乎？"宪英曰："事有不可知，然以吾度之，太傅殆不得不尔。明皇帝临崩，把太傅臂，属以后事，此言犹在朝士之耳。且曹爽与太傅俱受寄托之任，而独专权势，于王室不忠，于人道不直，此举不过以诛爽耳。"敞曰："然则敞无出乎？"宪英曰："安可以不出！职守，人之大义也。凡人在难，犹或恤之；为人执鞭而弃其事，不祥也。且为人任，为人死，亲昵之职也，汝从众而已。"敞遂出。宣帝果诛爽。事定后，敞叹曰："吾不谋于姊，几不获于义！"

其后钟会为镇西将军，宪英谓耽从子祜曰："钟士季何故西出？"祜曰："将为灭蜀也。"宪英曰："会在事纵恣，非特久处下之道，吾畏其有他志。"及会将行，请其子琇为参军，宪英忧曰："他日吾为国忧，今日难至吾家矣。"琇固请于文帝，帝不听。宪英谓琇曰："行矣，戒之！古之君子入则致孝于亲，出则致节于国；在职思其所司，在义思其所立，不遗父母忧患而已。军旅之间可以济者，其惟仁恕乎！"会至蜀果反，琇竟以全归。祜尝送锦被，宪英嫌其华，反而覆之，其明鉴俭约如此。泰始五年卒，年七十九。

杜有道妻严氏，字宪，京兆人也。贞淑有识量。年十三，适于杜氏，十八而嫠居。子植、女韡并孤藐，宪虽少，誓不改节，抚育二子，教以礼度，植遂显名于时，韡亦有淑德，傅玄求为继室，宪便许之。时玄与何晏、邓飏不穆，晏等每欲害之，时人莫肯共婚。及宪许玄，内外以为忧惧。或曰："何、邓执权，必为玄害，亦由排山压卵，以汤沃雪耳，奈何与之为亲？"宪曰："尔知其一，不知其他。晏等骄侈，必当自败，司马太傅兽睡耳，吾恐卵破雪销，行自有在。"遂与玄为婚。晏等寻亦为宣帝所诛。植后为南安太守。

植从兄预为秦州刺史，被诬，征还，宪与预书戒之曰："谚云忍辱至三公。卿今可谓辱矣，能忍之，公是卿坐。"预后果为仪同三司。玄前妻子咸年六岁，尝随其继母省宪，谓咸曰："汝千里驹也，必当远至。"以其妹之女妻之。咸后亦有名于海内。其知人之鉴如此。年六十六卒。

王浑妻钟氏，字琰，颍川人，魏太傅繇曾孙也。父徽，黄门郎。琰数岁能属文，及长，聪慧弘雅，博览记籍。美容止，善啸咏，礼仪法度为中表所则。既适浑，生济。浑尝共琰坐，济趋庭而过，浑欣然曰：

"生子如此,足慰人心。"琰笑曰:"若使新妇得配参军,生子故不翅如此。"参军,谓浑中弟沦也。琰女亦有才淑,为求贤夫。时有兵家子甚俊,济欲妻之,白琰,琰曰:"要令我见之。"济令此兵与群小杂处,琰自帏中察之,既而谓济曰:"绯衣者非汝所拔乎?"济曰:"是。"琰曰:"此人才足拔萃,然地寒寿促,不足展其器用,不可与婚。"遂止。其人数年果亡。琰明鉴远识,皆此类也。

　　浑弟湛妻郝氏亦有德行,琰虽贵门,与郝雅相亲重,郝不以贱下琰,琰不以贵陵郝,时人称钟夫人之礼,郝夫人之法云。


　　郑袤妻曹氏,鲁国薛人也。袤先娶孙氏,早亡,娉之为继室。事舅姑甚孝,躬纺绩之勤,以充奉养,至于叔妹群姒之间,尽其礼节,咸得欢心。及袤为司空,其子默等又显朝列,时人称其荣贵。曹氏深惧盛满,每默等升进,辄忧之形于声色。然食无重味,服浣濯之衣,袤等所获禄秩,曹氏必班散亲姻,务令周给,家无余资。

　　初,孙氏瘞于黎阳,及袤薨,议者以久丧难举,欲不合葬。曹氏曰:"孙氏元妃,理当从葬,不可使孤魂无所依邪。"于是备吉凶导从之仪以迎之,具衣衾几筵,亲执雁行之礼,闻者莫不叹息,以为赵姬之下叔隗,不足称也。太康元年卒,年八十三。


　　愍怀太子妃王氏,太尉衍女也,字惠风。贞婉有志节。太子既废居于金墉,衍请绝婚,惠风号哭而归,行路为之流涕。及刘曜陷洛阳,以惠风赐其将乔属,属将妻之。惠风拔剑距属曰:"吾太尉公女,皇太子妃,义不为逆胡所辱。"属遂害之。


　　郑休妻石氏,不知何许人也。少有德操,年十余岁,乡邑称之。既归郑氏,为九族所重。休前妻女既幼,又休父布临终,有庶子沉生,命弃之,石氏曰:"奈何使舅之胤不存乎!"遂养沉及前妻女。力不兼举,九年之中,三不举子。

　　陶侃母湛氏,豫章新淦人也。初,侃父丹娉为妾,生侃,而陶氏贫贱,湛氏每纺绩资给之,使交结胜己。侃少为寻阳县吏,尝监鱼梁,以一坩鲊遗母。湛氏封鲊及书,责侃曰:"尔为吏,以官物遗我,非唯不能益吾,乃以增吾忧矣。"鄱阳孝廉范逵寓宿于侃,时大雪,湛氏乃撤所卧新荐,自剉给其马,又密截发卖与邻人,供肴馔。逵闻之,叹息曰:"非此母不生此子!"侃竟以功名显。

　　贾浑妻宗氏,不知何许人也。浑为介休令,被刘元海将乔晞攻破,死之。宗氏有姿色,晞欲纳之。宗氏骂曰:"屠贩奴!岂有害人之夫而欲加无礼,于尔安乎?何不促杀我!"因仰天大哭。晞遂害之,时年二十余。

　　梁纬妻辛氏,陇西狄道人也。纬为散骑常侍,西都陷没,为刘曜所害。辛氏有殊色,曜将妻之。辛氏据地大哭,仰谓曜曰:"妾闻男以义烈,女不再醮。妾夫已死,理无独全。且妇人再辱,明公亦安用哉!乞即就死,下事舅姑。"遂号哭不止。曜曰:"贞妇也,任之。"乃自缢而死。曜以礼葬之。

　　许延妻杜氏,不知何许人也。延为益州别驾,为李骧所害。骧欲纳杜氏为妻,杜氏号哭守夫尸,骂骧曰:"汝辈逆贼无道,死有先后,宁当久活!我杜家女,岂为贼妻也!"骧怒,遂害之。

　　虞潭母孙氏,吴郡富春人,孙权族孙女也。初适潭父忠,恭顺贞和,甚有妇德。及忠亡,遗孤藐尔,孙氏虽少,誓不改节,躬自抚养,劬劳备至。性聪敏,识鉴过人。潭始自幼童,便训以忠义,故得声望允洽,为朝廷所称。

　　永嘉末,潭为南康太守,值杜弢构逆,率众讨之。孙氏勉潭以必死之义,俱倾其资产以馈战士,潭遂克捷。及苏峻作乱,潭时守吴兴,又假节征峻。孙氏戒之曰:"吾闻忠臣出孝子之门,汝当舍生取义，勿以吾老为累也。"仍尽发其家僮，令随潭助战，贸其所服环佩以为军资。于时会稽内史王舒遣子允之为督护，孙氏又谓潭曰："王府君遣儿征，汝何为独不？"潭即以子楚为督护，与允之合势。其忧国之诚如此。拜武昌侯太夫人，加金章紫绶。潭立养堂于家，王导以下皆就拜谒。咸和末卒，年九十五。成帝遣使吊祭，谥曰定夫人。

　　周顗母李氏，字络秀，汝南人也。少时在室，顗父浚为安东将军，时尝出猎，遇雨，过止络秀之家。会其父兄不在，络秀闻浚至，与一婢于内宰猪羊，具数十人之馔，甚精办而不闻人声。浚怪使觇之，独见一女子甚美，浚因求为妾。其父兄不许，络秀曰："门户殄瘁，何惜一女！若连姻贵族，将来庶有大益矣。"父兄许之。遂生顗及嵩、谟。而顗等既长，络秀谓之曰："我屈节为汝家作妾，门户计耳。汝不与我家为亲亲者，吾亦何惜余年！"顗等从命，由此李氏遂得为方雅之族。

　　中兴时，顗等并列显位。尝冬至置酒，络秀举觞赐三子曰："吾本渡江，托足无所，不谓尔等并贵，列吾目前，吾复何忧！"嵩起曰："恐不如尊旨。伯仁志大而才短，名重而识暗，好乘人之弊，此非自全之道。嵩性抗直，亦不容于世。唯阿奴碌碌，当在阿母目下耳。"阿奴，谟小字也。后果如其言。

　　张茂妻陆氏，吴郡人也。茂为吴郡太守，被沈充所害，陆氏倾家产，率茂部曲为先登以讨充。充败，陆诣阙上书，为茂谢不克之责。诏曰："茂夫妻忠诚，举门义烈，宜追赠茂太仆。"

　　尹虞二女，长沙人也。虞前任始兴太守，起兵讨杜弢，战败，二女为弢所获，并有国色，弢将妻之。女曰："我父二千石，终不能为贼妇，有死而已！"弢并害之。

　　荀崧小女灌，幼有奇节。崧为襄城太守，为杜曾所围，力弱食尽,欲求救于故吏平南将军石览,计无从出。灌时年十三,乃率勇士数十人,逾城突围夜出。贼追甚急,灌督厉将士,且战且前,得入鲁阳山获免。自诣览乞师,又为崧书与南中郎将周访请援,仍结为兄弟,访即遣子抚率三千人会石览俱救崧。贼闻兵至,散走,灌之力也。

王凝之妻谢氏,字道韫,安西将军奕之女也。聪识有才辩。叔父安尝问:"《毛诗》何句最佳?"道韫称:"吉甫作颂,穆如清风。仲山甫永怀,以慰其心。"安谓有雅人深致。又尝内集,俄而雪骤下,安曰:"何所似也?"安兄子朗曰:"散盐空中差可拟。"道韫曰:"未若柳絮因风起。"安大悦。

初适凝之,还,甚不乐。安曰:"王郎,逸少子,不恶,汝何恨也?"答曰:"一门叔父则有阿大、中郎,群从兄弟复有封、胡、羯、末,不意天壤之中乃有王郎!"封谓谢韶,胡谓谢朗,羯谓谢玄,末谓谢渊,皆其小字也。又尝讥玄学植不进,曰:"为尘务经心,为天分有限邪?"凝之弟献之尝与宾客谈议,词理将屈,道韫遣婢白献之曰:"欲为小郎解围。"乃施青绫步鄣自蔽,申献之前议,客不能屈。

及遭孙恩之难,举厝自若,既闻夫及诸子已为贼所害,方命婢肩舆抽刃出门,乱兵稍至,手杀数人,乃被房。其外孙刘涛时年数岁,贼又欲害之,道韫曰:"事在王门,何关他族!必其如此,宁先见杀。"恩虽毒虐,为之改容,乃不害涛。自尔鼈居会稽,家中莫不严肃。太守刘柳闻其名,请与谈议。道韫素知柳名,亦不自阻,乃簪髻素褥坐于帐中,柳束修整带造于别榻。道韫风韵高迈,叙致清雅,先及家事,慷慨流涟,徐酬问旨,词理无滞。柳退而叹曰:"实顷所未见,瞻察言气,使人心形俱服。"道韫亦云:"亲从凋亡,始遇此士,听其所问,殊开人胸府。"

初,同郡张玄妹亦有才质,适于顾氏,玄每称之,以敌道韫。有济尼者,游于二家,或问之,济尼答曰:"王夫人神情散朗,故有林下风气。顾家妇清心玉映,自是闺房之秀。"道韫所著诗赋诔颂并传于世。

刘臻妻陈氏者,亦聪辩能属文。尝正旦献《椒花颂》,其词曰:
"旋穹周回,三朝肇建。青阳散辉,澄景载焕。标美灵葩,爰采爰献。
圣容映之,永寿于万。"又撰元日及冬至进见之仪,行于世。

皮京妻龙氏,字怜,西道县人也。年十三适京,未逾年而京卒,
京二弟亦相次而陨,既无胤嗣,又无期功之亲。怜货其嫁时资装,躬
自纺织,数年间三丧俱举,葬敛既毕,每时享祭无阙。州里闻其贤,
屡有娉者,怜誓不改醮,守节穷居五十余载而卒。

孟昶妻周氏,昶弟颛妻又其从妹也。二家并丰财产。初,桓玄
常推重昶而刘迈毁之,昶知,深自怏失。及刘裕将建义,与昶定谋,
昶欲尽散财物以供军粮,其妻非常妇人,可语以大事,乃谓之曰:
"刘迈毁我于桓公,便是一生沦陷,决当作贼。卿幸可早尔离绝,脱
得富贵,相迎不晚也。"周氏曰:"君父母在堂,欲建非常之谋,岂妇
人所谏!事之不成,当于奚官中奉养大家,义无归志也。"昶怆然久
之而起。周氏追昶坐,云:"观君举厝,非谋及妇人者,不过欲得财物
耳。"时其所生女在抱,推而示之曰:"此而可卖,亦当不惜,况资财
乎!"遂倾资产以给之,而托以他用。及事之将举,周氏谓颛妻云:
"昨一梦殊不好,门内宜浣濯沐浴以除之,且不宜赤色,我当悉取作
七日藏厌。"颛妻信之,所有绛色者悉敛以付焉。乃置帐中,潜自剔
绵,以绛与昶,遂得数十人被服赫然,悉周氏所出,而家人不之知
也。

何无忌母刘氏,征虏将军建之女也。少有志节。弟牢之为桓玄
所害,刘氏每御之,常思报复。及无忌与刘裕谋,而刘氏察其举厝有
异,喜而不言。会无忌夜于屏风里制檄文,刘氏潜以器覆烛,徐登梯
于屏风上窥之,既知,泣而抚之曰:"我不如东海吕母明矣!既孤其

诚,常恐寿促,汝能如此,吾仇耻雪矣。"因问其同谋,知事在裕,弥喜,乃说桓玄必败、义师必成之理劝勉之。后果如其言。

刘聪妻刘氏,名娥,字丽华,伪太保殷女也。幼而聪慧,昼营女工,夜诵书籍,傅母恒止之,娥敦习弥厉。每与诸兄论经义,理趣超远,诸兄深以叹伏。性孝友,善风仪进止。

聪既僭位,召为右贵嫔,甚宠之。俄拜为后,将起鹔仪殿以居之,其廷尉陈元达切谏,聪大怒,将斩之。娥时在后堂,私救左右停刑,手疏启曰:"伏闻将为妾营殿,今昭德足居,鹔仪非急。四海未一,祸难犹繁,动须人力资财,尤宜慎之。廷尉之言,国家大政。夫忠臣之谏,岂为身哉?帝王距之,亦非顾身也。妾仰谓陛下上寻明君纳谏之昌,下忿暗主距谏之祸,宜赏廷尉以美爵,酬廷尉以列土,如何不惟不纳,而反欲诛之?陛下此怒由妾而起,廷尉之祸由妾而招,人怨国疲,咎归于妾,距谏害忠,亦妾之由。自古败国丧家,未始不由妇人者。妾每览古事,忿之忘食,何意今日妾自为之!后人之观妾,亦犹妾之视前人也,复何面目仰侍巾栉,请归死此堂,以塞陛下误惑之过。"聪览之色变,谓其群下曰:"朕比得风疾,喜怒过常。元达,忠臣也,朕甚愧之。"以娥表示元达曰:"外辅如公,内辅如此后,朕无忧矣。"及娥死,伪谥武宣皇后。

其姊英,字丽芳,亦聪敏涉学,而文词机辩,晓达政事,过于娥。初与娥同召拜左贵嫔,寻卒,伪追谥武德皇后。

王广女者,不知何许人也。容质甚美,慷慨有丈夫之节。广仕刘聪,为西扬州刺史。蛮帅梅芳攻陷扬州,而广被杀。王时年十五,芳纳之。俄于暗室击芳,不中,芳惊起曰:"何故反邪?"王骂曰:"蛮畜!我欲诛反贼,可谓反乎?吾闻父仇不同天,母仇不同地,汝反逆无状,害人父母,而复以无礼陵人,吾所以不死者,欲诛汝耳!今死自吾分,不待汝杀,但恨不得枭汝首于通逵,以塞大耻。"辞气猛厉,言终乃自杀,芳止之不可。

陕妇人，不知姓字，年十九。刘曜时嫠居陕县，事叔姑甚谨，其家欲嫁之，此妇毁面自誓。后叔姑病死，其叔姑有女在夫家，先从此妇乞假不得，因而诬杀其母，有司不能察而诛之。时有群鸟悲鸣尸上，其声甚哀，盛夏暴尸十日，不腐，亦不为虫兽所败，其境乃经岁不雨。曜遣呼延谟为太守，既知其冤，乃斩此女，设少牢以祭其墓，谥曰孝烈贞妇，其日大雨。

靳康女者，不知何许人也。美姿容，有志操。刘曜之诛靳氏，将纳靳女为妾，靳曰："陛下既灭其父母兄弟，复何用妾为！妾闻逆人之诛也，尚污宫伐树，而况其子女乎！"因号泣请死，曜哀之，免康一子。

韦逞母宋氏，不知何郡人也。家世以儒学称。宋氏幼丧母，其父躬自养之。及长，授以《周官》音义，谓之曰："吾家世学《周官》，传业相继，此又周公所制，经纪典诰，百官品物，备于此矣。吾今无男可传，汝可受之，勿令绝世。"属天下丧乱，宋氏讽诵不辍。
其后为石季龙徙之于山东，宋氏与夫在徙中，推鹿车，背负父所授书，到冀州，依胶东富人程安寿，寿养护之。逞时年小，宋氏昼则樵采，夜则教逞，然纺绩无废。寿每叹曰："学家多士大夫，得无是乎！"逞遂学成名立，仕苻坚为太常。坚尝幸其太学，问博士经典，乃悯礼乐遗阙。时博士卢壶对曰："废学既久，书传零落，比年缀撰，正经粗集，唯《周官》礼注未有其师。窃见太常韦逞母宋氏世学家女，传其父业，得《周官》音义，今年八十，视听无阙，自非此母无可以传授后生。"于是就宋氏家立讲堂，置生员百二十人，隔绛纱幔而受业，号宋氏为宣文君，赐侍婢十人。《周官》学复行于世，时称韦氏宋母焉。

张天锡姜阎氏、薛氏，并不知何许人也，咸有宠于天锡。天锡寝疾,谓之曰:"汝二人将何以报我?吾死后,岂可为人妻乎!"皆曰:"尊若不讳,妾请效死,供洒扫地下,誓无他志。"及其疾笃,二姬皆自刎。天锡疾瘳,追悼之,以夫人礼葬焉。

符坚妾张氏,不知何许人,明辩有才识。坚将入寇江左,群臣切谏不从。张氏进曰:"妾闻天地之生万物,圣王之驭天下,莫不顺其性而畅之,故黄帝服牛乘马,因其性也;禹凿龙门,决洪河,因水之势也;后稷之播殖百谷,因地之气也;汤武之灭夏商,因人之欲也。是以有因成,无因败。今朝臣上下皆言不可,陛下复何所因也?《书》曰:'天聪明自我民聪明。'天犹若此,况于人主乎!妾闻人君有伐国之志者,必上观乾象,下采众祥。天道崇远,非妾所知。以人事言之,未见其可。谚言:'鸡夜鸣者不利行师,犬群嗥者宫室必空,兵动马惊,军败不归。'秋冬已来,每夜群犬大嗥,众鸡夜鸣,伏闻厩马惊逸,武库兵器有声,吉凶之理,诚非微妾所论,愿陛下详而思之。"坚曰:"军旅之事非妇人所豫也。"遂兴兵。张氏请从。坚果大败于寿春,张氏乃自杀。

窦滔妻苏氏,始平人也,名蕙,字若兰。善属文。滔,符坚时为秦州刺史,被徙流沙,苏氏思之,织锦为回文旋图诗以赠滔。宛转循环以读之,词甚凄惋,凡八百四十字,文多不录。

符登妻毛氏,不知何许人,壮勇善骑射。登为姚苌所袭,营垒既陷,毛氏犹弯弓跨马,率壮士数百人,与苌交战,杀伤甚众。众寡不敌,为苌所执。苌欲纳之,毛氏骂曰:"吾天子后,岂为贼羌所辱,何不速杀我!"因仰天大哭曰:"姚苌无道,前害天子,今辱皇后,皇天后土,宁不鉴照!"苌怒,杀之。

慕容垂妻段氏,字元妃,伪右光禄大夫仪之女也。少而婉慧,有志操,常谓妹季妃曰:"我终不作凡人妻。"季妃亦曰:"妹亦不为庸夫妇。"邻人闻而笑之。垂之称燕王，纳元妃为继室，遂有殊宠。伪范阳王德亦娉季妃焉。姊妹俱为垂、德之妻，卒如其志。垂既僭位，拜为皇后。

垂立其子宝为太子也，元妃谓垂曰："太子姿质雍容，柔而不断，承平则为仁明之主，处难则非济世之雄，陛下托之以大业，妾未见克昌之美。辽西、高阳二王，陛下儿之贤者，宜择一以树之。赵王麟奸诈负气，常有轻太子之心，陛下一旦不讳，必有难作。此陛下之家事，宜深图之。"垂不纳。宝及麟闻之，深以为恨。其后元妃又言之，垂曰："汝欲使我为晋献公乎？"元妃泣而退，告季妃曰："太子不令，群下所知，而主上比吾为骊戎之女，何其苦哉！主上百年之后，太子必亡社稷。范阳王有非常器度，若燕祚未终，其在王乎！"

垂死，宝嗣伪位，遣麟逼元妃曰："后常谓主上不能嗣守大统，今竟何如？宜早自裁，以全段氏。"元妃怒曰："汝兄弟尚逼杀母，安能保守社稷！吾岂惜死，念国灭不久耳。"遂自杀。宝议以元妃谋废嫡统，无母后之道，不宜成丧，群下咸以为然。伪中书令眭邃大言于朝曰："子无废母之义，汉之安思阎后亲废顺帝，犹配飨安皇，先后言虚实尚未可知，宜依阎后故事。"宝从之。其后麟果作乱，宝亦被杀，德复僭称尊号，终如元妃之言。

段丰妻慕容氏，德之女也。有才慧，善书史，能鼓琴。德既僭位，署为平原公主。年十四，适于丰。丰为人所谮，被杀，慕容氏寡归，将改适伪寿光公余炽。慕容氏谓侍婢曰："我闻忠臣不事二君，贞女不更二夫。段氏既遭无辜，已不能同死，岂复有心于重行哉！今主上不顾礼义嫁我，若不从，则违严君之命矣。"于是克日交礼。慕容氏姿容婉丽，服饰光华，炽睹之甚喜。经再宿，慕容氏伪辞以疾，炽亦不之逼。三日还第，沐浴置酒，言笑自若，至夕，密书其裙带云："死后当埋我于段氏墓侧，若魂魄有知，当归彼矣。"遂于浴室自缢而死。及葬，男女观者数万人，莫不叹息曰："贞哉公主！"路经余炽宅前，炽闻挽歌之声，恸绝良久。

吕纂妻杨氏,弘农人也。美艳有义烈。纂被吕超所杀,杨氏与侍婢十数人殡纂于城西。将出宫,超虑赍珍物出外,使人搜之。杨氏厉声责超曰:"尔兄弟不能和睦,手刃相屠,我且夕死人,何用金宝!"超惭而退。又问杨氏玉玺所在,杨氏怒曰:"尽毁之矣。"超将妻之,谓其父桓曰:"后若自杀,祸及卿宗。"桓以告杨氏,杨氏曰:"大人本卖女与吕以图富贵,一之已甚,其可再乎!"乃自杀。

时吕绍妻张氏亦有操行,年十四,绍死,便请为尼。吕隆见而悦之,欲秽其行,张氏曰:"钦乐至道,誓不受辱。"遂升楼自投于地,二胫俱折,口诵佛经,俄然而死。

凉武昭王李玄盛后尹氏,天水冀人也。幼好学,清辩有志节。初适扶风马元正,元正卒,为玄盛继室。以再醮之故,三年不言。抚前妻子逾于己生。玄盛之创业也,谟谋经略多所毗赞,故西州谚曰:"李尹王敦煌。"

及玄盛薨,子士业嗣位,尊为太后。士业将攻沮渠蒙逊,尹氏谓士业曰:"汝新造之国,地狭人稀,靖以守之犹惧其失,云何轻举,窥冀非望!蒙逊骁武,善用兵,汝非其敌。吾观其数年已来有并兼之志,且天时人事似欲归之。今国虽小,足以为政。知足不辱,道家明诫也。且先王临薨,遗令殷勤,志令汝曹深慎兵战,俟时而动。言犹在耳,奈何忘之!不如勉修德政,蓄力以观之。彼若淫暴,人将归汝;汝苟德之不建,事之无日矣。汝此行也,非唯师败,国亦将亡。"士业不从,果为蒙逊所灭。

尹氏至姑臧,蒙逊引见劳之,对曰:"李氏为胡所灭,知复何言!"或谏之曰:"母子命悬人手,奈何倨傲!且国败子孙屠灭,何独无悲?"尹氏曰:"兴灭死生,理之大分,何为同凡人之事,起儿女之悲!吾一妇人,不能死亡,岂惮斧钺之祸,求为臣妾乎!若杀我者,吾之愿矣。"蒙逊嘉之,不诛,为子茂虔娉其女为妻。及魏氏以武威公主妻茙虔,尹氏及女迁居酒泉。既而女卒,抚之不哭,曰:"汝死晚矣!"沮渠无讳时镇酒泉,每谓尹氏曰:"后诸孙在伊吾,后能去不?"尹氏未测其言,答曰:"子孙流漂,托身丑虏,老年余命,当死于此,不能作毡裘鬼也。"俄而潜奔伊吾,无讳遣骑追及之。尹氏谓使者曰:"沮渠酒泉许我归北,何故来追?汝可斩吾首归,终不回矣。"使者不敢逼而还。年七十五,卒于伊吾。

史臣曰:夫繁霜降节,彰劲心于后凋;横流在辰,表贞期于上德,匪伊君子,抑亦妇人焉。自晋政陵夷,罕树风检,亏闲爽操,相趋成俗,荐之以刘、石,汩之以苻、姚。三月歌胡,唯见争新之饰;一朝辞汉,曾微恋旧之情。驰骛风埃,脱落名教,颓纵忘反,于兹为极。至若惠风之数乔属,道韫之对孙恩,荀女释急于重围,张妻报怨于强寇,僭登之后,蹈死不回,伪篡之妃,捐生匪吝,宗、幸抗情而致夭,王、靳守节而就终,斯皆冥践义途,匪因教至。耸清汉之乔叶,有裕徽音;振幽谷之贞蕤,无惭雅引,比夫悬梁靡顾,齿剑如归,异日齐风,可以激扬千载矣。

赞曰:从容阴礼,婉娩柔则。载循六行,爰昭四德。操洁风霜,誉流邦国。彤管贻训,清芬靡忒。

晋书卷九七
列传第六七

# 四　夷

**东夷** 夫余　马韩　辰韩　隶慎　倭人
禅离等十国　**西戎** 吐谷浑　焉耆　龟兹
大宛　康居　大秦　**南蛮** 林邑　扶南
**北狄** 匈奴

　　夫恢恢乾德，万类之所资始；荡荡坤仪，九区之所均载。考羲轩于往统，肇承天而理物；讯炎昊于前辟，爰制地而疏疆。袭冠带以辨诸华，限要荒以殊遐裔，区分中外，其来尚矣。九夷八狄，被青野而亘玄方；七戎六蛮，绵西宇而横南极。繁种落，异君长，遇有道则时遵声教，钟无妄则争肆虔刘，趋扇风尘，盖其常性也。详求遐议，历选深谟，莫不待以羁縻，防其猾夏。

　　武帝受终衰魏，廓境全吴，威略既申，招携斯广，迷乱华之议，矜来远之名，抚旧怀新，岁时无怠，凡四夷入贡者，有二十三国。既而惠皇失德，中宗迁播，凶徒分据，天邑倾沦，朝化所覃，江外而已，赆贡之礼，于兹殆绝，殊风异俗，所未能详。故采其可知者，为之传云。北狄窃号中壤，备于载记；在其诸部种类，今略书之。

　　夫余国在玄菟北千余里，南接鲜卑，北有弱水，地方二千里，户八万,有城邑宫室,地宜五谷。其人强勇,会同揖让之仪有似中国。其出使,乃衣锦罽,以金银饰腰。其法,杀人者死,没入其家;盗者一责十二;男女淫,妇人妒,皆杀之。若有军事,杀牛祭天,以其蹄占吉凶,蹄解者为凶,合者为吉。死者以生人殉葬,有椁无棺。其居丧,男女皆衣纯白,妇人著布面衣,去玉佩。出善马及貂豽、美珠,珠大如酸枣。其国殷富,自先世以来,未尝被破。其王印文称“秽王之印”。国中有古秽城,本秽貊之城也。

武帝时,频来朝贡,至太康六年,为慕容廆所袭破,其王依虑自杀,子弟走保沃沮。帝为下诏曰:“夫余王世守忠孝,为恶虏所灭,甚愍念之。若其遗类足以复国者,当为之方计,使得存立。”有司奏护东夷校尉鲜于婴不救夫余,失于机略。诏免婴,以何龛代之。明年,夫余后王依罗遣诣龛,求率见人还复旧国,仍请援。龛上列,遣督邮贾沉以兵送之。廆又要之于路,沉与战,大败之,廆众退,罗得复国。耳后每为廆掠其种人,卖于中国。帝愍之,又发诏以官物赎还,下司、冀二州,禁市夫余之口。

韩种有三:一曰马韩,二曰辰韩,三曰弁韩。辰韩在带方南,东西以海为限。

马韩,居山海之间,无城郭,凡有小国五十六所,大者万户,小者数千家,各有渠帅。俗少纲纪,无跪拜之礼。居处作土室,形如冢,其户向上,举家共在其中,无长幼男女之别。不知乘牛马,畜者但以送葬。俗不重金银锦罽,而贵璎珠,用以缀衣或饰发垂耳。其男子科头露纷,衣布袍,履草跻,性勇悍。国中有所调役,及起筑城隍,年少勇健者皆凿其背皮,贯以大绳,以杖摇绳,终日欢呼力作,不以为痛。善用弓盾矛橹,虽有斗争攻战,而贵相屈服。俗信鬼神,常以五月耕种毕,群聚歌舞以祭神;至十月农事毕,亦如之。国邑各立一人主祭天神,谓为天君。又置别邑,名曰苏涂,立大木,悬铃鼓。其苏涂之义,有似西域浮屠也,而所行善恶有异。

武帝太康元年、二年,其主频遣使入贡方物,七年、八年、十年,又频至。太熙元年,诣东夷校尉何龛上献。咸宁三年复来,明年又请内附。

辰韩在马韩之东，自言秦之亡人避役入韩，韩割东界以居之，立城栅，言语有类秦人，由是或谓之为秦韩。初有六国，后稍分为十二，又有弁辰，亦十二国，合四五万户，各有渠帅，皆属于辰韩。辰韩常用马韩人作主，虽世世相承，而不得自立，明其流移之人，故为马韩所制也。地宜五谷，俗饶蚕桑，善作缣布，服牛乘马。其风俗可类马韩，兵器亦与之同。初生子，便以石押其头使扁。喜舞，善弹瑟，瑟形似筑。

武帝太康元年，其王遣使献方物。二年复来朝贡，七年，又来。

肃慎氏，一名挹娄，在不咸山北，去夫余可六十日行。东滨大海，西接寇漫汗国，北极弱水。其土界广袤数千里，居深山穷谷，其路险阻，车马不通。夏则巢居，冬则穴处。父子世为君长。无文墨，以言语为约。有马不乘，但以为财产而已。无牛羊，多畜猪，食其肉，衣其皮，绩毛以为布。有树名雒常，若中国有圣帝代立，则其木生皮可衣。无井灶，作瓦鬲，受四五升以食。坐则箕踞，以足挟肉而啖之，得冻肉，坐其上令暖。土无盐铁，烧木作灰，灌取汁而食之。俗皆编发，以布作襜，径尺余，以蔽前后。将嫁娶，男以毛羽插女头，女和则持归，然后致礼娉之。妇贞而女淫，贵壮而贱老，死者其日即葬之于野，交木作小椁，杀猪积其上，以为死者之粮。性凶悍，以无忧哀相尚。父母死，男子不哭泣，哭者谓之不壮。相盗窃，无多少皆杀之，故虽野处而不相犯。有石砮，皮骨之甲，檀弓三尺五寸，楛矢长尺有咫。其国东北有山出石，其利入铁，将取之，必先祈神。

周武王时，献其楛矢、石砮。逮于周公辅成王，复遣使入贺。尔后千余年，虽秦汉之盛，莫之致也。及文帝作相，魏景元末，来贡楛矢、石砮、弓甲、貂皮之属。魏帝诏归于相府，赐其王褥鸡、锦罽绵帛。至武帝元康初，复来贡献。元帝中兴，又诣江左贡其石砮。至成帝时，通贡于石季龙。问之，答曰"每侯牛马向西南眠者三年矣，是知有大国所在，故来"云。

倭人在带方东南大海中，依山岛为国，地多山林，无良田，食海物。旧有百余小国相接，至魏时，有三十国通好。户有七万。男子无大小，悉黥面文身。自谓太伯之后，又言上古使诣中国，皆自称大夫。昔夏少康之子封于会稽，断发文身以避蛟龙之害，今倭人好沉没取鱼，亦文身以厌水禽。计其道里，当会稽东冶之东。其男子衣以横幅，但结束相连，略无缝缀。妇人衣如单被，穿其中央以贯头，而被发徒跣。其地温暖，俗种禾稻绽麻而蚕桑织绩。土无牛马，有刀盾弓箭，以铁为镞。有屋宇，父母兄弟卧息异处。食饮用俎豆。嫁娶不持钱帛，以衣迎之。死有棺无椁，封土为冢。初丧，哭泣，不食肉。已葬，举家入水澡浴自洁，以除不祥。其举大事，辄灼骨以占吉凶。不知正岁四节，但计秋收之时以为年纪。人多寿百年，或八九十。国多妇女，不淫不妒。无争讼，犯轻罪者没其妻孥，重者族灭其家。旧以男子为主。汉末，倭人乱，攻伐不定，乃立女子为王，名曰卑弥呼。

宣帝之平公孙氏也，其女王遣使至带方朝见，其后贡聘不绝。及文帝作相，又数至。泰始初，遣使重译入贡。

裨离国，在肃慎西北，马行可二百日，领户二万。养云国去裨离马行又五十日，领户二万。寇莫汗国去养云国又百日行，领户五万余。一群国去莫汗又百五十日，计去肃慎五万余里。其风俗土壤并未详。

泰始三年，各遣小部献其方物。至太熙初，复有牟奴国帅逸芝惟离、模卢国帅沙支臣芝、于离末利国帅加牟臣芝、蒲都国帅因末、绳余国帅马路、沙楼国帅钐加，各遣正副使诣东夷校尉何龛归化。

吐谷浑，慕容廆之庶长兄也，其父涉归分部落一千七百家以隶之。及涉归卒，廆嗣位，而二部马斗，廆怒曰：“先公分建有别，奈何不相远离，而令马斗！”吐谷浑曰：“马为畜耳，斗其常性，何怒于人！乖别甚易，当去汝于万里之外矣。”于是遂行。廆悔之，遣其长史史那楼冯及父时耆旧追还之。吐谷浑曰：“先公称卜筮之言，当有二子克昌，祚流后裔。我卑庶也，理无并大，今因马而别，殆天所启乎！诸君试驱马令东,马若还东,我当相随去矣。"楼冯遣从者二千骑,拥马东出数百步,辄悲鸣西走。如是者十余辈,楼冯跪而言曰:"此非人事也"。遂止。鲜卑谓兄为阿干,廆追思之,作《阿干之歌》,岁暮穷思,常歌之。

吐谷浑谓其部落曰:"我兄弟俱当享国,廆及曾玄才百余年耳。我玄孙已后,庶其昌乎!"于是乃西附阴山。属永嘉之乱,始度陇而西,其后子孙据有西零已西甘松之界,极乎白兰数千里。然有城廓而不居,随逐水草,庐帐为屋,以肉酪为粮。其官置长史、司马、将军,颇识文字。其男子通服长裙,帽或戴幂䍦。妇人以金花为首饰,辫发萦后,缀以珠贝。其婚姻,富家厚出娉财,窃女而去。父卒,妻其群母;兄亡,妻其诸嫂。丧服制,葬讫而除。国无常税,调用不给,辄敛富室商人,取足而止。杀人及盗马者罪至死,他犯则征物以赎。地宜大麦,而多蔓菁,颇有菽粟。出蜀马、牦牛。西北杂种谓之为阿柴虏,或号为野虏焉。吐谷浑年七十二卒,有子六十人,长曰吐延,嗣。

吐延,身长七尺八寸,雄姿魁杰,羌虏惮之,号曰项羽。性倜傥不群,尝慷慨谓其下曰:"大丈夫生不在中国,当高、光之世,与韩、彭、吴、邓并驱中原,定天下雌雄,使名垂竹帛,而潜窜穷山,隔在殊俗,不闻礼教于上京,不得策名于天府,生与麋鹿同群,死作毡裘之鬼,虽偷观日月,独不愧于心乎!"性酷忍,而负其智,不能恤下,为羌酋姜聪所刺。剑犹在其身,谓其将纥拔泥曰:"竖子刺吾,吾之过也,上负先公,下愧士女。所以控制诸羌者,以吾故也。吾死之后,善相叶延,速保白兰。"言终而卒。在位十三年,有子十二人,长子叶延嗣。

叶延,年十岁,其父为羌酋姜聪所害,每旦缚草为姜聪之象,哭而射之,中之则号泣,不中则瞋目大呼。其母谓曰:"姜聪,诸将已屠鲙之矣,汝何为如此?"叶延泣曰:"诚知射草人不益于先仇,以申罔极之志耳。"性至孝,母病,五日不食,叶延亦不食。

长而沉毅,好问天地造化、帝王年历。司马薄洛邻曰:"臣等不学,实未审三皇何父之子,五帝谁母所生。"延曰:"自羲皇以来,符命玄象昭言著见,而卿等面墙,何其鄙哉!语曰'夏虫不知冬冰',良不虚也。"又曰:"《礼》云,公孙之子得以王父字为氏,吾祖始自昌黎,光宅于此,今以吐谷浑为氏,尊祖之义也。"在位二十三年卒,年三十三。有子四人,长子辟奚嗣。

辟奚,性仁厚慈惠。初闻苻坚之盛,遣使献马五十匹,金银五百斤。坚大悦,拜为安远将军。

时辟奚三弟皆专恣,长史钟恶地恐为国害,谓司马乞宿云曰:"昔郑庄公、秦昭王以一弟之宠,宗祀几倾,况今三孽并骄,必为社稷之患。吾与公忝当元辅,若获保首领以没于地,先君有问,其将何辞!吾今诛之矣。"宿云请白辟奚,恶地曰:"吾王无断,不可以告。"于是因群下入觐,遂执三弟而诛之。辟奚自投于床,恶地等奔而扶之,曰:"臣昨梦先王告臣云:'三弟将为逆乱,汝速除之。'臣谨奉先王之命矣。"辟奚素友爱,因恍惚成疾,谓世子视连曰:"吾祸灭同生,何以见之于地下!国事大小,汝宜摄之,吾余年残命,寄食而已。"遂以忧卒。在位二十五年,时年四十二。有子六人,视连嗣。

视连既立,通聘于乞伏乾归,拜为白兰王。视连幼廉慎有志性,以父忧卒,不知政事,不饮酒游田七年矣。钟恶地进曰:"夫人君者,以德御世,以威齐众,养以五味,娱以声色。此四者,圣帝明王之所先也,而公皆略之。昔昭公俭啬而丧,偃王仁义而亡,然则仁义所以存身,亦所以亡己。经国者,德礼也;济世者,刑法也。二者或差,则纲维失绪。明公奕叶重光,恩结西夏,虽仁教发于天然,犹宜宪章周、孔,不可独追徐偃之仁,使刑德委而不建。"视连泣曰:"先王追友于之痛,悲愤升遐,孤虽篡业,户存而已。声色游娱,岂所安也!纲维刑礼,付之将来。"临终,谓其子视罴曰:"我高祖吐谷浑公常言子孙必有兴者,永为中国之西藩,庆流百世。吾已不及,汝亦不见,当在汝子孙辈耳。"在位十五年而卒。有二子,长曰视罴,少曰乌纥堤。

视罴,性英果,有雄略,尝从容谓博士金城骞苞曰:"《易》云:'动静有常,刚柔断矣。'先王以仁宰世,不任威刑,所以刚柔靡断,取轻邻敌。当仁不让,岂宜拱默者乎!今将秣马厉兵,争衡中国,先生以为何如?"苞曰:"大王之言,高世之略,秦、陇英豪所愿闻也。"于是虚襟抚纳,众赴如归。

乞伏乾归遣使拜为使持节、都督罴涸已西诸军事、沙州牧、白兰王。视罴不受,谓使者曰:"自晋道不纲,奸雄竞逐,刘、石虐乱,秦、燕跋扈,河南王处形胜之地,宜当纠合义兵,以惩不顺,奈何私相假署,拟僭群凶!寡人承五祖之休烈,控弦之士二万,方欲扫氛秦、陇,清彼沙、凉,然后饮马泾渭,戮问鼎之竖,以一丸泥封东关,闭燕、赵之路,迎天子于西京,以尽遹藩之节,终不能如季孟、子阳妄自尊大。为吾白河南王,何不立勋帝室,策名王府,建当年之功,流芳来叶邪!"乾归大怒,然惮其强,初犹结好,后竟遣众击之。视罴大败,退保白兰。在位十一年,年三十三卒。子树洛干年少,传位于乌纥堤。

乌纥堤,一名大孩,性软弱,耽酒淫色,不恤国事。乞伏乾归之入长安也,乌纥堤屡抄其境。乾归怒,率骑讨之。乌纥堤大败,亡失万余口,保于南凉,遂卒于胡国。在位八年,时年三十五。视罴之子树洛干立。

树洛干,九岁而孤,其母念氏聪惠有姿色,乌纥堤妻之,有宠,遂专国事。洛干十岁便自称世子,年十六嗣立,率所部数千家奔归莫何川,自称大都督、车骑大将军、大单于、吐谷浑王。化行所部,众庶乐业,号为戊寅可汗,沙漒杂种莫不归附。乃宣言曰:"孤先祖避地于此,暨孤七世,思与群贤共康休绪。今士马桓桓,控弦数万,孤将振威梁、益,称霸西戎,观兵三秦,远朝天子,诸君以为何如?"众咸曰:"此盛德之事也,愿大王自勉!"

乞伏乾归甚忌之,率骑二万,攻之于赤水。树洛干大败,遂降乾归,乾归拜为平狄将军、赤水都护,又以其弟吐护真为捕虏将军、层城都尉。其后屡为乞伏炽盘所破,又保白兰,惭愤发病而卒。在位九年,时年二十四。炽磐闻其死,喜曰:"此虏矫矫,所谓有豕白蹄也。"有子四人,世子拾虔嗣。其后世嗣不绝。

　　马耆国,西去洛阳八千二百里,其地南至尉犁,北与乌孙接,方四百里。四面有大山,道险隘,百人守之,千人不过。其俗丈夫翦发,妇人衣襦,著大袴。婚姻同华夏。好货利,任奸诡。王有侍卫数十人,皆倨慢无尊卑之礼。

　　武帝太康中,其王龙安遣子入侍。安夫人狯胡之女,妊身十二月,剖胁生子,曰会,立之为世子。会少而勇杰,安病笃,谓会曰:“我尝为龟兹王白山所辱,不忘于心。汝能雪之,乃吾子也。”及会立,袭灭白山,遂据其国,遣子熙归本国为王。会有胆气筹略,遂霸西胡,葱岭以东莫不率服。然恃勇轻率,尝出宿于外,为龟兹国人罗云所杀。

　　其后张骏遣沙州刺史杨宣率众疆理西域,宣以部将张植为前锋,所向风靡。军次其国,熙距战于贲崙城,为植所败。植进屯铁门,未至十余里,熙又率众先要之于遮留谷。植将至,或曰:“汉祖畏于柏人,岑彭死于彭亡,今谷名遮留,殆将有伏?”植单骑尝之,果有伏发。植弛击败之,进据尉犁,熙率群下四万人肉袒降于宣。吕光讨西域,复降于光。及光僭位,熙又遣子入侍。

　　龟兹国,西去洛阳八千二百八十里,俗有城郭,其城三重,中有佛塔庙千所。人以田种畜牧为业,男女皆翦发垂项。王宫壮丽,焕若神居。

　　武帝太康中,其王遣子入侍。惠、怀末,以中国乱,遣使贡方物于张重华。苻坚时,坚遣其将吕光率众七万伐之,其王白纯距境不降,光进军讨平之。

　　大宛,西去洛阳万二千三百五十里,南至大月氏,北接康居,大小七十余城。土宜稻麦,有蒲陶酒,多善马,马汗血。其人皆深目多须。其俗娶妇先以金同心指镮为娉,又以三婢试之,不男者绝婚。奸淫有子,皆卑其母。与人马乘不调坠死者,马主出敛具。善市贾,争分铢之利,得中国金银,辄为器物,不用为币也。

　　太康六年,武帝遣使杨颢拜其王蓝庾为大宛王。蓝庾卒,其子摩之立,遣使贡汗血马。

康居国,在大宛西北可二千里,与粟弋、伊列邻接。其王居苏薤城。风俗及人貌、衣服略同大宛。地和暖,饶桐柳蒲陶,多牛羊,出好马。泰始中,其王那鼻遣使上封事,并献善马。

大秦国,一名犁鞬,在西海之西,其地东西南北各数千里。有城邑,其城周回百余里。屋宇皆以珊瑚为棁栭,琉璃为墙壁,水精为柱础。其王有五宫,其宫相去各十里,每旦于一宫听事,终而复始。若国有灾异,辄更立贤人,放其旧王,被放者亦不敢怨。有官曹簿领,而文字习胡,亦有白盖小车、旌旗之属,及邮驿制置,一如中州。其人长大,貌类中国人而胡服。其土多出金玉宝物、明珠、大贝,有夜光璧、骇鸡犀及火浣布,又能刺金缕绣及织锦缕罽。以金银为钱,银钱十当金钱之一。安息、天竺人与之交市于海中,其利百倍。邻国使到者,辄禀以金钱。途经大海,海水咸苦不可食,商客往来皆赍三岁粮,是以至者稀少。

汉时都护班超遣掾甘英使其国,入海,船人曰:“海中有思慕之物,往者莫不悲怀。若汉使不恋父母妻子者,可入。”英不能渡。武帝太康中,其王遣使贡献。

林邑国,本汉时象林县,则马援铸柱之处也,去南海三千里。后汉末,县功曹姓区,有子曰连,杀令自立为王,子孙相承。其后王无嗣,外孙范熊代立。熊死,子逸立。其俗皆开北户以向日,至于居止,或东西无定。人性凶悍,果于战斗,便山习水,不闲平地。四时暄暖,无霜无雪,人皆倮露徒跣,以黑色为美。贵女贱男,同姓为婚,妇先娉婿。女嫁之时,著迦盘衣,横幅合缝如井栏,首戴宝花。居丧翦鬓谓之孝,燔尸中野以为葬。其王服天冠,被缨络,每听政,子弟侍臣皆不得近之。

自孙权以来,不朝中国。至武帝太康中,始来贡献。咸康二年,范逸死,奴文篡位。

文,日南西卷县夷帅范椎奴也。尝牧牛涧中,获二鲤鱼,化成铁,用以为刀。刀成,乃对大石嶂而咒之曰:“鲤鱼变化,冶成双刀,石嶂破者,是有神灵。"进斫之,石即瓦解。文知其神,乃怀之。随商贾往来,见上国制度,至林邑,遂教逸作宫室、城邑及器械。逸甚爱信之,使为将。文乃谮逸诸子,或徙或奔。

及逸死,无嗣,文遂自立为王。以逸妻妾悉置之高楼,从己者纳之,不从者绝其食。于是乃攻大岐界、小岐界、式仆、徐狼、屈都、乾鲁、扶单等诸国,并之,有众四五万人。遣使通表入贡于帝,其书皆胡字。至永和三年,文率其众攻陷日南,害太守夏侯览,杀五六千人,余奔九真,以览尸祭天,铲平西卷县城,遂据日南。告交州刺史朱蕃,求以日南北鄙横山为界。

初,徼外诸国尝赍宝物自海路来贸货赂,而交州刺史、日南太守多贪利侵侮,十折二三。至刺史姜壮时,使韩戢领日南太守,戢估较太半,又伐船调枹,声云征伐,由是诸国恚愤。且林邑少田,贪日南之地,戢死绝,继以谢擢,侵刻如初。及览至郡,又耽荒于酒,政教愈乱,故被破灭。

既而文还林邑。是岁,朱蕃使督护刘雄戍于日南,文复攻陷之。四年,文又袭九真,害士庶十八九。明年,征西督护滕畯率交广之兵伐文于庐容,为文所败,退次九真。其年,文死,子佛嗣。

升平末,广州刺史滕含率众伐之,佛惧,请降,含与盟而还。至孝武帝宁康中,遣使贡献。至义熙中,每岁又来寇日南、九真、九德等诸郡,杀伤甚众,交州遂致虚弱,而林邑亦用疲弊。

佛死,子胡达立,上疏贡金盘碗及金钲等物。

扶南,西去林邑三千余里,在海大湾中,其境广袤三千里,有城邑宫室。人皆丑黑拳发,倮身跣行。性质直,不为寇盗,以耕种为务,一岁种,三岁获。又好雕文刻镂,食器多以银为之,贡赋以金银珠香。亦有书记府库,文字有类于胡。丧葬婚姻略同林邑。

其王本是女子,字叶柳。时有外国人混溃者,先事神,梦神赐之弓,又教载舶入海。混溃旦诣神祠,得弓,遂随贾人泛海至扶南外邑。叶柳率众御之,混溃举弓,叶柳惧,遂降之。于是混溃纳以为妻,而据其国。后胤衰微,子孙不绍,其将范寻复世王扶南矣。

武帝泰始初，遣使贡献。太康中，又频来。穆帝升平初，复有竺旃檀称王，遣使贡驯象。帝以殊方异兽，恐为人患，诏还之。

匈奴之类，总谓之北狄。匈奴地南接燕、赵，北暨沙漠，东连九夷，西距六戎。世世自相君臣，不禀中国正朔。夏曰薰鬻，殷曰鬼方，周曰猃狁，汉曰匈奴。其强弱盛衰、风俗好尚、区域所在，皆列于前史。

前汉末，匈奴大乱，五单于争立，而呼韩邪单于失其国，携率部落，入臣于汉。汉嘉其意，割并州北界以安之。于是匈奴五千余落入居朔方诸郡，与汉人杂处。呼韩邪感汉恩，来朝，汉因留之，赐其邸舍，犹因本号，听称单于，岁给绵绢钱谷，有如列侯。子孙传袭，历代不绝。其部落随所居郡县，使宰牧之，与编户大同，而不输贡赋。多历年所，户口渐滋，弥漫北朔，转难禁制。后汉末，天下骚动，群臣竞言胡人猥多，惧必为寇，宜先为其防。建安中，魏武帝始分其众为五部，部立其中贵者为帅，选汉人为司马以监督之。魏末，复改帅为都尉。其左部都尉所统可万余落，居于太原故兹氏县；右部都尉可六千余落，居祁县；南部都尉可三千余落，居蒲子县；北部都尉可四千余落，居新兴县；中部都尉可六千余落，居大陵县。

武帝践阼后，塞外匈奴大水，塞泥、黑难等二万余落归化，帝复纳之，使居河西故宜阳城下。后复与晋人杂居，由是平阳、西河、太原、新兴、上党、乐平诸郡靡不有焉。泰始七年，单于猛叛，屯孔邪城。武帝遣娄侯何桢持节讨之。桢素有志略，以猛众凶悍，非少兵所制，乃潜诱猛左部督李恪杀猛，于是匈奴震服，积年不敢反叛。其后稍因忿恨，杀害长史，渐为边患。侍御史西河郭钦上疏曰："戎狄强犷，历古为患。魏初人寡，西北诸郡皆为戎居。今虽服从，若百年之后有风尘之警，胡骑自平阳、上党不三日而至孟津，北地、西河、太原、冯翊、安定、上郡尽为狄庭矣。宜及平吴之威，谋臣猛将之略，出北地、西河、安定，复上郡，实冯翊，于平阳已北诸县募取死罪，徙三河、三魏见士四万家以充之。裔不乱华，渐徙平阳、弘农、魏郡、京兆、上党杂胡,峻四夷出入之防,明先王荒服之制,万世之长策也。"
帝不纳。至太康五年,复有匈奴胡太阿厚率其部落二万九千三百人
归化。七年,又有匈奴胡都大博及萎莎胡等各率种类大小凡十万余
口,诣雍州刺史扶风王骏降附。明年,匈奴都督大豆得一育鞠等复
率种落大小万一千五百口,牛二万二千头,羊十万五千口,车庐什
物不可胜纪,来降,并贡其方物,帝并抚纳之。

　　北狄以部落为类,其入居塞者有屠各种、鲜支种、寇头种、乌谭
种、赤勤种、捍蛭种、黑狼种、赤沙种、郁鞞种、萎莎种、秃童种、勃蔑
种、羌渠种、贺赖种、钟跂种、大楼种、雍屈种、真对种、力羯种,凡十
九种,皆有部落,不相杂错。屠各最豪贵,故得为单于,统领诸种。其
国号有左贤王、右贤王、左奕蠡王、右奕蠡王、左于陆王、右于陆王、
左渐尚王、右渐尚王、左朔方王、右朔方王、左独鹿王、右独鹿王、左
显禄王、右显禄王、左安乐王、右安乐王,凡十六等,皆用单于亲子
弟也。其左贤王最贵,唯太子得居之。其四姓,有呼延氏、卜氏、兰
氏、乔氏。而呼延氏最贵,则有左日逐、右日逐,世为辅相,卜氏则有
左沮渠、右沮渠;兰氏则有左当户、右当户;乔氏则有左都侯、右都
侯。又有车阳、沮渠、余地诸杂号,犹中国百官也。其国人有綦母氏、
勒氏,皆勇健,好反叛。武帝时,有骑督綦母伣邪伐吴有功,迁赤沙
都尉。

　　惠帝元康中,匈奴郝散攻上党,杀长吏,入守上郡。明年,散弟
度元又率冯翊、北地羌胡攻破二郡。自此已后,北狄渐盛,中原乱
矣。

　　史臣曰:夫宵形禀气,是称万物之灵;系土随方,乃有群分之
异。蹈仁义者为中寓,肆凶犷者为外夷,譬诸草木,区以别矣。夷狄
之徒,名教所绝,窥边侯隙,自古为患,稽诸前史,凭陵匪一。轩皇北
逐,唐帝南征,殷后东戡,周王西狩,皆所以御其侵乱也。嬴刘之际,
匈奴最强;元成之间,呼韩委质,汉嘉其节,处之中壤。历年斯永,种
类逾繁,舛号殊名,不可胜载。爰及泰始,匪革前迷,广辟塞垣,更招

种落,纳菱莎之后附,开育鞠之新降,接帐连耩,充郊掩甸。既而沸唇成俗,鸣镝为群,振鸮响而挺灾,恣狼心而逞暴。何桢纵策,弗沮于奸萌;郭钦弛疏,无救于妖渐。未环星纪,坐倾都邑,黎元涂地,凶族滔天。迹有所由,抑武皇之失也。吐谷浑分绪伪燕,远辞正嫡,率东胡之余众,掩西羌之旧宇,网疏政暇,地广兵全,廓万里之基,贻一匡之训,弗忘忠义,良可嘉焉。吐延风标宏伟,见方于项籍,始遵朝化,遽夭于姜聪,高节不群,亦殊藩之秀也。叶延至孝,寄新哀于射草;辟奚深友,迈古烈于分荆;视达蒸蒸,光奉先之义;视罴矫矫,蕴经时之略;洛干童幼,早擅英规,未聘雄心,先摧凶手,奉顺者必败,岂天亡晋乎!且浑庬连枝,生自边极,各谋孙而翼子,咸革裔而希华。庬胤奸凶,假凤图而窃号;浑嗣忠谨,距龙涸而归诚。怀奸者数世而亡,资忠者累叶弥劭,积善余庆,斯言信矣。

赞曰:邈矣前王,区别群方。叛由德弛,朝因化昌。武后升图,智昧迁胡。遽沦家国,多谢明谟。谷浑英奋,思矫颓运;克昌其绪,实资忠训。

# 晋书卷九八
## 列传第六八

# 王敦 沈充　桓温 孟嘉

　　王敦,字处仲,司徒导之从父兄也。父基,治书侍御史。敦少有奇人之目,尚武帝女襄城公主,拜附马都尉,除太子舍人。时王恺、石崇以豪侈相尚,恺尝置酒,敦与导俱在坐,有女伎吹笛小失声韵,恺便欧杀之,一坐改容,敦神色自若。他日,又造恺,恺使美人行酒,以客饮不尽,辄杀之。酒至敦、导所,敦故不肯持,美人悲惧失色,而敦傲然不视。导素不能饮,恐行酒者得罪,遂勉强尽觞。导还,叹曰:“处仲若当世,心怀刚忍,非令终也。”洗马潘滔见敦而目之曰:“处仲蜂目已露,但豺声未振,若不噬人,亦当为人所噬。”及太子迁许昌,诏东宫官属不得送。敦及洗马江统、潘滔,舍人杜蕤、鲁瑶等,冒禁于路侧望拜流涕,时论称之。迁给事黄门侍郎。

　　赵王伦篡位,敦叔父彦为兖州刺史,伦遣敦慰劳之。会诸王起义兵,彦被齐王冏檄,惧伦兵强,不敢应命,敦劝彦起兵应诸王,故彦遂立勋绩。惠帝反正,敦迁散骑常侍、左卫将军、大鸿胪、侍中,出除广武将军、青州刺史。

　　永嘉初,征为中书监。于时天下大乱,敦悉以公主时侍婢百余人配给将士,金银宝物散之于众,单车还洛。东海王越自荥阳来朝,敦谓所亲曰:“今威权悉在太傅,而选用表请,尚书犹以旧制裁之,太傅今至,必有诛罚。”俄而越收中书令缪播等十余人杀之。越以敦为扬州刺史,潘滔说越曰:“今树处仲于江外,使其肆豪强之心,是见贼也。"越不从。

其后征拜尚书，不就。元帝召为安东军谘祭酒。会扬州刺史刘陶卒，帝复以敦为扬州刺史，加广武将军。寻进左将军、都督征讨诸军事、假节。帝初镇江东，威名未著，敦与从弟导等同心翼戴，以隆中兴，时人为之语曰："王与马，共天下。"寻与甘卓等讨江州刺史华轶，斩之。

蜀贼杜弢作乱，荆州刺史周颛退走，敦遣武昌太守陶侃、豫章太守周访等讨弢，而敦进住豫章，为诸军继援。及侃破弢，敦上侃为荆州刺史。既而侃为弢将杜曾所败，敦以处方失所，自贬为广武将军，帝不许。侃之灭弢也，敦以元帅进镇东大将军、开府仪同三司，加都督江扬荆湘交广六州诸军事、江州刺史，封汉安侯。敦始自选置，兼统州郡焉。顷之，杜弢将杜弘南走广州，求讨桂林贼自效，敦许之。陶侃距弘不得进，乃诣零陵太守尹奉降，奉送弘与敦，敦以为将，遂见宠待。南康人何钦所居险固，聚党数千人，敦就加四品将军，于是专擅之迹渐彰矣。

建武初，又迁征南大将军，开府如故。中兴建，拜侍中、大将军、江州牧。遣部将朱轨、赵诱伐杜曾，为曾所杀，敦自贬，免侍中，并辞牧不拜。寻加荆州牧，敦上疏曰：

昔汉祖以神武革命，开建正业，继以文帝之贤，纂承洪绪，清虚玄默，拟迹成康。贾谊叹息，以为天下倒悬，虽言有抑扬，不失事体。今圣朝肇建，渐振宏纲，往段匹磾遣使求效忠节，尚未有劳，便以方州与之。今靳明等为国雪耻，欲除大逆，此之志望，皆欲附翼天飞。虽功大宜报，亦宜有以裁之，当杜渐防萌，慎之在始。中间不遏，互生事变，皆非忠义，率以一朝之荣。天下渐弊，实由于此。春秋之时，天子微弱，诸侯奢侈，晋文思崇周室，至有求隧之请，襄王让之以礼，闻义而服，自尔诸侯莫敢越度。臣谓前者贼寇未殄，苟以济事，朝廷诸所加授，颇多爵位兼重。今自臣以下，宜皆除之，且以塞群小矜功之望，夷狄无厌之求。若复迁延，顾望流俗，使奸狡生心，遂相怨谤，指擿朝廷，谗谀峰起,臣有以知陛下无以正之。此安危之机,天下之望。

臣门户特受荣任,备兼权重,渥恩偏隆,宠过公族。行路厮贱犹谓不可,臣独何心可以安之。臣一宗误陛下,倾覆亦将寻至;虽复灰身剖心,陛下追悔将何所及!伏愿谅臣至款,及今际会,小解散之,并授贤俊,少慰有识,各得尽其所怀,则人思竞劝矣。州牧之号,所不敢当,辄送所假侍中貂蝉。又宜并官省职,以塞群小觊觎之望。

帝优诏不许。又固辞州牧,听为刺史。

时刘隗用事,颇疏间王氏,导等甚不平之。敦上疏曰:

导昔蒙殊宠,委以事机,虚己求贤,竭诚奉国,遂籍恩私,居辅政之重。帝王体远,事义不同,虽皇极初建,道教方阐,惟新之美,犹有所阙。臣每慷慨于遐远,愧愤于门宗,是以前后表疏,何尝不寄言及此。陛下未能少垂顾盼,畅臣微怀,云导顷见疏外,所陈如昨,而其萌已著,其为咎责,岂惟导身而已。群从所蒙,并过才分。导诚不能自量,陛下亦爱忘其短。常人近情,恃恩昧进,独犯龙鳞,迷不自了。臣窃所自忧虑,未详所由,惶愧踧踖,情如灰土。天下事大,尽理实难,导虽凡近,未有秽浊之累;既往之勋,畴昔之顾,情好绸缪,足以厉薄俗,明君臣,合德义,同古贤。昔臣亲受嘉命,云:"吾与卿及茂弘当管鲍之交。"臣忝外任,渐冉十载,训诱之诲,日有所忘;至于斯命,铭之于心,窃犹眷眷,谓前恩不得一朝而尽。

伏惟陛下圣哲日新,广延俊乂,临之以政,齐之以礼。顷者令导内综机密,出录尚书,杖节京都,并统六军,既为刺史,兼居重号,殊非人臣之体。流俗好评,必有讥谤,宜省录尚书、杖节及都督。且王佐之器,当得宏达远识、高正明断、道德优备者,以臣暗识,未见其才。然于见人,未逾于导;加辅翼积年,实尽心力。霸王之主,何尝不任贤使能,共相终始!管仲有三归反坫之讥,子犯有临河要君之责,萧何、周勃得罪图圄,然终为良佐。以导之才,何能无失!当令任不过分,役其所长,以功补过,要之将来。导性慎密,尤能忍事,善于斟酌,有文章才义,动静顾问,起予圣怀,外无过宠,公私得所。今皇祚肇建,八表承风;圣恩不终,则遐迩失望。天下荒弊,人心易动;物听一移,将致疑惑。臣非敢苟私亲亲,惟欲忠于社稷。

表至,导封以还敦,敦复遣奏之。

初,敦务自矫厉,雅尚清谈,口不言财色。既素有重名,又立大功于江左,专任阃外,手控强兵,群从贵显,威权莫贰,遂欲专制朝廷,有问鼎之心。帝畏而恶之,遂引刘隗、刁协等以为心膂。敦益不能平,于是嫌隙始构矣。每酒后辄咏魏武帝乐府歌曰:“老骥伏枥,志在千里。烈士暮年,壮心不已。”以如意打唾壶为节,壶边尽缺。及湘州刺史甘卓迁梁州,敦欲以从事中郎陈颁代卓,帝不从,更以谯王承镇湘州。敦复上表陈古今忠臣见疑于君,而苍蝇之人交构其间,欲以感动天子。帝愈忌惮之。俄加敦羽葆鼓吹,增从事中郎、掾属、舍人各二人。帝以刘隗为镇北将军,戴若思为征西将军,悉发扬州奴为兵,外以讨胡,实御敌也。永昌元年,敦率众内向,以诛隗为名,上疏曰:

刘隗前在门下,邪佞谄媚,潜毁忠良,疑惑圣听,遂居权宠,挠乱天机,威福自由,有识杜口。大起事役,劳扰士庶;外托举义,内自封植;奢僭过制,乃以黄散为参军,晋魏已来,未有此比。倾尽帑藏,以自资奉;赋役不均,百姓嗟怨;免良人奴,自为惠泽。自可使其大田以充仓廪,今便割配,皆充隗军。臣前求迎诸将妻息,圣恩听许,而隗绝之,使三军之士莫不怨愤。又徐州流人辛苦经载,家计始立,隗悉驱逼,以实己府。当陛下践阼之始,投刺王官,本以非常之庆使豫蒙荣分。而更充征役,复依旧名,普取出客,从来久远,经涉年载,或死亡灭绝,或自赎得免,或见放遣,或父兄时事身所不及,有所不得,辄罪本主,百姓哀愤,怨声盈路。身欲北渡,以远朝廷为名,而密知机要,潜行险戏,进人退士,高下任心,奸狡饕餮,未有隗比,虽无忌、宰嚭、弘恭、石显未足为喻。是以遐迩愤慨,群后失望。

臣备位宰辅，与国存亡，诚乏平、勃济时之略，然自忘驽骀，志存社稷，岂忍坐视成败，以亏圣美。事不获已，今辄进军，同讨奸孽，愿陛下深垂省察，速斩隗首，则众望厌服，皇祚复隆。隗首朝悬，诸军夕退。昔太甲不能遵明汤典，颠覆厥度，幸纳伊尹之勋，殷道复昌。汉武雄略，亦惑江充谗佞邪说，至乃父子相屠，流血丹地，终能克悟，不失大纲。今日之事，有逾于此，愿陛下深垂三思，谘询善道，则四海乂安，社稷永固矣。

又曰：

陛下昔镇扬州，虚心下士，优贤任能，宽以得众，故君子尽心，小人毕力。臣以暗蔽，豫奉徽猷，是以退迩望风，有识自竭，王业遂隆，惟新克建，四海延颈，咸望太平。

自从信隗已来，刑罚不中，街谈巷议，皆云如吴之将亡。闻之惶惑，精魂飞散，不觉胸臆摧破，泣血横流。陛下当全祖宗之业，存神器之重，察臣前后所启，奈何弃忽忠言，遂信奸佞，谁不痛心！愿出臣表，谘之朝臣，介石之几，不俟终日，令诸军早还，不至虚扰。

敦党吴兴人沈充起兵应敦。敦至芜湖，又上表罪状刁协。帝大怒，下诏曰：“王敦凭恃宠灵，敢肆狂逆，方朕太甲，欲见幽囚。是可忍也，孰不可忍也！今亲率六军，以诛大逆，有杀敦者，封五千户侯。”召戴若思、刘隗并会京师。敦兄含时为光禄勋，叛奔于敦。

敦至石头，欲攻刘隗，其将杜弘曰：“刘隗死士众多，未易可克，不如攻石头。周札少恩，兵不为用，攻之必败。札败，则隗自走。”敦从之。札果开城门纳弘。诸将与敦战，王师败绩。既入石头，拥兵不朝，放肆兵士劫掠内外。官省奔散，惟有侍中二人侍帝。帝脱戎衣，著朝服，顾而言曰：“欲得我处，但当早道，我自还琅邪，何至困百姓如此！”敦收周颛、戴若思害之。以敦为丞相、江州牧，进爵武昌郡公，邑万户，使太常荀崧就拜，又加羽葆鼓吹，并伪让不受。还屯武昌，多害忠良，宠树亲戚，以兄含为卫将军、都督沔南军事、领南蛮校尉、荆州刺史，以义阳太守任愔督沔北诸军事、南中郎将，敦又自督宁、益二州。

及帝崩，太宁元年，敦讽朝廷征己，明帝乃手诏征之，语在《明帝纪》。又使兼太常应詹拜授加黄钺，班剑武贲二十人，奏事不名，入朝不趋，剑履上殿。敦移镇姑孰，帝使侍中阮孚赍牛酒犒劳，敦称疾不见，使主簿受诏。以王导为司徒，敦自为扬州牧。

敦既得志，暴慢愈甚，四方贡献多入己府，将相岳牧悉出其门。徙含为征东将军、都督扬州江西诸军事，从弟舒为荆州，彬为江州，邃为徐州。含字处弘，凶顽刚暴，时所不齿，以敦贵重，故历显位。敦以沈充、钱凤为谋主，诸葛瑶、邓岳、周抚、李恒、谢雍为爪牙。充等并凶险骄恣，共相驱扇，杀戮自己；又大起营府，侵人田宅，发掘古墓，剽掠市道，士庶解体，咸知其祸败焉。敦从弟豫章太守棱日夜切谏，敦怒，阴杀之。敦无子，养含子应。及敦病甚，拜应为武卫将军以自副。钱凤谓敦曰："脱其不讳，便当以后事付应。"敦曰："非常之事，岂常人所能！且应年少，安可当大事。我死之后，莫若解众放兵，归身朝廷，保全门户，此计之上也。退还武昌，收兵自守，贡献不废，亦中计也。及吾尚存，悉众而下，万一侥幸，计之下也。"风谓其党曰："公之下计，乃上策也。"遂与沈充定谋，须敦死后作难。

敦又忌周札，杀之而尽灭其族。常从督冉曾、公乘雄等为元帝腹心，敦又害之。以宿卫尚多，奏令三番休二。及敦病笃，诏遣侍中陈晷、散骑常侍虞骙问疾。时帝将讨敦，微服至芜湖，察其营垒，又屡遣大臣讯问其起居。迁含骠骑大将军、开府仪同三司，含子瑜散骑常侍。

敦以温峤为丹杨尹，欲使觇伺朝廷。峤至，具言敦逆谋。帝欲讨之，知其为物情所畏服，乃伪言敦死，于是下诏曰：

先帝以圣德应运，创业江东，司徒导首居心膂，以道翼赞。故大将军敦参处股肱，或内或外，夹辅之勋，与有力焉。阶缘际会，遂据上宰，杖节专征，委以五州。刁协、刘隗立朝不允，敦抗义致讨，情希罄拳，兵虽犯顺，犹嘉乃诚，礼秩优崇，人臣无贰。事解之后，劫掠城邑，放恣兵人，侵及宫省；背违赦信，诛戮大

臣；纵凶极逆，不朝而退。六合阻心，人情同愤。先帝含垢忍耻，
容而不责，委任如旧，礼秩有加。朕以不天，寻丁酷罚，茕茕在
疚，哀悼靡寄。而敦曾无臣子追远之诚，又无辅孤同奖之操，缮
甲聚兵，盛夏来至，辄以天官假授私属，将以威胁朝廷，倾危宗
社。朕愍其狂戾，冀其觉悟，故且含隐以观其终。而敦矜其不
义之强，有侮弱朝廷之志，弃亲用羁，背贤任恶。钱凤竖子，专
为谋主，逞其凶慝，诬罔忠良。周嵩亮直，谠言致祸；周札、周
莚，累世忠义，听受谗构，残夷其宗。秦人之酷，刑不过五。敦
之诛戮，傍滥无辜，灭人之族，莫知其罪。天下骇心，道路以目。
神怒人怨，笃疾所婴，昏荒悖逆，日以滋甚，辄立兄息以自承
代，多树私党，莫非同恶，未有宰相继体而不由王命者也。顽凶
相奖，无所顾忌，擅录冶工，辄割运漕，志骋凶丑，以窥神器。社
稷之危，匪夕则旦。天不长奸，敦以陨毙。凤承凶宄，弥复煽逆。
是可忍也，孰不可忍也！

　　今遣司徒导，镇南将军、丹杨尹峤，建威将军赵胤武旅三
万，十道并进；平西将军邃率兖州刺史遐、奋武将军峻、奋威将
军瞻精锐三万，水陆齐势；朕亲御六军，左卫将军亮，右卫将军
胤，护军将军詹，领军将军瞻，中军将军壶，骁骑将军艾，骠骑
将军、南顿王宗，镇军将军、汝南王佑，太宰、西阳王羕被练三
千，组甲三万，总统诸军，讨凤之罪。罪止一人，朕不滥刑。有
能杀凤送首，封五千户侯，赏布五千匹。

　　冠军将军邓岳志气平厚，识经邪正；前将军周抚质性详
简，义诚素著；功臣之胄，情义兼常，往年从敦，情节不展，畏逼
首领，不得相违，论其乃心，无贰王室，朕嘉其诚，方任之以事。
其余文武，诸为敦所授用者，一无所问，刺史二千石不得辄离
所职。书到奉承，自求多福，无或猜嫌，以取诛灭。敦之将士，
从敦弥年，怨旷日久，或母陨没，或妻子丧亡，不得奔赴衔哀从
役，朕甚愍之，希不凄怆。其单于在军无有兼重者，皆遣归家，
终身不调，其余皆与假三年，休讫还台，当与宿卫同例三番。明

承诏书,朕不负信。

又诏曰:"敢有舍王敦姓名而称大将军者,军法从事。"

敦病转笃,不能御众,使钱凤、邓岳、周抚等率众三万向京师。含谓敦曰:"此家事,吾便当行。"于是以含为元帅。凤等问敦曰:"事克之日,天子云何?"敦曰:"尚未南郊,何得称天子!便尽卿兵势,保护东海王及裴妃而已。"乃上疏罪状温峤,以诛奸臣为名。

含至江宁,司徒导遗含书曰:

> 近承大将军困笃绵绵,或云已有不讳,悲怛之情,不能自胜。寻知钱凤大严,欲肆奸逆,朝士忿愤,莫不扼腕。去月二十三日,得征北告,刘遐、陶瞻、苏峻等深怀忧虑,不谋同辞。都邑大小及二宫宿卫咸惧有往年之掠,不复保其妻孥,是以圣主发赫斯之命,具如檄旨。近有嘉诏,崇兄八命,望兄奖群贤忠义之心,抑奸细不逞之计,当还武昌,尽力藩任。卒奉来告,乃承与犬羊俱下,虽当逼迫,犹以罔然。兄立身率素,见信明于门宗,年逾耳顺,位极人臣,仲玉、安期亦不足作佳少年,本来门户,良可惜也!

> 兄之此举,谓可得如大将军昔年之事乎?昔年佞臣乱朝,人怀不宁,如导之徒,心思外济。今则不然。大将军来屯于湖,渐失人心,君子危怖,百姓劳弊。将终之日,委重安期,安期断乳未几日,又乏时望,便可袭宰相之迹邪?自开辟以来,颇有宰相孺子者不?诸有耳者皆是将禅代意,非人臣之事也。先帝中兴,遗爱在人。圣主聪明,德洽朝野,思与贤哲弘济艰难。不北面而执臣节,乃私相树建,肆行威福,凡在人臣,谁不愤叹!此直钱凤不良之心闻于远近,自知无地,遂唱奸逆。至如邓伯山、周道和恒有好情,往来人士咸皆明之,方欲委任,与共戮力,非徒无虑而已也。

> 导门户小大受国厚恩,兄弟显宠,可谓隆矣。导虽不武,情在宁国。今日之事,明目张胆为六军之首,宁忠臣而死,不无赖而生矣。但恨大将军桓文之勋不遂,而兄一旦为逆节之臣,负

先人平素之志,既没之日,何颜见诸父于黄泉,谒先帝于地下邪?执省来告,为兄羞之,且悲且惭。愿速建大计,惟取钱凤一人,使天下获安,家国有福,故是竹素之事,非惟免祸而已。

夫福如反手,用之即是。导所统六军,石头万五千人,宫内后苑二万人,护军屯金城六千人,刘遐已至,征北昨已济江万五千人。以天子之威,文武毕力,岂可当乎!事犹可追,兄早思之。大兵一奋,导以为灼炟也。

含不答。

帝遣中军司马曹浑等击含于越城,含军败,敦闻,怒曰:"我兄老婢耳,门户衰矣!兄弟才兼文武者,世将、处季皆早死,今世事去矣。"语参军吕宝曰:"我当力行。"因作势而起,困乏复卧。

凤等至京师,屯于水南。帝亲率六军以御凤,频战破之。敦谓羊鉴及子应曰:"我亡后,应便即位,先立朝廷百官,然后乃营葬事。"初,敦始病,梦白犬自天而下啮之,又见刁协乘轺车导从,瞋目令左右执之。俄而敦死,时年五十九。应秘不发丧,裹尸以席,蜡涂其外,埋于厅事中,与诸葛瑶等恒纵酒淫乐。

沈充自吴率众万余人至,与含等合。充司马顾飏说充曰:"今举大事,而天子已扼其喉,情离众沮,锋摧势挫,持疑犹豫,必致祸败。今若决破栅塘,因湖水灌京邑,肆舟舰之势,极水军之用,此所谓不战而屈人之兵,上策也。籍初至之锐,并东南众军之力,十道俱进,众寡过倍,理必摧陷,中策也。转祸为福,因败为成,召钱凤计事,因斩之以降,下策也。"充不能用,飏逃归于吴。含复率众渡淮,苏峻等逆击,大败之,充亦烧营而退。

既而周光斩钱凤,吴儒斩沈充,并传首京师。有司议曰:"王敦滔天作逆,有无君之心,宜依崔杼、王凌故事,剖棺戮尸,以彰元恶。"于是发瘗出尸,焚其衣冠,踞而刑之。敦、充首同日悬于南桁,观者莫不称庆。敦首既悬,莫敢收葬者。尚书令郗鉴言于帝曰:"昔王莽漆头以轀车,董卓然腹以照市,王凌儭土,徐馥焚首。前朝诛杨骏等,皆先极官刑,后听私殡。然《春秋》许齐襄之葬纪侯,魏武义王修之哭袁谭。由斯言之，王诛加于上，私义行于下。臣以为可听私葬，于义为弘。”诏许之，于是敦家收葬焉。含父子乘单船奔荆州刺史王舒，舒使人沉之于江，余党悉平。

敦眉目疏朗，性简脱，有鉴裁，学通《左氏》，口不言财利，尤好清谈，时人莫知，惟族兄戎异之。经略指麾，千里之外肃然，而麾下优而不能整。武帝尝召时贤共言技艺之事，人人皆有所说，惟敦都无所关，意色殊恶。自言知击鼓，因振袖扬枹，音节谐韵，神气自得，傍若无人，举坐叹其雄爽。石崇以豪矜物，厕上常有十余婢侍列，皆有容色，置甲煎粉、沉香汁，有如厕者，皆易新衣而出。客多羞脱衣，而敦脱故著新，意色无怍。群婢相谓曰：“此客必能作贼。”又尝荒恣于色，体为之弊，左右谏之，敦曰：“此甚易耳。”乃开后阁，驱诸婢妾数十人并放之，时人叹异焉。

沈充，字士居。少好兵书，颇以雄豪闻于乡里。敦引为参军，充因荐同郡钱凤。

凤，字世仪。敦以为铠曹参军，数得进见。知敦有不臣之心，因进邪说，遂相朋构，专弄威权，言成祸福。遭父丧，外托还葬，而密为敦使，与充交构。

初，敦参军熊甫见敦委任凤，将有异图，因酒酣谓敦曰：“开国承家，小人勿用，佞幸在位，鲜不败业。”敦作色曰：“小人阿谁？”甫无惧容，因此告归。临与敦别，因歌曰：“祖风飚起盖山陵，氛雾蔽日玉石焚。往事既去可长叹，念别惆怅复会难。”敦知其讽己而不纳。

明帝将伐敦，遣其乡人沈祯谕充，许以为司空。充谓祯曰：“三司具瞻之重，岂吾所任！币厚言甘，古人所畏。且丈夫共事，终始当同，宁可中道改易，人谁容我！”祯曰：“不然。舍忠与顺，未有不亡者也。大将军阻兵不朝，爵赏自己，五尺之童知其异志。今此之举，将行篡弑耳，岂同于往年乎？是以疆场诸将莫不归赴本朝，内外之士咸愿致死，正以移国易主，义不北面以事之也，奈何协同逆图，当不义之责乎！朝廷坦诚，祯所知也。贼之党类，犹宥其罪，与之更始，况见机而作邪！”充不纳。率兵临发，谓其妻子曰：“男儿不竖豹尾，终不还也。”及败归吴兴，亡失道，误入其故将吴儒家。儒诱充内重壁中，因笑谓充曰：“三千户侯也。”充曰：“封侯不足贪也。尔以大义存我，我宗族必厚报汝。若必杀我，汝族灭矣。”儒遂杀之。充子劲竟灭吴氏。劲见《忠义传》。

　　史臣曰：琅邪之初镇建邺，龙德犹潜，虽当璧膺图预定书冥兆，丰功厚利未被于黎氓。王敦历官中朝，威名夙著，作牧淮海，望实逾隆，遂能托鱼水之深期，定金兰之密契，弼成王度，光佐中兴，卜世延百二之期，论都创三分之业，此功固不细也。既而负勋高而图非望，恃势逼而肆骄陵。衅隙起自刁、刘，祸难成于钱、沈。兴晋阳之甲，缠象魏之兵。蜂目既露，豺声又发，擅窃国命，杀害忠良，遂欲篡盗乘舆，逼迁龟鼎。赖嗣君英略，晋祚灵长，诸侯释位，股肱戮力，用能运兹庙算，珍彼凶徒，克固鸿图，载清天步者矣。

　　桓温，字元子，宣城太守彝之子也。生未期而太原温峤见之，曰：“此儿有奇骨，可试使啼。”及闻其声，曰：“真英物也！彝以峤所赏，故遂名之曰温。峤笑曰：“果尔，后将易吾姓也。”彝为韩晃所害，泾令江播豫焉。温时年十五，枕戈泣血，志在复仇。至年十八，会播已终，子彪兄弟三人居丧，置刃杖中，以为温备。温诡称吊宾，得进，刃彪于庐中，并追二弟杀之，时人称焉。

　　温豪爽有风概，姿貌甚伟，面有七星。少与沛国刘惔善，惔尝称之曰：“温眼如紫石棱，须作猬毛磔，孙仲谋、晋宣王之流亚也。”选尚南康长公主，拜驸马都尉，袭爵万宁男，除琅邪太守，累迁徐州刺史。

　　温与庾翼友善，恒相期以宁济之事。翼尝荐温于明帝曰：“桓温少有雄略，愿陛下勿以常人遇之，常婿畜之，宜委以方、召之任，托其弘济艰难之勋。”翼卒，以温为都督荆梁四州诸军事、安西将军、荆州刺史、领护南蛮校尉、假节。

　　时李势微弱，温志在立勋于蜀，永和二年，率众西伐。时康献太后临朝,温将发,上疏而行。朝廷以蜀险远,而温兵寡少,深入敌场,甚以为忧。初,诸葛亮造八阵图于鱼复平沙之上,垒石为八行,行相去二丈。温见之,谓"此常山蛇势也"。文武皆莫能识之。及军次彭模,乃命参军周楚、孙盛守辎重,自将步卒直指成都。势使其叔父福及从兄权等攻彭模,楚等御之,福退走。温又击权等,三战三捷,贼众散,自间道归成都。势于是悉众与温战于笮桥,参军龚护战没,众惧欲退,而鼓吏误鸣进鼓,于是攻之,势众大溃。温乘胜直进,焚其小城,势遂夜遁九十里,至晋寿葭萌城,其将邓嵩、昝坚劝势降,乃面缚舆榇请命。温解缚焚榇,送于京师。温停蜀三旬,举贤旌善,伪尚书仆射王誓、中书监王瑜、镇东将军邓定、散骑常侍常璩等,皆蜀之良也,并以为参军,百姓咸悦。军未旋而王誓、邓定、隗文等反,温复讨平之。振旅还江陵,进位征西大将军、开府,封临贺郡公。

及石季龙死,温欲率众北征,先上疏求朝廷议水陆之宜,久不报。时知朝廷杖殷浩等以抗己,温甚忿之,然素知浩,弗之惮也。以国无他衅,遂得相持弥年,虽有君臣之迹,亦相羁縻而已,八州士众资调,殆不为国家用。声言北伐,拜表便行,顺流而下,行达武昌,众四五万。殷浩虑为温所废,将谋避之,又欲以驺虞幡住温军,内外噂𠴲,人情震骇。简文帝时为抚军,与温书明社稷大计,疑惑所由。温即回军还镇,上疏曰:

臣近亲率所统,欲北埽赵、魏,军次武昌,获抚军大将军、会稽王昱书,说风尘纷纭,妄生疑惑,辞旨危急,忧及社稷。省之惋愕,不解所由,形影相顾,踧踖无地。臣以暗蔽,忝荷重任,虽才非其人,职在静乱。寇仇不灭,国耻未雪,幸因开泰之期,遇可乘之会,匹夫有志,犹怀愤慨,臣亦何心,坐观其弊!故荷戈驱弛,不遑宁处,前后表陈,于今历年矣。丹诚坦然,公私所察,有何纤介,容此嫌忌?岂丑正之徒心怀怵惕,操弄虚说,以惑朝听?

昔乐毅竭诚,垂涕流奔,霍光尽忠,上官告变。谗说殄行,奸邪乱德,乃历代之常患,存亡之所由也。今主上富于阳秋,陛下以圣淑临朝,恭己委任,责成群下,方寄会通于群才,布德信于遐荒。况臣世蒙殊恩,服事三朝,身非羁旅之宾,迹无韩、彭之衅,而反间起于胸心,交乱过于四国,此古贤所以叹息于既往,而臣亦大惧于当年也。今寇贼冰消,大事垂定,晋之遗黎鹄立南望,赴义之众慷慨即路,元凶之命悬在漏刻,而横议妄生,成此贝锦,使垂灭之贼复获苏息,所以痛心绝气,悲慨弥深。臣虽所存者公,所务者国;然外难未弭,而内弊交兴,则臣本心陈力之志也。

进位太尉,固让不拜。

时殷浩至洛阳修复园陵,经涉数年,屡战屡败,器械都尽。温复进督司州,因朝野之怨,乃奏废浩,自此内外大权一归温矣。温遂统步骑四万发江陵,水军自襄阳入均口,至南乡,步自淅川以征关中,命梁州刺史司马勋出子午道。别军攻上洛,获苻健荆州刺史郭敬,进击青泥,破之。健又遣子生、弟雄众数万屯峣柳、愁思塠以距温,遂大战,生亲自陷陈,杀温将应诞、刘泓,死伤千数。温军力战,生众乃散。雄又与将军桓冲战白鹿原,又为冲所破。雄遂驰袭司马勋,勋退次女娲堡。温进至霸上,健以五千人深沟自固,居人皆安堵复业,持牛酒迎温于路者十八九,耆老感泣曰:“不图今日复见官军!”初,温恃麦熟,取以为军资,而健芟苗清野,军粮不属,收三千余口而还。帝使侍中黄门劳温于襄阳。

初,温自以雄姿风气是宣帝、刘琨之俦,有以其比王敦者,意甚不平。及是征还,于北方得一巧作老婢,访之,乃琨伎女也,一见温,便潸然而泣。温问其故,答曰:“公甚似刘司空。”温大悦,出外整理衣冠,又呼婢问。婢云:“面甚似,恨薄;眼甚似,恨小;须甚似,恨赤;形甚似,恨短;声甚似,恨雌。”温于是褫冠解带,昏然而睡,不怡者数日。

母孔氏卒,上疏解职,欲送葬宛陵,诏不许。赠临贺太夫人印绶,谥曰敬,遣侍中吊祭,谒者监护丧事,旬月之中,使者八至,轺轩相望于道。温葬毕视事,欲修复园陵,移都洛阳,表疏十余上,不许。

进温征讨大都督、督司冀二州诸军事,委以专征之任。

温遣督护高武据鲁阳,辅国将军戴施屯河上,勒舟师以逼许、洛,以谯、梁水道既通,请徐、豫兵乘淮泗入河。温自江陵北伐,行经金城,见少为琅邪时所种柳皆已十围,慨然曰:"木犹如此,人何以堪!"攀枝执条,泫然流涕。于是过淮泗,践北境,与诸僚属登平乘楼,眺瞩中原,慨然曰:"遂使神州陆沉,百年丘墟,王夷甫诸人不得不任其责!"袁宏曰:"运有兴废,岂必诸人之过!"温作色谓四座曰:"颇闻刘景升有千斤大牛,啖刍豆十倍于常牛,负重致远,曾不若一羸牸,魏武入荆州,以享军士。"意以况宏,坐中皆失色。师次伊水,姚襄屯水北,距水而战。温结阵而前,亲被甲督弟冲及诸将奋击,襄大败,自相杀死者数千人,越北芒而西走,追之不及,遂奔平阳。温屯故太极殿前,徙入金墉城,谒先帝诸陵,陵被侵毁者皆缮复之,兼置陵令。遂旋军,执降贼周成以归,迁降人三千余家于江汉之间。遣西阳太守滕峻出黄城,讨蛮贼文卢等,又遣江夏相刘岵、义阳太守胡骥讨妖贼李弘,皆破之,傅首京都。温还军之后,司、豫、青、兖复陷于贼。升平中,改封南郡公,降临贺为县公,以封其次子济。

隆和初,寇逼河南,太守戴施出奔,冠军将军陈佑告急,温使竟陵太守邓遐率三千人助佑,并欲还都洛阳,上疏曰:

巴蜀既平,逆胡消灭,时来之会既至,休泰之庆显著。而人事乖违,屡丧王略,复使二贼双起,海内崩裂,河洛萧条,山陵危逼,所以迍邅悲惶,痛心于既往者也。伏惟陛下禀乾坤自然之姿,挺羲皇玄朗之德,凤栖外藩,龙飞皇极,时务陵替,备彻天听,人之情伪,尽知之矣。是以九域宅心,幽遐企踵,思仁云罗,混网四裔。诚宜远图庙算,大存经略,光复旧京,疆理华夏,使惠风阳泽洽被八表,霜威寒飚陵振无外,岂不允应灵休,天人齐契!今江河悠阔,风马殊邈,故向义之徒覆亡相寻,而建节之士犹继踵无悔。况辰极既回,众星斯仰,本源既运,枝沠自迁;则晋之余黎欣皇德之攸凭,群凶妖逆知灭亡之无日,聘思顺之心,鼓雷霆之势,则二竖之命不诛而自绝矣。故员通贵于无滞,明哲尚于应机,矼如石焉,所以成务。若乃海运既徙,而鹏翼不举,永结根于南垂,废神州于龙漠,令五尺之童掩口而叹息。

夫先王经始,玄圣宅心,画为九州,制为九服,贵中区而内诸夏,诚以晷度自中,霜露惟均,冠冕万国,朝宗四海故也。自强胡陵暴,中华荡覆,狼狈失据,权幸杨越,蠖屈以待龙申之会,潜蟠以俟风云之期,盖屯坯所钟,非理胜而然也。而丧乱缅邈,五十余载,先旧徂没,后来童幼,班荆辍音,积习成俗,遂望绝于本邦,宴安于所托。眷言悼之,不觉悲叹!臣虽庸劣,才不周务,然摄官承乏,属当重任,愿竭筋骨,宣力先锋,翦除荆棘,驱诸豺狼。自永嘉之乱,播流江表者,请一切北徙,以实河南,资其旧业,反其土宇,勤农桑之务,尽二时之利,导之以义,齐之以礼,使文武兼宣,信顺交畅,井邑既修,纲维粗举。然后陛下建三辰之章,振旂旗之旌,冕旒锡銮,朝服济江,则宇宙之内谁不幸甚!

夫人情昧安,难与图始;非常之事,众人所疑。伏愿陛下决玄照之明,断常均之外,责臣以兴复之效,委臣以终济之功。此事既就,此功既成,则陛下盛勋比隆前代,周宣之咏复兴当年。如其不效,臣之罪也,襄衾赴镬,其甘如荠。

诏曰:"在昔丧乱,忽涉五纪,戎狄肆暴,继袭凶迹,眷言西顾,慨叹盈怀!知欲躬率三军,荡涤氛秽,廓清中畿,光复旧京,非夫外身殉国,孰能若此者哉!诸所处分,委之高算。但河洛丘墟,所营者广,经始之勤,致劳怀也。"于是改授并、司、冀三州,以交广辽远,罢都督,温表辞不受。又加侍中、大司马、都督中外诸军事、假黄钺。

温以既总督内外,不宜在远,又上疏陈便宜七事:其一,朋党雷同,私议沸腾,宜抑杜浮竞,莫使能植。其二,户口凋寡,不当汉之一郡,宜并官省职,令久于其事。其三,机务不可停废,常行文按宜为限日。其四,宜明长幼之礼,奖忠公之吏。其五,褒贬赏罚,宜允其实。其六,宜述遵前典,敦明学业。其七,宜选建史官,以成晋书。有司皆奏行之。寻加羽葆鼓吹，置左右长史、司马、从事中郎四人。受鼓吹，余皆辞。复率舟军进合肥。加扬州牧、录尚书事，使侍中颜旄宣旨，召温入参朝政。温上疏曰：

> 方攘除群凶，扫平祸乱，当竭天下智力，与众共济之，而朝议咸疑，圣诏弥固，事异本图，岂敢执遂！至于入参朝政，非所敢闻。臣违离宫省二十余载，鞠躬戎务，役勤思苦，若得解带逍遥，鸣玉阙廷，参赞无为之契，豫闻曲成之化，虽实不敏，岂不是愿！但顾以江汉艰难，不同曩日，而益、梁新平，宁州始服，悬兵汉川，戍御弥广，加强蛮盘互，势处上流，江湖悠远，当制命侯伯，自非望实重威，无以镇御遐外。臣知舍此之艰危，敢背之而无怨，愿奋臂投身造事中原者，实耻帝道皇居仄陋于东南，痛神华桑梓遂埋于戎狄。若凭宗庙之灵，则云彻席卷，呼吸荡清。如当假息游魂，则臣据河洛，亲临二寇，广宣皇灵，襟带秦赵，远不五载，大事必定。

> 今臣昱以亲贤赞国，光辅二世，即无烦以臣疏钝，并闲机务。且不有行者，谁捍牧圉？表里相济，实深实重。伏愿陛下察臣所陈，兼访内外，乞时还屯，抚宁方隅。

诏不许，复征温。温至赭圻，诏又使尚书车灌止之，温遂城赭圻，固让内录，遥领扬州牧。属鲜卑攻洛阳，陈佑出奔，简文帝时辅政，会温于洌洲，议征讨事，温移镇姑孰。会哀帝崩，事遂寝。

温性俭，每宴惟下七奠柈茶果而已。然以雄武专朝，窥觊非望，或卧对亲僚曰："为尔寂寂，将为文景所笑。"众莫敢对。既而抚枕起曰："既不能流芳后世，不足后遗臭万载邪！"常行经王敦墓，望之曰："可人，可人！"其心迹若是。时有远方比丘尼，名有道术，于别室浴，温窃窥之。尼倮身先以刀自破腹，次断两足。浴竟出，温问吉凶，尼云："公若作天子，亦当如是。"

太和四年，又上疏悉众北伐。平北将军郗愔以疾解职，又以温领平北将军、徐兖二州刺史，率弟南中郎冲、西中郎袁真步骑五万北伐。百官皆于南州祖道，都邑尽倾。军次湖陆，攻慕容㬠将慕容忠，获之，进次金乡。时亢旱，水道不通，乃凿钜野三百余里以通舟运，自清水入河。晞将慕容垂、傅末波等率众八万距温，战于林渚。温击破之，遂至枋头。先使袁真伐谯梁，开石门以通运。真讨谯梁，皆平之，而不能开石门，军粮竭尽。温焚舟步退，自东燕出仓垣，经陈留，凿井而饮，行七百余里。垂以八千骑追之，战于襄邑，温军败绩，死者三万人。温甚耻之，归罪于真，表废为庶人。真怨温诬己，据寿阳以自固，潜通苻坚、慕容晞。

帝遣侍中罗含以牛酒犒温于山阳，使会稽王昱会温于涂中，诏以温世子给事熙为征虏将军、豫州刺史、假节。及南康公主薨，诏赙布千匹，钱百万，温辞不受。又陈息熙三年之孤，且年少未宜使居偏任，诏不许。发州人筑广陵城，移镇之。时温行役既久，又兼疾疠，死者十四五，百姓嗟怨。

袁真病死，其将朱辅立其子瑾以嗣事。慕容晞、苻坚并遣军援瑾，温使督护竺瑶、矫阳之等与水军击之。时晞军已至，瑶等与战于武丘，破之。温率二万人自广陵又至，瑾婴城固守，温筑长围守之。苻坚乃使其将王鉴、张蚝等率兵以救瑾，屯洛涧，先遣精骑五千次于肥水北。温遣桓伊及弟子石虔等逆击，大破之，瑾众遂溃，生擒之，并其宗族数十人及朱辅送于京都而斩之，瑾所侍养乞活数百人悉坑之，以妻子为赏。温以功，诏加班剑十人，犒军于路次，文武论功赏赐各有差。

温既负其才力，久怀异志，欲先立功河朔，还受九锡。既逢覆败，名实顿减，于是参军郗超进废立之计，温乃废帝而立简文帝。诏温依诸葛亮故事，甲仗百人入殿，赐钱五千万，绢二万匹，布十万匹。温多所废徙，诛庾倩、殷涓、曹秀等。是时温威势翕赫，侍中谢安见而遥拜，温惊曰："安石，卿何事乃尔！"安曰："未有君拜于前，臣揖于后。"时温有脚疾，诏乘舆入朝，既见，欲陈废立本意，帝便泣下数十行，温兢惧不得一言而出。

初，元、明世，郭璞为谶曰："君非无嗣，兄弟代禅。"谓成帝有子，而以国祚传弟。又曰："有人姓李，儿专征战。譬如车轴，脱在一

面。"儿者,子也;李去子木存,车去轴为亘,合成"桓"字也。又曰:
"尔来,尔来,河内大县。"尔来谓自尔已来为元始,温字元子也;故
河内大县,温也。成、康既崩,桓氏始大,故连言之。又曰:"赖子之
蘦,延我国祚。痛子之陨,皇运其暮。"二子者,元子、道子也。温志
在篡夺,事未成而死,幸之也。会稽王道子虽首乱晋国,而其死亦晋
衰之由也,故云痛也。

温复还白石,上疏求归姑孰。诏曰:"夫乾坤体合,而化成万物;
二人同心,则不言所利。古之哲王咸赖元辅,姬旦光于四表,而周道
以隆;伊尹格于皇天,而殷化以洽。大司马明德应期,光大深远,上
合天心,含章时发,用集大命,在于一人,功美博陆,道固万世。今进
公丞相,其大司马本官皆如故,留公京都,以镇社稷。"温固辞,仍请
还镇。遣侍中王坦之征温入相,增邑为万户,又辞。诏以西府经袁
真事故,军用不足,给世子熙布三万匹,米六万斛,又以熙弟济为给
事中。

及帝不豫,诏温曰:"吾遂委笃,足下便入,冀得相见。便来,便
来!"于是一日一夜频有四诏。温上疏曰:"圣体不和,以经积日,愚
心惶恐,无所寄情。夫盛衰常理,过备无害,故汉高枕疾,吕后问相,
孝武不豫,霍光启嗣。呜噎以问身后,盖所存者大也。今丘子幼稚,
而朝贤时誉惟谢安、王坦之才识智能皆简在圣鉴。内辅幼君,外御
强寇,实群情之大惧,然理尽于此。陛下便宜崇授,使群下知所寄,
而安等奉命陈力,公私为宜。至如臣温位兼将相,加陛下垂布衣之
顾,但朽迈疾病,惧不支久,无所复堪托以后事。"疏未及奏而帝崩,
遗诏家国事一禀之于公,如诸葛武侯、王丞相故事。温初望简文临
终禅位于己,不尔便为周公居摄。事既不副所望,故甚愤怨,与弟冲
书曰:"遗诏使吾依武侯、王公故事耳。王、谢处大事之际,日愤愤少
怀。"

及孝武即位,诏曰:"先帝遗敕云:'事大司马如事吾'。令答表
便可尽敬。"又诏:"大司马社稷所寄,先帝托以家国,内外众事便就
关公施行。"复遣谢安征温入辅,加前部羽葆鼓吹,武贲六十人,温

让不受。及温入朝，赴山陵，诏曰："公勋德尊重，师保朕躬，兼有风患，其无敬。"又敕尚书安等于新亭奉迎，百僚皆拜于道侧。当时豫有位望者咸战慑失色，或云因此杀王、谢，内外怀惧。温既至，以卢悚入宫，乃收尚书陆始付廷尉，责替慢罪也。于是拜高平陵，左右觉其有异，既登车，谓从者曰："先帝向遂灵见。"既不述帝所言，故众莫之知，但见将拜时频言"臣不敢"而已。又问左右殷涓形状，答者言肥短，温云："向亦见在帝侧。"初，殷浩既为温所废死，涓颇有气尚，遂不诣温，而与武陵王晞游，故温疑而害之，竟不识也。及是，亦见涓为祟，因而遇疾。凡停京师十有四日，归于姑孰，遂寝疾不起。讽朝廷加己九锡，累相催促。谢安、王坦之闻其病笃，密缓其事。锡文未及成而薨，时年六十二。皇太后与帝临于朝堂三日，诏赐九命衮冕之服，及朝服一具，衣一袭，东园秘器，钱二百万，布二千匹，腊五百斤，以供丧事。及葬，一依太宰安平献王、汉大将军霍光故事，赐九旒鸾辂，黄屋左纛，辒辌车，挽歌二部，羽葆鼓吹，武贲班剑百人，优册即前南郡公增七千五百户，进地方三百里，赐钱五千万，绢二万匹，布十万匹，追赠丞相。

初，冲问温以谢安、王坦之所任，温曰："伊等不为汝所处分。"温知己存彼不敢异，害之无益于冲，更失时望，所以息谋。

温六子：熙、济、韵、祎、伟、玄。熙字伯道，初为世子，后以才弱，使冲领其众。及温病，熙与叔秘谋杀冲，冲知之，徙于长沙。济字仲道，与熙同谋，俱徙长沙。韵字叔道，赐爵临贺公。祎最愚，不辨菽麦。伟字幼道，平厚笃实，居藩为士庶所怀。历使持节、督荆益宁秦梁五州诸军事、安西将军、领南蛮校尉、荆州刺史、西昌侯，赠骠骑将军、开府仪同三司。玄嗣爵，别有传。

孟嘉，字万年，江夏鄳人，吴司空宗曾孙也。嘉少知名，太尉庾亮领江州，辟部庐陵从事。嘉还都，亮引问风俗得失，对曰："还传当问吏。"亮举麈尾掩口而笑，谓弟翼曰："孟嘉故是盛德人。"转劝学从事。褚裒时为豫章太守，正旦朝亮，裒有器识，亮大会州府人士，嘉坐次甚远。裒问亮："闻江州有孟嘉，其人何在？"亮曰："在坐，卿但自觅。"衷历观,指嘉谓亮曰:"此君小异,将无是乎?"亮欣然而笑,喜衷得嘉,奇嘉为衷所得,乃益器焉。

后为征西桓温参军,温甚重之。九月九日,温燕龙山,僚佐毕集。时佐吏并著戎服,有风至,吹嘉帽堕落,嘉不之觉。温使左右勿言,欲观其举止。嘉良久如厕,温令取还之,命孙盛作文嘲嘉,著嘉坐处。嘉还见,即答之,其文甚美,四坐嗟叹。

嘉好酣饮,愈多不乱。温问嘉:"酒有何好,而卿嗜之?"嘉曰:"公未得酒中趣耳。"又问:"听妓,丝不如竹,竹不如肉,何谓也?"嘉答曰:"渐近使之然。"一坐咨嗟。转从事中郎,迁长史。年五十三卒于家。

史臣曰:桓温挺雄豪之逸气,韫文武之奇才,见赏通人,凤标令誉。时既豺狼孔炽,疆场多虞,受寄干城,用恢威略,乃逾越险阻,戡定岷峨,独克之功,有可称矣。及观兵洛讷,修复五陵,引旆秦郊,威怀三辅,虽未能枭除凶逆,亦足以宣畅王灵。既而总戎马之权,居形胜之地,自谓英猷不世,勋绩冠时。挟震主之威,蓄无君之志,企景、文而慨息,想处仲而思齐,睥睨汉廷,窥觎周鼎。后欲立奇功于赵魏,允归望于天人;然后步骤前王,宪章虞夏。逮乎石门路阻,襄邑兵摧,对谋略之乖违,耻师徒之挠败,迁怒于朝廷,委罪于偏裨,废主以立威,杀人以逞欲,曾弗知宝命不可以永得,神器不可以力征。岂不悖哉!岂不悖哉!斯实斧钺之所宜加,人神之所同弃。然犹存极光宠,没享哀荣,是知朝政之无章,主威之不立也。

赞曰:播越江溃,政弱权分。主子恃力,处仲矜勋。迹既陵上,志亦无君。罪浮浞獐,心窥舜禹。树威外略,称兵内侮。惟身与嗣,竟罹齐斧。

晋书卷九九
列传第六九

# 桓玄　卞范之　殷仲文

桓玄，字敬道，一名灵宝，大司马温之孽子也。其母马氏尝与同辈夜坐，于月下见流星坠铜盆水中，忽如二寸火珠，冏然明净，竞以瓢接取，马氏得而吞之，若有感，遂有娠。及生玄，有光照室，占者奇之，故小名灵宝。奶媪每抱诣温，辄易人而后至，云其重兼常儿，温甚爱异之。临终，命以为嗣，袭爵南郡公。

年七岁，温服终，府州文武辞其叔父冲，冲抚玄头曰："此汝家之故吏也。"玄因涕泪覆面，众并异之。及长，形貌环奇，风神疏朗，博综艺术，善属文。常负其才地，以雄豪自处，众咸惮之，朝廷亦疑而未用。年二十三，始拜太子洗马，时议谓温有不臣之迹，故折玄兄弟而为素官。

太元末，出补义兴太守，郁郁不得志。尝登高望震泽，叹曰："父为九州伯，儿为五湖长！"弃官归国。自以元勋之门而负谤于世，乃上疏曰：

臣闻周公大圣而四国流言，乐毅王佐而被谤骑劫，《巷伯》有豺兽之慨，苏公兴飘风之刺，恶直丑正，何代无之！先臣蒙国殊遇，姻娅皇极，常欲以身报德，投袂乘机，西平巴蜀，北清伊洛，使窃号之寇系颈北阙，园陵修复，大耻载雪，饮马灞浐，悬旌赵魏，勤王之师，功非一捷。太和之末，皇基有潜移之惧，遂乃奉顺天人，翼登圣朝，明离既朗，四凶兼澄。向使此功不建，此事不成，宗庙之事岂可刕念！昔太甲虽迷，商祚无忧；昌邑虽昏，弊无三孽。因兹而言，晋室之机危于殷汉，先臣之功高于伊霍矣。而负重既往，蒙谤清时，圣世明王黜陟之道，不闻废忽显明之功，探射冥冥之心，启嫌谤之涂，闻邪枉之路明也。先臣勤王艰难之劳，匡复克平之勋，朝廷若其遗之，臣亦不复计也。至于先帝龙飞九五，陛下之所以继明南面，请问谈者，谁之由邪？谁之德邪？岂惟晋室永安，祖宗血食，于陛下一门，实奇功也。

自顷权门日盛，丑政实繁，咸称述时旨，互相扇附，以臣之兄弟皆晋之罪人，臣等复何理可以苟存圣世？何颜可以尸飨封禄？若陛下忘先臣大造之功，信贝锦萋菲之说，臣等自当奉还三封，受戮市朝，然后下从先臣，归先帝于玄宫耳。若陛下述遵先旨，追录旧勋，窃望少垂恺悌覆盖之恩。

疏寝不报。

玄在荆楚积年，优游无事，荆州刺史殷仲堪甚敬惮之。及中书令王国宝用事，谋削弱方镇，内外骚动，知王恭有忧国之言，玄潜有意于功业，乃说仲堪曰："国宝与君诸人素已为对，唯患相弊之不速耳。今既执权要，与王绪相为表里，其所回易，罔不如志。孝伯居元舅之地，正情为朝野所重，必未便动之，唯当以君为事首。君为先帝所拔，超居方任，人情未以为允，咸谓君虽有思致，非方伯人。若发诏征君为中书令，用殷觊为荆州，君何以处之？"仲堪曰："忧之久矣，君谓计将安出？"玄曰："国宝奸凶，天下所知，孝伯疾恶之情每至而当，今日之会，以理推之，必当过人。君若密遣一人，信说王恭，宜兴晋阳之师，以内匡朝廷，己当悉荆楚之众顺流而下，推王为盟主，仆等亦皆投袂，当此无不响应。此事既行，桓文之举也。"仲堪持疑未决。俄而王恭信至，招仲堪及玄匡正朝廷。国宝既死，于是兵罢。玄乃求为广州，会稽王道子亦惮之，不欲使在荆楚，故顺其意。

隆安初，诏以玄督交广二州、建威将军、平越中郎将、广州刺史、假节，玄受命不行。其年，王恭又与庾楷起兵讨江州刺史王愉及谯王尚之兄弟。玄、仲堪谓恭事必克捷，一时响应。仲堪给玄五千人，与杨佺期俱为前锋。军至溢口，王愉奔于临川，玄遣偏将军追获之。玄、佺期至石头，仲堪至芜湖。恭将刘牢之背恭归顺。恭既死，庾楷战败，奔于玄军。既而诏以玄为江州，仲堪等皆被换易，乃各回舟西还，屯于寻阳，共相结约，推玄为盟主。玄始得志，乃连名上疏申理王恭，求诛尚之、牢之等。朝廷深惮之，乃免桓修、复仲堪以相和解。

初，玄在荆州豪纵，士庶惮之，甚于州牧。仲堪亲党劝杀之，仲堪不听。及还寻阳，资其声地，故推为盟主，玄逾自矜重。佺期为人骄悍，尝自谓承藉华胄，江表莫比，而玄每以寒士裁之，佺期甚憾，即欲于坛所袭玄。仲堪恶佺期兄弟虓勇，恐克玄之后复为己害，苦禁之。于是各奉诏还镇。玄亦知佺期有异谋，潜有吞并之计，于是屯于夏口。

隆安中，诏加玄都督荆州四郡，以兄伟为辅国将军、南蛮校尉。仲堪虑玄跋扈，遂与佺期结婚为援。初，玄既与仲堪、佺期有隙，恒虑掩袭，求广其所统。朝廷亦欲成其衅隙，故分佺期所督四郡与玄，佺期甚忿惧。会姚兴侵洛阳，佺期乃建牙，声云援洛，密欲与仲堪共袭玄。仲堪虽外结佺期而疑其心，距而不许，犹虑弗能禁，复遣从弟遹屯于北境以遏佺期。佺期既不能独举，且不测仲堪本意，遂息甲。南蛮校尉杨广，佺期之兄也，欲距桓伟，仲堪不听，乃出广为宜都、建平二郡太守，加征虏将军。佺期弟孜敬先为江夏相，玄以兵袭而召之。既至，以为谘议参军。玄于是兴军西征，亦声云救洛，与仲堪书，说佺期受国恩而弃山陵，宜共罪之。今亲率戎旅，迳造金墉，使仲堪收杨广，如其不尔，无以相信。仲堪本计欲两全之，既得玄书，知不能禁，乃曰："君自沔而行，不得一人入江也。"玄乃止。

后荆州大水，仲堪振恤饥者，仓廪空竭。玄乘其虚而伐之，先遣军袭巴陵。梁州刺史郭铨当之所镇，路经夏口，玄声云朝廷遣佺期为己前锋，乃授以江夏之众，使督诸军并进，密报兄伟令为内应。伟遑遽不知所为，乃自赍疏示仲堪。仲堪执伟为质，令与玄书，辞甚苦至。玄曰："仲堪为人不能专决，常怀成败之计，为儿子作虑，我兄必无忧矣。"

玄既至巴陵，仲堪遣众距之，为玄所败。玄进至杨口，又败仲堪弟子道护，乘胜至零口，去江陵二十里，仲堪遣军数道距之。佺期自襄阳来赴，与兄广共击玄，玄惧其锐，乃退军马头。佺期等方复追玄苦战，佺期败，走还襄阳，仲堪出奔酂城，玄遣将军冯该蹑佺期，获之。广为人所缚，送玄，并杀之。仲堪闻佺期死，乃将数百人奔姚兴，至冠军城，为该所得，玄令害之。

于是遂平荆雍，乃表求领江、荆二州。诏以玄都督荆襄雍秦梁益宁七州、后将军、荆州刺史、假节，以桓修为江州刺史。玄上疏固争江州，于是进督八州及扬豫八郡，复领江州刺史。玄又辄以伟为冠军将军、雍州刺史。时寇贼未平，朝廷难违其意，许之。玄于是树用腹心，兵马日盛，屡上疏求讨孙恩，诏辄不许。其后恩逼京都，玄建牙聚众，外托勤王，实欲观衅而进，复上疏请讨之。会恩已走，玄又奉诏解严。以伟为江州，镇夏口；司马刁畅为辅国将军，督八郡，镇襄阳；遣桓振、皇甫敷、冯该等戍溢口。移沮漳蛮二千户于江南，立武宁郡；更招集流人，立绥安郡。又置诸郡丞。诏征广州刺史刁逵、豫章太守郭昶之，玄皆留不遣。自谓三分有二，知势运所归，屡上祯祥以为己瑞。

初，庾楷既奔于玄，玄之求讨孙恩也，以为右将军。玄既解严，楷亦去职。楷以玄方与朝廷构怨，恐事不克，祸及于己，乃密结于后将军元显，许为内应。元兴初，元显称诏伐玄，玄从兄石生时为太傅长史，密书报玄。玄本谓扬土饥馑，孙恩未灭，必未遑讨己，可得蓄力养众，观衅而动。既闻元显将伐之，甚惧，欲保江陵。长史卞范之说玄曰："公英略威名振于天下，元显口尚乳臭，刘牢之大失物情，若兵临近畿，示以威赏，则土崩之势可翘足而待，何有延敌入境自取蹙弱者乎！"玄大悦，乃留其兄伟守江陵，抗表率众，下至寻阳，移檄京邑，罪状元显。檄至，元显大惧，下船而不克发。玄既失人情，而兴师犯顺，虑众不为用，恒有回旆之计。既过寻阳，不见王师，意甚悦，其将吏亦振。庾楷谋泄，收絷之，至姑孰，使其将冯该、苻宏、皇甫敷、索元等先攻谯王尚之,尚之败。刘牢之遣子敬宣诣玄降。

玄至新亭,元显自溃。玄入京师,矫诏曰:"义旗云集,罪在元显。太傅已别有教,其解严息甲,以副义心。"又矫诏加己总百揆,侍中、都督中外诸军事、丞相、录尚书事、扬州牧,领徐州刺史,又加假黄钺、羽葆鼓吹、班剑二十人,置左右长史、司马、从事中郎四人,甲仗二百人上殿。玄表列太傅道子及元显之恶,徙道子于安成郡,害元显于市。于是玄入居太傅府,害太傅中郎毛泰、泰弟游击将军邃、太傅参军荀逊、前豫州刺史庾楷父子、吏部郎袁遵、谯王尚之等,流尚之弟丹阳尹恢之、广晋伯允之、骠骑长史王诞、太傅主簿毛遁等于交广诸郡,寻追害恢之、允之于道。以兄伟为安西将军、荆州刺史,领南蛮校尉,从兄谦为左仆射、加中军将军、领选,修为右将军、徐兖二州刺史,石生为前将军、江州刺史,长史卞范之为建武将军、丹阳尹,王谧为中书令、领军将军。大赦,改元为大亨。玄让丞相,自署太尉、领平西将军、豫州刺史。又加衮冕之服,绿綟绶,增班剑为六十人,剑履上殿,入朝不趋,赞奏不名。

玄将出居姑孰,访之于众,王谧对曰:"《公羊》有言,周公何以不之鲁?欲天下一乎周也。愿静根本,以公旦为心。"玄善其对而不能从。遂大筑城府,台馆山池莫不壮丽,乃出镇焉。既至姑孰,固辞录尚书事,诏许之,而大政皆谘焉,小事则决于桓谦、卞范之。

自祸难屡构,干戈不戢,百姓厌之,思归一统。及玄初至也,黜凡佞,擢俊贤,君子之道粗备,京师欣然。后乃凌侮朝廷,幽摈宰辅,豪奢纵欲,众务繁兴,于是朝野失望,人不安业。时会稽饥荒,玄令赈贷之。百姓散在江湖采椹,内史王愉悉召之还。请米,米既不多,吏不时给,顿仆道路死者十八九焉。玄又害吴兴太守高素、辅国将军竺谦之、谦之从兄高平相朗之、辅国将军刘袭、袭弟彭城内史季武、冠军将军孙无终等,皆牢之之党,北府旧将也。袭兄冀州刺史轨及宁朔将军高雅之、牢之子敬宣并奔慕容德。玄讽朝廷以己平元显功,封豫章公,食安成郡地方二百二十五里,邑七千五百户;平仲堪、佺期功,封桂阳郡公,地方七十五里,邑二千五百户;本封南郡如故。玄以豫章改封息升，桂阳郡公赐兄子俊，降为西道县公。又发诏为桓温讳，有姓名同者一皆改之，赠其母马氏豫章公太夫人。

　　元兴二年，玄诈表请平姚兴，又讽朝廷作诏，不许。玄本无资力，而好为大言，既不克行，乃云奉诏故止。初欲饰装，无他处分，先使作轻舸，载服玩及书画等物。或谏之，玄曰："书画服玩既宜恒在左右，且兵凶战危，脱有不意，当使轻而易运。"众咸笑之。

　　是岁，玄兄伟卒，赠开府、骠骑将军，以桓修代之。从事中朗曹靖之说玄以桓修兄弟职居内外，恐权倾天下，玄纳之，乃以南郡相桓石康为西中郎将、荆州刺史。伟服始以公除，玄便作乐。初奏，玄抚节恸哭，既而收泪尽欢。玄所亲仗唯伟，伟既死，玄乃孤危。而不臣之迹已著，自知怨满天下，欲速定篡逆，殷仲文、卞范之等又共催促之，于是先改授群司，解琅邪王司徒，迁太宰，加殊礼，以桓谦为侍中、卫将军、开府、录尚书事，王谧散骑常侍、中书监，领司徒，桓胤中书令，加桓修散骑常侍、抚军大将军。置学官，教授二品子弟数百人。又矫诏加其相国，总百揆，封南郡、南平、宜都、天门、零陵、营阳、桂阳、衡阳、义阳、建平十郡为楚王，扬州牧，领平西将军、豫州刺史如故，加九锡备物，楚国置丞相已下，一遵旧典。又讽天子御前殿而策授焉。玄屡伪让，诏遣百僚敦劝，又云："当亲降銮舆乃受命。"矫诏赠父温为楚王，南康公主为楚王后。以平西长史刘瑾为尚书，刁逵为中领军，王暇为太常，殷叔文为左卫，皇甫敷为右卫，凡众官合六十余人，为楚官属。玄解平西、豫州，以平西文武配相国府。

　　新野人庾仄闻玄受九锡，乃起义兵，袭冯该于襄阳，走之。仄有众七千，于城南设坛，祭祖宗七庙。南蛮参军庾彬、安西参军杨道护、江安令邓襄子谋为内应。仄本仲堪党，桓伟既死，石康未至，故乘间而发，江陵震动。桓济之子亮起兵于罗县，自号平南将军、湘州刺史，以讨仄为名。南蛮校尉羊僧寿与石康共攻襄阳，仄众散，奔姚兴，彬等皆遇害。长沙相陶延寿以亮乘乱起兵，遣收之。玄徙亮于衡阳，诛其同谋桓奥等。

玄伪上表求归藩，又自作诏留之，遣使宣旨，玄又上表固请，又讽天子作手诏固留焉。玄好逼伪辞，尘秽简牍，皆此类也。谓代谢之际宜有祯祥，乃密令所在上临平湖开除清朗，使众官集贺。矫诏曰：“灵瑞之事非所敢闻也，斯诚相国至德，故事为之应。太平之化，于是乎始，六合同悦，情何可言！”又诈云江州甘露降王成基家竹上。玄以历代咸有肥遁之士，而己世独无，乃征皇甫谧六世孙希之为著作，并给其资用，皆令让而不受，号曰高士，时人名为“充隐”。议复肉刑，断钱货，回复改异，造革纷纭，志无一定，条制森然，动害政理。性贪鄙，好奇异，尤爱宝物，珠玉不离于手。人士有法书好画及佳园宅者，悉欲归己，犹难逼夺之，皆蒱博而取。遣臣佐四出，掘果移竹，不远数千里，百姓佳果美竹无复遗余。信悦谄誉，逆忤谠言，或夺其所憎与其所爱。

十一月，玄矫制加其冕十有二旒，建天子旌旗，出警入跸，乘金根车，驾六马，备五时副车，置旄头云罕，乐舞八佾，设钟簴宫县，妃为王后，世子为太子，其女及孙爵命之号皆如旧制。玄乃多斥朝臣为太宰僚佐，又矫诏使王谧兼太保，领司徒，奉皇帝玺禅位于己。又讽帝以禅位告庙，出居永安宫，移晋神主于琅邪庙。

初，玄恐帝不肯为手诏，又虑玺不可得，逼临川王宝请帝自为手诏，因夺取玺。比临轩，玺已久出，玄甚喜，百官到姑孰劝玄僭伪位，玄伪让，朝臣固请，玄乃于城南七里立郊，登坛篡位，以玄牡告天，百僚陪列，而仪注不备，忘称万岁，又不易帝讳。榜为文告天皇后帝云：“晋帝钦若景运，敬顺明命，以命于玄。夫天工人代，帝王所以兴，匪君莫治，惟德司其元，故承天理物，必由一统。并圣不可以二君，非贤不可以无主，故世换五帝，鼎迁三代。爰暨汉魏，咸归勋烈。晋自中叶，仍世多故，海西之乱，皇祚殆移，九代廓宁之功，升明黜陟之勋，微禹之德，左衽将及。太元之末，君子道消，积衅基乱，钟于隆安，祸延士庶，理绝人伦。玄虽身在草泽，见弃时班，义情理感，故能无慨！投袂克清之劳，阿衡揆乱之绩，皆仰凭先德遗爱之利，玄何功焉！属当理运之会，猥集乐推之数，以寡昧之身踵下武之重，膺

革泰之始,托王公之上,诚仰藉洪基,德渐有由。夕惕祗怀,罔知攸
厝。君位不可以久虚,人神不可以乏飨,是用敢不奉以钦恭大礼,敬
简良辰,升坛受禅,告类上帝,以永绥众望,式孚万邦,惟明灵是
飨。"乃下书曰:"夫三才相资,天人所以成功,理由一统,贞夫所以
司契,帝王之兴,其源深矣。自三五已降,世代参差,虽所由或殊,其
归一也。朕皇考宣武王圣德高邈,诞启洪基,景命攸归,理贯自昔。
中间屯险,弗克负荷,仰瞻宏业,殆若缀旒。藉否终之运,遇时来之
会,用获除奸救溺,拯拔人伦。晋氏以多难荐臻,历数唯既,曲章唐
虞之准,述遵汉魏之则,用集天禄于朕躬。惟德不敏,辞不获命,稽
若令典,遂升坛燎于南郊,受终于文祖。思覃斯庆,愿与亿兆聿兹更
始。"于是大赦,改元永始,锡天下爵二级,孝悌力田人三级,鳏寡孤
独不能自存者谷人五斛。其赏赐之制,徒设空文,无其实也。初出
伪诏,改年为建始,右丞王悠之曰:"建始,赵王伦伪号也。"又改为
永始,复是王莽始执权之岁,其兆号不祥,冥符僭逆如此。

　　又下书曰:"夫三恪作宾,有自来矣。爰暨汉魏,咸建疆宇。晋
氏钦若历数,禅位于朕躬,宜则是古训,授兹茅土。以南康之平固县
奉晋帝为平固王,车旗正朔一如旧典。"迁帝居寻阳,即陈留王处邺
宫故事。降永安皇后为零陵君,琅邪王为石阳县公,武陵王遵为彭
泽县侯。追尊其父温宣武皇帝,庙称太庙,南康公主为宣皇后。封
子升为豫章郡王,叔父云孙放之为宁都县王,豁孙稚玉为临沅县
王,豁次子石康为右将军、武陵郡王,秘子蔚为醴陵县王,赠冲太
傅、宣城郡王,加殊礼,依晋安平王故事,以孙胤袭爵,为吏部尚书,
冲次子谦为扬州刺史、新安郡王,谦弟修为抚军大将军、安成郡王,
兄歆临贺县王,祎富阳县王,赠伟侍中、大将军、义兴郡王,以子濬
袭爵,为辅国将军,濬弟邈西昌县王。封王谧为武昌公,班剑二十
人,卞范之为临汝公,殷仲文为东兴公,冯该为鱼复侯。又降始安郡
公为县公,长沙为临湘县公,庐陵为巴丘县公,各千户。其康乐、武
昌、南昌、望蔡、建兴、永修、观阳降封百户,公侯之号如故。又普进
诸征镇军号各有差。以相国左长史王绥为中书令。崇桓谦母庾氏

为宣城太妃，加殊礼，给以辇乘。号温墓曰永崇陵，置守卫四十人。

玄入建康宫，逆风迅激，旍旗仪饰皆倾偃。及小会于西堂，设妓乐，殿上施绛绫帐，缕黄金为颜，四角作金龙，头衔五色羽葆旒苏，群臣窃相谓曰：“此颇似辒车，亦王莽仙盖之流也。龙角，所谓亢龙有悔者也。”又造金根车，驾六马。是月，玄临听讼观阅囚徒，罪无轻重，多被原放。有干舆乞者，时或恤之。其好行小惠如此。自以水德，壬辰，腊于祖。改尚书都官郎为贼曹，又增置五校、三将及强弩、积射武卫官。元兴三年，玄之永始二年也，尚书答“春蒐”字误为“春菟”，凡所关署皆被降黜。玄大纲不理，而纠摘纤微，皆此类也。以其妻刘氏为皇后，将修殿宇，乃移入东宫，又开东掖、平昌、广莫及宫殿诸门，皆为三道。更造大辇，容三十人坐，以二百人舁之。性好畋游，以体大不堪乘马，又作徘徊舆，施转关，令回动无滞。既不追尊祖曾，疑其礼仪，问于群臣。散骑常侍徐广据晋典宜追立七庙，又敬其父则子悦，位弥高者情理得申，道愈广者纳敬必普也。玄曰：“《礼》云三昭、三穆，与太祖为七，然则太祖必居庙之主也，昭穆皆自下之称，则非逆数可知也。礼，太祖东向，左昭右穆。如晋室之庙，则宣帝在昭穆之列，不得在太祖之位。昭穆既错，太祖无寄，失之远矣。”玄曾祖以上名位不显，故不欲序列，且以王莽九庙见讥于前史，遂以一庙矫之，郊庙斋二日而已。秘书监卞承之曰：“祭不及祖，知楚德之不长也。”又毁晋小庙以广台榭。其庶母蒸尝，靡有定所，忌日见宾客游宴，唯至亡时一哭而已。期服之内，不废音乐。玄出游水门，飘风飞其仪盖。夜，涛水入石头，大桁流坏，杀人甚多。大风吹朱雀门楼，上层坠地。

玄自篡盗之后，骄奢荒侈，游猎无度，以夜继昼。兄伟葬日，旦哭晚游，或一日之中屡出驰骋。性又急暴，呼召严速，直官咸系马省前，禁内欢杂，无复朝廷之体。于是百姓疲苦，朝野劳悴，怨怒思乱者十室八九焉。于是刘裕、刘毅、何无忌等共谋兴复。裕等斩桓修于京口，斩桓弘于广陵，河内太守辛扈兴、弘农太守王元德、振威将军童厚之、竟陵太守刘迈谋为内应。至期，裕遣周安穆报之，而迈惶遽,遂以告玄。玄震骇,即杀扈兴等,安穆驰去得免。封迈安重侯,一宿又杀之。

裕率义军至竹里,玄移还上宫,百僚步从,召侍官皆入止省中。赦扬、豫、徐、兖、青、冀六州,加桓谦征讨都督、假节,以殷仲文代桓修,遣顿丘太守吴甫之、右卫将军皇甫敷北距义军。裕等于江乘与战,临阵斩甫之,进至罗落桥,与敷战,复枭其首。玄闻之大惧,乃召诸道术人推算数为厌胜之法,乃问众曰:“朕其败乎?”曹靖之对曰:“神怒人怨,臣实惧焉。”玄曰:“人或可怨,神何为怒?”对曰:“移晋宗庙,飘泊失所,大楚之祭,不及于祖,此其所以怒也。”玄曰:“卿何不谏?”对曰:“辇上诸君子皆以为尧舜之世,臣何敢言!”玄愈忿惧,使桓谦、何澹之屯东陵,卞范之屯覆舟山西,众合二万,以距义军。裕至蒋山,使羸弱贯油帔登山,分张旗帜,数道并前。玄侦候还云:“裕军四塞,不知多少。”玄益忧惶,遣武卫将军庾颐之配以精卒,赴援诸军。于时东北风急,义军放火,烟尘张天,鼓噪之音震骇京邑。刘裕执钺麾而进,谦等诸军一时奔溃。玄率亲信数千人声言赴战,遂将其子升、兄子濬出南掖门,西至石头,使殷仲文具船,相与南奔。

初,玄在姑孰,将相星屡有变;篡位之夕,月及太白,又入羽林,玄甚恶之。及败走,腹心劝其战,玄不暇答,直以策指天。而经日不得食,左右进以粗饭,咽不能下。升时年数岁,抱玄胸而抚之,玄悲不自胜。

刘裕以武陵王遵摄万机,立行台,总百官。遣刘毅、刘道规蹑玄,诛玄诸兄子及石康兄权、振兄洪等。

玄至寻阳,江州刺史郭昶之给其器用兵力。殷仲文自后至,望见玄舟,旌旗舆服备帝者之仪,叹息曰:“败中复振,故可也。”玄于是逼乘舆西上。桓歆聚党向历阳,宣城内史诸葛长民击破之。玄于道作起居注,叙其距义军之事,自谓经略指授,算无遗策,诸将违节度,以致亏丧,非战之罪。于是不遑与群下谋议,唯耽思诵述,宣示远近。玄至江陵,石康纳之,张幔屋于城南,署置百官,以卞范之为尚书仆射,其余职多用轻资。于是大修舟师,曾未三旬,众且二万,楼船器械甚盛。谓其群党曰:"卿等并清涂翼从朕躬,都下窃位者方应谢罪军门,其观卿等入石头,无异云霄中人也。"

玄以奔败之后,惧法令不肃,遂轻怒妄杀,人多离怨。殷仲文谏曰:"陛下少播英誉,远近所服,遂扫平荆雍,一匡京室,声被八荒矣。既据有极位,而遇此屺运,非为威不足也。百姓喁喁,想望皇泽,宜弘仁风,以收物情。"玄怒曰:"汉高、魏武几遇败,但诸将失利耳!以天文恶,故还都旧楚,而群小愚惑,妄生是非,方当纠之以猛,未宜施之以恩也。"玄左右称玄为"桓诏",桓胤谏曰:"诏者,施于辞令,不以为称谓也。汉魏之主皆无此言,唯闻北虏以苻坚为'苻诏'耳。愿陛下稽古帝则,令万世可法。"玄曰:"此事已行,今宣敕罢之,更为不祥。必其宜革,可待事平也。"荆州郡守以玄播越,或遣使通表,有匪宁之辞,玄悉不受,仍乃更令所在表贺迁都。

玄遣游击将军何澹之、武卫将军庾稚祖、江夏太守桓道恭就郭铨以数千人守溢口。又遣辅国将军桓振往义阳聚众,至弋阳,为龙骧将军胡诓所破,振单骑走还。何无忌、刘道规等破郭铨、何澹之、郭昶之于桑落洲,进师寻阳。玄率舟舰二百发江陵,使苻宏、羊僧寿为前锋。以鄱阳太守徐放为散骑常侍,欲遣说解义军,谓放曰:"诸人不识天命,致此妄作,遂惧祸屯结,不能自反。卿三州所信,可明示朕心,若退军散甲,当与之更始,各授位任,令不失分。江水在此,朕不食言。"放对曰:"刘裕为唱端之主,刘毅兄为陛下所诛,并不可说也。辄当申圣旨于何无忌。"玄曰:"卿使若有功,当以吴兴相叙。"放遂受使,入无忌军。

魏咏之破桓歆于历阳,诸葛长民又败歆于芍陂,歆单马渡淮。毅率道规及下邳太守孟怀玉与玄战于峥嵘洲。于时义军数千,玄兵甚盛,而玄惧有败衄,常漾轻舸于舫侧,故其众莫有斗心。义军乘风纵火,尽锐争先,玄众大溃,烧辎重夜遁,郭铨归降。玄故将刘统、冯稚等聚党四百人,袭破寻阳城,毅遣建威将军刘怀肃讨平之。玄留永安皇后及皇后于巴陵。殷仲文时在玄舰,求出别船收集散军,因叛玄，奉二后奔于夏口。玄入江陵城，冯该劝使更下战，玄不从，欲出汉川，投梁州刺史桓希，而人情乖阻，制令不行。玄乘马出城，至门，左右于暗中斫之，不中，前后相杀交横，玄仅得至船。于是荆州别驾王康产奉帝入南郡府舍，太守王腾之率文武营卫。

时益州刺史毛璩使其从孙佑之、参军费恬送弟璠丧葬江陵，有众二百，璩弟子修之为玄屯骑校尉，诱玄以入蜀，玄从之。达枚回洲，恬与佑之迎击玄，矢下如雨。玄嬖人丁仙期、万盖等以身蔽玄，并中数十箭而死。玄被箭，其子升辄拔去之。益州督护冯迁抽刀而前，玄拔头上玉导与之，乃曰："是何人邪？敢杀天子！"迁曰："欲杀天子之贼耳。"遂斩之，时年三十六。又斩石康及濬等五级，庾颐之战死。升云："我是豫章王，诸君勿见杀。"送至江陵市斩之。

初，玄在宫中，恒觉不安，若为鬼神所扰，语其所亲云："恐己当死，故与时竞。"元兴中，衡阳有雌鸡化为雄，八十日而冠萎。具及玄建国于楚，衡阳属焉，自篡盗至败，时凡八旬矣。其时有童谣云："长干巷，巷长干，今年杀郎君官，后年斩诸桓。"其凶兆符会如此。郎君谓元显也。

是月，王腾之奉帝入居太府。桓谦亦聚众沮中，为玄举哀，立丧庭，伪谥为武悼皇帝。毅等传送玄首，枭于大桁，百姓观者莫不欣幸。

何无忌等攻桓谦于马头，桓蔚于龙洲，皆破之。义军乘胜竞进，振、该等距战于灵溪，道规等败绩，死没者千余人。义军退次寻阳，更缮舟甲。毛璩自领梁州，遣将攻汉中，杀桓希。江夏相张畅之、高平太守刘怀肃攻何澹之于西塞矶，破之。振遣桓蔚代王旷守襄阳。道规进讨武昌，破伪太守王昙。魏咏之、刘藩破桓石绥于白茅。义军发寻阳。桓亮自号江州刺史，侵豫章，江州刺史刘敬宣讨走之。义军进次夏口。伪镇东将军冯该等守夏口，扬武将军孟山图据鲁城，辅国将军桓山客守偃月垒。刘毅攻鲁城，道规攻偃月垒，无忌与檀祗列舰中流，以防越逸。义军腾赴，叫声动山谷，自辰及午，二城俱溃，冯该散走，生擒山客。毅等平巴陵。毛璩遣涪陵太守文处茂东下,振遣桓放之为益州,屯夷陵,处茂距战,放之败走,还江陵。

义熙元年正月,南阳太守鲁宗之起义兵袭襄阳,破伪雍州刺史桓蔚。无忌诸军次江陵之马头,振拥帝出营江津。鲁宗之率众于柞溪,破伪武贲中郎温楷,进至纪南。振自击宗之,宗之失利。时蜀军据灵溪,毅率无忌、道规等破冯该军,推锋而前,即平江陵。振见火起,知城已陷,乃与谦等北走。是日,安帝反正。大赦天下,唯逆党就戮,诏特免桓胤一人。桓亮自豫章,自号镇南将军、湘州刺史。符宏寇安成、庐陵,刘敬宣遣将讨之,宏走入湘中。二月,桓谦、何澹之、温楷等奔于姚兴。桓振与宏出自涢城,袭破江陵,刘怀肃自云杜伐振等,破之。广武将军唐兴斩振及伪辅国将军桓珍,毅于临章斩伪零陵太守刘叔祖。桓亮、符宏复出寇湘中,害郡守长吏,檀祗讨宏于湘东,斩之,广武将军郭弥斩亮于益阳,其余拥众假号皆讨平之。诏徙桓胤及诸党与于新安诸郡。

三年,东阳太守殷仲文与永嘉太守骆球谋反,欲建桓胤为嗣,曹靖之、桓石松、卞承之、刘延祖等潜相交结,刘裕以次收斩之,并诛其家属。后桓谦走入蜀,蜀贼谯纵以谦为荆州刺史,使率兵而下,荆楚之众多应之。谦至枝江,荆州刺史刘道规斩之,梁州刺史傅歆又斩桓石绥,桓氏遂灭。

卞范之,字敬祖,济阴宛句人也。识悟聪敏,见美于当世。太元中,自丹阳丞为始安太守。桓玄少与之游,及玄为江州,引为长史,委以心膂之任,潜谋密计,莫不决之。后玄将为篡乱,以范之为丹阳尹。范之与殷仲文阴撰策命,进范之为征虏将军、散骑常侍。玄僭位,以范之为侍中,班剑二十人,进号后将军,封临汝县公。其禅诏,即范之文也。

玄既奢侈无度,范之亦盛营馆第。自以佐命元勋,深怀矜伐,以富贵骄人,子弟傲慢,众咸畏嫉之。义军起,范之屯兵于覆舟山西,为刘毅所败,随玄西走,玄又以范之为尚书仆射。玄为刘毅等所败,左右分散,唯范之在侧。玄平,斩于江陵。

殷仲文，南蛮校尉觊之弟也。少有才藻，美容貌。从兄仲堪荐之于会稽王道子，即引为骠骑参军，甚相赏待。俄转谘议参军，后为元显征虏长史。会桓玄与朝廷有隙，玄之姊，仲文之妻，疑而间之，左迁新安太守。仲文于玄虽为姻亲，而素不交密，及闻玄平京师，便弃郡投焉。玄甚悦之，以为谘议参军。时王谧见礼而不亲，卞范之被亲而少礼，而宠遇隆重，兼于王、卞矣。玄将为乱，使总领诏命，以为侍中，领左卫将军。玄九锡，仲文之辞也。

初，玄篡位入宫，其床忽陷，群下失色，仲文曰："将由圣德深厚，地不能载。"玄大悦。以佐命亲贵，厚自封崇，舆马器服，穷极绮丽，后房伎妾数十，丝竹不绝音。性贪吝，多纳货赂，家累千金，常若不足。玄为刘裕所败，随玄西走，其珍宝玩好悉藏地中，皆变为土。至巴陵，因奉二后投义军，而为镇军长史，转尚书。

帝初反正，抗表自解曰："臣闻洪波振壑，川无恬鳞；惊飚拂野，林无静柯。何者？势弱则受制于巨力，质微则无以自保。于理虽可得而言，于臣实非所敢譬。昔桓玄之代，诚复驱逼者众。至如微臣，罪实深矣，进不能见危授命，亡身殉国；退不能辞粟首阳，拂衣高谢。遂乃宴安昏宠，叨昧伪封，锡文篡事，曾无独固。名义以之俱沦，情节自兹兼挠，宜置极法，以判忠邪。会镇军将军刘裕匡复社稷，大弘善贷，伫一戮于微命，申三驱于大信，既惠之以首领，又申之以萦维。于时皇舆否隔，天人未泰，用忘进退，是以傀俛从事，自同令人。今宸极反正，唯新告始，宪章既明，品物思旧，臣亦胡颜之厚，可以显居荣次！乞解所职，待罪私门。违离阙庭，乃心慕恋。"诏不许。

仲文因月朔与众至大司马府，府中有老槐树，顾之良久而叹曰："此树婆娑，无复生意！"仲文素有名望，自谓必当朝政，又谢混之徒畴昔所轻者，并皆比肩，常怏怏不得志。忽迁为东阳太守，意弥不平。刘毅爱才好士，深相礼接，临当之郡，游宴弥日。行至富阳，慨然叹曰："看此山川形势，当复出一伯符。"何无忌甚慕之。东阳，无忌所统，仲文许当便道修谒，无忌故益钦迟之，令府中命文人殷阐、孔宁子之徒撰义构文，以俟其至。仲文失志恍惚，遂不过府。无忌疑其薄己，大怒，思中伤之。时属慕容超南侵，无忌言于刘裕曰："桓胤、殷仲文乃腹心之疾，北虏不足为忧。"义熙三年，又以仲文与骆球等谋反，及其弟南蛮校尉叔文并伏诛。仲文时照镜不见其面，数日而遇祸。

仲文善属文，为世所重，谢灵运尝云："若殷仲文读书半袁豹，则文才不减班固。"言其文多而见书少也。

史臣曰：桓玄纂凶，父之余基。挟奸回之本性，含怒于失职；苞藏其豕心，抗表以称冤。登高以发愤，观衅而动，窃图非望。始则假宠于仲堪，俄而戮殷以逞欲，遂得据全楚之地，驱劲勇之兵，因晋政之陵迟，乘会稽之酗醟，纵其狙诈之计，扇其陵暴之心，敢率犬羊，称兵内侮。天长丧乱，凶力实繁，逾年之间，奄倾晋祚，自谓法尧禅舜，改物君临，鼎业方隆，卜年惟永。俄而义旗电发，忠勇雷奔，半辰而都邑廓清，逾月而凶渠即戮，更延坠历，复振颓纲。是知神器不可暗干，天禄不可以妄处者也。夫帝王者，功高宇内，道济含灵，龙宫凤历表其祥，彤云玄石呈其瑞，然后光临大宝，克享鸿名，允億后之心，副乐推之望。若桓玄之幺麼，岂足数哉！适所以干纪乱常，倾宗绝嗣，肇金行之祸难，成宋氏之驱除者乎！

赞曰：灵宝隐贼，世载凶德。信顺未孚，奸回是则。肆逆迁鼎，凭威纵慝。违天虐人，覆宗殄国。

晋书卷一○○
列传第七○

# 王弥　张昌　陈敏　王如
# 杜曾　杜弢　王机　祖约
# 苏峻　孙恩　卢循　谯纵

王弥,东莱人也。家世二千石。祖颀,魏玄菟太守,武帝时,至汝南太守。弥有才干,博涉书记。少游侠京师,隐者董仲道见而谓之曰:"君豺声豹视,好乱乐祸,若天下骚扰,不作士大夫矣。"

惠帝末,妖贼刘伯根起于东莱之惤县,弥率家僮从之,伯根以为长史。伯根死,聚徒海渚,为苟纯所败,亡入长广山为群贼。弥多权略,凡有所掠,必豫图成败,举无遗策,弓马迅捷,膂力过人,青土号为"飞豹"。后引兵入寇青、徐,兖州刺史苟晞逆击,大破之。弥退集亡散,众复大振,晞与之连战,不能克。弥进兵寇泰山、鲁国、谯、梁、陈、汝南、颍川、襄城诸郡,入许昌,开府库,取器杖,所在陷没,多杀守令,有众数万,朝廷不能制。

会天下大乱,进逼洛阳,京邑大震,宫城门昼闭。司徒王衍等率百官距守,弥屯七里涧,王师进击,大破之。弥谓其党刘灵曰:"晋兵尚强,归无所厝。刘元海昔为质子,我与之周旋京师,深有分契,今称汉王,将归之,可乎?"灵然之。乃渡河归元海。元海闻而大悦,遣其侍中兼御史大夫郊迎,致书于弥曰:"以将军有不世之功,超时之德,故有此迎耳。迟望将军之至,孤今亲行将军之馆,辄拂席洗爵,

敬待将军。"及弥见元海,劝称尊号,元海谓弥曰:"孤本谓将军如窦
周等耳,今真吾孔明、仲华也。烈祖有云:'吾之有将军,如鱼之有水
也。'"于是署弥司隶校尉,加侍中、特进,弥固辞。使随刘曜寇河内,
又与石勒攻临漳。

永嘉初,寇上党,围壶关,东海王越遣淮南内史王旷、安丰太守
卫乾等讨之,及弥战于高都、长平间,大败之,死者十六七。元海进
弥征东大将军,封东莱公。与刘曜、石勒等攻魏郡、汲郡、顿丘,陷五
十余壁,皆调为军士。又与勒攻邺,安北将军和郁弃城而走。怀帝
遣北中郎将裴宪次白马讨弥,车骑将军王堪次东燕讨勒,平北将军
曹武次太阳讨元海。武部将军彭默为刘聪所败,见害,众军皆退。聪
渡黄河,帝遣司隶校尉刘暾、将军宋抽等距之,皆不能抗。弥、聪以
万骑至京城,焚二学。东海王越距战于西明门,弥等败走。弥复以
二千骑寇襄城诸县,河东、平阳、弘农、上党诸流人之在颍川、襄城、
汝南、南阳、河南者数万家,为旧居人所不礼,皆焚烧城邑,杀二千
石长吏以应弥。弥又以二万人会石勒寇陈郡、颍川,屯阳翟,遣弟璋
与石勒共寇徐兖,因破越军。

弥后与曜寇襄城,遂逼京师。时京邑大饥,人相食,百姓流亡,
公卿奔河阴。曜、弥等遂陷宫城,至大极前殿,纵兵大掠。幽帝于端
门,逼辱羊皇后,杀皇太子诠,发掘陵墓,焚烧宫庙,城府荡尽,百官
及男女遇害者三万余人,遂迁帝于平阳。

弥之掠也,曜禁之,弥不从。曜斩其牙门王延以徇,弥怒,与曜
阻兵相攻,死者千余人。弥长史张嵩谏曰:"明公与国家共兴大事,
事业甫耳,便相攻讨,何面见主上乎!平洛之功,诚在将军,然刘曜
皇族,宜小下之。晋二王平吴之鉴,其则不远,愿明将军以为虑。纵
将军阻兵不还,其若子弟宗族何!"弥曰:"善,微子,吾不闻此过
也。"于是诣曜谢,结分如初。弥曰:"下官闻过,乃是张长史之功。"
曜谓嵩曰:"君为朱建矣,岂况范生乎!"各赐嵩金百斤。弥谓曜曰:
"洛阳天下之中,山河四险之固,城池宫室无假营造,可徙平阳都
之。"曜不从,焚烧而去。弥怒曰:"屠贩子,岂有帝王之意乎!汝奈

天下何!"遂引众东屯项关。

初,曜以弥先入洛,不待己,怨之,至是嫌隙遂构。刘暾说弥还据青州,弥然之,乃以左长史曹嶷为镇东将军,给兵五千,多赍宝物还乡里,招诱亡命,且迎其室。弥将徐邈、高梁辄率部曲数千人随嶷去,弥益衰弱。

初,石勒恶弥骁勇,常密为之备。弥之破洛阳也,多遗勒美女宝货以结之。时勒擒苟晞,以为左司马,弥谓勒曰:"公获苟晞而用之,何其神妙!使晞为公左,弥为公右,天下不足定也!"勒愈忌弥,阴图之。刘暾又劝弥征曹嶷,藉其众以诛勒。于是弥使暾诣青州,令曹嶷引兵会己,而诈要勒共向青州。暾至东阿,为勒游骑所获。勒见弥与嶷书,大怒,乃杀暾。弥未之知,勒伏兵袭弥,杀之,并其众。

张昌,本义阳蛮也。少为平氏县吏,武力过人,每自占卜,言应当富贵。好论攻战,侪类咸共笑之。及李流寇蜀,昌潜通半年,聚党数千人,盗得幢麾,诈言台遣其募人讨流。会《壬午诏书》发武勇以赴益土,号曰"壬午兵"。自天下多难,数术者云当有帝王兴于江左,及此调发,人咸不乐西征,昌党因之诖惑,百姓各不肯去。而诏书催遣严速,所经之界停留五日者,二千石免。由是郡县官长皆躬出驱逐,展转不远,屯聚而为劫掠。是岁江夏大稔,流人就食者数千口。

太安二年,昌于安陆县石岩山屯聚,去郡八十里,诸流人及避戍役者多往从之。昌乃易姓名为李辰。太守弓钦遣军就讨,辄为所破。昌徒众日多,遂来攻郡。钦出战,大败,乃将家南奔沔口。镇南大将军、新野王歆遣骑督靳满讨昌于随郡西,大战,满败走,昌得其器杖,据有江夏,即其府库。造妖言云:"当有圣人出。"

山都县吏丘沉遇于江夏,昌名之为圣人,盛车服出迎之,立为天子,置百官。沉易姓名为刘尼,称汉后,以昌为相国,昌兄味为车骑将军,弟放广武将军,各领兵。于石岩中作宫殿,又于岩上织竹为鸟形,衣以五采,聚肉于其傍,众鸟群集,诈云凤皇降,又言珠袍、玉玺、铁券、金鼓自然而至。乃下赦书,建元神凤,郊祀、服色依汉故事。其有不应其募者，族诛。又流讹言云："江淮已南当图反逆，官军大起，悉诛讨之。"群小互相扇动，人情惶惧，江沔间一时焱起，竖牙旗，鸣鼓角，以应昌，旬月之间，众至三万，皆以绛科头，撊之以毛。江夏、义阳士庶莫不从之，惟江夏旧姓江安令王伛、秀才吕蕤不从。昌以三公位征之，伛、蕤密将宗室北奔汝南，投豫州刺史刘乔。乡人期思令李权、常安令吴凤、孝廉吴畅纠合善士，得五百余家，追随伛等，不豫妖逆。

新野王歆上言："妖贼张昌、刘尼妄称神圣，犬羊万计，绛头毛面，挑刀走戟，其锋不可当。请台救诸军，三道救助"于是刘乔率诸军据汝南以御贼，前将军赵骧领精卒八千据宛，助平南将军羊伊距守。昌遣其将军黄林为大都督，率二万人向豫州，前驱李宫欲掠取汝水居人，乔遣将军李杨逆击，大破之。林等东攻弋阳，太守梁桓婴城固守。又遣其将马武破武昌，害太守，昌自领其众。西攻宛，破赵骧，害羊伊。进攻襄阳，害新野王歆。昌别率石冰东破江、扬二州，伪置守长。当时五州之境皆畏从逆。又遣其将陈贞、陈兰、张甫等攻长沙、湘东、零陵诸郡。昌虽跨带五州，树立牧守，皆盗桀小人而无禁制，但以劫掠为务，人情渐离。

是岁，诏以宁朔将军、领南蛮校尉刘弘镇宛，弘遣司马陶侃、参军蒯桓、皮初等率众讨昌于竟陵，刘乔又遣将军李杨、督护尹奉总兵向江夏。侃等与昌苦战累日，大破之，纳降万计，昌乃沉窜于下隽山。明年秋，乃擒之，传首京师，同党并夷三族。

陈敏，字令通，庐江人也。少有干能，以部廉吏补尚书仓部令史。及赵王伦篡逆，三王起义兵，久屯不散，京师仓廪空虚，敏建议曰："南方米谷皆积数十年，时将欲腐败，而不漕运以济中州，非所以救患周急也。"朝廷从之，以敏为合肥度支，迁广陵度支。

张昌之乱，遣其将石冰等趣寿春，都督刘准忧惶计无所出。时敏统大军在寿春，谓准曰："此等本不乐远戍，故逼迫成贼。乌合之众，其势易离。敏请合率运兵，公分配众力，破之必矣。"准乃益敏兵击之,破吴弘、石冰等,敏遂乘胜逐北,战数十合。时冰众十倍,敏以少击众,每战皆克,遂至扬州。回讨徐州贼封云,云将张统斩云降。敏以功为广陵相。时惠帝幸长安,四方交争,敏遂有割据江东之志。其父闻之,怒曰:"灭我门者,必此儿也!"父亡,去职。

东海王越当西迎大驾,承制起敏为右将军、假节、前锋都督,致书于敏曰:

> 将军建谋富国,则有大漕之勋。及遭冰、昌之乱,则首率义徒,以寡敌众。外无强兵之援,内无运筹之侣,只身挺立,雄略从横,擢奇谋于马首,夺灵计于临危,金声振于江外,精光赫于扬、楚。攻坚陷险,三十余战,师徒无亏,劲敌自灭。五州复全,苞茅入贡,岂非将军之功力哉!

> 今羯贼屯结,游魂河、济,鼠伏雊窜,藏匿陈留,始欲奸盗,终图不轨。将军孙吴之术既明,已试之功先著,孤与将军情分特隆,想割草土之哀,抑难居之思,舍经执戈,来恤国难。天子远巡,銮舆未反,引领东眷,有怀山陵。当凭将军戮力,王辂有旋。将军率将所领,承书风发,米布军资,惟将军所运。

时越讨豫州刺史刘乔,敏引兵会之,与越俱败于萧。

敏因中国大乱,遂请东归,收兵据历阳。会吴王常侍甘卓自洛至,教卓假称皇太弟命,拜敏为扬州刺史,并假江东首望顾荣等四十余人为将军、郡守,荣并伪从之。敏为息娶卓女,遂相为表里。扬州刺史刘机、丹阳太守王广等皆弃官奔走。敏弟昶知顾荣等有贰心,劝敏杀之,敏不从。昶将精兵数万据乌江,弟恢率钱端等南寇江州,刺史应邈奔走,弟斌东略诸郡,遂据有吴越之地。敏命寮佐以己为都督江东军事、大司马、楚公,封十郡,加九锡,列上尚书,称自江入河,奉迎銮驾。

东海王军谘祭酒华谭闻敏自相署置,而顾荣等并江东首望,悉受敏官爵,乃遗荣等书曰:

> 石冰之乱,朝廷录敏微功,故加越次之礼,授以上将之任,庶有韩卢一噬之效。而本性凶狡,素无识达,贪荣干运,逆天而

动,阻兵作威,盗据吴会,内用凶弟,外委军吏,上负朝廷宠授之荣,下孤宰辅过礼之惠。天道伐恶,人神所不佑。虽阻长江,命危朝露。忠节令图,君子高行,屈节附逆,义士所耻。王蠋匹夫,志不可屈;于期慕义,陨首燕庭。况吴会仁人并受国宠,或剖符名郡,或列为近臣,而便辱身奸人之朝,降节逆叛之党,稽颡屈膝,不亦羞乎!昔龚胜绝粒,不食莽朝;鲁连赴海,耻为秦臣。君子义行,同符千载,遥度雅量,岂独是安!

　　昔吴之武烈,称美一代,虽奋奇宛、叶,亦受折襄阳。讨逆雄气,志存中夏,临江发怒,命讫丹徒。赖先主承运,雄谋天挺,尚内倚慈母仁明之教,外杖子布廷争之忠,又有诸葛、顾、步、张、朱、陆、全之族,故能鞭笞百越,称制南州。然兵家之兴,不出三世,运未盈百,归命入臣。今以陈敏仓部令史,七第顽冗,六品下才,欲蹑桓王之高踪,蹈大皇之绝轨,远度诸贤,犹当未许也。诸君垂头,不能建翟义之谋;而顾生俛眉,已受羁绊之辱。皇舆车轩,行即紫馆,百寮垂缨,云翔凤阙,庙胜之谋,潜运帷幄。然后发荆州武旅,顺流东下,徐州锐锋,南据堂邑;征东劲卒,耀威历阳,飞桥越横江之津,泛舟涉瓜步之渚;威震丹阳,擒寇建邺,而诸贤何颜见中州之士邪!

　　小寇隔津,音符道阔,引领南望,情存旧怀。忠义之人,何世蔑有!夫危而不能安,亡而不能存,将何贵乎!永长宿德,情所素重;彦先垂发,分著金石;公胄早交,恩纪特隆;令伯义声,亲好密结。上欲与诸贤效翼紫宸,建功帝籍。如其不尔,亦可泛舟河渭,击楫清歌。何为辱身小寇之手,以蹈逆乱之祸乎!昔为同志,今已殊域;往为一体,今成异身。瞻江长叹,非子谁思!愿图良策,以存嘉谋也。

敏凡才无远略,一旦据有江东,刑政无章,不为英俊所服,且子弟凶暴,所在为患。周玘、顾荣之徒常惧祸败,又得谭书,皆有惭色。玘、荣遣使密报征东大将军刘准遣兵临江,已为内应。准遣扬州刺史刘机、宁远将军衡彦等出历阳,敏使弟昶及将军钱广次乌江以距之,又遣弟闳为历阳太守,戍牛渚。钱广家在长城,玘乡人也,玘潜使图昶。广遣其属何康、钱象投募送白事于昶,昶倾头视书,康挥刀斩之,称州下已杀敏,敢有动者诛三族,吹角为内应。广先勒兵在朱雀桥,陈兵水南,玘、荣又说甘卓,卓遂背敏。敏率万余人将与卓战,未获济,荣以白羽扇麾之,敏众溃散。敏单骑东奔至江乘,为义兵所斩,母及妻子皆伏诛,于是会稽诸郡并杀敏诸弟无遗焉。

王如,京兆新丰人也。初为州武吏,遇乱流移至宛。时诸流人有诏并遣还乡里,如以关中荒残,不愿归,征南将军山简、南中郎将杜蕤各遣兵送之,而促期令发。如遂潜结诸无赖少年,夜袭二军,破之。杜蕤悉众击如,战于涅阳,蕤军大败。山简不能御,移屯夏口,如又破襄城。于是南安庞实、冯翊严嶷、长安侯脱等各帅其党攻诸城镇,多杀令长以应之。未几,众至四五万,自号大将军,领司、雍二州牧。

如惧石勒之攻己也,乃厚赂于勒,结为兄弟,勒又假其强而纳之。时侯脱据宛,与如不协,如说勒曰:“侯脱虽名汉臣,其实汉贼。如常恐其来袭,兄宜备之。勒素怒脱贰己,惮如唇齿,故不攻之。及闻如言,甚悦,遂夜令三军蓐食待命,鸡鸣而驾,后出者斩,晨压宛门攻之,旬有二日而克之,勒遂斩脱。如于是大掠沔汉,进逼襄阳。征南山简使将赵同帅师击之,经年不能克,智力并屈,遂婴城自守。王澄帅军赴京都,如邀击破之。

如连年种谷皆化为莠,军中大饥,其党互相攻劫,官军进讨,各相率来降。如计无所出,归于王敦。敦从弟棱爱如骁武,请敦配己麾下。敦曰:“此辈虓险难蓄,汝性忌急,不能容养,更成祸端。”棱固请,与之。棱置诸左右,甚加宠遇。如数与敦诸将角射,屡斗争为过失,棱果不容而杖之,如甚以为耻。初,敦有不臣之迹,棱每谏之,敦常怒其异己。及敦闻如为棱所辱,密使人激怒之,劝令杀棱。如诣棱,因开宴,请剑舞为欢,棱从之。如于是舞刀为戏,渐渐来前。棱恶而呵之不止,叱左右使牵去,如直前害棱。敦闻而阳惊,亦捕如诛之。

杜曾,新野人,南中郎将蕤之从祖弟也。少骁勇绝人,能被甲游于水中。始为新野王歆镇南参军,历华容令,至南蛮司马。凡有战阵,勇冠三军。

会永嘉之乱,荆州荒梗,故牙门将胡亢聚众于竟陵,自号楚公,假曾竟陵太守。亢后与其党自相猜贰,诛其骁将数十人,曾心不自安,潜谋图之,乃卑身屈节以事于亢,亢弗之觉,甚信任之。会荆州贼王冲自号荆州刺史,部众亦盛,屡遣兵抄亢所统,亢患之,问计于曾,曾劝令击之,亢以为然。曾白亢取帐下刀戟付工磨之,因潜引王冲之兵。亢遣精骑出距冲,城中空虚,曾因斩亢而并其众,自号南中郎将,领竟陵太守。曾求南郡太守刘务女不得,尽灭其家。会愍帝遣第五猗为安南将军、荆州刺史,曾迎猗于襄阳,为兄子娶猗女,遂分据沔、汉。

时陶侃新破杜弢,乘胜击曾,有轻曾之色。侃司马鲁恬言于侃曰:"古人争战,先料其将,今使君诸将无及曾者,未易可逼也。"侃不从,进军围之于石城。时曾军多骑,而侃兵无马,曾密开门,突侃阵,出其后,反击其背,侃师遂败,投水死者数百人。曾将趋顺阳,下马拜侃,告辞而去。既而致笺于平南将军荀崧,求讨丹水贼以自效,崧纳之。侃遗崧书曰:"杜曾凶狡,所将之卒皆豺狼也,可谓鸱枭食母之物。此人不死,州土未宁,足下当识吾言。"崧以宛中兵少,藉曾为外援,不从侃言。曾复率流亡二千余人围襄阳,数日不下而还。

及王廙为荆州刺史,曾距之,廙使将朱轨、赵诱击曾,皆为曾所杀。王敦遣周访讨之,屡战不能克,访潜遣人缘山开道,出曾不意以袭之,曾众溃,其将马俊、苏温等执曾诣访降。访欲生致武昌,而朱轨息昌、赵诱息胤皆乞曾以复冤,于是斩曾,而昌、胤脔其肉而啖之。

杜弢,字景文,蜀郡成都人也。祖植,有名蜀土,武帝时为符节令。父聆,略阳护军。弢初以才学著称,州举秀才。遭李庠之乱,避地南平,太守应詹爱其才而礼之。后为醴陵令。

时巴蜀流人汝班、蹇硕等数万家,布在荆湘间,而为旧百姓之所侵苦,并怀怨恨。会蜀贼李骧杀县令,屯聚乐乡,众数百人,弢与应詹击骧,破之。蜀人杜畴、蹇抚等复扰湘州,参军冯素与汝班不协,言于刺史荀眺曰:“流人皆欲反。”眺以为然,欲尽诛流人。班等惧死,聚众以应畴。时弢在湘中,贼众共推弢为主,弢自称梁益二州牧、平难将军、湘州刺史,攻破郡县,眺委城走广州。广州刺史郭讷遣始兴太守严佐率众攻弢,弢逆击破之。荆州刺史王澄复遣王机击弢,败于巴陵。弢遂纵兵肆暴,伪降于山简,简以为广汉太守。

眺之走也,州人推安成太守郭察领州事,因率众讨弢,反为所败,察死之。弢遂南破零陵,东侵武昌,害长沙太守崔敷、宜都太守杜鉴、邵陵太守郑融等。元帝命征南将军王敦、荆州刺史陶侃等讨之,前后数十战,弢将士多物故,于是请降。帝不许。弢乃遗应詹书曰:

天步艰难,始自吾州;州党流移,在于荆土。其所遇值,蔑之如遗,顿伏死亡者略复过半,备尝荼毒,足下之所鉴也。客主难久,嫌隙易构,不谓乐乡起变出于不意,时与足下思散疑结,求擒其党帅,惟患算不经远,力不陷坚耳。及在湘中,惧死求生,遂相结聚,欲守善自卫,天下小定,然后输诚盟府。寻山公镇夏口,即具陈之。此公鉴开塞之会,察穷通之运,纳吾于众疑之中,非高识玄睹,孰能若此!西州人士得沐浴于清流,岂惟涤荡瑕秽,乃骨肉之施。此公薨逝,斯事中废,贤愚痛毒,窃以自悼。欲遣滕永文、张休豫诣大府备列起事以来本末,但恐贪功徇名之徒将谗间于圣主之听,戮吾使于市朝以彰叛逆罪,故未敢遣之。而甘、陶卒至,水陆十万,旌旗曜于山泽,舟舰盈于三江,威则威矣,然吾众窃未以为惧。晋文伐原,以全信为本,故能使诸侯归之。陶侃宣赦书而继之以进讨,岂所以崇奉明诏,示轨宪于四海!逼向义之夫以为叛逆之虏,踬思善之众以极不赦之责，非不战而屈人之算也。驱略乌合，欲与必死者求一战，未见争衡之机权也。吾之赤心，贯于神明，西州人士，卿粗悉之耳。宁当令抱枉于时，不证于大府邪！

昔虞卿不荣大国之相，与魏齐同其安危；司马迁明言于李陵，虽刑残而无慨。足下抗威千里，声播汶、衡，进宜为国思静难之略，退与旧交措枉直之正，不亦绰然有余裕乎！望卿腾吾笺令，时达盟府，遣大使光临，使吾得披露肝胆，没身何恨哉！伏想盟府必结纽于纪纲，为一匡于圣世，使吾厕列义徒，负戈前驱，迎皇舆于阊阖，扫长蛇于荒裔，虽死之日，犹生之年也。若然，先清方夏，却定中原，吾得一年之粮，使溯流西归，夷李雄之逋寇，修《禹贡》之旧献，展微劳以补往愆，复州邦以谢邻国，亦其志也，惟所裁处耳。

吾远州寒士，与足下出处殊伦，诚不足感神交而济其倾危。但显吾忠诚，则汶、岳荷忠顺之恕，衡、湘无伐叛之虞，隆足下宏纳之望，拯吾徒陷溺之艰，焉可金玉其音哉！然颙颙十余万口，亦劳瘁于警备，思放逸于南亩矣。衡岳、江、湘列吾左右，若往言有贰，血诚不亮，益梁受殃，不惟鄙门而已。

詹甚哀之，乃启呈弢书，并上言曰："弢益州秀才，素有清望，文理既优，干事兼美。往因使流寓，居詹郡界，其贞心坚白，詹所委究。李骧为变乐乡，劫略良善，弢时出家财，招募忠勇，登坛歃血，义诚慷慨。会骧攻烧南平，弢遂东下巴汉，与湘中乡人相遇，推其素望，遂相凭结。论弢本情，非首作乱阶者也。然破湘川，实弢之罪，亦由兵交其间，遂使滋蔓。按弢今书，血诚亦至矣。昔朱鲔自疑于洛阳，光武指河水以明心，鲔感义归诚，终展力报施，受封侯之宠，由恕过以录功也。詹窃谓今者当圮运之会，思弘远猷，故齐赦射钩之诛，晋赏斩祛之戮，用能济翼戴之高勋，隆一匡之美誉，况弢等素无斯愆而稽颡投命邪！以为可遣大使宣扬圣旨，云泽沾之于上，百姓沐浴于下，则上下交泰，江左无风尘之虞矣。"帝乃使前南海太守王运受弢降，宣诏书大赦，凡诸反逆一皆除之，加弢巴东监军。

弢受命后，诸将殉功者攻击之不已，弢不胜愤怒，遂杀运而使其将王真领精卒三千为奇兵，出江南，向武陵，断官军运路。陶侃使伏波将军郑攀邀击，大破之，真步走湘城。于是侃等诸军齐进，真遂降侃，众党散溃。弢乃逃遁，不知所在。

王机，字令明，长沙人也。父毅，广州刺史，甚得南越之情。机美姿仪，倜傥有度量。陈恢之乱，机年十七，率众击破之。尝慕王澄为人，澄亦雅知之，以为己亚，遂与友善，内综心膂，外为牙爪。寻用为成都内史。机终日醉酒，不存政事，由是百姓怨之，人情骚动。

会澄遇害，机惧祸及，又属杜弢所在发墓，而独为机守冢，机益自疑。就王敦求广州，敦不许。会广州人背刺史郭讷，迎机为刺史，机遂将奴客门生千余人入广州，州部将温邵率众迎机。敦遣将军葛幽追之，及于庐陵，机叱幽曰："何以敢来？欲取死邪？"幽不敢逼而归。郭讷闻邵之纳机也，乃遣兵击邵，反为所破。讷又遣机父兄时吏距之，咸倒戈迎机，讷众皆散，乃握节而避机。机遂入城就讷求节，讷叹曰："昔苏武不失其节，前史以为美谈。此节天朝所假，义不相与，自可遣兵来取之。"机惭而止。

机自以篡州，惧为王敦所讨，乃更求交州。时杜弢余党杜弘奔临贺，送金数千两与机，求讨桂林贼以自效。机为列上，朝廷许之。王敦以机难制，又欲因机讨梁硕，故以降杜弘之勋转为交州刺史。硕闻而遣子侯候机于郁林，机怒其迎迟，责云："须至州当相收拷。"硕子驰使报硕，硕曰："王郎已坏广州，何可复来破交州也！"乃禁州人不许迎之。府司马杜赞以硕不迎机，率兵讨硕，为硕所败。硕恐诸侨人为机，于是悉杀其良者，乃自领交阯太守。机既为硕所距，遂往郁林。时杜弘大破桂林贼还，遇机于道，机劝弘取交州。弘素有意，乃执机节曰："当相与迭持，何可独捉！"机遂以节与之。于是机与弘及温邵、刘沉等并反。

寻而陶侃为广州，到始兴，州人皆谏不可轻进，侃不听。及至州，诸郡县皆已迎机矣。侃先讨温邵、刘沉，皆杀之。机遣牙门屈蓝还州，诈言增粮，密招诱所部，欲以距侃。侃即收蓝斩之，遣督护许高讨机走之，病死于道。高掘出其尸斩首，并杀其二子焉。

机兄矩，字令式。美姿容，每出游，观者盈路。初为南平太守，豫讨陈恢有功，迁广州刺史。将赴职，忽见一人持奏谒矩，自云京兆杜灵之。矩问之，答称："天上京兆，被使召君为主簿。"矩意甚恶之。至州月余卒。

祖约，字士少，豫州刺史逖之弟也。初以孝廉为成皋令，与逖甚相友爱。永嘉末，随逖过江。元帝称制，引为掾属，与陈留阮孚齐名。后转从事中郎，典选举。

约妻无男而性妒，约亦不敢违忤。尝夜寝于外，忽为人所伤，疑其妻所为，约求去职，帝不听，约便从右司马营东私出。司直刘隗劾之曰："约幸荷殊宠，显位选曹，铨衡人物，众所具瞻。当敬以直内，义以方外，杜渐防萌，式遏寇害。而乃变起萧墙，患生婢妾，身被刑伤，亏其肤发。群小嚣嗒，嚣声远被，尘秽清化，垢累明时。天恩含垢，犹复慰喻，而约违命轻出，既无明智以保其身，又孤恩废命，宜加贬黜，以塞众谤。"帝不之罪。隗重加执据，终不许。

及逖有功于谯、沛，约渐见任遇。逖卒，自侍中代逖为平西将军、豫州刺史，领逖之众。约异母兄光禄大夫纳密言于帝曰："约内怀陵上之心，抑而使之可也。今显侍左右，假其权势，将为乱阶矣。"帝不纳。时人亦谓纳与约异生，忌其宠贵，故有此言。而约竟无绥驭之才，不为士卒所附。

及王敦举兵，约归卫京都，率众次寿阳，逐敦所署淮南太守任台，以功封五等侯，进号镇西将军，使屯寿阳，为北境藩捍。自以名辈不后郗、卞，而不豫明帝顾命，又望开府，及诸所表请多不见许，遂怀怨望。石聪尝以众逼之，约屡表请救，而官军不至。聪既退，朝议又欲作涂塘以遏胡寇，约谓为弃己，弥怀愤恚。先是，太后使蔡谟劳之，约见谟，瞑目攘袂，非毁朝政。及苏峻举兵，遂推崇约而罪执政，约闻而大喜。从子智及衍并倾险好乱，又赞成其事，于是命逖子沛内史涣、女婿淮南太守许柳以兵会峻。逖妻,柳之姊也,固谏不从。及峻克京都,矫诏以约为侍中、太尉、尚书令。颍川人陈光率其属攻之,约左右阍秃貌类约,光谓为约而擒之,约逾垣获免。光奔于石勒,而约之诸将复阴结于勒,请为内应。勒遣石聪来攻之,约众溃,奔历阳。遣兄子涣攻桓宣于皖城,会毛宝援宣,击涣,败之。赵胤复遣将军甘苗从二焦上历阳,约惧而夜遁,其将牵腾率众出降。

约以左右数百人奔于石勒,勒薄其为人,不见者久之。勒将程遐说勒曰:"天下粗定,当显明逆顺,此汉高祖所以斩丁公也。今忠于事君者莫不显擢,背叛不臣者无不夷戮,此天下所以归伏大王也。祖约犹存,臣切惑之。且约大引宾客,又占夺乡里先人田地,地主多怨。"于是勒乃诈约曰:"祖侯远来,未得喜欢,可集子弟一时俱会。"至日,勒辞之以疾,令遐请约及其宗室。约知祸及,大饮致醉。既至于市,抱其外孙而泣。遂杀之,并其亲属中外百余人悉灭之,妇女伎妾班赐诸胡。

初,逖有胡奴曰王安,待之甚厚。及在雍丘,告之曰:"石勒是汝种类,吾亦不在尔一人。"乃厚资遣之,遂为勒将。祖氏之诛也,安多将从人于市观省,潜取逖庶子道重,藏之为沙门,时年十岁。石氏灭后来归。

苏峻,字子高,长广掖人也。父模,安乐相。峻少为书生,有才学,仕郡主簿。年十八,举孝廉。永嘉之乱,百姓流亡,所在屯聚,峻纠合得数千家,结垒于本县。于时豪杰所在屯聚,而峻最强。遣长沙徐玮宣檄诸屯,示以王化,又收枯骨而葬之,远近感其恩义,推峻为主。遂射猎于海边青山中。

元帝闻之,假峻安集将军。时曹嶷领青州刺史,表峻为掖令,峻辞疾不受。嶷恶其得众,恐必为患,将讨之。峻惧,率其所部数百家泛海南渡。既到广陵,朝廷嘉其远至,转鹰扬将军。会周坚反于彭城,峻助讨之,有功,除淮陵内史,迁兰陵相。

王敦作逆,诏峻讨敦。卜之不吉,迟回不进。及王师败绩,峻退保盱眙。淮陵故吏徐深、艾毅重请峻为内史,诏听之,加奋威将军。

太宁初,更除临淮内史。王敦复肆逆,尚书令郗鉴议召峻及刘遐援京都,敦遣峻兄说峻曰:"富贵可坐取,何为自来送死?"峻不从,遂率众赴京师,顿于司徒故府。道远行速,军人疲困。沈充、钱凤谋曰:"北军新到,未堪攻战,击之必克。若复犹豫,后难犯也。"贼于其夜度竹格渚,拔栅将战,峻率其将韩晃于南塘横截,大破之。又随庾亮追破沈充。进使持节、冠军将军、历阳内史,加散骑常侍,封邵陵公,食邑一千八百户。

峻本以单家聚众于扰攘之际,归顺之后,志在立功,既有功于国,威望渐著。至是有锐卒万人,器械甚精,朝廷以江外寄之。而峻颇怀骄溢,自负其众,潜有异志,抚纳亡命,得罪之家有逃死者,峻辄蔽匿之。众力日多,皆仰食县官,运漕者相属,稍有不如意,便肆忿言。

时明帝初崩,委政宰辅,护军庾亮欲征之。峻闻将征,遣司马何仍诣亮曰:"讨贼外任,远近从命,至于内辅,实非所堪。"不从,遂下优诏征峻为大司农,加散骑常侍,位特进,以弟逸代领部曲。峻素疑亮欲害己,表曰:"昔明皇帝亲执臣手,使臣北讨胡寇。今中原未靖,无用家为,乞补青州界一荒郡,以展鹰犬之用。"复不许。峻严装将赴召,而犹豫未决,参军任让谓峻曰:"将军求处荒郡而不见许,事势如此,恐无生路,不如勒兵自守。"峻从之,遂不应命。朝廷遣使讽谕之,峻曰:"台下云我欲反,岂得活邪!我宁山头望廷尉,不能廷尉望山头。往者国危累卵,非我不济,狡兔既死,猎犬理自应烹,但当死报造谋者耳。"于是遣参军徐会结祖约,谋为乱,而以讨亮为名。约遣祖涣、许柳率众助峻,峻遣将韩晃、张健等袭姑孰,进逼慈湖,杀于湖令陶馥及振威将军司马流。峻自率涣、柳众万人,乘风济自横江,次于陵口,与王师战,频捷,遂据蒋陵覆舟山,率众因风放火,台省及诸营寺署一时荡尽。遂陷宫城,纵兵大掠,侵逼六宫,穷凶极暴,残酷无道。驱役百官,光禄勋王彬等皆被捶挞,逼令担负登蒋山。裸剥士女,皆以坏席苫草自鄣,无草者坐地以土自覆,哀号之声震动内外。时官有布二十万匹，金银五千斤，钱亿万，绢数万匹，他物称是，峻尽废之。矫诏大赦，惟庾亮兄弟不在原例。自为骠骑领军将军、录尚书事，许柳丹阳尹，加前将军马雄左卫将军，祖涣骁骑将军，复弋阳王兼为西阳王、太宰、录尚书事，兼息播亦复本官。于是改易官司，置其亲党，朝廷政事一皆由之。又遣韩晃入义兴，张健、管商、弘徽等入晋陵。

时温峤、陶侃已唱义于武昌，峻闻兵起，用参军贾宁计，还据石头，更分兵距诸义军，所过无不残灭。峤等将至，峻遂迁天子于石头，逼迫居人，尽聚之后苑，使怀德令匡术守苑城。峤等既到，乃筑垒于白石，峻率众攻之，几至陷没。东西抄掠，多所擒虏，兵威日盛，战无不克，由是义众沮衄，人怀异计。朝士之奔义军者，皆云："峻狡黠有智力，其徒党骁勇，所向无敌。惟当以天讨有罪，诛灭不久；若以人事言之，未易除也。"温峤怒曰："诸君怯懦，乃是誉贼。"及后累战不捷，峤亦深惮之。管商等进攻吴郡，焚吴县、海盐、嘉兴，败诸义军。韩晃又攻宣城，害太守桓彝。商等又焚余杭，而大败于武康，退还义兴。峤与赵胤率步兵万人，从白石南上，欲以临之。峻与匡孝将八千人逆战，峻遣子硕与孝以数十骑先薄赵胤，败之。峻望见胤走，曰："孝能破贼，我更不如乎！"因舍其众，与数骑北下突阵，不得入，将回趋白木陂，牙门彭世、李千等投之以矛，坠马，斩首脔割之，焚其骨，三军皆称万岁。峻司马任让等共立峻弟逸为主。求峻尸不获，硕乃发庾亮父母墓，剖棺焚尸。逸闭城自守。韩晃闻峻死，引兵赴石头。管商及弘徽进攻废亭垒，督护李闳及轻车长史滕含击破之，斩首千级。商率众走延陵，李闳与废亭诸军追之，斩获数千级。商诣庾亮降，匡术举苑城降。韩晃与苏逸等并力攻术，不能陷。温峤等选精锐将攻贼营，硕率骁勇数百渡淮而战，于阵斩硕。晃等震惧，以其众奔张健于曲阿，门阨不得出，更相蹈藉，死者万数。逸为李汤所执，斩于车骑府。

管商之降也，余众并归张健。健又疑弘徽等不与己同，尽杀之，更以舟军自延陵向长塘，小大二万余口，金银宝物不可胜数。扬烈将军王允之与吴兴诸军击健,大破之,获男女万余口。健复与马雄、韩晃等轻军俱走,闵率锐兵追之,及于岩山,攻之甚急。健等不敢下山,惟晃独出,带两步靫箭,却据胡床,弯弓射之,伤杀甚众,箭尽,乃斩之。健等遂降,并枭其首。

孙恩,字灵秀,琅邪人孙秀之族也。世奉五斗米道。恩叔父泰,字敬远,师事钱唐杜子恭。而子恭有秘术,尝就人借瓜刀,其主求之,子恭曰:"当即相还耳。"既而刀主行至嘉兴,有鱼跃入船中,破鱼得瓜刀。其为神效往往如此。子恭死,泰传其术。然浮狡有小才,诳诱百姓,愚者敬之如神,皆竭财产,进子女,以祈福庆。王珣言于会稽王道子,流之于广州。广州刺史王怀之以泰行郁林太守,南越亦归之。太子少傅王雅先与泰善,言于孝武帝,以泰知养性之方,因召还。道子以为徐州主簿,犹以道术眩惑士庶。稍迁辅国将军、新安太守。王恭之役,泰私合义兵,得数千人,为国讨恭。黄门郎孔道、鄱阳太守桓放之、骠骑谘议周勰等皆敬事之,会稽世子元显亦数诣泰求其秘术。泰见天下兵起,以为晋祚将终,乃扇动百姓,私集徒众,三吴士庶多从之。于时朝士皆惧泰为乱,以其与元显交厚,咸莫敢言。会稽内史谢𬨎发其谋,道子诛之。

恩逃于海。众闻泰死,惑之,皆谓蝉蜕登仙,故就海中资给。恩聚合亡命得百余人,志欲复仇。及元显纵暴吴会,百姓不安,恩因其骚动,自海攻上虞,杀县令,因袭会稽,害内史王凝之,有众数万。于是会稽谢𬨎吴郡陆环、吴兴丘尪、义兴许允之、临海周胄、永嘉张永及东阳、新安等凡八郡,一时俱起,杀长吏以应之,旬日之中,众数十万。于是吴兴太守谢邈,永嘉太守谢逸,嘉兴公顾胤,南康公谢明慧,黄门朗谢冲、张琨,中书郎孔道,太子洗马孔福,乌程令夏侯愔等皆遇害。吴国内史桓谦,义兴太守魏㒟,临海太守、新蔡王崇等出奔。于是恩据会稽,自号征东将军,号其党曰"长生人",宣语令诛杀异己,有不同者戮及婴孩,由是死者十七八。畿内诸县处处蜂起,朝廷震惧,内外戒严。遣卫将军谢琰、镇北将军刘牢之讨之,并转斗而前。吴会承平日久,人不习战,又无器械,故所在多被破亡。诸贼皆烧仓廪,焚邑屋,刊水堙井,虏掠财货,相率聚众于会稽。其妇女有婴累不能去者,襄篋盛婴儿投于水,而告之曰:"贺汝先登仙堂,我寻后就汝。"

初,恩闻八郡响应,告其属曰:"天下无复事矣,当与诸君朝服而至建康。"既闻牢之临江,复曰:"我割浙江,不失作句践也。"寻知牢之已济江,乃曰:"孤不羞走矣。"乃虏男女二十余万口,一时逃入海。惧官军之蹑,乃缘道多弃宝物子女,时东土殷实,莫不粲丽盈目,牢之等遽于收敛,故恩复得逃海。朝廷以谢琰为会稽,率徐州文武戍海浦。

隆安四年,恩复入余姚,破上虞,进至刑浦。琰遣参军刘宣之距破之,恩退缩。少日,复寇刑浦,害谢琰。朝廷大震,遣冠军将军桓不才、辅国将军孙无终、宁朔将军高雅之击之,恩复还于海。于是复遣牢之东屯会稽,吴国内史袁山松筑扈渎垒,缘海备恩。

明年,恩复入浃口,雅之败绩。牢之进击,恩复还于海。转寇扈渎,害袁山松,仍浮海向京口。牢之率众要击,未达,而恩已至,刘裕乃总兵缘海距之。及战,恩众大败,狼狈赴船。寻又集众,欲向京都,朝廷骇惧,陈兵以待之。恩至新州,不敢进而退,北寇广陵,陷之,乃浮海而北。刘裕与刘敬宣并军蹑之于郁洲,累战,恩复大败,由是渐衰弱,复沿海还南。裕亦寻海要截,复大破恩于扈渎,恩遂远进海中。

及桓玄用事,恩复寇临海,临海太守辛景讨破之。恩穷戚,乃赴海自沉,妖党及妓妾谓之水仙,投水从死者百数。余众复推恩妹夫卢循为主。自恩初入海,所虏男女之口,其后战死及自溺并流离被传卖者,至恩死时裁数千人存,而恩攻没谢琰、袁山松,陷广陵,前后数十战,亦杀百姓数万人。

卢循,字于先,小名元龙。司空从事中郎谌之曾孙也。双眸冏彻,瞳子四转,善草隶弈棋之艺。沙门慧远有鉴裁,见而谓之曰:"君虽体涉风素,而志存不轨。"

循娶孙恩妹。及恩作乱,与循通谋。恩性酷忍,循每谏止之,人士多赖以济免。恩亡,余众推循为主。元兴二年正月,寇东阳,八月,攻永嘉。刘裕讨循至晋安,循窘急,泛海到番禺,寇广州,逐刺史吴隐之,自摄州事,号平南将军,遣使献贡。时朝廷新诛桓氏,中外多虞,乃权假循征虏将军、广州刺史、平越中郎将。

义熙中,刘裕伐慕容超,循所署始兴太守徐道覆,循之姊夫也,使人劝循乘虚而出,循不从。道覆乃至番禺,说循曰:"朝廷恒以君为腹心之疾,刘公未有旋日,不乘此机而保一日之安,若平齐之后,刘公自率众至豫章,遣锐师过岭,虽复君之神武,必不能当也。今日之机,万不可失。既克都邑,刘裕虽还,无能为也。君若不同,便当率始兴之众直指寻阳。"循甚不乐此举,无以夺其计,乃从之。

初,道覆密欲装舟舰,乃使人伐船材于南康山,伪云将下都货之。后称力少不能得致,即于郡贱卖之,价减数倍,居人贪贱,卖衣物而市之。赣石水急,出船甚难,皆储之。如是者数四,故船版大积,而百姓弗之疑。及道覆举兵,案卖券而取之,无得隐匿者,乃并力装之,旬日而办。遂举众寇南康、庐陵、豫章诸郡,守相皆委任奔走。镇南将军何无忌率众距之,兵败被害。

循遣道覆寇江陵,未至,为官军所败,驰走告循曰:"请并力攻京都,若克之,江陵非所忧也。"乃连旗而下,戎卒十万,舳舻千计,败卫将军刘毅于桑落洲,迳至江宁。道覆素有胆决,知刘裕已还,欲乾没一战,请于新亭至白石,焚舟而上,数道攻之。循多谋少决,欲以万全之计,固不听。道覆以循无断,乃叹曰:"我终为卢公所误,事必无成。使我得为英雄驱驰,天下不足定也!"裕惧其侵轶,乃栅石头,断栅浦,以距之。循攻栅不利,船舰为暴风所倾,人有死者,列阵南岸,战又败绩。乃进攻京口,寇掠诸县,无所得。循谓道覆曰:"师老矣!弗能复振。可据寻阳,并力取荆州,徐更与都下争衡,犹可以济。"因自蔡洲南走,复据寻阳。裕先遣群率追讨,自统大众继进,又败循于雷池。循欲遁还豫章,乃悉力栅断左里。裕命众攻栅,循众虽死战，犹不能抗。裕乘胜击之，循单舸而走，收散卒得千余人，还保广州。裕先遣孙处从海道据番禺城，循攻之不下。道覆保始兴，因险自固。循乃袭合浦，克之，进攻交州。至龙编，刺史杜慧度谲而败之。

循势屈，知不免，先鸩妻子十余人，又召妓妾问曰："我今将自杀，谁能同者？"多云："雀鼠贪生，就死实人情所难。"有云："官尚当死，某岂愿生！"于是悉鸩诸辞死者，因自投于水。慧度取其尸斩之，及其父嘏；同党尽获，传首京都。

谯纵，巴西南充人也。祖献之，有重名于西土。纵少而谨慎，蜀人爱之。为安西府参军。义熙元年，刺史遣纵及侯晖等领诸县氐进兵东下。晖有贰志，因梁州人不乐东也，将图益州刺史毛璩，与巴西阳昧结谋于五城水口，共逼纵为主。纵惧而不当，走投于水，晖引出而请之，至于再三，遂以兵逼纵于舆上。攻璩弟西夷校尉瑾于涪城，城陷，瑾死之，纵乃自号梁、秦二州刺史。璩闻纵反，自洛城步还成都，遣参军王琼率三千人讨纵，又遣弟瑗领四千兵继琼后进。纵遣弟明子及晖距琼于广汉，琼击破晖等，追至绵竹。明子设二伏以待之，大败琼众，死者十八九。益州营户李腾开城以纳纵。

毛璩既死，纵以从弟洪为益州刺史，明子为镇东将军、巴州刺史，率其众五千人屯白帝，自称成都王。明年，遣使称藩于姚兴，将顺流东寇，以讨车骑将军刘裕为名，乞帅于姚兴，且请桓谦为助，兴遣之。

九年，刘裕以西阳太守朱龄石为益州刺史，宁朔将军臧喜、下邳太守刘钟、兰陵太守蒯恩等率众二万，自江陵讨纵。初谋元率，佥难其人，龄石资名素浅，裕违众拔之，授以麾下之半。臧喜，裕妻弟也，位出其右，又隶焉。龄石次于白帝，纵遣谯道福重兵守涪。龄石师次平模，去成都二百里，纵遣其大将军侯晖、尚书仆射谯悦屯平模，夹岸连城，层楼重栅，众未能攻。龄石谓刘钟曰："天方暑热，贼今固险，攻之难拔，秖困我师。吾欲蓄锐息兵，伺隙而进，卿以为何如?"钟曰:"不然。前扬声言大将由内水,故道福不敢舍涪,今重军逼之,出其不意,侯晖之徒已破胆矣。正可因其机而攻之,势当必克。克平模之后,自可鼓行而前,成都必不能守。若缓兵直持,虚实相见,涪军复来,难为敌也。进不能战,退无所资,二万余人因为蜀子虏耳。"从之。翌日,进攻皆克,斩侯晖等,于是遂进。纵之城守者相次瓦解,纵乃出奔。其尚书令马耽封仓库以待王师。及龄石入成都,诛纵同祖之亲,余皆安堵,使复其业。

纵之走也,先如其墓,纵女谓纵曰:"走必不免,只取辱焉。等死,死于先人之墓可也。"纵不从,投道福于涪。道福怒谓纵曰:"大丈夫居如斯功业,安可弃哉!今欲为降虏,岂可而得!人谁不死,何惧之甚!"因投纵以剑,中其马鞍。纵去之,乃自缢。道福谓其徒曰:"吾养尔等,正为今日。蜀之存亡,实系在我,不在谯王。我尚在,犹足一战。"士咸许诺。乃散金帛以赐其众,众受之而走。道福独奔广汉,广汉人杜瑾执之。朱龄石徙马耽于越嶲,追杀之。耽之徒也,谓其徒曰:"朱侯不送我京师,灭众口也,吾必不免。"乃盥洗而卧,引绳而死。须臾,龄石师至,遂戮尸焉。

史臣曰:惠皇失御,政紊朝危,难起萧墙,毒痛函夏,九州波骇,五岳尘飞,干戈日寻,戎车竞逐。王弥好乱乐祸,挟诈怀奸,命俦啸侣,伺间侯隙,助悖逆于平阳,肆残忍于都邑,遂使生灵涂炭,神器流离,邦国轸《麦秀》之哀,宫庙兴《黍离》之痛,岂天意乎?岂人事乎?何丑虏之猖狂而乱离之斯瘼者也!张昌等或鸱张淮浦,或蚁聚荆衡,招乌合之凶徒,逞豺狼之贪暴,凭陵险隘,倔强江湖,未淹岁稔,咸至诛戮,实自取之,非为不幸。峻、约同恶相济,生此乱阶,孙、卢同类相求,嗣成妖逆。至乃干戈扫地,灾祲滔天,虽樊、谢之毒被含灵,李、郭之祸延宫阙,方凶比暴,弗是加也。谯纵乘兹衅隙,肆彼奸谋,旋踵而亡,无足论矣。

赞曰:中朝隳政,王弥肇乱。神器流离,生灵涂炭。群妖伺隙,构兹多难。荐食荆衡,陵虐江汉。孙、卢奸慝,约、峻残贼。穷凶极暴,为鬼为蜮。纵窃岷峨,旋至颠踣。

晋书卷一〇一
载记第一

# 载记序　刘元海 子和　刘宣

　　古者帝王,乃生奇类,淳维、伯禹之苗裔,岂异类哉?反首衣皮,餐膻饮湩,而震惊中域,其来自远。天未悔祸,种落弥繁,其风俗险诐,性灵驰突,前史载之,亦以详备。轩帝患其干纪,所以徂征;武王窜以荒服,同乎禽兽。而于露寒之野,候月觇风,睹隙扬埃,乘间骋暴,边城不得缓带,百姓靡有室家。

　　孔子曰:"微管仲,吾其被发左衽矣。"此言能教训卒伍,整齐车甲,边场既伏,境内以安。然则燕筑造阳之郊,秦堑临洮之险,登天山,绝地脉,苞玄菟,款黄河,所以防夷狄之乱中华,其备豫如此。

　　汉宣帝初纳呼韩,居之亭鄣,委以候望,始宽戎狄。光武亦以南庭数万,徙入西河,后亦转至五原,连延七郡。董卓之乱,则汾晋之郊萧然矣。郭钦腾笺于武帝、江统献策于惠皇,皆以为魏处戎夷,绣居都鄙,请移沙塞之表,定一殷周之服。统则忧诸并部,钦则虑在盟津。言犹自口,元海已至。语曰"失以豪厘",晋卿大夫之辱也! 聪之誓兵,东兼齐地;曜之驰斾,西逾陇山,覆没两京,蒸徒百万。天子陵江御物,分据地险。回首中原,力不能救,划长淮以北,大抵弃之。胡人利我艰虞,分镳起乱。晋臣或阻兵遐远,接武效尤。

　　大凡刘元海以惠帝永兴元年,据离石称汉。后九年,石勒据襄国称赵。张氏先据河西,是岁,自石勒后三十六年也,重华自称凉王。后一年,冉闵据邺,称魏。后一年,符健据长安,称秦。慕容氏先据辽东，称燕，是岁，自苻健后一年也，俊始僭号。后三十一年，后燕慕容垂据邺。后二年，西燕慕容冲据阿房。是岁也，乞伏国仁据枹罕称秦。后一年，慕容永据上党。是岁也，吕光据姑臧，称凉。后十二年，慕容德据滑台，称南燕。是岁也，秃发乌孤据廉川，称南凉，段业据张掖，称北凉。后三年，李玄盛据敦煌，称西凉。后一年，沮渠蒙逊杀段业，自称凉。后四年，谯纵据蜀，称成都王。后二年，赫连勃勃据朔方，称大夏。后二年，冯跋杀离班，据和龙，称北燕。提封天下，十丧其八，莫不龙旌帝服，建社开祊，华夷咸暨，人物斯在。或篡通都之乡，或拥数州之地，雄图内卷，师旅外并，穷兵凶于胜负，尽人命于锋镝，其为战国者，一百三十六载，抑元海为之祸首云。

刘元海，新兴匈奴人，冒顿之后也。名犯高祖庙讳，故称其字焉。

初，汉高祖以宗女为公主，以妻冒顿，约为兄弟，故其子孙遂冒姓刘氏。

建武初，乌珠留若鞮单于子右奥鞬日逐王比，自立为南单于，入居西河美稷。今离石左国城即单于所徙庭也。中平中，单于羌渠使子于扶罗，将兵助汉，讨平黄巾。会羌渠为国人所杀，于扶罗以其众留汉，自立为单于。属董卓之乱，寇掠太原、河东，屯于河内。于扶罗死，弟呼厨泉立，以于扶罗子豹为左贤王，即元海之父也。

魏武分其众为五部，以豹为左部帅，其余部帅，皆以刘氏为之。太康中，改置都尉，左部居太原兹氏，右部居祁，南部居蒲子，北部居新兴，中部居大陵。刘氏虽分居五部，然皆家居晋阳汾涧之滨。

豹妻呼延氏，魏嘉平中祈子于龙门，俄而有一大鱼，顶有二角，轩鬐跃鳞而至祭所，久之乃去。巫觋皆异之，曰："此嘉祥也。"其夜梦旦所见鱼变为人，左手把一物，大如半鸡子，光景非常，授呼延氏，曰："此是日精，服之生贵子。"寤而告豹，豹曰："吉征也。吾昔从邯郸张冏母司徒氏相，云吾当有贵子孙，三世必大昌，仿像相符矣。"自是十三月而生元海，左手文有其名，遂以名焉。龆龀英慧，七岁遭母忧，擗踊号叫，哀感旁邻，宗族部落咸共叹赏。时司空、太原王昶等闻而嘉之，并遣吊赗。

幼好学，师事上党崔游，习《毛诗》、《京氏易》、《马氏尚书》，尤好《春秋左氏传》、《孙吴兵法》，略皆诵之，《史》、《汉》、《诸子》，无不综览。尝谓同门生朱纪、范隆曰："吾每观书传，常鄙随陆无武，绛灌无文。道由人弘，一物之不知者，固君子之所耻也。二生遇高皇而不能建封侯之业，两公属太宗，而不能开庠序之美，惜哉！"于是，遂学武事，妙绝于众，猿臂善射，膂力过人。姿仪魁伟，身长八尺四寸，须长三尺余，当心有赤毫毛三根，长三尺六寸。

有屯留崔懿之、襄陵公师彧等，皆善相人，及见元海，惊而相谓曰："此人形貌非常，吾所未见也。"于是深相崇敬，推分结恩。太原王浑虚襟友之，命子济拜焉。

咸熙中，为任子在洛阳，文帝深待之。泰始之后，浑又屡言之于武帝。帝召与语，大悦之，谓王济曰："刘元海容仪机鉴，虽由余、日䃅无以加也。"济对曰："元海仪容机鉴，实如圣旨，然其文武才干贤于二子远矣。陛下若任之以东南之事，吴会不足平也。"帝称善。孔恂、杨珧进曰："臣观元海之才，当今惧无其比，陛下若轻其众，不足以成事；若假之威权，平吴之后，恐其不复北渡也。非我族类，其心必异。任之以本部，臣窃为陛下寒心。若举天阻之固以资之，无乃不可乎！"帝默然。

后秦凉覆没，帝畴咨将帅，上党李憙曰："陛下诚能发匈奴五部之众，假元海一将军之号，鼓行而西，可指期而定。"孔恂曰："李公之言，未尽殄患之理也。"憙勃然曰："以匈奴之劲悍，元海之晓兵，奉宣圣威，何不尽之有？"恂曰："元海若能平凉州，斩树机能，恐凉州方有难耳。蛟龙得云雨，非复池中物也！"帝乃止。

后王弥从洛阳东归，元海饯弥，于九曲之滨，泣谓弥曰："王浑、李憙以乡曲见知，每相称达，谗间因而进，深非吾愿，适足为害。吾本无宦情，惟足下明之。恐死洛阳，永与子别。"因慷慨歔欷，纵酒长啸,声调亮然,坐者为之流涕。齐王攸时在九曲,比闻而驰遣视之,见元海在焉,言于帝曰:"陛下不除刘元海,臣恐并州不得久宁。"王浑进曰:"元海长者,浑为君王保明之。且大晋方表信殊俗,怀远以德,如之何以无萌之疑杀人侍子,以示晋德不弘。"帝曰:"浑言是也。"会豹卒,以元海代为左部帅。

太康末,拜北部都尉。明刑法,禁奸邪,轻财好施,推诚接物,五部俊杰无不至者。幽冀名儒,后门秀士,不远千里,亦皆游焉。杨骏辅政,以元海为建威将军、五部大都督,封汉光卿侯。元康末,坐部人叛出塞免官。成都王颖镇邺,表元海行宁朔将军、监五部军事。

惠帝失驭,寇盗蜂起,元海从祖故北部都尉、左贤王刘宣等窃议曰:"昔我先人与汉约为兄弟,忧泰同之。自汉亡以来,魏晋代兴,我单于虽有虚号,无复尺土之业,自诸王侯,降同编户。今司马氏骨肉相残,四海鼎沸,兴邦复业,此其时矣! 左贤王元海姿器绝人,干宇超世,天若不恢崇单于,终不虚生此人也。"于是,密共推元海为大单于。乃使其党呼延攸诣邺,以谋告之。元海请归会葬,颖弗许。乃令攸先归,告宣等招集五部,引会宜阳诸胡,声言应颖,实背之也。

颖为皇太弟,以元海为太弟屯骑校尉。惠帝伐颖,次于荡阴,颖假元海辅国将军、督北城守事。及六军败绩,颖以元海为冠军将军,封卢奴伯。

并州刺史东嬴公腾、安北将军王浚,起兵伐颖,元海说颖曰:"今二镇跋扈,众余十万,恐非宿卫及近都士庶所能御之,请为殿下还说五部,以赴国难。"颖曰:"五部之众,可保发已不? 纵能发之,鲜卑、乌丸劲速如风云,何易可当邪? 吾欲奉乘舆还洛阳,避其锋锐,徐传檄天下,以逆顺制之。君意何如?"元海曰:"殿下武皇帝之子,有殊勋于王室,威恩光洽,四海钦风,孰不思为殿下没命投躯者哉? 何难发之有乎! 王浚竖子,东嬴疏属,岂能与殿下争衡邪! 殿下一发邺宫,示弱于人,洛阳可复至乎? 纵达洛阳,威权不复在殿下也。纸檄尺书,谁为人奉之! 且东胡之悍不逾五部,愿殿下勉抚士众,靖以镇之,当为殿下以二部摧东嬴,三部枭王浚,二竖之首可指日而悬矣。"颖悦,拜元海为北单于、参丞相军事。

元海至左国城,刘宣等上大单于之号,二旬之间,众已五万,都于离石。

王浚使将军祁弘率鲜卑攻邺,颖败,挟天子南奔洛阳。元海曰:"颖不用吾言,逆自奔溃,真奴才也。然吾与其有言矣,不可不救。"于是命右于陆王刘景、左独鹿王刘延年等率步骑二万,将讨鲜卑。

刘宣等固谏曰:"晋为无道,奴隶御我,是以右贤王猛不胜其忿。属晋纲未弛,大事不遂,右贤涂地,单于之耻也。今司马氏父子兄弟自相鱼肉,此天厌晋德,授之我。单于积德在躬,为晋人所服,方当兴我邦族,复呼韩邪之业,鲜卑、乌丸可以为援,奈何距之而拯仇敌!今天假手于我,不可违也。违天不祥,逆众不济,天与不取,反受其咎。愿单于勿疑。"元海曰:"善。当为崇冈峻阜,何能为培塿乎!夫帝王岂有常哉,大禹出于西戎,文王生于东夷,顾惟德所授耳。今见众十余万,皆一当晋十,鼓行而摧乱晋犹拉枯耳。上可成汉高之业,下不失为魏氏。虽然,晋人未必同我。汉有天下世长,恩德结于人心,是以昭烈崎岖于一州之地,而能抗衡于天下。吾又汉氏之甥,约为兄弟,兄亡弟绍,不亦可乎?且可称汉,追尊后主,以怀人望。"乃迁于左国城,远人归附者数万。

永兴元年,元海乃为坛于南郊,僭即汉王位。下令曰:"昔我太祖高皇帝,以神武应期,廓开大业。太宗孝文皇帝,重以明德,升平汉道。世宗孝武皇帝,拓土攘夷,地过唐日。中宗孝宣皇帝,搜扬俊乂,多士盈朝。是我祖宗,道迈三王,功高五帝,故卜年倍于夏商,卜世过于姬氏。而元成多僻,哀平短祚,贼臣王莽,滔天篡逆。我世祖光武皇帝,诞资圣武,恢复鸿基,祀汉配天,不失旧物,俾三光晦而复明,神器幽而复显。显宗孝明皇帝、肃宗孝章皇帝,累叶重晖,炎光再阐。自和安已后,皇纲渐颓,天步艰难,国统频绝。黄巾海沸于九州,群阉毒流于四海,董卓因之肆其猖勃,曹操父子凶逆相寻。故孝愍委弃万国,昭烈播越岷蜀,冀否终有泰,旋轸旧京。何图天未悔祸，后帝窨辱。自社稷沦丧，宗庙之不血食，四十年于兹矣！今天诱其衷，悔祸皇汉，使司马氏父子兄弟，迭相残灭，黎庶涂炭，靡所控告。孤今猥为群公所推，绍修三祖之业，顾兹眇暗，战惶靡厝。但以大耻未雪，社稷无主，衔胆栖冰，勉从群议。"乃赦其境内，年号元熙，追尊刘禅为孝怀皇帝，立汉高祖以下三祖五宗神主而祭之。立其妻呼延氏为王后。置百官，以刘宣为丞相，崔游为御史大夫，刘宏为太尉，其余拜授各有差。

东嬴公腾，使将军聂玄讨之。战于大陵，玄师败绩。腾惧，率并州二万余户下山东，遂所在为寇。元海遣其建武将军刘曜寇太原、泫氏、屯留、长子、中都，皆陷之。二年，腾又遣司马瑜、周良、石鲜等讨之，次于离石汾城。元海遣其武牙将军刘钦等六军，距瑜等，四战，瑜皆败，钦振旅而归。

是岁，离石大饥，迁于黎亭，以就邸阁谷，留其太尉刘宏、护军马景守离石，使大司农卜豫运粮以给之。以其前将军刘景为使持节、征讨大都督、大将军，要击并州刺史刘琨于板桥。为琨所败，琨遂据晋阳。

其侍中刘殷、王育进谏元海曰："殿下自起兵以来，渐已一周，而颛守偏方，王威未震。诚能命将四出，决机一掷，枭刘琨，定河东，建帝号，鼓行而南，克长安而都之。以关中之众，席卷洛阳，如指掌耳。此高皇帝之所以创启鸿基，克殄强楚者也。"元海悦曰："此孤心也。"遂进据河东，攻寇蒲坂、平阳，皆陷之。元海遂入都蒲子，河东、平阳属县垒壁尽降。

时汲桑起兵赵魏，上郡四部鲜卑陆逐延、氐酋大单于征、东莱王弥及石勒等并相次降之，元海悉署其官爵。

永嘉二年，元海僭即皇帝位，大赦境内，改元永凤。以其大将军刘和为大司马，封梁王，尚书令刘欢乐为大司徒，封陈留王，御史大夫呼延翼为大司空，封雁门郡公，宗室以亲疏为等，悉封郡县王，异姓以勋谋为差，皆封郡县公侯。

太史令宣于修之言于元海曰："陛下虽龙兴凤翔，奄受大命，然遗晋未殄，皇居仄陋，紫宫之变，犹钟晋氏，不出三年，必克洛阳。蒲子崎岖，非可久安。平阳势有紫气，兼陶唐旧都，愿陛下上迎乾象，下协坤祥。”于是，迁都平阳。汾水中得玉玺，文曰“有新保之”，盖王莽时玺也。得者因增“泉海光”三字，元海以为己瑞，大赦境内，改年河瑞。封子裕为齐王，隆为鲁王。

于是，命其子聪与王弥进寇洛阳，刘曜与赵固等为之后继。东海王越，遣平北将军曹武、将军宋抽、彭默等距之。王师败绩。聪等长驱至宜阳。平昌公模遣将军淳于定、吕毅等自长安讨之，战于宜阳。定等败绩。聪恃连胜，不设备。弘农太守垣延诈降，夜袭，聪军大败而还，元海素服迎师。

是冬，复大发卒。遣聪、弥与刘曜、刘景等率精骑五万寇洛阳，使呼延翼率步卒继之。败王师于河南。聪进屯于西明门，护军贾胤夜薄之，战于大夏门，斩聪将呼延颢，其众遂溃。聪回军而南，壁于洛水，寻进屯宣阳门，曜屯上东门，弥屯广阳门，景攻大夏门，聪亲祈嵩岳，令其将刘厉、呼延朗等督留军。东海王越命参军孙询、将军丘光、楼哀等率帐下劲卒三千，自宣阳门击朗，斩之。

聪闻而驰还。厉惧聪之罪己也，赴水而死。王弥谓聪曰：“今既失利，洛阳犹固，殿下不如还师，徐为后举。下官当于兖豫之间，收兵积谷，伏听严期。”宣于修之又言于元海曰：“岁在辛未，当得洛阳。今晋气犹盛，大军不归，必败。”元海驰遣黄门郎傅询召聪等还师。王弥出自辕辕，越遣薄盛等追击弥，战于新汲，弥师败绩。于是，摄蒲坂之戍，还于平阳。

以刘欢乐为太傅，刘聪为大司徒，刘延年为大司空，刘洋为大司马，赦其境内。立其妻单氏为皇后，子和为皇太子，封子乂为北海王。

元海寝疾，将为顾托之计。以欢乐为太宰，洋为太傅，延年为太保，聪为大司马、大单于，并录尚书事，置单于台于平阳西，以其子裕为大司徒。

元海疾笃，召欢乐及洋等入禁中，受遗诏辅政。以永嘉四年死，在位六年，伪谥光文皇帝，庙号高祖，墓号永光陵。子和立。

和，字玄泰。身长八尺，雄毅美姿仪。好学夙成，习《毛诗》、《左氏春秋》、《郑氏易》。及为储贰，内多猜忌，驭下无恩。

元海死，和嗣伪位。其卫尉西昌王刘锐、宗正呼延攸，恨不参顾命也。说和曰："先帝不惟轻重之计，而使三王总强兵于内，大司马握十万劲卒，居于近郊，陛下今便为寄坐耳。此之祸难，未可测也！愿陛下早为之所。"和即攸之甥也，深然之。召其领军刘盛及刘钦、马景等告之。

盛曰："先帝尚在殡宫，四王未有逆节，今忽一旦自相鱼肉，臣恐人不食陛下之余。四海未定，大业甫尔，愿陛下以上成先帝鸿基为志，且塞耳勿听此狂简之言也。《诗》云：'岂无他人，不如我同父。'陛下既不信诸弟，复谁可信哉！"锐、攸怒曰："今日之议，理无有二。"于是，命左右刃之。景惧曰："惟陛下诏，臣等以死奉之，蔑不济矣。"乃相与盟于东堂，使锐、景攻聪，攸率刘安国攻裕，使侍中刘乘、武卫刘钦攻鲁王隆，尚书田密、武卫刘璇攻北海王乂。

密、璇等使人斩关奔于聪，聪命贯甲以待之。锐知聪之有备也，驰还，与攸、乘等会攻隆、裕。攸、乘惧安国、钦之有异志也，斩之。是日，斩裕及隆。聪攻西明门，克之。锐等奔入南宫，前锋随之，斩和于光极西室。锐、攸枭首通衢。

刘宣，字士则。朴钝少言，好学修洁。师事乐安孙炎，沉精积思，不舍昼夜，好《毛诗》、《左氏传》。炎每叹之曰："宣若遇汉武，当逾于金日磾也。"学成而返，不出门闾盖数年。每读《汉书》，至萧何、邓禹传，未曾不反覆咏之，曰："大丈夫若遭二祖，终不令两公独擅美于前矣！"

并州刺史王广，言之于武帝。帝召见，嘉其占对，因曰："吾未见宣，谓广言虚耳。今见其进止风仪，真所谓如圭如璋，观其性质，足能抚集本部。"乃以宣为右部都尉，特给赤幢曲盖，莅官清恪，所部怀之。元海即王位，宣之谋也，故特荷尊重，勋戚莫二，军国内外，靡不专之。

# 晋书卷一〇二
## 载记第二

# 刘聪　子粲　陈元达

　　刘聪,字玄明,一名载,元海第四子也。母曰张夫人。

　　初,聪之在孕也,张氏梦日入怀,寤而以告,元海曰:"此吉征也,慎勿言。"十五月而生聪焉,夜有白光之异。形体非常,左耳有一白毫,长二尺余,甚光泽。

　　幼而聪悟好学,博士朱纪大奇之。年十四,究通经史,兼综百家之言,《孙吴兵法》靡不诵之。工草隶,善属文,著述怀诗百余篇、赋颂五十余篇。十五习击刺,猿臂善射,弯弓三百斤,膂力骁捷,冠绝一时。太原王浑见而悦之,谓元海曰:"此儿,吾所不能测也!"

　　弱冠游于京师,名士莫不交结,乐广、张华尤异之也。新兴太守郭颐,辟为主簿。举良将,入为骁骑别部司马,累迁右部都尉。善于抚接,五部豪右无不归之。河间王颙表为赤沙中郎将。聪以元海在邺,惧为成都王颖所害,乃亡奔成都王,拜右积弩将军,参前锋战事。

　　元海为北单于,立为右贤王,随还右部。及即大单于位,更拜鹿蠡王。

　　既杀其兄和,群臣劝即尊位。聪初让其弟北海王乂,乂与公卿泣涕固请。聪久而许之,曰:"乂及群公正以四海未定,祸难尚殷,贪孤年长故耳。此国家之事,孤敢不祗从。今便欲远遵鲁隐,待乂年长,复子明辟。"

　　于是，以永嘉四年僭即皇帝位，大赦境内，改元光兴。尊元海妻单氏曰皇太后，其母张氏为帝太后，乂为皇太弟，领大单于、大司徒，立其妻呼延氏为皇后，封其子粲为河内王，署使持节、抚军大将军、都督中外诸军事，易河间王，翼彭城王，悝高平王。遣粲及其征东王弥、龙骧刘曜等，率众四万，长驱入洛川。遂出辕辕，周旋梁、陈、汝、颍之间，陷垒壁百余。以其司空刘景为大司马，左光禄刘殷为大司徒，右光禄王育为大司空。

　　伪太后单氏姿色绝丽，聪烝焉。单即乂之母也，乂屡以为言，单氏惭恚而死，聪悲悼无已。后知其故，乂之宠因此渐衰。然犹追念单氏，未便黜废。又尊母为皇太后。

　　署其卫尉呼延晏为使持节、前锋大都督、前军大将军，配禁兵二万七千。自宜阳入洛川，命王弥、刘曜及镇军石勒进师会之。晏比及河南，王师前后十二败，死者三万余人。弥等未至，晏留辎重于张方故垒。遂寇洛阳，攻陷平昌门，焚东阳、宣阳诸门及诸府寺。怀帝遣河南尹刘默距之，王师败于社门。晏以外继不至，出自东阳门，掠王公已下子女二百余人而去。时帝将济河东遁，具船于洛水。晏尽焚之，还于张方故垒。王弥、刘曜至，复与晏会围洛阳。

　　时城内饥甚，人皆相食，百官分散，莫有固志。宣阳门陷，弥、晏入于南宫，升太极前殿，纵兵大掠，悉收宫人、珍宝。曜于是害诸王公及百官已下三万余人，于洛水北，筑为京观。迁帝及惠帝羊后、传国六玺于平阳。聪大赦，改年嘉平，以帝为特进、左光禄大夫、平阿公。

　　遣其平西赵染、安西刘雅率骑二万，攻南阳王模于长安，粲、曜率大众继之。染败王师于潼关，将军吕毅死之。军至于下邽，模乃降染，染送模于粲。粲害模及其子范阳王黎，送卫将军梁芬、模长史鲁繇、兼散骑常侍杜骜、辛谧及北宫纯等于平阳。

　　聪以粲之害模也，大怒。粲曰：“臣杀模，本不以其晚识天命之故。但以其晋氏肺腑，洛阳之难，不能死节，天下之恶一也，故诛之。”聪曰：“虽然，吾恐汝不免诛降之殃也。夫天道至神，理无不报。"

署刘曜为车骑大将军、开府仪同三司、雍州牧,改封中山王,镇长安,王弥为大将军,封齐公。

寻而,石勒等杀弥于己吾,而并其众,表弥叛状。聪大怒,遣使让勒专害公辅,有无上之心。又恐勒之有二志也,以弥部众配之。刘曜既据长安,安定太守贾疋及诸氐羌,皆送质任。唯雍州刺史曲特、新平太守竺恢,固守不降。护军曲允、频阳令梁肃自京兆南山将奔安定,遇疋任子于阴密。拥还临泾,推疋为平南将军,率众五万,攻曜于长安。扶风太守梁综及曲特、竺恢等,亦率众十万会之。

曜遣刘雅、赵染来距,败绩而还。曜又尽长安锐卒与诸军战于黄丘,曜众大败,中流矢,退保甘渠。

杜人王秃、纪特等,攻刘粲于新丰,粲还平阳。曜攻陷池阳,掠万余人归于长安。时阎鼎等奉秦王为皇太子,入于雍城,关中戎晋莫不响应。

聪后呼延氏死,将纳其太保刘殷女,其弟乂固谏。聪更访之于太宰刘延年、太傅刘景。景等皆曰:"臣常闻,太保自云周刘康公之后。与圣氏本源既殊,纳之为允。"聪大悦,使其兼大鸿胪李弘拜殷二女为左右贵嫔,位在昭仪上。又纳殷女孙四人为贵人,位次贵嫔。谓弘曰:"此女辈皆姿色超世,女德冠时,且太保于朕实自不同,卿意安乎?"弘曰:"太保胤自有周,与圣源实别,陛下正以姓同为恨耳。且魏司空东莱王基,当世大儒,岂不达礼乎!为子纳司空太原王沉女,以其姓同而源异故也!"聪大悦,赐弘黄金六十斤,曰:"卿当以此意,谕吾子弟辈!"于是六刘之宠倾于后宫,聪稀复出外。事皆中黄门纳奏,左贵嫔决之。

聪假怀帝仪同三司,封会稽郡公,庾珉等以次加秩。聪引帝入宴,谓帝曰:"卿为豫章王时,朕尝与王武子相造,武子示朕于卿,卿言闻其名久矣。以卿所制乐府歌示朕,谓朕曰:'闻君善为辞赋,试为看之。'朕时与武子俱为盛德颂,卿称善者久之。又引朕射于皇堂,朕得十二筹,卿与武子俱得九筹,卿赠朕柘弓、银研,卿颇忆否?"帝曰:"臣安敢忘之!但恨尔日不早识龙颜。"聪曰:"卿家骨肉相残,何其甚也?"帝曰:"此殆非人意,皇天之意也。大汉将应乾受历,故为陛下自相驱除。且臣家若能奉武皇之业,九族敦睦,陛下何由得之。"至日夕乃出,以小刘贵人赐帝。谓帝曰:"此名公之孙,今特以相妻,卿宜善遇之。"拜刘为会稽国夫人。

遣其镇北靳冲寇太原,平北卜珝率众继之。冲攻太原不克,而归罪于珝,辄斩之。聪闻之大怒曰:"此人,朕所不得加刑,冲何人哉?"遣其御史中丞浩衍持节斩冲。

左都水使者襄陵王摅,坐鱼蟹不供,将作大匠、望都公靳陵,坐温明、徽光二殿不成,皆斩于东市。

聪游猎无度,常晨出晚归,观鱼于汾水,以烛继昼。中军王彰谏曰:"今大难未夷,余晋假息,陛下不惧白龙鱼服之祸,而昏夜忘归。陛下当思先帝创业之艰难,嗣承之不易,鸿业已尔,四海属情,何可坠之于垂成,隳之于将就!比窃观陛下所为,臣实痛心疾首有日矣。且愚人系汉之心未专,而思晋之怀犹盛,刘琨去此咫尺之间,狂狷刺客,息顷而至。帝王轻出,一夫敌耳。愿陛下改往修来,则亿兆幸甚。"聪大怒,命斩之。上夫人王氏叩头乞哀,乃囚之诏狱。

聪母以聪刑怒过差,三日不食,弟乂、子粲并舆榇切谏。聪怒曰:"吾岂桀、纣、幽、厉乎,而汝等生来哭人!"其太宰刘延年及诸公卿列侯百有余人,皆免冠涕泣固谏曰:"光文皇帝以圣武膺期,创建鸿祚,而六合未一,凤世升遐。陛下睿德自天,龙飞绍统,东平洛邑,南定长安,真可谓功高周成,德超夏启。往也唐虞,今则陛下,历观书记,未有此比。而顷频以小务不供而斩王公,直言忤旨,便囚大将,游猎无度,机管不修,臣等窃所未解,臣等所以破肝糜胃忘寝与食者也。"聪乃赦彰。

曲特等围长安,刘曜连战败绩,乃驱掠士女八万余口,退还平阳,因攻司徒傅祗于三渚,使其右将军刘参攻郭默于怀城。祗病卒,城陷,迁祗孙纯、粹并其二万余户于平阳县。聪赠祗太保,纯、粹皆给事中,谓祗子畅曰:"尊公虽不达天命,然各忠其主,吾亦有以亮之。但晋主已降、天命非人所支，而虐刘南鄙，沮乱边萌，此其罪也。以元恶之种而赠同勋旧，逆臣之孙荷荣禁闼，卿知皇汉之德弘旷以不？"畅曰："陛下每嘉先臣，不以小臣之故而亏其忠节，及是恩也，自是明主伐国吊人之义，臣辄同万物，未敢谢生于自然。"

聪遣刘粲、刘曜等攻刘琨于晋阳，琨使张乔距之，战于武灌，乔败绩，死之，晋阳危惧。太原太守高乔、琨别驾郝聿以晋阳降粲。琨与左右数十骑，携其妻子奔于赵郡之亭头，遂如常山。粲、曜入于晋阳。

先是，琨与代王猗卢结为兄弟，乃告败于猗卢，且乞师。猗卢遣子日利孙、宾六须及将军卫雄、姬澹等率众数万攻晋阳，琨收散卒千余为之乡导，猗卢率众六万至于狼猛。曜及宾六须战于汾东，曜坠马，中流矢，身被七创。讨虏傅武以马授曜，曜曰："当今危亡之极，人各思免。吾创已重，自分死此矣。"武泣曰："武小人，蒙大王识拔，以至于是，常思效命，今其时矣。且皇室始基，大难未弭，天下何可一日无大王也。"于是扶曜乘马，驱令渡汾，回而战死。曜入晋阳，夜与刘粲等掠百姓，逾蒙山遁归。猗卢率骑追之，战于蓝谷，粲败绩，斩其征虏邢延，获其镇北刘丰。琨收合离散，保于阳曲，猗卢戍之而还。

正旦，聪宴于光极前殿，逼帝行酒，光禄大夫庾珉、王俊等起而大哭，聪恶之。会有告珉等谋以平阳应刘琨者，聪遂鸩帝而诛珉、俊，复以赐帝刘夫人为贵人，大赦境内殊死已下。

立左贵嫔刘氏为皇后。聪将为刘氏鸾起仪楼于后庭，廷尉陈元达谏曰："臣闻：古之圣王爱国如家，故皇天亦佑之如子。夫天生蒸民而树之君者，使为之父母以刑赏之，不欲使殿屎黎元而荡逸一人。晋氏暗虐，视百姓如草莽，故上天剿绝其祚。乃眷皇汉，苍生引领息肩，怀更苏之望有日矣。我高祖光文皇帝靖言惟兹，痛心疾首，故身衣大布，居不重茵；先皇后嫔服无绮彩。重逆群臣之请，故建南北宫焉。今光极之前，足以朝群后、飨万国矣，昭德、温明已后，足可以容六宫，列十二等矣。陛下龙兴已来，外殄二京不世之寇，内兴殿观四十余所，重之以饥馑疾疫，死亡相属，兵疲于外，人怨于内，为之父母固若是乎！伏闻诏旨，将营鹎仪，中宫新立，诚臣等乐为子来者也。窃以大难未夷，宫宇粗给，今之所营，尤实非宜。臣闻太宗承高祖之业，惠、吕息役之后，以四海之富，天下之殷，尚以百金之费而辍露台，历代垂美，为不朽之迹。故能断狱四百，拟于成康。陛下之所有，不过太宗二郡地耳，战守之备者，岂仅匈奴、南越而已哉！孝文之广，思费如彼；陛下之狭，欲损如此。愚臣所以敢昧死犯颜色，冒不测之祸者也。"聪大怒曰："吾为万机主，将营一殿，岂问汝鼠子乎！不杀此奴，沮乱朕心，朕殿何当得成邪！将出斩之，并其妻子同枭东市，使群鼠共穴。"时在逍遥园李中堂，元达抱堂下树叫曰："臣所言者，社稷之计也，而陛下杀臣。若死者有知，臣要当上诉陛下于天，下诉陛下于先帝。朱云有云：'臣得与龙逄、比干游于地下，足矣。'未审陛下何如主耳！"元达先锁腰而入，及至，即以锁绕树，左右曳之不能动。聪怒甚。刘氏时在后堂，闻之，密遣中常侍私救左右停刑，于是手疏切谏，聪乃解，引元达而谢之，易逍遥园为纳贤园，李中堂为愧贤堂。

时愍帝即位于长安，聪遣刘曜及司隶乔智明、武牙李景年等寇长安，命赵染率众赴之。时大都督曲允据黄白城，累为曜、染所败。染谓曜曰："曲允率大众在外，长安可袭而取之。得长安，黄白城自服。愿大王以重众守此，染请轻骑袭之。"曜乃承制加染前锋大都督、安南大将军，以精骑五千配之而进。王师败于渭阳，将军王广死之。染夜入长安外城，帝奔射雁楼，染焚烧龙尾及诸军营，杀掠千余人，且退屯逍遥园。曲允率众袭曜，连战败之。曜入粟邑，遂归平阳。

时流星起于牵牛，入紫微，龙形委蛇，其光照地，落于平阳北十里。视之，则有肉长三十步，广二十七步，臭闻于平阳，肉旁常有哭声，昼夜不止。聪甚恶之，延公卿已下问曰："朕之不德，致有斯异，其各极言，勿有所讳。"陈元达及博士张师等进对曰："星变之异，其祸行及，臣恐后庭有三后之事，亡国丧家，靡不由此，愿陛下慎之。"聪曰："此阴阳之理，何关人事！"既而刘氏产一蛇一猛兽，各害人而走，寻之不得，顷之，见在陨肉之旁。俄而刘氏死，乃失此肉，哭声亦止。自是后宫乱宠，进御无序矣。

聪以刘易为太尉。初置相国，官上公，有殊勋德者死乃赠之。于是，大定百官，置太师、丞相，自大司马以上七公，位皆上公，禄绶绶，远游冠。置辅汉，都护，中军，上军，辅军，镇、卫京，前、后、左、右、上、下军，辅国，冠军，龙骧，武牙大将军，营各配兵二千，皆以诸子为之。置左右司隶各领户二十余万，万户置一内史，凡内史四十三。单于左右辅，各主六夷十万落，万落置一都尉。省吏部，置左右选曹尚书。自司隶以下六官，皆位次仆射。置御史大夫及州牧，位皆亚公。以其子粲为丞相、领大将军、录尚书事，进封晋王，食五都。刘延年录尚书六条事，刘景为太师，王育为太傅，任颙为太保，马景为大司徒，朱纪为大司空，刘曜为大司马。

曜复次渭汭，赵染次新丰。索綝自长安东讨染，染狃于累捷，有轻綝之色。长史鲁徽曰：“今司马邺君臣自以逼僭王畿，雄劣不同，必致死距我，将军宜整阵案兵以击之，弗可轻也。困兽犹斗，况于国乎！”染曰：“以司马模之强，吾取之如拉朽。索綝小竖，岂能污吾马蹄刀刃邪！要擒之而后食。”晨，率精骑数百，驰出逆之，战于城西，败绩而归，悔曰：“吾不用鲁徽之言，以至于此，何面见之！”于是，斩徽。徽临刑谓染曰：“将军愎谏违谋，戆而取败，而复忌前害胜，诛戮忠良，以逞愚忿，亦何颜面瞬息世间哉！袁绍为之于前，将军踵之于后，覆亡败丧，亦当相寻，所恨不得一见大司马而死。死者无知则已；若其有知，下见田丰为徒，要当诉将军于黄泉，使将军不得服床枕而死。”叱刑者曰：“令吾面东向。”大司马曜闻之曰：“‘蹄涔不容尺鲤’，染之谓也。”

曜还师攻郭默于怀城，收其米粟八十万，斛列三屯以守之。聪遣使谓曜曰：“今长安假息，刘琨游魂，此国家所尤宜先除也。郭默小丑，何足以劳公神略，可留征虏将军贝丘王翼光守之，公其还也。”于是曜归蒲坂。俄而征曜辅政。

赵染寇北地，梦鲁徽大怒，引弓射之，染惊悸而瘝。且将攻城，中弩而死。

聪以粲为相国,总百揆,省丞相以并相国。平阳地震,烈风拔树发屋。光义人羊充妻产子二头,其兄窃而食之,三日而死。聪以其太庙新成,大赦境内,改年建元。雨血于其东宫延明殿,彻瓦在地者深五寸。刘乂恶之,以访其太师卢志、太傅崔玮、太保许遐。志等曰:"主上往以殿下为太弟者,盖以安众望也,志在晋王久矣,王公已下莫不希旨归之。相国之位,自魏武已来,非复人臣之官,主上本发明诏,置之为赠官,今忽以晋王居之,羽仪威尊逾于东宫,万机之事无不由之,置太宰、大将军及诸王之营以为羽翼,此事势去矣,殿下不得立明也。然非止不得立而已,不测之危厄在于旦夕,宜早为之所。四卫精兵不减五千,余营诸王皆年齿尚幼,可夺而取之。相国轻佻,正可烦一刺客耳。大将军无日不出,其营可袭而得也。殿下但当有意,二万精兵立便可得,鼓行向云龙门,宿卫之士孰不倒戈奉迎,大司马不虑为异也。"乂弗从,乃止。

聪如中护军靳准第,纳其二女为左右贵嫔,大曰月光,小曰月华,皆国色也。数月,立月光为皇后。

东宫舍人荀裕告卢志等劝乂谋反,乂不从之状。聪于是收志、玮、遐于诏狱,假以他事杀之。使冠威卜抽监守东宫,禁乂朝贺。乂忧惧不知所为,乃上表自陈,乞为黔首,并免诸子之封,褒美晋王粲宜登储副,抽又抑而弗通。

其青州刺史曹嶷攻汶阳关、公丘,陷之,害齐郡太守徐浮,执建威刘宣,齐鲁之间,郡县垒壁降者四十余所。嶷遂略地,西下祝阿、平阴,众十余万,临河置戍,而归于临淄。嶷于是遂有雄据全齐之志。石勒以嶷之怀二也,请讨之。聪又惮勒之并齐,乃寝而弗许。

刘曜济自盟津,将攻河南,将军魏该奔于一泉坞。曜进攻李矩于荥阳,矩遣将军李平师于成皋,曜覆而灭之。矩恐,送质请降。

时聪以其皇后刘氏为上皇后,立贵妃刘氏为左皇后,右贵嫔靳氏为右皇后。左司隶陈元达以三后之立也,极谏,聪不纳,乃以元达为右光禄大夫,外示优贤,内实夺其权也。于是太尉范隆、大司马刘丹、大司空呼延晏、尚书令王鉴等皆抗表逊位，以让元达。聪乃以元达为御史大夫、仪同三司。

刘曜寇长安，频为王师所败。曜曰："彼犹强盛，弗可图矣。"引师而归。

聪宫中鬼夜哭，三日而声向右司隶寺，乃止。其上皇后靳氏有淫秽之行，陈元达奏之。聪废靳，靳惭恚自杀。靳有殊宠，聪迫于元达之势，故废之。既而追念其姿色，深仇元达。

刘曜进师上党，将攻阳曲，聪遣使谓曜曰："长安擅命，国家之深耻也。公宜以长安为先，阳曲一委骠骑。天时人事，其应至矣，公其亟还。"曜回灭郭迈，朝于聪，遂如蒲坂。

平阳地震，雨血于东宫，广袤顷余。

刘曜又进军，屯于粟邑。曲允饥甚，去黄白而军于灵武。曜进攻上郡，太守张禹与冯翊太守梁肃奔于允吾。于是关右翕然，所在应曜。曜进据黄阜。

聪武库陷入地一丈五尺。时聪中常侍王沉、宣怀、俞容，中宫仆射郭猗，中黄门陵修等皆宠幸用事。聪游宴后宫，或百日不出，群臣皆因沉等言事，多不呈聪，率以其意爱憎而决之，故或有勋旧功臣而弗见叙录，奸佞小人数日而便至二千石者。军旅无岁不兴，而将士无钱帛之赏，后宫之家赐赉及于僮仆，动至数千万。沉等车服宅宇皆逾于诸王，子弟、中表布衣为内史令长者三十余人，皆奢僭贪残，贼害良善。靳准合宗内外诡以事之。

郭猗有憾于刘乂，谓刘粲曰："太弟于主上之世，犹怀不逞之志，此则殿下父子之深仇，四海苍生之重怨也。而主上过垂宽仁，犹不替二尊之位，一旦有风尘之变，臣窃为殿下寒心。且殿下高祖之世孙，主上之嫡统，凡在含齿，孰不系仰。万机事大，何可与人！臣昨闻太弟与大将军相见，极有言矣，若事成，许以主上为太上皇，大将军为皇太子。乂又许卫军为大单于，二王已许之矣。二王居不疑之地，并握重兵，以此举事，事何不成！臣谓二王兹举，禽兽之不若也。背父亲人，人岂亲之！今乂苟贪其一切之力耳，事成之后，主上岂有全理！殿下兄弟故在忘言，东宫、相国、单于在武陵兄弟，何肯与人！许以三月上巳因宴作难，事淹变生，宜早为之所。《春秋传》曰：'蔓草犹不可除'，况君之宠弟乎！臣屡启主上，主上性敦友于，谓臣言不实。刑臣刀锯之余，而蒙主上、殿下成造之恩，故不虑逆鳞之诛，每所闻必言，冀垂纳采。臣当入言之，愿殿下不泄，密表其状也。若不信臣言，可呼大将军从事中郎王皮、卫军司马刘惇，假之恩顾，通其归善之路以问之，必可知也。"粲深然之。

猗密谓皮、惇曰："二王逆状，主、相已具知之矣，卿同之乎？"二人惊曰："无之。"猗曰："此事必无疑，吾怜卿亲旧并见族耳。"于是歔欷流涕。皮、惇大惧，叩头求哀。猗曰："吾为卿作计，卿能用不？"二人皆曰："谨奉大人之教。"猗曰："相国必问卿，卿但云有之。若责卿何不先启，卿即答云：'臣诚负死罪，然仰惟主上圣性宽慈，殿下笃于骨肉，恐言成诖伪故也。'"皮、惇许诺。粲俄而召问二人，至不同时，而辞若画一，粲以为信然。

初，靳准从妹为乂孺子，淫于侍人，乂怒杀之，而屡以嘲准。准深惭恚，说粲曰："东宫万机之副，殿下宜自居之，以领相国，使天下知早有所系望也。"至是，准又说粲曰："昔孝成距子政之言，使王氏卒成篡逆，可乎？"粲曰："何可之有？"准曰："然，诚如圣旨。下官急欲有所言矣。但以德非更生，亲非皇宗，恐忠言暂出，霜威已及，故不敢耳。"粲曰："君但言之。"准曰："闻风尘之言，谓大将军、卫将军及左右辅皆谋奉太弟，克季春构变，殿下宜为之备。不然，恐有商臣之祸。"粲曰："为之奈何？"准曰："主上爱信于太弟，恐卒闻未必信也。如下官愚意，宜缓东宫之禁固，勿绝太弟宾客，使轻薄之徒得与交游。太弟既素好待士，必不思防此嫌，轻薄小人不能无逆意以劝太弟之心。小人有始无终，不能如贯高之流也。然后下官为殿下露表其罪，殿下与太宰拘太弟所与交通者考问之，穷其事原，主上必以无将之罪罪之。不然，今朝望多归太弟，主上一旦晏驾，恐殿下不得立矣。"于是粲命卜抽引兵去东宫。

聪自去冬至是，遂不复受朝贺，军国之事一决于粲，唯发中旨杀生除授，王沈、郭猗等意所欲皆从之。又立市于后庭，与宫人宴戏，或三日不醒。聪临上秋阁，诛其特进綦毋达，太中大夫公师彧，尚书王琰、田歆，少府陈休，左卫卜崇，大司农朱诞等，皆群阉所忌也。

侍中卜干泣谏聪曰："陛下方隆武宣之化，欲使幽谷无考盘，奈何一旦先诛忠良，将何以垂之于后！昔秦爱三良而杀之，君子知其不霸。以晋厉之无道，尸三卿之后，犹有不忍之心，陛下如何忽信左右爱憎之言，欲一日尸七卿！诏尚在臣间，犹未宣露，乞垂昊天之泽，回雷霆之威。且陛下直欲诛之耳，不露其罪名，何以示四海！此岂是帝王三讯之法邪！"因叩头流血。王沈叱干曰："卜侍中欲距诏乎？"聪拂衣而入，免干为庶人。

太宰刘易及大将军刘敷、御史大夫陈元达、金紫光禄大夫王延等，诣阙谏曰："臣闻善人者，乾坤之纪，政教之本也。邪佞者，宇宙之螟螣，王化之蟊贼也。故文王以多士基周，桓灵以群阉亡汉，国之兴亡，未有不由此也。自古明王之世，未尝有宦者与政，武、元、安、顺岂足为故事乎！今王沈等乃处常伯之位，握生死与夺于中，势倾海内，爱憎任之，矫弄诏旨，欺诬日月，内谄陛下，外佞相国，威权之重，侔于人主矣。王公见之骇目，卿宰望尘下车，铨衡迫之，选举不复以实，士以属举，政以贿成，多树奸徒，残毒忠善。知王琰等忠臣，必尽节于陛下，惧其奸萌发露，陷之极刑。陛下不垂三察，猥加诛戮，怨感穹苍，痛入九泉，四海悲惋，贤愚伤惧。沈等皆刀锯之余，背恩忘义之类，岂能如士人君子感恩展效，以答乾泽也。陛下何故亲近之？何故贵任之？昔齐桓公任易牙而乱，孝怀委黄皓而灭，此皆覆车于前，殷鉴不远。比年地震日蚀，雨血火灾，皆沈等之由。愿陛下割翦凶丑与政之流，引尚书、御史朝省万机，相国与公卿五日一入，会议政事，使大臣得极其言，忠臣得逞其意，则众灾自弭，和气呈祥。今遗晋未殄，巴蜀未宾，石勒潜有跨赵、魏之志，曹嶷密有王全齐之心，而复以沈等助乱大政，陛下心腹四支何处无患？！复诛巫咸，戮扁鹊，臣恐遂成桓侯膏肓之疾，后虽欲疗之，其如病何！请免沉等官,付有司定罪。"聪以表示沉等,笑曰:"是儿等为元达所引,遂成痴也。"寝之。沉等顿首泣曰:"臣等小人,过蒙陛下识拔,幸得备洒扫宫阃,而王公朝士疾臣等如仇雠,又深恨陛下。愿收大造之恩,以臣等膏之鼎镬,皇朝上下自然雍穆矣。"聪曰:"此等狂言恒然,卿复何足恨乎!"更以访粲,粲盛称沉等忠清,乃心王室。聪大悦,封沉等为列侯。

太宰刘易诣阙,又上疏固谏。聪大怒,手坏其表,易遂忿恚而死。元达哭之悲恸,曰:"人之云亡,邦国殄瘁。吾既不复能言,安用此默默生乎!"归而自杀。

北地饥甚,人相食啖,羌酋大军须运粮以给曲昌,刘雅击败之。曲允与刘曜战于磻石谷,王师败绩,允奔灵武。

平阳大饥,流叛死亡十有五六。石勒遣石越率骑二万,屯于并州,以怀抚叛者。聪使黄门侍郎乔诗让勒,勒不奉命,潜结曹嶷,规为鼎峙之势。

聪立上皇后樊氏,即张氏之侍婢也。时四后之外,佩皇后玺绶者七人,朝廷内外无复纲纪,阿谀日进,货贿公行,军旅在外,饥疫相仍,后宫赏赐动至千万。刘敷屡泣言之,聪不纳,怒曰:"尔欲得使汝公死乎?朝朝夕夕生来哭人!"敷忧恚发病而死。

河东大蝗,唯不食黍豆。

靳准率部人收而埋之,哭声闻于十余里,后乃钻土飞出,复食黍豆。平阳饥甚,司隶部人奔于冀州二十万户,石越招之故也。犬与豕交于相国府门,又交于宫门,又交司隶、御史门。有豕著进贤冠,升聪坐。犬冠武冠,带绶,与豕并升。俄而斗死殿上。宿卫莫有见其入者。

而聪昏虐愈甚,无诫惧之心。宴群臣于光极前殿,引见其太弟义,容貌毁悴,鬓发苍然,涕泣陈谢。聪亦对之悲恸,纵酒极欢,待之如初。

刘曜陷长安外城,愍帝使侍中宋敞送笺于曜,帝肉祖牵羊,舆榇衔璧出降。及至平阳,聪以帝为光禄大夫、怀安侯,使粲告于太庙,大赦境内,改年麟嘉。曲允自杀。

聪东宫四门无故自坏,后内史女人化为丈夫。时聪子约死,一指犹暖,遂不殡殓。及苏,言见元海于不周山,经五日,遂复从至昆仑山,三日而复返于不周,见诸王公卿将相死者悉在,宫室甚壮丽,号曰蒙珠离国。元海谓约曰:"东北有遮须夷国,无主久,待汝父为之。汝父后三年当来,来后国中大乱,相杀害,吾家死亡略尽,但可永明辈十数人在耳。汝且还,后年当来,见汝不久。"约拜辞而归,道遇一国曰猗尼渠余国,引约入宫,与约皮囊一枚,曰:"为吾遗汉皇帝。"约辞而归,谓约曰:"刘郎后年来,必见过,当以小女相妻。"约归,置皮囊于机上。俄而苏,使左右机上取皮囊开之,有一方白玉,题文曰:"猗尼渠余国天王敬信遮须夷国天王,岁在摄提,当相见也。"驰使呈聪,聪曰:"若审如此,吾不惧死也。"及聪死,与此玉并葬焉。

时东宫鬼哭;赤虹经天,南有一歧;三日并照,各有两珥,五色甚鲜;客星历紫宫入于天狱而灭。太史令康相言于聪曰:"蛇虹见弥天,一歧南彻;三日并照;客星入紫宫。此皆大异,其征不远也。今虹达东西者,许,洛以南不可图也。一歧南彻者,李氏当仍跨巴、蜀,司马睿终据全吴之象,天下其三分乎!月为胡王,皇汉虽苞括二京,龙腾九五,然世雄燕代,肇基北朔,太阴之变其在汉域乎!汉既据中原,历命所属,紫宫之异,亦不在他,此之深重,胡可尽言。石勒鸱视赵魏,曹嶷狼顾东齐,鲜卑之众星布燕代,齐、代、燕、赵皆有将大之气。愿陛下以东夏为虑,勿顾西南。吴、蜀之不能北侵,犹大汉之不能南向也。今京师寡弱,勒众精盛,若尽赵、魏之锐,燕之突骑自上党而来,曹嶷率三齐之众以继之,陛下将何以抗之?紫宫之变,何必不在此乎!愿陛下早为之所,无使兆人生心。陛下诚能发诏,外以远追秦皇、汉武循海之事,内为高祖图楚之计,无不克矣。"聪览之不悦。

刘粲使王平谓刘乂曰:"适奉中诏,云京师将有变,敕裹甲以备之。"乂以为信然,令命宫臣裹甲以居。粲驰遣告靳准、王沉等曰:

"向也王平告云东宫阴备非常,将若之何?"准白之,聪大惊曰:"岂有此乎!"王沉等同声曰:"臣等久闻,但恐言之,陛下弗信。"于是,使粲围东宫。粲遣沉、准收氏羌酋长十余人,穷问之,皆悬首高格,烧铁灼目,乃自诬与乂同造逆谋。聪谓沉等言曰:"而今而后,吾知卿等忠于朕也。当念为知无不言,勿恨往日言不用也。"于是诛乂素所亲厚大臣及东宫官属数十人,皆靳准及阉竖所怨也。废乂为北部王,粲使准贼杀之。坑士众万五千余人,平阳街巷为之空。氐羌叛者十余万落,以靳准行车骑大将军以讨之。时聪境内大蝗,平阳、冀、雍尤甚。靳准讨之,震其二子而死。河汾大溢,漂没千余家。东宫灾异,门阁宫殿荡然。立粲为皇太子,大赦殊死已下。以粲领相国、大单于,总摄朝政如前。

聪校猎上林,以帝行车骑将军,戎服执戟前导,行三驱之礼。粲言于聪曰:"今司马氏跨据江东,赵固、李矩同逆相济,兴兵聚众者皆以子邺为名,不如除之,以绝其望。"聪然之。

赵固、郭默攻其河东,至于绛邑,右司隶部人,盗牧马负妻子奔之者,三万余骑。骑兵将军刘勋追讨之,杀万余人,固、默引归。刘颉遮邀击之,为固所败。使粲及刘雅等伐赵固,次于小平津,固扬言曰:"要当生缚刘粲以赎天子。"聪闻而恶之。

李矩使郭默、郭诵救赵固,屯于洛汭,遣耿稚、张皮潜济,袭粲。贝丘王翼光自厘城觇之,以告粲。粲曰:"征北南渡,赵固望声逃窜,彼方忧自固,何暇来邪!且闻上身在此,自当不敢北视,况敢济乎!不须惊动将士也。"是夜,稚等袭败粲军,粲奔据阳乡,稚馆谷粲垒。雅闻而驰还,栅于垒外,与稚相持。

聪闻粲败,使太尉范隆率骑赴之,稚等惧,率众五千,突围趋北山而南。刘勋追之,战于河阳,稚师大败,死者三千五百人,投河死者千余人。

聪所居螽斯则百堂灾,焚其子会稽王衷已下二十有一人。聪闻之,自投于床,哀塞气绝,良久乃苏。平阳西明门社自亡,霍山崩。

署其骠骑大将军、济南王刘骥为大将军、都督中外诸军事、录尚书,卫大将军、齐王刘劢为大司徒。

中常侍王沉养女年十四,有妙色,聪立为左皇后。尚书令王鉴、中书监崔懿之、中书令曹恂等谏曰:"臣闻王者之立后也,将以上配乾坤之性,象二仪敷育之义,生承宗庙,母临天下,亡配后土,执馈皇姑,必择世德名宗,幽闲淑令,副四海之望,称神祇之心。是故,周文造舟,姒氏以兴,关雎之化饬,则百世之祚永。孝成任心纵欲,以婢为后,使皇统亡绝,社稷沦倾。有周之隆既如彼矣,大汉之祸又如此矣。从麟嘉以来,乱淫于色,纵沉之弟女,刑余小丑犹不可尘琼寝,污清庙,况其家婢邪! 六宫妃嫔皆公子公孙,奈何一旦以婢主之,何异象檐玉簪而对腐木朽楹哉! 臣恐无福于国家也。"聪览之,大怒,使宣怀谓粲曰:"鉴等小子,慢侮国家,狂言自口,无复君臣上下之礼,其速考竟。"于是收鉴等送市。金紫光禄大夫王延驰将入谏,门者弗通。鉴等临刑,王沉以杖叩之曰:"庸奴,复能为恶乎? 乃公何与汝事?!"鉴瞋目叱之曰:"竖子! 使皇汉灭者,坐汝鼠辈与靳准耳,要当诉汝于先帝,取汝等于地下。"懿之曰:"靳准枭声镜形,必为国患。汝既食人,人亦当食汝。"皆斩之。聪又立其中常侍宣怀养女为中皇后。

鬼哭于光极殿,又哭于建始殿。雨血平阳,广袤十里。时,聪子约已死,至是昼见。聪甚恶之,谓粲曰:"吾寝疾惙顿,怪异特甚。往以约之言为妖,比累日见之,此儿必来迎吾也。何图人死定有神灵,如是,吾不悲死也。今世难未夷,非谅暗之日,朝终夕殓,旬日而葬。"

征刘曜为丞相、录尚书,辅政,固辞乃止。仍以刘景为太宰,刘骥为大司马,刘颙为太师,朱纪为太傅,呼延晏为太保,并录尚书事;范隆守尚书令、仪同三司,靳准为大司空、领司隶校尉,皆迭决尚书奏事。

太兴元年,聪死,在位九年,伪谥曰昭武皇帝,庙号烈宗。

粲,字士光。少而俊杰,才兼文武。自为宰相,威福任情,疏远忠贤,昵近奸佞,任性严刻无恩惠,距谏饰非。好兴造宫室,相国之府仿像紫宫,在位无几,作兼昼夜,饥困穷叛,死亡相继,粲弗之恤也。

既嗣伪位,尊聪后靳氏为皇太后,樊氏号弘道皇后,宣氏号弘德皇后,王氏号弘孝皇后。靳等年皆未满二十,并国色也,粲晨夜烝淫于内,志不在哀。立其妻靳氏为皇后,子元公为太子,大赦境内,改元汉昌。雨血于平阳。

靳准将有异谋,私于粲曰:"如闻诸公将欲行伊尹、霍光之事,谋先诛太保及臣,以大司马统万机。陛下若不先之,臣恐祸之来也不晨则夕。"粲弗纳。准惧其言之不从,谓聪二靳氏曰:"今诸公侯欲废帝,立济南王,恐吾家无复种矣。盍言之于帝。"二靳承间言之。粲诛其太宰、上洛王刘景,太师、昌国公刘颉,大司马、济南王骥,大司徒、齐王刘劢等。太傅朱纪、太尉范隆出奔长安。又诛其车骑大将军、吴王刘逞,骥母弟也。

粲大阅上林,谋讨石勒。以靳准为大将军、录尚书事。粲荒耽酒色,游宴后庭,军国之事一决于准。准矫粲命,以从弟明为车骑将军,康为卫将军。

准将作乱,以金紫光禄大夫王延耆德时望,谋之于延。延弗从,驰将告之,遇靳康,劫延以归。准勒兵入宫,升其光极前殿,下使甲士执粲,数而杀之。刘氏男女无少长,皆斩于东市。发掘元海、聪墓,焚烧其宗庙。鬼大哭,声闻百里。

准自号大将军、汉大王,置百官,遣使称藩于晋。左光禄刘雅出奔西平。尚书北宫纯、胡崧等招集晋人,堡于东宫,靳康攻灭之。准将以王延为左光禄,延骂曰:"屠各逆奴,何不速杀我,以吾左目置西阳门,观相国之入也,右目置建春门,观大将军之入也。"准杀之。

陈元达,字长宏,后部人也。本姓高,以生月妨父,故改云陈。少而孤贫,常躬耕兼诵书,乐道行咏,忻忻如也。至年四十,不与人交通。

元海之为左贤王,闻而招之,元达不答。及元海僭号,人谓元达曰:"往刘公相屈,君蔑而不顾,今称号龙飞,君其惧乎?"元达笑曰:

"是何言邪？彼人姿度卓荦，有笼罗宇宙之志，吾固知之久矣。然往日所以不往者，以期运未至，不能无事喧喧，彼自有以亮吾矣。卿但识之，吾恐不过二三日，驿书必至。"其暮，元海果征元达为黄门郎。人曰："君殆圣乎！"既至，引见，元海曰："卿若早来，岂为郎官而已。"元达曰："臣惟性之有分，盈分者颠。臣若早叩天门者，恐大王赐处于九卿、纳言之间，此则非臣之分，臣将何以堪之！是以抑情盘桓，待分而至，大王无过授之谤，小臣免招寇之祸，不亦可乎！"元海大悦。在位忠謇，屡进谠言，退而削草，虽子弟莫得而知也。聪每谓元达曰："卿当畏朕，反使朕畏卿乎？"元达叩头谢曰："臣闻师臣者王，友臣者霸。臣诚愚暗无可采也，幸邀陛下垂齐桓纳九九之义，故使微臣得尽愚忠。昔世宗遥可汲黯之奏，故能恢隆汉道；桀纣诛谏，幽厉弭谤，是以三代之亡也忽焉。陛下以大圣应期，挺不世之量，能远捐商周覆国之弊，近模孝武光汉之美，则天下幸甚，群臣知免。"及其死也，人尽冤之。

晋书卷一〇三
载记第三

# 刘　曜

　　刘曜,字永明,元海之族子也。少孤,见养于元海。幼而聪慧,有奇度。年八岁,从元海猎于西山,遇雨,止树下,迅雷震树,旁人莫不颠仆,曜神色自若。元海异之曰:“此吾家千里驹也,从兄为不亡矣!”身长九尺三寸,垂手过膝,生而眉白,目有赤光,须髯不过百余根,而皆长五尺。性拓落高亮,与众不群。读书志于广览,不精思章句,善属文,工草隶。雄武过人,铁厚一寸,射而洞之,于时号为神射。尤好兵书,略皆暗诵。常轻侮吴、邓,而自比乐毅、萧、曹,时人莫之许也,惟聪每曰:“永明,世祖、魏武之流,何数公足道哉!”

　　弱冠游于洛阳,坐事当诛,亡匿朝鲜,遇赦而归。自以形质异众,恐不容于世,隐迹管涔山,以琴书为事。尝夜闲居,有二童子入跪曰:“管涔王使小臣奉谒赵皇帝,献剑一口。”置前再拜而去。以烛视之,剑长二尺,光泽非常,赤玉为室,背上有铭曰:“神剑御,除众毒。”曜遂服之。剑随四时,而变为五色。

　　元海世,频历显职,后拜相国、都督中外诸军事,镇长安。靳准之难,自长安赴之。至于赤壁,太保呼延晏等,自平阳奔之,与太傅朱纪、太尉范隆等上尊号。曜以太兴元年僭即皇帝位,大赦境内,惟准一门不在赦例,改元光初。以朱纪领司徒,呼延晏领司空,范隆以下悉复本位。使征北刘雅、镇北刘策次于汾阴,与石勒为掎角之势。

　　靳准遣侍中卜泰降于勒,勒囚泰,送之曜。谓泰曰:“先帝末年,实乱大伦,群阉挠政,诛灭忠良,诚是义士匡讨之秋。司空执心忠烈,行伊霍之权,拯济涂炭,使朕及此,勋高古人,德格天地。朕方宁济大艰,终不以非命及君子贤人。司空若执忠诚,早迎大驾者,政由靳氏,祭则寡人,以朕此意布之司空,宣之朝士。”泰还平阳,具宣曜旨。准自以杀曜母兄,沉吟未从。寻而乔泰、王腾、靳康、马忠等杀准,推尚书令靳明为盟主,遣卜泰奉传国六玺降于曜。曜大悦,谓泰曰:“使朕获此神玺而成帝王者,子也。”石勒闻之,怒甚,增兵攻之。明战累败,遣使求救于曜,曜使刘雅、刘策等迎之。明率平阳士女万五千归于曜,曜命诛明,靳氏男女无少长,皆杀之。

使刘雅迎母胡氏丧于平阳,还葬粟邑,墓号阳陵,伪谥宣明皇太后。僭尊高祖父亮为景皇帝,曾祖父广为献皇帝,祖防懿皇帝,考曰宣成皇帝。徙都长安,起光世殿于前,紫光殿于后。立其妻羊氏为皇后,子熙为皇太子,封子袭为长乐王,阐太原王,冲淮南王,敞齐王,高鲁王,徽楚王,征诸宗室皆进封郡王。缮宗庙、社稷、南北郊。以水承晋金行,国号曰赵。牲牡尚黑,旗帜尚玄,冒顿配天,元海配上帝,大赦境内殊死已下。

黄石屠各路松多起兵于新平、扶风,聚众数千,附于南阳王保。保以其将杨曼为雍州刺史,王连为扶风太守,据陈仓;张颙为新平太守,周庸为安定太守,据阴密。松多下草壁,秦陇氐羌多归之。曜遣其车骑刘雅、平西刘厚攻杨曼于陈仓,二旬不克。曜率中外精锐,以赴之,行次雍城,太史令弁广明言于曜曰:“昨夜妖星犯月,师不宜行。”乃止。敕刘雅等摄围固垒,以待大军。

地震,长安尤甚。时曜妻羊氏有殊宠,颇与政事,阴有余之征也。

三年,曜发雍,攻陈仓,曼、连谋曰:“谍者适还,云其五牛旗建,多言胡主自来,其锋恐不可当也。吾粮廪既少,无以支久,若顿军城下,围人百日,不待兵刃而吾自灭,不如率见众以一战。如其胜也,关中不待檄而至;如其败也,一等死,早晚无在。”遂尽众背城而阵,为曜所败,王连死之,杨曼奔于南氏。曜进攻草壁,又陷之,松多奔陇城，进陷安定。保惧，迁于桑城，氐羌悉从之。曜振旅归于长安，署刘雅为大司徒。

晋将李矩袭金墉，克之。曜左中郎将宋始、振威宋恕降于石勒。署其大将军、广平王岳为征东大将军，镇洛阳。会三军疫甚，岳遂屯渑池。石勒遣石生驰应宋始等，军势甚盛。曜将尹安、赵慎等以洛阳降生，岳乃班师，镇于陕城。

西明门内大树风吹折，经一宿，树拨变为人形，发长一尺，须眉长三寸，皆黄白色，有敛手之状，亦有两脚著裙之形，惟无目鼻，每夜有声，十日而生柯条，遂成大树，枝叶甚茂。

长水校尉尹车谋反，潜结巴酋徐库彭，曜乃诛车，囚库彭等五十余人于阿房，将杀之。

光禄大夫游子远固谏，曜不从。子远叩头流血，曜大怒，幽子远而尽杀库彭等，尸诸街巷之中十日，乃投之于水。于是巴氏尽叛，推巴归善王句渠知为主，四山羌、氐、巴、羯应之者三十余万，关中大乱，城门昼闭。子远又从狱表谏，曜怒甚，毁其表曰："大荔奴不忧命在须臾，犹敢如此，嫌死晚邪？"叱左右速杀之。刘雅、朱纪、呼延晏等谏曰："子远幽而尚谏者，所谓忠于社稷，不知死之将至。陛下纵弗能用，奈何杀之！若子远朝诛，臣等亦暮死，以彰陛下过差之咎。天下之人皆当去陛下蹈西海而死耳，陛下复与谁居乎！"曜意解，乃赦之。于是敕内外戒严，将亲讨渠知。子远进曰："陛下诚能纳愚臣之计者，不劳大驾亲动，一月之中，可使清定。"曜曰："卿试言之。"子远曰："彼匪有大志，希窃非望也，但逼于陛下峻纲耳。今死者不可追，莫若赦诸逆人之家老弱没奚官者，使迭相抚育，听其复业，大赦与之更始。彼生路既开，不降何待！若渠知自以罪重不即下者，愿假臣弱兵五千，以为陛下枭之，不敢劳陛下之将帅也。不尔者，今贼党既众，弥川被谷，虽以天威临之，恐非年岁可除。"曜大悦，以子远为车骑大将军、开府仪同三司、都督雍秦征讨诸军事。大赦境内。子远次于雍城，降者十余万。进军安定，氐羌悉下，惟句氏宗党五千余家保于阴密，进攻平之，遂振旅循陇右，陈安郊迎。

　　先是,上郡氐羌十余万落保嶮不降,酋大虚除权渠自号秦王。子远进师至其壁下,权渠率众来距,五战败之。权渠恐,将降,其子伊余大言于众曰:"往刘曜自来,犹无若我何,况此偏师而欲降之!"率劲卒五万,晨压垒门。左右劝战,子远曰:"吾闻伊余之勇,当今无敌,士马之强,复非其匹;又其父新败,怒气甚盛;且西戎剽劲,锋锐不可拟也。不如缓之,使气竭而击之。"乃坚壁不战。伊余有骄色。子远候其无备,夜誓众蓐食。晨,大风雾,子远曰:"天赞我也!"躬先士卒,扫壁而出,迟明覆之,生擒伊余,悉俘其众。权渠大惧,被发割面而降。子远启曜以权渠为征西将军、西戎公,分徙伊余兄弟及其部落二十余万口于长安。西戎之中,权渠部最强,皆禀其命而为寇暴,权渠既降,莫不归附。

　　曜大悦,宴群臣于东堂,语及平生,泫然流涕,遂下书曰:"盖褒德惟旧,圣后之所先;念惠录孤,明王之恒典。是以世祖草创河北,而致封于严尤之孙;魏武勒兵梁宋,追恸于桥公之墓。前新赠大司徒、烈愍公崔岳,中书令曹恂,晋阳太守王忠,太子洗马刘绥等,或识朕于童龀之中,或济朕于艰窘之极,言念君子,实伤我心。《诗》不云乎:'中心藏之,何日忘之!'岳,汉昌之初虽有褒赠,属否运之际,礼章莫备,今可赠岳使持节、侍中、大司徒、辽东公,恂大司空、南郡公,绥左光禄大夫、平昌公,忠镇军将军、安平侯,并加散骑常侍。但皆丘墓夷灭,申哀莫由,有司其速班访岳等子孙,授以茅土,称朕意焉。"初,曜之亡,与曹恂奔于刘绥,绥匿之于书匮,载送于忠,忠送于朝鲜。岁余,饥窘,变姓名,客为县卒。岳为朝鲜令,见而异之,推问所由。曜叩头自首,流涕求哀。岳曰:"卿谓崔元嵩不如孙宾硕乎,何惧之甚也!今诏捕卿甚峻,百姓间不可保也。此县幽僻,势能相济,纵有大急,不过解印绶与卿俱去耳。吾既门衰,无兄弟之累,身又薄佑,未有儿子,卿犹吾子弟也,勿为过忧。大丈夫处身立世,鸟兽投人,要欲济之,而况君子乎!"给以衣服,资供书传。曜遂从岳,质通疑滞,恩顾甚厚。岳从容谓曜曰:"刘生姿宇神调,命世之才也!四海脱有微风摇之者,英雄之魁,卿其人矣。"曹恂虽于屯厄之中,事曜有君臣之礼,故皆德之。

曜立太学于长乐宫东,小学于未央宫西,简百姓年二十五已下十三已上,神志可教者千五百人,选朝贤宿儒明经笃学以教之。以中书监刘均领国子祭酒。置崇文祭酒,秩次国子。散骑侍郎董景道,以明经擢为崇文祭酒。以游子远为大司徒。

曜命起酆明观,立西宫,建陵霄台于滈池,又将于霸陵西南营寿陵。侍中乔豫、和苞上疏谏曰:"臣闻人主之兴作也,必仰准乾象,俯顺人时,是以卫文承乱亡之后,宗庙社稷流漂无所,而犹上候营室以构楚宫。彼其急也犹尚若兹,故能兴康叔、武公之迹,以延九百之庆也。奉诏书将营酆明观,市道匈嚣咸以非之,曰一观之功可以平凉州矣。又奉敕旨复欲拟阿房而建西宫,模琼台而起陵霄,此则费万酆明,功亿前役也。以此功费,亦可以吞吴蜀,翦齐魏矣。陛下何为于中兴之日而踪亡国之事!自古圣王,人谁无过!陛下此役,实为过举,过贵在能改。终之实难。又伏闻敕旨将营建寿陵,周回四里,下深二十五丈,以铜为棺椁,黄金饰之,恐此功费,非国内所能办也。且臣闻尧葬谷林,市不改肆;颛顼葬广阳,下不及泉。圣王之所终也如是。秦皇下锢三泉,周轮七里,身亡之后,毁不旋踵,暗主之所终也如此。向魋石椁,孔子以为不如速朽;王孙倮葬,识者嘉其矫世。自古无有不亡之国,不掘之墓,故圣王知厚葬之招害也,故不为之。臣子之于君父,陵墓岂不欲高广如山岳哉!但以保全始终,安固万世为优耳。兴亡奢俭,同然于前,惟陛下览之。"曜大悦,下书曰:"二侍中恳恳有古人之风烈矣,可谓社稷之臣也。非二君,朕安闻此言乎!以孝明于承平之世,四海无虞之日,尚纳钟离一言而罢北宫之役,况朕之暗眇,当今极弊,而可不敬从明诲乎!今敕悉停寿陵制度,一遵霸陵之法。《诗》不云乎:'无言不酬,无德不报。'其封豫安昌子,苞平舆子,并领谏议大夫。可敷告天下,使知区区之朝,思闻过也。自今政法有不便于时,不利社稷者,其诣阙极言,勿有所讳。"省酆水囿以与贫户。

终南山崩,长安人刘终,于崩所得白玉方一尺,有文字曰:"皇亡皇亡,败赵昌。井水竭,构五梁,咢酉小衰困嚣丧。呜呼!呜呼!赤牛奋靷其尽乎!"时群臣咸贺,以为勒灭之征。曜大悦,斋七日而后受之于太庙,大赦境内,以终为奉瑞大夫。

中书监刘均进曰:"臣闻国主山川,故山崩川竭,君为之不举。终南,京师之镇,国之所瞻,无故而崩,其凶焉可极言!昔三代之季,其灾也如是。今朝臣皆言祥瑞,臣独言非,诚上忤圣旨,下违众议,然臣不达大理,窃所未同。何则?玉之于山石也,犹君之于臣下。山崩石坏,象国倾人乱。'皇亡,皇亡,败赵昌'者,此言皇室将为赵所败,赵因之而昌。今大赵都于秦雍,而勒跨全赵之地,赵昌之应,当在石勒,不在我也。'井水竭,构五梁'者,井谓东井,秦之分也,五谓五车,梁谓大梁,五车、大梁,赵之分也,此言秦将竭灭,以构成赵也。'咢'者,岁之次名作咢也,言岁驭作咢酉之年,当有败军杀将之事。'困'谓困敦,岁在子之年名,玄嚣亦在子之次,言岁驭于子,国当丧亡。'赤牛奋靷谓赤奋若,在丑之岁名也。'牛'谓牵牛,东北维之宿,丑之分也,言岁在丑当灭亡,尽无复遗也。此其诚悟蒸蒸,欲陛下勤修德化以禳之。纵为嘉祥,尚愿陛下夕惕以答之。《书》曰:'虽休勿休。'愿陛下追踪周旦盟津之美,捐鄢虢公梦庙之凶,谨归沐浴以待妖言之诛。"曜怃然改容。御史劾均狂言瞽说,诬罔祥瑞,请依大不敬论。曜曰:"此之灾瑞,诚不可知,深戒朕之不德,朕收其忠惠多矣,何罪之有乎?!"

曜亲征氐羌,仇池杨难敌率众来距,前锋击败之,难敌退保仇池,仇池诸氐羌多降于曜。曜后复西讨杨韬于南安,韬惧,与陇西太守梁勋等降于曜,皆封列侯。使侍中乔豫率甲士五千,迁韬等及陇右万余户于长安。曜又进入仇池。时,曜寝疾,兼疠疫甚,议欲班师,恐难敌蹑其后,乃以其尚书郎王犷为光国中郎将,使于仇池,以说难敌,难敌于是遣使称藩。曜大悦,署难敌为使持节、侍中、假黄钺、都督益宁南秦凉梁巴六州陇上西域诸军事、上大将军、益宁南秦三州牧、领护南氐校尉、宁羌中郎将、武都,王子弟为公侯列将二千石者十五人。

陈安请朝，曜以疾笃不许。安怒，且以曜为死也，遂大掠而归。曜疾甚笃，马舆而还，使其将呼延实监辎重于后。陈安率精骑要之于道，实奔战无路，与长史鲁凭俱没于安。安因实而谓之曰："刘曜已死，子谁辅哉？孤当与足下终定大业。"实叱安曰："狗辈！汝荷人荣宠，处不疑之地，前背司马保，今复如此。汝自视何如主上？忧汝不久枭首上邽通衢，何谓大业！可速杀我，悬我首于上邽东门，观大军之入城也。！"安怒，遂杀之。以鲁凭为参军，又遣其弟集及将军张明等，率骑二万追曜，曜卫军呼延瑜逆战，击斩之，悉俘其众。安惧，驰还上邽。

曜至自南安。陈安使其将刘烈、赵罕袭阨城，拔之，西州氐羌悉从安。安士马雄盛，众十余万，自称使持节、大都督、假黄钺、大将军、雍凉秦梁四州牧、凉王，以赵募为相国，领左长史。鲁凭对安大哭曰："吾不忍见陈安之死也。"安怒，命斩之。凭曰："死自吾分，悬吾头于秦州通衢，观赵之斩陈安也。"遂杀之。曜闻凭死，悲恸曰："贤人者，天下之望也。害贤人，是塞天下之情。夫承平之君，犹不敢乖臣妾之心，况于四海乎！陈安今于招贤采哲之秋，而害君子，绝当时之望，吾知其无能为也。"

休屠王石武以桑城降，曜大悦，署武为使持节、都督秦州陇上杂夷诸军事、平西大将军、秦州刺史，封酒泉王。

曜后羊氏死，伪谥献文皇后。羊氏内有特宠，外参朝政，生曜三子熙、袭、阐。

曜始禁无官者不听乘马；禄八百石已上妇女乃得衣锦绣；自季秋农功毕，乃听饮酒；宗庙社稷之祭，不得杀牛，犯者皆死。

曜临太学，引试学生之上第者拜郎中。

武功男子苏抚、陕男子伍长平并化为女子。石言于陕，若言勿东者。

曜将葬其父及妻，亲如粟邑以规度之。负土为坟，其下周回二里，作者继以脂烛，怨呼之声盈于道路。游子远谏曰："臣闻圣主明王、忠臣孝子之于终葬也，棺足周身，椁足周棺，藏足周椁而已，不封不树,为无穷之计。伏惟陛下圣慈幽被,神鉴洞远,每以清俭恤下为先,社稷资储为本。今二陵之费至以亿计,计六万夫百日作,所用六百万功。二陵皆下锢三泉,上崇百尺,积石为山,增土为阜,发掘古冢以千百数,役夫呼嗟,气塞天地,暴骸原野,哭声盈衢,臣窃谓无益于先皇先后,而徒丧国之储力。陛下脱仰寻尧舜之轨者,则功不盈百万,费亦不过千计,下无怨骨,上无怨人,先帝先后有太山之安,陛下飨舜、禹、周公之美,惟陛下察焉。”曜不纳,乃使其将刘岳等帅骑一万,迎父及弟晖丧于太原。疫气大行,死者十三四。

上洛男子张卢死二十七日,有盗发其冢者,卢得苏。曜葬其父,墓号永垣陵,葬妻羊氏,墓号显平陵。大赦境内殊死已下,赐人爵二级,孤老贫病不能自存者帛各有差。

太宁元年,陈安攻曜征西刘贡于南安,休屠王石武自桑城将攻上邽,以解南安之围。安闻之惧,驰归上邽,遇于瓜田。武以众寡不敌,奔保张春故垒。安引军追武曰:“叛逆胡奴!要当生缚此奴,然后斩刘贡。”武闭垒距之。贡败安后军,俘斩万余。安驰还赴救,贡逆击败之。俄而武骑大至,安众大溃,收骑八千,奔于陇城。贡乃留武督后众,躬先士卒,战辄败之,遂围安于陇城。

大雨霖,震曜父墓门屋,大风飘发其父寝堂于垣外五十余步。曜避正殿,素服哭于东堂五日,使其镇军刘袭、太常梁胥等缮复之。松柏众木植已成林,至是悉枯。

署其大司马刘雅为太宰,加剑履上殿,入朝不趋,赞拜不名,给千兵百骑,甲仗百人入殿,增班剑六十人,前后鼓吹各二部。

曜亲征陈安,围安于陇城。安频出挑战,累击败之,斩获八千余级。右军刘干攻平襄,克之,陇上诸县悉降。曲赦陇右殊死已下,惟陈安、赵募不在其例。安留杨伯支、姜冲儿等守陇城,帅骑数百突围而出,欲引上邽平襄之众还解陇城之围。安既出,知上邽被围,平襄已败,乃南走陕中。曜使其将军平先、丘中伯率劲骑追安,频战败之,俘斩四百余级。安与壮士十余骑于陕中格战,安左手奋七尺大刀,右手执丈八蛇矛,近交则刀矛俱发,辄害五六;远则双带鞬服,左右驰射而走。平先亦壮健绝人，勇捷如飞，与安搏战，三交，夺其蛇矛而退。会日暮，雨甚，安弃马，与左右五六人步逾山岭，匿于溪涧。翌日寻之，遂不知所在。会连雨始霁，辅威呼延清寻其径迹，斩安于涧曲。曜大悦。

安善于抚接，吉凶夷险与众同之，及其死，陇上歌之曰："陇上壮士有陈安，驱干虽小腹中宽，爱养将士同心肝。骕骦父马铁瑕鞍，七尺大刀奋如湍，丈八蛇矛左右盘，十荡十决无当前。战始三交失蛇矛，弃我骕骦窜岩幽，为我外援而悬头。西流之水东流河，一去不还奈子何！"曜闻而嘉伤，命乐府歌之。

杨伯支斩姜冲儿，以陇城降。宋亭斩赵募，以上邽降。徙秦州大姓杨、姜诸族二千余户于长安。氐羌悉下，并送质任。

时，刘岳与凉州刺史张茂相持于河上，曜自陇长驱至西河，茂卒二十八万五千，临河列营，百余里中，钟鼓之声沸河动地，自古军旅之盛未有斯比。茂临河诸戍皆望风奔退。扬声欲百道俱渡，直至姑臧，凉州大怖，人无固志。诸将咸欲速济，曜曰："吾军旅虽盛，不逾魏武之东也。畏威而来者，三有二焉。中军宿卫已皆疲老，不可用也。张氏以吾新平陈安，师徒殷盛，以形声言之，非彼五郡之众所能抗也，必怖而归命，受制称藩。吾复何求！卿等试之，不出中旬，张茂之表不至者，吾为负卿矣。"茂惧，果遣使称藩，献马一千五百匹，牛三千头，羊十万口，黄金三百八十斤，银七百斤，女妓二十人，及诸珍宝珠玉、方域美货不可胜纪。曜大悦，使其大鸿胪田崧署茂使持节、假黄铖、侍中、都督凉南北秦梁益巴汉陇右西域杂夷匈奴诸军事、太师、领大司马、凉州牧、领西域大都护、护氐羌校尉、凉王。

曜至自河西，遣胡元增其父及妻墓高九十尺。

杨难敌以陈安既平，内怀危惧，奔于汉中。镇西刘厚追击之，获其辎重千余两，士女六千余人，还之仇池。曜以大鸿胪田崧为镇南大将军、益州刺史，镇仇池，以刘岳为侍中、都督中外诸军事，进封中山王。

初，靳准之乱，曜世子胤没于黑匿郁鞠部，至是，胤自言，郁鞠大惊，资给衣马，遣子送之。曜对胤悲恸，嘉郁鞠忠款，署使持节、散骑常侍、忠义大将军、左贤王。

胤字义孙，美姿貌，善机对，年十岁，身长七尺五寸，眉鬓如画。聪奇之，谓曜曰："此儿神气岂同义真乎！固当应为卿之冢嫡，卿可思文王废伯邑考立武王之意也。"曜曰："臣之藩国，仅能守祭祀便足矣，不可以乱长幼之伦也。"聪曰："卿勋格天地，国兼百城，当世祚太师，受专征之任，五侯九伯得专征之者，卿之子孙，奈何言同诸藩国也！义真既不能远追太伯高让之风，吾不过为卿封之以一国。"义真，曜子俭之字也。于是封俭为临海王，立胤为世子。胤虽少离屯难，流踬殊荒，而风骨俊茂，爽朗卓然。身长八尺三寸，发与身齐，多力善射，骁捷如风云，曜因以重之，其朝臣亦属意焉。曜于是顾谓群下曰："义孙可谓岁寒而不凋，涅而不淄者矣。义光虽先已树立，然冲幼儒谨，恐难乎为今世之储贰也，惧非所以上固社稷，下爱义光。义孙年长明德，又先世子也，朕欲远追周文，近踪光武，使宗庙有太山之安，义光飨无强之福，于诸卿意如何？"其太傅呼延晏等咸曰："陛下远拟周汉，为国家无穷之计，岂惟臣等赖之，实亦宗庙四海之庆。"左光禄卜泰、太子太保韩广等进曰："陛下若以废立为是也，则不应降日月之明，垂访群下。若以为疑也，固思闻臣等异同之言，窃以诚废太子非也。何则？昔周文以未建之前，择圣表而超树之可也。光武缘母色而废立，岂足为圣朝之模范！光武诚以东海纂统，何必不如明帝！皇子胤文武才略，神度弘远，信独绝一时，足以拟踪周发；然太子孝友仁慈，志尚冲雅，亦足以堂负圣基，为承平之贤主。何况储宫者，六合人神所系望也，不可轻以废易。陛下诚实尔者，臣等有死而已，未敢奉诏。"曜默然。胤前泣曰："慈父之于子也，当务存尸鸠之仁，何可替熙而立臣也！陛下谬恩乃尔者，臣请死于此，以明赤心。且陛下若爱忘其丑，以臣微堪指授，亦当能辅导义光，仰遵圣轨。"因歔欷流涕，悲感朝臣。曜亦以太子羊氏所生，羊有宠，哀之不忍废，乃止。追谥前妻卜氏为元悼皇后，胤之母也。卜泰，胤之舅，曜嘉之，拜上光禄大夫、仪同三司、领太子太傅。封胤为永安王，署侍中、卫大将军、都督二宫禁卫诸军事、开府仪同三司、录尚书事，领太子太傅，号曰皇子。命熙于胤尽家人之礼。

时，有凤皇将五子翔于故未央殿五日，悲鸣不食皆死。曜立后刘氏。

石勒将石他自雁门出上郡，袭安国将军、北羌王盆句除，俘三千余落，获牛马羊百余万而归。曜大怒，投袂而起。是日次于渭城，遣刘岳追之，曜次于富平，为岳声援。岳及石他战于河滨，败之，斩他及其甲士一千五百级，赴河死者五千余人，悉收所虏，振旅而归。

杨难敌自汉中还袭仇池，克之，执田崧，立之于前。难敌左右叱崧令拜，崧瞋目叱之曰："氐狗！安有天子牧伯而向贼拜乎！"难敌曰："子岱，吾当与子终定大事。子谓刘氏可为尽忠，吾独不可乎！"崧厉色大言曰："若贼氐奴才，安敢欲希觊非分！吾宁为国家鬼，岂可为汝臣，何不速杀我！"顾排一人，取其剑，前刺难敌，不中，为难敌所杀。

曜遣刘岳攻石生于洛阳，配以近郡甲士五千，宿卫精卒一万，济自盟津。镇东呼延谟率荆司之众自崤渑而东。岳攻石勒盟津、石梁二戍，克之，斩获五千余级，进围石生于金墉。石季龙率步骑四万入自成皋关，岳陈兵以待之。战于洛西，岳师败绩，岳中流矢，退保石梁。季龙遂堑栅列围，遏绝内外。岳众饥甚，杀马食之。季龙又败呼延谟，斩之。

曜亲率军援岳，季龙率骑三万来距。曜前军刘黑大败季龙将石忝于八特坂。曜次于金谷，夜无故大惊，军中溃散，乃退如渑池。夜中又惊，士卒奔溃，遂归长安。季龙执刘岳及其将王腾等八十余人，并氐羌三十余人，送于襄国，坑士卒一万六千。曜至自渑池，素服郊哭，七日乃入城。

武功豕生犬，上邽马生牛，及诸妖变不可胜记。

曜命其公卿各举博识直言之士一人，司空刘均举参军台产，曜亲临东堂，遣中黄门策问之。产极言其故，曜览而嘉之，引见东堂，访以政事。产流涕歔欷，具陈灾变之祸，政化之阙，辞旨谅直，曜改容礼之，即拜博士祭酒、谏议大夫，领太史令。其后所言皆验，曜弥重之，岁中三迁，历位尚书、光禄大夫、太子少师，位特进。

曜置刘胤为大司马，进封南阳王，以汉阳诸郡十三为国；置单于台于渭城，拜大单于，置左右贤王已下，皆以胡、羯、鲜卑、氐、羌豪桀为之。

曜自还长安，愤恚发病，至是疾瘳，曲赦长安殊死已下。署其汝南王刘咸为太尉、录尚书事，光禄大夫刘绥为大司徒，卜泰为大司空。

曜妻刘氏疾甚，曜亲省临之，问其所欲言。刘泣曰："妾叔父昶无子，妾少养于叔，恩抚甚隆，无以报德，愿陛下贵之。妾叔皑女芳有德色，愿备后宫。"曜许之。言终而死，伪谥献烈皇后。以刘昶为使持节、侍中、大司徒、录尚书事，进封河南郡公，封昶妻张氏为慈乡君，立刘皑女芳为皇后，追念刘氏之言也。俄署骠骑刘述为大司徒，刘昶为太保。召公卿已下子弟有勇干者，为亲御郎，被甲乘铠马，动止自随，以充折冲之任。尚书郝述、都水使者支当等固谏，曜大怒，鸩而杀之。

咸和三年，夜梦三人金面丹唇，东向逡巡，不言而退，曜拜而履其迹。旦召公卿以下议之，朝臣咸贺以为吉祥，惟太史令任义进曰："三者，历运统之极也。东为震位，王者之始次也。金为兑位，物衰落也。唇丹不言，事之毕也。逡巡揖让，退舍之道也。为之拜者，屈伏于人也。履迹而行，慎不出强也。东井，秦分也。五车，赵分也。秦兵必暴起，亡主丧师，留败赵地。远至三年，近七百日，其应不远。愿陛下思而防之。"曜大惧，于是躬亲二郊，饰缮神祠，望秩山川，靡不周及。大赦殊死已下，复百姓租税之半。

长安自春不雨，至于五月。

曜遣其武卫刘朗，率骑三万袭杨难敌于仇池，弗克，掠三千余户而归。张骏闻曜军为石氏所败，乃去曜官号，复称晋大将军、凉州牧，遣金城太守张阆及枹罕护军辛晏、将军韩璞等，率众数万人，自大夏攻掠秦州诸郡。曜遣刘胤率步骑四万击之,夹洮相持七十余日。冠军呼延那鸡率亲御郎二千骑,绝其运路。胤济师逼之,璞军大溃,奔还凉州。胤追之,及于令居,斩级二万。张阆、辛晏率众数万降于曜,皆拜将军,封列侯。

石勒遣石季龙率众四万,自轵关西入伐曜,河东应之者五十余县,进攻蒲坂。曜将东救蒲坂,惧张骏、杨难敌承虚袭长安,遣其河间王述发氐羌之众屯于秦州。曜尽中外精锐水陆赴之,自卫关北济。季龙惧,引师而退。追之,及于高候,大战,败之,斩其将军石瞻,枕尸二百余里,收其资仗亿计。季龙奔于朝歌。曜遂济自太阳,攻石生于金墉,决千金堨以灌之。

曜不抚士众,专与嬖臣饮博,左右或谏,曜怒,以为妖言,斩之。大风拔树,昏雾四塞。闻季龙进据石门,续知勒自率大众已济,始议增荥阳,戍社黄马关。俄而洛水候者与勒前锋交战,擒羯,送之。曜问曰:“大胡自来邪?其众大小复如何?”羯曰:“大胡自来,军盛不可当也。”曜色变,使摄金墉之围,陈于洛西,南北十余里。曜少而淫酒,末年尤甚。勒至,曜将战,饮酒数斗,常乘赤马无故局顿,乃乘小马。比出,复饮酒斗余。至于西阳门,扬阵就平,勒将石堪因而乘之,师遂大溃。曜昏醉奔退,马陷石渠,坠于冰上,被疮十余,通中者三,为堪所执,送于勒所。曜曰:“石王!忆重门之盟不?”勒使徐光谓曜曰:“今日之事,天使其然,复云何邪!”幽曜于河南丞廨,使金疮医李永疗之,归于襄国。曜疮甚,勒载以马舆,使李永与同载。

北苑市三老孙机上礼求见曜,勒许之,机进酒于曜曰:“仆谷王,关右称帝皇。当持重,保土疆。轻用兵,败洛阳。祚运穷,天所亡。开大分,持一觞。”曜曰:“何以健邪!当为翁饮。”勒闻之,凄然改容曰:“亡国之人,足令老叟数之。”舍曜于襄国永丰小城,给其妓妾,严兵围守。遣刘岳、刘震等乘马,从男女,衣帻以见曜,曜曰:“久谓卿等为灰土,石王仁厚,全宥至今,而我杀石生,负盟之甚。今日之祸,自其分耳。”留宴终日而去。勒谕曜与其太子熙书,令速降之,曜但敕熙“与诸大臣匡维社稷,勿以吾易意也。”勒览而恶之,后为勒所杀。

　　熙及刘胤、刘咸等议西保秦州,尚书胡勋曰:"今虽丧主,国尚全完,将士情一,未有离叛,可共并力距险,走未晚也。"胤不从,怒其沮众,斩之,遂率百官奔于上邽,刘厚、刘策皆损镇奔之。关中扰乱,将军蒋英、辛恕拥众数十万,据长安,遣使招勒,勒遣石生率洛阳之众以赴之。胤及刘遵率众数万,自上邽将攻石生于长安,陇东、武都、安定、新平、北地、扶风、始平诸郡戎夏皆起兵应胤。胤次于仲桥,石生固守长安。勒使石季龙率骑二万距胤,战于义渠,为季龙所败,死者五千余人。胤奔上邽,季龙乘胜追战,枕尸千里,上邽溃。季龙执其伪太子熙、南阳王刘胤并将相诸王等及其诸卿校公侯已下三千余人,皆杀之。徙其台省文武、关东流人、秦雍大族九千余人于襄国,又坑其王公等及五郡屠各五千余人于洛阳。

　　曜在位十年而败。始,元海以怀帝永嘉四年僭位,至曜三世,凡二十有七载,以成帝咸和四年灭。

　　史臣曰:彼戎狄者,人面兽心,见利则弃君亲,临财则忘仁义者也。投之遐远,犹惧外侵,而处以封畿,窥我中衅。昔者幽后不纲,胡尘暗于戏水;襄王失御,戎马生于关洛。至于算强弱,妙兵权,体兴衰,知利害,于我中华未可量也。

　　况元海人杰,必致青云之上;许以殊才,不居庸劣之下。是以策马鸿骞,乘机豹变,五部高啸,一旦推雄,皇枝相害,未有与之争衡者矣。伊秩启兴王之略,骨都论克定之秋,单于无北顾之怀,猃狁有南郊之祭,大哉天地,兹为不仁矣!若乃习以华风,温乎雅度;兼其旧俗,则罕规模。虽复石勒称藩,王弥效款,终为夷狄之邦,未辩君臣之位。至于不远儒风,虚襟正直,则昔贤所谓并仁义而盗之者焉。

　　伪主斯亡,玄明篡嗣,树恩戎旅,既总威权,关河开曩日之强,士马倍前人之气。然则信不由中,自乖弘远,貌之为美,处事难终。纵武穷兵,残忠害窨,佞人方馨,并后载驰,阉竖类于回天,凝科逾于炮烙。遣豺狼之将,逐鹰犬之师,悬旌俯渭,分麾陷洛,铁马陵山,胡笳遵渚,粉忠贞于戎手,聚缙绅于京观。先王井赋,乃眷维桑;旧都宫室,咸成茂草。坠露沾衣,行人洒泪。

若乃上古敦庞,不亲其子,功成高让,归诸有德。爰及三代,乃用干戈,将以拯厥版荡,恭膺天命。懿彼武王,殷之列辟,载斾乘时,兴兵誓野,投枌既陨,可以绝言。而轻吕旁挥,彤弧三发,岂若响清跸于常道之门,驰金车于山阳之馆!故知黔首来苏,居今爱古;白旗陈肆,古不如今。胡寇不仁,有同豺豕,役天子以行觞,驱乘舆以执盖,庾珉之泪既尽,辛宾加之以血。若乃有生之贵,处死为难,弘在三之义,忘七尺之重,主忧之恨,毕命同归,自古篡夺,于斯为甚。是以灾气呈形,贼臣苞乱,政荒民散,可以危亡。刘聪竟得寿终,非不幸也。

曜则天资虓勇,运偶时艰,用兵则王翦之伦,好杀亦董公之亚。而承基丑类,或有可称。子远纳忠,高旐暂偃;和苞献直,酆明罢观。而师之所处,荆棘生焉,自绝强藩,祸成劲敌。天之所厌,人事以之,骇战士而宵奔,酌戎杯而不醒,有若假手,同乎拾芥。岂石氏之兴欤,何不支之甚也!

赞曰:惟皇不范,迩甸居穸。丹朱罕嗣,冒顿争雄。胡旌飏月,朔马腾风。埃尘淮浦,虓呼河宫。未央朝寂,谂门旦空。郭钦之虑,辛有知戎。

# 石勒上

石勒，字世龙，初名㔨，上党武乡羯人也。其先匈奴别部羌渠之胄。祖耶奕于，父周曷朱，一名乞翼加，并为部落小率。勒生时赤光满室，白气自天属于中庭，见者咸异之。年十四，随邑人行贩洛阳，倚啸上东门，王衍见而异之，顾谓左右曰："向者胡雏，吾观其声视有奇志，恐将为天下之患。"驰遣收之，会勒已去。长而壮健有胆力，雄武好骑射。曷朱性凶粗，不为群胡所附，每使勒代己督摄，部胡爱信之。所居武乡北原山下，草木皆有铁骑之象，家园中生人参，花叶甚茂，悉成人状。父老及相者皆曰："此胡状貌奇异志，度非常，其终不可量也。"劝邑人厚遇之。时多嗤笑，唯邬人郭敬、阳曲宁驱以为信然，并加资赡。勒亦感其恩，为之力耕。每闻鞭铎之音，归以告其母，母曰："作劳耳鸣，非不祥也。"

太安中，并州饥乱，勒与诸小胡亡散，乃自雁门还依宁驱。北泽都尉刘监欲缚卖之，驱匿之，获免。勒于是潜诣纳降都尉李川，路逢郭敬，泣拜言饥寒。敬对之流涕，以带货鬻食之，并给以衣服。勒谓敬曰："今日大饿，不可守穷。诸胡饥甚，宜诱将冀州就谷，因执卖之，可以两济。"敬深然之。

会建威将军阎粹，说并州刺史、东嬴公腾执诸胡于山东卖充军实，腾使将军郭阳、张隆虏群胡将诣冀州，两胡一枷。勒时年二十余，亦在其中，数为隆所驱辱。敬先以勒属郭阳及兄子时，阳，敬族

兄也，是以阳、时每为解请，道路饥病，赖阳、时而济。既而卖与茌平
人师欢为奴。有一老父谓勒曰："君鱼龙发际上四道已成，当贵为人
主。甲戌之岁，王彭祖可图。"勒曰："若如公言，弗敢忘德。"忽然不
见。每耕作于野，常闻鼓角之声。勒以告诸奴，诸奴亦闻之，因曰：
"吾幼来在家恒闻如是。"诸奴归以告欢，欢亦奇其状貌而免之。

欢家邻于马牧，与牧率魏郡汲桑往来，勒以能相马自托于桑。
尝佣于武安临水，为游军所囚。会有群鹿傍过，军人竞逐之，勒乃获
免。俄而又见一父老，谓勒曰："向群鹿者我也，君应为中州主，故相
救尔。"勒拜而受命。遂招集王阳、夔安、支雄、冀保、吴豫、刘膺、桃
豹、逯明等八骑为群盗。后郭敖、刘征、刘宝、张噎仆、呼延莫、郭黑
略、张越、孔豚、赵鹿、支屈六等又赴之，号为十八骑。复东如赤龙、
骓骥诸苑中，乘苑马远掠缯宝，以赂汲桑。

及成都王颖败乘舆于荡阴，逼帝如邺宫，王浚以颖陵辱天子，
使鲜卑击之，颖惧，挟惠帝南奔洛阳。帝复为张方所逼，迁于长安。
关东所在兵起，皆以诛颖为名。河间王颙惧东师之盛，欲辑怀东夏，
乃奏议废颖。

是岁，刘元海称汉王于黎亭，颖故将阳平人公师藩等自称将
军，起兵赵魏，众至数万。勒与汲桑帅牧人乘苑马数百骑以赴之。桑
始命勒以石为姓，勒为名焉。藩拜勒为前队督，从攻平昌公模于邺。
模使将军冯嵩逆战，败之。藩济自白马而南，濮阳太守苟晞讨藩斩
之。勒与桑亡潜苑中，桑以勒为伏夜牙门，帅牧人劫掠郡县系囚，又
招山泽亡命，多附勒，勒率以应之。桑乃自号大将军，称为成都王颖
诛东海王越、东嬴公腾为名。桑以勒为前驱，屡有战功，署为扫虏将
军、忠明亭侯。桑进军攻邺，以勒为前锋都督，大败腾将冯嵩，因长
驱入邺，遂害腾，杀万余人，掠妇女珍宝而去。济自延津，南击兖州，
越大惧，使苟晞、王赞等讨之。

桑、勒攻幽州刺史石鲜于乐陵，鲜死之。乞活田禋帅众五万救
鲜，勒逆战，败禋，与晞等相持于平原、阳平间数月，大小三十余战，
互有胜负。越惧，次于官渡，为晞声援。桑、勒为晞所败，死者万余

人，乃收余众，将奔刘元海。冀州刺史丁绍要之于赤桥，又大败之。桑奔马牧，勒奔乐平。王师斩桑于平原。

时，胡部大张訇督、冯突莫等拥众数千，壁于上党，勒往从之，深为所昵，因说訇督曰："刘单于举兵诛晋，部大距而不从，岂能独立乎？"曰："不能。"勒曰："如其不能者，兵马当有所属。今部落皆已被单于赏募，往往聚议欲叛部大而归单于矣，宜早为之计。"訇督等素无智略，惧部众之贰己也，乃潜随勒单骑归元海。元海署訇督为亲汉王，莫突为都督部大，以勒为辅汉将军、平晋王以统之。勒于是命訇督为兄，赐姓石氏，名之曰会，言其遇己也。

乌丸张伏利度亦有众二千，壁于乐平，元海屡招而不能致。勒伪获罪于元海，因奔伏利度。伏利度大悦，结为兄弟，使勒率诸胡寇掠，所向无前，诸胡畏服。勒知众心之附己也，乃因会执伏利度，告诸胡曰："今起大事，我与伏利度孰堪为主？"诸胡咸以推勒。勒于是释伏利度，率其部众归元海。元海加勒督山东征讨诸军事，以伏利度众配之。

元海使刘聪攻壶关，命勒率所统七千为前锋都督。刘琨遣护军黄秀等救壶关，勒败秀于白田，秀死之，勒遂陷壶关。元海命勒与刘零、阎罴等七将，率众三万寇魏郡、顿丘诸垒壁，多陷之，假垒主将军、都尉，简强壮五万为军士，老弱安堵如故，军无私掠，百姓怀之。

及元海僭号，遣使授勒持节、平东大将军，校尉、都督、王如故。勒并军寇邺，邺溃，和郁奔于卫国。执魏郡太守王粹于三台。进攻赵郡，害冀州西部都尉冯冲。攻乞活赦亭、田禋于中丘，皆杀之。元海授勒安东大将军、开府，置左右长史、司马、从事中郎。进军攻巨鹿、常山，害二郡守将。陷冀州郡县堡壁百余，众至十余万，其衣冠人物集为"君子营"。乃引张宾为谋主，始署军功曹，以刁膺、张敬为股肱，夔安、孔苌为爪牙，支雄、呼延莫、王阳、桃豹、逯明、吴豫等为将率。使其将张斯，率骑诣并州山北诸郡县，说诸胡羯，晓以安危。诸胡惧勒威名，多有附者。进军常山，分遣诸将攻中山、博陵、高阳诸县，降之者数万人。

王浚使其将祁弘帅鲜卑没务尘等十余万骑讨勒，大败勒于飞龙山，死者万余。勒退屯黎阳，分命诸将攻诸未下及叛者，降三十余壁，置守宰以抚之。进寇信都，害冀州刺史王斌。于是车骑将军王堪、北中郎将裴宪自洛阳率众讨勒，勒烧营并粮，回军距之，次于黄牛垒。魏郡太守刘矩以郡附于勒，勒使矩统其垒众为中军左翼。勒至黎阳，裴宪弃其军奔于淮南，王堪退堡仓垣。

元海授勒镇东大将军，封汲郡公，持节、都督、王如故。勒固让公不受。与阎黑攻睗圈、苑市二垒，陷之，黑中流矢死，勒并统其众。潜自石桥济河，攻陷白马，坑男女三千余口。东袭鄄城，害兖州刺史袁孚。因攻仓垣，陷之，遂害堪。渡河攻广宗、清河、平原、阳平诸县，降勒者九万余口。复南济河，荥阳太守裴纯奔于建业。

时，刘聪攻河内，勒率骑会之，攻冠军将军梁巨于武德，怀帝遣兵救之。勒留诸将守武德，与王桑逆巨于长陵。巨请降，勒弗许，巨逾城而遁，军人执之。勒驰如武德，坑降卒万余，数梁巨罪而害之。王师退还，河北诸堡壁大震，皆请降，送任于勒。

及元海死，刘聪授勒征东大将军、并州刺史、汲郡公，持节、开府、都督、校尉、王如故。勒固辞将军，乃止。

刘粲率众四万寇洛阳，勒留辎重于重门，经骑二万会粲于大阳，大败王师于渑池，遂至洛川。粲出轘辕，勒出成皋关，围陈留太守王赞于仓垣，为赞所败，退屯文石津。将北攻王浚，会浚将王甲始率辽西鲜卑万余骑败赵固于津北，勒乃烧船弃营，引军向柏门，迎重门辎重，至于石门，济河，攻襄城太守崔旷于繁昌，害之。

先是，雍州流人王如、侯脱、严嶷等起兵江淮间，闻勒之来也，惧，遣众一万屯襄城以距，勒击败之，尽俘其众。勒至南阳，屯于苑北山。如惧勒之攻襄也，使送珍宝车马犒师，结为兄弟，勒纳之。如与侯脱不平，说勒攻脱。勒夜令三军鸡鸣而驾，晨压宛门，攻之，旬有二日而克。严嶷率众救脱，至则无及，遂降于勒。勒斩脱，囚嶷送于平阳，尽并其众，军势弥盛。

勒南寇襄阳，攻陷江西垒壁三十余所，留刁膺守襄阳，躬帅精骑三万还攻王如。惮如之盛,遂趣襄城。如知之,遣弟璃率骑二万五千,诈言犒军,实欲袭勒。勒迎击,灭之,复屯江西,盖欲有雄据江汉之志也。张宾以为不可,劝勒北还,弗从。以宾为参军都尉,领记室,位次司马,专居中总事。

元帝虑勒南寇,使王导率众讨勒。勒军粮不接,死疫太半,纳张宾之策,乃焚辎重,裹粮卷甲,渡沔,寇江夏,太守杨岠弃郡而走。北寇新蔡,害新蔡王确于南屯,朗陵公何袭、广陵公陈轸、上党太守羊综、广平太守邵肇等率众降于勒。勒进陷许昌,害平东将军王康。

先是,东海王越率洛阳之众二十余万讨勒,越薨于军,众推太尉王衍为主,率众东下,勒轻骑追及之。衍遣将军钱端与勒战,为勒所败,端死之,衍军大溃,勒分骑围而射之,相登如山,无一免者。于是执衍及襄阳王范、任城王跻、西河王喜、梁王禧、齐王韶、吏部尚书刘望、豫州刺史刘乔、太傅长史庾敳等,坐之于幕下,问以晋故。衍、跻等惧死,多自陈说,惟范神色俨然,意气自若,顾呵之曰:“今日之事,何复纷纭!”勒甚奇之。勒于是引诸王公卿士于外害之,死者甚众。勒重衍清辨,奇范神气,不能加之兵刃,夜使人排墙填杀之。

左卫何伦、右卫李恽闻越薨,奉越妃裴氏及越世子毗出自洛阳。勒逆毗于洧仓,军复大溃,执毗及诸王公卿士,皆害之,死者甚众。因率精骑三万,入自成皋关。会刘曜、王弥寇洛阳,洛阳既陷,勒归功弥、曜,遂出轘辕,屯于许昌。刘聪署勒征东大将军,勒固辞不受。

先是,平阳人李洪有众数千,垒于舞阳,苟晞假洪雍州刺史。勒进寇谷阳,害冠军将军王兹。破王赞于阳夏,获赞,以为从事中郎。袭破大将军苟晞于蒙城,执晞,署为左司马。刘聪授勒征东大将军、幽州牧,固辞将军不受。

先是,王弥纳刘暾之说,将先诛勒,东王青州,使暾征其将曹嶷于齐。勒游骑获暾,得弥所与嶷书,勒杀之,密有图弥之计矣。会弥将徐邈辄引部兵去弥,弥渐削弱。及勒之获苟晞也,弥恶之,伪卑辞使谓勒曰："公获苟晞而赦之,何其神也!使晞为公左,弥为公右,天下不足定。"勒谓张宾曰："王弥位重言卑,恐其遂成前狗意也。"宾曰："观王公有青州之心,桑梓本邦,固人情之所乐,明公独无并州之思乎?王公迟回未发者,惧明公蹑其后,已有规明公之志,但未获便尔。今不图之,恐曹嶷复至,共为羽翼,后虽欲悔,何所及邪!徐邈既去,军势稍弱,观其控御之怀犹盛,可诱而灭之。"勒以为然。

勒时与陈午相攻于蓬关,王弥亦与刘瑞相持甚急。弥请救于勒,勒未之许。张宾进曰："明公常恐不得王公之便,今天以其便授我矣。陈午小竖,何能为寇?王弥人杰,将为我害。"勒因回军击瑞,斩之。弥大悦,谓勒深心推奉,无复疑也。勒引师攻陈午于肥泽,午司马上党李头说勒曰："公天生神武,当平定四海,四海士庶皆仰属明公,望济于涂炭。有与公争天下者,公不早图之,而返攻我曹流人。我曹乡党,终当奉戴,何遽见逼乎!"勒心然之,诘朝引退。诡请王弥宴于已吾,弥长史张嵩谏弥勿就,恐有专诸、孙峻之祸,弥不从。既入,酒酣,勒手斩弥而并其众,启聪称弥叛逆之状。聪署勒镇东大将军、督并幽二州诸军事、领并州刺史,持节、征讨都督、校尉、开府、幽州牧、公如故。

苟晞、王赞谋叛勒,勒害之。以将军左伏肃为前锋都尉,攻掠豫州诸郡,临江而还,屯于葛陵,降诸夷楚,署将军二千石以下,税其义谷,以供军士。

初,勒被鬻平原,与母王相失。至是,刘琨遣张儒送王于勒,遗勒书曰："将军发迹河朔,席卷兖豫,饮马江淮,折冲汉沔,虽自古名将,未足为谕。所以攻城而不有其人,略地而不有其土,翕尔云合,忽复星散,将军岂知其然哉?存亡决在得主,成败要在所附;得主则为义兵,附逸则为贼众。义兵虽败,而功业必成;贼众虽克,而终归殄灭。昔赤眉、黄巾,横逆宇宙,所以一旦败亡者,正以出兵无名,聚而为乱。将军以天挺之质,威振宇内,择有德而推崇,随时望而归之,勋义堂堂,长享遐贵。背聪则祸除,向主则福至。采纳往海,翻然改图,天下不足定,蚁寇不足扫。今相授侍中、持节、车骑大将军、领护匈奴中郎将、襄城郡公,总内外之任,兼华戎之号,显封大郡,以表殊能,将军其受之,副远近之望也。自古以来诚无戎人而为帝王者,至于名臣建功业者,则有之矣。今之迟想,盖以天下大乱,当须雄才。遥闻将军攻城野战,合于机神,虽不视兵书,暗与孙吴同契,所谓‘生而知之者上,学而知之者次’。但得精骑五千,以将军之才,何向不摧!至心实事,皆张儒所具。”勒报琨曰:“事功殊途,非腐儒所闻。君当逞节本朝,吾自夷,难为效。”遗琨名马珍宝,厚宾其使,谢归以绝之。

勒于葛陂缮室宇,课农造舟,将寇建邺。会霖雨历三月不止,元帝使诸将率江南之众大集寿春,勒军中饥疫死者太半。檄书朝夕继至,勒会诸将计之。右长史刁膺谏勒先送款于帝,求扫平河朔,待军退之后徐更计之。勒愀然长啸。中坚夔安劝勒就高避水,勒曰:“将军何其怯乎!”孔苌、支雄等三十余将进曰:“及吴军未集,苌等请各将三百步卒,乘船三十余道,夜登其城,斩吴将头,得其城,食其仓米。今年要当破丹杨,定江南,尽生缚取司马家儿辈。”勒笑曰:“是勇将之计也。”各赐铠马一匹。顾问张宾曰:“于君计何如?”宾曰:“将军攻陷帝都,囚执天子,杀害王侯,妻略妃主,擢将军之发不足以数将军之罪,奈何复还相臣奉乎!去年诛王弥之后,不宜于此营建。天降霖雨方数百里中,示将军不应留也。邺有三台之固,西接平阳,四塞山河,有喉衿之势,宜北徙据之。伐叛怀服,河朔既定,莫有处将军之右者。晋之保寿春。惧将军之往击尔,今卒闻回军,必欣于敌去,未遑奇兵掎击也。辎重迳从北道,大军向寿春,辎重既过,大军徐回,何惧进退无地乎!”勒攘袂鼓髯曰:“宾之计是也。”责刁膺曰:“君共相辅佐,当规成功业,如何便相劝降!此计应斩。然相明性怯,所以宥君。”于是退膺为将军,擢宾为右长史,加中垒将军,号曰“右侯”。

发自葛陂,遣石季龙率骑二千距寿春。会江南运船至,获布米数十艘,将士争之,不设备。晋伏兵大发,败季龙于巨灵口,赴水死者五百余人,奔退百里,及于勒军。军中震扰,谓王师大至,勒阵以待之。晋惧有伏兵,退还寿春。勒所过路次,皆坚壁清野,采掠无所获,军中大饥,士众相食。行达东燕,闻汲郡向冰有众数千,壁于枋头,勒将于枣津北渡,惧冰邀之,会诸将问计。张宾进曰:"如闻冰船尽在渎中,未上枋内,可简壮勇者千人,诡道潜渡,袭取其船,以济大军。大军既济,冰必可擒也。"勒从之,使支雄、孔苌等从文石津缚筏潜渡,勒引其众自酸枣向棘津。冰闻勒军至,始欲内其船。会雄等已渡,屯其垒门,下船三十余艘以济其军,令主簿鲜于丰挑战,设三伏以待之。冰怒,乃出军,将战,而三伏齐发,夹击攻之,又因其资,军遂丰振。长驱寇邺,攻北中郎将刘演于三台。演部将临深、牟穆等率众数万降于勒。

时,诸将佐议欲攻取三台以据之,张宾进曰:"刘演众犹数千,三台险固,攻守未可卒下,舍之则能自溃。王彭祖、刘越石,大敌也,宜及其未有备,密规进据邗城,广运粮储,西禀平阳,扫定并、蓟,桓文之业可以济也。且今天下鼎沸,战争方始,游行羁旅,人无定志,难以保万全、制天下也。夫得地者昌,失地者亡。邯郸、襄国,赵之旧都,依山凭险,形胜之国,可择此二邑而都之,然后命将四出,授以奇略,推亡固存,兼弱攻昧,则群凶可除,王业可图矣。"勒曰:"右侯之计是也。"于是进据襄国。宾又言于勒曰:"今我都此,越石、彭祖深所忌也,恐及吾城池未固,资储未广,送死于我。闻广平诸县秋稼大成,可分遣诸将收掠野谷。遣使平阳,陈宜镇此之意。"勒又然之。于是上表于刘聪,分命诸将攻冀州郡县垒壁,率多降,附运粮以输勒。刘聪署勒使持节、散骑常侍、都督冀幽并营四州杂夷、征讨诸军事、冀州牧,进封本国上党郡公,邑五万户,开府、幽州牧、东夷校尉如故。

广平游纶、张豺拥众数万,受王浚假署,保据苑乡。勒使夔安、支雄等七将攻之,破其外垒。浚遣督护王昌及鲜卑段就六眷、末柸、匹䃅等部众五万余以讨勒。

时城隍未修,乃于襄国筑隔城重栅,设鄣以待之。就六眷屯于渚阳,勒分遣诸将连出挑战,频为六眷所败,又闻其大造攻具,勒顾

谓其将佐曰:"今寇来转逼,彼众我寡,恐攻围不解,外救不至,内粮
罄绝,纵孙吴重生,亦不能固也。吾将简练将士,大阵于野以决之,
何如?"诸将皆曰:"宜固守以疲寇,彼师老自退,追而击之,蔑不克
矣。"勒顾谓张宾、孔苌曰:"君以为何如?"宾、苌俱曰:"闻就六眷克
来月上旬送死北城,其大众远来,战守连日,以我军势寡弱,谓不敢
出战,意必懈怠。今段氏种众之悍,末柸尤最,其卒之精勇,悉在末
柸所,可勿复出战,示之以弱。速凿北垒为突门二十余道,候贼列守
未定,出其不意,直冲末柸帐,敌必震惶,计不及设,所谓迅雷不及
掩耳。末柸之众既奔,余自摧散。擒末柸之后,彭祖可指辰而定。"
勒笑而纳之,即以苌为攻战都督,造突门于北城。鲜卑入屯北垒,勒
候其阵未定,躬率将士鼓噪于城上。会孔苌督诸突门伏兵俱出击
之,生擒末柸,就六眷等众遂奔散。苌乘胜追击,枕尸三十余里,获
铠马五千匹。就六眷收其遗众,屯于渚阳,遣使求和,送铠马金银,
并以末柸三弟为质而请末柸。诸将并劝勒杀末柸以挫之,勒曰:"辽
西鲜卑,健国也,与我素无怨仇,为王浚所使耳。今杀一人,结怨一
国,非计也。放之必悦,不复为王浚用矣。"于是纳质,遣石季龙盟就
六眷于渚阳,结为兄弟,就六眷等引还。使参军阎综献捷于刘聪。于
是游纶、张豺请降称藩,勒将袭幽州,务养将士,权宜许之,皆就署
将军。于是遣众寇信都,害冀州刺史王象。王浚复以邵举行冀州刺
史,保于信都。

　　建兴元年,石季龙攻邺三台,邺溃,刘演奔于廪丘,将军谢胥、
田青、郎牧等,率三台流人降于勒,勒以桃豹为魏郡太守以抚之。命
段末柸为子,署为使持节、安北将军、北平公,遣还辽西。末柸感勒
厚恩,在途日南面而拜者三,段氏遂专心归附,自是,王浚威势渐
衰。

　　勒袭苑乡,执游纶以为主簿。攻乞活李□于上白,斩之,将坑其
降卒,见郭敬而识之,曰:"汝郭季子乎?"敬叩头曰:"是也。"勒下马
执其手,泣曰:"今日相遇,岂非天邪!"赐衣服车马,署敬上将军,悉
免降者以配之。其将孔苌寇定陵,害兖州刺史田徽。乌丸薄盛执渤

海太守刘既,率户五千降于勒。刘聪授勒侍中、征东大将军,余如故,拜其母王氏为上党国太夫人,妻刘氏上党国夫人,章绶首饰一同王妃。

段末杯任弟亡归辽西,勒大怒,所经令尉皆杀之。

乌丸审广、渐裘、郝袭背王浚,密遣使降于勒,勒厚加抚纳。司冀渐宁,人始租赋。立太学,简明经,善书史署为文学掾,选将佐子弟三百人教之。勒母王氏死,潜窆山谷,莫详其所。既而备九牢之礼,虚葬于襄国城南。

勒谓张宾曰:"邺,魏之旧都,吾将营建。慨风俗殷杂,须贤望以绥之,谁可任也?"宾曰:"晋故东莱太守南阳赵彭,忠亮笃敏,有佐时良干,将军若任之,必能允副神规。"勒于是征彭,署为魏郡太守。彭至,入泣而辞曰:"臣往策名晋室,食其禄矣。犬马恋主,切不敢忘。诚知晋之宗庙鞠为茂草,亦犹洪川东逝,往而不还。明公应符受命,可谓攀龙之会。但受人之荣,复事二姓,臣志所不为,恐亦明公之所不许。若赐臣余年、全臣一介之愿者,明公大造之惠也。"勒默然。张宾进曰:"自将军神旗所经,衣冠之士麋不变节,未有能以大义进退者。至如此贤,以将军为高祖,自拟为四公,所谓君臣相知,此亦足成将军不世之高,何必吏之。"勒大悦,曰:"右侯之言得孤心矣。"于是赐安车驷马,养以卿禄,辟其子明为参军。勒以石季龙为魏郡太守,镇邺三台,季龙篡夺之萌兆于此矣。

时,王浚署置百官,奢纵淫虐,勒有吞并之意,欲先遣使以观察之。议者佥曰:"宜如羊祜与陆抗书相闻。"时张宾有疾,勒就而谋之。宾曰:"王浚假三部之力,称制南面,虽曰晋藩,实怀僭逆之志,必思协英雄,图济事业。将军威声震于海内,去就为存亡,所在为轻重,浚之欲将军,犹楚之招韩信也。今权谲遣使,无诚款之形,脱生猜疑,图之兆露,后虽奇略,无所设也。夫立大者必先为之卑,当称藩推奉,尚恐未信,羊、陆之事,臣未见其可。"勒曰:"右侯之计是也。"乃遣其舍人王子春、董肇等多赍珍宝,奉表推崇浚为天子,曰:"勒本小胡,出于戎裔,值晋纲驰御,海内饥乱,流离屯厄,窜命冀州,共相帅合,以救性命。今晋祚沦夷,远播吴会,中原无主,苍生无系。伏惟明公殿下,州乡贵望,四海所宗,为帝王者,非公复谁?勒所以捐躯命、兴义兵诛暴乱者,正为明公驱除尔。伏愿殿下应天顺时,践登皇阼。勒奉戴明公,如天地父母,明公当察勒微心,慈眄如子也。"亦遗枣嵩书而厚赂之。浚谓子春等曰:"石公一时英武,据赵旧都,成鼎峙之势,何为称藩于孤,其可信乎?"子春对曰:"石将军英才俊拔,士马雄盛,实如圣旨。仰惟明公州乡贵望,累叶重光,出镇藩岳,威声播于八表,固以胡越钦风,戎夷歌德,岂唯区区小府而敢不敛衽神阙者乎!昔陈婴岂其鄙王而不王,韩信薄帝而不帝者哉?但以知帝王不可以智力争故也。石将军之拟明公,犹阴精之比太阳,江河之比洪海尔。项籍、子阳覆车不远,是石将军之明鉴,明公亦何怪乎!且自古诚胡人而为名臣者,实有之,帝王则未之有也。石将军非所以恶帝王而让明公也,顾取之不为天人之所许耳。愿公勿疑。"浚大悦,封子春等为列侯,遣使报勒,答以方物。浚司马游统时镇范阳,阴叛浚,驰使降于勒。勒斩其使,送于浚,以表诚实。浚虽不罪统,弥信勒之忠诚,无复疑矣。

子春等与王浚使至,勒命匿劲卒精甲,虚府赢师以示之,北面拜使而受浚书。浚遗勒尘尾,勒伪不敢执,悬之于壁,朝夕拜之,云:"我不得见王公,见王公所赐如见公也。"复遣董肇奉表于浚,期亲诣幽州奉上尊号,亦修笺于枣嵩,乞并州牧、广平公,以见必信之诚也。

勒将图浚,引子春问之。子春曰:"幽州自去岁大水,人不粒食,浚积粟百万,不能赡恤,刑政苛酷,赋役殷烦,贼害贤良,诛斥谏士,下不堪命,流叛略尽。鲜卑、乌丸离贰于外,枣嵩、田矫贪暴于内,人情沮扰,甲士赢弊。而浚犹置立台阁,布列百官,自言汉高、魏武不足并也。又幽州谣怪特甚,闻者莫不为之寒心,浚意气自若,曾无惧容,此亡期之至也。"勒抚几笑曰:"王彭祖真可擒也。"浚使达幽州,具陈勒形势寡弱,款诚无二。浚大悦,以勒为信然。

勒纂兵戒期,将袭浚,而惧刘琨及鲜卑、乌丸为其后患,沉吟未几。张宾进曰:"夫袭敌国,当出其不意。军严经日不行,岂顾有三方之虑乎?"勒曰:"然,为之奈何?"宾曰:"彭祖之据幽州,唯仗三部,今皆离叛,还为寇仇,此则外无声援以抗我也。幽州饥俭,人皆蔬食,众叛亲离,甲旅寡弱,此则内无强兵以御我也。若大军在郊,必土崩瓦解。今三方未靖,将军便能悬军千里,以征幽州也。轻军往返,不出二旬。就使三方有动,势足旋趾。宜应机电发,勿后时也。且刘琨、王浚,虽同名晋藩,其实仇敌。若修笺于琨,送质请和,琨必欣于得我,喜于浚灭,终不救浚而袭我也。"勒曰:"吾所不了,右侯已了,复何疑哉!"

于是,轻骑袭幽州,以火宵行。至柏人,杀主簿游纶,以其兄统在范阳,惧声军计故也。遣张虑奉笺于刘琨,陈己过深重,求讨浚以自效。琨既素疾浚,乃檄诸州郡,说勒知命思衍,收累年之咎,求拔幽都,效善将来,今听所请,受任通和。军达易水,浚督护孙纬驰遣白浚,将引军距勒,游统禁之。浚将佐咸请出击勒,浚怒曰:"石公来,正欲奉戴我也,敢言击者斩!"乃命设飨以待之。勒晨至蓟,叱门者开门。疑有伏兵,先驱牛羊数千头,声言上礼,实欲填诸街巷,使兵不得发。浚乃惧,或坐或起,勒升其听事,命甲士执浚,立之于前,使徐光让浚曰:"君位冠元台,爵列上公,据幽都骁悍之国,跨全燕突骑之乡,手握强兵,坐观京师倾覆,不救天子,而欲自尊。又专任奸暴,杀害忠良,肆情恣欲,毒遍燕壤。自贻于此,非于天也。"使其将王洛生驿送浚襄国市斩之。

于是分遣流人各还桑梓,擢荀绰、裴宪,资给车服。数朱硕、枣嵩、田矫等以贿乱政,责游统以不忠于浚,皆斩之。迁乌丸审广、渐裳、郝袭、靳市等于襄国。焚烧浚宫殿。以晋尚书刘翰为宁朔将军、行幽州刺史,戍蓟,置守宰而还。遣其东曹掾傅遘兼左长史,封王浚首,献捷于刘聪。勒既还襄国,刘翰叛勒,奔段匹磾。襄国大饥,谷二升直银二斤,肉一斤直银一两。刘聪以平幽州之勋,乃遣其使人柳纯持节,署勒大都督陕东诸军事、骠骑大将军、东单于,侍中、使持节、开府、校尉、二州牧、公如故,加金钲黄钺,前后鼓吹二部,增封十二郡。勒固辞，受二郡而已。勒封左长史张敬等十一人为伯、子、侯，文武进位有差。

勒将支雄攻刘演于廪丘，为演所败。演遣其将韩弘、潘良袭屯丘，斩勒所署太守邵攀。支雄追击弘等，害潘良于廪丘。刘琨遣乐平太守焦球攻勒常山，斩其太守邢泰。琨司马温峤西讨山胡，勒将逯明要之，败峤于潞城。

勒以幽冀渐平，始下州郡阅实人户，户资二匹，租二斛。

勒将陈午以浚仪叛于勒。逯明攻宁黑于茌平，降之，因破东燕、酸枣而还，徙降人二万余户于襄国。勒使其将葛薄寇濮阳，陷之，害太守韩弘。

刘聪遣其使人范龛持节策命勒，赐以弓矢，加崇为陕东伯，得专征伐，拜封刺史、将军、守宰、列侯，岁尽集上。署其长子兴为上党国世子，加翼军将军，为骠骑副贰。

刘琨遣王旦攻中山，逐勒所署太守秦固。勒将刘勔距旦，败之，执旦于望都关。勒袭邵续于乐陵。续尽众逆战，大败而还。

章武人王脊起兵于科斗垒，扰乱勒河间、渤海诸郡。勒以扬武张夷为河间太守，参军临深为渤海太守，各率步骑三千以镇静之，使长乐太守程退屯于昌亭，为之声势。

徙平原乌丸展广、刘哆等部落三万余户于襄国。

使石季龙袭乞活王平于梁城，败绩而归。又攻刘演于廪丘。支雄、逯明击宁黑于东武阳，陷之，黑赴河而死，徙其众万余于襄国。邵续使文鸯救演，季龙退止卢关津避之，文鸯弗能进，屯于景亭。兖豫豪右张平等起兵救演。季龙夜弃营设伏于外，扬声将归河北。平等以为信然，入于空营。季龙回击，败之，遂陷廪丘，演奔文鸯军，获演弟启，送于襄国。演即刘琨之兄子也。勒以琨抚存其母，德之，赐启田宅，令儒官授其经。

时，大蝗，中山、常山尤甚。中山丁零翟鼠叛勒，攻中山、常山，勒率骑讨之，获其母妻而还。鼠保于陉关，遂奔代郡。

勒攻乐平太守韩据于坫城，刘琨遣将军姬澹，率众十余万讨勒,琨次广牧,为澹声援。勒将距之,或谏曰:"澹兵马精盛,其锋不可当,宜深沟高垒以挫其锐,攻守势异,必获万全。"勒曰:"澹大众远来,体疲力竭,犬羊乌合,号令不齐,可一战而擒之,何强之有!寇已垂至,胡可舍去,大军一动,岂易中还!若澹乘我之退,顾乃无暇,焉得深沟高垒乎!此为不战而自灭亡之道。"立斩谏者。以孔苌为前锋都督,令三军后出者斩。设疑兵于山上,分为二伏。勒轻骑与澹战,伪收众而北。澹纵兵追之,勒前后伏发,夹击,澹军大败,获铠马万匹,澹奔代郡,据奔刘琨。琨长史李弘以并州降于勒,琨遂奔于段匹磾。勒迁阳曲、乐平户于襄国,置守宰而退。孔苌追姬澹于桑乾。勒遣兼左长史张敷献捷于刘聪。

勒之征乐平也,其南和令赵领,招合广川、平原、渤海数千户叛勒,奔于邵续。河间邢鰕累征不至,亦聚众数百以叛。勒巡下冀州诸县,以右司马程遐为宁朔将军、监冀州七郡诸军事。

勒姊夫广威张越与诸将蒲博,勒亲临观之。越戏言忤勒,勒大怒,叱力士折其胫而杀之。

孔苌攻代郡,澹死之。时司、冀、并、兖州流人数万户在于辽西,迭相招引,人不安业。孔苌等攻马严、冯腊,久而不克。勒问计于张宾,宾对曰:"冯腊等本非明公之深仇,辽西流人悉有恋本之思。今宜班师息甲,差选良守,任之以龚遂之事,不拘常制,奉宣仁泽,奋扬威武,幽冀之寇可翘足而静,辽西流人可指时而至。"勒曰:"右侯之计是也。"召苌等归,署武遂令李回为易北都护、振武将军、高阳太守。马严士众多李潜军人,回先为潜府长史,素服回威德,多叛严归之。严以部众离贰,惧,奔于幽州,溺水而死。冯腊率众降于勒。回移居易凉,流人降者岁常数千,勒甚嘉之,封回弋阳子,邑三百户。加宾封一千户,进宾位前将军,固辞不受。

河朔大蝗,初穿地而生,二旬则化状若蚕,七八日而卧,四日蜕而飞,弥亘百草。唯不食三豆及麻。并、冀尤甚。

石季龙济自长寿津,寇梁国,害内史荀阖。刘琨与段匹磾、涉复辰、疾六眷、段末杯等会于固安,将谋讨勒,勒使参军王续赍金宝遗末柸以间之。末柸既思有以报勒恩，又忻于厚赂，乃说辰眷等引还，琨、匹䃅亦退如蓟城。

邵续使兄子济攻勒渤海，虏三千余人而还。刘聪将赵固以洛阳归顺，恐勒袭之，遣参军高少奉书推崇勒，请师讨聪。勒以大义让之，固深恨恚，与郭默攻掠河内、汲郡。

段末柸杀鲜卑单于截附真，立忽跋邻为单于。段匹䃅自幽州攻末柸，末柸逆击，败之，匹䃅奔还幽州，因害太尉刘琨，琨将佐相继降勒。末柸遣弟骑督击匹䃅于幽州，匹䃅率其部众数千，将奔邵续，勒将石越要之于盐山，大败之，匹䃅退保幽州。越中流矢死，勒为之屏乐三月，赠平南将军。

初，曹嶷据有青州，既叛刘聪，南禀王命，以建邺悬远，势援不接，惧勒袭之，故遣通和。勒授嶷东州大将军、青州牧，封琅邪公。

刘聪疾甚，驿召勒为大将军、录尚书事，受遗诏辅政，勒固辞乃止。聪又遣其使人持节署勒大将军、持节钺，都督、侍中、校尉、二州牧、公如故，增封十郡，勒不受。

聪死，其子粲袭伪位，其大将军靳准杀粲于平阳，勒命张敬率骑五千为前锋以讨准，勒统精锐五万继之，据襄陵北原，羌羯降者四万余落。准数挑战，勒坚壁以挫之。刘曜自长安屯于蒲坂，曜复僭号，署勒大司马、大将军，加九锡，增封十郡，并前十三郡，进爵赵公。勒攻准于平阳小城，平阳大尹周置等率杂户六千降于勒。巴帅及诸羌羯降者十余万落，徙之司州诸县。准使卜泰送乘舆服御请和，勒与刘曜竞有招怀之计，乃送泰于曜，使知城内无归曜之意，以挫其军势。曜潜与泰结盟，使还平阳宣慰诸屠各。勒疑泰与曜有谋，欲斩泰以速降之，诸将皆曰："今斩卜泰，准必不复降，就令泰宣汉要盟于城中，使相率诛靳准，准必惧而速降矣。"勒久乃从诸将议遣之。泰入平阳，与准将乔泰、马忠等起兵攻准，杀之，推靳明为盟主，遣泰及卜玄，奉传国六玺送于刘曜。勒大怒，遣令史羊升使平阳，责明杀准之状。明怒，斩升。勒怒甚，进军攻明，明出战，勒击败之，枕尸二里。明筑城门坚守，不复出战。勒遣其左长史王修献捷于刘曜。

晋彭城内史周坚害沛内史周默，以彭沛降于勒。石季龙率幽、冀州兵会勒攻平阳。刘曜遣征东刘畅救明。勒命舍师于蒲上。靳明率平阳之众奔于刘曜，曜西奔粟邑。勒焚平阳宫室，使裴宪、石会修复元海、聪二墓，收刘粲已下百余尸葬之，徙浑仪、乐器于襄国。

刘曜又遣其使人郭汜等，持节署勒太宰，领大将军，进爵赵王，增封七郡，并前二十郡，出入警跸，冕十有二旒，乘金根车，驾六马，如曹公辅汉故事，夫人为王后，世子为王太子。

勒舍人曹平乐因使留仕于曜，言于曜曰："大司马遣王修等来，外表至虔，内觇大驾强弱，谋待修之返，将轻袭乘舆。"时，曜势实残弊，惧修宣之。曜大怒，追汜等还，斩修于粟邑，停太宰之授。刘茂逃归，言王修死故，勒大怒，诛平乐三族，赠修太常。又知停殊礼之授，怒甚，下令曰："孤兄弟之奉刘家，人臣之道过矣，若微孤兄弟，岂能南面称朕哉！根基既立，便欲相图。天不助恶，使假手靳准。孤惟事君之体资舜求瞽叟之义，故复推崇令主，赍好如初，何图长恶不悛，杀奉诚之使。帝王之起，复何常邪！赵王、赵帝，孤自取之，名号大小，岂其所节邪！"于是置太医、尚方、御府诸令，命参军晁赞成正阳门。俄而门崩，勒大怒，斩赞。既怒刑仓卒，寻亦悔之，赐以棺服，赠大鸿胪。

平西将军祖逖攻陈川于蓬关，石季龙救川，逖退屯梁国，季龙使扬武左伏肃攻之。

勒增置宣文、宣教、崇儒、崇训十余小学于襄国四门，简将佐豪右子弟百余人以教之，且备击柝之卫。置挈壶署，铸丰货钱。

河西鲜卑日六延叛于勒，石季龙讨之，败延于朔方，斩首二万级，俘三万余人，获牛马十余万。孔苌讨平幽州诸郡。时，段匹磾部众饥散，弃其妻子，匹磾奔邵续。曹嶷遣使来聘，献其方物，请以河为断。桃豹至蓬关，祖逖退如淮南。徙陈川部众五千余户于广宗。

石季龙与张敬、张宾及诸将佐百余人，劝勒称尊号，勒下书曰："孤猥以寡德，忝荷崇宠，夙夜战惶，如临深薄，岂可假尊窃号，取讥四方！昔周文以三分之重，犹服事殷朝；小白居一匡之盛，而尊崇周室。况国家道隆殷周,孤德卑二伯哉！其亟止斯议,勿复纷纭。自今敢言,刑兹无赦！”乃止。

勒又下书曰:“今大乱之后,律令滋烦,其采集律令之要,为施行条制。”于是命法曹令史贯志造《辛亥制度》五千文,施行十余岁,乃用律令。

晋太山太守徐龛叛降于勒。

石季龙及张敬、张宾、左右司马张屈六、程遐文武等一百二十九人上疏曰:“臣等闻有非常之度,必有非常之功;有非常之功,必有非常之事。是以三代陵迟,五伯迭兴,静难济时,绩俦睿后。伏惟殿下天纵圣哲,诞应符运,鞭挞宇宙,弼成皇业,普天率土,莫不来苏,嘉瑞征祥,日月相继,物望去刘氏、威怀于明公者十分而九矣。今山川夷静,星辰不孛,夏海重译,天人系仰,诚应升御中坛,即皇帝位,使攀附之徒蒙寸尺之润。请依刘备在蜀、魏王在邺故事,以河内、魏、汲、屯丘、平原、清河、巨鹿、常山、中山、长乐、乐平十一郡,并前赵国、广平、阳平、章武、渤海、河间、上党、定襄、范阳、渔阳、武邑、燕国、乐陵十三郡,合二十四郡、户二十九万为赵国。封内依旧改为内史,准《禹贡》、魏武复冀州之境,南至盟津,西达龙门,东至于河,北至于塞垣。以大单于镇抚百蛮。罢并、朔、司三州,通置部司以监之。伏愿钦若昊天,垂副群望也。”勒西面而让者五,南面而让者四,百僚皆叩头固请,勒乃许之。

晋书卷一○五
载记第五

# 石勒下　子弘　张宾

太兴二年，勒伪称赵王，赦殊死已下，均百姓田租之半，赐孝悌力田死义之孤，帛各有差，孤老鳏寡谷人三石，大酺七日。依春秋列国、汉初侯王每世称元，改称赵王元年。始建社稷，立宗庙，营东西宫。署从事中郎裴宪、参军傅畅、杜嘏并领经学祭酒，参军续咸、庾景为律学祭酒、任播、崔浚为史学祭酒。中垒支雄、游击王阳并领门臣祭酒，专明胡人辞讼，以张离、张良、刘群、刘谟等为门生主书，司典胡人出内，重其禁法，不得侮易衣冠华族。号胡为国人。遣使循行州郡，劝课农桑。加张宾大执法，专总朝政，位冠僚首。署石季龙为单于元辅、都督禁卫诸军事，署前将军李寒领司兵勋，教国子击刺战射之法。命记室佐明楷、程机撰《上党国记》，中大夫傅彪、贾蒲、江轨撰《大将军起居注》，参军石泰、石同、石谦、孔隆撰《大单于志》。自是朝会常以天子礼乐飨其群下，威仪冠冕从容可观矣。

群臣议请论功，勒曰：“自孤起军，十六年于兹矣。文武将士从孤征伐者，莫不蒙犯矢石，备尝艰阻，其在葛陂之役，厥功尤著，宜为赏之先也。若身见存，爵封轻重随功位为差，死事之孤，赏加一等，庶足以慰答存亡，申孤之心也。”又下书，禁国人不听报嫂及在丧婚娶，其烧葬令如本俗。

孔苌攻邵续别营十一，皆下之。续寻为石季龙所获，送于襄国。刘曜将尹安、宋始据洛阳，降于勒。

晋徐州刺史蔡豹败徐龛于檀丘,龛遣使诣勒,陈讨豹之计。勒遣将王步都为龛前锋,使张敬率骑继之。敬达东平,龛疑敬之袭己也,斩步都等三百余人,复降于晋。勒大怒,命张敬据其襟要以守之。

大雨霖,中山、常山尤甚,滹沱泛溢,冲陷山谷,巨松僵拔,浮于滹沱,东至渤海,原隰之间皆如山积。

孔苌攻陷文鸯十余营,鸯不设备,苌夜击之,大败而归。

勒始制轩悬之乐,八佾之舞,为金根大辂,黄屋左纛,天子车旗,礼乐备矣。

使石季龙率步骑四万讨徐龛,龛遣长史刘霄诣勒乞降,送妻子为质,纳之。时蔡豹屯于谯城,季龙攻豹,豹夜遁,季龙引军城封丘而旋。

徙朝臣掾属已上士族者三百户于襄国崇仁里,置公族大夫以领之。勒宫殿及诸门始就,制法令甚严,讳胡尤峻。有醉胡乘马突入止车门,勒大怒,谓宫门小执法冯翥曰:"夫人君为令,尚望威行天下,况宫阙之间乎!向驰马入门为是何人,而不弹白邪?"翥惶惧忘讳,对曰:"向有醉胡乘马驰入,甚呵御之,而不可与语。"勒笑曰:"胡人正自难与言。"恕而不罪。

使石季龙击托候部掘咄哪于岍北,大破之,俘获牛马二十余万。

勒清定五品,以张宾领选。复续定九品。署张班为左执法郎,孟卓为右执法郎,典定士族,副选举之任。令群僚及州郡岁各举秀才、至孝、廉清、贤良、直言、武勇之士各一人。置署都部从事各一部一州,秩二千石,职准丞相司直。

勒下令曰:"去年水出巨材,所在山积,将皇天欲孤缮修宫宇也!其拟洛阳之太极起建德殿。"遣从事中郎任汪帅使工匠五千采木以供之。

黎阳人陈武妻一产三男一女,武携其妻子诣襄国上书自陈。勒下书以为二仪谐畅,和气所致,赐其乳婢一口,谷一百石,杂彩四十匹。

石季龙攻段匹磾于厌次。孔苌讨匹磾部内诸城,陷之。匹磾势穷,乃率其臣下舆榇出降。季龙送之襄国,勒署匹磾为冠军将军,以其弟文鸯、亚将卫麟为左右中郎将,皆金章紫绶。散诸流人三万余户,复其本业,置守宰以抚之,于是冀、并、幽州、辽西巴西诸屯结皆陷于勒。

时,晋征北将军祖逖据谯,将平中原。逖善于抚纳,自河以南多背勒归顺。勒惮之,不敢为寇,乃下书曰:"祖逖屡为边患。逖,北州士望也,倪有首丘之思。其下幽州,修祖氏坟墓,为置守冢二家。冀逖如赵他感恩,辍其寇暴。"逖闻之甚悦,遣参军王愉使于勒,赠以方物,修结和好。勒厚宾其使,遣左常侍董树报聘,以马百匹、金五十斤答之。自是兖豫乂安,人得休息矣。

从事中郎刘奥,坐营建德殿井木斜缩,斩于殿中。勒悔之,赠太常。

建德校尉王和掘得员石,铭曰:"律权石,重四钧,同律度量衡,有新氏造。"议者未详,或以为瑞。参军续咸曰:"王莽时物也。"其时,兵乱之后,典度埋灭,遂命下礼官为准程定式。

又得一鼎,容四升,中有大钱三十文,曰:"百当千,千当万。"鼎铭十三字,篆书不可晓,藏之于永丰仓。因此令公私行钱,而人情不乐,乃出公绢市钱,限中绢匹一千二百,下绢八百。然百姓私买中绢四千,下绢二千,巧利者贱买私钱,贵卖于官,坐死者十数人,而钱终不行。

勒徙洛阳铜马、翁仲二于襄国,列之永丰门。

祖逖牙门童建害新蔡内史周密,遣使降于勒。勒斩之,送首于祖逖,曰:"天下之恶,一也。叛臣逃吏,吾之深仇,将军之恶,犹吾恶也。"逖遣使报谢。自是兖豫间垒壁叛者,逖皆不纳,二州之人,率多两属矣。

勒令武乡耆旧赴襄国。既至,勒亲与乡老齿坐欢饮,语及平生。初,勒与李阳邻居,岁常争麻池,迭相殴击。至是,谓父老曰:"李阳,

壮士也,何以不来? 沤麻是布衣之恨,孤方崇信于天下,宁仇匹夫
乎!"乃使召阳。既至,勒与酣谑,引阳臂笑曰:"孤往日厌卿老拳,卿
亦饱孤毒手。"因赐甲第一区,拜参军都尉。令曰:"武乡,吾之丰沛,
万岁之后,魂灵当归之,其复之三世。"勒以百姓始复业,资储未丰,
于是,重制禁酿,郊祀宗庙皆以醴酒,行之数年,无复酿者。

寻署石季龙为车骑将军,率骑三万讨鲜卑郁粥于离石,俘获及
牛马十余万,郁粥奔乌丸,悉降其众城。

先是,勒世子兴死,至是,立子弘为世子,领中领军。

遣季龙统中外精卒四万讨徐龛,龛坚守不战,于是筑室返耕,
列长围以守之。晋镇北将军刘隗降于勒,拜镇南将军,封列侯。石
季龙攻陷徐龛,送之襄国,勒囊盛于百尺楼,自上撵杀之,令步都等
妻子剐而食之,坑龛降卒三千。晋兖州刺史刘遐惧,自邹山退屯于
下邳。琅邪内史孙默以琅邪叛降于勒。徐兖间垒壁多送任请降,皆
就拜守宰。

清河张披为程遐长史,遐甚委昵之,张宾举为别驾,引参政事。
遐疾披去己,又恶宾之权盛。勒世子弘,即遐之甥也,自以有援,欲
收威重于朝,乃使弘之母谮之曰:"张披与张宾为游侠,门客日百余
乘,物望皆归之,非社稷之利也,宜除披以便国家。"勒然之。至是,
披取急召不时至,因此遂杀之。宾知遐之间己,遂弗敢请。无几,以
遐为右长史,总执朝政,自是朝臣莫不震惧,赴于程氏矣。

时,祖逖卒,勒始侵寇边戍。勒征虏房他败王师郿西,执将军卫
荣而归。征北将军祖约惧,退如寿春。勒境内大疫,死者十二三,乃
罢徽文殿作。遣其将王阳屯于豫州,有窥窬之志,于是兵难日寻,
梁、郑之间骚然矣。

又遣季龙统中外步骑四万讨曹嶷。先是,嶷议欲徙海中,保根
馀山,会疾疫甚,计未及就。季龙进兵围广固,东莱太守刘巴、长广
太守吕披皆以郡降。以石他为征东将军,击羌胡于河西。左军石挺
济师于广固,曹嶷降,送于襄国。勒害之,坑其众三万。季龙将尽杀
嶷众,其青州刺史刘征曰:"今留征,使牧人也,无人焉牧? 征将归

矣。"季龙乃留男女七百口配征,镇广固。青州诸郡县垒壁尽陷。

　　勒司马刺史石生攻晋扬武将军郭诵于阳翟,不克,进寇襄城,俘获千余而还。

　　勒以参军樊坦清贫,擢授章武内史。既而入辞,勒见坦衣冠弊坏,大惊曰:"樊参军何贫之甚也!"坦性诚朴,率然而对曰:"顷遭羯贼无道,资财荡尽。"勒笑曰:"羯贼乃尔暴掠邪!今当相偿耳。"坦大惧,叩头泣谢。勒曰:"孤律自防俗士,不关卿辈老书生也。"赐车马衣服装钱三百万,以励贪俗。

　　勒将兵都尉石瞻寇下邳,败晋将军刘长,遂寇兰陵,又败彭城内史刘续。东莞太守竺珍、东海太守萧诞以郡叛降于勒。

　　勒亲临大小学,考诸学生经义,尤高者赏帛有差。勒雅好文学,虽在军旅,常令儒生读史书而听之,每以其意论古帝王善恶,朝贤儒士听者莫不归美焉。尝使人读《汉书》,闻郦食其劝立六国后,大惊曰:"此法当失,何得遂成天下!"至留侯谏,乃曰:"赖有此耳。"其天资英达如此。

　　勒征徐、扬州兵,会石瞻于下邳,刘遐惧,又自下邳奔于泗汭。

　　石生攻刘曜河内太守尹平于新安,斩之,克垒壁十余,降掠五千余户而归。自是刘、石祸结,兵戈日交,河东、弘农间百姓无聊矣。

　　以右常侍霍皓为劝课大夫,与典农使者朱表、曲劝都尉陆充等循行州郡,核定户籍,劝课农桑。农桑最修者赐爵五大夫。

　　使石生自延寿关出寇许、颍,俘获万余,降者二万,生遂攻陷康城。晋将军郭诵追生,生大败,死者千余。生收散卒,屯于康城。勒汲郡内史石聪闻生败,驰救之,进攻郭默,俘获男女二千余人。石聪攻败晋将李矩、郭默等。

　　勒将狩于近郊,主簿程琅谏曰:"刘、马刺客,离布如林,变起仓卒,帝王亦一夫之敌耳。孙策之祸可不虑乎!且枯木朽株尽能为害,驰骋之弊,今古戒之。"勒勃然曰:"吾干力自可,足能裁量。但知卿文书事,不须白此辈也。"是日逐兽,马触木而死,勒亦几殆,乃曰:"不用忠臣言,吾之过也。"乃赐琅朝服锦绢,爵关内侯。于是朝臣谒见,忠言竞进矣。

晋都尉鲁潜叛,以许昌降于勒。石瞻攻陷晋兖州刺史檀斌于邹山,斌死之。勒西夷中郎将王胜袭杀并州刺史崔琨、上党内史王春,以并州叛于勒。先是,石季龙攻刘曜将刘岳于石梁,至是,石梁溃,执岳送襄国。季龙又攻王胜于并州,杀之。李矩以刘岳之败也,惧,自荥阳遁归。矩长史崔宣率矩众二千降于勒。于是尽有司、兖之地,徐、豫、滨、淮诸郡县皆降之。

勒命徙洛阳晷影于襄国,列之单于庭。铭佐命功臣三十九人于石函,置于建德前殿。立桑梓苑于襄国。

勒尝夜微行,检察营卫,赍缯帛金银以赂门者求出。永昌门门候王假欲收捕之,从者至,乃止。且召假以为振忠都尉,爵关内侯。

勒如苑乡,召记室参军徐光,光醉不至。以光物情所凑,常不平之,因此发怒,退之牙门。勒自苑乡如邺,徐光侍直,愠然攘袂振纷,仰视不顾。勒因而恶之,让光曰:“何负卿而敢怏怏邪!”于是幽光并其妻子于狱。

勒既将营邺宫,又欲以其世子弘为镇,密与程遐谋之。石季龙自以勋效之重,仗邺为基,雅无去意。及修构三台,迁其家室,季龙深恨遐,遣左右数十人夜入遐宅,奸其妻女,掠衣物而去。勒以弘镇邺,配禁兵万人,车骑所统五十四营悉配之,以骁骑领门臣祭酒王阳专统六夷以辅之。

石聪攻寿春,不克,遂寇逡道、阜陵,杀掠五千余人,京师大震。

济岷太守刘闿、将军张阖等叛,害下邳内史夏嘉,以下邳降于石生。

石瞻攻河南太守王羡于邾,陷之。

龙骧将军王国叛,以南郡降于勒。晋彭城内史刘续复据兰陵、石城,石瞻攻陷之。

勒令州郡,有坟发掘不掩覆者,推劾之,骸骨暴露者,县为备棺衾之具。以牙门将王波为记室参军,典定九流,始立秀、孝试经之制。

茌平令师欢获黑兔,献之于勒,程遐等以为勒"龙飞革命之祥,于晋以水承金,兔阴精之兽,玄为水色,此示殿下宜速副天人之望也。"于是大赦,以咸和三年改年曰太和。

石堪攻晋豫州刺史祖约于寿春,屯师淮上。晋龙骧将军王国以南郡叛降于堪。南阳都尉董幼叛,率襄阳之众又降于堪。祖约诸将佐皆阴遣使于勒。石聪与堪济淮,陷寿春,祖约奔历阳,寿春百姓陷于聪者二万余户。

刘曜败季龙于高候,遂围洛阳。勒荥阳太守尹矩、野王太守张进等皆降之,襄国大震。勒将亲救洛阳,左右长史、司马郭敖、程遐等固谏曰:"刘曜乘胜雄盛,难与争锋,金墉粮丰,攻之未可卒拔。曜悬军千里,势不久支。不可亲动,动无万全,大业去矣。"勒大怒,按剑叱遐等出。

于是赦徐光,召而谓之曰:"刘曜乘高候之势,围守洛阳,庸人之情皆谓其锋不可当也。然曜带甲十万,攻一城而百日不克,师老卒殆,以我初锐击之,可一战而擒。若洛阳不守,曜必送死冀州,自河已北,席卷南向,吾事去矣。程遐等不欲吾亲行,卿以为何如?"光对曰:"刘曜乘高候之势而不能进临襄国,更守金墉,此其无能为也。悬军三时,亡攻战之利,若鸾旗亲驾,必望旌奔败。定天下之计,在今一举。今此机会,所谓天授,授而弗应,祸之攸集。"勒笑曰:"光之言是也。"佛图澄亦谓勒曰:"大军若出,必擒刘曜。"勒尤悦,使内外戒严,有谏者斩。命石堪、石聪及豫州刺史桃豹等,各统见众会荥阳,使石季龙进据石门,以左卫石邃都督中军事,勒统步骑四万赴金墉,济自大碣。

先是,流湄风猛,军至,冰泮清和,济毕,流湄大至,勒以为神灵之助也,命曰"灵昌津"。勒顾谓徐光曰:"曜盛兵成皋关,上计也;阻洛水,其次也;坐守洛阳者,成擒也。"诸军集于成皋,步卒六万,骑二万七千。勒见曜无守军,大悦,举手指天,又自指额曰:"天也!"乃卷甲衔枚而诡道兼路,出于巩、訾之间。知曜陈其军十余万于城西,弥悦,谓左右曰:"可以贺我矣!"勒统步骑四万入自宣阳门,升故太极前殿。季龙步卒三万,自城北而西,攻其中军,石堪、石聪等各以精骑八千,城西而北,击其前锋,大战于西阳门。勒躬贯甲胄,出自阊阖,夹击之。曜军大溃,石堪执曜,送之以徇于军,斩首五万余级,枕尸于金谷。勒下令曰:"所欲擒者一人耳,今已获之,其敕将士抑锋止锐,纵其归命之路。"乃旋师。使征东石邃等帅骑卫曜而北。

及是,祖约举兵败,降于勒,勒使王波让之曰:"卿逆极势穷,方来归命,吾朝岂遘逃之薮邪?而卿敢有觍面目也。"示之以前后檄书,乃敕之。

刘曜子熙等去长安,奔于上邽,遣季龙讨之。

勒巡行冀州诸郡,引见高年、孝悌、力田、文学之士,班赐谷帛有差。令远近牧守宣告属城,诸所欲言,靡有隐讳,使知区区之朝虚渴谠言也。

季龙克上邽,遣主簿赵封送传国玉玺、金玺、太子玉玺各一于勒。季龙进攻集木且羌于河西,克之,俘获数万,秦、陇悉平。凉州牧张骏大惧,遣使称藩,贡方物于勒。徙氐羌十五万落于司、冀州。

勒群臣议以勒功业既隆,祥符并萃,宜时革徽号以答乾坤之望,于是石季龙等奉皇帝玺绶,上尊号于勒,勒弗许。群臣固请,勒乃以咸和五年僭号赵天王,行皇帝事。尊其祖邪曰宣王,父周曰元王。立其妻刘氏为王后,世子弘为太子。署其子宏为持节、散骑常侍、都督中外诸军事、骠骑大将军、大单于,封秦王;左卫将军斌太原王;小子恢为辅国将军、南阳王;中山公季龙为太尉、守尚书令、中山王;石生河东王;石堪彭城王;以季龙子邃为冀州刺史,封齐王,加散骑常侍、武卫将军;宣左将军;挺侍中、梁王。署左长史郭敖为尚书左仆射,右长史程遐为右仆射、领吏部尚书,左司马夔安、右司马郭殷、从事中郎李凤、前郎中令裴宪为尚书,署参军事徐光为中书令、领秘书监。论功封爵,开国郡公文武二十一人,侯二十四人,县公二十六人,侯二十二人,其余文武各有差。侍中任播等参议,以赵承金为水德,旗帜尚玄,牲牡尚白,子社丑腊,勒从之。

勒下书曰:"自今有疑难大事,八坐及委丞郎赍诣东堂,诠详平决。其有军国要务须启，有令仆尚书随局入陈，勿避寒暑昏夜也。"

勒以祖约不忠于本朝，诛之，及其诸子侄亲属百余人。

群臣固请勒宜即尊号，勒乃僭即皇帝位，大赦境内，改元曰建平，自襄国都临漳。追尊其高祖曰顺皇，曾祖曰威皇，祖曰宣皇，父曰世宗元皇帝，妣曰元昭皇太后，文武封进各有差。立其妻刘氏为皇后，又定昭仪、夫人位视上公，贵嫔、贵人视列侯，员各一人；三英、九华视伯，淑媛、淑仪视子，容华、美人视男，务简贤淑，不限员数。

勒荆州监军郭敬、南蛮校尉董幼寇襄阳。勒驰敕敬屯樊城，戒之使偃藏旗帜，寂若无人，彼若使人观察，则告之曰："自爱坚守，后七八日大骑将至，相策不复得走矣。"敬使人浴马于津，周而复始，昼夜不绝。侦谍还告南中郎将周抚，抚以为勒军大至，惧而奔武昌。敬入襄阳，军无私掠，百姓安之。晋平北将军魏该弟遐等，率该部众自石城降于敬。敬毁襄阳，迁其百姓于沔北，城樊城以戍之。

秦州休屠王羌叛于勒，刺史临深遣司马管光帅州军讨之，为羌所败，陇右大扰，氐羌悉叛。勒遣石生进据陇城。王羌兄子擢与羌有仇，生乃赂擢，与掎击之。羌败，奔凉州。徙秦州夷豪五千余户于雍州。

勒下书曰："自今诸有处法，悉依科令。吾所忿戮、怒发中旨者，若德位已高，不宜训罚，或服勤死事之孤，邂逅罹谴，门下皆各列奏之，吾当思择而行也。"

堂阳人陈猪妻一产三男，赐其衣帛廪食，乳婢一口，复三岁勿事。

时，高句丽、肃慎致其楛矢，宇文屋孤并献名马于勒。凉州牧张骏遣长史马诜，奉图送高昌、于寘鄯善、大宛使，献其方物。晋荆州牧陶侃遣兼长史王敷聘于勒，致江南之珍宝奇兽。秦州送白兽、白鹿，荆州送白雉、白兔。济阴木连理，甘露降苑乡。勒以休瑞并臻，遐方慕义，赦三岁刑已下，均百姓去年逋调；特赦凉州殊死，凉州计吏皆拜郎中，赐绢十匹，绵十斤。勒南郊，有白气自坛属天，勒大悦，还宫,赦四岁刑。遣使封张骏武威郡公,食凉州诸郡。勒亲耕藉田,还宫,赦五岁刑,赐其公卿已下金帛有差。勒以日蚀,避正殿三日,令群公卿士各上封事。禁州郡诸祠堂非正典者皆除之,其能兴云致雨,有益于百姓者,郡县更为立祠堂,殖嘉树,准岳渎已下为差等。

勒将营邺宫,廷尉续咸上书切谏。勒大怒,曰:"不斩此老臣,朕宫不得成也!"敕御史收之。中书令徐光进曰:"陛下天资聪睿,超迈唐虞,而更不欲闻忠臣之言,岂夏癸、商辛之君邪?其言可用,用之,不可用,故当容之,奈何一旦以直言而斩列卿乎!"勒叹曰:"为人君不得自专如是!岂不识此言之忠乎?向戏之尔。人家有百匹资,尚欲市别宅,况有天下之富,万乘之尊乎!终当缮之耳。且敕停作,成吾直臣之气也。"因赐咸绢百匹,稻百斛。

又下书令公卿百僚岁荐贤良、方正、直言、秀异、至孝、廉清各一人,答策上第者拜议郎,中第中郎,下第郎中。其举人得递相荐引,广招贤之路。起明堂、辟雍、灵台于襄国城西。

时,大雨霖,中山西北暴水,流漂巨木百余万根,集于堂阳。勒大悦,谓公卿曰:"诸卿知不?此非为灾也,天意欲吾营邺都耳。"于是令少府任汪、都水使者张渐等监营邺宫,勒亲授规模。

蜀梓潼、建平、汉固三郡蛮巴降于勒。

勒以成周土中,汉晋旧京,复欲有移都之意,乃命洛阳为南都,置行台治书侍御史于洛阳。

勒因飨高句丽、宇文屋孤使,酒酣,谓徐光曰:"朕方自古开基何等主也?"对曰:"陛下神武筹略迈于高皇,雄艺卓荦超绝魏祖,自三王已来无可比也,其轩辕之亚乎!"勒笑曰:"人岂不自知,卿言亦以太过。朕若逢高皇,当北面而事之,与韩彭竞鞭而争先耳。脱遇光武,当并驱于中原,未知鹿死谁手。大丈夫行事当礌礌落落,如日月皎然,终不能如曹孟德、司马仲达父子,欺他孤儿寡妇,狐媚以取天下也。朕当在二刘之间耳,轩辕岂所拟乎!"其群臣皆顿首称万岁。

晋将军赵胤攻克马头,石堪遣将军韩雍救之,至则无及,遂寇南沙、海虞,俘获五千余人。初,郭敬之退据樊城也,王师复戍襄阳。至是,敬又攻陷之,留戍而归。

暴风大雨,震电建德殿端门、襄国市西门,杀五人。雹起西河介山,大如鸡子,平地三尺,污下丈余,行人禽兽死者万数,历太原、乐平、武乡、赵郡、广平、巨鹿千余里,树木摧折,禾稼荡然。

勒正服于东堂,以问徐光曰:“历代已来有斯灾几也?”光对曰:“周、汉、魏、晋皆有之,虽天地之常事,然明主未始不为变,所以敬天之怒也。去年禁寒食,介推,帝乡之神也,历代所尊,或者以为未宜替也。一人吁嗟,王道尚为之亏,况群神怨憾而不怒动上帝乎!纵不能令天下同尔,介山左右,晋文所封也,宜任百姓奉之。”勒下书曰:“寒食既并州之旧风,朕生其俗,不能异也。前者外议以子推诸侯之臣,王者不应为忌,故从其议,傥或由之而致斯灾乎!子推虽朕乡之神,非法食者亦不得乱,尚书其促检旧典定议以闻。”有司奏以子推历代攸尊,请普复寒食,更为植嘉树,立祠堂,给户奉祀。勒黄门郎韦謏驳曰:“案《春秋》,藏冰失道,阴气发泄为雹。自子推已前,雹者复何所致?此自阴阳乖错所为耳。且子推贤者,曷为暴害如此!求之冥趣,必不然矣。今虽为冰室,惧所藏之冰不在固阴沍寒之地,多皆山川之侧,气泄为雹也。以子推忠贤,令绵、介之间,奉之为允,于天下则不通矣。”勒从之。于是迁冰室于重阴凝寒之所,并州复寒食如初。

勒令其太子省可尚书奏事,使中常侍严震参综可否,征伐刑断大事乃呈之。自是震威权之盛过于主相矣。季龙之门可设雀罗,季龙愈怏怏不悦。

郭敬南掠江西,晋南中郎将桓宣承其虚攻樊城,取城中之众而去。敬旋师救樊,追战于涅水。敬前军大败,宣亦死伤太半,尽取所掠而止。宣遂南取襄阳,留军戍之。

勒如邺,临石季龙第,谓之曰:“功力不可并兴,待宫殿成后,当为王起第,勿以卑小悒悒也。”季龙免冠拜谢,勒曰:“与王共有天下,何所谢也!”

有流星大如象,尾足蛇形,自北极西南流五十余丈,光明烛地,坠于河,声闻九百余里。黑龙见邺井中,勒观龙有喜色。朝其群臣于邺。

命郡国立学官,每郡置博士祭酒二人,弟子百五十人,三考修成,显升台府。于是擢拜太学生五人为佐著作郎,录述时事。

时,大旱,勒亲临廷尉录囚徒,五岁刑已下皆轻决遣之,重者赐酒食,听沐浴,一须秋论。还未及宫,澍雨大降。

勒如其澧水宫,因疾甚而还。召石季龙与其太子弘、中常侍严震等侍疾禁中。季龙矫命绝弘、震及内外群臣亲戚,勒疾之增损,莫有知者。诈召石宏、石堪还襄国。勒疾小瘳,见宏,惊曰:"秦王何故来邪?使王藩镇,正备今日。有呼者邪?自来也?有呼者诛之!"季龙大惧曰:"秦王思慕暂还耳,今谨遣之。"数日复问之,季龙曰:"奉诏即遣,今已半路矣。"更谕宏在外,遂不遣之。

广阿蝗。季龙密遣其子邃率骑三千游于蝗所。荧惑入昴。星陨于邺东北六十里。初,赤黑黄云如幕,长数十匹,交错,声如雷震,坠地气热如火,尘起连天。时有耕者往视之,土犹燃沸,见有一石方尺余,青色而轻,击之音如磬。

勒疾甚,遗令:"三日而葬,内外百僚既葬除服,无禁婚娶、祭礼、饮酒、食肉,征镇、牧守不得辄离所司以奔丧,敛以时服,载以常车,无藏金宝,无内器玩。大雅冲幼,恐非能构荷朕志。中山已下其各司所典,无违朕命。大雅与斌宜善相维持,司马氏,汝等之殷鉴,其务于敦穆也。中山王深可三思周霍,勿为将来口实。"以咸和七年死,时年六十,在位十五年。夜瘗山谷,莫知其所,备文物虚葬,号高平陵。伪谥明皇帝,庙号高祖。

弘,字大雅,勒之第二子也。幼有孝行,以恭谦自守,受经于杜嘏,诵律于续咸。勒曰:"今世非承平,不可专以文业教也。"于是使刘征、任播授以兵书,王阳教之击刺。立为世子,领中领军,寻署卫将军,使领开府辟召,后镇邺。

勒僭位,立为太子。虚襟爱士,好为文咏,其所亲昵,莫非儒素。

勒谓徐光曰："大雅惽惽，殊不似将家子。"光曰："汉祖以马上取天下，孝文以玄默守之，圣人之后，必世胜残，天之道也。"勒大悦。光因曰："皇太子仁孝温恭，中山王雄暴多诈，陛下一旦不讳，臣恐社稷必危，宜渐夺中山威权，使太子早参朝政。"勒纳之。程遐又言于勒曰："中山王勇武权智，群臣莫有及者。观其志也，自陛下之外，视之蔑如。兼荷专征岁久，威振外内，性又不仁，残忍无赖。其诸子并长，皆预兵权。陛下在，自当无他，恐其怏怏不可辅少主也。宜早除之，以便大计。"勒曰："今天下未平，兵难未已，大雅冲幼，宜任弼辅。中山佐命功臣，亲同鲁卫，方委以伊、霍之任，何至如卿言也。卿当恐辅幼主之日，不得独擅帝舅之权故耳。吾亦当参卿于顾命，勿为过惧也。"遐泣曰："臣所言者至公，陛下以私赐距，岂明主开襟纳说，忠臣必尽之义乎！中山虽为皇太后所养，非陛下天属，不可以亲义期也。杖陛下神规，微建鹰犬之效，陛下酬其父子以恩荣，亦以足矣。魏任司马懿父子，终于鼎祚沦移，以此而观，中山岂将来有益者乎！臣因缘多幸，托瓜葛于东宫，臣而不竭言于陛下，而谁言之！陛下若不除中山，臣已见社稷不复血食矣。"勒不听。遐退告徐光曰："主上向言如此，太子必危，将若之何！"光曰："中山常切齿于吾二人，恐非但国危，亦为家祸，当为安国宁家之计，不可坐而受祸也。"光复承间言于勒曰："陛下廓平八州，帝有海内，而神色不悦者，何也？"勒曰："吴蜀未平，书轨不一，司马家犹不绝于丹杨，恐后之人将以吾为不应符录。每一思之，不觉见于神色。"光曰："臣以陛下为忧腹心之患，而何暇更忧四支乎！何则？魏承汉运，为正朔帝王，刘备虽绍兴巴蜀，亦不可谓汉不灭也。吴虽跨江东，岂有亏魏美？陛下既包括二都，为中国帝王，彼司马家儿复何异玄德，李氏亦犹孙权。符录不在陛下，竟欲安归？此四支之轻患耳。中山王藉陛下指授神略，天下皆言其英武亚于陛下，兼其残暴多奸，见利忘义，无伊、霍之忠。父子爵位之重，势倾王室。观其耿耿，常有不满之心。近于东宫曲宴，有轻皇太子之色。陛下隐忍容之，臣恐陛下万年之后，宗庙必生荆棘，此心腹之重疾也，惟陛下图之。"勒默然，而竟不从。

及勒死，季龙执弘使临轩，命收程遐、徐光下廷尉，召其子邃率兵入宿卫，文武靡不奔散。弘大惧，让位于季龙。季龙曰："君薨而世子立，臣安敢乱之！"弘泣而固让，季龙怒曰："若其不堪，天下自当有大议，何足预论！"遂以咸和七年逼立之，改年曰延熙，文武百僚进位一等。诛程遐、徐光。弘策拜季龙为丞相、魏王、大单于，加九锡，以魏郡等十三郡为邑，总摄百揆。季龙伪固让，久而受命，赦其境内殊死已下，立季龙妻郑氏为魏王后，子邃为魏太子，加使持节、侍中、大都督中外诸军事、大将军、录尚书事；宣为使持节、车骑大将军、冀州刺史，封河间王；韬为前锋将军、司隶校尉，封乐安王；遵齐王；鉴代王；苞乐平王；徙太原王斌为章武王。勒文武旧臣皆补左右丞相闲任，季龙府僚旧昵悉署台省禁要。命太子宫曰崇训宫，勒妻刘氏已下皆徙居之。简其美淑及勒车马、珍宝、服御之上者，皆入于己署。镇军夔安领左仆射，尚书郭殷为右仆射。

刘氏谓石堪曰："皇祚之灭不复久矣，王将何以图之？"堪曰："先帝旧臣皆已斥外，众旅不复由人，宫殿之内无所措筹，臣请出奔兖州，据廪丘，挟南阳王为盟主，宣太后诏于诸牧守征镇，令各率义兵同讨桀逆，蔑不济也。"刘氏曰："事急矣，便可速发，恐事淹变生。"堪许诺，微服轻骑袭兖州，失期，不克，遂南奔谯城。季龙遣其将郭太等追击之，获堪于城父，送襄国，炙而杀之。征石恢还于襄国。刘氏谋泄，季龙杀之。尊弘母程氏为皇太后。

时，石生镇关中，石朗镇洛阳，皆起兵于二镇。季龙留子邃守襄国，统步骑七万攻朗于金墉。金墉溃，获朗，刖而斩之。进师攻长安，以石挺为前锋大都督。生遣将军郭权率鲜卑涉璝部众二万为前锋距之，生统大军继发，次于蒲坂。前锋及挺大战潼关，败绩，挺及丞相左长史刘隗皆战死，季龙退奔渑池，枕尸三百余里。鲜卑密通于季龙，背生而击之。生时停蒲坂，不知挺之死也，惧，单马奔长安。郭权乃复收众三千，与越骑校尉石广相持于渭汭。生遂去长安，潜于鸡头山。将军蒋英固守长安。季龙闻生之奔也，进师入关，进攻长安,旬余拔之,斩蒋英等。分遣诸将屯于汧。徙雍、秦州华戎十余万户于关东。生部下斩生于鸡头山。季龙还襄国,大赦,讽弘,命己建魏台,一如魏辅汉故事。

郭权以生败,据上邽以归顺,诏以权为镇西将军、秦州刺史,于是京兆、新平、扶风、冯翊、北地皆应之。弘镇西石广与权战,败绩。季龙遣郭敖及其子斌等,率步骑四万讨之,次于华阴。上邽豪族害权以降。徙秦州三万余户于青、并二州诸郡。南氏杨难敌等送任通和。长安陈良夫奔于黑羌,招诱北羌四角王薄句大等扰北地、冯翊,与石斌相持。石韬等率骑掎句大之后,与斌夹击,败之,句大奔于马兰山。郭敖等悬军追北,为羌所败,死者十七八。斌等收军还于三城。季龙闻而大怒,遣使杀郭敖。石宏有怨言,季龙幽之。

弘赍玺绶亲诣季龙,谕禅位意。季龙曰:"天下人自当有议,何为自论此也!"弘还宫,对其母流涕曰:"先帝真无复遗矣!"俄而季龙遣丞相郭殷持节入,废弘为海阳王。弘安步就车,容色自若,谓群臣曰:"不堪篡承大统,顾惭群后,此亦天命去矣,又何言!"百官莫不流涕,宫人恸哭。咸康元年,幽弘及程氏并宏,恢于崇训宫,寻杀之。在位时年二十二。

张宾,字孟孙,赵郡中丘人也。父瑶,中山太守。宾少好学,博涉经史,不为章句,阔达有大节。常谓昆弟曰:"吾自言智算鉴识不后子房,但不遇高祖耳。"为中丘王帐下都督,非其好也,病免。

及永嘉大乱,石勒为刘元海辅汉将军,与诸将下山东,宾谓所亲曰:"吾历观诸将多矣,独胡将军可与共成大事。"乃提剑军门,大呼请见,勒亦未之奇也。后渐进规谟,乃异之,引为谋主。机不虚发,算无遗策,成勒之基业,皆宾之勋也。及为右长史、大执法,封濮阳侯,任遇优显,宠冠当时,而谦虚敬慎,开襟下士,士无贤愚,造之者莫不得尽其情焉。肃清百僚,屏绝私昵,入则格言,出则归美。勒甚重之,每朝,常为之正容貌,简辞令,呼曰"右侯"而不名之,勒朝莫与为比也。

及卒,勒亲临,哭之,哀恸左右。赠散骑常侍、右光禄大夫、仪同三司,谥曰景。将葬,送于正阳门,望之流涕,顾左右曰:"天欲不成吾事邪,何夺吾右侯之早也!"程遐代为右长史,勒每与遐议,有所不合,辄叹曰:"右侯舍我去,令我与此辈共事,岂非酷乎!"因流涕弥日。

晋书卷一〇六
载记第六

# 石季龙上

　　石季龙，勒之从子也，名犯太祖庙讳，故称字焉。祖曰䜣邪，父曰寇觅。勒父朱幼而子季龙，故或称勒弟焉。年六、七岁，有善相者曰："此儿貌奇有壮骨，贵不可言。"永兴中，与勒相失。后刘琨送勒母王及季龙于葛陂，时年十七矣。性残忍，好驰猎，游荡无度，尤善弹，数弹人，军中以为毒患。勒白王将杀之，王曰："快牛为犊子时，多能破车，汝当小忍之。"

　　年十八，稍折节。身长七尺五寸，矫捷便弓马，勇冠当时，将佐亲戚莫不敬惮。勒深嘉之，拜征虏将军。为娉将军郭荣妹为妻。季龙宠惑优僮郑樱桃而杀郭氏，更纳清河崔氏女，樱桃又谮而杀之。所为酷虐。军中有勇干策略与己侔者，辄方便害之，前后所杀甚众。至于降城陷垒，不复断别善恶，坑斩士女，鲜有遗类。勒虽屡加责诱，而行意自若。然御众严而不烦，莫敢犯者，指授攻讨，所向无前，故勒宠之，信任弥隆，仗以专征之任。

　　勒之居襄国，署为魏郡太守，镇邺三台，后封繁阳侯。勒即大单于、赵王位，署为单于元辅、都督禁卫诸军事，迁侍中、开府，进封中山公。及勒僭号，授太尉、守尚书令，进封为王，邑万户。季龙自以勋高一时，谓勒即位之后，大单于必在己，而更以授其子弘。季龙深恨之，私谓其子邃曰："主上自都襄国以来，端拱指授，而以吾躬当矢石。二十余年，南擒刘岳，北走索头，东平齐鲁，西定秦雍，克殄十有三州。成大赵之业者,我也。大单于之望实在于我,而授黄吻婢儿,每一忆此,令人不复能寝食。待主上晏驾之后,不足复留种也。"

咸康元年,季龙废勒子弘,群臣已下劝其称尊号。季龙下书曰:"王室多难,海阳自弃,四海业重,故俯从推逼。朕闻道合乾坤者称皇,德协人神者称帝,皇帝之号非所敢闻,且可称居摄赵天王,以副天人之望。"于是,赦其境内,改年曰建武。以夔安为侍中、太尉、守尚书令,郭殷为司空,韩晞为尚书左仆射,魏概、冯莫、张崇、曹显为尚书,申钟为侍中,郎闿为光禄大夫,王波为中书令,文武封拜各有差。立其子邃为太子。季龙以谶文"天子当从东北来",于是备法驾,行自信都而还以应之。分瘿陶之柳乡立停驾县。

季龙徐州从事朱纵杀刺史郭祥,以彭城归顺。季龙遣将王朗击之,纵奔淮南。

季龙荒游废政,多所营缮,使邃省可尚书奏事,选牧守,祀郊庙;惟征伐刑断乃亲览之。观雀台崩,杀典匠少府任汪。复使修之,倍于常度。

季龙自率众南寇历阳,临江而旋,京师大震。遣其征虏石遇寇中庐,遂围平北将军桓宣于襄阳。辅国将军毛宝、南中郎将王国、征西司马王愆期等率荆州之众救之,屯于章山。遇攻守二旬,军中饥疫而还。

季龙以租入殷广,转输劳烦,令中仓岁入百万斛,余皆储之水次。

晋将军淳于安攻其琅邪费县,俘获而归。

石邃保母刘芝初以巫术进,既养邃,遂有深宠。通贿赂,豫言论,权倾朝廷,亲贵多出其门,遂封芝为宜城君。

季龙下书,令刑赎之家得以钱代财帛,无钱听以谷麦,皆随时价输水次仓。冀州八郡雨雹,大伤秋稼,下书深自咎责。遣御史所在发水次仓麦,以给秋种,尤甚之处差复一年。

季龙将迁于邺,尚书请太常告庙,季龙曰:"古者,将有大可,必告宗庙,而不列社稷。尚书可详议以闻。"公卿乃请使太尉告社稷,从之。及入邺宫，澍雨周洽，季龙大悦，赦殊死已下。尚方令解飞作司南车成，季龙以其构思精微，赐爵关内侯，赏赐甚厚。始制散骑常侍已上得乘轺轩，王公郊祀乘副车，驾四马，龙旗八旒，朔望朝会即乘轺轩。

时，羌薄句大犹保险未宾，遣其子章武王斌帅精骑二万，并秦、雍二州兵以讨之。

季龙如长乐、卫国，有田畴不辟、桑业不修者，贬其守宰而还。

咸康二年，使名牙门将张弥徙洛阳钟虡、九龙、翁仲、铜驼、飞廉于邺。钟一没于河，募浮没三百人入河，系以竹絙，牛百头，鹿栌引之乃出。造万斛舟以渡之，以四轮缠辋车，辙广四尺，深二尺，运至邺。季龙大悦，赦二岁刑，赉百官谷帛，百姓爵一级。

下书曰："三载考绩，黜陟幽明，斯则先王之令典，政道之通塞。魏始建九品之制，三年一清定之，虽未尽弘美，亦缙绅之清律，人伦之明镜。从尔以来，遵用无改。先帝创临天下，黄纸再定。至于选举，铨为首格。自不清定，三载于兹。主者其更铨论，务扬清激浊，使九流咸允也。吏部选举，可依晋氏九班选制，求为揆法。选毕，经中书、门下宣示三省，然后行之。其著此诏书于令。铨衡不奉行者，御史弹坐以闻。"

索头郁鞠率众三万降于季龙，署鞠等一十三人亲通赵王，皆封列侯，散其部众于冀、青等六州。

时，众役烦兴，军旅不息，加以久旱谷贵，金一斤直米二斗，百姓嗷然，无生赖矣。又纳解飞之说，于邺正南投石于河，以起飞桥，功费数千亿万，桥竟不成，役夫饥甚，乃止。使令长率丁壮随山泽采橡捕鱼以济老弱，而复为权豪所夺，人无所得焉。又料殷富之家，配饥人以食之，公卿已下出谷以助振给，奸吏因之，侵割无已，虽有贷赡之名而无其实。

改直荡为龙腾，冠以绛帻。

于襄国起太武殿，于邺造东西宫，至是皆就。太武殿基高二丈八尺，以文石绰之，下穿伏室，置卫士五百人于其中。东西七十五步，南北六十五步。皆漆瓦、金铛、银楹、金柱、珠帘、玉壁，穷极伎巧。又起灵风台九殿于显阳殿后，选士庶之女以充之。后庭服绮縠、玩珍奇者万余人，内置女官十有八等，教宫人星占及马步射。置女太史于灵台，仰观灾祥，以考外太史之虚实。又置女鼓吹羽仪，杂伎工巧，皆与外侔。禁郡国不得私学星谶，敢有犯者诛。

左校令成公段造庭燎于崇杠之末，高十余丈，上盘置燎，下盘置人，绹缴上下。季龙试而悦之。其太保夔安等文武五百九人劝季龙称尊号，安等方入而庭燎油灌下盘，死者七人。季龙恶之，大怒，斩成公段于阊阖门。

于是依殷周之制，以咸康三年僭称大赵天王，即位于南郊，大赦殊死已下。追尊祖䚡邪为武皇帝，父寇觅为太宗孝皇帝。立其郑氏为天王皇后，以子邃为天王皇太子。亲王皆贬封郡公，藩王为县侯，百官封署各有差。

太原徙人五百余户叛入黑羌。

武乡长城徙人韩强获玄玉玺，方四寸七分，龟纽金文，诣邺献之。拜强骑都尉，复其一门。夔安等又劝进曰："臣等谨案大赵水德，玄龟者，水之精也；玉者，石之宝也；分之数以象七政，寸之纪以准四极。昊天成命，不可久违。辄下史官择吉日，具礼仪，谨昧死上皇帝尊号。"季龙下书曰："过相褒美，猥见推逼，览增恶然，非所望也。其亟止兹议。今东作告始，自非京城内外，皆不得表庆。"中书令王波上《玄玺颂》以美之。季龙以石弘时造此玺，强遇而献之。

邃自总百揆之后，荒酒淫色，骄恣无道。或盘游于田，悬管而入；或夜出于宫臣家，淫其妻妾。妆饰宫人美淑者，斩首洗血，置于盘上，传共视之。又内诸比丘尼有姿色者，与其交亵而杀之，合牛羊肉煮而食之，亦赐左右，欲以识其味也。

河间公宣、乐安公韬有宠于季龙，邃疾之如仇。季龙荒耽内游，威刑失度，邃以事为可呈呈之，季龙恚曰："此小事，何足呈也。"时有所不闻，复怒曰："何以不呈？"诮责杖捶，月至再三。邃甚恨，私谓常从无穷、长生、中庶子李颜等曰："官家难称，吾欲行冒顿之事，卿从我乎?"颜等伏不敢对。邃称疾不省事,率宫臣文武五百余骑宴于李颜别舍,谓颜等曰:"我欲至冀州杀石宣,有不从者斩!"行数里,骑皆逃散,李颜叩头固谏,邃亦昏醉而归。邃母郑氏闻之,私遣中人责邃。邃怒,杀其使。季龙闻邃有疾,遣所亲任女尚书察之。邃呼前与语,抽剑击之。季龙大怒,收李颜等诘问,颜具言始末,诛颜等三十余人。幽邃于东宫,既而赦之,引见太武东堂。邃朝而不谢,俄而便出。季龙遣使谓邃曰:"太子应入朝中宫,何以便去?"邃迳出不顾。季龙大怒,废邃为庶人。其夜,杀邃及妻张氏并男女二十六人,同埋于一棺之中。诛其宫臣支党二百余人。废郑氏为东海太妃。立其子宣为天王皇太子,宣母杜昭仪为天王皇后。

　　安定人侯子光,弱冠美姿仪,自称佛太子,从大秦国来,当王小秦国。易姓名为李子杨,游于鄠县爰赤眉家,颇见其妖状,事微有验。赤眉信敬之,妻以二女,转相扇惑。京兆樊经、竺龙、严谌、谢乐子等聚众数千人于杜南山,子杨称大皇帝,建元曰龙兴。赤眉与经为左右丞相,龙、谌为左右大司马,乐子为大将军。镇西石广击斩之。子杨颈无血,十余日而面色无异于生。

　　季龙将伐辽西鲜卑段辽,募有勇力者三万人,皆拜龙腾中郎。辽遣从弟屈云袭幽州,刺史李孟退奔易京。季龙以桃豹为横海将军,王华为渡辽将军,统舟师十万出漂渝津,支雄为龙骧大将军,姚弋仲为冠军将军,统步骑十万为前锋,以伐段辽。季龙众次金台,支雄长驱入蓟,辽渔阳太守马鲍、代相张牧、北平相阳裕、上谷相侯龛等四十余城,并率众降于季龙。支雄攻安次,斩其部大夫那楼奇。辽惧,弃令支,奔于密云山。辽左右长史刘群、卢谌、司马崔悦等封其府库,遣使请降。季龙遣将军郭太、麻秋等轻骑二万追辽,及之,战于密云,获其母妻,斩级三千。辽单马窜险,遣子乞特真送表及名马,季龙纳之。乃迁其户二万余于雍、司、兖、豫四州之地,诸有才行者皆擢叙之。

　　先是,北单于乙回为鲜卑敦那所逐,既平辽西,遣其将李穆击那,破之,复立乙回而还。季龙入辽宫,论功封赏各有差。

　　初,慕容皝与段辽有隙,遣使称藩于季龙,陈辽宜伐,请尽众来会。及军至令支,皝师不出,季龙将伐之。天竺佛图澄进曰:"燕福德之国,未可加兵。"季龙作色曰:"以此攻城,何城不克?以此众战,谁能御之?区区小竖,何所逃也!"太史令赵揽固谏曰:"燕地岁星所守,行师无功,必受其祸。"季龙怒,鞭之,黜为肥如长。进师攻枣城,旬余不克。皝遣子恪帅胡骑二千,晨出挑战,诸门皆若有师出者,四面如云,季龙大惊,弃甲而遁。于是召赵揽复为太史令。季龙旋自令支,过易京,恶其固而毁之。还谒石勒墓,朝其群臣于襄阳国建德前殿,复从征文武有差。至邺,设饮至之礼,赐俘遍于丞郎。

　　季龙谋伐昌黎,遣渡辽曹伏将青州之众渡海,戍蹋顿城,无水而还。因戍于海岛,运谷三百万斛以给之。又以船三百艘,运谷三十万斛诣高句丽,使典农中郎将王典率众万余屯田于海滨。又令青州造船千艘。使石宣率步骑二万击朔方鲜卑斛摩头,破之,斩首四万余级。

　　冀州八郡大蝗,司隶请坐守宰,季龙曰:"此政之失和,朕之不德,而欲委咎守宰,岂禹汤罪己之义邪!司隶不进谠言,佐朕不逮,而归咎无辜,所以重吾之责,可白衣领司隶。"

　　加其子司徒韬金钲黄钺,銮辂九旒。

　　先是,使襄城公涉归、上庸公日归率众戍长安,二归告镇西石广私树恩泽,潜谋不轨。季龙大怒,追广至而杀之。

　　段辽于密云山遣使诈降,季龙信之,使征东麻秋百里郊迎,敕秋曰:"受降如待敌,将军慎之。"辽又遣使降于慕容皝曰:"胡贪而无谋,吾今请降求迎,彼终不疑也。若伏重军以要之,可以得志。"皝遣子恪伏兵于密云。麻秋统众三万迎辽,为恪所袭,死者十六七,秋步遁而归。季龙闻之惊怒,方食吐餔,乃削秋官爵。

　　下书令诸郡国立《五经》博士。初,勒置大、小学博士,至是,复置国子博士、助教。季龙以吏部选举斥外耆德,而势门童幼多为美官,免郎中魏臮为庶人。以其太子宣为大单于,建天子旌旗。

　　以夔安为征讨大都督,统五将步骑七万寇荆、扬北鄙。石闵败王师于沔阴，将军蔡怀死之。宣将朱保又败王师于白石，将军郑豹、谈玄、郝庄、随相、蔡熊皆遇害。季龙将张贺度攻陷邾城，败晋将毛宝于邾西，死者万余人。夔安进据胡亭，晋将军黄冲、历阳太守郑进皆降之。安于是掠七万户而还。

时，豪戚侵恣，贿托公行，季龙患之，擢殿中御史李矩为御史中丞，特亲任之。自此百僚震慑，州郡肃然。季龙曰："朕闻良臣如猛兽，高步通衢而豺狼避路，信矣哉！"

镇远王擢表雍、秦二州望族，自东徙已来，遂在戍役之例，既衣冠华胄，宜蒙优免，从之。自是皇甫、胡、梁、韦、杜、辛等十有七姓蠲其兵贯，一同旧族，随才铨叙，思欲分还桑梓者听之；其非此等，不得为例。

以其抚军李农为使持节、监辽西北平诸军事、征东将军、营州牧，镇令支。

于时，大旱，白虹经天，季龙下书曰："朕在位六载，不能上和乾象，下济黎元，以致星虹之变。其令百僚各上封事，解西山之禁，蒲、苇、鱼、盐除岁供之外，皆无所固。公侯卿牧不得规占山泽，夺百姓之利。"又下书曰："前以丰国、渑池二冶初建，徙刑徒配之，权救时务。而主者循为恒法，致起怨声。自今罪犯流徒，皆当申奏，不得辄配也。京狱见囚，非手杀人，一皆原遣。"其日澍雨。

季龙将讨慕容皝，令司、冀、青、徐、幽、并、雍兼复之家五丁取三，四丁取二，合邺城旧军满五十万，具船万艘，自河通海，运谷豆千一百万斛于安乐城，以备征军之调。徙辽西、北平、渔阳万户于兖、豫、雍、洛四州之地。

季龙僭位之后，有所调用，皆选司拟官，经令仆而后奏行。不得其人，案以为令仆之负，尚书及郎不坐。至是，吏部尚书刘真以为失铨考之体而言之，季龙责怒主者，加真光禄大夫，金章紫绶。

季龙如宛阳，大阅于曜武场。

慕容皝袭幽、冀，略三万余家而去。幽州刺史石光坐懦弱征还。

赐征士辛谧几杖衣服，谷五百斛，敕平原为起甲第。

先是,李寿将李宏自晋奔于季龙,寿致书请之,题曰赵王石君。季龙不悦,付外议之,多有异同。中书监王波议曰:“今李宏以死自誓,若得反魂蜀汉,当鸠率宗族,混同王化。若遣而果也,则不烦一旅之师而坐定梁、益,就有进退,岂在逃命一夫。寿既号并日月,跨僭一方,今若制诏,或敢酬反,则取消戎裔。宜书答之,并赠以楛矢,使寿知我遐荒必臻也。”于是遣宏,备物以酬之。

以石韬为太尉,与太子宣迭日省可尚书奏事。自幽州东至白狼,大兴屯田。

张骏惮季龙之盛,遣其别驾马诜朝之。季龙初大悦,及览其表,辞颇骞傲,季龙大怒,将斩诜。侍中石璞进曰:“为陛下之患者,丹杨也。区区河右,焉能为有无!今斩马诜,必征张骏,则南讨之师势分为二,建邺君臣延其数年之命矣。胜之不为武,弗克为四夷所笑,不如因而厚之。彼若改图谢罪,率其臣职者,则我又何求!迷而不悟,讨之未后也。”季龙乃止。

李宏既至蜀汉,李寿欲夸其境内,下令云:“羯使来庭,献其楛矢。”季龙闻之怒甚,黜王波以白衣守中书监。

季龙志在穷兵,以其国内少马,乃禁畜私马,匿者腰斩,收百姓马四万余以入于公。兼盛兴宫室于邺,起台观四十余所,营长安、洛阳二宫,作者四十余万人。又敕河南四州具南师之备,并、朔、秦、雍严西讨之资,青、冀、幽州三五发卒,诸州造甲者五十万人。兼公侯牧宰竞兴私利,百姓失业,十室而七。船夫十七万人为水所没、猛兽所害,三分而一。

贝丘人李弘因众心之怨,自言姓名应谶,遂连结奸党,署置百僚。事发,诛之,连坐者数千家。

季龙畋猎无度,晨出夜归,又多微行,躬察作役之所。侍中韦谀谏曰:“臣闻:‘千金之子,坐不垂堂;万乘之主,行不履危’。陛下虽天生神武,雄据四海,乾坤冥赞,万无所虑。然白龙鱼服,有豫且之祸;海若潜游,罹葛陂之酷,深愿陛下清宫跸路,思二神为元鉴,不可忽天下之重,轻行斤斧之间。一旦有狂夫之变,龙腾之勇不暇施也,智士之计岂及设哉! 又自古圣王之营建宫室,未始不于三农之隙,所以不夺农时也。今或盛功于耘艺之辰,或烦役于收获之月,顿毙属途,怨声塞路,诚非圣君仁后所忍为也。昔汉明,贤君也,钟离一言而德阳役止。臣诚识惭昔士,言无可采,陛下道越前王,所宜哀览。"季龙省而善之,赐以谷帛,而兴缮滋繁,游察自若。

右仆射张离领五兵尚书,专总兵要,而欲求媚于石宣,因说之曰:"今诸公侯吏兵过限,宜渐削弱,以盛储威。"宣素疾石韬之宠,甚说其言,乃使离奏夺诸公府吏,秦、燕、义阳、乐平四公听置吏一百九十七人,帐下兵二百人,自此已下,三分置一,余兵五万,悉配东宫。于是诸公咸怨,为大衅之渐矣。

遣征北张举自雁门讨索头郁鞠,克之。

制:"征士五人车一乘,牛二头,米各十五斛,绢十匹,调不办者以斩论。"将以图江表。于是百姓穷窘,鬻子以充军制,犹不能赴,自经于道路死者相望,而求发无已。会青州言济南平陵城北石兽,一夜中忽移在城东南善石沟,上有狼狐千余迹随之,迹皆成路。季龙大悦曰:"兽者,朕也。自平陵城北而东南者,天意将使朕平荡江南之征也。天命不可违,其敕诸州兵明年悉集。朕当亲董六军,以副成路之祥。"群臣皆贺,上《皇德颂》者一百七人。

时,妖怪尤多,石然于泰山,八日而灭。东海有大石自立,旁有血流。邺西山石间血流出,长十余步,广二尺余。太武殿画古贤悉变为胡,旬余,头悉缩入肩中。季龙大恶之,佛图澄对之流涕。

宁远刘宁攻武都狄道,陷之。使石宣讨鲜卑斛谷提,大破之,斩首三万级。

中谒者令申扁有宠于季龙,而宣亦昵之。扁聪辨明断,专综机密之任。季龙既不省奏案,宣荒酒内游,石韬沉湎好猎,生杀除拜皆扁所决。于是,权倾内外,刺史二千石多出其门,九卿已下望尘而拜,唯侍中郑系、王谟、常侍卢谌、崔约等十余人与之抗礼。

季龙又取州郡吏马一万四千余匹,以配曜武关将,马主皆复一年。

镇北宇文归执送段辽之子兰降于季龙,献骏马万匹。

季龙以平西张伏都为使持节、都督征讨诸军事,帅步骑三万击凉州。既济河,与张骏将谢艾大战于河西,伏都败绩。

季龙虽昏虐无道,而颇慕经学,遣国子博士诣洛阳写石经,校中经于秘书。国子祭酒聂熊注《谷梁春秋》,列于学官。

燕公石斌淫酒荒猎,常悬管而入。征北张贺度以边防宜警,每裁谏之。斌怒,辱贺度。季龙闻之,大怒,杖斌一百,遣主书礼仪持节监之。斌行意自若,仪持法呵禁,斌怒杀之。欲杀贺度,贺度严卫,驰白之,季龙遣尚书张离持节帅骑追斌,鞭之三百,免官归第,诛其亲任十余人。

建元初,季龙飨群臣于太武前殿,有白雁百余集于马道南。季龙命射之,无所获。既将讨三方,诸州兵至者百余万。太史令赵揽私于季龙曰:“白雁集殿庭,宫室将空,不宜行也。”季龙纳之,临宣武亲大阅而解严。

以燕公斌为使持节、侍中、大司马、录尚书事。置左右戎昭、曜武将军,位在左、右卫上。东宫置左、右统将军,位在四率上。置上、中光禄大夫,在左、右光禄上。置镇卫将军,在车骑将军上。

时,石宣淫虐日甚,而莫敢以告。领军王朗言之于季龙曰:“今隆冬雪寒,而皇太子使人斫伐宫材,引于漳水,功役数万,士众吁嗟。陛下宜因游观而罢之也。”季龙如其言。既而宣知朗所为,怒欲杀之而无因。会荧惑守房,赵揽承宣旨言于季龙曰:“昂者,赵之分也,荧惑所在,其主恶之。房为天子,此殃不小。宜贵臣姓王者当之。”季龙曰:“谁可当者?”揽久而对曰:“无复贵于王领军也。”季龙既惜朗,且猜之,曰:“更言其次。”揽曰:“其次唯中书监王波耳。”季龙乃下书追波前议遣李宏及答槠矢之愆,腰斩之,及其四子投于漳水,以厌荧惑之变。寻愍波之无罪,追赠司空,封其孙为侯。

平北尹农攻慕容皝凡城,不克而还。黜农为庶人。

时,白虹出自太社,经凤阳门,东南连天,十余刻乃灭。季龙下书曰:“盖古明王之理天下也,政以均平为首,化以仁惠为本,故能允协人和,缉熙神物。朕以眇薄,君临万邦,夕惕乾乾,思遵古烈,是以每下书蠲除徭赋,休息黎元,庶俯怀百姓,仰禀三光。而中年已来,变眚弥显,天文错乱,时气不应,斯由人怨于下,谴感皇天。虽朕之不明,亦群后不能翼奖之所致也。昔楚相修政,洪灾旋弭;郑卿厉道,氛祲自消,皆股肱之良,用康群变。而群公卿士各怀道迷邦,拱默成败,岂所望于台辅百司哉!其各上封事,极言无隐。"于是,闭凤阳门,唯元日乃开。立二時于灵昌津,祠天及五郊。

李寿以建宁、上庸、汉固、巴征、梓潼五郡降于季龙。

先是,季龙起河桥于灵昌津,采石为中济,石无大小,下辄随流,用功五百余万而不成。季龙遣使致祭,沉璧于河。俄而所沉璧流于渚上,地震,水波腾上,津所、殿观莫不倾坏,压死者百余人。季龙患甚,斩工匠而止作焉。

命石宣、石韬,生杀拜除皆迭日省决,不复启也。司徒申钟谏曰:"庆赏刑威,后皇攸执,名器至重,不可以假人,皆以防奸杜渐,以示轨仪。太子国之储贰,朝夕视膳而不及政也。庶人遂往以闻政致败,殷鉴不远,宜革而弗遵。且二政分权,鲜不及祸。周有子颓之衅,郑有叔段之难,此皆由宠之不道,所以乱国害亲,惟陛下览之。"季龙不从。太子詹事孙珍问侍中崔约曰:"吾患目疾,何方疗之?"约素狎珍,戏之曰:"溺中则愈。"珍曰:"目何可溺?"约曰:"卿目䀼䀼,正耐溺中。"珍恨之,以白宣。宣诸子中最胡状,目深,闻之大怒,诛约父子。珍有宠于宣,颇预朝政,自诛约之后,公卿已下惮之侧目。

季龙子义阳公鉴,时镇关中,役烦赋重,失关右之和。其友李松劝鉴,文武有长发者,拔为冠缨,余以给宫人。长史取发白之,季龙大怒,以其右仆射张离为征西左长史、龙骧将军、雍州刺史以察之,信然,征鉴还邺,收松下廷尉,以石苞代镇长安。发雍、洛、秦、并州十六万人城长安未央宫。

季龙性既好猎,其后体重,不能跨鞍,乃造猎车千乘,辕长三丈,高一丈八尺,置高一丈七尺,格兽车四十乘,立三级行楼二层于其上,克期将校猎。自灵昌津南至荥阳,东极阳都,使御史监察,其中禽兽有犯者罪至大辟。御史因之擅作威福,百姓有美女、好牛马者,求之不得,便诬以犯兽论,死者百余家,海岱、河济间人无宁志矣。

又发诸州二十六万人修洛阳宫。发百姓牛二万余头配朔州牧官。

增置女官二十四等,东宫十有二等,诸公侯七十余国皆为置女官九等。先是,大发百姓女二十已下十三已上三万余人,为三等之第以分配之。郡县要媚其旨,务于美淑,夺人妇者九千余人。百姓妻有美色,豪势因而胁之,率多自杀。石宣及诸公又私令采发者,亦垂一万。总会邺宫。季龙临轩简第诸女,大悦,封使者十二人皆为列侯。自初发至邺,诸杀其夫及夺而遣之缢死者三千余人。荆、楚、扬、徐间流叛略尽,宰守坐不能绥怀,下狱诛者五十余人。金紫光禄大夫逯明因侍切谏,季龙大怒,遣龙腾拉而杀之。自是朝臣杜口,相招为禄仕而已。

季龙常以女骑一千为卤簿,皆著紫纶巾、熟锦裤、金银镂带、五文织成靴,游于戏马观。观上安诏书五色纸,在木凤之口,鹿卢回转,状若飞翔焉。

遣凉州刺史麻秋等伐张重华。

尚书朱轨与中黄门严生不协,会大雨霖,道路陷滞不通,生因而谮轨不修道,又讪谤朝政,季龙遂杀之。于是,立私论之条,偶语之律,听吏告其君,奴告其主,威刑日滥,公卿已下,朝会以目,吉凶之问,自此而绝。

轨之囚也,冠军符洪谏曰:"臣闻圣主之驭天下也,土阶三尺,茅茨不翦,食不累味,刑措而不用。亡君之驭海内也,倾宫琼榭,象箸玉杯,截胫剖心,脯贤刳孕,故其亡也忽焉。今襄国、邺宫足康帝宇,长安、洛阳何为者哉?盘于游田,耽于女德,三代之亡,恒必由此。而忽为猎车千乘,养兽万里,夺人妻女,十万盈宫。尚书朱轨,纳言大臣,以道路不修,将加酷法,此自陛下政之失和,阴阳灾诊,暴降霖雨七旬,霁方二日,纵有鬼兵百万,尚未及修之,而况人乎!

刑政如此,其如史笔何!其如四海何!特愿止作徒,休宫女,赦朱轨,允众望。"季龙省之不悦,惮其强,但寝而不纳,弗之罪也。乃停二京作役焉。

晋书卷一〇七
载记第七

# 石季龙下　子世　遵　鉴　冉闵

永和三年,季龙亲耕藉田于其桑梓苑,其妻杜氏祠先蚕于近郊,遂如襄国谒勒墓。

以中书监石宁为征西将军,率并、司州兵二万余人,为麻秋等后继。张重华将宋秦等率户二万来降。河湟间氐羌氐十余万落与张璩相首尾,麻秋惮之,不进。重华金城太守张冲又以郡降石宁。麻秋寻次曲柳,刘宁、王擢进攻始兴武街。重华将杨康等与宁战于沙阜,宁败绩,乃引还金城。王擢克武街,执重华护军曹权、胡宣,徙七千余户于雍州。季龙又以孙伏都为征西将军,与麻秋率步骑三万长驱济河,且城长最。重华大惧,遣将谢艾逆击,败之,秋退归金城。

勒及季龙并贪而无礼,既王有十州之地,金帛珠玉及外国珍奇异货不可胜纪,而犹以为不足,暴代帝王及先贤陵墓靡不发掘,而取其宝货焉。邯郸城西石子岗上有赵简子墓,至是季龙令发之,初得炭深丈余,次得木板厚一尺,积板厚八尺,乃及泉,其水清冷非常,作绞车以牛皮囊汲之,月余而水不尽,不可发而止。又使掘秦始皇冢,取铜柱铸以为器。

时,沙门吴进言于季龙曰:“胡运将衰,晋当复兴,宜苦役晋人以厌其气。”季龙于是使尚书张群发近郡男女十六万,车十万乘,运土筑华林苑及长墙于邺北,广长数十里。赵揽、申钟、石璞等上疏陈天文错乱,苍生凋弊,及因引见,又面谏,辞旨甚切。季龙大怒曰:

"墙朝成夕没,吾无恨矣。"乃促张群以烛夜作。起三观、四门,三门
通漳水,皆为铁扉。暴风大雨,死者数万人。扬州送黄鹄雏五,颈长
一丈,声闻十余里,泛之于玄武池。郡国前后送苍麟十六,白鹿七,
季龙命司虞张曷柱调之,以驾芝盖,列于充庭之乘。凿北城,引水于
华林园。城崩,压死者百余人。

　　命石宣祈于山川,因而游猎,乘大辂,羽葆、华盖,建天子旌旗,
十有六军,戎卒十八万,出自金明门。季龙从其后宫升陵霄观望之,
笑曰:"我家父子如是,自非天崩地陷,当复何愁,但抱子弄孙,日为
乐耳!"宣既驰逐无厌,所在陈列行宫,四面各一百里为度,驱围禽
兽,皆暮集其所。文武跪立,围守重行,烽炬星罗,光烛如昼,命劲骑
百余驰射其中。宣与婕姬显德美人乘辇观之,嬉娱忘反,兽殚乃止。
其有禽兽奔逸,当之者坐,有爵者夺马步驱一日,无爵者鞭之一百。
峻制严刑,文武战栗,士卒饥冻而死者万有余人。宣弓马衣食皆号
为御,有乱其间者,以冒禁罪罪之。所过三州十五郡,资储靡有孑
遗。季龙复命石韬亦如之,出自并州,游于秦、晋。宣素恶韬宠,是
行也,嫉之弥甚。宦者赵生得幸于宣而无宠于韬,微劝宣除之,于
是,相图之计起矣。

　　麻秋又袭张重华将张瑁于河陕,败之,斩首三千余级。枹罕护
军李逮率众七千降于季龙。自河已南,氐、羌皆降。

　　石韬起堂于太尉府,号曰宣光殿、梁长九丈。宣视而大怒,斩
匠,截梁而去。韬怒,增之十丈。宣闻之,恚甚,谓所幸杨杯、牟成曰:
"韬凶竖勃逆,敢违我如是!汝能杀之者,吾入西宫,当尽以韬之国
邑分封汝等。韬既死,主上必亲临丧,因行大事,蔑不济矣。"杯等许
诺。

　　时,东南有黄黑云,大如数亩,稍分为三,状若匹布,东西经天,
色黑而青。酉时贯日,日没后分为七道,每相去数十丈,间有白云如
鱼鳞,子时乃灭。韬素解天文,见而恶之,顾谓左右曰:"此变不小,
当有刺客起于京师,不知谁定当之?"是夜,韬宴其僚属于东明观,
乐奏,酒酣,愀然长叹曰:"人居世无常,别易会难。各付一杯,开意

为吾饮,令必醉。知后会复何期而不饮乎!"因泫然流涕,左右莫不
歔欷,因宿于佛精舍。宣使杨杯、牟皮、牟成、赵生等缘猕猴梯而入,
杀韬,置其刀箭而去。且,宣奏之。季龙哀惊气绝,久之方苏。将出
临之,其司空李农谏曰:"害秦公者恐在萧墙之内,虑生非常,不可
以出。"季龙乃止。严兵发哀于太武殿。宣乘素车,从入,临韬丧,不
哭,直言呵呵,使举衾看尸,大笑而去。收大将军记室参军郑靖、尹
武等,将委之以罪。

　　季龙疑宣之害韬也,谋召之,惧其不入,乃伪言其母哀过危惙。
宣不虞己之见疑也,入朝中宫,因而止之。建兴人史科告称:"韬死
夜,宿东宫长上杨杯家,杯夜与五人从外来,相与语曰:'大事已定,
但愿大家老寿,吾等何患不富贵。'语讫便入。科寝暗中,杯不见也。
科寻出逃匿。俄而杯与二人出,求科不得,杯曰:'宿客闻人向语,当
杀之断口舌。今而得去,作大事矣。'科逾墙获免。"季龙驰使收之,
获杨杯、牟皮、赵生等。杯、皮寻皆亡去,执赵生而诘之,生具首服。
季龙悲怒弥甚,幽宣于席库,以铁环穿其颔而锁之,作数斗木槽,
和羹饭以猪狗法食之。取害韬刀箭舐其血,哀号震动宫殿。积柴邺
北,树摽于其上,摽末置鹿卢,穿之以绳,倚梯柴积,送宣于摽所,使
韬所亲宦者郝稚、刘霸拔其发,抽其舌,牵之登梯,上于柴积。郝稚
以绳贯其颔,鹿卢绞上,刘霸断其手足,斫眼溃腹,如韬之伤。四面
纵火,烟炎于天。季龙从昭仪已下数千登中台以观之。火灭,取灰
分置诸门交道中。杀其妻子九人。宣小子年数岁,季龙甚爱之,抱
之而泣。儿曰:"非儿罪。"季龙欲赦之,其大臣不听,遂于抱中取而
戮之,儿犹挽季龙衣而大叫,时人莫不为之流涕,季龙因此发病。又
诛其四率已下三百人,宦者五十人,皆车裂节解,弃之漳水。污其东
宫,养猪牛。东宫卫士十余万人皆谪戍凉州。先是,散骑常侍赵揽
言于季龙曰:"中宫将有变,宜防之。"及宣之杀韬也,季龙疑其知而
不告,亦诛之。废宣母杜氏为庶人。贵嫔柳氏,尚书耆之女也,以才
色特幸,坐其二兄有宠于宣,亦杀之。季龙追其姿色,复纳耆少女于
华林园。

　　季龙议立太子,其太尉张举进曰:"燕公斌、彭城公遵并有武艺文德,陛下神齿已衰,四海未一,请择二公而树之。"初,戎昭张豺之破上邽也,获刘曜幼女,年十二,有殊色,季龙得而嬖之,生子世,封齐公。至是,豺以季龙年长多疾,规立世为嗣,刘当为太后,己得辅政,说季龙曰:"陛下再立储宫,皆出自倡贱,是以祸乱相寻。今宜择母贵子孝者立之。"季龙曰:"卿且勿言,吾知太子处矣。"又议于东堂,季龙曰:"吾谷以纯灰三斛洗吾腹,腹秽恶,故生凶子,儿年二十余,使欲杀公。今世方十岁,比其二十,吾已老矣。"于是,与张举、季农定议,敕公卿上书请立世。大司农曹莫不署名,季龙使张豺问其故。莫顿首曰:"天下业重,不宜立少,是以不敢署也。"季龙曰:"莫,忠臣也,然未达朕意。张举、李农知吾心矣,其令谕之。"遂立世为皇太子,刘氏为皇后。季龙召太常条攸、光禄勋杜嘏谓之曰:"烦卿傅太子,实希改辙,吾之相托,卿宜明之。"署攸太傅,嘏为少傅。

　　季龙时疾瘳,以永和五年僭即皇帝位于南郊,大赦境内,建元曰太宁。百官增位一等,诸子进爵郡王。以尚书张良为右仆射。

　　故东宫谪卒高力等万余人当戍凉州,行达雍城,既不在赦例,又敕雍州刺史张茂送之,茂皆夺其马,令步推鹿车,致粮戍所。高力督定阳梁犊等因众心之怨,谋起兵东还,阴令胡人颏独鹿微告戍者,戍者皆踊抃大呼。梁犊乃自称晋征东大将军,率众攻陷下办,逼张茂为大都督、大司马,载以辒车。安西刘宁自安定击之,大败而还。秦、雍间城戍无不摧陷,斩二千石长史,长驱而东。高力等皆多力善射,一当十余人,虽无兵甲,所在掠百姓大斧,施一丈柯,攻战若神,所向崩溃,戍卒皆随之,比至长安,众已十万。其乐平王石苞时至长安,尽锐距之,一战而败。犊遂东出潼关,进如洛川。季龙以李农为大都督,行大将军事,统卫军张贺度、征西张良、征虏石闵等,率步骑十万讨之。战于新安,农师不利。又战于洛阳,农师又败,乃退壁成皋。犊东掠荥阳、陈留诸郡,季龙大惧,以燕王石斌为大都督中外诸军事,率精骑一万,统姚弋仲、苻洪等击犊于荥阳东,大败之,斩犊首而还,讨其余党,尽灭之。

俄而,晋将军王龛拔其沛郡。始平人马勖起兵于洛氏葛谷,自称将军。石苞攻灭之,诛三千余家。

时,荧惑犯积尸,又犯昴、月,及荧惑北犯河鼓。未几,季龙疾甚,以石遵为大将军,镇关右,石斌为丞相、录尚书事,张豺为镇卫大将军、领军将军、吏部尚书,并受遗辅政。刘氏惧斌之辅政也害世,与张豺谋诛之。斌时在襄国,乃遣使诈斌曰:"主上患已渐损,王须猎者,可小停也。"斌性好酒耽猎,遂游畋纵饮。刘氏矫命称斌无忠孝之心,免斌官,以王归第,使张豺弟雄率龙腾五百人守之。石遵自幽州至邺,敕朝堂受拜,配禁兵三万遣之,遵恸泣而去。是日,季龙疾小瘳,问曰:"遵至未?"左右答言久已去矣。季龙曰:"恨不见之。"季龙临于西阁,龙腾将军、中郎二百余人列拜于前。季龙曰:"何所求也?"皆言圣躬不和,宜令燕王入宿卫,典兵马,或言乞为皇太子。季龙不知斌之废也,责曰:"燕王不在内邪?呼来!"左右言王酒病,不能入。季龙曰:"促持辇迎之,当付其玺绶。"亦竟无行者。寻悁眩而入。张豺使弟雄等,矫季龙命,杀斌,刘氏又矫命以豺为太保、都督中外诸军、录尚书事,加千兵百骑,一依霍光辅汉故事。侍中徐统叹曰:"祸将作矣,吾无为豫之。"乃仰药而死。俄而,季龙亦死。

季龙始以咸康元年僭立,至此太和六年,凡在位十五岁。

于是,世即伪位,尊刘氏为皇太后,临朝,进张豺为丞相。豺请石遵、石鉴为左右丞相,以慰其心,刘氏从之。豺与张举谋诛李农,而举与农素善,以豺谋告之。农惧,率骑百余奔广宗,率乞活数万家保于上白。刘氏使张举等统宿卫精卒围之。豺以张离为镇军大将军、监中外诸军事、司隶校尉,为己之副。邺中群盗大起,迭相劫掠。

石遵闻季龙之死,屯于河内。姚弋仲、苻洪、石闵、刘宁及武卫王鸾、宁西王午、石荣、王铁、立义将军段勤等既平秦洛,班师而归,遇遵于李城,说遵曰:"殿下长而且贤,先帝亦有意于殿下矣。但以末年惽惑,为张豺所误。今上白相持未下,京师宿卫空虚,若声张豺之罪,鼓行而讨之,孰不倒戈开门而迎殿下者邪!"遵从之。洛州刺史刘国等亦率洛阳之众至于李城。遵檄至邺，张豺大惧，驰召上白之军。遵次于荡阴，戎卒九万，石闵为前锋。豺将出距之，耆旧羯士皆曰："天子儿来奔丧，吾当出迎之，不能为张豺城戍也。"逾城而出，豺斩之不能止。张离率龙腾二千斩关迎遵。刘氏惧，引张豺入，对之悲哭曰："先帝梓宫未殡，而祸难繁兴。今皇嗣冲幼，托之于将军，将军何以匡济邪？加遵重官，可以弭不？"豺惶怖失守，无复筹计，但言唯唯。刘氏令以遵为丞相、领大司马、大都督中外诸军、录尚书事，加黄钺、九锡，增封十郡，委以阿衡之任。遵至安阳亭，张豺惧而出迎，遵命执之。于是，贯甲曜兵，入自凤阳门，升于太武前殿，擗踊尽哀，退如东阁。斩张豺于平乐市，夷其三族。假刘氏令曰："嗣子幼冲，先帝私恩所授，皇业至重，非彼克堪。其以遵嗣位。"遵伪让至于再三，群臣敦劝，乃受之，僭即尊位于太武前殿，大赦殊死已下，罢上白围。封世为谯王，邑万户，待以不臣之礼，废刘氏为太妃，寻皆杀之。世凡立三十三日。

于是，李农归请罪，遵复其位，待之如初。尊其母郑氏为皇太后，其妻张氏为皇后，以石斌子衍为皇太子，石鉴为侍中，石冲为太保，石苞为大司马，石琨为大将军，石闵为中外诸军事、辅国大将军、录尚书事，辅政。

暴风拔树，震雷，雨雹大如盂升。太武、晖华殿灾，诸门观阁荡然，其乘舆服御烧者太半，光焰照天，金石皆尽，火月余乃灭。雨血周遍邺城。

石冲时镇于蓟，闻遵杀世而自立，乃谓其僚佐曰："世受先帝之命，遵辄废杀，罪逆莫大，其敕内外戒严，孤将亲讨之。"于是，留宁北沐坚戍幽州，帅众五万，自蓟讨遵，传檄燕、赵，所在云集，比及常山，众十余万。次于苑乡，遇遵赦书，谓左右曰："吾弟一也，死者不可复追，何为复相残乎！吾将归矣。"其将陈暹进曰："彭城篡弑自尊，为罪大矣。王虽北旆，臣将南辕，平京师，擒彭城，然后奉迎大驾。"冲从之。遵驰遣王擢以书喻冲，冲弗听。遵假石凉黄钺、金钲，与李农等率精卒十万讨之。战于平棘，冲师大败，获冲于元氏，赐死,坑其士卒三万余人。

始葬季龙,号其墓为显原陵,伪谥武皇帝,庙号太祖。

遵扬州刺史王浃以淮南归顺。晋西中郎将陈逮进据寿春。征北将军褚裒率师伐遵,次于下邳,遵以李农为南讨大都督,率骑二万来距。裒不能进,退屯广陵。陈逮闻之,惧,遂焚寿春积聚,毁城而还。

石苞时镇长安,谋帅关中之众攻邺,左长史石光、司马曹曜等固谏。苞怒,诛光等百余人。苞性贪而无谋,雍州豪右知其无成,并遣使告晋梁州刺史司马勋。勋于是率众赴之,壁于悬钩,去长安二百余里,使治中刘焕攻京兆太守刘秀离,斩之。三辅豪右多杀其令长,拥三十余壁,有众五万以应勋。苞辍攻邺之谋,使麻秋、姚国等率骑距勋。遵遣车骑王朗率精骑二万,外以讨勋为名,因劫苞,送于邺。勋又为朗所距,释悬钩,拔宛城,杀遵南阳太守袁景而还。

初,遵之发李城也,谓石闵曰:“努力!事成,以尔为储贰。”既而立衍,闵甚失望,自以勋高一时,规专朝政,遵忌而不能任。闵既为都督,总内外兵权,乃怀抚殿中将士及故东宫高力万余人,皆奏为殿中员外将军,爵关外侯,赐以宫女,树己之恩。遵弗之猜也,而更题名善恶以挫抑之,众咸怨矣。

而又纳中书令孟准、左卫将军王鸾之计,颇疑惮于闵,稍夺兵权。闵益有恨色,准等咸劝诛之。遵召石鉴等入,议于其太后郑氏之前,皆请诛之。郑氏曰:“李城回师,无棘奴岂有今日!小骄纵之,不可便杀也。”鉴出,遣宦者杨环驰以告闵,闵遂劫李农及右卫王基,密谋废遵。使将军苏亥、周成率甲士三十执遵于如意观。遵时方与妇人弹棋,问成等曰:“反者谁也?”成曰:“义阳王鉴当立。”遵曰:“我尚如是,汝等戮鉴,复能几时!”乃杀之于琨华殿,诛郑氏及其太子衍、上光禄张斐、中书令孟准、左卫王鸾等。遵凡在位一百八十三日。

鉴乃僭位,大赦殊死已下。以石闵为大将军,封武德王,李农为大司马,并录尚书事;郎闿为司空,秦州刺史刘群为尚书左仆射,侍中卢谌为中书监。

鉴使石苞及中书令李松、殿中将军张才等夜诛闵、农于琨华殿，不克，禁中扰乱。鉴恐闵为变，伪若不知者，夜斩松、才于西中华门，并诛石苞。

时，石祇在襄国，与姚弋仲、苻洪等通和，连兵檄诛闵、农。鉴遣石琨为大都督，与张举及侍中呼延盛率步骑七万分讨祇等。中领军石成、侍中石启、前河东太守石晖谋诛闵、农，闵、农杀之。

龙骧孙伏都、刘铢等结羯士三千伏于胡天，亦欲诛闵等。时鉴在中台，伏都率三十余人将升台挟鉴以攻之。鉴见伏都毁阁道，临问其故。伏都曰："李农等反，已在东掖门，臣严率卫士，谨先启知。"鉴曰："卿是功臣，好为官陈力。朕从台观卿，勿虑无报也。"于是，伏都及铢率众攻闵、农，不克，屯于凤阳门。闵、农率众数千毁金明门而入。鉴惧闵之诛己也，驰招闵、农，开门内之，谓曰："孙伏都反，卿宜速讨之。"闵、农攻斩伏都等，自凤阳至琨华，横尸相枕，流血成渠。宣令内外六夷敢称兵杖者斩之。胡人或斩关，或逾城而出者，不可胜数。使尚书王简、少府王郁帅众数千，守鉴于御龙观，悬食给之。令城内曰："与官同心者住，不同心者各任所之。"敕城门不复相禁。于是，赵人百里内悉入城，胡羯去者填门。闵知胡之不为己用也，班令内外赵人，斩一胡首送凤阳门者，文官进位三等，武职悉拜牙门。一日之中，斩首数万。闵躬率赵人诛诸胡羯，无贵贱男女少长皆斩之，死者二十余万，尸诸城外，悉为野犬豺狼所食。屯据四方者，所在承闵书诛之，于时高鼻多须至有滥死者半。

太宰赵鹿、太尉张举、中军张春、光禄石岳、抚军石宁、武卫张季及诸公侯、卿、校、龙腾等万人出奔襄国。石琨奔据冀州，抚军张沉屯滏口，张贺度据石渎，建义段勤据黎阳，宁南杨群屯桑壁，刘国据阳城，段龛据陈留，姚弋仲据混桥，苻洪据枋头，众各数万。王朗、麻秋自长安奔于洛阳。秋承闵书，诛朗部胡千余。朗奔于襄国。麻秋率众奔于苻洪。

石琨及张举、王朗率众七万伐邺，石闵率骑千余，距之城北。闵执两刃矛,驰骑击之,皆应锋摧溃,斩级三千。琨等大败,遂归于冀州。

闵与李农率骑三万讨张贺度于石渎,鉴密遣宦者赍书召张沉等,使承虚袭邺。宦者以告闵、农,闵、农驰还,废鉴杀之,诛季龙孙三十八人,尽殪石氏。鉴在位一百三日。

季龙小男混,永和八年,将妻妾数人奔京师,敕收付廷尉,俄而,斩之于建康市。季龙十三子,五人为冉闵所杀,八人自相残害,混至此又死。初,谶言灭石者陵,寻而石闵徙封兰陵公,季龙恶之,改兰陵为武兴郡,至是终为闵所灭。始勒以成帝咸和三年僭立,二主四子,凡二十三年,以穆帝永和五年灭。

闵,字永曾,小字棘奴,季龙之养孙也。父瞻,字弘武,本姓冉,名良,魏郡内黄人也。其先汉黎阳骑都督,累世牙门。勒破陈午,获瞻,时年十二,命季龙子之。骁猛多力,攻战无前。历位左积射将军、西华侯。闵幼而果锐,季龙抚之如孙。及长,身长八尺,善谋策,勇力绝人。拜建节将军,徙封修成侯,历位北中郎将、游击将军。季龙之败于昌黎,闵军独全,由此功名大显。及败梁犊之后,威声弥振,胡夏宿将莫不惮之。

永和六年,杀石鉴,其司徒申钟、司空郎闿等四十八人上尊号于闵,闵固让李农,农以死固请,于是,僭即皇帝位于南郊,大赦,改元曰永兴,国号大魏,复姓冉氏。追尊其祖隆元皇帝,考瞻烈祖高皇帝,尊母王氏为皇太后,立妻董氏为皇后,子智为皇太子。以李农为太宰、领太尉、录尚书事,封齐王,农诸子皆封为县公。封其子胤、明、裕皆为王。文武进位三等,封爵有差。遣使者持节赦诸屯结,皆不从。

石祇闻鉴死,僭称尊号于襄国,诸六夷据州郡拥兵者皆应之。闵遣使临江告晋曰:“胡逆乱中原,今已诛之。若能共讨者,可遣军来也。”朝廷不答。闵诛李农及其三子,并尚书令王谟、侍中王衍、中常侍严震、赵升等。晋庐江太守袁真攻其合肥,执南蛮校尉桑坦,迁其百姓而还。

石祗遣其相国石琨率众十万伐邺,进据邯郸。祗镇南刘国自繁阳会琨。闵大败琨于邯郸,死者万余。刘国还屯繁阳。苻健自枋头入关。张贺度、段勤与刘国、靳豚会于昌城,将攻邺。闵遣尚书左仆射刘群为行台都督,使其将王泰、崔通、周成等帅步骑十二万次于黄城,闵躬统精卒八万继之,战于苍亭。贺度等大败,死者二万八千,追斩靳豚于阴安乡。尽俘其众,振旅而归。戎卒三十余万,旌旗钟鼓绵亘百余里,虽石氏之盛无以过之。

闵至自苍亭,行饮至之礼,清定九流,准才授任,儒学后门多蒙显进,于时翕然,方之为魏晋之初。

闵率步骑十万攻石祗于襄国,署其子太原王胤为大单于、骠骑大将军,以降胡一千配为麾下。光禄大夫韦䜓启谏甚切,闵览之大怒,诛䜓及其子孙。闵攻襄国百余日,为土山地道,筑室反耕。祗大惧,去皇帝之号,称赵王,遣使诣慕容儁、姚弋仲以乞师。会石琨自冀州援祗,弋仲复遣其子襄率骑三万八千至自滆头,儁遣将军悦绾率甲卒三万自龙城,三方劲卒合十余万。闵遣车骑胡睦距襄于长芦,将军孙威候琨于黄丘,皆为敌所败,士卒略尽,睦、威单骑而还。琨等军且至,闵将出击之,卫将军王泰谏曰:"穷寇固迷,希望外援。今强救云集,欲吾出战,腹背击我。宜固垒勿出,观势而动,以挫其谋。今陛下亲戎,如失万全,大事去矣。请慎无出,臣请率诸将为陛下灭之。"闵将从之,道士法饶进曰:"太白经昴,当杀胡王,一战百克,不可失也。"闵攘袂大言曰:"吾战决矣,敢谏者斩!"于是,尽众出战。姚襄、悦绾、石琨等三面攻之,祗冲其后,闵师大败。闵潜于襄国行宫,与十余骑奔邺。降胡栗特康等执冉胤及左仆射刘琦等送于祗,尽杀之。司空石璞、尚书令徐机、车骑胡睦、侍中李绵、中书监卢谌、少府王郁、尚书刘钦、刘休等及诸将士死者十余万人,于是,人物歼矣。贼盗蜂起,司冀大饥,人相食。自季龙末年而闵尽散仓库以树私恩。与羌胡相攻,无月不战。青、雍、幽、荆州徙户及诸氐、羌、胡、蛮数百余万,各还本土,道路交错,互相杀掠,且饥疫死亡,其能达者十有二三。诸夏纷乱,无复农者。闵悔之,诛法饶父子,支解之,赠韦谀大司徒。

石祇使刘显帅众七万攻邺。时闵潜还,莫有知者,内外凶凶,皆谓闵已没矣。射声校尉张艾劝闵亲郊,以安众心,闵从之,讹言乃止。刘显次于明光宫,去邺二十三里。闵惧,召卫将军王泰议之。泰恚其谋之不从,辞以疮甚。闵亲临问之,固称疾笃。闵怒,还宫,顾谓左右曰:"巴奴,乃公岂假汝为命邪!要将先灭群胡,却斩王泰。"于是,尽众而战,大败显军,追奔及于阳平,斩首三万余级。显惧,密使请降,求杀祇为效,闵振旅而归。会有告王泰招集秦人,将奔关中,闵怒,诛泰,夷其三族。刘显果杀祇及其太宰赵鹿等十余人,传首于邺,送质请命。骠骑石宁奔于柏人。闵命焚祇首于通衢。

闵兖州刺史刘启以鄄城归顺。刘显复率众伐邺,闵击败之。还,称尊号于襄国。闵徐州刺史周成、兖州牧刺史魏统、豫州冉遇、荆州刺史乐弘皆以城归顺。平南高崇、征房吕护执洛州刺史郑系,以三河归顺。慕容彪攻陷中山,杀闵宁北白同、幽州刺史刘准,降于慕容俊。

时,有云黄赤色,起东北,长百余丈,一白鸟从云间西南去,占者恶之。

刘显率众伐常山,太守苏亥告难于闵。闵留其大将军蒋干等辅其太子智守邺,亲率骑八千救之。显所署大司马、清河王宁以枣强降于闵,收其余众,击显,败之,追奔及于襄国。显大将曹伏驹开门为应,遂入襄国,诛显及其公卿已下百余人,焚襄国宫室,迁其百姓于邺。显领军范路率众千余,斩关奔于枋头。

时慕容僬已克幽蓟,略地至于冀州。闵帅骑距之,与慕容恪相遇于魏昌城。闵大将军董闰、车骑张温言于闵曰:"鲜卑乘胜气劲,不可当也,请避之以溢其气,然后济师以击之,可以捷也。"闵怒曰:"吾成师以出,将平幽州,斩慕容僬。今遇恪而避之,人将侮我矣。"乃与恪遇,十战皆败之。恪乃以铁锁连马,简善射鲜卑勇而无刚者五千,方阵而前。闵所乘赤马曰朱龙,日行千里,左杖双刃矛,右执钩戟,顺风击之,斩鲜卑三百余级。俄而燕骑大至,围之数周。闵众寡不敌,跃马溃围东走,行二十余里,马无故而死,为恪所擒,及董闰、张温等送之于蓟。儁立闵而问之曰:"汝奴仆下才,何自妄称天子?"闵曰:"天下大乱,尔曹夷狄,人面兽心,尚欲篡逆。我一时英雄,何为不可作帝王邪!"儁怒,鞭之三百,送于龙城,告庙、祖庙。

遣慕容评率众围邺。刘宁及弟崇帅胡骑三千奔于晋阳,苏亥弃常山奔于新兴。邺中饥,人相食,季龙时宫人被食略尽。冉智尚幼,蒋干遣侍中缪嵩、詹事刘猗奉表归顺,且乞师于晋。濮阳太守戴施自仓垣次于棘津,止猗,不听进,责其传国玺。猗使嵩还邺复命,干沉吟未决,施乃率壮士百余人入邺,助守三台,谲之曰:"且出玺付我。今凶寇在外,道路不通,未敢送也。须得玺,当驰白天子耳。天子闻玺已在吾处,信卿至诚,必遣军粮厚相救饷。"干以为然,乃出玺付之。施宣言使督护何融迎粮,阴令怀玺送于京师。长水校尉马愿、龙骧田香开门降评。施、融、蒋干悬缒而下,奔于仓垣。评送闵妻董氏、太子智、太尉申钟、司空条攸、中书监聂熊、司隶校尉籍羆、中书令李垣及诸王公卿士于蓟。尚书令王简、左仆射张乾、右仆射郎肃自杀。

儁送闵既至龙城,斩于遏陉山。山左右七里草木悉枯,蝗虫大起,五月不雨,至于十二月。儁遣使者祀之,谥曰武悼天王,其日,大雪。是岁永和八年也。


史臣曰:夫拯溺救焚,帝王之师也;穷凶骋暴,戎狄之举也。蠢兹杂种,自古为虞,限以塞垣,犹惧侵轶,况乃入居中壤,窥我王政,乘驰紊之机,睹危亡之隙,而莫不啸群鸣镝,汩乱天常者乎!

石勒出自羌渠,见奇丑类。闻鞭上党,季子鉴其非凡;倚啸洛城,夷甫识其为乱。及惠皇失统,宇内崩离,遂乃招聚蚁徒,乘间煽祸,虔刘我都邑,翦害我黎元。朝市沦胥,若沉航于鲸浪;王公颠仆,譬游魂于龙漠。岂天厌晋德而假兹妖孽者欤!观其对敌临危,运筹贾勇,奇谟间发,猛气横飞。远嗤魏武,则风情慷慨;近答刘琨,则音词倜傥。焚元超于苦县,陈其乱政之愆;戮彭祖于襄国,数以无君之罪。于是,跨蹑燕、赵,并吞韩、魏,杖奇材而窃徽号,拥旧都而抗王室。襁毡裘,袭冠带,释介胄,开庠序,邻敌惧威而献款,绝域承风而纳贡。则古之为国,曷以加诸!虽曰凶残,亦一时杰也。而托授非所,贻厥无谋,身陨嗣灭,业归携养,斯乃知人之暗焉。

季龙心昧德义,幼而轻险,假豹姿于羊质,骋枭心于狼性,始怀怨恚,终行篡夺。于是,穷骄极侈,劳役繁兴,畚锸相寻,干戈不息,刑政严酷,动见诛夷,慄慄遗黎,求哀无地,戎狄残犷,斯为甚乎!既而父子猜嫌,兄弟仇隙,自相屠脍,取笑天下。坟土未燥,祸乱荐臻,衅起于张豺,族倾于冉闵,积恶致灭,有天道哉!夫从逆则凶,事符影响;为咎必应,理若循环。世龙之殪晋人,既穷其酷;永曾之诛羯士,亦歼其类。无德不报,斯之谓乎!

赞曰:中朝不竞,蛮狄争衡。尘飞五岳,雾掩三精。狡焉石氏,怙乱穷兵。流灾肆慝,剿邑屠城。始自群盗,终假鸿名。勿谓凶丑,亦曰时英。季龙篡夺,淫虐播声。身丧国泯,其由祸盈。

晋书卷一〇八
载记第八

# 慕容廆　裴嶷　高瞻

　　慕容廆,字弈洛环,昌黎棘城鲜卑人也。其先有熊氏之苗裔,世居北夷,邑于紫蒙之野,号曰东胡。其后与匈奴并盛,控弦之士二十余万,风俗官号与匈奴略同。秦汉之际为匈奴所败,分保鲜卑山,因以为号。曾祖莫护跋,魏初率其诸部入居辽西,从宣帝伐公孙氏有功,拜率义王,始建国于棘城之北。时,燕代多冠步摇冠,莫护跋见而好之,乃敛发袭冠,诸部因呼之为步摇,其后音讹,遂为慕容焉。或云慕二仪之德,继三光之容,遂以慕容为氏。祖木延,左贤王。父涉归,以全柳城之功,进拜鲜卑单于,迁邑于辽东北,于是,渐慕诸夏之风矣。

　　廆幼而魁岸,美姿貌,身长八尺,雄杰有大度。安北将军张华雅有知人之鉴,廆童冠时入谒之,华甚叹异,谓曰:“君至长必为命世之器,匡难济时者也。”因以所服簪帻遗廆,结殷勤而别。

　　涉归死,其弟耐篡位,将谋杀廆,廆亡潜以避祸。后国人杀耐,迎廆立之。

　　初,涉归有憾于宇文鲜卑,廆将修先君之怨,表请讨之。武帝弗许。廆怒,入寇辽西,杀略甚众。帝遣幽州诸军讨廆,战于肥如,廆众大败。自后,复掠昌黎,每岁不绝。又率众东伐扶余,扶余王依虑自杀,廆夷其国城,驱万余人而归。东夷校尉何龛遣督护贾沉将迎立依虑之子为王,廆遣其将孙丁率骑邀之。沉力战斩丁,遂复扶余之国。

廆谋于其众曰："吾先公以来世奉中国,且华裔理殊,强弱固别,岂能与晋竞乎?何为不和以害吾百姓邪!"乃遣使来降。帝嘉之,拜为鲜卑都督。廆致敬于东夷府,巾衣诣门,抗士大夫之礼。何龛严兵引见,廆乃改服戎衣而入。人问其故,廆曰:"主人不以礼,宾复何为哉!"龛闻而惭之,弥加敬惮。时东胡宇文鲜卑段部以廆威德日广,惧有吞并之计,因为寇掠,往来不绝。廆卑辞厚币以抚之。

太康十年,廆又迁于徒河之青山。廆以大棘城即帝颛顼之墟也,元康四年乃移居之。教以农桑法,制同于上国。永宁中,燕垂大水,廆开仓振给,幽方获济。天子闻而嘉之,褒赐命服。

太安初,宇文莫圭遣弟屈云寇边城,云别帅大素延攻掠诸部,廆亲击败之。素延怒,率众十万围棘城,众咸惧,人无距志。廆曰:"素延虽犬羊蚁聚,然军无法制,已在吾计中矣。诸君但为力战,无所忧也。"乃躬贯甲胄,驰出击之,素延大败,追奔百里,俘斩万余人。

永嘉初,廆自称鲜卑大单于。辽东太守庞本以私憾杀东夷校尉李臻,附塞鲜卑素连、木津等托为臻报仇,实欲因而为乱,遂攻陷诸县,杀掠士庶。太守袁谦频战失利,校尉封释惧而请和。连岁寇掠,百姓失业,流亡归附者日月相继。廆子翰言于廆曰:"求诸侯莫如勤王,自古有为之君靡不杖此以成事业者也。今连、津跋扈,王师覆败,苍生屠脍,岂甚此乎!竖子外以庞本为名,内实幸而为寇。封使君以诛本请和,而毒害滋深。辽东倾没,垂已二周,中原兵乱,州师屡败,勤王杖义,今其时也。单于宜明九伐之威,救倒悬之命,数连、津之罪,合义兵以诛之。上则兴复辽邦,下则并吞二部,忠义彰于本朝,私利归于我国,此则吾鸿渐之始也,终可以得志于诸侯。"廆从之。是日,率骑讨连、津,大败斩之,二部悉降,徙之棘城,立辽东郡而归。

怀帝蒙尘于平阳,王浚承制以廆为散骑常侍、冠军将军、前锋大都督、大单于,廆不受。建兴中,愍帝遣使拜廆镇军将军、昌黎辽东二国公。建武初,元帝承制拜廆假节、散骑常侍、都督辽左杂夷流人诸军事、龙骧将军、大单于、昌黎公,廆让而不受。征虏将军鲁昌说廆曰:"今两京倾没,天子蒙尘,琅邪承制江东,实人命所系。明公雄据海朔,跨总一方,而诸部犹怙众称兵,未遵道化者,盖以官非王命,又自以为强。今宜通使琅邪,劝承大统,然后敷宣帝命,以伐有罪,谁敢不从!"廆善之,乃遣其长史王济浮海劝进。及帝即尊位,遣谒者陶辽重申前命,授廆将军、单于,廆固辞公封。

时,二京倾覆,幽冀沦陷,廆刑政修明,虚怀引纳,流亡士庶多襁负归之。廆乃立郡以统流人,冀州人为冀阳郡,豫州人为成周郡,青州人为营丘郡,并州人为唐国郡。于是,推举贤才,委以庶政,以河东裴嶷、代郡鲁昌、北平阳耽为谋主;北海逢羡、广平游邃、北平西方虔、渤海封抽、西河宋奭、河东裴开为股肱;渤海封弈、平原宋该、安定皇甫岌、兰陵缪恺以文章才俊任居枢要;会稽朱左车、太山胡毋翼、鲁国孔纂以旧德清重引为宾友,平原刘赞儒学该通,引为东庠祭酒,其世子皝率国胄束脩受业焉。廆览政之暇,亲临听之。于是,路有颂声,礼让兴矣。

时,平州刺史、东夷校尉崔毖自以为南州士望,意存怀集,而流亡者莫有赴之。毖意廆拘留,乃阴结高句丽及宇文、段国等,谋灭廆以分其地。太兴初,三国伐廆,廆曰:"彼信崔毖虚说,邀一时之利,乌合而来耳。既无统一,莫相归伏,吾今破之必矣。然彼军初合,其锋甚锐,幸我速战。若逆击之,落其计矣。靖以待之,必怀疑贰,迭相猜防。一则疑吾与毖谲而覆之,二则自疑三国之中与吾有韩魏之谋者,待其人情沮惑,然后取之必矣。"于是,三国攻棘城,廆闭门不战,遣使送牛酒以犒宇文,大言于众曰:"崔毖昨有使至。"于是,二国果疑宇文同于廆也,引兵而归。宇文悉独官曰:"二国虽归,吾当独兼其国,何用人为!"尽众逼城,连营三十里。廆简锐士配皝,推锋于前;翰领精骑为奇兵,从旁出,直冲其营;廆方阵而进。悉独官自恃其众,不设备,见廆军之至,方率兵距之。前锋始交,翰已入其营,纵火焚之,其众皆震扰,不知所为,遂大败,悉独官仅以身免,尽俘其众。于其营候获皇帝玉玺三纽,遣长史裴嶷送于建邺。崔毖惧庑之仇己也,使兄子焘伪贺庑。会三国使亦至请和,曰:"非我来意也,崔平州教我耳。"庑将焘示以攻围之处,临之以兵,曰:"汝叔父教三国灭我,何以诈来贺我乎?"焘惧,首服。庑乃遣焘归说毖曰:"降者上策,走者下策也。"以兵随之。毖与数十骑弃家室奔于高句丽,庑悉降其众,徙焘及高瞻等于棘城,待以宾礼。明年,高句丽寇辽东,庑遣众击败之。

裴嶷至自建邺,帝遣使者拜庑监平州诸军事、安北将军、平州刺史,增邑二千户。寻加使持节、都督幽州东夷诸军事、车骑将军、平州牧,进封辽东郡公,邑一万户,常侍、单于并如故;丹书铁券,承制海东,命备官司,置平州守宰。

段末波初统其国,而不修备,庑遣鲩袭之,入令支,收其名马宝物而还。

石勒遣使通和,庑距之,送其使于建邺。勒怒,遣宇文乞得龟击庑,庑遣鲩距之。以裴嶷为右部都督,率索头为右翼,命其少子仁自平郭趣伯林为左翼,攻乞得龟,克之,悉虏其众。乘胜拔其国城,收其资用亿计,徙其人数万户以归。

成帝即位,加庑侍中,位特进。咸和五年,又加开府仪同三司,固辞不受。

庑尝从容言曰:"狱者,人命之所悬也,不可以不慎。贤人君子,国家之基也,不可以不敬。稼穑者,国之本也,不可以不急。酒色便佞,乱德之甚也,不可以不戒。"乃著《家令》数千言,以申其旨。

遣使与太尉陶侃笺曰:

明公使君毂下:振德曜威,抚宁方夏,劳心文武,士马无恙,钦高仰止,注情弥久。王涂崄远,隔以燕越,每瞻江湄,延首跂外。

天降艰难,祸害屡臻,旧都不守,奄为虏庭,使皇舆迁幸,假势吴楚。大晋启基,祚流万世,天命未改,玄象著明,是以义烈之士深怀愤踊。猥以功薄,受国殊宠,上不能扫除群羯,下不能身赴国难,仍纵贼臣,屡逼京辇。王敦唱祸于前,苏峻肆毒于后,凶暴过于董卓,恶逆甚于催、汜,普天率土,谁不同忿!深怪文武之士,过荷朝荣,不能灭中原之寇,刷天下之耻。

君侯植根江阳,发曜荆衡,杖叶公之权,有包胥之志,而令白公、伍员殆得极其暴,窃为丘明耻之。区区楚国子重之徒,犹耻君弱,群臣不及先大夫,厉己戒众,以服陈、郑;越之种蠡尚能弼佐句践,取威黄池;况今吴土英贤比肩,而不辅翼圣主,陵江北伐。以义声之直,讨逆暴之羯,檄命旧邦之士,招怀存本之人,岂不若因风振落,顿坂走轮哉!且孙氏之初,以长沙之众摧破董卓,志匡汉室。虽中遇寇害,雅志不遂,原其心诚,乃忽身命。及权据扬越,外杖周张,内冯顾陆,距魏赤壁,克取襄阳。自兹以降,世主相袭,咸能侵逼徐、豫,令魏朝旰食。不知今之江表为贤俊匿智,藏其勇略邪?将吕蒙、凌统高踪旷世哉?况今凶羯虐暴,中州人士逼迫势促,其颠沛之危,甚于累卵。假号之强,众心所去,敌有衅矣,易可震荡。王郎、袁术虽自诈伪,皆基浅根微,祸不旋踵,此皆君侯之所闻见者矣。

王司徒清虚寡欲,善于全己,昔曹参亦崇此道,著画一时之称也。庾公居元舅之尊,处申伯之任,超然高蹈,明智之权。廆于寇难之际,受大晋累世之恩,自恨绝域,无益圣朝,徒系心万里,望风怀愤。

今海内之望,足为楚汉轻重者,惟在君侯。若戮力尽心,悉五州之众,据兖豫之郊,使向义之士倒戈释甲,则羯寇必灭,国耻必除。廆在一方,敢不竭命。孤军轻进,不足使勒畏首畏尾,则怀旧之士欲为内应,无由自发故也。故远陈写,言不宣尽。

廆使者遭风没海。其后廆更写前笺,并赍其东夷校尉封抽、行辽东相韩矫等三十余人疏上侃府曰:

自古有国有家,鲜不极盛而衰。自大晋龙兴,克平岷会,神武之略,迈踪前史。惠皇之末,后党构难,祸结京畿,衅成公族,遂使羯寇乘虚,倾覆诸夏,旧都沦灭,山陵毁掘,人神悲悼,幽明发愤。昔猃狁之强，匈奴之盛，未有如今日羯寇之暴，跨蹑华裔，盗称尊号者也。

天祚有晋，挺授英杰。车骑将军慕容廆，自弱冠莅国，忠于王室，明允恭肃，志在立勋。属海内分崩，皇舆迁幸，元皇中兴，初唱大业，肃祖继统，荡平江外。廆虽限以山海，隔以羯寇，翘首引领，系心京师，常假寤寐，欲忧国忘身。贡篚相寻，连舟载路，戎不税驾，动成义举。今羯寇滔天，怙其丑类，树基赵、魏，跨略燕、齐。廆虽率义众，诛讨大逆，然管仲相齐，犹曰宠不足以御下，况廆辅翼王室，有匡霸之功，而位卑爵轻，九命未加，非所以宠异藩翰，敦奖殊勋者也。

方今诏命隔绝，王路险远，贡使往来，动弥年载。今燕之旧壤，北周沙漠，东尽乐浪，西暨代山，南极冀方，而悉为虏庭，非复国家之域。将佐等以为宜远遵周室，近准汉初，进封廆为燕王，行大将军事，上以总统诸部，下以割损疆境。使冀州之人望风向化，廆得祗承诏命，率合诸国，奉辞夷逆，以成桓文之功。苟利社稷，专之可也。而廆固执谦光，守节弥高，每诏所加，让动积年，非将佐等所能敦逼。今区区所陈，不欲苟相崇重，而愚情至心，实为国计。

侃报抽等书，其略曰："车骑将军忧国忘身，贡篚载路，羯贼求和，执使送之，西讨段国，北伐塞外，远绥索头，荒服以献。惟北部未宾，屡遣征伐。又知东方官号，高下齐班，进无统摄之权，退无等差之降，欲进车骑为燕王，一二具之。夫功成进爵，古之成制也。车骑虽未能为官攉勒，然忠义竭诚。今腾笺上听可不，迟速当任天台也。"朝议未定。八年，廆卒，乃止。时年六十五，在位四十九年。帝遣使者策赠大将军、开府仪同三司，谥曰襄。及僭僞号，僞谥武宣皇帝。

裴嶷，字文冀，河东闻喜人也。父昶，司隶校尉。嶷清方有干略，累迁至中书侍郎，转给事黄门郎、荥阳太守。属天下乱，嶷兄武先为玄菟太守，嶷遂求为昌黎太守。至郡，久之，武卒，嶷被征，乃将武子开送丧俱南。既达辽西，道路梗塞，乃与开投廆。时，诸流寓之士见廆草创,并怀去就。嶷首定名分,为群士启行。廆甚悦,以嶷为长史,委以军国之谋。

及悉独官寇逼城下,外内骚动,廆问策于嶷,嶷曰:"悉独官虽拥大众,军无号令,众无部阵,若简精兵乘其无备,则成擒耳。"廆从之,遂陷寇营。廆威德于此甚振,将遣使献捷于建邺,妙简行人,令嶷将命。

初,朝廷以廆僻在荒远,犹以边裔之豪处之。嶷既使至,盛言廆威略,又知四海英贤并为其用,举朝改观焉。嶷将还,帝试留嶷以观之,嶷辞曰:"臣世荷朝恩,濯缨华省,因事远寄,投迹荒歧。今遭开泰,得睹朝廷,复赐恩诏,即留京辇,于臣之私,诚为厚幸。顾以皇居播迁,山陵幽辱,慕容龙骧将军越在遐表,乃心王室,慷慨之诚,义感天地,方扫平中壤,奉迎皇舆,故遣使臣,万里表诚。今若留臣,必谓国家遗其僻陋,孤其丹心,使怀义懈怠。是以微臣区区忘身为国,贪还反命耳。"帝曰:"卿言是也。"乃遣嶷还。廆后谓群僚曰:"裴长史名重中朝,而降屈于此,岂非天以授孤也。"出为辽东相,转乐浪太守。

高瞻,字子前,渤海蓨人也。少而英爽有俊才,身长八尺二寸。光熙中,调补尚书郎。属永嘉之乱,还乡里,乃与父老议曰:"今皇纲不振,兵革云扰,此郡沃壤,凭固河海,若兵荒岁俭,必为寇庭,非谓图安之所。王彭祖先在幽蓟,据燕代之资,兵强国富,可以托也。诸君以为何如?"众咸善之。乃与叔父隐率数千家北徙幽州。既而以王浚政令无恒,乃依崔毖,随毖如辽东。

毖之与三国谋伐廆也,瞻固谏以为不可,毖不从。及毖奔败,瞻随众降于廆。廆署为将军,瞻称疾不起。廆敬其姿器,数临候之,抚其心曰:"君之疾在此,不在余也。今天子播越,四海分崩,苍生纷扰,莫知所系,孤思与诸君匡复帝室,翦鲸豕于二京,迎天子于吴会,廓清八表,侔勋古烈,此孤之愿也。君中州大族,冠冕之余,宜痛心疾首,枕戈待旦。奈何以华夷之异,有怀介然。且大禹出于西羌,文王生于东夷,但问志略何如耳,岂以殊俗不可降心乎!"瞻仍辞疾

笃,庾深不平之。瞻又与宋该有隙,该阴劝庾除之。瞻闻其言,弥不
自安,遂以忧死。

# 晋书卷一〇九
## 载记第九

# 慕容皝　慕容翰　阳裕

　　慕容皝，字元真，廆第三子也。龙颜版齿，身长七尺八寸。雄毅多权略，尚经学，善天文。廆为辽东公，立为世子。建武初，拜为冠军将军、左贤王，封望平侯，率众征讨，累有功。太宁末，拜平北将军，进封朝鲜公。

　　廆卒，嗣位，以平北将军行平州刺史，督摄部内。寻而宇文乞得龟为其别部逸豆归所逐，奔死于外，皝率骑讨之，逸豆归惧而请和，遂筑榆阴、安晋二城而还。

　　初，皝庶兄建威翰，骁武有雄才，素为皝所忌，母弟征房仁、广武昭并有宠于廆，皝亦不平之。及廆卒，并惧不自容。至此，翰出奔段辽，仁劝昭举兵废皝。皝杀昭，遣使按检仁之虚实，遇仁于险渎。仁知事发，杀皝使，东归平郭。皝遣其弟建武幼、司马佟寿等讨之。仁尽众距战，幼等大败，皆没于仁。襄平令王冰、将军孙机以辽东叛于皝，东夷校尉封抽、护军乙逸、辽东相韩矫、玄菟太守高诩等弃城奔还。仁于是尽有辽左之地，自称车骑将军、平州刺史、辽东公。宇文归、段辽及鲜卑诸部并为之援。

　　咸和九年，皝遣其司马封弈攻鲜卑木堤于白狼，扬威淑虞攻乌丸悉罗侯于平岗，皆斩之。材官刘佩攻乙连，不克。段辽遂寇徒河，皝将张萌逆击，败之。辽弟兰与翰寇柳城，都尉石琮击败之。旬余，兰、翰复围柳城，皝遣宁远慕容汗及封弈等救之。皝戒汗曰："贼众气锐,难与争锋,家顾万全,慎勿轻进,必须兵集阵整,然后击之。"汗性骁锐,遣千余骑为前锋而进,封弈止之,汗不从,为兰所败,死者太半。兰复攻柳城,为飞梯、地道,围守二旬,石琮躬勒将士出击,败之,斩首千五百级,兰乃遁归。

是岁,成帝遣谒者徐孟、闾丘幸等持节拜皝镇军大将军、平州刺史、大单于、辽东公,持节、都督、承制封拜,一如廆故事。

皝自征辽东,克襄平。仁所署居就令刘程以城降,新昌人张衡执县宰以降。于是,斩仁所置守宰,分徙辽东大姓于棘城,置和阳、武次、西乐三县而归。

咸康初,遣封弈袭宇文别部涉奕于,大获而还。涉奕于率骑追战于浑水,又败之。皝将乘海讨仁,群下咸谏,以海道危阻,宜从陆路。皝曰:"旧海水无凌,自仁反已来,冻合者三矣。昔汉光武因滹沱之冰以济大业,天其或者欲吾乘此而克之乎!吾计决矣,有沮谋者斩!"乃率三军从昌黎践凌而进。仁不虞皝之至也,军去平郭七里,候骑乃告,仁狼狈出战,为皝所擒,杀仁而还。

立藉田于朝阳门东,置官司以主之。

段辽遣其将李咏夜袭武兴,遇雨,引还,都尉张萌追击,擒咏。段兰拥众数万屯于曲水亭,将攻柳城,宇文归入寇安晋,为兰声援。皝以步骑五万击之,师次柳城,兰、归皆遁。遣封弈率轻骑追击,败之,收其军实、馆谷,二旬而还。谓诸将曰:"二虏耻无功而归,必复重至,宜于柳城左右设伏以待之。"遣封弈率骑潜于马兜山诸道。俄而,辽骑果至,弈夹击,大败之,斩其将荣保。遣兼长史刘斌、郎中令阳景送徐孟等归于京师。使其世子儁伐段辽诸城,封弈攻宇文别部,皆大捷而归。

立纳谏之木,以开谠言之路。

后徙昌黎郡,筑好城于乙连东,使将军兰勃戍之,以逼乙连。又城曲水,以为勃援。乙连饥甚,段辽输之粟,兰勃要击获之。辽遣将屈云攻兴国,与皝将慕容遵大战于五官水上,云败,斩之,尽俘其众。

封弈等以皝任重位轻,宜称燕王,皝于是以咸康三年僭即王位,赦其境内。以封弈为国相,韩寿为司马,裴开、阳骛、王禹、李洪、杜群、宋该、刘瞻、石琮、皇甫真、阳协、宋晃、平熙、张泓等并为列卿将帅。起文昌殿,乘金根车,驾六马,出入称警跸。以其妻段氏为王后,世子儁为太子,皆如魏武、晋文辅政故事。

皝以段辽屡为边患,遣将军宋回称藩于石季龙,请师讨辽。季龙于是总众而至。皝率诸军攻辽令支以北诸城,辽遣其将段兰来距,大战,败之,斩级数千,掠五千余户而归。季龙至徐无,辽奔密云山。季龙进入令支,怒皝之不会师也,进军击之,至于棘城,戎卒数十万,四面进攻,郡县诸部叛应季龙者三十六城。相持旬余,左右劝皝降。皝曰:“孤方取天下,何乃降人乎!”遣子恪等率骑二千,晨出击之。季龙诸军惊扰,弃甲而遁。恪乘胜追之,斩获三万余级,筑戍凡城而还。段辽遣使诈降于季龙,请兵应接。季龙遣其将麻秋率众迎辽,恪伏精骑七千于密云山,大败之,获其司马阳裕、将军鲜于亮,拥段辽及其部众以归。

帝又遣使进皝为征北大将军、幽州牧,领平州刺史,加散骑常侍,增邑万户,持节、都督、单于、公如故。

皝前军帅慕容评败季龙将石成等于辽西,斩其将呼延晃、张支,掠千余户以归。段辽谋叛,皝诛之。

季龙又使石成入攻凡城,不克,进陷广城。

皝虽称燕王,未有朝命,乃遣其长史刘祥献捷京师,兼言权假之意,并请大举讨平中原。又闻庾亮薨,弟冰、翼继为将相,乃表曰:

　　臣皝观前代昏明之主,若能亲贤并建,则功致升平;若亲党后族,必有倾辱之祸。是以周之申伯号称贤舅,以其身藩于外,不握朝权。降及秦昭,足为令主,委信二舅,几至乱国。逮于汉武,推重田蚡,万机之要,无不决之。及蚡死后,切齿追恨。成帝暗弱,不能自立,内惑艳妻,外恣五舅,卒令王莽坐取帝位。每览斯事,孰不痛惋!设使舅氏贤若穰侯、王凤,则但闻有二臣,不闻有二主。若其不才,则有窦宪、梁冀之祸。凡此成败,亦既然矣。苟能易轨,可无覆坠。

　　陛下命世天挺,当隆晋道,而遭国多难,殷忧备婴。追述往事,至今楚灼。迹其所由,实因故司空亮居元舅之尊,势业之重,执政裁下,轻侮边将,故令苏峻、祖约不胜其忿,遂致败国。至令太后发愤,一旦升遐。若社稷不灵,人神无助,豺狼之心当可极邪!前事不忘,后事之表。而中书监、左将军冰等内执枢机,外拥上将,昆弟并列,人臣莫畴。陛下深敦渭阳,冰等自宜引领。臣常谓世主若欲崇显舅氏,何不封以藩国,丰其禄赐,限其势利,使上无偏优,下无私论。如此,荣辱何从而生!尊呰何辞而起!往者惟亮一人,宿有名望,尚致世变,况今居之者素无闻焉!且人情易惑,难以户告,纵令陛下无私于彼,天下之人谁谓不私乎!

　　臣与冰等名位殊班,出处悬邈,又国之戚昵,理应降悦,以适事会。臣独矫抗此言者,上为陛下,退为冰计,疾苟容之臣,坐鉴得失。颠而不扶,焉用彼相!昔徐福陈霍氏之戒,宣帝不从,至令忠臣更为逆族,良由察之不审,防之无渐。臣今所陈,可谓防渐矣。但恐陛下不明臣之忠,不用臣之计,事过之日,更处焦烂之后耳。昔王章、刘向每上封事,未尝不指斥王氏,故令二子或死或刑。谷永、张禹依违不对,故容身苟免,取讥于世。臣被发殊俗,位为上将,夙夜惟忧,罔知所报,惟当外殄寇仇,内尽忠规,陈力输诚,以答国恩。臣若不言,谁当言者!

又与冰书曰:

　　君以椒房之亲,舅氏之昵,总据枢机,出内王命,兼拥列将州司之位,昆弟纲罗,显布畿甸。自秦汉以来,隆赫之极,岂有若此者乎!以吾观之,若功就事举,必享申伯之名;如或不立,将不免梁、窦之迹矣。

　　每睹史传,未尝不宠恣母族,使执权乱朝,先有殊世之荣,寻有负乘之累,所谓爱之适足以为害。吾常忿历代之主,不尽防萌终宠之术,何不业以一土之封,令藩国相承,如周之齐、陈？如此则永保南面之尊，复何黜辱之忧乎！窦武、何进好善虚已，贤士归心，虽为阉竖所危，天下嗟痛，犹有能履以不骄，图国亡身故也。

方今四海有倒悬之急，中夏通僭逆之寇，家有澁血之怨，人有复仇之憾，宁得安枕逍遥，雅谈卒岁邪！吾虽寡德，过蒙先帝列将之授，以数郡之人，尚欲并吞强虏。虽以自顷迄今，交锋接刃，一时务农，三时用武，而犹师徒不顿，仓有余粟；敌人日畏，我境日广，况乃王者之威，堂堂之势，岂可同年而语哉！冰见表及书，甚惧，以其绝远，非所能制，遂与何充等奏听皝称燕王。

其年皝伐高句丽，王钊乞盟而还。明年，钊遣其世子朝于皝。

初，段辽之败也，建威翰奔于宇文归，自以威名夙振，终不保全，乃阳狂恣酒，被发歌呼。归信而不禁。故得周游自任，至于山川形便，攻战要路，莫不练之。皝遣商人王车阴使察翰，翰见车无言，抚膺而已。车还以白，皝曰："翰欲来也。"乃遣车遗翰弓矢，翰乃窃归骏马，携其二子而还。

皝将图石氏，从容谓诸将曰："石季龙自以安乐诸城守防严重，城之南北必不设备，今若诡路出其不意，冀之北土尽可破也。"于是率骑二万出蠦蜟塞，长驱至于蓟城，进渡武遂津，入于高阳，所过焚烧积聚，掠徙幽、冀三万余户。

使阳裕、唐柱等筑龙城，构宫庙，改柳城为龙城县。于是成帝使兼大鸿胪郭希持节拜皝侍中、大都督河北诸军事、大将军、燕王，其余官皆如故。封诸功臣百余人。

咸康七年，皝迁都龙城。率劲卒四万，入自南陕，以伐宇文、高句丽，又使翰及子垂为前锋，遣长史王寓等勒众万五千，从北置而进。高句丽王钊谓皝军之从北路也，乃遣其弟武统精锐五万距北置，躬率弱卒以防南陕。翰与钊战于木底，大败之，乘胜遂入丸都，钊单马而遁。皝掘钊父利墓，载其尸并其母妻珍宝，掠男女五万余口，焚其宫室，毁丸都而归。明年，钊遣使称臣于皝，贡其方物，乃归其父尸。

　　宇文归遣其国相莫浅浑伐皝，诸将请战，皝不许。浑以皝为惮之，荒酒纵猎，不复设备。皝曰："浑奢怠已甚，今则可一战矣。"遣翰率骑击之，浑大败，仅以身免，尽俘其众。

　　皝躬巡郡县，劝课农桑，起龙城宫阙。

　　寻又率骑二万亲伐宇文归，以翰及垂为前锋。归使其骑将涉奕于尽众距翰，皝驰遣谓翰曰："奕于雄悍，宜小避之，待虏势骄，然后取也。"翰曰："归之精锐，尽在于此，今若克之，归则不劳兵而灭。奕于徒有虚名，其实易与耳，不宜纵敌挫吾兵气。"于是前战，斩奕于，尽俘其众，归远遁漠北。皝开地千余里，徙其部人五万余落于昌黎，改涉奕于城为威德城。行饮至之礼，论功行赏各有差。

　　以牧牛给贫家，田于苑中，公收其八，二分入私。有牛而无地者，亦田苑中，公收其七，三分入私。皝记室参军封裕谏曰：

　　　臣闻圣王之宰国也，薄赋而藏于百姓，分之以三等之田，十一而税之；寒者衣之，饥者食之，使家给人足。虽水旱而不为灾者，何也？高选农官，务尽劝课，人治周田百亩，亦不假牛力；力田者受旌显之赏，惰农者有不齿之罚。又量事置官，量官置人，使官必称须，人不虚位，度岁入多少，裁而禄之。供百僚之外，藏之太仓，三年之耕，余一年之粟。以斯而积，公用于何不足？水旱其如百姓何！虽务农之令屡发，二千石令长莫有志勤在公、锐尽地利者。故汉祖知其如此，以垦田不实，征杀二千石以十数，是以明、章之际，号次升平。

　　　自永嘉丧乱，百姓流亡，中原萧条，千里无烟，饥寒流陨，相继沟壑。先王以神武圣略，保全一方，威以殄奸，德以怀远，故九州之人，塞表殊类，襁负万里，若赤子之归慈父，流人之多，旧土十倍有余，人殷地狭，故无田者十有四焉。殿下以英圣之资，克广先业，南摧强赵，东灭句丽，开境三千，户增十万，继武阐广之功，有高西伯。宜省罢诸苑，以业流人。人至而无资产者，赐之以牧牛。人既殿下之人，牛岂失乎！善藏者，藏于百姓,若斯而已矣。尔者深副乐土之望,中国之人皆将壶餐奉迎,石季龙谁与居乎!且魏、晋虽道消之世,犹削百姓不至于七八,持官牛田者官得六分,百姓得四分,私牛而官田者与官中分,百姓安之,人皆悦乐。臣犹曰非明王之道,而况增乎!且水旱之厄,尧汤所不免,王者宜浚治沟浍,循郑白、西门、史起溉灌之法,旱则决沟为雨,水则入于沟渎,上无"云汉"之忧,下无昏垫之患。

句丽、百济及宇文、段部之人,皆兵势所徙,非如中国慕义而至,咸有思归之心。今户垂十万,狭凑都城,恐方将为国家深害,宜分其兄弟宗属,徙于西境诸城,抚之以恩,检之以法,使不得散在居人,知国之虚实。

今中原未平,资畜宜广,官司猥多,游食不少。一夫不耕,岁受其饥。必取于耕者而食之,一人食一人之力,游食数万,损亦如之,安可以家给人足,治致升平!殿下降览古今之事多矣,政之巨患莫甚于斯。其有经略出世,才称时求者,自可随须置之列位。非此已往,其耕而食,蚕而衣,亦天之道也。

殿下圣性宽明,思言若渴,故人尽乌茕,有犯无隐。前者参军王宪、大夫刘明并竭忠献款,以贡至言,虽颇有逆鳞,意在无责。主者奏以妖言犯上,致之于法,殿下慈弘苞纳,恕其大辟,犹削黜禁锢,不齿于朝。其言是也,殿下固宜纳之;如其非也,宜亮其狂狷。罪谏臣而求直言,亦犹北行诣越,岂有得邪!右长史宋该等阿媚苟容,轻劾谏士,已无骨鲠,嫉人有之,掩蔽耳目,不忠之甚。

四业者,国之所资;教学者,有国盛事。习战务农,尤其本也;百工商贾,犹其末耳。宜量军国所须,置其员数,已外归之于农,教之战法,学者三年无成,亦宜还之于农,不可徒充大员,以塞聪俊之路。

臣之所言当也,愿时速施行;非也,登加罪戮,使天下知朝廷从善如流,罚恶不淹。王宪、刘明,忠臣也,愿宥忤鳞之愆,收其药石之效。

皝乃令曰："览封记室之谏,孤实惧焉。君以黎元为国,黎元以谷为命。然则农者,国之本也,而二千石令长不遵孟春之令,惰农弗劝,宜以尤不修辟者措之刑法,肃厉属城。主者明详推检,具状以闻。苑囿悉可罢之,以给百姓无田业者。贫者全无资产,不能自存,各赐牧牛一头。若私有余力,乐取官牛垦官田者,其依魏、晋旧法。沟洫溉灌,有益官私,主者量造,务尽水陆之势。中州未平,兵难不息,勋诚既多,官僚不可以减也。待克平凶丑,徐更议之。百工商贾数,四佐与列将速定大员,余者还农。学生不任训教者,亦除员录。夫人臣关言于人主,至难也。妖妄不经之事皆应荡然不问,择其善者而从之。王宪、刘明虽其罪应禁黜,亦犹孤之无大量也。可悉复本官,仍居谏司。封生蹇蹇,深得王臣之体。《诗》不云乎:'无言不酬。'其赐钱五万,明宣内外,有欲陈孤过者,不拘贵贱,勿有所讳。"

时有黑龙白龙各一,见于龙山,皝亲率群僚观之,去龙二百余步,祭以太牢。二龙交首嬉翔,解角而去。皝大悦,还宫,赦其境内,号新宫曰和龙,立龙翔佛寺于山上。

赐其大臣子弟为官学生者号高门生,立东庠于旧宫,以行乡射之礼。每月临观,考试优劣。皝雅好文籍,勤于讲授,学徒甚盛,至千余人。亲造《太上章》以代《急就》,又著《典诫》十五篇,以教胄子。

慕容恪攻高句丽南苏,克之,置戍而还。三年,遣其世子儁与恪率骑万七千东袭夫余,克之,虏其王及部众五万余口以还。

皝亲临东庠考试学生,其经通秀异者,擢充近侍。以久旱,丐百姓田租。罢成周、冀阳、营丘等郡。以勃海人为兴集县,河间人为宁集县,广平、魏郡人为兴平县,东莱、北海人为育黎县,吴人为吴县,悉隶燕国。

皝尝畋于西鄙,将济河,见一父老,服朱衣,乘白马,举手麾皝曰:"此非猎所,王其还也。"秘之不言,遂济河,连日大获。后见白兔,驰射之,马倒被伤,乃说所见。辇而还宫,引儁属以后事。以永和四年死,在位十五年,时年五十二。儁僭号,追谥文明皇帝。

慕容翰，字元邕，廆之庶长子也。性雄豪，多权略，猿臂工射，膂力过人。廆甚奇之，委以折冲之任。行师征伐，所在有功，威声大振，为远近所惮。作镇辽东，高句丽不敢为寇。善抚接，爱儒学，自士大夫至于卒伍，莫不乐而从之。

及奔段辽，深为辽所敬爱。柳城之败，段兰欲乘胜深入，翰虑成本国之害，诡说于兰，兰遂不进。后石季龙征辽，皝亲将三军略令支以北，辽议欲追之，翰知皝躬自总戎，战必克胜，乃谓辽曰："今石氏向至，方对大敌，不宜复以小小为事。燕王自来，士马精锐。兵者凶器，战有危虑，若其失利，何以南御乎！"兰怒曰："吾前听卿诳说，致成今患，不复入卿计中矣。"乃率众追皝，兰果大败。翰虽处仇国，因事立忠，皆此类也。

及辽奔走，翰又北投宇文归。既而逃，归乃遣劲骑百余追之。翰遥谓追者曰："吾既思恋而归，理无反面。吾之弓矢，汝曹足知，无为相逼，自取死也。吾处汝国久，恨不杀汝。汝可百步竖刀，吾射中者，汝便宜反；不中者，可来前也。"归骑解刀竖之，翰一发便中刀钚，追骑乃散。

既至，皝甚加恩礼。建元二年，从皝讨宇文归，临阵为流矢所中，卧病积时。后疾渐愈，于其家中骑马自试，或有人告翰私习骑，疑为非常。皝素忌之，遂赐死焉。翰临死谓使者曰："翰怀疑外奔，罪不容诛，不能以骸骨委贼庭，故归罪有司。天慈曲愍，不肆之市朝，今日之死，翰之生也。但逆胡跨据神州，中原未靖，翰常克心自誓，志吞丑虏，上成先王遗旨，下谢山海之责。不图此心不遂，没有余恨，命也，奈何！"仰药而死。

阳裕，字士伦，右北平无终人也。少孤，兄弟皆早亡，单茕独立，虽宗族无能识者，惟叔父耽幼而奇之，曰："此儿非惟吾门之标秀，乃佐时之良器也。"

刺史和演辟为主簿。王浚领州，转治中从事，忌而不能任。

石勒既克蓟城，问枣嵩曰："幽州人士，谁最可者？"嵩曰："燕国刘翰，德素长者。北平阳裕，干事之才。"勒曰："若如君言，王公何以不任?"嵩曰:"王公由不能任,所以为明公擒也。"勒方任之,裕乃微服潜遁。

时,鲜卑单于段眷为晋骠骑大将军、辽西公,雅好人物,虚心延裕。裕谓友人成泮曰:"仲尼喜佛肸之召,以匏瓜自喻,伊尹亦称何事非君,何使非臣,圣贤尚如此,况吾曹乎!眷今召我,岂徒然哉!"泮曰:"今华夏分崩,九州幅裂,轨迹所及,易水而已。欲偃蹇考盘,以待大通者,俟河之清也。人寿几何?古人以为白驹之叹。少游有云,郡掾足以荫后,况国相乎!卿追踪伊孔,抑亦知机其神也。"裕乃应之。拜郎中令、中军将军,处上卿位。历事段氏五主,甚见尊重。

段辽与皝相攻,裕谏曰:"臣闻亲仁善邻,国之宝也。慕容与国世为婚姻,且皝令德之主,不宜连兵构怨,凋残百姓。臣恐祸害之兴,将由于此。愿两追前失,通款如初,使国家有太山之安,苍生蒙息肩之惠。"辽不从。出为燕郡太守。石季龙克令支,裕以郡降,拜北平太守,征为尚书左丞。

段辽之请迎于季龙也,裕以左丞领征东麻秋司马。秋败,裕为军人所执,将诣皝。皝素闻裕名,即命释其囚,拜郎中令,迁大将军左司马。东破高句丽,北灭宇文归,皆豫其谋,皝甚器重之。及迁都和龙,裕雅有巧思,皝所制城池宫阁,皆裕之规模。

裕虽仕皝日近,宠秩在旧人之右,性谦恭清俭,刚简慈笃,虽历居朝端,若布衣之士。士大夫流亡羁绝者,莫不经营收葬,存恤孤遗,士无贤不肖皆倾身待之,是以所在推仰。

初,范阳卢谌每称之曰:"吾及晋之清平,历观朝士多矣,忠清简毅,笃信义烈,如阳士伦者,实亦未几。"及死,皝甚悼之。时年六十二。

晋书卷一一〇
载记第一〇

# 慕容儁 韩恒　李产　产子绩

慕容儁，字宣英，皝之第二子也。初，皝常言："吾积福累仁，子孙当有中原。"既而生儁，廆曰："此儿骨相不恒，吾家得之矣。"及长，身长八尺二寸，姿貌魁伟，博观图书，有文武干略。皝为燕王，拜俊假节、安北将军、东夷校尉、左贤王、燕王世子。

皝死，永和五年，儁即燕王位。依春秋列国故事称元年，赦于境内。是时，石季龙死，赵魏大乱，儁将图兼并之计，以慕容恪为辅国将军，慕容评为辅弼将军，阳骛为辅义将军，慕容垂为前锋都督、建锋将军，简精卒二十余万以待期。是岁，穆帝使谒者陈沉拜儁为使持节、侍中、大都督、都督河北诸军事、幽冀并平四州牧、大将军、大单于、燕王，承制封拜一如廆、皝故事。

明年，儁率三军南伐，出自卢龙，次于无终。石季龙幽州刺史王午弃城走，留其将王他守蓟。儁攻陷其城，斩他，因而都之。徙广宁、上谷人于徐无，代郡人于凡城而还。

及冉闵杀石祗，僭称大号，遣其使人常炜聘于儁。儁引之观下，使其记室封裕诘之曰："冉闵养息常才，负恩篡逆，有何祥应而僭称大号？"炜曰："天之所兴，其致不同，狼乌纪于三王，麟龙表于汉魏。寡君应天驭历，能无祥乎！且用兵杀罚，哲王盛典，汤武亲行诛放，而仲尼美之。魏武养于宦官，莫知所出，众不盈旅，遂能终成大功。暴胡酷乱，苍生屠脍，寡君奋剑而诛除之，黎元获济，可谓功格皇天,勋侔高祖。恭承乾命,有何不可?"裕曰:"石祇去岁使张举请救,云玺在襄国,其言信不?又闻闵铸金为己象,坏而不成,奈何言有天命?"炜曰:"诛胡之日,在邺者略无所遗,玺何从而向襄国,此求救之辞耳。天之神玺,实在寡君。且妖孽之徒,欲假奇眩众,或改作万端,以神其事。寡君今已握乾符,类上帝,四海悬诛掌,大业集于身,何所求虑而取信此乎!铸形之事,所未闻也。"儁既锐信举言,又欣于闵铸形之不成也,必欲审之,乃积薪置火于其侧,命裕等以意喻之。炜神色自若,抗言曰:"结发已来,尚不欺庸人,况千乘乎!巧诈虚言以救死者,使臣所不为也。直道受戮,死自分耳。益薪速火,君之大惠。"左右劝儁杀之,儁曰:"古者兵交,使在其间,此亦人臣常事。"遂赦之。

遣慕容恪略地中山,慕容评攻王午于鲁口。恪次唐城,冉闵将白同、中山太守侯龛固守不下。恪留其将慕容彪攻之,进讨常山。评次南安,王午遣其将郑生距评。评逆击,斩之,侯龛逾城出降。恪进克中山,斩白同。儁军令严明,诸将无所犯。闵章武太守贾坚率郡兵邀评战于高城,擒坚于阵,斩首三千余级。

是岁,丁零翟鼠及冉闵将刘准等率其所部降于儁,封鼠归义王,拜准左司马。

时,鲜卑段勤初附于儁,其后复叛。俊遣慕容恪及相国封弈讨冉闵于安喜,慕容垂讨段勤于绎幕,儁如中山,为二军声势。闵惧,奔于常山,恪追及于泒水。闵威名素振,众咸惮之。恪谓诸将曰:"闵师老卒疲,实为难用;加其勇而无谋,一夫之敌耳。虽有甲兵,不足击也。吾今分军为三部,掎角以待之。闵性轻锐,又知吾军势非其敌,必出万死冲吾中军。吾今贯甲厚阵以俟其至,诸君但厉卒,从旁须其战合,夹而击之,蔑不克也。"及战,败之,斩首七千余级,擒闵,送之,斩于龙城。恪屯军呼沱。闵将苏亥遣其将金光率骑数千袭恪,恪逆击,斩之,亥大惧,奔于并州。恪进据常山,段勤惧而请降,遂进攻邺。闵将蒋干闭城距守。儁又遣慕容评等率骑一万会攻邺。是时,燕巢于儁正阳殿之西椒,生三雏,顶上有竖毛;凡城献异鸟,五色成章。儁谓群僚曰:是何祥也?咸称:"燕者,燕鸟也。首有毛冠者,言大燕龙兴,冠通天,章甫之象也。巢正阳西椒者,言至尊临轩朝万国之征也。三子者,数应三统之验也。神鸟五色,言圣朝将继五行之箓以御四海者也。"儁览之大悦。既而,蒋干率锐五千出城挑战,慕容评等击败之,斩首四千余级,干单骑还邺。于是,群臣劝儁称尊号,儁答曰:"吾本幽漠射猎之乡,被发左衽之俗,历数之箓宁有分邪!卿等苟相褒举,以觊非望,实匪寡德所宜闻也。"慕容恪、封弈讨王午于鲁口,降之。寻而慕容评攻克邺城,送冉闵妻子僚属及其文物于中山。

先是,蒋干以传国玺送于建邺,儁欲神其事业,言历运在己,乃诈云闵妻得之以献,赐号曰"奉玺君",因以永和八年僭即皇帝位,大赦境内,建元曰元玺,署置百官。以封弈为太尉,慕容恪为侍中,阳骛为尚书令,皇甫真为尚书左仆射,张希为尚书右仆射,宋活为中书监,韩恒为中书令,其余封授各有差。追尊廆为高祖武宣皇帝,皝为太祖文明皇帝。

时朝廷遣使诣儁,儁谓使者曰:"汝还白汝天子,我承人乏,为中国所推,已为帝矣。"初,石季龙使人探策于华山,得玉版,文曰:"岁在申酉,不绝如线。岁在壬子,真人乃见。"及此,燕人咸以为儁之应也。改司州为中州,置司隶校尉官。群下言:"大燕受命,上承光纪黑精之君,运历传属,代金行之后,宜行夏之时。服周之冕,旗帜尚黑,牲牡尚玄。"儁从之。其从行文武、诸藩使人及登号之日者,悉增位三级。泒河之师,守邺之军,下及战士,赐各有差。临阵战亡者,将士加赠二等,士卒复其子孙。殿中旧人皆随才擢叙。立其妻可足浑氏为皇后,世子晔为皇太子。

晋宁逆将军荣胡以彭城、鲁郡叛降于儁。

常山人李犊聚众数千,反于苑壁垒,儁遣慕容恪率众讨降之。

初,冉闵既败,王午自号安国王。午既死,吕护复袭其号,保于鲁口。恪进讨走之,遣前军悦绾追及于野王,悉降其众。

姚襄以梁国降于儁。以慕容评为都督秦、雍、益、梁、江、扬、荆、徐、兖、豫十州河南诸军事,权镇于洛水;慕容强为前锋都督、都督荆徐二州缘淮诸军事,进据河南。

儁自和龙至蓟城,幽冀之人以为东迁,互相惊扰,所在屯结。其下请讨之,儁曰:"群小以朕东巡,故相惑耳。今朕既至,寻当自定。然不虞之备亦不可不为。"于是令内外戒严。

苻生河内太守王会、黎阳太守韩高瓮以郡归儁。晋兰陵太守孙黑、济北太守高柱、建兴太守高瓮各以郡叛归于儁。初,儁车骑大将军、范阳公刘宁屯据茹城,降于苻氏,至此,率户二千诣蓟归罪,拜后将军。

高句丽王钊遣使谢恩,贡其方物。儁以钊为营州诸军事、征东大将军、营州刺史,封乐浪公,王如故。

儁给事黄门侍郎申胤上言曰:

夫名尊礼重,先王之制。冠冕之式,代或不同。汉以萧曹之功,有殊群辟,故剑履上殿,入朝不趋。世无其功,则礼宜阙也。至于东宫,体此为仪,魏晋因循,制不纳舄。

今皇储过谦,准同百僚,礼卑逼下,有违朝式。太子有统天之重,而与诸王赍冠远游,非所以辨章贵贱也。

祭飨朝庆,宜正服衮衣九文,冠冕九旒。

又仲冬长至,太阴数终,黄钟产气,绵微于下,此月闭关息旅,后不省方。《礼记》曰:"是月也,事欲静,君子斋戒去声色。"唯《周官》有天子之南郊从八能之说。或以有事至灵,非朝飨之节,故有乐作之理。王者慎微,礼从其重。前来二至阙鼓,不宜有设,今之铿锵,盖以常仪。二至之礼,事殊余节,猥动金声,惊越神气,施之宜养,实为未尽。

又朝服虽是古礼,绛褠始于秦汉,迄于今代,遂相仍准。逆望正旦,乃具衮舄。礼,诸侯旅见天子,不得终事者三,雨沾服失容,其在一焉。今或朝日天雨,未有定仪。礼贵适时,不在过恭。近以地湿不得纳舄,而以衮改履。案言称朝服,所以服之而朝,一体之间,上下二制,或废或存,实乖礼意。大燕受命,倅踪虞夏，诸所施行，宜损益定之，以为皇代永制。

儁曰：“其剑舄不趋，事下太常参议。太子服衮冕，冠九旒，超级逼上，未可行也。冠服何容一施一废，皆可详定。”

初，段兰之子龛因冉闵之乱，拥众东屯广固，自号齐王，称藩于建邺，遣书抗中表之仪，非儁正位。儁遣慕容恪、慕容尘讨之。恪既济河。龛弟罴骁勇有智计，言于龛曰：“慕容恪善用兵，加其众旅既盛，恐不可抗也。若顿兵城下，虽复请降，惧终不听。王但固守，罴请率精锐距之。若其战捷，王可驰来追击，使虏匹马无反。如其败也，遽也请降，不失千户侯也。”龛弗从。罴固请行，龛怒斩之，率众三万来距恪。恪遇龛于济水之南，与战，大败之，遂斩其弟钦，尽俘其众。恪进围广固，诸将劝恪宜急攻之，恪曰：“军势有宜缓以克敌，有宜急而取之。若彼我势均，且有强援，虑腹背之患者，须急攻之，以速大利。如其我强彼弱，外无寇援，力足制之者，当羁縻守之，以待其毙。兵法十围五攻，此之谓也。龛恩结贼党，众未离心。济南之战，非不锐也，但其用之无术，以致败耳。今凭固天险，上下同心，攻守势倍，军之常法。若其促攻，不过数旬，克之必矣，但恐伤吾士众。自有事已来，卒不获宁，吾每思之，不觉忘寝，亦何宜轻残人命乎！当持久以取耳。”诸将皆曰：“非所及也。”乃筑室反耕，严固围垒。龛所署徐州刺史王腾、索头单于薛云降于恪。段龛之被围也，遣使诣建邺请救。穆帝遣北中郎将荀羡赴之，惮虏强迁延不敢进。攻破阳都，斩王腾以归。恪遂克广固，以龛为伏顺将军，徙鲜卑胡羯三千余户于蓟，留慕容尘镇广固，恪振旅而归。

儁太子晔死，伪谥献怀。升平元年，复立次子暐为皇太子，赦其境内，改元曰光寿。

遣其抚军慕容垂、中军慕容虔与护军平熙等，率步骑八万讨丁零敕勒于塞北，大破之，俘斩十余万级，获马十三万匹，牛羊亿余万。

初，廆有骏马曰赭白，有奇相逸力。石季龙之伐棘城也，皝将出避难，欲乘之，马悲鸣蹄啮，人莫能近。皝曰：“此马见异先朝，孤常仗之济难,今不欲者,盖先君之意乎!"乃止。季龙寻退,觇益奇之。至是,四十九岁矣,而骏逸不亏,儁比之于鲍氏骢,命铸铜以图其象,亲为铭赞,镌勒其旁,置之蓟城东掖门。是岁,象成而马死。

匈奴单于贺赖头率部落三万五千降于儁,拜宁西将军、云中郡公,处之于代郡平舒城。

晋太山太守诸葛攸伐其东郡。儁遣慕容恪距战,王师败绩。北中郎将谢万先据梁宋,惧而遁归。恪进兵入寇河南,汝、颍、谯、沛皆陷,置守宰而还。

儁自蓟城迁于邺,赦其境内,缮修宫殿,复铜雀台。

廷尉监常炜上言:"大燕虽革命创制,至于朝廷铨谟,亦多因循魏晋。唯祖父不殡葬者,独不听官身清朝,斯诚王教之首,不刊之式。然礼贵适时,世或损益,是以高祖制三章之约,而秦人安之。自顷中州丧乱,连兵积年,或遇倾城之败,覆车之祸,坑师沉卒,往往而然,孤孙茕子,十室而九。兼三方岳峙,父子异邦,存亡吉凶,杳成天外。或便假一时,或依嬴博之制。孝子糜身无补,顺孙心丧靡及,虽招魂虚葬以叙罔极之情,又礼无招葬之文,令不此载。若斯之流,抱琳琅而无申,怀英才而不齿,诚可痛也!恐非明扬侧陋,务尽时珍之道。吴起、二陈之畴,终将无所展其才干。汉祖何由免于平城之围?郅支之首何以悬于汉关?谨案《戊辰诏书》,荡清瑕秽,与天下更始,以明惟新之庆。五、六年间,寻相违伐,于则天之体,臣窃未安。"儁曰:"炜宿德硕儒,练明刑法,览其所陈,良足采也。今六合未宁,丧乱未已,又正当搜奇拔异之秋,未可才行兼举,且除此条,听大同更议。"

使昌黎、辽东二郡营起庑庙,范阳、燕郡构觇庙,以其护军平熙领将作大匠,监造二庙焉。

苻坚平州刺史刘特率户五千降于儁。

河间李黑聚众千余,攻略州郡,杀枣强令卫颜,儁长乐太守傅颜讨斩之。

常山大树自拔,根下得璧七十、圭七十三,光色精奇,有异常玉。儁以为岳神之命，遣其尚书郎段勤以太牢祀之。

初，冉闵之僭号也，石季龙将李历、张平、高昌等并率其所部称藩于儁，遣子入侍。既而，投款建邺，结援苻坚，并受爵位，羁縻自固，虽贡使不绝，而诚节未尽。吕护之走野王也，遣弟奉表谢罪于儁，拜宁南将军、河内太守。又上党冯鸯自称太守，附于张平，平屡言之，儁以平故，赦其罪，以为京兆太守。护、鸯亦阴通京师。张平跨有新兴、雁门、西河、太原、上党、上郡之地，垒壁三百余，胡晋十余万户，遂拜置征、镇，为鼎峙之势。儁遣其司徒慕容评讨平，领军慕舆根讨鸯，司空阳骛讨昌，抚军慕容臧攻历。并州垒壁降者百余所，以尚书右仆射悦绾为安西将军、领护匈奴中郎将、并州刺史以抚之。平所署征西诸葛骧、镇北苏象、宁东乔庶、镇南石贤等率垒壁百三十八降于儁，儁大悦，皆复其官爵。既而平率众三千奔于平阳，鸯奔于野王，历走荥阳，昌奔邵陵，悉降其众。

儁于是复图入寇，兼欲经略关西，乃令州郡校阅见丁，精覆隐漏，率户留一丁，余悉发之，欲使步卒满一百五十万，期明年大集，将进临洛阳，为三方节度。武邑刘贵上书极谏，陈百姓凋弊，召兵非法，恐人不堪命，有土崩之祸。并陈时政不便于时者十有三事。儁览而悦之，付公卿博议，事多纳用，乃改为三五占兵，宽戎备一周，悉令明年季冬赴集邺郡。

是岁，晋将荀羡攻山茌，拔之，斩儁太山太守贾坚。儁青州刺史慕容尘遣司马悦明救之，羡师败绩，复陷山茌。

儁立小学于显贤里以教胄子。封其子泓为济北王，冲为中山王。宴群臣于蒲池，酒酣，赋诗，因谈经史，语及周太子晋，潸然流涕，顾谓群臣曰："昔魏武追痛仓舒，孙权悼登无已，孤常谓二主缘爱称奇，无大雅之体。自晔亡以来，孤鬓发中白，始知二主有以而然。卿等言晔定何如也？孤今悼之，得无贻怪将来乎？"其司徒左长史李绩对曰："献怀之在东宫，臣为中庶子，既忝近侍，圣质志业，臣实不敢不知。臣闻道备无愆，其唯圣人乎！先太子大德有八，未见阙也。"儁曰："卿言亦以过矣，然试言之。"绩曰："至孝自天，性与道合,此其一也。聪敏慧悟,机思若流,此其二也。沉毅好断,理诣无幽,此其三也。疾谀亮物,雅悦直言,此其四也。好学爱贤,不耻下问,此其五也。英姿迈古,艺业超时,此其六也。虚襟恭让,尊师重道,此其七也。轻财好施,勤恤民隐,此其八也。"儁泣曰:"卿虽褒誉,然此儿若在,吾死无忧也。吾既不能追踪唐虞,官天下以禅有德,近模三王,以世传授。景茂幼冲,器艺未举,卿以为何如?"绩曰:"皇太子天资岐嶷,圣敬日跻,而八德阙然,二阙未补,雅好游田,娱心丝竹,所以为损耳。"儁顾谓晔曰:"伯阳之言,药石之惠,汝宜戢之!"因问高年疾苦、孤寡不能自存者,赐谷帛有差。

儁夜梦石季龙啮其臂,寤而恶之,命发其墓,剖棺出尸,蹋而骂之曰:"死胡安敢梦生天子!"遣其御史中尉阳约数其残酷之罪,鞭之,弃于漳水。

诸葛攸又率水陆三万讨儁,入自石门,屯于河渚。攸部将匡超进据嶮岨,萧馆屯于新栅,又遣督护徐冏率水军三千泛舟上下,为东西声势。儁遣慕容评、傅颜等统步骑五万,战于东阿,王师败绩。

塞北七国贺兰、涉勒等皆降。

俄而,儁寝疾,谓慕容恪曰:"吾所疾惙然,当恐不济。修短命也,复何所恨!但二寇未除,景茂冲幼,虑其未堪多难。吾欲远追宋宣,以社稷属汝。"恪曰:"太子虽幼,天纵聪圣,必能胜残刑措,不可以乱正统也。"儁怒曰:"兄弟之间岂虚饰也!"恪曰:"陛下若以臣堪荷天下之任者,宁不能辅少主乎!"儁曰:"若汝行周公之事,吾复何忧!李绩清方忠亮,堪任大事,汝善遇之。"

是时,兵集邺城,盗贼互起,每夜攻劫,晨昏断行。于是宽常赋,设奇禁,贼盗有相告者,赐奉车都尉,捕诛贼首木谷和等百余人,乃止。

升平四年,儁死,时年四十二,在位十一年。伪谥景昭皇帝,庙号烈祖,墓号龙陵。

儁雅好文籍,自初即位至末年,讲论不倦,览政之暇,唯与侍臣错综义理,凡所著述四十余篇。性严重,慎威仪,未曾以慢服临朝,虽闲居宴处亦无懈怠之色云。

韩恒，字景山，灌津人也。父默，以学行显名。恒少能属文，师事同郡张载，载奇之，曰："王佐才也。"身长八尺一寸，博览经籍，无所不通。

永嘉之乱，避地辽东。廆既逐崔毖，复徙昌黎，召见，嘉之，拜参军事。咸和中，宋该等建议以廆立功一隅，勤诚王室，位卑任重，不足以镇华夷，宜表请大将军、燕王之号。廆纳之，命群僚博议，咸以为宜如该议。恒驳曰："自群胡乘间，人婴荼毒，诸夏萧条，无复纲纪。明公忠武笃诚，忧勤社稷，抗节孤危之中，建功万里之外，终古勤王之义，未之有也。夫立功者患信义不著，不患名位不高，故桓文有宁复一匡之功，亦不先求礼命以令诸侯。宜缮甲兵，候机会，除群凶，靖四海，功成之后，九锡自至。且要君以求宠爵者，非为臣之义也。"廆不平之，出为新昌令。

皝为镇军，复参军事。迁营丘太守，政化大行。儁为大将军，征拜咨议参军，加扬烈将军。

儁僭位，将定五行次，众论纷纭。恒时疾在龙城，儁召恒以决之。恒未至而群臣议以燕宜承晋为水德。既而恒至，言于儁曰："赵有中原，非唯人事，天所命也。天实与之，而人夺之，臣窃谓不可。且大燕王迹始自于震，于《易》，震为青龙。受命之初，有龙见于都邑城，龙为木德，幽契之符也。"儁初虽难改，后终从恒议。儁秘书监清河聂熊闻恒言，乃叹曰："不有君子，国何以兴，其韩令君之谓乎！"后与李产，俱傅东宫，从太子晔入朝，儁顾谓左右曰："此二傅，一代伟人，未易继也。"其见重如此。

李产，字子乔，范阳人也。少刚厉，有志格。永嘉之乱，同郡祖逖拥众部于南土，力能自固，产遂往依之。逖素好纵横，弟约有大志，产微知其旨，乃率子弟十数人间行还乡里，仕于石氏，为本郡太守。

及慕容儁南征，前锋达郡界，乡人皆劝产降，产曰："夫受人之禄，当同其安危，今若舍此节以图存，义士将谓我何！"众溃，始诣军请降。儁嘲之曰:"卿受石氏宠任,衣锦本乡,何故不能立功于时,而反委质乎! 烈士处身于世,固当如是邪?"产泣曰:"诚知天命有归,非微臣所抗。然犬马为主,岂忘自效! 但以孤穷势促,致力无术,偾偟归死,实非诚款。"儁嘉其慷慨,顾谓左右曰:"此真长者也。"乃擢用之,历位尚书。

性刚正,好直言,每至进见,未曾不论朝政之得失,同辈咸惮焉,儁亦敬其儒雅。前后固辞年老,不堪理剧。转拜太子太保。谓子绩曰:"以吾之才而致于此,始者之愿亦已过矣,不可复以西夕之年取笑于来今也。"固辞而归,死于家。子绩。

绩,字伯阳。少以风节知名,清辩有辞理。弱冠为郡功曹。时,石季龙亲征段辽,师次范阳,百姓饥俭,军供有阙。季龙大怒,太守惶怖避匿。绩进曰:"郡带北裔,与寇接壤,强场之间,人怀危虑。闻舆驾亲戎,将除残贼,虽婴儿白首,咸思效命,非唯为国,亦自求宁,虽身膏草野,犹甘为之,敢有私吝而阙军实! 但比年灾俭,家有菜色,困弊力屈,无所取济,迍废之罪,情在可矜。"季龙见绩年少有壮节,嘉而恕之。于是太守获免。

刺史王午辟为主簿。儁之南征也,随午奔鲁口。邓恒谓午曰:"绩乡里在北,父已降燕,今虽在此,终不为用,方为人患。"午曰:"绩于丧乱之中捐家立义,情节之重,有侔古烈,若怀嫌害之,必骇众望。"恒乃止。午恐绩终为恒所害,乃资遣之。及到,儁责其背亲后至,绩答曰:"臣闻豫让报智伯仇,称于前史。既官身所在,何事非君! 陛下方弘唐虞之化,臣实未谓归顺之晚也。"儁曰:"此亦事主之一节耳。"累迁太子中庶子。

及暐立,慕容恪欲以绩为尚书右仆射,暐憾绩往言,不许。恪屡请,乃谓恪曰:"万机之事委之叔父,伯阳一人,暐请独裁。"绩遂忧死。

晋书卷一一一
载记第一一

# 慕容暐　慕容恪　阳骛　皇甫真

　　慕容暐,字景茂,儁第三子也。初封中山王,寻立为太子。及儁死,群臣欲立慕容恪,恪辞曰:"国有储君,非吾节也。"于是立暐。

　　升平四年,儁即皇帝位。大赦境内,改元曰建熙,立其母可足浑氏为皇太后。以慕容恪为太宰、录尚书,行周公事;慕容评为太傅,副赞朝政;慕舆根为太师;慕容垂为河南大都督、征南将军、兖州牧、荆州刺史,令护南蛮校尉,镇梁国;孙希为安西将军、并州刺史;傅颜为护军将军;其余封授各有差。

　　暐既庸弱,国事皆委之于恪。慕舆根自恃勋旧,骄傲有无上之心,忌恪之总朝权,将伺隙为乱,乃言于恪曰:"今主上幼冲,母后干政,殿下宜虑杨骏、诸葛元逊之变,思有以自全。且定天下者,殿下之功也,兄亡弟及,先王之成制,过山陵之后,可废主上为一国王,殿下践尊位,以建大燕无穷之庆。"恪曰:"公醉乎?何言之勃也!昔曹臧、吴札并于家难之际,犹曰为君非吾节,况今储君嗣统,四海无虞,宰辅受遗,奈何便有私议!公忘先帝之言乎?"根大惧,陈谢而退。恪以告慕容垂,垂劝恪诛之。恪曰:"今新遭大凶,二虏伺隙,山陵未建,而宰辅自相诛灭,恐乖远近之望,且可容忍之。"根与左卫慕舆干潜谋诛恪及评,因而篡位。入白可足浑氏及暐曰:"太宰、太傅将谋为乱,臣请率禁兵诛之,以安社稷。"可足浑氏将从之,暐曰:"二公国之亲穆,先帝所托,终应无此,未必非太师将为乱也。"于是使其侍中皇甫真、护军傅颜收根等，于禁中斩之，大赦境内。遣傅颜率骑二万观兵河南，临淮而还，军威甚盛。

初，儁所署宁南将军吕护据野王，阴通京师，穆帝以护为前将军、冀州刺史。儁死，谋引王师袭邺，事觉，暐使慕容恪等率众五万讨之。傅颜言于恪曰："护穷寇假合，王师既临，则上下丧气，曾不敢窥兵中路，展其螳螂之心。此则士卒慑魂，败亡之验也。殿下前以广固天险，守易攻难，故为长久之策。今贼形便不与往同，宜急攻之，以省千金之费。"恪曰："护老贼，经变多矣。观其备之道，未易卒平。今圈之穷城，樵采路绝，内无蓄积，外无强援，不过十旬，其毙必矣，何必遽残士卒之命而趣一时之利哉！吾严浚围垒，休养将卒，以重官美货间而离之。事淹势穷，其衅易动；我则未劳，而寇已毙。此为兵不血刃，坐以制胜也。"遂列长围守之。护遣其将张兴率劲卒七千出战，傅颜击斩之。自三月至八月而野王溃，护南奔于晋，悉降其众。寻复叛归于暐，暐待之如初。因遣傅颜与护率众据河阴。颜北袭敕勒，大获而还。护攻洛阳，中流矢而死。将军段崇收军北渡，屯于野王。

暐遣其宁东慕容忠攻陷荥阳，又遣镇南慕容尘寇长平。时晋冠军将军陈祐戍洛阳，遣使请救，帝遣桓温援之。

兴宁初，暐复使慕容评寇许昌、悬瓠、陈城，并陷之，遂略汝南诸郡，徙万余户于幽、冀。暐豫州刺史孙兴上疏，请步卒五千先图洛阳。暐纳之，遣其太宰司马悦希军于盟津，孙兴分戍成皋，以为之声援。寻而陈祐率众奔陆浑，河南诸垒悉陷于希。慕容恪攻陷金墉，害扬威将军沈劲。以其左中郎慕容筑为假节、征虏将军、洛州刺史，镇金墉，慕容垂为都督荆、扬、洛、徐、兖、豫、雍、益、梁、秦等十州诸军事、征南大将军、荆州牧，配兵一万，镇鲁阳。

时，暐境内多水旱，慕容恪、慕容评并稽首归政，请逊位还第，曰："臣以朽暗，器非经国，过荷先帝拔擢之恩，又蒙陛下殊常之遇，猥以轻才，窃位宰录，不能上谐阴阳，下厘庶政，致使水旱愆和，彝伦失序，辕弱任重，夕惕唯忧。臣闻王者则天建国，辨方正位，司必量才,官惟德举。台傅之重,参理三光,苟非其人,则灵曜为亏。尸禄贻殃,负乘招悔,由来常道,未之或差。以姬旦之勋圣,犹近则二公不悦,远则管、蔡流言,况臣等宠缘戚来,荣非才授,而可久点天官,尘蔽贤路!是以中年拜表,披陈丹款。圣恩齿旧,未忍遐弃,奄冉偷荣,愆责弥厚。自待罪鼎司,岁余辰纪;忝冒宰衡七载于兹。虽乃心经略,而思不周务,至令二方干纪,跋扈未庭,同文之咏,有惭盛汉,深乖先帝托付之规,甚违陛下垂拱之义。臣虽不敏,窃闻君子之言,敢忘虞丘避贤之美,辄循两疏知止之分。谨送太宰、大司马、太傅、司徒章绶,惟垂昭许。”暐曰:“朕以不天,早倾乾覆,先帝所托,唯在二公。二公懿亲硕德,勋高鲁卫,翼赞王室,辅导朕躬,宣慈惠和,坐而待旦,虔诚夕惕,美亦至矣。故能外扫群凶,内清九土,四海晏如,政和时洽。虽宗庙社稷之灵,抑亦公之力也。今关右有未宾之氐,江吴有遗烬之虏,方赖谋猷,混宁六合,岂宜虚己谦冲,以违委任之重!王其割二疏独善之小,以成公旦复衮之大。”恪、评等固请致政,暐曰:“夫建德者,必以终善为名,佐命者,则以功成为效。公与先帝开构洪基,膺天明命,将廓夷群丑,绍复隆周之迹。灾眚横流,乾光坠曜。朕以眇躬,猥荷大业,不能上成先帝遗志,致使二虏游魂,所以功未成也,岂宜冲退!且古之王者,不能天下为荣,忧四海若荷担,然后仁让之风行,则比屋而可封。今道化未纯,鲸鲵未殄,宗社之重,非唯朕身,公所忧也。当思所以宁济兆庶,靖难敦风,垂美将来,侔踪周汉。不宜崇饰常节,以违至公。”遂断其让表,恪、评等乃止。

　　暐钟律郎郭钦奏议以暐承石季龙水为木德,暐从之。

　　太和元年,暐遣抚军慕容厉攻晋太山太守诸葛攸。攸奔于淮南,厉悉陷兖州诸郡,置守宰而还。

　　慕容恪有疾,深虑暐政不在己,慕容评性多猜忌,大司马之位不能允授人望,乃召暐兄乐安王臧谓之曰:“今劲秦跋扈,强吴未宾,二寇并怀进取,但患事之无由耳。夫安危在得人,国兴在贤辅,若能推才任忠,和同宗盟,则四海不足图,二虏岂能为难哉!吾以常才,受先帝顾托之重,每欲扫平关陇,荡一瓯吴,庶嗣成先帝遗志,谢忧责于当年。而疾固弥留,恐此志不遂,所以没有余恨也。吴王天资英杰,经略超时,司马职统兵权,不可以失人,吾终之后,必以授之。若以亲疏次第,不以授汝,当以授冲。汝等虽才识明敏,然未堪多难,国家安危,实在于此,不可昧利忘忧,以致大悔也。"又告评。月余而死,其国中皆痛惜之。

先是,晋南阳督护赵弘以宛降于晄,晄遣其南中郎将赵盘自鲁阳戍宛。至此,晋右将军桓豁攻宛,拔之,赵盘退奔鲁阳。豁遣轻骑追盘,及于雉城,大战败之,执盘,戍宛而归。

苻坚将苻谀据陕,降于晄。时有图书云:"燕马当饮渭水。"坚恐晄乘衅入关,大惧,乃尽精锐以备华阴。晄群下议欲遣兵救谀,因图关右。慕容评素无经略,又受苻坚间货,沮议曰:"秦虽有难,未易可图。朝廷虽明,岂如先帝,吾等经略,又非太宰之匹,终不能平秦也。但可闭关息旅,保宁疆场足矣。"晄魏尹慕容德上疏曰:"先帝应天顺时,受命革代,方以文德怀远,以一六合。神功未就,奄忽升遐。昔周文既没,武王嗣兴,伏惟陛下则天比德,揆圣齐功,方阐崇乾基,纂成先志。逆氏僭据关陇,号同王者,恶积祸盈,自相疑戮,衅起萧墙,势分四国,投诚请援,旬日相寻,岂非凶运将终,数归有道。兼弱攻昧,取乱侮亡,机之上也。今秦土四分,可谓弱矣。时来运集,天赞我也。天与不取,反受其殃。吴越之鉴,我之师也。宜应天人之会,建牧野之旗。命皇甫真引并冀之众,径趣蒲坂;臣垂引许洛之兵,驰解谀围;太傅总京都武旅,为二军后继。飞檄三辅,仁声先路,获城即侯,微功必赏,此则郁概待时之雄,抱志未申之杰,必岳峙瀂上,云屯陇下。天罗既张,内外势合,区区僭竖,不走则降,大同之举,今其时也。愿陛下独断圣虑,无访仁人。"晄览表大悦,将从之。评固执不许,乃止。苻谀知评、晄之无远略,恐救师弗至,乃笺于慕容垂、皇甫真曰:"苻坚、王猛,皆人杰也,谋为燕患,为日久矣。今若乘机不赴,恐燕之君臣将有甬东之悔。"垂得书,私于真曰:"方为人患者,必在于秦,主上富于春秋,未能留心政事,观太傅度略,岂能抗苻坚、王猛乎？"真曰："然，绕朝有云，谋之不从可如何！"

暐仆射悦绾言于暐曰："太宰政尚宽和，百姓多有隐附。《传》曰，唯有德者可以宽临众，其次莫如猛。今诸军营户，三分共贯，风教陵弊，威纲不举。宜悉罢军封，以实天府之饶，肃明法令，以清四海。"暐纳之。绾既定制，朝野震惊，出户二十余万。慕容评大不平，寻贼绾，杀之。

晋大司马桓温、江州刺史桓冲、豫州刺史袁真率众五万伐暐，前兖州刺史孙元起兵应之。温部将檀玄攻胡陆，执暐宁东慕容忠。暐遣其将慕容厉与温战于黄墟，厉师大败，单马奔还。高平太守徐翻以郡归顺。温前锋朱序又破暐将傅颜于林渚，温军大振，次于枋头。暐惧，谋奔和龙。慕容垂曰："不然。臣请击之，若战不捷，走未晚也。"乃以垂为使持节、南讨大都督，慕容德为征南将军，率众五万距温，使其散骑侍郎乐嵩乞师于苻坚。坚遣将军苟池率众二万，出自洛阳，师于颍川，外为赴援，内实观隙，有兼并之志矣。慕容德屯于石门，绝温粮漕。豫州刺史李邦率州兵五千断温馈运。温频战不利，粮运复绝，及闻坚师之至，乃焚舟弃甲而退。德率劲骑四千，先温至襄邑东，伏于涧中，与垂前后夹击，王师大败，死者三万余人。苟池闻温班师，邀击于谯，温众又败，死者万计。

垂既有大功，威德弥振。慕容评素不平之。垂又言其将孙盖等摧锋陷锐，宜论功超授，评寝而不录。垂数以为言，颇与评廷争。可足浑氏素恶垂，毁其战功，遂与评谋杀垂。垂惧，奔于苻坚。

先是，暐使其黄门侍郎梁琛聘于坚。琛还，言于评曰："秦扬兵讲武，运粟陕东，以琛观之，无久和之理。兼吴王西奔，必有观衅之计，深宜备之。"评曰："不然。秦岂可受吾叛臣而不怀和好哉！"琛曰："邻国相并，有自来矣。况今并称大号，理无俱存。苻坚机明好断，纳善如流。王猛有王佐之才，锐于进取。观其君臣相得，自谓千载一时。桓温不足为虑，终为人患者，其唯王猛乎？"暐、评不以为虞。

皇甫真又陈其事曰："苻坚虽聘使相寻，托辅车为谕，然抗均邻敌,势同战国,明其甘于取利,无慕善之心,终不能守信存和,以崇久要也。顷来行人累续,兼师出洛川,夷险要害,具之耳目。观虚实以揣奸图,听风尘而伺国隙者,寇之常也。又吴王外奔,为之谋主,伍员之祸,不可不虑。洛阳、并州、壶关诸城,并宜增兵益守,以防未兆。"晔召评而谋之。评曰:"秦国小力弱,杖我为援,且苻坚庶几善道,终不纳叛臣之言。不宜轻自扰惧,以动寇心也。"晔从之。

俄而,坚遣其将王猛率众伐晔,攻慕容筑于金墉。晔遣慕容臧率众救之。臧次荥阳,猛部将梁成、洛州刺史邓羌与臧战于石门,臧师败绩,死者万余,遂相持于石门。筑以救兵不至,以金墉降于猛。梁成又败慕容臧,斩首三千余级,获其将军杨璩,臧遂城新乐而还。

桓温之败也,归罪于豫州刺史袁真。真怒,以寿阳降晔,晔遣其大鸿胪温统署真为使持节、散骑常侍、都督淮南诸军事、征南大将军、领护南蛮校尉、扬州刺史,封宣城公,未至而真、统俱卒。真党朱辅立真子瑾为建威将军、豫州刺史,以固寿阳。

时,外则王师及苻坚交侵,兵革不息;内则晔母乱政,评等贪冒。政以贿成,官非才举,群下切齿焉。其尚书左丞申绍上疏曰:

臣闻汉宣有言:"与朕共治天下者,其唯良二千石乎!"是以特重此选,必妙尽英才,莫不拔自贡士,历资内外,用能仁感猛兽,惠致群祥。今者守宰或擢自匹夫兵将之间,或因宠戚,藉缘时会,非但无闻于州间,亦不经于朝廷。又无考绩,黜陟幽明。贪惰为恶,无刑戮之惧;清勤奉法,无爵赏之劝。百姓穷弊,侵赋无已,兵士逋逃,乃相招为贼盗。风颓化替,莫相纠摄。且吏多则政烦,由来常患。今之见户,不过汉之一大郡,而备置百官,加之新立军号,兼重有过往时。虚假名位,废弃农业,公私驱扰,人无聊生。宜并官省职,务劝农桑。秦、吴二虏僻僭一时,尚能任道捐情,肃诸伪部。况大燕累圣重光,君临四海,而可美政或亏,取陵奸寇哉!邻之有善,众之所望,我之不修,彼之愿也。

秦、吴狡猾,地居形胜,非唯守境而已,乃有吞噬之心。中州丰实，户兼二寇，弓马之劲，秦、晋所惮。云骑风驰，国之常也。而比赴敌后机，兵不速济者，何也？皆由赋法靡桓，役之非道。郡县守宰每于差调之际，无不舍越殷强，首先贫弱，行留俱窘，资赡无所，人怀嗟怨，遂致奔亡。进阙供国之饶，退离蚕农之要。兵岂在多，贵于用命。宜严制军科，务先饶复，习兵教战，使偏伍有常，从戎之外，足营私业。父兄有陟岵之观，子弟怀孔迩之顾，虽赴水火，何所不从！

节俭约费，先王格谟；去华敦朴，哲后恒宪。故周公戒成王以啬财为本，汉文以皂帛变俗，孝景宫人弗过千余，魏武宠赐不盈十万；薄葬不坟，俭以率下，所以割肌肤之惠，全百姓之力。谨案后宫四千有余，僮侍厮养通兼十倍；日费之重，价盈万金；绮谷罗纨，岁增常调；戎器弗营，奢玩是务。今帑藏虚竭，军士无襜褕之赍，宰相侯王迭以侈丽相尚，风靡之化，积习成俗，卧薪之谕，未足甚焉。宜罢浮华非要之役，峻明婚姻丧葬之条，禁绝奢靡浮烦之事，出倾宫之女，均商农之赋。公卿以下，四海为家，信赏必罚，纲维肃举者，温、猛之首可悬之白旗，秦、吴二主可以礼之归命。岂唯不复侵寇而已哉！陛下若不远追汉宗弋绨之模，近崇先帝补衣之美，臣恐颓风弊俗亦革变靡途，中兴之歌无以轸之以绘咏。

又拓宇兼并，不在一城之地；控制戎夷者，怀之以德。今鲁阳、上郡，重山之外，云阴之北，四百有余，而未可以羁服塞表，为平寇之基，徒孤危托落，令善附内骇。宜摄就并、豫，以临二河，通接漕毂，拟之丘后；重晋阳之戍，增南藩之兵，战守之备，炫以千金之饵，蓄力待时，可一举而灭。如其虔刘送死，俟入境而断之，可令匹马不反。非唯绝二贼窥窬，乃是裁殄之要，惟陛下览焉。

暐不纳。

苻坚又使王猛、杨安率众伐暐。猛攻壶关，安攻晋阳。暐使慕容评等率中外精卒四十余万距之。猛、安进师潞川。州郡盗贼大起，邺中多怪异,晔忧惧不知所为,乃召其使而问曰:"秦众何如?今大师既出,猛等能战否?"或对曰:"秦国小兵弱,岂王师之敌,景略常才,又非太傅之匹,不足忧也。"黄门侍郎梁琛、中书侍郎乐嵩进曰:"不然。兵书之义,计敌能斗,当以算取之。若冀敌不斗,非万全之道也。庆郑有云:'秦众虽少,战士倍我。'众之多少,非可问也。且秦行师千里,固战是求,何不战之有乎!"晔不悦。

猛与评等相持。评以猛悬军远入,利在速战,议以持久制之。猛乃遣其将郭庆率骑五千,夜从间道起火高山,烧评辎重,火见邺中。评性贪鄙,鄣固山泉,卖樵鬻水,积钱绢如丘陵,三军莫有斗志。晔遣其侍中兰伊让评曰:"王,高祖之子也,宜以宗庙社稷为忧,奈何不务抚养勖劳,专以聚敛为心乎!府藏之珍货,朕岂与王爱之!若寇军冒进,王持钱帛安所置也!皮之不存,毛将安傅!钱帛可散之三军,以平寇凯旋为先也。"评惧,而与猛战于潞川,评师大败,死者五万余人,评单骑遁还。猛遂长驱至邺,坚复率众十万会猛攻晔。

先是,慕容桓以众万余屯于沙亭,为评等后继。闻评败,引屯内黄。坚遣将邓羌攻信都,桓率鲜卑五千退保和龙。散骑侍郎徐蔚等率扶余、高句丽及上党质子五百余人,夜开城门以纳坚军。晔与评等数十万奔于昌黎。坚遣郭庆追及晔于高阳,坚将巨武执鞚,将缚之,晔曰:"汝何小人而缚天子!"武曰:"我梁山巨武,受诏缚贼,何谓天子邪!"遂送晔于坚。坚诘其奔状,晔曰:"狐死首丘,欲归死于先人坟墓耳!"坚哀而释之,令还宫率文武出降。郭庆遂追评、桓于和龙。桓杀其镇东慕容亮而并其众,攻其辽东太守韩稠于平川。郭庆遣将军朱嶷击桓,执而送之。

坚徙晔及其王公已下并鲜卑四万余户于长安,封晔新兴侯,署为尚书。坚征寿春,以晔为平南将军、别部都督。淮南之败,随坚还长安。既而慕容垂攻苻丕于邺,慕容冲起兵关中,晔谋杀坚以应之,事发,为坚所诛,时年三十五。及德僭称尊号,伪谥幽皇帝。

始廆以武帝太康六年称公,至晔四世。晔在位一十一年,以海西公太和五年灭,通廆、皝凡八十五年。

慕容恪,字玄恭,皝之第四子也。幼而谨厚,沈深有大度。母高氏无宠,皝未之奇也。年十五,身长八尺七寸,容貌魁杰,雄毅严重,每所言及,辄经纶世务,皝始异焉,乃授之以兵。数从皝征伐,临机多奇策。使镇辽东,甚有威惠,高句丽惮之,不敢为寇。皝使恪与儁俱伐夫余,儁居中指授而已,恪身当矢石,推锋而进,所向辄溃。

皝将终,谓儁曰:“今中原未一,方建大事,恪智勇俱济,汝其委之。”及儁嗣位,弥加亲任。累战有大功,封太原王,拜侍中、假节、大都督、录尚书。儁寝疾,引恪与慕容评属以后事。及晔之世,总摄朝权。初,建邺闻儁死,曰:“中原可图矣。”桓温曰:“慕容恪尚存,所忧方为大耳。”

慕舆根之就诛也,内外危惧。恪容止如常,神色自若,出入往还,一人步从。或有谏之者,恪曰:“人情怀惧,且当自安以靖之。吾复不安,则众何瞻仰哉!”于是人心稍定。恪虚襟待物,咨询善道,量才处任,使人不逾位。朝廷谨肃,进止有常度,虽执权政,每事必咨之于评。罢朝归第,则尽心色养,手不释卷。其百僚有过,未尝显之,自是庶僚化德,稀有犯者。

恪之围洛阳也,秦中大震,苻坚亲将以备潼关,军回乃定。恪为将不尚威严,专以恩信御物,务于大略,不以小令劳众。军士有犯法,密纵舍之,捕斩贼首以令军。营内不整似可犯,而防御甚严,终无丧败。

临终,晔亲临,问以后事,恪曰:“臣闻报恩莫大荐士,板筑犹可,而况国之懿藩!吴王文武兼才,管、萧之亚,陛下若任之以政,国其少安。不然,臣恐二寇必有窥窬之计。”言终而死。

阳骛,字士秋,右北平无终人也。父耽,仕庾,官至东夷校尉。骛少清素好学,器识沉远。起家为平州别驾,屡献安时强国之术,事多纳用,庾甚奇之。

皝即王位,迁左长史。东西征伐,参谋帏幄。皝临终谓儁曰:“阳士秋忠干贞固,可托付大事,汝善待之。”儁之将图中原也,骛制胜之功亚于慕容恪。

暐既嗣伪位，申以师傅之礼，亲遇日隆。及为太尉，慨然而叹曰："昔常林、徐邈，先代名臣，犹以鼎足任重而终辞三事。以吾虚薄，何德以堪之！"固求罢职，言甚恳至，暐优答不许。

鸯清贞谦谨，老而弥笃。既以宿望旧齿，自慕容恪已下，莫不毕拜。性俭约，常乘弊车瘠马。及死，无敛财。

皇甫真，字楚季，安定朝那人也。弱冠，以高才，廆拜为辽东国侍郎。皝嗣位，迁平州别驾。时内难连年，百姓劳瘁，真议欲宽减岁赋，休息力役。不合旨，免官。后以破麻秋之功，拜奉车都尉，守辽东、营丘二郡太守，皆有善政。及儁僭位，入为典书令。后从慕容评攻拔邺都，珍货充溢，真一无所取，唯存恤人物，收图籍而已。儁临终，与慕容恪等俱受顾托。

慕舆根将谋为乱，真阴察知之，乃言于恪，请除之。恪未忍显其事。俄而根谋发，伏诛，恪谢真曰："不从君言，几成祸败。"吕护之叛，恪谋于朝曰："远人不服，修文德以来之。今护宜以恩诏降乎，不宜以兵戈取也？"真曰："护九年之间三背王命，揆其奸心，凶勃未已。明公方饮马江湘，勒铭剑阁，况护蕞尔近畿而不枭戮，宜以兵算取之，不可复以文檄喻也。"恪从之。以真为冠军将军、别部都督。师还，拜镇西将军、并州刺史，领护匈奴中郎将。征还，拜侍中、光禄大夫，累迁太尉、侍中。

苻坚密谋兼并，欲观审衅隙，乃遣其西戎主簿郭辩潜结匈奴左贤王曹毂，令毂遣使诣邺，辩因从之。真兄典仕苻坚为散骑常侍，从子奋、覆并显关西。辩既至邺，历造公卿，言于真曰："辩家为秦所诛，故寄命曹王，贵兄常侍及奋、覆兄弟并相知在素。"真怒曰："臣无境外之交，斯言何以及我！君似奸人，得无因缘假托乎！"乃白暐，请穷诘之，暐、评不许。辩还谓坚曰："燕朝无纲纪，实可图之。鉴机识变，唯皇甫真耳。"坚曰："以六州之地，岂无智识士一人哉！真亦秦人，而燕用之，固知关西多君子矣。"

真性情俭寡欲，不营产业，饮酒至石余不乱，雅好属文，凡著诗赋四十余篇。

王猛入邺,真望马首拜之。明日更见,语乃卿猛。猛曰:"昨拜今卿,何恭慢之相违也?"真答曰:"卿昨为贼,朝是国士,吾拜贼而卿国士,何所怪也?"猛大嘉之,谓权翼曰:"皇甫真,故大器也。"从坚入关,为奉车都尉,数岁而死。

史臣曰:观夫北阴衍气,丑虏汇生,隔阂诸华,声教莫之渐;雄据殊壤,贪悍成其俗。先叛后服,盖常性也。自当涂纂纪,典午握符,推亡之功,掩岷吴而可录,御远之策,怀戎狄而犹漏。慕容庞英姿伟量,是曰边豪,衅迹奸图,实惟乱首。何者? 无名而举,表深讥于鲁册;象龚致罚,昭大训于姚典。况乎放命延祸,距战发其狼心;剿邑屠城,略地骋其蜇贼。既而二帝遘平阳之酷,按兵窥运;五铎启金陵之祚,率礼称藩。勤王之诚,当君危而未立;匡主之节,俟国泰而将徇。适所谓相时而动,岂素蓄之款哉! 然其制敌多权,临下以惠,劝农桑,敦地利,任贤士,该时杰,故能恢一方之业,创累叶之基焉。

元真体貌不恒,暗符天表,沉毅自处,颇怀奇略。于时群雄角立,争夺在辰,显宗主祭于冲年,庾亮窃政于元舅,朝纲不振,天步孔艰,遂得据已成之资,乘土崩之会。扬兵南骛,则乌丸卷甲;建旆东征,则宇文摧阵。乃负险自固,恃胜而骄,端拱称王,不待朝命。昔郑武职居三事,爵不改伯;齐桓绩宣九合,位止为侯。瞻襄烈而功微,征前经而礼缛,溪壑难满,此之谓乎?

宣英文武兼优,加之以机断,因石氏之衅,首图中原,燕士协其筹,冀马为其用,一战而平巨寇,再举而拔坚城,气詟傍邻,威加边服。便谓深功被物,天数在躬,遽窃鸿名,偷安宝箓。犹将席卷京洛,肆其蚁聚之徒;宰创黎元,纵其鲸吞之势,使江左疲于奔命。职此之由,非夫天厌素灵而启异类,不然者,其锋何以若斯!

景茂庸材,不亲厥务,贤辅攸赖,逆臣挫谋,于是陷金墉而款河南,包铜城而临漠北,西秦劲卒屯函关而不进,东夏遗黎企邺宫而授首。当此之时也,凶威转炽。及玄恭即世,虐媪乱朝。垂以勋德不容,评以黩货干政,志士绝忠贞之路,谗人袭交乱之风。轻邻反速其咎，御敌罕修其备，以携离之众，抗敢死之师。锋镝未交，白沟沦境；冲轴暂拟，紫陌成墟。是知由余出而戎亡，子常升而郢覆，终于身死异域，智不自全，吉凶惟人，良所谓也。

赞曰：青山徙构，玄塞分疆。蠢兹杂种，奕世弥昌。角端掩月，步摇翻霜。乘危蝟起，怙险鸱张。假窃神器，凭陵帝乡。守不以德，终致余殃。

晋书卷一一二
载记第一二

# 苻洪 苻健 苻生 苻雄 王堕

　　苻洪，字广世，略阳临渭氐人也。其先盖有扈之苗裔，世为西戎酋长。始其家池中蒲生，长五丈，五节如竹形，时咸谓之蒲家，因以为氏焉。父怀归，部落小帅。先是，陇右大雨，百姓苦之，谣曰："雨若不止，洪水必起。"故因名曰洪。好施，多权略，骁武善骑射。

　　属永嘉之乱，乃散千金，召英杰之士访安危变通之术。宗人蒲光、蒲突遂推洪为盟主。刘曜僭号长安，光等逼洪归曜，拜率义侯。曜败，洪西保陇山。石季龙将攻上邽，洪又请降。季龙大悦，拜冠军将军，委以西方之事。季龙灭石生，洪说季龙宜徙关中豪杰及羌戎内实京师。季龙从之，以洪为龙骧将军、流人都督，处于枋头。累有战功，封西平郡公，其部下赐爵关内侯者二千余人，以洪为关内领侯将。冉闵言于季龙曰："苻洪雄果，其诸子并非常才，宜密除之。"季龙待之愈厚。及石遵即位，闵又以为言，遵乃去洪都督，余如前。洪怨之，乃遣使降晋。后石鉴杀遵，所在兵起，洪有众十余万。

　　永和六年，帝以洪为征北大将军、都督河北诸军事、冀州刺史、广川郡公。时有说洪称尊号者，洪亦以谶文有"草付应王"，又其孙坚背有"草付"字，遂改姓苻氏。自称大将军、大单于、三秦王。洪谓博士胡文曰："孤率众十万，居形胜之地，冉闵、慕容儁可指辰而殄，姚襄父子克之在吾数中，孤取天下，有易于汉祖。"初，季龙以麻秋镇枹罕，冉闵之乱，秋归邺，洪使子雄击而获之，以秋为军师将军。

秋说洪西都长安,洪深然之。既而秋因宴鸩洪,将并其众,世子健收而斩之。洪将死,谓健曰:"所以未入关者,言中州可指时而定。今见困竖子,中原非汝兄弟所能办。关中形胜,吾亡后便可鼓行而西。"言终而死。年六十六。健僭位,伪谥惠武帝。

苻健,字建业,洪第三子也。初,母姜氏梦大罴而孕之,及长,勇果便弓马,好施,善事人,甚为石季龙父子所亲爱。季龙虽外礼苻氏,心实忌之,乃阴杀其诸兄,而不害健也。及洪死,健嗣位,去秦王之号,称晋爵,遣使告丧于京师,且听王命。

时,京兆杜洪窃据长安,自称晋征北将军、雍州刺史,戎夏多归之。健密图关中,惧洪知之,乃伪受石祗官,缮宫室于枋头,课所部种麦,示无西意,有知而不种者,健杀之以徇。既而自称晋征西大将军、都督关中诸军事、雍州刺史,尽众西行,起浮桥于盟津以济。遣其弟雄率步骑五千入潼关,兄子菁自轵关入河东。健执菁手曰:"事若不捷,汝死河北,我死河南,比及黄泉,无相见也。"既济,焚桥,自统大众继雄而进。杜洪遣其将张先要健于潼关,健逆击破之。健虽战胜,犹修笺于洪,并送名马珍宝,请至长安上尊号。洪曰:"币重言甘,诱我也。"乃尽召关中之众来距。健筮之,遇《泰》之《临》,健曰:"小往大来,吉亨。昔往东而小,今还西而大,吉孰大焉!"是时,众星夹河西流,占者以为百姓还西之象。健遂进军,次赤水,遣雄略地渭北,又败张先于阴盘,擒之,诸城尽陷,菁所至无不降者,三辅略定。健引兵至长安,洪奔司竹。健入而都之,遣使献捷京师,并修好于桓温。

健军师将军贾玄硕等表健为侍中、大都督关中诸军事、大单于、秦王,健怒曰:"我官位轻重,非若等所知。"既而,潜使讽玄硕等使上尊号。永和七年,僭称天王、大单于,赦境内死罪,建元皇始,缮宗庙社稷,置百官于长安。立妻强氏为天王皇后,子苌为天王皇太子,弟雄为丞相、都督中外诸军事、车骑大将军、领雍州刺史,自余封授各有差。

初，杜洪之奔也，招晋梁州刺史司马勋。至是，勋率步骑三万入秦川，健败之于五丈原。

八年，健僭即皇帝位于太极前殿，诸公进为王，以大单于授其子苌。

杜洪屯宜秋，为其将张琚所杀，琚自立为秦王，置百官。健率步骑二万攻琚，斩其首。健至自宜秋，遣雄、菁率众掠关东，并援石季龙豫州刺史张遇于许昌，与晋镇西将军谢尚战于颍水之上，王师败绩。雄乘胜逐北，至于垒门，杀伤大半，遂虏遇及其众归于长安，拜遇司空、豫州刺史，镇许昌。雄攻王擢于陇上，擢奔凉州，雄屯陇东。张重华拜擢征东大将军，使与其将张弘、宋修连兵伐雄。雄与菁率众击败之，获弘、修送长安。

初，张遇自许昌来降，健纳遇后母韩氏为昭仪，每于众中谓遇曰：“卿，吾子也。”遇惭恨，引关中诸将欲以雍州归顺，乃与健中黄门刘晃谋夜袭健，事觉，遇害。

于是孔特起池阳，刘珍、夏侯显起鄠，乔景起雍，胡阳赤起司竹，呼延毒起霸城，众数万人，并遣使诣征西桓温、中军殷浩请救。

雄遣菁掠上洛郡，于丰阳县立荆州，以引南金奇货、弓竿漆蜡，通关市，来远商，于是国用充足，而异贿盈积矣。

十年，温率众四万趋长安，遣别将从均口入淅川，攻上洛，执健荆州刺史郭敬，而遣司马勋掠西鄙。健遣其子苌率雄、菁等众五万，距温于尧柳城愁思堆。温转战而前，次于灞上，苌等退营城南。健以羸兵六千固守长安小城，遣精锐三万为游军以距温。三辅郡县多降于温。健别使雄领骑七千，与桓冲战于白鹿原，王师败绩，又破司马勋于子午谷。

初，健闻温之来也，收麦清野以待之，故温众大饥。至是，徙关中三千余户而归。及至潼关，又为苌等所败，司马勋奔还汉中。

其年，西虏乞没军邪遣子入侍，健于是置来宾馆于平朔门，以怀远人。起灵台于杜门。与百姓约法三章，薄赋卑宫，垂心政事，优礼耆老，修尚儒学，而关右称来苏焉。

新平有长人见,语百姓张靖曰:"苻氏应天受命,今当太平,外面者归中而安泰。"问姓名,弗答,俄而不见。新平令以闻,健以为妖,下靖狱。会大雨霖,河渭溢,蒲津监寇登得一屦于河,长七尺三寸,人迹称之,指长尺余,文深一寸。健叹曰:"覆载之中何所不有,张靖所见定不虚也。"赦之。

蝗虫大起,自华泽至陇山,食百草无遗。牛马相啖毛,猛兽及狼食人,行路断绝。健自蠲百姓租税,减膳彻悬,素服避正殿。

初,桓温之入关也,其太子苌与温战,为流矢所中死。至是,立其子生为太子。健寝疾,菁勒兵入东宫,将杀苻生自立。时,生侍健疾,菁以健为死,回攻东掖门。健闻变,升端门陈兵,众皆舍杖逃散,执菁杀之。数日,健死,时年三十九,在位四年。伪谥明皇帝,庙号世宗,后改曰高祖。

生,字长生,健第三子也。幼而无赖,祖洪甚恶之。生无一目,为儿童时,洪戏之,问侍者曰:"吾闻瞎儿一泪,信乎?"侍者曰:"然。"生怒,引佩刀自刺出血,曰:"此亦一泪也。"洪大惊,鞭之。生曰:"性耐刀槊,不堪鞭捶。"洪曰:"汝为尔不已,吾将以汝为奴。"生曰:"可不如石勒也。"洪惧,跣而掩其口,谓健曰:"此儿狂勃,宜早除之,不然,长大必破人家。"健将杀之,雄止之曰:"儿长成自当修改,何至便可如此!"健乃止。及长,力举千钧,雄勇好杀,手格猛兽,走及奔马,击刺骑射,冠绝一时。桓温之来伐也,生单马入阵,搴旗斩将者前后十数。

苌既死,健以谶言三羊五眼应符,故立为太子。健卒,僭即皇帝位,大赦境内,改年寿光。时,永和十二年也。尊其母强氏为皇太后,立妻梁氏为皇后。以吕婆楼为侍中、左大将军,苻安领太尉,苻柳为征东大将军、并州牧,镇蒲坂,苻谀为镇东大将军、豫州牧,镇陕城,自余封授有差。

初,生将强怀与桓温战没,其子延未及封而健死。会生出游,怀妻樊氏于道上书,论怀忠烈,请封其子。生怒,射而杀之。

　　伪中书监胡文、中书令王鱼言于生曰："此频有客星孛于大角,荧惑入于东井。大角为帝坐,东井秦之分野,于占,不出三年,国有大丧,大臣戮死。愿陛下远追周文,修德以禳之,惠和群臣,以成康哉之美。"生曰："皇后与朕对临天下,亦足以塞大丧之变。毛太傅、梁车骑、梁仆射受遗辅政,可谓大臣也。"于是杀其妻梁氏及太傅毛贵,车骑、尚书令梁楞,左仆射梁安。

　　未几,又诛侍中、丞相雷弱儿及其九子、二十七孙。诸羌悉叛。弱儿,南安羌酋也,刚鲠好直言,见生嬖臣赵韶、董荣乱政,每大言于朝,故荣等谮而诛之。

　　生虽在谅暗,游饮自若,荒耽淫虐,杀戮无道。常弯弓露刃以见朝臣,锤钳锯凿备置左右。又纳董荣之言,诛其司空王堕以应日蚀之灾。

　　飨群臣于太极前殿,饮酣乐奏,生亲歌以和之。命其尚书令辛牢典劝,既而怒曰："何不强酒?犹有坐者!"引弓射牢而杀之。于是百僚大惧,无不引满昏醉,污服失冠,蓬头僵仆,生以为乐。

　　生闻张祚见杀,玄靓幼冲,命其征东苻柳参军阎负、梁殊使凉州,以书喻之。负、殊至姑臧,玄靓年幼,不见殊等。其凉州牧张瓘谓负、殊曰："孤之本朝,世执忠节,远宗大晋,臣无境外之交,君等何为而至?"负、殊曰："晋王以邻藩义好,有自来矣。虽拥阻山河,然风通道会,不欲使羊、陆二公独美于前。主上以钦明绍统,八表宅心,光被四海,格于天地。晋王思与张王齐曜大明,交玉帛之好,兼与君公同金兰之契,是以不远而来,有何怪乎!"瓘曰："羊、陆一时之事,亦非纯臣之义也。本朝六世重光,固忠不贰,若与苻征东交玉帛之好者,便是上违先公纯诚雅志,下乖河右遵奉之情。"负、殊曰:"昔微子去殷,项伯归汉,虽背君违亲,前史美其先觉。亡晋之余,远逃江会,天命去之,沦绝已久,故尊先王翻然改图,北面二赵,盖神算无方,鉴机而作。君公若欲称制河西,众旅非秦之敌,如欲宗归遗晋,深乖先君雅旨,孰若远踪窦融附汉之规,近述先王归赵之事,垂祚无穷,永享遐祉乎?"瓘曰："中州无信,好食誓言。往与石氏通好,旋见寇袭。中国之风,诚在昔日,不足复论通和之事也。"负、殊曰:"三王异政,五帝殊风,赵多奸诈,秦以义信,岂可同年而语哉!张先、杨初,皆擅兵一方,不供王贡,先帝命将擒之,宥其难恕之罪,加以爵封之荣。今上道合二仪,慈弘山海,信符阴阳,御物无际,不可以二赵相况也。"瓘曰:"秦若兵强化盛,自可先取江南,天下自然尽为秦有,何辱征东之命!"负、殊曰:"先帝以大圣神武,开构鸿基,强燕纳款,八州顺轨。主上钦明,道必隆世,慨徽号拥于河西,正朔未加吴会,以吴必须兵,凉可以义,故遣行人先申大好。如君公不能蹈机而发者,正可缓江南数年之命,回师西旆,恐凉州弗可保也。"瓘曰:"我跨据三州,带甲十万,西包昆域,东阻大河,伐人有余,而况自固!秦何能为患!"负、殊曰:"贵州险塞,孰若崤函?五郡之众,何如秦雍?张琚、杜洪因赵之成资,据天阻之固,策三秦之锐,藉陆海之饶,劲士风集,骁骑如云,自谓天下可平,关中可固,先帝神矛一指,望旗冰解,人咏来苏,不觉易主。燕虽武视关东,犹以地势之义,逆顺之理,北面称藩,贡不逾月。致肃慎楛矢,通九夷之珍;单于屈膝,名王内附。控弦之士,百有余万,鼓行而济西河者,君公何以抗之?盍追遵先王臣赵故事,世享大美,为秦之西藩。"瓘曰:"然秦之德义加于天下,江南何以不宾?"负、殊曰:"文身之俗,负阻江山,道洿先叛,化盛后宾,自古而然,岂但今也!故《诗》曰:'蠢尔蛮荆,大邦为仇。'言其不可以德义怀也。"瓘曰:"秦据汉旧都,地兼将相,文武辅臣,领袖一时者谁也?"负、殊曰:"皇室懿藩,忠若公旦者,则大司马、武都王安,征东大将军、晋王柳;文武兼才,神器秀拔,入可允厘百工,出能折冲万里者,卫大将军、广平王黄眉,后将军、清河王法,龙骧将军、东海王坚之兄弟;其耆年硕德,德侔尚父者,则太师、录尚书事、广宁公鱼遵;其清素刚严,骨鲠贞亮,则左光禄大夫强平,金紫光禄程肱、牛夷;博闻强识,探赜索幽,则中书监胡文,中书令王鱼,黄门侍郎李柔;雄毅厚重,权智无方,则左卫将军李威,右卫将军苻雅;才识明达,令行禁止,则特进、领御史中丞梁平老,特进、光禄大夫强汪,侍中、尚书吕婆楼;文史富赡,郁为文宗,则尚书右仆射董荣,秘书监王飚,著作郎梁说;骁勇多权略,攻必取,战必胜,关张之流,万人之敌者,则前将军、新兴王飞,建节将军邓羌,立忠将军彭越,安远将军范俱难,建武将军徐盛;常伯纳言,卿校牧守,则人皆文武,莫非才贤;其余怀经世之才,蕴佐时之略,守南山之操,遂而不夺者,王猛、朱肜之伦,相望于岩谷。济济多士,焉可罄言!姚襄、张平一时之杰,各拥众数万,狼顾偏方,皆委忠献款,请为臣妾。小不事大,《春秋》所诛,惟君公图之。"瓘笑曰:"此事决之主上,非身所了。"负、殊曰:"凉王虽天纵英睿,然尚幼冲,君公居伊霍之任,安危所系,见机之义,实在君公。"瓘新辅政,河西所在兵起,惧秦师之至,乃言于玄靓,遣使称藩,生因其所称而授之。

慕容儁遣将慕舆长卿等,率众七千入自轵关,攻幽州刺史张哲于裴氏堡。晋将军刘度等率众四千,攻青州刺史袁朗于卢氏。生遣其前将军苻飞距晋,建节邓羌距燕。飞未至而度退。羌及长卿战于堡南,大败之,获长卿及甲首二千七百余级。

姚襄率众万余,攻其平阳太守苻产于匈奴堡,苻柳救之,为襄所败,引还蒲坂。襄遂攻堡,克之,杀苻产,尽坑其众,遣使从生假道,将还陇西。生将许之,苻坚谏曰:"姚襄,人杰也,今还陇西,必为深害,不如诱以厚利,伺隙而击之。"生乃止。遣使拜襄官爵,襄不受,斩其使者,焚所送章策,寇掠河东。生怒,命其大将军张平讨之。襄乃卑辞厚币与平结为兄弟,平更与襄通和。

生发三辅人营渭桥,金紫光禄大夫程肱以妨农害时,上疏极谏。生怒,杀之。

长安大风,发屋拔树,行人颠顿,宫中奔扰,或称贼至,宫门昼闭,五日乃止。生推告贼者,杀之,剖而出其心。左光禄大夫强平谏曰:"元正盛旦,日有蚀之,正阳神朔,昏风大起,兼水旱不时,兽灾未息,此皆由陛下不勉强于政事,乖和气所致也。愿陛下务养元元,平章百姓,弃纤介之嫌,含山岳之过,致敬宗社,爱礼公卿,去秋霜之威,垂三春之泽,则奸回寝止,妖祲自消,乾灵祇祐皇家,永保无穷之美矣。"生怒,以为妖言,凿其顶而杀之。

　　平之囚也,伪卫将军苻黄眉、前将军苻飞、建节邓羌侍宴禁中,叩头固谏,以太后为言。平即生母强氏之弟也。生既弗许,强氏忧恨而死。

　　生下书曰:"朕受皇天之命,承祖考之业,君临万邦,子爱百姓,嗣统已来,有何不善,而谤读言之音扇满天下!杀不过千,而谓刑虐。行者比肩,未足为稀。方当峻刑极罚,复如朕何?!"

　　时猛兽及狼大暴,昼则断道,夜则发屋,惟害人而不食六畜。自生立一年,兽杀七百余人,百姓苦之,皆聚而邑居。为害滋甚,遂废农桑,内外凶惧。群臣奏请禳灾,生曰:"野兽饥则食人,饱当自止,终不能累年为患也。天岂不子爱群生,而年年降罚,正以百姓犯罪不已,将助朕专杀而施刑教故耳。但勿犯罪,何为怨天而尤人哉!"

　　生如阿房,遇兄与妹俱行者,逼令为非礼,不从,生怒,杀之。又宴群臣于咸阳故城,有后至者,皆斩之。尝使太医令程延合安胎药,问人参好恶并药分多少,延曰:"虽小小不具,自可堪用。"生以为讥其目,凿延目出,然后斩之。

　　有司奏:"太白犯东井。东井,秦之分也;太白罚星,必有暴兵起于京师。"生曰:"星入井者,必将渴耳,何所怪乎!"

　　姚襄遣姚兰、王钦卢等招动鄜城、定阳、北地、芹川诸羌胡,皆应之,有众二万七千,进据黄落。生遣苻黄眉、苻坚、邓羌率步骑万五千讨之。襄深沟高垒,固守不战。邓羌说黄眉曰:"伤弓之鸟,落于虚发。襄频为桓温、张平所败,锐气丧矣。今谋固垒不战,是穷寇也。襄性刚很,易以刚动,若长驱鼓行,直压其垒,襄必忿而出师,可一战擒也。"黄眉从之,遣羌率骑三千军于垒门。襄怒,尽锐出战。羌伪不胜,引骑而退,襄追之于三原,羌回骑距襄。俄而黄眉与坚至,大战,斩之,尽俘其众,黄眉等振旅而归。黄眉虽有大功,生不加旌赏,每于众中辱之。黄眉怒,谋杀生自立,事发,伏诛,其王公亲戚多有死者。

　　初,生梦大鱼食蒲,又长安谣曰:"东海大鱼化为龙,男便为王女为公。问在何所洛门东。"东海,苻坚封也,时为龙骧将军,第在洛门之东。生不知是坚，以谣梦之故，诛其侍中、太师、录尚书事鱼遵及其七子、十孙。

时又谣曰："百里望空城，郁郁何青青。瞎儿不知法，仰不见天星。"于是，悉坏诸空城以禳之。

金紫光禄大夫牛夷惧不免祸，诸出镇上洛。生曰："卿忠肃笃敬，宜左右朕躬，岂有外镇之理。"改授中军。夷惧，归而自杀。

初，生少凶暴嗜酒，健临死，恐其不能保全家业，诫之曰："酋帅、大臣若不从汝命，可渐除之。"及即伪位，残虐滋甚，耽湎于酒，无复昼夜。群臣朔望朝谒，罕有见者，或至暮方出，临朝辄怒，惟行杀戮。动连月昏醉，文奏因之遂寝。纳奸佞之言，赏罚失中。左右或言陛下圣明宰世，天下惟歌太平。生曰："媚于我也。"引而斩之。或言陛下刑罚微过。曰："汝谤我也。"亦斩之。所幸妻妾小有忤旨，便杀之，流其尸于渭水。又遣宫人与男子裸交于殿前。生剥牛羊驴马，活焰鸡豚鹅，三、五十为群，放之殿中。或剥死囚面皮，令其歌舞，引群臣观之，以为嬉乐。宗室、勋旧、亲戚、忠良杀害略尽，王公在位者悉以疾告归，人情危骇，道路以目。既自有目疾，其所讳者，不足、不具、少、无、缺、伤、残、毁、偏、只之言皆不得道，左右忤旨而死者，不可胜纪，至于截胫、刳胎、拉胁、锯颈者，动有千数。

太史令康权言于生曰："昨夜三月并出，彗星入于太微，遂入于东井。兼自去月上旬沉阴不雨，迄至于今，将有下人谋上之祸，深愿陛下修德以消之。"生怒，以为妖言，扑而杀之。

生夜对侍婢曰："阿法兄弟亦不可信，明当除之。"是夜，清河王苻法梦神告之曰："旦将祸集汝门，惟先觉者可以免之。"寤而心悸。会侍婢来告，乃与特进梁平老、强汪等率壮士数百人潜入云龙门，苻坚与吕婆楼率麾下三百余人鼓噪继进，宿卫将士皆舍杖归坚，生犹昏寐未寤。坚众既至，引生置于别室，废之为越王，俄而杀之。生临死犹饮酒数斗，昏醉无所知矣。时年二十三，在位二年，伪谥厉王。

苻雄，字元才，洪之季子也。少善兵书，而多谋略，好施下士，便弓马，有政术。健僭位，为佐命元勋，权侔人主，而谦奉法。健常曰：
"元才，吾姬旦也。"及卒，健哭之欧血，曰："天不欲吾定四海邪？何
夺元才之速也！"子坚，别有载记。

　　王堕，字安生，京兆霸城人也。博学有雄才，明天文图纬。苻洪
征梁犊，以堕为司马，谓洪曰："谶言苻氏应王，公其人也。"洪深然
之。及为宰相，著匪躬之称。健常叹曰："天下群官皆如王令君者，
阴阳曷不和乎！"甚敬重之。

　　性刚峻疾恶，雅好直言。疾董荣、强国如仇雠，每于朝见之际，
略不与言。人谓之曰："董尚书贵幸一时，公宜降意。"堕曰："董龙是
何鸡狗，而令国士与之言乎！"荣闻而惭恨，遂劝生诛之。及刑，荣谓
堕曰："君今复敢数董龙作鸡狗乎？"堕瞋目而叱之。龙，荣之小字
也。

晋书卷一一三
载记第一三

# 苻坚上

苻坚,字永固,一名文玉,雄之子也。祖洪,从石季龙徙邺,家于永贵里。其母苟氏尝游漳水,祈子于西门豹祠,其夜梦与神交,因而有孕,十二月而生坚焉。有神光自天烛其庭。背有赤文,隐起成字,曰"草付臣又土王咸阳。"臂垂过膝,目有紫光。洪奇而爱之,名曰坚头。

年七岁,聪敏好施,举止不逾规矩。每侍洪侧,辄量洪举措,取与不失机候。洪每曰:"此儿姿貌瓌伟,质性过人,非常相也。"高平徐统有知人之鉴,遇坚于路,异之,执其手曰:"苻郎,此官之御街,小儿敢戏于此,不畏司隶缚邪?"坚曰:"司隶缚罪人,不缚小儿戏也。"统谓左右曰:"此儿有霸王之相。"左右怪之,统曰:"非尔所及也。"后又遇之,统下车屏人,密谓之曰:"苻郎骨相不恒,后当大贵,但仆不见,如何!"坚曰:"诚如公言,不敢忘德。"

八岁,请师就家学。洪曰:"汝戎狄异类,世知饮酒,今乃求学邪!"欣而许之。健之入关也,梦天神遣使者朱衣赤冠,命拜坚为龙骧将军,健翌日为坛于曲沃以授之。健泣谓坚曰:"汝祖昔受此号,今汝复为神明所命,可不勉之!"坚挥剑捶马,志气感厉,士卒莫不惮服焉。性至孝,博学多才艺,有经济大志,要结英豪,以图纬世之宜。王猛、吕婆楼、强汪、梁平老等并有王佐之才,为其羽翼。太原薛赞、略阳权翼见而惊曰:"非常人也!"

及苻生嗣伪位,赞、翼说坚曰:"今主上昏虐,天下离心。有德者昌,无德受殃,天之道也。神器业重,不可令他人取之,愿君王行汤武之事,以顺天人之心。"坚深然之,纳为谋主。生既残虐无度,梁平老等亟以为言,坚遂弑生,以伪位让其兄法。法自以庶孽,不敢当。坚及母苟氏并虑众心未服,难居大位,群僚固请,乃从之。以升平元年僭称大秦天王,诛生佞幸臣董龙、赵韶等二十余人,赦其境内,改元曰永兴。追谥父雄为文桓皇帝,尊母苟氏为皇太后,妻苟氏为皇后,子宏为皇太子。兄法为使持节、侍中、都督中外诸军事、丞相、录尚书,从祖侯为太尉,从兄柳为车骑大将军、尚书令,封弟融为阳平公,双河南公,子丕长乐公,晖平原公,熙广平公,睿巨鹿公。李威为卫将军、尚书左仆射;梁平老为右仆射,强汪为领军将军;仇腾为尚书,领选;席宝为丞相长史、行太子詹事;吕婆楼为司隶校尉;王猛、薛赞为中书侍郎;权翼为给事黄门侍郎,与猛、赞并掌机密。追复鱼遵、雷弱儿、毛贵、王堕、梁楞、梁安、段纯、辛牢等本官,以礼改葬之,其子孙皆随才擢授。

初,坚母以法长而贤,又得众心,惧终为变,至此,遣杀之。坚性仁友,与法决于东堂,恸哭呕血,赠以本官,谥曰哀。封其子阳为东海公,敷为清河公。于是修废职,继绝世,礼神祇,课农桑,立学校。鳏寡孤独,高年不自存者,赐谷帛有差,其殊才异行、孝友忠义、德业可称者,令在所以闻。

其将张平以并州叛,坚率众讨之,以其建节将军邓羌为前锋,率骑五千据汾上。坚至铜壁,平尽众距战,为羌所败,获其养子蚝,送之,平惧,乃降于坚。坚赦其罪,署为右将军,蚝武贲中郎将,加广武将军,徙其所部三千余户于长安。

坚自临晋登龙门,顾谓其群臣曰:"美哉山河之固!娄敬有言,'关中四塞之国',真不虚也。"权翼、薛赞对曰:"臣闻夏、殷之都非不险也,周、秦之众非不多也,终于身窜南巢,首悬白旗,躯残于犬戎,国分于项籍者,何也?德之不修故耳。吴起有言:'在德不在险。'深愿陛下追踪唐虞,怀远以德,山河之固不足恃也。"坚大悦,乃还长安。赐为父后者爵一级，鳏寡高年谷帛有差，丏所过田租之半。

是秋，大旱，坚减膳彻悬，金玉绮绣皆散之戎士，后宫悉去罗纨，衣不曳地。开山泽之利，公私共之，偃甲息兵，与境内休息。

王猛亲宠愈密，朝政莫不由之。特进樊世，氐豪也。有大勋于苻氏，负气倨傲，众辱猛曰："吾辈与先帝共兴事业，而不予时权；君无汗马之劳，何敢专管大任？是为我耕稼而君食之乎！"猛曰："方当使君为宰，安直耕稼而已。"世大怒曰："要当悬汝头于长安城门，不尔者，终不处于世也。"猛言之于坚，坚怒曰："必须杀此老氐，然后百僚可整。"俄而，世入言事，坚谓猛曰："吾欲以杨璧尚主，璧何如人也？"世勃然曰："杨璧，臣之婿也，婚已久定，陛下安得令之尚主乎！"猛让世曰："陛下帝有海内，而君敢竞婚，是为二天子，安有上下！"世怒起，将击猛，左右止之。世遂丑言大骂，坚由此发怒，命斩之于西厩。诸氐纷纭，竞陈猛短，坚恚甚，慢骂，或有鞭挞于殿庭者。权翼进曰："陛下宏达大度，善驭英豪，神武卓荦，录功舍过，有汉祖之风。然慢易之言，所宜除之。"坚笑曰："朕之过也。"自是，公卿以下无不惮猛焉。

坚起明堂，缮南北郊，郊祀其祖洪以配天，宗祀其伯健于明堂以配上帝。亲耕藉田，其妻苟氏亲蚕于近郊。

坚南游霸陵，顾谓群臣曰："汉祖起自布衣，廓平四海，佐命功臣孰为首乎？"权翼进曰："《汉书》以萧曹为功臣之冠。"坚曰："汉祖与项羽争天下，困于京索之间，身被七十余创，通中六七，父母妻子为楚所囚。平城之下，七日不火食，赖陈平之谋，太上、妻子克全，免匈奴之祸。二相何得独高也！虽有人狗之喻，岂黄中之言乎！"于是酣饮极欢，命群臣赋诗。大赦，复改元曰甘露。以王猛为侍中、中书令、京兆尹。

其特进强德，健妻之弟也，昏酒豪横，为百姓之患。猛捕而杀之，陈尸于市。其中丞邓羌，性鲠直不挠，与猛协规齐志，数旬之间，贵戚强豪诛死者二十有余人。于是百僚震肃，豪右屏气，路不拾遗，风化大行。坚叹曰："吾今始知天下之有法也，天子之为尊也！"于是遣使巡察四方及戎夷种落，州郡有高年孤寡，不能自存，长吏刑罚失中、为百姓所苦，清修疾恶、劝课农桑、有便于俗，笃学至孝、义烈力田者，皆令具条以闻。

时匈奴左贤王卫辰遣使降于坚，遂请田内地，坚许之。云中护军贾雍遣其司马徐斌率骑袭之，因纵兵掠夺。坚怒曰："朕方修魏绛和戎之术，不可以小利忘大信。昔荆吴之战，事兴蚕妇；浇瓜之惠，梁宋息兵。夫怨不在大，事不在小，扰动劲众，非国之利也。所获资产，其悉以归之。"免雍官，以白衣领护军，遣使修和，示之信义。辰于是入居塞内，贡献相寻。乌丸独孤、鲜卑没奕于率众数万又降于坚。坚初欲处之塞内，苻融以"匈奴为患，其兴自古。比虏马不敢南首者，畏威故也。今处之于内地，见其弱矣，方当窥兵郡县，为北边之害。不如徙之塞外，以存荒服之义。"坚从之。

坚僭位五年，凤皇集于东阙，大赦其境内，百僚进位一级。初，坚之将为赦也，与王猛、苻融密议于露堂，悉屏左右。坚亲为赦文，猛、融供进纸墨。有一大苍蝇入自牖间，鸣声甚大，集于笔端，驱而复来。俄而，长安街巷市里人相告曰："官今大赦。"有司以闻。坚惊谓融、猛曰："禁中无耳属之理，事何从泄也？"于是敕外穷推之，咸言有一小人衣黑衣，大呼于市曰："官今大赦。"须臾不见。坚叹曰："其向苍蝇乎？声状非常，吾固恶之。谚曰：'欲人勿知，莫若勿为。'声无细而弗闻，事未形而必彰者，其此之谓也。"

坚广修学官，召郡国学生通一经以上充之，公卿已下子孙并遣受业。其有学为通儒、才堪干事、清修廉直、孝悌力田者，皆旌表之。于是人思劝励，号称多士。盗贼止息，请托路绝，田畴修辟，帑藏充盈，典章法物，靡不悉备。坚亲临太学，考学生经义优劣，品而第之。问难五经，博士多不能对。坚谓博士王寔曰："朕一月三临太学，黜陟幽明，躬亲奖励，罔敢倦违，庶几周孔微言不由朕而坠，汉之二武其可追乎！"寔对曰："自刘石扰覆华畿，二都鞠为茂草，儒生罕有或存，坟籍灭而莫纪，经沦学废，奄若秦皇。陛下神武拨乱，道隆虞夏，开痒序之美，弘儒教之风，化盛隆周，垂馨千祀，汉之二武焉足论哉!"坚自是每月一临太学,诸生竞劝焉。

屠各张罔聚众数千,自称大单于,寇掠郡县。坚以其尚书邓羌为建节将军,率众七千讨平之。

时商人赵掇、丁妃、邹瓮等皆家累千金,车服之盛,拟则王侯,坚之诸公竞引之为国二卿。黄门侍郎程宪言于坚曰:"赵掇等皆商贩丑竖,市郭小人,车马衣服僭同王者,官齐君子,为藩国列卿,伤风败俗,有尘盛化,宜肃明典法,使清浊显分。"坚于是推检引掇等为国卿者,降其爵。乃下制:"非命士已上,不得乘车马于都城百里之内。金银锦绣,工商、皂隶、妇女不得服之,犯者弃市。"

兴宁三年,坚又改元为建元。慕容㬜遣其太宰慕容恪攻拔洛阳,略地至于崤渑。坚惧其入关,亲屯陕城以备之。

匈奴右贤王曹毂、左贤王卫辰举兵叛,率人二万攻其杏城已南郡县,屯于马兰山。索虏乌延等亦叛坚而通于辰、毂。坚率中外精锐以讨之,以其前将军杨安、镇军毛盛等为前锋都督。毂遣弟活距战于同官川,安大败之,斩活并四千余级,毂惧而降。坚徙其酋豪六千余户于长安。进击乌延,斩之。邓羌讨卫辰,擒之于木根山。坚自骢马城如朔方,巡抚夷狄,以卫辰为夏阳公以统其众。毂寻死,分其部落,貳城已西二万余落,封其长子玺为骆川侯,貳城已东二万余落封其小子寅为力川侯,故号东、西曹。

秦、雍二州地震裂,水泉涌出,金象生毛,长安大风震电,坏屋杀人,坚惧,而愈修德政焉。

使王猛、杨安等率众二万寇荆州北鄙诸郡,掠汉阳万余户而还。羌敛岐叛坚,自称益州刺史,率部落四千余家西依张天锡叛将李俨。坚遣王猛与陇西太守姜衡、南安太守邵羌讨敛岐于略阳。张天锡率步骑三万击李俨,攻其大夏、武始二郡,克之。天锡将掌据又败俨诸军于葵谷,俨惧,遣兄子纯谢罪于坚,仍请救。寻而猛攻破略阳,敛岐奔白马。坚遣杨安与建威王抚率众会猛以救俨。猛遣邵羌追敛岐,使王抚守侯和,姜衡守白石。猛与杨安救枹罕,及天锡将杨遹战于枹罕东,猛不利。邵羌擒敛岐于白马,送之长安。天锡遂引师而归。俨犹凭城未出,猛乃服白乘舆,从数十人,请与相见。俨开门延之,未安设备,而将士续入,遂虏俨而还。坚以其将军彭越为平西将军、凉州刺史,镇枹罕。以俨为光禄勋;归安侯。

是岁,苻双据上邽、苻柳据蒲坂叛于坚,苻庾据陕城、苻武据安定并应之,将共伐长安。坚遣使谕之,各啮梨以为信,皆不受坚命,阻兵自守。坚遣后禁将军杨成世、左将军毛嵩等讨双、武,王猛、邓羌攻蒲坂,杨安、张蚝攻陕城。成世、毛嵩为双、武所败,坚又遣其武卫王鉴、宁朔吕光等率中外精锐以讨之,左卫苻雅、左禁窦冲率羽林骑七千继发。双、武乘胜至于榆眉,鉴等击败之,斩获万五千人。武弃安定,随双奔上邽,鉴等攻之。苻柳出挑战,猛闭垒不应。柳以猛为惮己,留其世子良守蒲坂,率众二万,将攻长安。长安去蒲坂百余里,邓羌率劲骑七千夜袭败之,柳引军还,猛又尽众邀击,悉俘其卒,柳与数百骑入于蒲坂。鉴等攻上邽,克之,斩双、武。猛又寻破蒲坂,斩柳及其妻子,传首长安。猛屯蒲坂,遣邓羌与王鉴等攻陷陕城,克之。送庾于长安,杀之。

太和四年,晋大司马桓温伐慕容𬀩,次于枋头。𬀩众屡败,遣使乞师于坚,请割武牢以西之地。坚亦欲与𬀩连横,乃遣其将苟池等率步骑二万救𬀩。王师寻败,引归,池乃还。

是时,慕容垂避害奔于坚,王猛言于坚曰:"慕容垂,燕之戚属,世雄东夏,宽仁惠下,恩结士庶,燕、赵之间咸有奉戴之意。观其才略,权智无方,兼其诸子明毅有干艺,人之杰也。蛟龙猛兽,非可驯之物,不如除之。"坚曰:"吾方以义致英豪,建不世之功。且其初至,吾告之至诚,今而害之,人将谓我何!"

王师既旋,慕容𬀩悔割武牢之地,遣使谓坚曰:"顷者割地,行人失辞。有国有家,分灾救患,理之常也。"坚大怒,遣王猛与建威梁成、邓羌率步骑三万,署慕容垂为冠军将军,以为乡导,攻𬀩洛州刺史慕容筑于洛阳。𬀩遣其将慕容臧率精卒十万,将解筑围。猛使梁成等以精锐万人卷甲赴之,大破臧于荥阳。筑惧而请降,猛陈师以受之,留邓羌镇金墉,猛振旅而归。

太和五年，又遣猛率杨安、张蚝、邓羌等十将率步骑六万伐晞。坚亲送猛于霸东，谓曰："授卿精兵，委以重任，便可从壶关、上党出潞川，此捷济之机，所谓疾雷不及掩耳。吾当躬自率众以继卿后，于邺相见。已敕运漕相继，但忧贼，不烦后虑也。"猛曰："臣庸劣孤生，操无豪介，蒙陛下恩荣，内侍帷幄，出总戎旅，藉宗庙之灵，禀陛下神算，残胡不足平也。愿不烦銮轸，冒犯霜露。臣虽不武，望克不淹时。但愿速敕有司，部置鲜卑之所。"坚大悦。于是进师。

杨安攻晋阳。猛攻壶关，执晞上党太守慕容越，所经郡县皆降于猛，猛留屯骑校尉苟苌戍壶关。会杨安攻晋阳，为地道，遣张蚝率壮士数百人入其城中，大呼斩关，猛、安遂入晋阳，执晞并州刺史慕容壮。晞遣其太傅慕容评率众四十余万以救二城，评惮猛不敢进，屯于潞川。猛留将军毛当戍晋阳，进师与评相持。遣游击郭庆以锐卒五千，夜从间道出评营后，傍山起火，烧其辎重，火见邺中。晞惧，遣使让评，催之速战。猛知评卖水鬻薪，有可乘之会，评又求战，乃阵于渭原而誓众曰："王景略受国厚恩，任兼内外，今与诸君深入贼地，宜各勉进，不可退也。愿戮力行间，以报恩顾，受爵明君之朝，庆觞父母之室，不亦美乎！"众皆勇奋，破釜弃粮，大呼竞进。猛望评师之众也，恶之，谓邓羌曰："今日之事，非将军莫可以捷。成败之机，在斯一举。将军其勉之！"羌曰："若以司隶见与者，公无以为忧。"猛曰："此非吾之所及也。必以安定太守、万户侯相处。"羌不悦而退。俄而，兵交，猛召之，羌寝而弗应。猛驰就许之，羌于是大饮帐中，与张蚝、徐成等跨马运矛，驰入评军，出入数四，旁若无人，搴旗斩将，杀伤甚众。战及日中，评众大败，俘斩五万有余，乘胜追击，又降斩十万，于是进师围邺。坚闻之，留李威辅其太子宏守长安，以苻融镇洛阳，躬率精锐十万向邺。七日而至于安阳，过旧闾，引诸耆老语及祖父之事，泫然流涕，乃停信宿。猛潜至安阳迎坚，坚谓之曰："昔亚夫不出军迎汉文，将军何以临敌而弃众也？"猛曰："臣每览亚夫之事，尝谓前却人主，以此而为名将，窃未多之。臣奉陛下神算，击垂亡之虏，若摧枯拉朽，何足虑也！监国冲幼，鸾驾远临，脱有不虞，其如宗庙何!"坚遂攻邺,陷之。慕容㬌出奔高阳,坚将郭庆执而送之。坚入邺宫,阅其名籍,凡郡而五十七,县一千五百七十九,户二百四十五万八千九百六十九,口九百九十八万七千九百三十五。诸州郡牧守及六夷渠帅尽降于坚。郭庆穷追余烬,慕容评奔于高句丽,庆追至辽海,句丽缚评送之。坚散㬌宫人珍宝以赐将士,论功封赏各有差。以王猛为使持节、都督关东六州诸军事、车骑大将军、开府仪同三司、冀州牧,镇邺,以郭庆为持节、都督幽州诸军事、扬武将军、幽州刺史,镇蓟。

坚自邺如枋头,宴诸父老,改枋头为永昌县,复之终世。坚至自永昌,行饮至之礼,歌劳止之诗,以飨其群臣。赦慕容㬌及其三公已下,皆徙于长安,封授有差。坚于是行礼于辟雍,祀先师孔子,其太子及公侯卿大夫士之元子,皆束脩释奠焉。徙关东豪杰及诸杂夷十万户于关中,处乌丸杂类于冯翊、北地,丁零翟斌于新安,徙陈留、东阿万户以实青州。诸因乱流移,避仇远徙,欲还旧业者,悉听之。

晋叛臣袁瑾固守寿春,为大司马桓温所围,遣使请救于坚。坚遣王鉴、张蚝率步骑二万救之,鉴据洛涧,蚝屯八公山。桓温遣诸将夜袭鉴、蚝,败之,鉴、蚝屯慎城。

初,仇池氐杨世以地降于坚,坚署为平南将军、秦州刺史、仇池公。既而归顺于晋。世死,子纂代立,遂受天子爵命而绝于坚。世弟统骁武得众,起兵武都,与纂分争。坚遣其将苻雅、杨安与益州刺史王统率步骑七万,先取仇池,进图宁益。雅等次于鹫陕,纂率众五万距雅。晋梁州刺史杨亮遣督护郭宝率骑千余救之,战于陕中,为雅等所败,纂收众奔还。雅进攻仇池,杨统帅武都之众降于雅。纂将杨他遣子硕密降于雅,请为内应。纂惧,面缚出降。雅释其缚,送之长安。以杨统为平远将军、南秦州刺史,加杨安都督,镇仇池。

先是,王猛获张天锡将敦煌阴据及甲士五千,坚既东平六州,西擒杨纂,欲以德怀远,且跨威河右,至是悉送所获还凉州。天锡惧而遣使谢罪称藩,坚大悦,即署天锡为使持节、散骑常侍、都督河右诸军事、骠骑大将军、开府仪同三司、凉州刺史、西域都护、西平公。

吐谷浑碎奚以杨纂既降,惧而遣使送马五千匹、金银五百斤。坚拜纂安远将军、漒川侯。

坚尝如邺,狩于西山,旬余,乐而忘返。伶人王洛叩马谏曰:"臣闻'千金之子,坐不垂堂;万乘之主,行不履危'。故文帝驰车,袁公止辔;孝文好田,相如献规。陛下为百姓父母,苍生所系,何可盘于游田,以玷圣德。若祸起须臾,变在不测者,其如宗庙何!其如太后何!"坚曰:"善。昔文公悟愆于虞人,朕闻罪于王洛,吾过也。"自是,遂不复猎。

坚闻桓温废海西公也,谓群臣曰:"温前败灞上,后败枋头,十五年间,再倾国师。六十岁公举动如此,不能思愆免退,以谢百姓,方废君以自悦,将如四海何!谚云'怒其室而作色于父'者,其桓温之谓乎!"

坚以境内旱,课百姓区种。惧岁不登,省节谷帛之费,太官、后宫减常度二等,百僚之秩以次降之。复魏、晋士籍,使役有常闻,诸非正道,典学一皆禁之。坚临太学,考学生经义,上第擢叙者八十三人。自永嘉之乱,庠序无闻,及坚之僭,颇留心儒学,王猛整齐风俗,政理称举,学校渐兴。关陇清晏,百姓丰乐,自长安至于诸州,皆夹路树槐柳,二十里一亭,四十里一驿,旅行者取给于途,工商贸贩于道。百姓歌之曰:"长安大街,夹树杨槐。下走朱轮,上有鸾栖。英彦云集,诲我萌黎。"

是岁,有大风从西南来,俄而,晦冥,恒星皆见,又有赤星见于西南。太史令魏延言于坚曰:"于占,西南国亡,明年必当平蜀汉。"坚大悦,命秦、梁密严戎备。乃以王猛为丞相,以苻融为镇东大将军,代猛为冀州牧。融将发,坚祖于霸东,奏乐赋诗。坚母苟氏以融少子,甚爱之,比发,三至灞上,其夕又窃如融所,内外莫知。是夜,坚寝于前殿,魏延上言:"天市南门屏内后妃星失明,左右阉寺不见,后妃移动之象。"坚推问知之,惊曰:"天道与人何其不远!"遂重星官。王猛至长安,加都督中外诸军事,猛辞让再三,坚不许。

其后天鼓鸣,有彗星出于尾箕,长十余丈,名蚩尤旗,经太微,扫东井，自夏及秋冬不灭。太史令张孟言于坚曰："彗起尾箕，而扫东井，此燕灭秦之象。"因劝坚诛慕容㑊及其子弟。坚不纳，更以㑊为尚书，垂为京兆尹，冲为平阳太守。苻融闻之，上疏于坚曰："臣闻东胡在燕，历数弥久，逮于石乱，遂据华夏，跨有六州，南面称帝。陛下爰命六师，大举征讨，劳卒频年，勤而后获，本非慕义怀德归化。而今父子兄弟列官满朝，执权履职，势倾劳旧，陛下亲而幸之。臣愚以为猛兽不可养，狼子野心。往年星异，灾起于燕，愿少留意，以思天戒。臣据可言之地，不容嘿已。《诗》曰：'兄弟急难'，'朋友好合。'昔刘向以肺腑之亲，尚能极言，况于臣乎！"坚报之曰："汝为德未充而怀是非；立善未称，而名过其实。诗云：'德辅如毛，人鲜克举。'君子处高，戒惧倾败，可不务乎！今四海事旷，兆庶未宁，黎元应抚，夷狄应和。方将混六合以一家，同有形于赤子，汝其息之，勿怀耿介。夫天道助顺，修德则攘灾。苟求诸己，何惧外患焉。"

晋梁州刺史杨亮遣子广袭仇池，与坚将杨安战，广败绩，晋沮水诸戍皆委城奔溃，亮惧而退守声险，安遂进寇汉川。坚遣王统、朱彤率卒二万为前锋寇蜀，前禁将军毛当、鹰扬将军徐成率步骑三万入自剑阁。杨亮率巴獠万余拒之，战于青谷，王师不利，亮奔固西城。彤乘胜陷汉中，徐成又攻二剑，克之，杨安进据梓潼。晋奋威将军、西蛮校尉周虓降于彤。扬武将军、徐州刺史周仲孙勒兵距彤等于绵竹，闻坚将毛当将至成都，仲孙率骑五千奔于南中。安、当进兵，遂陷益州。于是西南夷邛莋、夜郎等皆归之。坚以安为右大将军、益州牧，镇成都；毛当为镇西将军、梁州刺史，镇汉中；姚苌为宁州刺史、领西蛮校尉；王统为南秦州刺史，镇仇池。

蜀人张育、杨光等起兵，与巴獠相应，以叛于坚。晋益州刺史竺瑶、威远将军桓石虔率众三万据垫江。育乃自号蜀王，遣使归顺，与巴獠酋帅张重、尹万等五万余人进围成都。寻而育与万争权，举兵相持，坚遣邓羌与杨安等击败之，育、光退屯绵竹。安又败张重、尹万于成都南，重死之，及首级二万三千。邓羌复击张育、杨光于绵竹，皆害之。桓石虔败姚苌于垫江，苌退据五城，石虔与竺瑶移屯巴东。

时，有人于坚明光殿大呼谓坚曰："甲申乙酉，鱼羊食人，悲哉无复遗！"坚命执之，俄而，不见。秘书监朱彤等因请诛鲜卑，坚不从。

遣使巡行四方，观风俗，问政道，明黜陟，恤孤独不能自存者。以安车蒲轮征隐士乐陵王劝为国子祭酒。及王猛卒，坚置听讼观于未央之南。禁老、庄、图谶之学。中外四禁、二卫军长上将士，皆令修学。课后宫，置典学，立内司，以授于掖庭，选阉人及女隶有聪识者署博士以授经。

遣其武卫苟苌、左将军毛盛、中书令梁熙、步兵校尉姚苌等率骑十三万伐张天锡于姑臧。遣尚书郎阎负、梁殊衔命军前，下书征天锡。坚严饰卤簿，亲饯苌等于城西，赏行将各有差。又遣其秦州刺史苟池、河州刺史李辩、凉州刺史王弘，率三州之众以继之。阎负等到凉州，天锡自以晋之列藩，志在保境，命斩之，遣将军马建出距苌等。俄而，梁熙、王统等自清石津攻其将梁粲于河会城，陷之。苟苌济自石城津，与梁熙等会攻缠缩城，又陷之。马建惧，自杨川退还清塞。天锡又遣将军掌据率众三万，与马建阵于洪池。苟苌遣姚苌以甲卒三千挑战，诸将劝据击之，以挫其锋，据不从。天锡乃率中军三万次金昌。苌、熙闻天锡来逼，急攻据、建，建降于苌，遂攻据，害之，及其军司席仿。苌进军入清塞，乘高列阵。天锡又遣司兵赵充哲为前锋，率劲勇五万，与苌等战于赤岸，哲大败。天锡惧而奔还，致笺请降。苌至姑臧，天锡乘素车白马，面缚舆榇，降于军门。苌释缚焚榇，送之于长安，诸郡县悉降。坚以梁熙为持节、西中郎将、凉州刺史，领护西羌校尉，镇姑臧。徙豪右七千余户关中，五品税百姓金银一万三千斤以赏军士，余皆安堵如故。坚封天锡重光县之东宁乡二百户，号归义侯。初，苌等将征天锡，坚为其立第于长安，至是而居之。

坚既平凉州，又遣其安北将军、幽州刺史苻洛为北讨大都督，率幽州兵十万讨代王涉翼犍。又遣后将军俱难与邓羌等率步骑二十万东出和龙,西出上郡,与洛会于涉翼犍庭。翼犍战败,遁于弱水。苻洛逐之,势窘迫,退还阴山。其子翼圭缚父请降,洛等振旅而还,封赏有差。

坚以翼犍荒俗,未参仁义,令入太学习礼。以翼圭执父不孝,迁之于蜀。散其部落于汉鄣边故地,立尉、监行事,官僚领押,课之治业营生,三五取丁,优复三年无税租。其渠帅岁终令朝献,出入行来为之制限。坚尝之太学,召涉翼犍问曰:"中国以学养性,而人寿考,漠北啖牛羊而人不寿,何也?"翼犍不能答。又问:"卿种人有堪将者,可召为国家用。"对曰:"漠北人能捕六畜,善驰走,逐水草而已,何堪为将!"又问:"好学否?"对曰:"若不好学,陛下用教臣何为?"坚善其答。

坚以关中水旱不时,议依郑白故事,发其王侯已下及豪望富室僮隶三万人,开泾水上源,凿山起堤,通渠引渎,以溉冈卤之田。及春而成,百姓赖其利。以凉州新附,复租赋一年。为父后者赐爵一级,孝悌力田爵二级,孤寡高年谷帛有差,女子百户牛酒,大酺三日。

遣其尚书令苻丕率司马慕容暐、苟苌等步骑七万寇襄阳。使杨安将樊邓之众为前锋,屯骑校尉石越率精骑一万出鲁阳关,慕容垂与姚苌出自南乡,苟池等与强弩王显将劲卒四万从武当继进,大会汉阳。

师次沔北,晋南中郎将朱序以丕军无舟楫,不以为虞,石越遂游马以渡。序大惧,固守中城。越攻陷外郛,获船百余艘以济军。丕率诸将进攻中城,遣苟池、石越、毛当以众五万屯于江陵。晋车骑将军桓冲拥众七万为序声援,惮池等不进,保据上明。兖州刺史彭超遣使上言于坚曰:"晋沛郡太守戴逯以卒数千戍彭城,臣请率精锐五万攻之,愿更遣重将讨淮南诸城。"坚于是又遣其后将军俱难率右将军毛当、后禁毛盛、陵江邵保等步骑七万寇淮阴、盱眙。扬武彭超寇彭城。梁州刺史韦钟寇魏兴,攻太守吉挹于西城。晋将军毛武生率众五万距之,与俱难等相持于淮南。

先是,梁熙遣使西域,称扬坚之威德,并以缯彩赐诸国王,于是朝献者十有余国。大宛献天马千里驹,皆汗血、朱鬣、五色、凤膺、麟身,及诸珍异五百余种。坚曰:"吾思汉文之返千里马,咨嗟美咏。今所献马,其悉返之,庶克念前王,仿佛古人矣。"乃命群臣作《止马诗》而遣之,示无欲也。其下以为盛德之事,远同汉文,于是献诗者四百余人。

是时,苻丕久围襄阳,御史中丞李柔劾丕以师老无功,请征下廷尉。坚曰:"丕等费广无成,实宜贬戮。但师已淹时,不可虚然中返,其特原之,令以功成赎罪。"因遣其黄门郎韦华持节切让丕等,仍赐以剑,曰:"来春不捷者,汝可自裁,不足复持面见吾也。"初,丕之寇襄阳也,将急攻之,苟苌谏曰:"今以十倍之众,积粟如山,但掠徙荆楚之人内于许洛,绝其粮运,使外援不接,粮尽无人,不攻自溃,何为促攻以伤将士之命?"丕从之。及坚让至,众咸疑惧,莫知所为。征南主簿河东王施进曰:"以大将军英秀,诸将勇锐,以攻小城,何异洪炉燎羽毛。所以缓攻,欲以计制之。若决一旦之机,可指日而定。今破襄阳,上明自通,复何所疑!愿请一旬之期,以展三军之势。如其不捷,施请为戮首。"丕于是促围攻之。坚将亲率众助丕等,使苻融将关东甲卒于寿春,梁熙统河西之众以继中军。融、熙并上言,以为未可兴师,乃止。

太元四年,晋兖州刺史谢玄率众数万次于泗沔,将救彭城。苻丕陷襄阳,执南中郎将朱序,送于长安,坚署为度支尚书。以其中垒梁成为南中郎将、都督荆扬州诸军事、荆州刺史,领护南蛮校尉,配兵一万镇襄阳,以征南府器杖给之。

彭超围彭城也,置辎重于留城。至是,晋将谢玄遣将军何谦之、高衡率众万余,声趣留城,超引军赴之。戴逯率彭城之众奔于谢玄,超留其治中徐褒守彭城而复寇盱眙。俱难既陷淮阴,留邵保戍之,与超会师而南。晋将毛武生救魏兴,遣前锋督护赵福、将军袁虞等将水军一万,溯江而上。坚南巴校尉姜守遣将张绍、仇生等水陆五千距之,战于南县,王师败绩。寻而韦钟攻陷魏兴,执太守吉挹。毛当与王显自襄阳而东，会攻淮南。彭超陷盱眙，获晋建威将军、高密内史毛璪之，遂攻晋幽州刺史田洛于三阿。去广陵百里，京都大震，临江列戍。孝武帝遣征虏将军谢石率水军次于涂中，右卫将军毛安之、游击将军河间王昙之次于堂邑，谢玄自广陵救三阿。毛当、毛盛驰袭安之，王师败绩。玄率众三万次于白马塘，俱难遣其将都颜率骑逆玄，战于塘西，玄大败之，斩颜。玄进兵至三阿，与难、超战，超等又败，退保盱眙。玄进次石梁，与田洛攻盱眙，难、超出战，复败，退屯淮阴。玄遣将军何谦之，督护诸葛侃率舟师乘潮而上，焚淮桥，又与难等合战，谦之斩其将邵保，难、超退师淮北。难归罪彭超，斩其司马柳浑。坚闻之，大怒，槛车征超下狱，超自杀，难免为庶人。

　　坚以毛当为平南将军、徐州刺史，镇彭城；毛盛为平东将军、兖州刺史，镇胡陆；王显为平吴校尉、扬州刺史，戍下邳；赏堂邑之功也。又以苻洛为散骑常侍、持节、都督益宁西南夷诸军事、征南大将军、益州牧，领护西夷校尉，镇成都，命从伊阙自襄阳溯汉而上。洛，健之兄子也。雄勇多力，而猛气绝人，坚深忌之，故常为边牧。洛有征伐之功而未赏，及是迁也，恚怒，谋于众曰："孤于帝室，至亲也，主上不能以将相任孤，常摈孤于外，既投之西裔，复不听过京师，此必有伏计，令梁成沉孤于汉水矣。为宜束手就命，为追晋阳之事以匡社稷邪？诸君意如何？"其治中平颜妄陈祥瑞，劝洛举兵。洛因攘袂大言曰："孤计决矣，沮谋者斩！"于是自称大将军、大都督、秦王，署置官司，以平颜为辅国将军、幽州刺史，为其谋主。分遣使者征兵于鲜卑、乌丸、高句丽、百济及薛罗、休忍等诸国，并不从。洛惧而欲止，平颜曰："且宜声言受诏，尽幽并之兵出自中山、常山，阳平公必郊迎于路，因而执之。进据冀州，总关东之众以图秦、雍，可使百姓不觉易主而大业定矣。"洛从之，乃率众七万发和龙，将图长安。于是关中骚动，盗贼并起。坚遣使数之曰："天下未一家，兄弟匪他，何为而反？可还和龙，当以幽州永为世封。"洛谓使者曰："汝还白东海王，幽州褊厄，不足容万乘，须还王咸阳，以承高祖之业。若能候驾潼关者，位为上公，爵归本国。"坚大怒，遣其左将军窦冲及吕光率步骑四万讨之,右将军都贵驰传诣邺,率冀州兵三万为前锋,以苻融为大都督,授之节度。使石越率骑一万,自东莱出石径,袭和龙,海行四百余里。苻重亦尽蓟城之众会洛,次于中山,有众十万。冲等与洛战于中山,大败之,执洛及其将兰殊,送于长安。吕光追斩苻重于幽州,石越克和龙,斩平颜及其党与百余人。坚赦兰殊,署为将军,徙洛于凉州,征苻融为车骑大将军、领宗正、录尚书事。

洛既平,以关东地广人殷,思所以镇静之。引其群臣于东堂议曰:"凡我族类,支胤弥繁,今欲分三原、九嵕、武都、汧、雍十五万户于诸方要镇,不忘旧德,为磐石之宗,于诸君之意如何?"皆曰:"此有周所以祚隆八百,社稷之利也。"于是分四帅子弟三千户,以配苻丕镇邺,如世封诸侯,为新券主。坚送丕于灞上,流涕而别。诸戎子弟离其父兄者,皆悲号哀恸,酸感行人,识者以为丧乱流离之象。于是分幽州置平州,以石越为平州刺史,领护鲜卑中郎将,镇龙城;大鸿胪韩胤领护赤沙中郎将,移乌丸府于代郡之平城;中书令梁谠为安远将军、幽州刺史,镇蓟城;毛兴为镇西将军、河州刺史,镇枹罕;王腾为鹰扬将军、并州刺史,领护匈奴中郎将,镇晋阳;二州各配支户三千;苻晖为镇东大将军、豫州牧,镇洛阳;苻睿为安东将军、雍州刺史,镇蒲坂。

先是,高陆人穿井得龟,大三尺,背有八卦文,坚命太卜池养之,食以粟,及此而死,藏其骨于太庙。其夜庙丞高房梦龟谓之曰:"我本出将归江南,遭时不遇,陨命秦庭。"又有人梦中谓房曰:"龟三千六百岁而终,终必妖兴,亡国之征也。"

坚自平诸国之后,国内殷实,遂示人以侈,悬珠帘于正殿,以朝群臣,宫宇车乘,器物服御,悉以珠玑、琅玕、奇宝、珍怪饰之。尚书郎裴元略谏曰:"臣闻尧舜茅茨,周卑宫室,故致和平,庆隆八百。始皇穷极奢丽,嗣不及孙。愿陛下则采椽之不琢,鄙琼室而不居,敷纯风于天下,流休范于无穷。贱金玉,珍谷帛,勤恤人隐,劝课农桑,捐无用之器,弃难得之货,敦至道以厉薄俗,修文德以怀远人。然后一轨九州,同风天下,刑措既登,告成东岳,踪轩皇以齐美,哂二汉之徙封，臣人之愿也。"坚大悦，命去珠帘，以元略为谏议大夫。

鄯善王、车师前部王来朝，大宛献汗血马，肃慎贡楛矢，天竺献火浣布，康居、于寘及海东诸国，凡六十有二王，皆遣使贡其方物。

初，坚母少寡，将军李威有辟阳之宠，史官载之。至是，坚收起居注及著作所录而观之，见其事，惭怒，乃焚其书而大检史官，将加其罪。著作郎赵泉、车敬等已死，乃止。

荆州刺史都贵遣其司马阎振、中兵参军吴仲等率众二万寇竟陵，留辎重于管城，水陆轻进。桓冲遣南平太守桓石虔、竟陵太守郭铨等水陆二万距之，相持月余，战于激水。振等大败，退保管城。石虔乘胜攻破之，斩振及仲，俘斩万七千。

晋书卷一一四
载记第一四

# 苻坚下　王猛　苻融　苻朗

太元七年，坚飨群臣于前殿，乐奏赋诗。秦州别驾天水姜平子诗有"丁"字，直而不曲。坚问其故，平子曰："臣丁至刚，不可以屈，且曲下者，不正之物，未足献也。"坚笑曰："名不虚行。"因擢为上第。

坚兄法子东海公阳与王猛子散骑侍郎皮谋反，事泄，坚问反状，阳曰："《礼》云，父母之仇，不同天地。臣父哀公，死不以罪，齐襄复九世之仇，而况臣也！"皮曰："臣父丞相有佐命之勋，而臣不免贫矮，所以图富也。"坚流涕谓阳曰："哀公之薨，事不在朕，卿宁不知之！"让皮曰："丞相临终，托卿以十具牛为田，不闻为卿求位。知子莫若父，何斯言之征也！"皆赦不诛，徙阳于高昌，皮于朔方之北。苻融以位忝宗正，不能肃遏奸萌，上疏请徙罪私藩。坚不许。将以融为司徒，融固辞。坚锐意荆、扬，将谋入寇，乃改授融征南大将军、开府仪同三司。

新平郡献玉器。初，坚即伪位，新平王雕陈说图谶，坚大悦，以雕为太史令。尝言于坚曰："谨案谶云：'古月之末乱中州，洪水大起健西流，惟有雄子定八州。'此即三祖、陛下之圣讳也。又曰：'当有草付臣又土，灭东燕，破白虏，氐在中，华在表。'案图谶之文，陛下当灭燕，平六州。愿徙汧陇诸氐于京师，三秦大户置之于边地，以应图谶之言。"坚访之王猛，猛以雕为左道惑众，劝坚诛之。雕临刑上疏曰:"臣以赵建武四年,从京兆刘湛学,明于图记,谓臣曰:'新平地古颛顼之墟,里名曰鸡闾。记云,此里应出帝王宝器,其名曰延寿宝鼎。颛顼有云,河上先生为吾隐之于咸阳西北,吾之孙有艸付臣又土应之。'湛又云:'吾尝斋于室中,夜有流星大如半月,落于此地,斯盖是乎!'愿陛下志之,平七州之后,出于壬午之年。"至是,而新平人得之以献,器铭篆书文题之法,一为天王,二为王后,三为三公,四为诸侯,五为伯子男,六为卿大夫,七为元士。自此已下,考载文记,列帝王名臣,自天子王后,内外次序,上应天文,象紫宫布列,依玉牒版辞,不违帝王之数。从上元人皇起,至中元,穷于下元,天地一变,尽三元而止。坚以涠言有征,追赠光禄大夫。

幽州蝗,广袤千里,坚遣其散骑常侍刘兰持节为使者,发青、冀、幽、并百姓讨之。

以苻朗为使持节、都督青徐兖三州诸军事、镇东将军、青州刺史,以谏议大夫裴元略为陵江将军、西夷校尉、巴西梓潼二郡太守,密授规模,令与王抚备舟师于蜀,将以入寇。

车师前部王弥寘、鄯善王休密驮朝于坚,坚赐以朝服,引见西堂。寘等观其宫宇壮丽,仪卫严肃,甚惧,因请年年贡献。坚以西域路遥,不许,令三年一贡,九年一朝,以为永制。寘等请曰:"大宛诸国虽通贡献,然诚节未纯,请乞依汉置都护故事。若王师出关,请为乡导。"坚于是以骁骑吕光为持节、都督西讨诸军事,与陵江将军姜飞、轻骑将军彭晃等配兵七万,以讨定西域。苻融以虚耗中国,投兵万里之外,得其人不可役,得其地不可耕,固谏以为不可。坚曰:"二汉力不能制匈奴,犹出师西域。今匈奴既平,易若摧朽,虽劳师远役,可传檄而定,化被昆山,垂芳千载,不亦美哉!"朝臣又屡谏,皆不纳。

晋将军朱绰焚践沔北屯田,掠六百余户而还。坚引群臣会议,曰:"吾统承大业垂二十载,芟夷逋秽,四方略定,惟东南一隅未宾王化。吾每思天下不一,未尝不临食辍餔,今欲起天下兵以讨之。略计兵杖精卒,可有九十七万,吾将躬先启行,薄伐南裔,于诸卿意何如?"秘书监朱彤曰:"陛下应天顺时,恭行天罚,啸咤则五岳摧覆,呼吸则江海绝流,若一举百万,必有征无战。晋主自当衔璧舆榇,启颡军门,若迷而弗悟,必逃死江海,猛将追之,即可赐命南巢。中州之人,还之桑梓。然后回驾岱宗,告成封禅,起白云于中坛,受万岁于中岳,尔则终古一时,书契未有。"坚大悦曰:"吾之志也。"左仆射权翼进曰:"臣以为晋未可伐。夫以纣之无道,天下离心,八百诸侯不谋而至,武王犹曰彼有人焉,回师止旆。三仁诛放,然后奋戈牧野。今晋道虽微,未闻丧德,君臣和睦,上下同心。谢安、桓冲,江表伟才,可谓晋有人焉。臣闻师克在和,今晋和矣,未可图也。"坚默然久之,曰:"诸君各言其志。"太子左卫率石越对曰:"吴人恃险偏隅,不宾王命,陛下亲御六师,问罪衡越,诚合人神四海之望。但今岁镇星守斗牛,福德在吴。悬象无差,弗可犯也。且晋中宗,藩王耳,夷夏之情,咸共推之,遗爱犹在于人。昌明,其孙也,国有长江之险,朝无昏贰之衅。臣愚以为利用修德,未宜动师。孔子曰:'远人不服,修文德以来之。'愿保境养兵,伺其虚隙。"坚曰:"吾闻武王伐纣,逆岁犯星。天道幽远,未可知也。昔夫差威陵上国,而为勾践所灭。仲谋泽洽全吴,孙皓因三代之业,龙骧一呼,君臣面缚,虽有长江,其能固乎!以吾之众旅,投鞭于江,足断其流。"越曰:"臣闻纣为无道,天下患之。夫差淫虐,孙皓昏暴,众叛亲离,所以败也。今晋虽无德,未有斯罪,深愿厉兵积粟以待天时。"群臣各有异同,庭议者久之。坚曰:"所谓筑室于道,沮计万端,吾当内断于心矣。"群臣出后,独留苻融议之。坚曰:"自古大事,定策者一两人而已,群议纷纭,徒乱人意,吾当与汝决之。"融曰:"岁镇在斗牛,吴越之福,不可以伐,一也。晋主休明,朝臣用命,不可以伐,二也。我数战,兵疲将倦,有惮敌之意,不可以伐,三也。诸言不可者,策之上也,愿陛下纳之。"坚作色曰:"汝复如此,天下之事,吾当谁与言!今有众百万,资仗如山,吾虽未称令主,亦不为阘劣。以累捷之威,击垂亡之寇,何不克之有乎!吾终不以贼遗子孙,为宗庙社稷之忧也。"融泣曰:"吴之不可伐昭然,虚劳大举,必无功而反。臣之所忧,非此而已。陛下宠育鲜卑、羌、羯，布诸畿甸，旧人族类，斥徙遐方。今倾国而去，如有风尘之变者，其如宗庙何！监国以弱卒数万留守京师，鲜卑、羌、羯，攒聚如林，此皆国之贼也，我之仇也。臣恐非但徒返而已，亦未必万全。臣智识愚浅，诚不足采；王景略一时奇士，陛下每拟之孔明，其临终之言不可忘也。"坚不纳。

　　游于东苑，命沙门道安同辇。权翼谏曰："臣闻天子法驾，侍中陪乘，清道而行，进止有度。三代末主，或亏大伦，适一时之情，书恶来世。故班姬辞辇，垂美无穷。道安毁形贱士，不宜参秽神舆。"坚作色曰："安公道冥至境，德为时尊，朕举天下之重，未足以易之。非公与辇之荣，此乃朕之显也。"命翼扶安升辇，顾谓安曰："朕将与公南游吴越，整六师而巡狩，谒虞陵于疑岭，瞻禹穴于会稽，泛长江，临沧海，不亦乐乎！"安曰："陛下应天御世，居中土而制四维，逍遥顺时，以适圣躬，动则鸣銮清道，止则神栖无为，端拱而化，与尧舜比隆，何为劳身于驰骑，口倦于经略，栉风沐雨，蒙尘野次乎？且东南区区，地下气疠，虞舜游而返，大禹适而弗归，何足以上劳神驾，下困苍生。《诗》云：'惠此中国，以绥四方。'苟文德足以怀远，可不烦寸兵而坐宾百越。"坚曰："非为地不广、人不足也，但思混一六合，以济苍生。天生蒸庶，树之君者，所以除烦去乱，安得惮劳！朕既大运所钟，将简天心以行天罚。高辛有熊泉之役，唐尧有丹水之师，此皆著之前典，昭之后生。诚如公言，帝王无省方之文乎？且朕此行也，以义举耳，使流度衣冠之胄，还其墟坟，复其桑梓，止为济难铨才，不欲穷兵极武。"安曰："若銮驾必欲亲动，犹不愿远涉江淮，可暂幸洛阳，明授胜略，驰纸檄于丹杨，开其改迷之路。如其不庭，伐之可也。"坚不纳。先是，群臣以坚信重道安，谓安曰："主上欲有事于东南，公何不为苍生致一言也！"故安因此而谏。苻融及尚书原绍、石越等上书面谏，前后数十，坚终不从。

　　坚少子中山公诜有宠于坚，又谏曰："臣闻季梁在随，楚人惮之；宫奇在虞，晋不窥兵。国有人焉故也。及谋之不用，而亡不淹岁。前车之覆轨，后车之明鉴。阳平公，国之谋主，而陛下违之；晋有谢安、桓冲,而陛下伐之。是行也,臣窃惑焉。"坚曰:"国有元龟,可以决大谋;朝有公卿,可以定进否。孺子言焉,将为戮也。"

所司奏刘兰讨螻幽州,经秋冬不灭,请征下廷尉诏狱。坚曰:"灾降自天,殆非人力所能除也。此自朕之政违所致,兰何罪焉!"

明年,吕光发长安,坚送于建章宫,谓光曰:"西戎荒俗,非礼义之邦。羁縻之道,服而赦之,示以中国之威,导以王化之法,勿极武穷兵,过深残掠。"加鄯善王休密驮使持节、散骑常侍、都督西域诸军事、宁西将军,车师前部王弥寘使持节、平西将军、西域都护,率其国兵为光乡导。

是年,益州西南夷、海东诸国皆遣使贡其方物。

坚南游灞上,从容谓群臣曰:"轩辕,大圣也,其仁若天,其智若神,犹随不顺者从而征之,居无常所,以兵为卫,故能日月所照,风雨所至,莫不率从。今天下垂平,惟东南未殄。朕忝荷大业,巨责攸归,岂敢优游卒岁,不建大同之业!每思桓温之寇也,江东不可不灭。今有劲卒百万,文武如林,鼓行而摧遗晋,若商风之陨秋箨。朝廷内外,皆言不可,吾实未解所由。晋武若信朝士之言而不征吴者,天下何由一轨!吾计决矣,不复与诸卿议也。"

太子宏进曰:"吴今得岁,不可伐也。且晋主无罪,人为之用;谢安、桓冲兄弟皆一方之俊才,君臣戮力,阻险长江,未可图也。但可厉兵积粟,以待暴主,一举而灭之。今若动而无功,则威名损于外,资财竭于内。是故,圣王之行师也,内断必诚,然后用之。彼若凭长江以固守,徙江北百姓于江南,增城清野,杜门不战,我已疲矣。彼未引引,土下气疠,不可久留,陛下将若之何?"坚曰:"往年车骑灭燕,亦犯岁而捷之。天道幽远,非汝所知也。昔始皇之灭六国,其王岂皆暴乎?且吾内断于心久矣,举必克之,何为无功!吾方命蛮夷以攻其内,精甲劲兵以攻其外,内外如此,安有不克!"道安曰:"太子之言是也,愿陛下纳之。"坚弗从。

冠军慕容垂言于坚曰:"陛下德侔轩唐,功高汤武,威泽被于八表,远夷重译而归。司马昌明因余烬之资,敢距王命,是而不诛,法将安措！孙氏跨僭江东,终并于晋,其势然也。臣闻小不敌大,弱不御强,况大秦之应符,陛下之圣武,强兵百万,韩白盈朝,而令其偷魂假号,以贼虏遗子孙哉！《诗》云:'筑室于道谋,是用不溃于成。'陛下内断神谋足矣,不烦广访朝臣以乱圣虑。昔晋武之平吴也,言可者张、杜数贤而已,若采群臣之言,岂能建不世之功！谚云凭天俟时,时已至矣,其可已乎！"坚大悦,曰:"与吾定天下者,其惟卿耳。"赐帛五百匹。

彗星扫东井。自坚之建元十七年四月,长安有水影,远观若水,视地则见人,至是则止。坚恶之。上林竹死,洛阳地陷。

晋车骑将军桓冲率众十万伐坚,遂攻襄阳。遣前将军刘波、冠军桓石虔、振威桓石民攻沔北诸城;辅国杨亮伐蜀,攻拔伍城,进攻涪城,龙骧胡彬攻下蔡;鹰扬郭铨攻武当;冲别将攻万岁城,拔之。坚大怒,遣其子征南睿及冠军慕容垂、左卫毛当率步骑五万救襄阳,扬武张崇救武当,后将军张蚝、步兵校尉姚苌救涪城。睿次新野,垂次邓城。王师败张崇于武当,掠二千余户而归。睿遣垂及骁骑石越为前锋,次于沔水。垂、越夜命三军人持十炬火,系炬于树枝,光照十数里中。冲惧,退还上明。张蚝出斜谷,杨亮亦引兵退归。

坚下书悉发诸州公私马,人十丁遣一兵。门在灼然者,为崇文义从。良家子年二十已下,武艺骁勇,富室材雄者,皆拜羽林郎。下书期克捷之日,以帝为尚书左仆射,谢安为吏部尚书,桓冲为侍中,并立第以待之。良家子至者三万余骑。其秦州主簿金城赵盛之为建威将军、少年都统。遣征南苻融、骠骑张蚝、抚军苻方、卫军梁成、平南慕容暐、冠军慕容垂率步骑二十五万为前锋。坚发长安,戎卒六十余万,骑二十七万,前后千里,旗鼓相望。坚至项城,凉州之兵始达咸阳,蜀汉之军顺流而下,幽冀之众至于彭城,东西万里,水陆齐进。运漕万艘,自河入石门,达于汝颍。

融等攻陷寿春,执晋平虏将军徐元喜、安丰太守王先。垂攻陷郧城,害晋将军王太丘。梁成与其扬州刺史王显、弋阳太守王咏等率众五万,屯于洛涧,栅淮以遏东军。成频败王师。晋遣都督谢石、徐州刺史谢玄、豫州刺史桓伊、辅国谢琰等水陆七万，相继距融，去洛涧二十五里，惮成不进。龙骧将军胡彬先保硖石，为融所逼，粮尽，诈扬沙以示融军，潜遣使告石等曰："今贼盛粮尽，恐不见大军。"融军人获而送之。融乃驰使白坚曰："贼少易俘，但惧其越逸，宜速进众军，掎禽贼帅。"坚大悦，恐石等遁也，舍大军于项城，以轻骑八千兼道赴之，令军人曰："敢言吾至寿春者拔舌。"故石等弗知。晋龙骧将军刘牢之率劲卒五千，夜袭梁成垒，克之，斩成及王显、王咏等十将，士卒死者万五千。谢石等以既败梁成，水陆继进。坚与苻融登城而望王师，见部阵齐整，将士精锐，又北望八公山上草木，皆类人形，顾谓融曰："此亦勍敌也，何谓少乎！"怃然有惧色。初，朝廷闻坚入寇，会稽王导子以威仪鼓吹求助于钟山之神，奉以相国之号。及坚之见草木状人，若有力焉。

坚遣其尚书朱序说石等以众盛，欲胁而降之。序诡谓石曰："若秦百万之众皆至，则莫可敌也。及其众军未集，宜在速战。若挫其前锋，可以得志。"石闻坚在寿春也，惧，谋不战以疲之。谢琰劝从序言，遣使请战，许之。时张蚝败谢石于肥南，谢玄、谢琰勒卒数万，阵以待之。蚝乃退，列阵逼肥水。王师不得渡，遣使谓融曰："君悬军深入，置阵逼水，此持久之计，岂欲战者乎？若小退师，令将士周旋，仆与君以缓辔而观之，不亦美乎！"融于是麾军却阵，欲因其济水，覆而取之。军遂奔退，制之不可止。融驰骑略阵，马倒被杀，军遂大败。王师乘胜追击，至于青冈，死者相枕。坚为流矢所中，单骑遁还于淮北，饥甚，人有进壶飧豚髀者，坚食之，大悦，曰："昔公孙豆粥何以加也！"命赐帛十匹，绵十斤。辞曰："臣闻白龙厌天池之乐而见困豫且，陛下目所睹也，耳所闻也。今蒙尘之难，岂自天乎！且臣施不为惠，妄受不为忠。陛下，臣之父母也，安有子养而求报哉！"弗顾而退。坚大惭，顾谓其夫人张氏曰："朕若用朝臣之言，岂见今日之事邪！当何面目复临天下乎？"潸然流涕而去。闻风声鹤唳，皆谓晋师之至。其仆射张天锡、尚书朱序及徐元喜等皆归顺。初，谚言"坚不出项"，群臣劝坚停项，为六军声镇，坚不从，故败。

诸军悉溃，惟慕容垂一军独全，坚以千余骑赴之。垂子宝劝垂杀坚，垂不从，乃以兵属坚。初，慕容晖屯郧城，姜成等守漳口，晋随郡太守夏侯澄攻姜成，斩之，晖弃其众奔还。坚收离集散，比至洛阳，众十余万，百官威仪军容粗备。未及关而垂有贰志，说坚请巡抚燕岱并求拜墓，坚许之。权翼固谏以为不可，坚不从。寻惧垂为变，悔之，遣骁骑石越率卒三千戍邺，骠骑张蚝率羽林五千戍并州，留兵四千配镇军毛当戍洛阳。坚至自淮南，次于长安东之行宫，哭苻融而后入，告罪于其太庙，赦殊死已下，文武增位一级，厉兵课农，存恤孤老，诸士卒不返者皆复其家终世。赠融大司马，谥曰哀公。

卫军从事中郎丁零翟斌反于河南，长乐公苻丕遣慕容垂及苻飞龙讨之。垂南结丁零，杀飞龙，尽坑其众。豫州牧、平原公苻晖遣毛当击翟斌，为斌所败，当死之。

垂子农亡奔列人，招集群盗，众至万数千。丕遣石越击之，为农所败，越死之。垂引丁零、乌丸之众二十余万，为飞梯地道以攻邺城。

慕容晖弟、燕故济北王泓先为北地长史，闻垂攻邺，亡命奔关东，收诸马牧鲜卑，众至数千，还屯华阴。慕容晖乃潜使诸弟及宗人起兵于外。坚遣将军强永率骑击之，为泓所败，泓众遂盛，自称使持节、大都督陕西诸军事、大将军、雍州牧、济北王，推叔父垂为丞相、都督陕东诸军事、领大司马、冀州牧、吴王。

坚谓权翼曰："吾不从卿言，鲜卑至是。关东之地，吾不复与之争，将若泓何？"翼曰："寇不可长。慕容垂正可据山东为乱，不暇近逼。今晖及宗族种类尽在京师，鲜卑之众布于畿甸，实社稷之元忧，宜遣重将讨之。"坚乃以广平公苻熙为使持节、都督雍州杂戎诸军事、镇东大将军、雍州刺史，镇蒲坂。征苻睿为都督诸军事、卫大将军、司隶校尉、录尚书事，配兵五万，以左将军窦冲为长史，龙骧姚苌为司马，讨泓于华泽。平阳太守慕容冲起兵河东，有众二万，进攻蒲坂，坚命窦冲讨之。苻睿勇果轻敌，不恤士众。泓闻其至也，惧，率众将奔关东，睿驰兵要之。姚苌谏曰："鲜卑有思归之心，宜驱令出关，不可遏也。"睿弗从，战于华泽，睿败绩，被杀。坚大怒。苌惧诛，遂叛。窦冲击慕容冲于河东，大破之，冲率骑八千奔于泓军。泓众至十余万，遣使谓坚曰："秦为无道，灭我社稷。今天诱其衷，使秦师倾败，将欲兴复大燕。吴王已定关东，可速资备大驾，奉送家兄皇帝并宗室功臣之家。泓当率关中燕人，翼卫皇帝，还返邺都，与秦以武牢为界，分王天下，永为邻好，不复为秦之患也。巨鹿公轻戆锐进，为乱兵所害，非泓之意。"坚大怒，召慕容晖责之曰："卿父子干纪僭乱，乖逆人神，朕应天行罚，尽兵势而得卿。卿非改迷归善，而合宗蒙宥，兄弟布列上将、纳言，虽曰破灭，其实若归。奈何因王师小败，便猖悖若此！垂为长蛇于关东，泓、冲称兵内侮。泓书如此，卿欲去者，朕当相资。卿之宗族，可谓人面兽心，殆不可以国士期也。"晖叩头流血，泣涕陈谢。坚久之曰："《书》云，父子兄弟无相及也。卿之忠诚，实简朕心，此自三竖之罪，非卿之过。"复其位而待之如初。命晖以书招喻垂及泓、冲，使息兵还长安，恕其反叛之咎。而晖密遣使者谓泓曰："今秦数已终，长安怪异特甚，当不复能久立。吾既笼中之人，必无还理。昔不能保守宗庙，致令倾丧若斯，吾罪人也，不足复顾吾之存亡。社稷不轻，勉建大业，以兴复为务。可以吴王为相国，中山王为太宰、领大司马，汝可为大将军、领司徒，承制封拜。听吾死问，汝便即尊位。"泓于是进向长安，改年曰燕兴。是时鬼夜哭，三旬而止。

坚率步骑二万讨姚苌于北地，次于赵氏坞，使护军杨璧游骑三千，断其奔路，右军徐成、左军窦冲、镇军毛盛等屡战败之，仍断其运水之路。冯翊游钦因淮南之败，聚众数千，保据频阳，遣军运水及粟，以馈姚苌，杨璧尽获之。苌军渴甚，遣其弟镇北尹买率劲卒二万决堰。窦冲率众败其军于鹳雀渠，斩尹买及首级万三千。苌众危惧，人有渴死者。俄而，降雨于苌营，营中水三尺，周营百步之外，寸余而已，于是，苌军大振。坚方食，去案怒曰："天其无心，何故降泽贼营！"苌又东引慕容泓为援。

泓谋臣高盖、宿勤崇等以泓德望后冲，且持法苛峻，乃杀泓，立冲为皇太弟,承制行事,自相署置。

姚苌留其弟征虏绪守杨渠川大营,率众七万来攻坚。坚遣杨璧等击之,为苌所败,获杨璧、毛盛、徐成及前军齐午等数十人,皆礼而遣之。

苻晖率洛阳、陕城之众七万归于长安。益州刺史王广遣将军王蚝率蜀汉之众来赴难。坚闻慕容冲去长安二百余里,引师而归,使抚军苻方戍骊山,拜苻晖使持节、散骑常侍、都督中外诸军事、车骑大将军、司隶校尉、录尚书,配兵五万距冲,河间公苻琳为中军大将军,为晖后继。冲乃令妇人乘牛马为众,揭竿为旗,扬土为尘,督厉其众,晨攻晖营于郑西。晖出距战,冲扬尘鼓噪,晖师败绩。坚又以尚书姜宇为前将军,与苻琳率众三万,击冲于灞上,为冲所败,宇死之,琳中流矢,冲遂据阿房城。

初,坚之灭燕,冲姊为清河公主,年十四,有殊色,坚纳之,宠冠后庭。冲年十二,亦有龙阳之姿,坚又幸之。姊弟专宠,宫人莫进。长安歌之曰:“一雌复一雄,双飞入紫宫。”咸惧为乱。王猛切谏,坚乃出冲。长安又谣曰:“凤皇凤皇止阿房。”坚以凤皇非梧桐不栖,非竹实不食,乃植桐竹数十万株于阿房城以待之。冲小字凤皇,至是,终为坚贼,入止阿房城焉。

晋西中郎将桓石虔进据鲁阳,遣河南太守高茂北戍洛阳。晋冠军谢玄次于下邳,徐州刺史赵迁弃彭城奔还。玄前锋张愿追迁及于砀山,转战而免。玄进据彭城。

时,吕光讨平西域三十六国,所获珍宝以万万计。坚下书以光为使持节、散骑常侍、都督玉门以西诸军事、安西将军、西域校尉,进封顺乡侯,增邑一千户。

刘牢之伐兖州,坚刺史张崇弃鄄城奔于慕容垂。牢之遣将军刘袭追崇,战于河南,斩其东平太守杨光而退。牢之遂据鄄城。

慕容冲进逼长安,坚登城观之,叹曰:“此虏何从出也?其强若斯!”大言责冲曰:“尔辈群奴正可牧牛羊,何为送死!”冲曰:“奴则奴矣,既厌奴苦,复欲取尔见代。”坚遣使送锦袍一领遗冲,称诏曰:

"古人兵交,使在其间。卿无来草创,得无劳乎？今送一袍,以明本怀。朕于卿恩分如何,而于一朝忽为此变！"冲命詹事答之,亦称"皇太弟有令:孤今心在天下,岂顾一袍小惠。苟能知命,便可君臣束手,早送皇帝,自当宽贷苻氏,以酬曩好,终不使既往之施独美于前。"坚大怒曰:"吾不用王景略、阳平公之言,使白虏敢至于此。"

苻丕在邺粮竭,马无草,削松木而食之。会丁零叛慕容垂,垂引师去邺,始具西问,知苻睿等丧败,长安危逼,乃遣其阳平太守邵兴率骑一千,将北引重合侯苻谟、高邑侯苻亮、阜城侯苻定于常山,固安侯苻鉴、中山太守王充于中山,以为己援。垂遣将军张崇要兴,获之于襄国南。又遣其参军封孚西引张蚝、并州刺史王腾于晋阳,蚝、腾以众寡不赴。丕进退路穷,乃谋于群僚。司马杨膺唱归顺之计,丕犹未从。会晋遣济北太守丁匡据碻磝,济阳太守郭满据滑台,将军颜肱、刘袭次于河北,丕遣将军桑据距之,为王师所败。袭等进攻黎阳,克之。丕惧,乃遣从弟就与参军焦逵请救于谢玄。丕书称假途求粮,还赴国难,须军援既接,以邺与之,若西路不通,长安陷没,请率所领保守邺城。乃羁縻一方,文降而已。逵与参军姜让密谓杨膺曰:"今祸难如此,京师阻隔,吉凶莫审,密迩寇仇,三军罄绝,倾危之甚,朝不及夕。观公豪气不除,非救世之主,既不能竭尽诚款,速致粮援,方设两端,必无成也。今日之殆,疾于转机,不容虚设,徒成反覆。宜正书为表,以结殷勤。若王师之至,必当致身。如其不从,可逼缚与之。苟不义服,一人力耳。古人行权,宁济为功,况君侯累叶载德,显祖初著名于晋朝,今复建崇勋,使功业相继,千载一时,不可失也。"膺素轻丕,自以力能逼之,乃改书而遣逵等,并遣济南毛蜀、毛鲜等分房为任于晋。

坚遣鸿胪郝稚征处士王嘉于到兽山。既至,坚每日召嘉与道安于外殿,动静咨问之。慕容晖入见东堂,稽首谢曰:"弟冲不识义方,孤背国恩,臣罪应万死。陛下垂天地之容,臣蒙更生之惠。臣二子昨婚,明当三日,愚欲暂屈銮驾,幸臣私第。"坚许之。晖出,嘉曰:"椎芦作蓬菜,不成文章,会天大雨,不得杀羊。"坚与群臣莫之能解。是夜大雨，晨不果出。初，晞之遣诸弟起兵于外也，坚防守甚严，谋应之而无因。时，鲜卑在城者犹有千余人，晞乃密结鲜卑之众，谋伏兵请坚，因而杀之。令其豪帅悉罗腾、屈突铁侯等潜告之曰："官今使侯外镇，听旧人悉随，可于某日会集某处。"鲜卑信之。北部人突贤与其妹别，妹为左将军窦冲小妻，闻以告冲，请留其兄。冲驰入白坚，坚大惊，召腾问之，腾具首服。坚乃诛晞父子及其宗族，城内鲜卑无少长及妇女皆杀之。

慕容垂复围邺城。焦逵既至，朝廷果欲征丕任子，然后出师。逵固陈丕款诚无贰，并宣杨膺之意，乃遣刘牢之等率众二万，水陆运漕救邺。

时，长安大饥，人相食，诸将归而吐肉以饴妻子。

慕容冲僭称尊号于阿房，改年更始。坚与冲战，各有胜负。尝为冲军所围，殿中上将军邓迈、左中郎将邓绥、尚书郎邓琼相谓曰："吾门世荷荣宠，先君建殊功于国家，不可不立忠效节，以成先君之志。且不死君难者，非丈夫也。"于是与毛长乐等蒙兽皮，奋矛而击冲军。冲军溃，坚获免，嘉其忠勇，并拜五校，加三品将军，赐爵关内侯。冲又遣其尚书令高盖率众夜袭长安，攻陷南门，入于南城。左将军窦冲、前禁将军李辩等击败之，斩首千八百级，分其尸而食之。坚寻败冲于城西，追奔至于阿城。诸将请乘胜入城，坚惧为冲所获，乃击金以止军。

是时，刘牢之至枋头。征东参军徐义、宦人孟丰告苻丕，杨膺、姜让等谋反，丕收膺、让，戮之。牢之以丕自相屠戮，盘桓不进。

苻晖屡为冲所败，坚让之曰："汝，吾之子也，拥大众，屡为白虏小儿所摧，何用生为！"晖愤恚自杀。关中堡壁三千余所，推平远将军冯翊赵敖为统主，相率结盟，遣兵粮助坚。左将军苟池、右将军俱石子率骑五千，与冲争麦，战于骊山，为冲所败，池死之，石子奔邺。坚大怒，复遣领军杨定率左右精骑二千五百击冲，大败之，俘掠鲜卑万余而还。坚怒，悉坑之。定果勇善战，冲深惮之，遂穿马坎以自固。

刘牢之至邺，慕容垂北如新城。邺中饥甚，丕率邺城之众就晋谷于枋头。牢之入屯邺城。慕容垂军人饥甚，多奔中山，幽冀人相食。初，关东谣曰：“幽州阙，生当灭。若不灭，百姓绝。”阙，垂之本名。与丕相持经年，百姓死几绝。

先是，姚苌攻新平，新平太守苟辅将降之，郡人辽西太守冯杰、莲勺令冯翊等谏曰：“天下丧乱，忠臣乃见。昔田单守一城而存齐，今秦之所有，犹连州累镇，郡国百城。臣子之于君父，尽心焉，尽力焉，死而后已，岂宜贰哉！”辅大悦，于是凭城固守。苌为土山地道，辅亦为之。或战山峰，苌众死者万有余人。辅乃诈降，苌将入，觉之，引众而退。辅驰出击之，斩获万计。至是，粮竭矢尽，外救不至，苌遣吏谓辅曰：“吾方以义取天下，岂仇忠臣乎？卿但率见众男女还长安，吾须此城置镇。”辅以为然，率男女万五千口出城，苌围而坑之，男女无遗。

初，石季龙末，清河崔悦为新平相，为郡人所杀。悦子液后仕坚，为尚书郎，自表父仇不同天地，请还冀州。坚愍之，禁锢新平人，缺其城角以耻之。新平酋望深以为惭，故相率距苌，以立忠义。

时，有群乌数万，翔鸣于长安城上，其声甚悲，占者以为斗羽不终年，有甲兵入城之象。冲率众登城，坚身贯甲胄，督战距之，飞矢满身，血流被体。时虽兵寇危逼，冯翊诸堡壁犹有负粮冒难而至者，多为贼所杀。坚谓之曰：“闻来者率不善达，诚是忠臣赴难之义。当今寇难殷繁，非一人之力所能济也。庶明灵有照，祸极灾返，善保诚顺，为国自爱，蓄粮厉甲，端听师期，不可徒丧无成，相随兽口。”三辅人为冲所略者，咸遣使告坚，请放火以为内应。坚曰：“哀诸卿忠诚之意也，何复已已。但时运圮丧，恐无益于国，空使诸卿坐自夷灭，吾所不忍也。且吾精兵若兽，利器如霜，而衄于乌合疲钝之贼，岂非天也！宜善思之。”众固请曰：“臣等不爱性命，投身为国。若上天有灵，单诚或冀一济，没无遗恨矣。”坚遣骑七百应之。而冲营放火者为风焰所烧，其能免者十有一二。坚深痛之，身为设祭而招之曰：“有忠有灵，来就此庭。归汝先父，勿为妖形。”歔欷流涕，悲不自胜。众咸相谓曰:"至尊慈恩如此,吾等有死无移。"冲毒暴关中,人皆流散,道路断绝,千里无烟。坚以甘松护军仇腾为冯翊太守,加辅国将军,与破虏将军蜀人兰犊慰勉冯翊诸县之众。众咸曰:"与陛下同死共生,誓无有贰。"

每夜有人周城大呼曰:"杨定健儿应属我,宫殿台观应坐我,父子同出不共汝。"且寻而不见人迹。城中有书曰《古符传贾录》,载"帝出五将久长得"。先是,又谣曰:"坚入五将山长得。"坚大信之,告其太子宏曰:"脱如此言,天或导余。今留汝兼总戎政,勿与贼争利,朕当出陇收兵运粮以给汝。天其或者正训予也。"于是,遣卫将军杨定击冲于城西,为冲所擒。坚弥惧,付宏以后事,将中山公诜、张夫人率骑数百出如五将,宣告州郡,期以孟冬救长安。宏寻将母妻宗室男女数千骑出奔,百僚逃散。慕容冲入据长安,纵兵大掠,死者不可胜计。

初,秦之未乱也,关中土然,无火而烟气大起,方数十里中,月余不灭。坚每临听讼观,令百姓有怨者举烟于城北,观而录之。长安为之语曰:"欲得必存当举烟。"又为谣曰:"长鞘马鞭击左股,太岁南行当复虏。"秦人呼鲜卑为白虏。慕容垂之起于关东,岁在癸未。坚之分氐户于诸镇也,赵整因侍,援琴而歌曰:"阿得脂,阿得脂,博劳旧父是仇绥,尾长翼短不能飞,远徙种人留鲜卑,一旦缓急语阿谁!"坚笑而不纳。至是,整言验矣。

坚至五将山,姚苌遣将军吴忠围之。坚众奔散,独侍御十数人而已。神色自若,坐而待之,召宰人进食。俄而忠至,执坚以归新平,幽之于别室。苌求传国玺于坚曰:"苌次膺符历,可以为惠。"坚瞋目叱之曰:"小羌乃敢干逼天子,岂以传国玺授汝羌也。图纬符命,何所依据? 五胡次序,无汝羌名。违天不祥,其能久乎! 玺已送晋,不可得也。"苌又遣尹纬说坚,求为尧舜禅代之事。坚责纬曰:"禅代者,圣贤之事。姚苌叛贼,奈何拟之古人!"坚既不许苌以禅代,骂而求死,苌乃缢坚于新平佛寺中,时年四十八。中山公诜及张夫人并自杀。是岁,太元十年也。

宏之奔也，归其南秦州刺史杨璧于下辩，璧距之，乃奔武都氐豪强熙，假道归顺，朝廷处宏于江州。宏历位辅国将军。桓玄篡位，以宏为梁州刺史。义熙初，以谋叛被诛。

初，坚强盛之时，国有童谣云："河水清复清，苻诏死新城。"坚闻而恶之，每征伐，戒军候云："地有名新者避之。"时，又童谣云："阿坚连牵三十年，若后欲败当在江淮间。"坚在位二十七年，因寿春之败，其国大乱，后二年，竟死于新平佛寺，咸应谣言矣。丕僭号，伪追谥坚曰世祖宣昭皇帝。

王猛，字景略，北海剧人也。家于魏郡。少贫贱，以鬻畚为业。尝货畚于洛阳，乃有一人贵买其畚，而云无直，自言家去此无远，可随我取直。猛利其贵而从之，行不觉远，忽至深山，见一父老，须发皓然，踞胡床而坐，左右十许人，有一人引猛进拜。父老曰："王公何缘拜也！"乃十倍偿畚直，遣人送之。猛既出，顾视，乃嵩高山也。

猛瑰姿俊伟，博学好兵书，谨重严毅，气度雄远，细事不干其虑，自不参其神契，略不与交通，是以浮华之士咸轻而笑之。猛悠然自得，不以屑怀。少游于邺都，时人罕能识也。惟徐统见而奇之，召为功曹。遁而不应，遂隐于华阴山。怀佐世之志，希龙颜之主，敛翼待时，候风云而后动。桓温入关，猛被褐而诣之，一面谈当世之事，扪虱而言，旁若无人。温察而异之，问曰："吾奉天子之命，率锐师十万，杖义讨逆，为百姓除残贼，而三秦豪杰未有至者，何也？"猛曰："公不远数千里，深入寇境，长安咫尺而不渡灞水，百姓未见公心故也，所以不至。"温默然无以酬之。温之将还，赐猛车马，拜高官督护，请与俱南。猛还山咨师，师曰："卿与桓温岂并世哉！在此自可富贵，何为远乎！"猛乃止。

苻坚将有大志，闻猛名，遣吕婆楼招之，一见便若平生，语及废兴大事，异符同契，若玄德之遇孔明也。及坚僭位，以猛为中书侍郎。时，始平多枋头西归之人，豪右纵横，劫盗充斥，乃转猛为始平令。猛下车，明法峻刑，澄察善恶，禁勒强豪。鞭杀一吏，百姓上书讼之，有司劾奏，槛车征下廷尉诏狱。坚亲问之，曰："为政之体，德化为先，莅任未几而杀戮无数，何其酷也！”猛曰：“臣闻宰宁国以礼，治乱邦以法。陛下不以臣不才，任臣以剧邑，谨为明君翦除凶猾。始杀一奸，余尚万数，若以臣不能穷残尽暴，肃清轨法者，敢不甘心鼎镬，以谢孤负。酷政之刑，臣实未敢受之。”坚谓群臣曰：“王景略固是夷吾、子产之俦也。”于是赦之。

迁尚书左丞、咸阳内史、京兆尹。未几，除吏部尚书、太子詹事，又迁尚书左仆射、辅国将军、司隶校尉，加骑都尉，居中宿卫。时猛年三十六，岁中五迁，权倾内外，宗戚旧臣皆害其宠。尚书仇腾、丞相长史席宝数谮毁之，坚大怒，黜腾为甘松护军，宝白衣领长史。尔后上下咸服，莫有敢言。顷之，迁尚书令、太子太傅，加散骑常侍。猛频表累让，坚竟不许。又转司徒、录尚书事，余如故。猛辞以无功，不拜。

后率诸军讨慕容暐，军禁严明，师无私犯。猛之未至邺也，劫盗公行，及猛之至，远近帖然，燕人安之。军还，以功进封清河郡侯，赐以美妾五人，上女妓十二人，中妓三十八人，马百匹，车十乘。猛上疏固辞不受。

时既留镇冀州，坚遣猛于六州之内听以便宜从事，简召英俊，以补关东守宰，授讫，言台除正。居数月，上疏曰：“臣前所以朝闻夕拜，不顾艰虞者，正以方难未夷，军机权速，庶竭命戎行，甘驱驰之役，敷宣皇威，展筋骨之效，故僶俛从事，叨据负乘，可谓恭命于济时，俟太平于今日。今圣德格于皇天，威灵被于八表，弘化已熙，六合清泰，窃敢披贡丹诚，请避贤路。设官分职，各有司存，岂应孤任愚臣，以速倾败！东夏之事，非臣区区所能康理，愿徙授亲贤，济臣颠坠。若以臣有鹰犬微勤，未忍捐弃者，乞待罪一州，效尽力命。徐方始宾，淮汝防重，六州处分，府选便宜，辄以悉停。督任弗可虚旷，深愿时降神规。”坚不许，遣其侍中梁谠诣邺喻旨，猛乃视事如前。

俄入为丞相、中书监、尚书令、太子太傅、司隶校尉，持节、常侍、将军、侯如故。稍加都督中外诸军事。猛表让久之。坚曰：“卿昔螭蟠布衣，朕龙潜弱冠，属世事纷纭，厉士之际，颠覆厥德。腾奇

卿于暂见,拟卿为卧龙,卿亦异朕于一言,回《考槃》之雅志,岂不精
契神交,千载之会!虽傅岩入梦,姜公悟兆,今古一时,亦不殊也。自
卿辅政,几将二纪,内厘百揆,外荡群凶,天下向定,彝伦始叙。朕且
欲从容于上,望卿劳心于下。弘济之务,非卿而谁!"遂不许。其后
数年,复授司徒。猛复上疏曰:"臣闻乾象盈虚,惟后则之;位称以
才,官非则旷。郑武翼周,仍世载咏;王叔昧宠,政替身亡,斯则成败
之殷监,为臣之炯戒。窃惟鼎宰崇重,参路太阶,宜妙尽时贤,对扬
休命。魏祖以文和为公,贻笑孙后;千秋一言致相,匈奴吲之。臣何
庸猥,而应斯举!不但取嗤邻远,实令为虏轻秦。昔东野穷驭,颜子
知其将弊。陛下不复料度臣之才力,私惧败亡是及。且上亏宪典,
臣何颜处之!虽陛下私臣,其如天下何!愿回日月之鉴,矜臣后悔,
使上无过授之谤,臣蒙覆焘之恩。"坚竟不从。猛乃受命。军国内外
万机之务,事无世细,莫不归之。

　　猛宰政公平,流放尸素,拔幽滞,显贤才,外修兵革,内崇儒学,
劝课农桑,教以廉耻,无罪而不刑,无才而不任,庶绩咸熙,百揆时
叙。于是兵强国富,垂及升平,猛之力也。坚常从容谓猛曰:"卿夙
夜匪懈,忧勤万机,若文王得太公,吾将优游以卒岁。"猛曰:"不图
陛下知臣之过,臣何足以拟古人!"坚曰:"以吾观之,太公岂能过
也。"常敕其太子宏、长乐公丕等曰:"汝事王公,如事我也。"其见重
如此。

　　广平麻思流寄关右,因母亡归葬,请还冀州。猛谓思曰:"便可
速装,是暮已符卿发遣。"及始出关,郡县已被符管摄。其令行禁整,
事无留滞,皆此类也。性刚明清肃,于善恶尤分。微时一餐之惠,睚
眦之忿,靡不报焉,时论颇以此少之。

　　其年寝疾,坚亲祈南北郊、宗庙、社稷,分遣侍臣祷河岳诸祀,
靡不周备。猛疾未瘳,乃大赦其境内殊死已下。猛疾甚,因上疏谢
恩,并言时政,多所弘益。坚览之流涕,悲恸左右。及疾笃,坚亲临
省病,问以后事。猛曰:"晋虽僻陋吴越,乃正朔相承。亲仁善邻,国
之宝也。臣没之后,愿不以晋为图。鲜卑、羌虏,我之仇也,终为人

患,宜渐除之,以便社稷。"言终而死,时年五十一。坚哭之恸。比敛,三临,谓太子宏曰:"天不欲使吾平一六合邪?何夺吾景略之速也!"赠侍中,丞相余如故。给东园温明秘器,帛三千匹,谷万石。谒者仆射监护丧事,葬礼一依汉大将军霍光故事。谥曰武侯。朝野巷哭三日。

苻融,字博休,坚之季弟也。少而岐嶷凤成,魁伟美姿度。健之世封安乐王,融上疏固辞,健深奇之,曰:"且成吾儿箕山之操。"乃止。苻生爱其器貌,常侍左右,未弱冠便有台辅之望。长而令誉弥高,为朝野所属。

坚僭号,拜侍中,寻除中军将军。融聪辩明慧,下笔成章,至于谈玄论道,虽道安无以出之。耳闻则诵,过目不忘,时人拟之王粲。尝著《浮图赋》,壮丽清赡,世咸珍之。未有升高不赋,临丧不诔,朱彤、赵整等推其妙速。旅力雄勇,骑射击刺,百夫之敌也。铨综内外,刑政修理,进才理滞,王景略之流也。尤善断狱,奸无所容,故为坚所委任。

后为司隶校尉。京兆人董丰游学三年而返,过宿妻家。是夜妻为贼所杀,妻兄疑丰杀之,送丰有司。丰不堪楚掠,诬引杀妻。融察而疑之,问曰:"汝行往还,颇有怪异及卜筮以不?"丰曰:"初将发,夜梦乘马南渡水,返而北渡,复自北而南,马停水中,鞭策不去。俯而视之,见两日在于水下,马左白而湿,右黑而燥。寤而心悸,窃以为不祥。还之夜,复梦如初。问之筮者,筮者云:'忧狱讼,远三枕,避三沐。'既至,妻为具沐,夜授丰枕。丰记筮者之言,皆不从之。妻乃自沐,枕枕而寝。"融曰:"吾知之矣。《周易》坎为水,马为离,梦乘马南渡,旋北而南者,从"坎"之"离"。三爻同变,变而成"离"。"离"为中女,"坎"为中男。两日,二夫之象。"坎"为执法吏。吏"诘"其夫,妇人被流血而死。"坎"二阴一阳,"离"二阳一阴,相承易位。"离"下坎上,既济,文王遇之囚羑里,有礼而生,无礼而死。马左而湿,湿,水也,左水右马,冯字也。两日,昌字也。其冯昌杀之乎!"于是推检,获昌而诘之,昌具首服,曰:"本与其妻谋杀董丰,期以新沐枕枕为验,是以误中妇人。"在冀州,有老母遇劫于路,母扬声唱盗,行人为母逐之。既擒劫者,劫者返诬行人为盗。时日垂暮,母及路人莫知孰是,乃俱送之。融见而笑曰:"此易知耳,可二人并走,先出凤阳门者非盗。"既而还入,融正色谓后出者曰:"汝真是盗,何以诬人!"其发奸摘伏,皆此类也。所在盗贼止息,路不拾遗。坚及朝臣雅皆叹服,州郡疑狱莫不折之于融。融观色察形,无不尽其情状。虽镇关东,朝之大事靡不驰驲与融议之。

性至孝,初届冀州,遣使参问其母动止,或日有再三。坚以为烦,月听一使。后上疏请还侍养,坚遣使慰喻不许。久之,征拜侍中、中书监、都督中外诸军事、车骑大将军、司隶校尉、太子太傅、领宗正、录尚书事。俄转司徒,融苦让不受。

融为将善谋略,好施爱士,专方征伐,必有殊功。

坚既有意荆扬,时慕容垂、姚苌等常说坚以平吴封禅之事,坚谓江东可平,寝不暇旦。融每谏曰:"知足不辱,知止不殆,穷兵极武,未有不亡。且国家,戎族也,正朔会不归人。江东虽不绝如缒,然天之所相,终不可灭。"坚曰:"帝王历数岂有常哉,惟德之所授耳!汝所以不如吾者,正病此不达变通大运。刘禅可非汉之遗祚,然为中国之所并。吾将任汝以天下之事,奈何事事折吾,沮坏大谋!汝尚如此,况于众乎!"坚之将入寇也,融又切谏曰:"陛下听信鲜卑、羌虏谄谀之言,采纳良家少年利口之说,臣恐非但无成,亦大事去矣。垂、苌皆我之仇敌,思闻风尘之变,冀因之以逞其凶德。少年等皆富足子弟,希关军旅,苟说佞谄之言,以会陛下之意,不足采也。"坚弗纳。及淮南之败,垂、苌之叛,坚悼恨弥深。

苻朗,字元达,坚之从兄子也。性宏达,神气爽迈,幼怀远操,不屑时荣。坚尝目之曰:"吾家千里驹也。"征拜镇东将军、青州刺史,封乐安男,不得已起而就官。及为方伯,有若素士,耽玩经籍,手不释卷,每谈虚语玄,不觉日之将夕;登涉山水,不知老之将至。在任甚有称绩。

后晋遣淮阴太守高素伐青州,朗遣使诣谢玄于彭城求降,玄表朗许之,诏加员外散骑侍郎。既至扬州,风流迈于一时,超然自得,志陵万物,所与悟言,不过一二人而已。骠骑长史王忱,江东之俊秀,闻而诣之,朗称疾不见。沙门释法汰问朗曰:"见王吏部兄弟未?"朗曰:"吏部为谁?非人面而狗心、狗面而人心兄弟者乎?"王忱丑而才慧,国宝美貌而才劣于弟,故朗云然。汰怅然自失。其忤物侮人,皆此类也。

谢安常设宴请之,朝士盈坐,并机褥壶席。朗每事欲夸之,唾则令小儿跪而张口,既唾而含出,顷复如之,坐者以为不及之远也。又善识味,咸酢及肉皆别所由。会稽王司马道子为朗设盛馔,极江左精肴。食讫,问曰:"关中之食孰若此?"答曰:"皆好,惟盐味小生耳。"既问宰夫,皆如其言。或人杀鸡以食之,既进,朗曰:"此鸡栖半恒半露。"检之,皆验。又食鹅肉,知黑白之处。人不信,记而试之,无豪厘之差。人咸以为知味。

后数年,王国宝谮而杀之。王忱将为荆州刺史,待杀朗而后发。临刑,志色自若,为诗曰:"四大起何因?聚散无穷已。既过一生中,又入一死理。冥心乘和畅,未觉有终始。如何箕山夫,奄焉处东市!旷此百年期,远同嵇叔子。命也归自天,委化任冥纪。"著《苻子》数十篇行于世,亦老庄之流也。

晋书卷一一五
载记第一五

# 苻丕　苻登　索泮　徐嵩

苻丕,字永叔,坚之长庶子也。少而聪慧好学,博综经史。坚与言将略,嘉之,命邓羌教以兵法。文武才干亚于苻融,为将善收士卒情,出镇于邺,东夏安之。

坚败归长安,丕为慕容垂所逼,自邺奔枋头。坚之死也,丕复入邺城,将收兵赵魏,西赴长安。会幽州刺史王永、平州刺史苻冲频为垂将平规等所败,乃遣昌黎太守宋敞焚烧和龙、蓟城宫室,率众三万进屯壶关,遣使招丕。丕乃去邺,率男女六万余口进如潞川。骠骑张蚝、并州刺史王腾迎之,入据晋阳,始知坚死问,举哀于晋阳,三军缟素。王永留苻冲守壶关,率骑一万会丕,劝称尊号,丕从之,乃以太元十年僭即皇帝位于晋阳南。立坚行庙,大赦境内,改元曰太安。置百官,以张蚝为侍中、司空,封上党郡公;王永为使持节、侍中、都督中外诸军事、车骑大将军、尚书令,进封清河公;王腾为散骑常侍、中军大将军、司隶校尉、阳平郡公;苻冲为左光禄大夫;尚书左仆射、西平王、俱石子为卫将军、濮阳公;杨辅为尚书右仆射、济阳公;王亮为护军将军、彭城公;强益耳、梁畅为侍中,徐义为吏部尚书,并封县公。自余封授各有差。

是时,安西吕光自西域还师,至于宜禾,坚凉州刺史梁熙谋闭境距之。高昌太守杨翰言于熙曰:“吕光新定西国,兵强气锐,其锋不可当也。度其事意,必有异图。且今关中扰乱,京师存亡未知,自河已西迄于流沙,地方万里,带甲十万,鼎峙之势实在今日。若光出流沙,其势难测。高梧谷口,水险之要,宜先守之而夺其水。彼既穷渴,自然投戈。如其以远不守,伊吾之关亦可距也。若度此二要,虽有子房之策,难为计矣。地有所必争,真此机也。"熙弗从。美水令犍为张统说熙曰:"主上倾国南讨,覆败而还。慕容垂擅兵河北,泓、冲寇逼京师,丁零杂虏,跋扈关洛,州郡奸豪,所在风扇,王纲驰绝,人怀利己。今吕光回师,将军何以抗也?"熙曰:"诚深忧之,未知计之所出。"统曰:"光雄果勇毅,明略绝人,今以荡西域之威,拥归师之锐,锋若猛火之盛于原,弗可敌也。将军世受殊恩,忠诚夙著,立勋王室,宜在于今。行唐公洛,上之从弟,勇冠一时。为将军计者,莫若奉为盟主,以摄众望,推忠义以总率群豪,则光无异心也。资其精锐,东兼毛兴,连王统、杨璧,集四州之众,扫凶逆于诸夏,宁帝室于关中,此桓文之举也。"熙又不从。杀洛于西海,以子胤为鹰扬将军,率众五万距光于酒泉。敦煌太守姚静、晋昌太守李纯以郡降光。胤及光战于安弥,为光所败。武威太守彭济执熙迎光,光杀之。建威、西郡太守索泮,奋威、督洪池已南诸军事、酒泉太守宋皓等,并为光所杀。

坚尚书令、魏昌公苻纂自关中来奔,拜太尉,进封东海王。以中山太守王兖为平东将军、平州刺史;阜城侯定为征东将军、冀州牧;高城侯苻绍为镇东将军、督冀州诸军事;重合侯苻谟为征西将军、幽州牧;高邑侯苻亮为镇北大将军、督幽并二州诸军事,并进爵郡公。定、绍据信都,谟、亮先据常山,慕容垂之围邺城也,并降于垂,闻丕称尊号,遣使谢罪。王兖固守博陵,与垂相持。左将军窦冲、秦州刺史王统、河州刺史毛兴、益州刺史王广、南秦州刺史杨璧、卫军杨定,并据陇右,遣使招丕,请讨姚苌。丕大悦,以定为骠骑大将军、雍州牧,冲为征西大将军、梁州牧,统镇西大将军,兴车骑大将军,璧征南大将军,并开府仪同三司,加散骑常侍,广安西将军,皆进位州牧。

于是,王永宣檄州郡曰:"大行皇帝弃背万国,四海无主。征东大将军、长乐公,先帝元子,圣武自天,受命荆南,威振衡海,分陕东都,道被夷夏,仁泽光于宇宙,德声侔于下武。永与司空蚝等谨顺天人之望,以季秋吉辰奉公绍承大统,衔哀即事,栖谷总戎,枕戈待旦,志雪大耻。慕容垂为封豕于关东,泓、冲继凶于京邑,致乘舆播越,宗社沦倾。羌贼姚苌,我之牧士,乘衅滔天,亲行大逆,有生之巨贼也。永累叶受恩,世荷将相,不与骊山之戎、荥泽之狄共戴皇天,同履厚土。诸牧伯公侯或宛沛宗臣,或四七勋旧,岂忍舍破国之丑竖,纵杀君之逆贼乎!主上飞龙九五,实协天心,灵祥休瑞,史不辍书,投戈效义之士三十余万,少康、光武之功可旬朔而成。今以卫将军俱石子为前军师,司空张蚝为中军都督。武将猛士,风烈雷震,志殄元凶,义无他顾。永谨奉乘舆,恭行天罚。君臣终始之义,在三忘躯之诚,戮力同之,以建晋郑之美。”

先是,慕容骐攻王兖于博陵,至是,粮竭矢尽,郡功曹张猗逾城聚众应骐。兖临城数之曰:“卿,秦之人也。吾,卿之君也。起众应贼,号称义兵,何名实相违之甚!卿兄往合乡宗,亲逐城主,天地不容,为世大蠹。身灭未几,卿复续之。卿见为吾吏,亲寻干戈,竟为戎首,为尔君者,不亦难乎!今人可取卿一切之功,宁能忘卿不忠不孝之事!古人有云,求忠臣必出孝子之门,卿母在城,不能顾之,何忠义之可望!恶不绝世,卿之谓也。不图中州礼义之邦,而卿门风若斯。卿去老母如脱屣,吾复何论哉!”既而城陷,兖及固安侯苻鉴并为骐所杀。

丕复以王永为与司徒、录尚书事,徐义为尚书令,加右光禄大夫。

初,王广还自成都也,奔其兄秦州刺史统。及长安不守,广攻河州牧毛兴于枹罕。兴遣建节将军、临清伯卫平率其宗人千七百夜袭广军,大败之。王统复遣兵助广,兴于是婴城固守。既而袭王广,败之,广亡奔秦州,为陇西鲜卑匹兰所执,送诣姚苌。兴既败王广,谋伐王统,平上邽。枹罕诸氐皆窘于兵革而疲不堪命,乃杀兴,推卫平为使持节、安西将军、河州刺史,遣使请命。

刁云杀慕容忠，乃推慕容永为使持节、大都督中外诸军事、大将军、大单于、雍秦梁凉四州牧、录尚书事、河东王，称藩于垂。征东苻定、镇东苻绍、征北苻谟、镇北苻亮皆降于慕容垂。

丕又进王永为左丞相，苻纂为大司马，张蚝为太尉，王腾为骠骑大将军、仪同三司，徐义为司空，苻冲为车骑大将军、尚书令、仪同三司，俱石子为卫大将军、尚书左仆射，领官皆如故。

永又檄州郡曰："昔夏有穷夷之难，少康起焉；王莽毒杀平帝，世祖重光汉道；百六之运，何代无之！天降丧乱，羌胡猾夏，先帝晏驾贼庭，京师鞠为戎穴，神州萧条，生灵涂炭。天未亡秦，社稷有奉。主上圣德恢弘，道侔光武，所在宅心，天人归属，必当隆中兴之功，复配天之美。姚苌残虐，慕容垂凶暴，所过灭户夷烟，毁发丘墓，毒遍存亡，痛缠幽显，虽黄巾之害于九州，赤眉之暴于四海，方之未为甚也。今素秋将及，行师令辰，公侯牧守，垒主乡豪，或戮力国家，乃心王室，各率所统，以孟冬上旬会大驾于临晋。"

于是天水姜延、冯翊寇明、河东王昭、新平张晏、京兆杜敏、扶风马郎、建忠高平牧官都尉王敏等，咸承檄起兵，各有众数万，遣使应丕。皆就拜将军、郡守，封列侯。冠军邓景拥众五千据彭池，与窦冲为首尾，击苌平凉太守金熙。安定北部都尉鲜卑没奕于率鄯善王胡员吒、护羌中郎将梁苟奴等，与苌左将军姚方成、镇远强京战于孙丘谷，大败之。

枹罕诸氏以卫平年老，不可以成事业，议废之，而惮其宗强，连日不决。氏有啖青者，谓诸将曰："大事宜定，东讨姚苌，不可沉吟犹豫。一旦事发，反为人害。诸军但请卫公会集众将，青为诸军决之。"众以为然。于是大飨诸将，青抽剑而前曰："今天下大乱，豺狼塞路，吾曹今日可谓休戚是同，非贤明之主莫可济艰难也。卫公朽耄，不足以成大事，宜反初服，以避贤路。狄道长苻登虽王室疏属，而志略雄明，请共立之，以赴大驾。诸君若有不同者，便下异议。"乃奋剑攘袂，将斩贰己者，众皆从之，莫敢仰视。于是，推登为帅，遣使于丕请命。丕以登为征西大将军、开府仪同三司、南安王、持节及州郡督，因其所称而授之。又以徐义为右丞相。

丕留王腾守晋阳,杨辅戍壶关,率众四万进据平阳。王统以秦州降姚苌。慕容永以丕至平阳,恐不自固,乃遣使求假道还东,丕弗许。遣王永及苻纂攻之,以俱石子为前锋都督,与慕容永战于襄陵。王永大败,永及石子皆死之。

初,苻纂之奔丕也,部下壮士三千余人,丕猜而忌之。及永之败,惧为纂所杀,率骑数千南奔东垣。晋扬威将军冯该自陕要击,败之,斩丕首,执其太子宁、长乐王寿,送于京师,朝廷赦而不诛,归之于苻宏。徐义为慕容永所获,械埋其足,将杀之。义诵《观世音经》,至夜中,土开械脱,于重禁之中若有人导之者,遂奔杨佺期,佺期以为洛阳令。苻纂及弟师奴率丕余众数万,奔据杏城。苻登称尊号,伪谥丕为哀平皇帝。丕之臣佐皆没慕容永,永乃进据上党之长子,僭称大号,改元曰中兴。丕在位二年而败。


登,字文高,坚之族孙也。父敞,健之世为太尉司马、陇东太守、建节将军,后为苻生所杀。坚即伪位,追赠右将军、凉州刺史,以登兄同成嗣。毛兴之镇上邽,以为长史。登少而雄勇,有壮气,粗险不修细行,故坚弗之奇也。长而折节谨厚,颇览书传。拜殿上将军,稍迁羽林监、扬武将军、长安令,坐事黜为狄道长。

及关中乱,去县归毛兴。同成言于兴,请以登为司马,常在营部。登度量不群,好为奇略,同成常谓之曰:"汝闻不在其位,不谋其政,无数干时,将为博识者不许。吾非疾汝,恐或不喜人妄豫耳,自是可止。汝后得政,自可专意。"时人闻同成言,多以为疾登而抑蔽之。登乃屏迹不妄交游。兴有事则召之,戏谓之曰:"小司马可坐评事。"登出言辄析理中,兴内服焉,然敬惮而不能委任。姚苌作乱,遣其弟硕德率众伐毛兴,相持久之。兴将死,告同成曰:"与卿累年共击逆羌,事终不克,何恨之深!可以后事付卿小弟司马,殄硕德者,必此人也。卿可换摄司马事。"

登既代卫平,遂专统征伐。是时岁旱众饥,道殣相望,登每战杀贼，名为"熟食"，谓军人曰："汝等朝战，暮便饱肉，何忧于饥！"士众从之，啖死人肉，辄饱健能斗。姚苌闻之，急召硕德曰："汝不来，必为苻登所食尽。"硕德于是下陇奔苌。

及丕败，丕尚书寇遗奉丕子渤海王懿、济北王昶自杏城奔登。登乃具丕死问，于是为丕发丧行服，三军缟素。登请立懿为主，众咸曰："渤海王虽先帝之子，然年在幼冲，未堪多难。国乱而立长君，《春秋》之义也。三房跨僭，寇旅殷强，豺狼枭獍，举目而是，自古厄运之极，莫甚于斯。大王挺剑西州，凤翔秦陇，偏师暂接，姚苌奔溃，一战之功，可谓光格天地。宜龙骧武奋，拯拔旧京，以社稷宗庙为先，不可顾曹臧、吴札一介微节，以失图运之机，不建中兴之业也。"登于是以太元十一年僭即皇帝位，大赦境内，改元曰太初。

立坚神主于军中，载以辒辌，羽葆青盖，车建黄旗，武贲之士三百人以卫之，将战必告，凡欲所为，启主而后行。缮甲纂兵，将引师而东，乃告坚神主曰："维曾孙皇帝臣登，以太皇帝之灵恭践宝位。昔五将之难，贼羌肆害于圣躬，实登之罪也。今合义旅，众余五万，精甲劲兵，足以立功，年谷丰穰，足以资赡。即日星言电迈，直造贼庭，奋不顾命，陨越为期，庶上报皇帝酷冤，下雪臣子大耻。惟帝之灵，降监厥诚。"因嘘唏流涕。将士莫不悲恸，皆刻锋铠为"死休"字，未以战死为志。每战以长矟钩刃为方圆大阵，知有厚薄，从中分配，故人自为战，所向无前。

初，长安之将败也，坚中垒将军徐嵩、屯骑校尉胡空，各聚众五千，据险筑堡以自固，而受姚苌官爵。及苌之害坚，嵩等以王礼葬坚于二堡之间。至是，各率众降登。拜嵩镇军将军、雍州刺史，空辅国将军、京兆尹。登复改葬坚以天子之礼。又僭立其妻毛氏为皇后，弟懿为皇太弟。遣使拜苻纂为使持节、侍中、都督中外诸军事、太师，领大司马，进封鲁王，纂弟师奴为抚军大将军、并州牧、朔方公。纂怒谓使者曰："渤海王，世祖之孙，先帝之子，南安王何由不立而自尊乎？"纂长史王旅谏曰："南安已立，理无中改。贼虏未平，不可宗室之中自为仇敌，愿大王远踪光武推圣公之义，枭二虏之后，徐更图之。"纂乃受命。于是二县房师彭沛谷、屠各董成、张龙世、新平羌雷恶地等尽应之，有众十余万。纂遣师奴攻上郡羌酋金大黑、金洛生，大黑等逆战，大败之，斩首五千八百。

登以窦冲为车骑大将军、南秦州牧，杨定为大将军、益州牧，杨璧为司空、梁州牧。

苻纂败姚硕德于泾阳，姚苌自阴密距纂，纂退屯敷陆。窦冲攻苌汧、雍二城，克之，斩其将军姚元平、张略等。又与苌战于汧东，为苌所败。登次于瓦亭。苌攻彭沛谷堡，陷之，沛谷奔杏城，苌迁阴密。登征虏、冯翊太守兰犊率众二万自频阳入于和宁，与苻纂首尾，将图长安。师奴劝其兄纂称尊号，纂不从，乃杀纂，自立为秦公。兰犊绝之，皆为姚苌所败。

登进据胡空堡，戎夏归之者十有余万。姚苌遣其将军姚方成攻陷徐嵩堡，嵩被杀，悉坑戎士。登率众入陇入朝那，姚苌据武都相持，累战互有胜负。登军中大饥，收葚以供兵士。立其子崇为皇太子，弁为南安王，尚为北海王。姚苌退还安定。登就食新平，留其大军于胡空堡，率骑万余围苌营，四面大哭，哀声动人。苌恶之，乃命三军哭以应登，登乃引退。

苌以登频战辄胜，谓坚有神验，亦于军中立坚神主，请曰："往年新平之祸，非苌之罪。臣兄襄从陕北渡，假路求西，狐死首丘，欲暂见乡里。陛下与苻眉要路距击，不遂而没。襄救臣行杀，非臣之罪。苻登，陛下末族，尚欲复仇，臣为兄报耻，于情理何负！昔陛下假臣龙骧之号，谓臣曰：'朕以龙骧建业，卿其勉之！'明诏昭然，言犹在耳。陛下虽过世为神，岂假手于苻登而图臣，忘前征时言邪！今为陛下立神象，可归休于此，勿计臣过，听臣至诚。"登进师攻苌，既而升楼谓苌曰："自古及今，安有杀君而反立神象请福，望有益乎！"大呼曰："杀君贼姚苌出来，吾与汝决之，何为枉害无辜！"苌惮而不应。苌自立坚神象，战未有利，军中每夜惊恐，乃严鼓斩象首以送登。

登将军窦洛、窦于等谋反发觉，出奔于苌。登进讨彭池不克，攻弥姐营及繁川诸堡,皆克之。苌连战屡败,乃遣其中军姚崇袭大界,登引师要之,大败崇于安丘,俘斩二万五千。进攻苌将吴忠、唐匡于平凉,克之,以尚书苌硕原为前禁将军、灭羌校尉,戍平凉。登进据苟头原以逼安定。苌率骑三万夜袭大界营,陷之,杀登妻毛氏及其子弁、尚,擒名将数十人,驱掠男女五万余口而去。

登收合余兵,退据胡空堡,遣使赍书加窦冲大司马、骠骑将军、前锋大都督、都督陇东诸军事,杨定左丞相、上大将军、都督中外诸军事,杨璧大将军、都督陇右诸军事。遣冲率见众为先驱,自繁川趣长安。登率众从新平迳据新丰之千户固。使定率陇上诸军为其后继,璧留守仇池。又命其并州刺史杨政、冀州刺史杨楷率所统大会长安。苌遣其将军王破虏略地秦州,杨定及破虏战于清水之格奴坂,大败之。登攻张龙世于鸳泉堡,姚苌救之,登引退。苌密遣其将任瓫、宗度诈为内应,遣使招登,许开门纳之。登以为然。雷恶地驰谓登曰:“姚苌多计略,善御人,必为奸变,愿深宜详思。”登乃止。苌闻恶地之诣登也,谓诸将曰:“此羌多奸智,今其诣登,事必无成。”登闻苌悬门以待之,大惊,谓左右曰:“雷征东其殆圣乎!微此公,朕几为竖子所误。”苌攻陷新罗堡。苌扶风太守齐益男奔登。登将军路柴、强武等并以众降于苌。登攻苌将张业生于陇东,苌救之,不克而退。登将军魏褐飞攻姚当成于杏城,为苌所杀。

冯翊郭质起兵广乡以应登,宣檄三辅曰:“义感君子,利动小人。吾等生逢先帝尧舜之化,累世受恩,非常伯纳言之子,即卿校牧守之胤,而可坐视豺狼忍害君父!裸尸荐棘,痛结幽泉,山陵无松隧之兆,灵主无清庙之颂,贼臣莫大之甚,自古所未闻。虽茹荼之苦,衔蓼之辛,何以谕之!姚苌,穷凶肆害,毒被人神,于图谶历数万无一分,而敢妄窃重名,厚颜瞬息,日月固所不照,二仪实亦不育。皇天虽欲绝之,亦将假手于忠节。凡百君子,皆夙渐神化,有怀义方,含耻而存,孰若蹈道而没乎!”众咸然之。唯郑县人苟曜不从,聚众数千应姚苌。登以质为东平将军、冯翊太守。质遣部将伐曜,大败而归。质乃东引杨楷,以为声援,又与曜战于郑东,为曜所败,遂归于苌,苌以为将军,质众皆溃散。

登自雍攻苌将金温于范氏堡,克之,遂渡渭水,攻苌京兆太守韦范于段氏堡,不克,进据曲牢。苟曜有众一万,据逆万堡,密应登,登去曲牢繁川,次于马头原。苌率骑来距,大战败之,斩其尚书吴忠,进攻新平。苌率众救之,登引退,复攻安定,为苌所败,据路承堡。

是时,苌疾病,见苻坚为祟。登闻之,秣马厉兵,告坚神主曰:"曾孙登自受任执戈,几将一纪,未尝不上天锡祐,皇鉴垂矜,所在必克,贼旅冰摧。今太皇帝之灵降灾疢于逆苌,以形类推之,丑虏必将不振。登当因其阴毙,顺行天诛,拯复梓宫,谢罪清庙。"于是大赦境内,百僚进位二等。与苌将姚崇争麦于清水,累为崇所败。进逼安定,去城九十余里。苌疾小瘳,率众距登,登去营逆苌,苌遣其将姚熙隆别攻登营,登惧,退还。苌夜引军过登营三十余里以蹑登后。旦而候人告曰:"贼诸营已空,不知所向。"登惊曰:"此为何人,去令我不知,来令我不觉,谓其将死,忽然复来,朕与此羌同世,何其厄哉!"遂罢师还雍。

以窦冲为右丞相。寻而冲叛,自称秦王,建年号。登攻之于野人堡,冲请救于姚苌,苌遣其太子兴攻胡空堡以救之。登引兵还赴胡空堡,冲遂与苌连和。

至是苌死,登闻之,喜曰:"姚兴小儿,吾将折杖以笞之。"于是大赦,尽众而东,攻屠各姚奴、帛蒲二堡,克之,自甘泉向关中。兴追登不及数十里,登从六陌趣废桥,兴将尹纬据桥以待之。登争水不得,众渴死者十二三。与纬大战,为纬所败,其夜众溃,登单马奔雍。

初,登之东也,留其弟司徒广守雍,太子崇守胡空堡。广、崇闻登败,出奔,众散。登至,无所归,遂奔平凉,收集遗众入马毛山。兴率众攻之,登遣子汝阴王宗质于陇西鲜卑乞伏乾归,结婚请援,乾归遣骑二万救登。登引军出迎,与兴战于山南,为兴所败,登被杀。在位九年,时年五十二。崇奔于湟中,僭称尊号,改元延初。伪谥登曰高皇帝,庙号太宗。崇为乾归所逐,崇、定皆死。

　　始，健以穆帝永和七年僭立，至登五世，凡四十有四岁，以孝武帝太元十九年灭。

　　索泮，字德林，敦煌人也。世为冠族。泮少时游侠，及长，变节好学，有佐世才器。张天锡辅政，以泮为冠军、记室参军。天锡即位，拜司兵，历位禁中录事。执法御掾，州府肃然，郡县改迹。迁羽林左监，有勤干之称。出为中垒将军、西郡武威太守、典戎校尉。政务宽和，戎夏怀其惠，天锡甚敬之。苻坚见而叹曰："凉州信多君子！"既而以泮河西德望，拜别驾。

　　吕光既克姑臧，泮固郡不降，光攻而获之。光曰："孤既平西域，将赴难京师，梁熙无状，绝孤归路，此朝廷之罪人，卿何意阻郡固迷，自同元恶！"泮厉色责光曰："将军受诏讨叛胡，可受诏乱凉州邪？寡君何罪，而将军害之？泮但苦力寡，不能固守以报君父之仇，岂如逆氏彭济望风反叛！主灭臣死，礼之常也。"乃就刑于市，神色不变。

　　弟菱有俊才，仕张天锡为执法中郎、冗从右监。苻坚世至伏波将军、典农都尉，与泮俱被害。

　　徐嵩，字元高，盛之子也。少以清白著称。苻坚时，举贤良，为郎中，稍迁长安令，贵戚子弟犯法者，嵩一皆考竟，请托路绝。坚甚奇之，谓其叔父成曰："人为长吏，故当应耳。此年少，落落有端贰之才。"迁守始平郡，甚有威惠。

　　及垒陷，姚方成执而数之，嵩厉色谓方成曰："汝姚苌罪应万死，主上止黄眉之斩而宥之，叨据内外，位为列将，无犬马识养之诚，首为大逆。汝曹羌辈岂可以人理期也！何不速杀我，早见先帝，取姚苌于地下。"方成怒，三斩嵩，漆其首为便器。登哭之哀恸，赠车骑大将军、仪同三司，谥曰忠武。

　　史臣曰：自两京殄覆，九土分崩，赤县成蛇豕之墟，紫宸迁蛙黾之穴，干戈日用，战争方兴，犹逐鹿之并驱，若瞻乌之靡定。苻洪擅蛮陬之桀黠，乘羯虏之危亡，乃附款江东而志图关右，祸生蚤毒，未逞狼心。健既承家,克隆凶绪,率思归之众,投山西之隙,据亿丈之岩险,总三秦之果锐,敢窥大宝,遂窃鸿名,狡数奸雄,有可言矣。长生惨虐,禀自率由。睹辰象之灾,谓法星之夜饮;忍生灵之命,疑猛虎之朝饥。但肆毒于刑残,曾无心于戒惧。招乱速祸,不亦宜乎!

永固雅量环姿,变夷从夏,叶鱼龙之谣咏,挺草付之休征,克翦奸回,纂承伪历,遵明王之德教,阐先圣之儒风,抚育黎元,忧勤庶政。王猛以宏材纬军国,苻融以懿戚赞经纶,权薛以谅直进规谟,邓张以忠勇恢威略。俊贤效足,杞梓呈才,文武兼施,德刑具举。乃平燕定蜀,擒代吞凉,跨三分之二,居九州之七,遐荒慕义,幽险宅心,因止马而献歌,托栖鸾以成颂,因以功侔曩烈,岂直化洽当年!虽五胡之盛,莫之比也。

既而足以夸世,愎谏违谋,轻敌怒邻,穷兵黩武。怼三正之未叶,耻五运之犹乖,倾率土之师,起滔天之寇,负其犬羊之力,肆其吞噬之能。自谓战必胜,攻必取,便欲鸣鸾禹穴,驻跸疑山,疏爵以侯楚材,筑馆以须归命。曾弗知人道助顺,神理害盈,虽矜涿野之强,终致昆阳之败。遂使凶渠候隙,狡寇伺间,步摇启其祸先,烧当乘其乱极,宗社迁于他族,身首馨于贼臣。贻戒将来,取笑天下,岂不哀哉!岂不谬哉!

苻丕承乱僭窃,寻及倾败,斯可谓天之所废,人不能支。苻登集离散之兵,厉死休之志,虽众寡不敌,难以立功,而义烈慷慨,有足称矣。

赞曰:洪惟壮勇,威棱氏种。健藉世资,遂雄关陇。长生昏虐,败不旋踵。永固祯祥,肇自龙骧。垂旒负扆,窃帝图王。愍生纵敌,能起矜强。丕登僭假,沦胥以亡。

晋书卷一一六

载记第一六

# 姚弋仲　姚襄　姚苌

　　姚弋仲,南安赤亭羌人也。其先有虞氏之苗裔。禹封舜少子于西戎,世为羌酋。其后烧当雄于洮罕之间,七世孙填虞,汉中元末寇扰西州,为杨虚侯马武所败,徙出塞。虞九世孙迁郁率种人内附,汉朝嘉之,假冠军将军、西羌校尉、归顺王,处之于南安之赤亭。郁玄孙柯回为魏镇西将军、绥戎校尉、西羌都督。回生弋仲。

　　少英毅,不营产业,唯以收恤为务,众皆畏而亲之。永嘉之乱,东徙榆眉,戎夏襁负随之者数万,自称护西羌校尉、雍州刺史、扶风公。

　　刘曜之平陈安也,以弋仲为平西将军,封平襄公,邑之于陇上。及石季龙克上邽,弋仲说之曰:“明公握兵十万,功高一时,正是行权立策之日。陇上多豪,秦风猛劲,道隆后服,道污先叛。宜徙陇上豪强,虚其心腹,以实畿甸。”季龙纳之,启勒以弋仲行安西将军、六夷左都督。后晋豫州刺史祖约奔于勒,勒礼待之,弋仲上疏曰:“祖约残贼晋朝,逼杀太后,不忠于主,而陛下宠之,臣恐奸乱之萌,此其始矣。”勒善之,后竟诛约。

　　勒既死,季龙执权,思弋仲之言,遂徙秦、雍豪杰于关东。弋仲率部众数万迁于清河,拜奋武将军、西羌大都督,封襄平县公。及季龙废石弘自立,弋仲称疾不贺。季龙累召之,乃赴,正色谓季龙曰:“奈何把臂受托而反夺之乎!”季龙惮其强正而不之责。迁持节、十郡六夷大都督、冠军大将军。性清俭鲠直，不修威仪，屡献谠言，无所回避，季龙甚重之。朝之大议，靡不参决，公卿亦惮而推下之。武城左尉，季龙宠姬之弟也，曾扰其部，弋仲执尉，数以迫胁之状，命左右斩之。尉叩头流血，左右谏，乃止。其刚直不回，皆此类也。

季龙末，梁犊败李农于荥阳，季龙大惧，驰召弋仲。弋仲率其部众八千余人屯于南郊，轻骑至邺。时季龙病，不时见弋仲，引入领军省，赐其所食之食。弋仲怒，不食，曰："召我击贼。岂来觅食邪！我不知上存亡，若一见，虽死无恨。"左右言之，乃引见。弋仲数季龙曰："儿死来愁邪？乃至于疾！儿小时不能使好人辅相，至令相杀。儿自有过，责其下人太甚，故反耳。汝病久，所立儿小，若不差，天下必乱。当宜忧此，不烦忧贼也。犊等因思归之心，共为奸盗，所行残贼，此成擒耳。老羌请效死前锋，使一举而了。"弋仲性狷直，俗无尊卑皆汝之，季龙恕而不责，于坐授使持节、侍中、征西大将军，赐以铠马。弋仲曰："汝看老羌堪破贼以不？"于是贯钾跨马于庭中，策马南驰，不辞而出，遂灭梁犊。以功加剑履上殿，入朝不趋，进封西平郡公。

冉闵之乱，弋仲率众讨闵，次于混桥。石祗僭号于襄国，以弋仲为右丞相，待以殊礼。祗与闵相攻，弋仲遣其子襄救祗，戒襄曰："汝才十倍于闵，若不枭擒，不须复见我也。"襄击闵于常卢泽，大破之而归。弋仲怒襄之不擒闵也，杖之一百。

弋仲部曲马何罗，博学有文才，张豺之辅石世也，背弋仲归豺，豺以为尚书郎。豺败，复归，咸劝杀之。弋仲曰："今正是招才纳奇之日，当收其力用，不足害也。"以为参军。其宽恕如此。

弋仲有子四十二人，常戒诸子曰："吾本以晋室大乱，石氏待吾厚，故欲讨其贼臣以报其德。今石氏已灭，中原无主，自古以来未有戎狄作天子者。我死，汝便归晋，当竭尽臣节，无为不义之事。"乃遣使请降。永和七年，拜弋仲使持节、六夷大都督、都督江淮诸军事、车骑大将军、仪同三司、大单于，封高陵郡公。八年，卒，时年七十三。

子襄之入关也，为苻生所败，弋仲之柩为生所得，生以王礼葬之于天水冀县。苌僭位，追谥曰景元皇帝，庙号始祖，墓曰高陵，置园邑五百家。

襄，字景国，弋仲之第五子也。年十七，身长八尺五寸，臂垂过膝，雄武多才艺，明察善抚纳，士众爱敬之，咸请为嗣。弋仲弗许，百姓固请者日有千数，乃授之以兵。石祗僭号，以襄为使持节、骠骑将军、护乌丸校尉、豫州刺史、新昌公。晋遣使拜襄持节、平北将军、并州刺史、即丘县公。

弋仲死，襄秘不发丧，率户六万南攻阳平、元城、发干，皆破之，杀掠三千余家，屯于碻磝津。以太原王亮为长史，天水尹赤为司马，略阳伏子成为左部帅，南安敛岐为右部帅，略阳王黑那为前部帅，强白为后部帅，太原薛赞、略阳权翼为参军。南至荥阳，始发丧行服。与高昌、李历战于麻田，马中流矢死，赖其弟苌以免。晋处襄于谯城，遣五弟为任，单骑度淮，见豫州刺史谢尚于寿春。尚命去仗卫，幅巾以待之，一面交款，便若平生。

襄少有高名，雄武冠世，好学博通，雅善谈论，英济之称著于南夏。中军将军、扬州刺史殷浩惮其威名，乃因襄诸弟，频遣刺客杀襄，刺客皆推诚告实，襄待之若旧。浩潜遣将军魏憬率五千余人袭襄，襄乃斩憬而并其众。浩愈恶之，乃使将军刘启守谯，迁襄于梁国蠡台，表授梁国内史。襄遣权翼诣浩，浩曰：“姚平北每举动自由，岂所望也。”翼曰：“将军轻纳奸言，自生疑贰，愚谓猜嫌之由，不在于彼。”浩曰：“姚君纵放小人，盗窃吾马，王臣之体固若是乎？”翼曰：“将军谓姚平北以威武自强，终为难保，校兵练众，将惩不恪，取马者欲以自卫耳。”浩曰：“何至是也。”浩遣谢万讨襄，襄逆击破之。浩甚怒，会闻关中有变，浩率众北伐，襄乃要击浩于山桑，大败之，斩获万计，收其资仗。使兄益守山桑垒，复如淮南。浩遣刘启、王彬之伐山桑，襄自淮南击灭之，鼓行济淮，屯于盱眙，招掠流人，众至七万，分置守宰，劝课农桑，遣使建业，罪状殷浩，并自陈谢。

　　流人郭敳等千余人，执晋堂邑内史刘仕降于襄，朝廷大震，以吏部尚书周闵为中军将军，缘江备守。襄将佐部众皆北人，咸劝襄北还。襄方轨北引，自称大将军、大单于，进攻外黄，为晋边将所败。襄收散卒而勤抚恤之，于是复振。乃据许昌，将如河东以图关右，自许遂攻洛阳，逾月不克。其长史王亮谏襄曰："公英略盖天下，士众思效力命，不可损威劳众，守此孤城。宜还河北，以弘远略。"襄曰："洛阳虽小，山河四塞之固，亦是用武之地。吾欲先据洛阳，然后开建大业。"俄而亮卒，襄哭之甚恸，曰："天将不欲成吾事乎？王亮舍我去也！"

　　晋征西大将军桓温自江陵伐襄，战于伊水北，为温所败，率麾下数千骑奔于北山。其夜，百姓弃妻子随襄者五千余人，屯据阳乡，赴者又四千余户。襄前后败丧数矣，众知襄所在，辄扶老携幼奔驰而赴之。时或传襄创重不济，温军所得士女莫不北望挥涕。其得物情如此。先是，弘农杨亮归襄，襄待以客礼。后奔桓温，温问襄于亮，亮曰："神明器宇，孙策之俦，而雄武过之。"其见重如是。

　　襄寻徙北屈，将图关中，进屯杏城，遣其从兄辅国姚兰略地鄜城，使其兄益及将军王钦卢招集北地戎夏，归附者五万余户。苻生遣其将苻飞拒战，兰败，为飞所执。襄率众西引，生又遣苻坚、邓羌等要之。襄将战，沙门智通固谏襄，宜厉兵收众，更思后举。襄曰："二雄不俱立，冀天不弃德以济黎元，吾计决矣。"会羌师来逼，襄怒，遂长驱而进，战于三原。襄败，为坚所杀，时年二十七，是岁晋升平元年也。苻生以公礼葬之。苌僭号，追谥魏武王，封襄孙延定为东城侯。

　　苌，字景茂，弋仲第二十四子也。少聪哲，多权略，廓落任率，不修行业，诸兄皆奇之。随襄征伐，每参大谋。襄之寇洛阳也，梦苌服衮衣，升御坐，诸酋长皆侍立，且谓将佐曰："吾梦如此，此儿志度不恒，或能大起吾族。"襄之败于麻田也，马中流矢死，苌下马以授襄，襄曰："汝何以自免？"苌曰："但令兄济，竖子安敢害苌！"会救至，俱免。

及襄死，苌率诸弟降于苻生。苻坚以苌为扬武将军，历左卫将军，陇东、汲郡、河东、武都、武威、巴西、扶风太守，宁、幽、兖三州刺史，复为扬武将军，步兵校尉，封益都侯。为坚将，累有大功。

初，苌随杨安伐蜀，尝昼寝水旁，上有神光焕然，左右咸异之。及苻坚寇晋，以苌为龙骧将军、督益梁州诸军事，谓苌曰："朕本以龙骧建业，龙骧之号未曾假人，今特以相授，山南之事一以委卿。"坚左将军窦冲进曰："王者无戏言，此将不祥之征也，惟陛下察之。"坚默然。

坚既败于淮南，归长安，慕容泓起兵叛坚。坚遣子睿讨之，以苌为司马。为泓所败，睿死之。苌遣龙骧长史赵都诣坚谢罪，坚怒，杀之。苌惧，奔于渭北，遂如马牧。西州豪族尹详、赵曜、王钦卢、牛双、狄广、张乾等率五万余家，咸推苌为盟主。苌将距之，天水尹纬说苌曰："今百六之数既臻，秦亡之兆已见。以将军威灵命世，必能匡济时艰，故豪杰驱驰，咸同推仰。明公宜降心从议，以副群望，不可坐观沉溺而不拯救之。"苌乃从纬谋，以太元九年自称大将军、大单于、万年秦王，大赦境内，年号白雀，称制行事。以天水尹详、南安庞演为左右长史，南安姚晃、尹纬为左右司马，天水狄伯支、焦虔、梁希、庞魏、任谦为从事中郎，姜训、阎遵为掾属，王据、焦世、蒋秀、尹延年、牛双、张乾为参军，王钦卢、姚方成、王破虏、杨难、尹嵩、裴骑、赵曜、狄广、党删等为帅。

时慕容冲与苻坚相攻，众甚盛。苌将西上，恐冲遏之，乃遣使通和，以子崇为质于冲，进屯北地，厉兵积粟，以观时变。苻坚先徙晋人李详等数千户于敷陆，至是，降于苌。北地、新平、安定羌胡降者十余万户。坚率诸将攻之，不能克。

苌闻慕容冲攻长安，议进趋之计，群下咸曰："宜先据咸阳以制天下。"苌曰："燕因怀旧之士而起兵，若功成事捷，咸有东归之思，安能久固秦川！吾欲移兵岭北，广收资实，须秦弊燕回，然后垂拱取之。兵不血刃，坐定天下，此卜庄得贰之义也。"坚宁朔将军宋方率骑三千从云中将赴长安，苌自二县要破之，方单马奔免，其司马田晃率众降苌。苌遣诸将攻新平，克之，因略地至安定，岭北诸城尽降之。

时苻坚为慕容冲所逼，走入五将山。冲入长安。坚司隶校尉权翼、尚书赵迁、大鸿胪皇甫覆、光禄大夫薛赞、扶风太守段铿等文武数百人奔于苌。苌遣骁骑将军吴忠率骑围坚，苌如新平。俄而，忠执坚，送之。

慕容冲遣其车骑大将军高盖率众五万来伐，战于新平南，大破之，盖率麾下数千人来降，拜散骑常侍。

冲既率众东下，长安空虚。卢水郝奴称帝于长安，渭北尽应之。扶风王骕有众数千，堡据马嵬。奴遣弟多攻骕。苌伐骕，破之，骕走汉中。执多而进攻奴，降之。

以太元十一年苌僭即皇帝位于长安，大赦，改元曰建初，国号大秦，改长安曰常安。立妻蛇氏为皇后，子兴为皇太子，置百官。自谓以火德承苻氏木行，服色如汉氏承周故事。徙安定五千余户于长安。以弟征虏绪为司隶校尉，镇长安。

苌如安定，击平凉胡金熙、鲜卑没奕于，大破之。遂如秦州，与苻坚秦州刺史王统相持，天水屠各、略阳羌胡应苌者二万余户，统惧，乃降。因飨将士于上邽，南安人古成诜进曰："臣州人殷地险，俊杰如林，用武之国也。王秦州不能收拔贤才，三分鼎足，而坐玩珠玉，以至于此。陛下宜散秦州金帛以施六军，旌贤表善以副鄙州之望。"苌善之，擢为尚书郎。拜弟硕德都督陇右诸军事、征西将军、秦州刺史，领护东羌校尉，镇上邽。

苌还安定，修德政，布惠化，省非急之费，以救时弊，闾阎之士有豪介之善者，皆显异之。

苌复如秦州，为苻登所败，语在《登传》。以其太子兴镇长安，而与登相距。登冯翊太守兰犊与苻师奴离贰，慕容永攻之，犊遣使请救。苌将赴救，尚书令姚旻、左仆射尹纬等言于苌曰："苻登近在瓦亭，陛下未宜轻举。"苌曰："登迟重少决，每失时机，闻吾自行，正当广集兵资，必不能轻军深入。两月之间，足可克此三竖，吾事必矣。”遂师次于渥源。师奴率众来距，大战，败之，尽俘其众。又擒兰犊，收其士马。苌乃掘苻坚尸。鞭挞无数，裸剥衣裳，荐之以棘，坎土而埋之。慕容永征西将军王宣率众降苌。

初，关西雄杰以苻氏既终，苌雄略命世，天下之事可一旦而定。苌既与苻登相持积年，数为登所败，远近咸怀去就之计，唯征虏齐难、冠军徐洛生、辅国刘郭单、冠威弥姐婆触、龙骧赵恶地、镇北梁国儿等守忠不贰，并留子弟守营，供继军粮，身将精卒，随苌征伐。时诸营既多，故号苌军为大营，大营之号自此始也。

时天大雪，苌下书深自责罚，散后宫文绮珍宝以供戎事，身食一味，妻不重彩。将帅死王事者，加秩二等，士战卒没，皆有褒赠。立太学，礼先贤之后。

敦煌索卢曜请刺苻登，苌曰：“卿以身徇难，将为谁乎？”曜曰：“臣死之后，深以友人陇西辛遒仰托。”苌遣之。事发，为登所杀，苌以遒为骑都尉。

登进逼安定，诸将劝苌决战，苌曰：“与穷寇竞胜，兵家之下。吾将以计取之。”于是，留其尚书令姚旻守安定，夜袭登辎重于大界，克之。诸将或欲因登骇乱击之，苌曰：“登众虽乱，怒气犹盛，未可轻也。”遂止。苌以安定地狭，且逼苻登，使姚硕德镇安定，徙安定千余家于阴密，遣弟征南靖镇之。

立社稷于长安。百姓年七十有德行者，拜为中大夫，岁赐牛酒。

尹纬、姚晃谓古成诜曰：“苻登穷寇，历年未灭，奸雄鸱峙，所在纠扇，夷夏皆贰，将若之何？”诜曰：“主上权略无方，信赏必罚，贤能之士，咸怀乐推。岂虑大业不成，氐贼不灭乎！”纬曰：“登穷寇未灭，奸雄所扇合，吾等宁无惧乎？”诜曰：“三秦，天府之国，主上十分已有其八。今所在可虑者，苻登、杨定、雷恶地耳，自余琐琐，焉足论哉！然恶地地狭众寡，不足为忧。苻登藉乌合犬羊，偷存假息，料其智勇，非至尊之匹。霸王之起，必有驱除，然后克定大业。昔汉魏之兴也，皆十有余年，乃能一同于海内，五六年间未为久也。主上神略内明，英武外发，可谓无敌于天下耳，取登有余力。愿布德行仁，招贤纳士，厉兵秣马，以候天机。如其鸿业不成者，诜请腰斩以谢明公。"纬言之于苌，苌大悦，赐诜爵关内侯。

雷恶地率众降苌，拜为镇东将军。魏褐飞自称大将军、冲天王，率氐胡数万人攻安北姚当城于杏城，雷恶地应之，攻镇东姚汉得于李润。苌议将讨之，群臣咸曰："陛下不忧六十里符登，乃忧六百里褐飞？"苌曰："登非可卒殄，吾城亦非登所能卒图。恶地多智，非常人也。南引褐飞，东结董成，甘言美说以成奸谋，若得杏城、李润，恶地据之，控制远近，相为羽翼，长安东北非复吾有。"于是潜军赴之。苌时众不满二千，褐飞、恶地众至数万，氐胡赴之者首尾不绝。苌每见一军至，辄有喜色。群下怪而问之，苌曰："今同恶相济，皆来会集，吾得乘胜席卷，一举而覆其巢穴，东北无复余也。"褐飞等以苌兵少，尽众来攻。苌固垒不战，示之以弱，潜遣子崇率骑数百，出其不意，以乘其后。褐飞兵扰乱，苌遣镇远王超、平远谭亮率步骑击之，褐飞众大溃，斩褐飞及首级万余。恶地请降，苌待之如初。恶地每谓人曰："吾自言智勇所施，足为一时之杰。校数诸雄，如吾之徒，皆应跨据一方，兽啸千里。遇姚公智力摧屈，是吾分也。"恶地猛毅清肃，不可干以非义，岭北诸豪皆敬惮之。

苌命其将当城于营处一栅孔中莳树一根，以旌战功。岁余，问之，城曰："营所至小，已广之矣。"苌曰："少来斗战无如此快，以千六百人破三万众，国之事业，由此克举。小乃为奇，大何足贵！"

贰城胡曹寅、王达献马三千匹。以寅为镇北将军、并州刺史，达镇远将军、金城太守。

苌性简率，群下有过，或面加骂辱。太常权翼言于苌曰："陛下弘达自任，不修小节，驾驭群雄，苞罗俊异，弃嫌录善，有高祖之量。然轻慢之风，所宜除也。"苌曰："吾之性也。吾于舜之美，未有片焉；汉祖之短，已收其一。若不闻谠言，安知过也！"

南羌窦苟率户五千来降，拜安西将军。

苌下书，有复私仇者，皆诛之。将吏亡灭者，各随所亲以立后，振给长育之。

镇东苟曜据逆万堡,密引苻登。苌与登战,败于马头原,收众复战。姚硕德谓诸将曰:"上慎于轻战,每欲以计取之。今战既失利,而更逼贼者,必有由也。"苌闻而谓硕德曰:"登用兵迟缓,不识虚实,今轻兵直进,迳据吾东,必苟曜竖子与之连结也。事久变成,其祸难测。所以速战者,欲使竖子谋之未就,好之未深,散败其事耳。"进战,大败之,登退屯于郿。登将金槌以新平降苌,苌轻将数百骑入槌营。群下谏之,苌曰:"槌既去苻登,复欲图我,将安所归!且怀德初附,推款委质,吾复以不信待之,何以御物乎!"群氏果有异谋,槌不从而止。

苌如阴密攻登,敕其太子兴曰:"苟曜好奸变,将为国害,闻吾还北,必来见汝,汝便执之。"苟曜果见兴于长安,兴遣尹纬让而诛之。

苌大败登于安定东,置酒高会,诸将咸曰:"若值魏武王,不令此贼至今,陛下将牢太过耳。"苌笑曰:"吾不如亡兄有四:身长八尺五寸,臂垂过膝,人望而畏之,一也;当十万之众,与天下争衡,望麾而进,前无横阵,二也;温古知今,讲论道艺,驾驭英雄,收罗俊异,三也;董率大众,履险若夷,上下咸允,人尽死力,四也。所以得建立功业,策任群贤者,正望算略中一片耳。"群臣咸称万岁。

苌下书令留台诸镇各置学官,勿有所废,考试优劣,随才擢叙。苻登骠骑将军没奕于率户六千降,拜使持节、车骑将军、高平公。

苌寝疾,遣姚硕德镇李润,尹纬守长安,召其太子兴诣行营。征南姚方成言于兴曰:"今寇贼未灭,上复寝疾,王统、苻胤等皆有部曲,终为人害,宜尽除之。"兴于是诛苻胤、王统、王广、徐成、毛盛,乃赴召。兴至,苌怒曰:"王统兄弟是吾州里,无他远志,徐成等昔在秦朝,并为名将。天下小定,吾方任之,奈何辄便诛害,令人丧气!"

苌下书,兵吏从征伐,户在大营者,世世复其家,无所豫。

苻登与窦冲相持,苌议击之,尹纬言于苌曰:"太子纯厚之称,著于遐迩,将领英略,未为远近所知。宜遣太子亲行,可以渐广威武,防窥窬之原。"苌从之,戒兴曰:"贼待知汝转近,必相驱入堡,聚而掩之,无不克矣。"比至胡空堡,冲围自解。登闻兴向胡空堡,引还,兴因袭平凉,大获而归,咸如苌策。使兴还镇长安。

苌下书除妖谤之言及奸秽,有相劾举者,皆以其罪罪之。

晋平远将军、护氐校尉杨佛嵩率胡蜀三千余户降于苌,晋将杨佺期、赵睦追之。遣姚崇赴救,大败晋师,斩赵睦。以佛嵩为镇东将军。

苌如长安,至于新支堡,疾笃,舆疾而进。梦苻坚将天官使者、鬼兵数百突入营中,苌惧,走入宫,宫人迎苌刺鬼,误中苌阴,鬼相谓曰:"正中死处。"拔矛、出血石余。寤而惊悸,遂患阴肿,医刺之,出血如梦。苌遂狂言,或称"臣苌,杀陛下者兄襄,非臣之罪,愿不枉臣"。至长安,召太尉姚旻、尚书左仆射尹纬、右仆射姚晃、尚书狄伯支等入,受遗辅政。苌谓兴曰:"有毁此诸人者,慎勿受之。汝抚骨肉以仁,接大臣以礼,待物以信,遇黔首以恩,四者既备,吾无忧矣。"以大元十八年死,时年六十四,在位八年。伪谥武昭皇帝,庙号太祖,墓称原陵。

# 姚兴上

　　姚兴,字子略,苌之长子也。苻坚时,为太子舍人。苌之在马牧,兴自长安冒难奔苌,苌立为皇太子。苌出征讨,常留统后事。及镇长安,甚有威惠。与其中舍人梁喜、洗马范勖等讲论经籍,不以兵难废业,时人咸化之。

　　苌死,兴秘不发丧,以其叔父绪镇安定,硕德镇阴密,弟崇守长安。硕德将佐言于硕德曰:"公威名宿重,部曲最强,今丧代之际,朝廷必相猜忌,非永安之道也。宜奔秦州,观望事势。"硕德曰:"太子志度宽明,必无疑阻。今苻登未灭而自寻干戈,所谓追二袁之踪,授首与人。吾死而已,终不若斯。"及至,兴优礼而遣之。

　　兴自称大将军,以尹纬为长史,狄伯支为司马,率众伐苻登。咸阳太守刘忌奴据避世堡以叛,兴袭忌奴,擒之。苻登自六陌向废桥,始平太守姚详据马嵬堡以距登。登众甚盛,兴虑详不能遏,乃自将精骑以迫登,遣尹纬领步卒赴详。纬用详计,据废桥以抗登。登因急攻纬,纬将出战,兴驰遣狄伯支谓纬曰:"兵法不战而制人者,盖为法也。苻登穷寇,宜持重,不可轻战。"纬曰:"先帝登遐,人情扰惧,今不因思奋之力,枭殄逆竖,大事去矣。纬敢以死争。"遂与登战,大破之,登众渴死者十二三,其夜大溃,登奔雍。兴乃发丧行服。太元十九年,僭即帝位于槐里,大赦境内,改元曰皇初,遂如安定。

　　先是,苻登使弟广守雍,子崇屯胡空堡,闻登败,各弃守走。登无所投据,遂奔平凉,率其余众入马毛山。兴自安定如泾阳,与登战于山南,斩登。散其部众,归复农业。徙阴密三万户于长安,分大营户为四,置四军以领之。

安南强熙、镇远杨多叛,推窦冲为盟主,所在扰乱。兴率诸将讨之,军次武功,多兄子良国杀多而降。冲弟彰武与冲离贰,冲奔强熙。熙闻兴将至,率户二千奔秦州。窦冲走汧川,汧川氐仇高执送之。冲从弟统率其众降于兴。

封征虏绪为晋王,征西硕德为陇西王,征南靖等及功臣尹纬、齐难、杨佛嵩等并为公侯,其余封爵各有差。

鲜卑薛勃于贰城为魏军所伐,遣使请救,使姚崇赴救。魏师既还,薛勃复叛,崇伐而执之,大收其士马而还。

兴追尊其庶母孙氏为皇太后,配飨太庙。

杨盛保仇池,遣使请命,拜使持节、镇南将军、仇池公。鲜卑越质诘归率户二万叛乞伏乾归,降于兴,兴处之于成纪,拜使持节、镇西将军、平襄公。

姚硕德讨平凉胡金豹于洛城,克之。

初,上邽姜乳据本县以叛,自称秦州刺史。硕德进讨之,乳率众降。以硕德为秦州牧,领护东羌校尉,镇上邽。征乳为尚书。强熙及略阳豪族权干城率众三万围上邽,硕德击破之。熙南奔仇池,遂假道归晋。硕德西讨干城,干城降。

兴令郡国各岁贡清行孝廉一人。

慕容永既为慕容垂所灭,河东太守柳恭等各阻兵自守,兴遣姚绪讨之。恭等依河距守,绪不得济。镇东薛强先据杨氏壁,引绪从龙门济河,遂入蒲坂。恭势屈,请降。徙新平、安定新户六千于蒲坂。

兴母蛇氏死,兴哀毁过礼,不亲庶政。群臣议请依汉魏故事,既葬即吉。兴尚书郎李嵩上疏曰:"三王异制,五帝殊礼。孝治天下,先王之高事也,宜遵圣性,以光道训。既葬之后,应素服临朝,率先天下,仁孝之举也。"尹纬驳曰:"帝王丧制,汉魏为准。嵩矫常越礼,愆于轨度,请付有司,以专擅论。既葬即吉,乞依前议。"兴曰:"嵩忠臣孝子,有何咎乎?尹仆射弃先王之典,而欲遵汉魏之权制,岂所望于朝贤哉!其一依嵩议。"

鲜卑薛勃叛奔岭北,上郡、贰川杂胡皆应之,遂围安远将军姚详于金城。遣姚崇、尹纬讨之。勃自三交趣金城,崇列营掎之,而租运不继,三军大饥。纬言于崇曰:"辅国弥姐高地、建节杜成等皆诸部之豪,位班三品,督运稽留,令三军乏绝,宜明置刑书,以惩不肃。"遂斩之。诸部大震,租入者五十余万。兴率步骑二万亲讨之,勃惧,弃其众奔于高平公没奕于,于执而送之。

泫氏男姚买得欲因兴葬母蛇氏杀兴,会有告之者,兴未之信,遣李嵩诈往。买得具以告嵩,嵩还,以闻,兴乃赐买得死,诛其党与。

兴下书禁百姓造锦绣及淫祀。

兴率众寇湖城,晋弘农太守陶仲山、华山太守董迈皆降于兴。遂如陕城,进寇上洛,陷之。遣姚崇寇洛阳,晋河南太守夏侯宗之固守金墉,崇攻之,不克,乃陷柏谷,徙流人西河严彦、河东裴岐、韩袭等二万余户而还。

兴下书,令士卒战亡者守宰所在埋藏之,求其近亲为之立后。

武都氐屠飞、啖铁等杀陇东太守姚回,略三千余家,据方山以叛。兴遣姚绍等讨之,斩飞、铁。遣狄伯支迎流人曹会、牛寿万余户于汉中。

兴留心政事,苟容广纳,一言之善,咸见礼异。京兆杜瑾、冯翊吉默、始平周宝等上陈时事,皆擢处美官。天水姜龛、东平淳于岐、冯翊郭高等皆耆儒硕德,经明行修,各门徒数百,教授长安,诸生自远而至者万数千人。兴每于听政之暇,引龛等于东堂,讲论道艺,错综名理。凉州胡辩,苻坚之末,东徙洛阳,讲授弟子千有余人,关中后进多赴之请业。兴敕关尉曰:"诸生咨访道艺,修己厉身,往来出入,勿拘常限。"于是,学者咸劝,儒风盛焉。

给事黄门侍郎古成诜、中书侍郎王尚、尚书郎马岱等,以文章雅正,参管机密。诜风韵秀举,确然不群,每以天下是非为己任。时京兆韦高慕阮籍之为人,居母丧,弹琴饮酒。诜闻而泣曰:"吾当私刃斩之,以崇风教。"遂持剑求高。高惧,逃匿,终身不敢见说。

兴遣将镇东杨佛嵩攻陷洛阳。

班命郡国,百姓因荒自卖为奴婢者,悉免为良人。兴以日月薄蚀,灾眚屡见,降号称王,下书令群公卿士将牧守宰各降一等。于是,其太尉赵旻公等五十三人上疏谏曰:"伏惟陛下勋格皇天,功济四海,威灵振于殊域,声教暨于遐方,虽成汤之隆殷基,武王之崇周业,未足比喻。方当廓靖江吴,告成中岳,岂宜过垂冲损,违皇天之眷命乎!"兴曰:"殷汤、夏禹,德冠百王,然犹顺守谦冲,未居崇极,况朕寡昧,安可以处之哉!"乃遣旻告于社稷宗庙,大赦,改元弘始。赐孤独鳏寡粟帛有差,年七十已上加衣杖。始平太守周班、槐里令李彰皆以黩货诛,于是,郡国肃然矣。洛阳既陷,自淮汉已北诸城,多请降送任。

兴下书听祖父母昆弟得相容隐。姚绪、姚硕德以兴降号,固让王爵,兴弗许。

京兆韦华、谯郡夏侯轨、始平庞眺等率襄阳流人一万叛晋,奔于兴。兴引见东堂,谓华曰:"晋自南迁,承平已久,今政化风俗何如?"华曰:"晋主虽有南面之尊,无总御之实,宰辅执政,政出多门,权去公家,遂成习俗。刑网峻急,风俗奢宕。自桓温、谢安已后,未见宽猛之中。"兴大悦,拜华中书令。

兴如河东。时姚绪镇河东,兴待以家人之礼。下书封其先朝旧臣姚驴碻、赵恶地、王平、马万载、黄世等子为五等子男。命百僚举殊才异行之士,刑政有不便于时者,皆除之。兵部郎金城边熙上陈军令烦苛,宜遵简约。兴览而善之,乃依孙吴誓众之法以损益之。

兴立律学于长安,召郡县散吏以授之。其通明者还之郡县,论决刑狱。若州郡县所不能决者,谳之廷尉。兴常临咨议堂听决疑狱,于时号无冤滞。

姚绪、姚硕德固让王爵,许之。绪、硕德威权日盛,兴恐奸佞小人沮惑之,乃简清正君子为之辅佐。

兴以司隶校尉郭抚、扶风太守强超、长安令鱼佩、槐里令彭明、仓部郎王年等清勤贞白，下书褒美，增抚邑一百户，赐超爵关内侯，佩等进位一级。

使硕德率陇右诸军伐乞伏乾归，兴潜军赴之，乾归败走，降其部众三万六千，收铠马六万匹。军无私掠，百姓怀之。兴进如枹罕，班赐王公已下，遍于卒伍。

兴之西也，没奕于密欲乘虚袭安定，长史皇甫序切谏乃止。于自恨失言，阴欲杀序。

乞伏乾归以穷蹙来降，拜镇远将军、河州刺史、归义侯，复以其部众配之。

兴下书，将帅遭大丧，非在疆场险要之所，皆听奔赴，及期，乃从王役。临戎遭丧，听假百日。若身为边将，家有大变，交代未至，敢辄去者，以擅去官罪罪之。遣晋将军刘嵩等二百三十七人归于建邺。

魏人袭没奕于，于弃其部众，率数千骑与赫连勃勃奔于秦州。魏军进次瓦亭，长安大震，诸城闭门固守。魏平阳太守贰尘入侵河东。兴于是练兵讲武，大阅于城西，干勇壮异者召入殿中，引见群臣于东堂，大议伐魏。群臣咸谏以为不可，兴不从。司隶姚显进曰："陛下天下之镇，不宜亲行，可使诸将分讨，授以庙胜之策。"兴曰："王者正以廓土靖乱为务，吾焉得而辞之！"

兴立其子泓为皇太子，大赦境内，赐男子为父后者爵一级。

遣姚平、狄伯支等率步骑四万伐魏，姚硕德、姚穆率步骑六万伐吕隆。平等军次河东，兴遣其光远党娥、立节雷星、建忠王多等率杏城及岭北突骑自和宁赴援，越骑校尉唐方、积弩姚良国率关中劲卒为平后继，姚绪统河东见兵为前军节度，姚绍率洛东之兵，姚详率朔方见骑，并集平望，以会于兴。使没奕于权镇上邽，中军、广陵公敛权镇洛阳，姚显及尚书令姚晃辅其太子泓，入直西宫。

硕德至姑臧，大败吕隆之众，俘斩一万。隆将吕他等率众二万五千，以东苑来降。

先是，秃发利鹿孤据西平，沮渠蒙逊据张掖，李玄盛据敦煌，与吕隆相持。至是，皆遣使降。

兴率戎卒四万七千，自长安赴姚平。平攻魏乾城，陷之，遂据柴壁。魏军大至，攻平，截汾水以守之。兴至蒲坂，惮而不进。

时，硕德攻吕隆，抚纳夷夏，分置守宰，节粮积粟，为持久之计。隆惧，遂降。硕德军令齐整，秋毫无犯，祭先贤，礼儒哲，西土悦之。

姚平粮竭矢尽，将麾下三十骑赴汾水而死，狄伯支等十将四万余人，皆为魏所擒。兴下书，军士战没者，皆厚加褒赠。魏军乘胜进攻蒲坂，姚绪固守不战，魏乃引还。

兴徙河西豪右万余户于长安。

晋辅国将军袁虔之、宁朔将军刘寿、冠军将军高长庆、龙骧将军郭恭等贰于桓玄，惧而奔兴。兴临东堂引见，谓虔之等曰："桓玄虽名晋臣，其实晋贼，其才度定何如父也？能办成大事以不？"虔之曰："玄藉世资，雄据荆楚，属晋朝失政，遂偷窃宰衡。安忍无亲，多忌好杀，位不才授，爵以爱加，无公平之度，不如其父远矣。今既握朝权，必行篡夺，既非命世之才，正可为他人驱除耳。此天以机便授之陛下，愿速加经略，廓清吴楚。"兴大悦，以虔之为大司农，余皆有拜授。虔之固让，请疆场自效，改授假节、宁南将军、广州刺史。

兴立其昭仪张氏为皇后，封子懿、弼、洸、宣、谌、愔、璞、质、逵、裕、国儿皆为公。遣其兼大鸿胪梁斐，以新平张构为副，拜秃发傉檀车骑将军、广武公，沮渠蒙逊镇西将军、沙州刺史、西海侯，李玄盛安西将军、高昌侯。

兴遣镇远赵曜率众二万西屯金城，建节王松忩率骑助吕隆等守姑臧。松忩至魏安，为傉檀弟文真所围，众溃，执松忩，送于傉檀。傉檀大怒，送松忩还长安，归罪文真，深自陈谢。

兴下书，录马嵬战时将吏，尽擢叙之，其堡户给复二十年。兴性俭约，车马无金玉之饰，自下化之，莫不敦尚清素。然好游田，颇损农要。京兆杜挺以仆射齐难无匡辅之益，著《丰草诗》以箴之，冯翊相云作《德猎赋》以讽焉。兴皆览而善之，赐以金帛，然终弗能改。

晋顺阳太守彭泉以郡降兴，兴遣杨佛嵩率骑五千，与其荆州刺史赵曜迎之,遂寇陷南乡,擒建威将军刘嵩,略地至于梁国而归。又遣其兼散骑常侍席确诣凉州,征吕隆弟超入侍,隆遣之。吕隆惧秃发傉檀之逼,表请内徙。兴遣齐难及镇西姚诘、镇远乞伏乾归、镇远赵曜等步骑四万,迎隆于河西。难至姑臧,以其司马王尚行凉州刺史,配兵三千镇姑臧,以将军阎松为仓松太守,郭将为番禾太守,分戍二城,徙隆及其宗室僚属于长安。沮渠蒙逊遣弟如子贡其方物。王尚绥抚遗黎,导以信义,百姓怀其惠化,翕然归之。北部鲜卑并遣使贡款。

桓玄遣使来聘,请辛恭靖、何澹之。兴留恭靖而遣澹之,谓曰:“桓玄不推计历运,将图篡逆,天未忘晋,必将有义举,以吾观之,终当倾覆。卿今驰往,必逢其败,相见之期,迟不云远。”初,恭靖至长安,引见兴而不拜,兴曰:“朕将任卿以东南之事。”靖曰:“我宁为国家鬼,不为羌贼臣。”兴怒,幽之别室。至是,恭靖亦逾墙遁归。

兴遣其将姚硕德、姚敛成、姚寿都等率众三万,伐杨盛于仇池。寿都等入自宕昌,敛成从下辩而进。盛遣其弟寿距成,从子斌距都。都逆击擒之,尽俘其众。杨寿等惧,率众请降。硕德还师。

晋汝南太守赵策委守奔于兴。

兴如逍遥园,引诸沙门于澄玄堂听鸠摩罗什演说佛经。罗什通辩夏言,寻览旧经,多有乖谬,不与胡本相应。兴与罗什及沙门僧略、僧迁、道树、僧睿、道坦、僧肇、昙顺等八百余人,更出大品,罗什持胡本,兴执旧经,以相考校,其新文异旧者皆会于理义。续出诸经并诸论三百余卷。今之新经皆罗什所译。兴既托意于佛道,公卿已下莫不钦附,沙门自远而至者五千余人。起浮图于永贵里,立波若台于中宫,沙门坐禅者恒有千数。州郡化之,事佛者十室而九矣。

使姚硕德及冠军徐洛生等伐仇池,又遣建武赵琨自宕昌而进,遣其将敛俱寇汉中。

时,刘裕诛桓玄,迎复安帝,玄卫将军、新安王桓谦,临原王桓怡,雍州刺史桓蔚,左卫将军桓谧,中书令桓胤,将军何澹之等奔于兴。刘裕遣大参军衡凯之诣姚显,请通和,显遣吉默报之,自是聘使不绝。晋求南乡诸郡,兴许之。群臣咸谏以为不可,兴曰:"天下之善一也,刘裕拔萃起微,匡辅晋室,吾何惜数郡而不成其美乎!"遂割南乡、顺阳、新野、舞阴等十二郡归于晋。

姚硕德等频败杨盛,盛惧,请降,遣子难当及僚佐子弟数十人为质,硕德等引还。署盛为使持节、散骑常侍、都督益宁州诸军事、征南大将军、开府、益州牧、武都侯。敛俱陷城固,徙汉中流人郭陶等三千余家于关中。

兴班告境内及在朝文武,立名不得犯叔父绪及硕德之名,以彰殊礼。兴谦恭孝友,每见绪及硕德,如家人之礼,整服倾悚,言则称字,车马服玩,必先二叔,然后服其次者,朝廷大政,必咨之而后行。

太史令郭黁言于兴曰:"戊亥之岁,当有孤寇起于西北,宜慎其锋。起兵如流沙,死者如乱麻,戎马悠悠会陇头,鲜卑、乌丸居不安,国朝疲于奔命矣。"时所在有泉水涌出,传云饮则愈病,后多无验。屡有妖人自称神女,戮之乃止。

兴大阅,自杜邮至于羊牧。兴以姚硕德来朝,大赦其境内。及硕德归于秦州,兴送之,及雍乃还。

秃发傉檀献兴马三千匹,羊三万头。兴以为忠于己,乃署傉檀为凉州刺史,征凉州刺史王尚还长安。凉州人申屠英等二百余人,遣主簿胡威诣兴,请留尚,兴弗许。引威见之,威流涕谓兴曰:"臣州奉国五年,王威不接,衔胆栖冰、孤城独守者,仰恃陛下威灵,俯杖良牧惠化。忽违天人之心,以华土资狄。若傉檀才望应代,臣岂敢言。窃闻乃以臣等贸马三千匹,羊三万口,如所传实者,是为弃人贵畜。苟以马供军国,直烦尚书一符,三千余家户输一匹,朝下夕办,何故以一方委此奸胡!昔汉武倾天下之资,开建河西,隔绝诸戎,断匈奴右臂,所以终能屠大宛王母寡。今陛下方布政玉门,流化西域,奈何以五郡之地资之猃狁,忠诚华族弃之虐虏!非但臣州里涂炭,惧方为圣朝旰食之忧。"兴乃遣西平人车普驰止王尚,又遣使喻傉檀。会傉檀已至姑臧,普以状先告之。傉檀惧,胁遣王尚,遂入姑臧。

尚既至长安,坐匿吕氏宫人,擅杀逃人薄禾等,禁止南台。凉州别驾宗敞、治中张穆、主簿边宪、胡威等上疏理尚曰：

　　臣州荒裔，邻带寇仇，居泰无垂拱之安，运否离倾覆之难。自张氏颓基，德风绝而莫扇；吕数将终，枭鹗以之翻翔。群生婴阆极之痛，西夏有焚如之祸。幸皇鉴降眷，纯风远被。刺史王尚受任垂灭之州，策成难全之际，轻身率下，躬俭节用，劳逸丰约，与众同之，劝课农桑，时无废业。然后振王威以扫不庭，回天波以荡氛秽。则群逆冰摧，不俟朱阳之曜；若秋霜陨箨，岂待劲风之威。何定远之足高，营平之独美！经始甫尔，会朝算改授，使希世之功不终于必成，易失之机践之而莫展。当其时而明其事者，谁不慨然！

　　既远役遐方，勋劳于外，虽效未酬恩，而在公无阙。自至京师，二旬于今，出车之命莫逮，姜斐之责惟深。以取吕氏宫人裴氏各杀逃人薄禾等为南台所禁，天鉴玄镜，暂免囹圄，讥绳之文，未离简墨。裴氏年垂知命，首发二毛，孷居本家，不在尚室，年迈姿陋，何用送为！边藩要捍，众力是寄，禾等私逃，罪应宪墨，以杀止杀，安边之义也。假若以不送裴氏为罪者，正阙奚官之一女子耳。论勋则功重，言瑕则过微。而执宪吹毛求疵，忘劳记过，斯先哲所以泣血于当年，微臣所以仰天而洒泪。

　　且尚之奉国，历事二朝，能否效于既往，优劣简在圣心，就有微过，功足相补，宜弘阆极之施，以彰覆载之恩。

　　臣等生自西州，无翰飞之翼，久沉伪政，绝进趣之途。及皇化既沾，投竿之心冥发，遂策名委质，位忝吏端。主辱臣忧，故重茧披款，惟陛下亮之。

兴览之大悦，谓其黄门侍郎姚文祖曰："卿知宗敞乎？"文祖曰："与臣州里，西方之英俊。"兴曰："有表理王尚，文义甚佳，当王尚研思耳。"文祖曰："尚在南台，禁止不与宾客交通，敞寓于杨桓，非尚明矣。"兴曰："若尔，桓为措思乎？"文祖曰："西方评敞甚重，优于杨桓。敞昔与吕超周旋，陛下试可问之。"兴因谓超曰："宗敞文才何如？可是谁辈？"超曰："敞在西土，时论甚美，方敞魏之陈、徐，晋之潘、陆。"即以表示超曰："凉州小地，宁有此才乎？"超曰："臣以敞余文比之，未足称多。琳琅出于昆岭，明珠生于海滨，若必以地求人，则命大夏之弃夫，姬昌东夷之摈士。但当问其文彩何如，不可以区宇格物。"兴悦，赦尚之罪，以为尚书。

# 晋书卷一一八
# 载记第一八

# 姚兴下　尹纬

晋义熙二年，平北将军、梁州督护符宣入汉中，兴梁州别驾吕营、汉中徐逸、席难起兵应宣，求救于杨盛。盛遣军临浕口，南梁州刺史王敏退守武兴。杨盛复通于晋。

兴以太子泓录尚书事。

慕容超司徒、北地王钟，右仆射、济阳王巤，高都公始，皆来奔。

华山郡地涌沸，广袤百余步，烧生物皆熟，历五月乃止。

赫运勃勃杀高平公没奕于，收其众以叛。

先是，魏主拓跋圭送马千匹，求婚于兴，兴许之。以魏别立后，遂绝婚，故有柴壁之战。至是，复与魏通和，魏放狄伯支、姚伯禽、唐小方、姚良国、康宦还长安，皆复其爵位。

时秃发傉檀、沮渠蒙逊迭相攻击，傉檀遂东招河州刺史西羌彭奚念，奚念阻河以叛。

蜀谯纵遣使称藩，请桓谦，欲令顺流东伐刘裕。兴以问谦，谦请行，遂许之。

使中军姚弼、后军敛成、镇远乞伏乾归等率步骑三万伐傉檀，左仆射齐难等率骑二万讨勃勃。吏部尚书尹昭谏曰："傉檀恃远，轻敢违逆，宜诏蒙逊及李玄盛，使自相攻击。待其毙也，然后取之，此卞庄之举也。"兴不从。勃勃退保河曲。弼济自金城，弼部将姜纪言于弼曰："今王师声讨勃勃，傉檀犹豫，未为严防，请给轻骑五千，掩其城门,则山泽之人皆为吾有,孤城独立,坐可克也。"弼不从,进拔昌松,长驱至姑臧。傉檀婴城固守,出其兵击弼,弼败,退据西苑。兴又遣卫大将军姚显率骑二万,为诸军节度。至高平,闻弼败绩,兼道赴之,抚慰河外,率众而还。傉檀遣使人徐宿诣兴谢罪。

齐难为勃勃所擒。兴遣平北姚冲、征虏狄伯支、辅国敛曼嵬、镇东杨佛嵩率骑四万讨勃勃。冲次于岭北,欲回师袭长安,伯支不从,乃止,惧其谋泄,遂鸩杀伯支。

时,王师伐谯纵,大败之,纵遣使乞师于兴。兴遣平西姚赏、南梁州刺史王敏率众二万救之,王师引还。纵遣使拜师,仍贡其方物。兴遣其兼司徒韦华持节,策拜纵为大都督、相国、蜀王,加九锡,备物典策一如魏晋故事,承制封拜悉如王者之仪。

兴自平凉如朝那,闻冲谋逆,以其弟中最少,雄武绝人,犹欲隐忍容之。敛成泣谓兴曰:"冲凶险不仁,每侍左右,臣常寝不安席,愿早为之所。"兴曰:"冲何能为也!但轻害名将,吾欲明其罪于四海。"乃下书赐冲死,葬以庶人之礼。

晋河间王子国璠、章武王子叔道来奔,兴谓之曰:"刘裕匡复晋室,卿等何故来也?"国璠等曰:"裕与不逞之徒削弱王室,宗门能自修立者莫不害之。是避之来,实非诚款,所以避死耳。"兴嘉之,以国璠为建义将军、扬州刺史,叔道为平南将军、兖州刺史,赐以甲第。

兴如贰城,将讨赫连勃勃,遣安远姚详及敛曼嵬、镇军彭白狼分督租运。诸军未集而勃勃骑大至,兴欲留步军,轻如嵬营。众咸惶惧,群臣固以为不可,兴弗纳。尚书郎韦宗希旨劝兴行,兰台侍御史姜楞越次而进曰:"韦宗倾险不忠,沮败国计,宜先腰斩以谢天下。脱车驾动轸,六军骇惧,人无守志,取危之道也。宜遣单使以征详等。"兴默然。右仆射韦华等谏曰:"若车骑轻动,必不战自溃,嵬营亦未必可至,惟陛下图之。"兴乃遣左将军姚文宗率禁兵距战,中垒齐莫统氐兵以继之。文宗与莫皆勇果兼人,以死力战,勃勃乃退。留禁兵五千配姚详守贰城,兴还长安。

谯纵遣其侍中谯良、太常杨轨朝于兴,请大举以寇江东。遣其荆州刺史桓谦、梁州刺史谯道福率众二万东寇江陵。兴乃遣前将军苟林率骑会之。谦屯支江，林屯江津。谦，江左贵族，部曲遍于荆楚，晋之将士皆有叛心。荆州刺史刘道规大惧，婴城固守。雍州刺史鲁宗之率襄阳之众救之，道规乃留宗之守江陵，率军逆战。谦等舟师大盛，兼列步骑以待之。大战支江，谦败绩，乘轻舸奔就苟林，晋人获而斩之。苟林惧而引归。

兴以国用不足，增关津之税，盐竹山木皆有赋焉。群臣咸谏，以为天殖品物以养群生，王者子育万邦，不宜节约以夺其利。兴曰："能逾关梁、通利于山水者，皆豪富之家。吾损有余以裨不足，有何不可！"乃遂行之。

兴从朝门游于文武苑，及昏而还，将自平朔门入。前驱既至，城门校尉王满聪被甲持杖，闭门距之，曰："今已昏暗，奸良不辨，有死而已，门不可开。"兴乃回从朝门而入。旦而召满聪，进位二等。

乞伏乾归以众叛，攻陷金城，执太守任兰。兰厉色责乾归以背恩违义，乾归怒而囚之，兰遂不食而死。

赫连勃勃遣其将胡金纂将万余骑攻平凉。兴如贰城，因救平凉，纂众大溃，生擒纂。勃勃遣兄子提攻陷定阳，执北中郎将姚广都。兴将曹炽、曹云、王肆佛等各将数千户，避勃勃内徙，兴处佛于湟山泽，炽、云于陈仓。勃勃寇陇右，攻白崖堡，破之，遂趣清水。略阳太守姚寿都委守奔秦州，勃勃又收其众而归。兴自安定追之，至寿渠川，不及而还。

初，天水人姜纪，吕氏之叛臣，阿谄奸诈，好间人之亲戚。兴子弼有宠于兴，纪遂倾心附之。弼时为雍州刺史，镇安定，与密谋还朝，令倾心事常山公显，树党左右。至是，兴以弼为尚书令、侍中、大将军。既居将相，虚襟引纳，收结朝士，势倾东宫，遂有夺嫡之谋矣。

兴以勃勃、乾归作乱西北，傉檀、蒙逊擅兵河右，畴咨将帅之臣，欲镇抚二方。陇东太守郭播言于兴曰："岭北二州镇户皆数万，若得文武之才以绥抚之，足以靖塞奸略。"兴曰："吾每思得廉颇、李牧镇抚四方，使便宜行事。然任非其人，恒致负败。卿试举之。"播曰："清洁善抚边,则平陆子王元始;雄武多奇略,则建威王焕;赏罚必行,临敌不顾,则奋武彭蚝。"兴曰："蚝令行禁止则有之,非绥边之才也。始、焕年少,吾未知其为人。"播曰："广平公弼才兼文武,宜镇督一方,愿陛下远鉴前车,近悟后辙。"兴不从,以其太常索棱为太尉,领陇西内史,绥诱乾归。政绩既美,乾归感而归之。太史令任猗言于兴曰："白气出于北方,东西竟天五百里,当有破军流血。"乞伏乾归遣使送所掠守宰,谢罪请降。兴以勃勃之难,权宜许之,假乾归及其子炽磐官爵。

姚详时镇杏城,为赫连勃勃所逼,粮尽委守,南奔大苏。勃勃要之,众散,为勃勃所执。时遣卫大将军显迎详,详败,遂屯杏城,因令显都督安定岭北二镇事。

颍川太守姚平都自许昌来朝,言于兴曰："刘裕敢怀奸计,屯聚苟陂,有扰边之志,宜遣烧之,以散其众谋。"兴曰："裕之轻弱,安敢窥吾疆场!苟有奸心,其在子孙乎!"召其尚书杨佛嵩谓之曰："吴儿不自知,乃有非分之意。待至孟冬,当遣卿率精骑三万焚其积聚。"嵩曰："陛下若任臣以此役者,当从肥口济淮,直趣寿春,举大众以屯城,纵轻骑以掠野,使淮南萧条,兵粟俱了,足令吴儿俯仰回惶,神爽飞越。"兴大悦。

时西胡梁国儿于平凉作寿冢,每将妻妾入冢饮宴,酒酣,升灵床而歌。时人或讥之,国儿不以为意。前后征伐,屡有大功,兴以为镇北将军,封平舆男,年八十余乃死。

时,客星入东井,所在地震,前后一百五十六。兴公卿抗表请罪,兴曰："灾谴之来,咎在元首;近代或归罪三公,甚无谓也。公等其悉冠履复位。"

仇池公杨盛叛,扰祈山。遣建威赵琨率骑五千为前锋,立节杨伯寿统步卒继之,前将军姚恢、左将军姚文宗入自鹫陕,镇西、秦州刺史姚嵩入羊头陕,右卫胡翼度从阴密出自汧城,讨盛。兴将轻骑五千,自雍赴之,与诸将军会于陇口。天水太守王松忿言于嵩曰："先皇神略无方,威武冠世,冠军徐洛生猛毅兼人,佐命英辅,再入仇池，无功而还。非杨盛智勇能全，直是地势然也。今以赵琨之众，使君之威，准之先朝，实未见成功。使君具悉形便，何不表闻?"嵩不从。盛率众与琨相持，伯寿畏懦弗进，琨众寡不敌，为盛所败，兴斩伯寿而还。嵩乃具陈松忿之言，兴善之。

乾归为其下人所杀，子炽磐新立，群下咸劝兴取之。兴曰："乾归先已返善，吾方当怀抚，因丧伐之，非朕本志也。"

以杨佛嵩都督岭北讨虏诸军事、安远将军、雍州刺史，率岭北见兵以讨赫连勃勃。嵩发数日，兴谓群臣曰："佛嵩骁勇果锐，每临敌对寇，不可制抑，吾常节之，配兵不过五千。今众旅既多，遇贼必败。今去已远，追之无及，吾深忧之。"其下咸以为不然。佛嵩果为勃勃所执，绝亢而死。

兴立昭仪齐氏为皇后。又下书以其故丞相姚绪、太宰姚硕德、太傅姚旻、大司马姚崇、司徒尹纬等二十四人配飨于苌庙。兴以大臣屡丧，令所司更详临赴之制。所司白兴，依故事，东堂发哀。兴不从，每大臣死，皆亲临之。

姚文宗有宠于姚泓，姚弼深疾之，诬文宗有怨言，以侍御史廉桃生为证。兴怒，赐文宗死。是后，群臣累足，莫敢言弼之短。

时，贰县羌叛兴，兴遣后将军敛成、镇军彭白狼、北中郎将姚洛都讨之。敛成为羌所败，甚惧，诣赵兴太守姚穆归罪。穆欲送杀之，成怒，奔赫连勃勃。

兴遣姚绍与姚弼率禁卫诸军镇抚岭北。辽东侯弥姐亭地率其部人南居阴密，劫掠百姓。弼收亭地送之，杀其众七百余人，徙二千余户于郑城。

弼宠爱方隆，所欲施行，无不信纳。乃以嬖人尹冲为给事黄门侍郎，唐盛为治书侍御史，左右机要，皆其党人，渐欲广树爪牙，弥缝其阙。右仆射梁喜、侍中任谦、京兆尹尹昭承间言于兴曰："父子之际，人罕得而言。然君臣亦犹父子，臣等理不容默。并后匹嫡，未始不倾国乱家。广平公弼奸凶无状，潜有陵夺之志，陛下宠之不道，假其威权，倾险无赖之徒，莫不鳞凑其侧。市巷讽议，皆言陛下欲有废立之志。诚如此者,臣等有死而已,不敢奉诏。"兴曰:"安有此乎!"昭等曰:"若无废立之事,陛下爱弼,适所以祸之,愿去其左右,减其威权。非但弼有太山之安,宗庙社稷亦有磐石之固矣。"兴默然。

兴寝疾,妖贼李弘反于贰原,贰原氏仇常起兵应弘。兴舆疾讨之,斩常,执弘而还,徙常部人五百余户于许昌。

兴疾笃,其太子泓屯兵于东华门,侍疾于咨议堂。姚弼潜谋为乱,招集数千人,被甲伏于其第。抚军姚绍及侍中任谦、右仆射梁喜、冠军姚赞、京兆尹尹昭、辅国敛曼嵬并典禁兵,宿卫于内。姚裕遣使告姚懿于蒲坂,并密信诸藩,论弼逆状。懿流涕以告将士曰:"上今寝疾,臣子所宜冠履不整。而广平公弼拥兵私第,不以忠于储宫,正是孤徇义亡身之日。诸君皆忠烈之士,亦当同孤徇斯举也。"将士无不奋怒攘袂曰:"惟殿下所为,死生不敢贰。"于是,尽赦囚徒,散布帛数万匹以赐其将士,建牙誓众,将赴长安。镇东、豫州牧姚洸起兵洛阳,平西姚谌起兵于雍,将以赴泓之难。兴疾瘳,朝其群臣,征虏刘羌泣谓兴曰:"陛下寝疾数旬,奈何忽有斯事!"兴曰:"朕过庭无训,使诸子不穆,愧于四海。卿等各陈所怀,以安社稷。"尹昭曰:"广平公弼恃宠不虔,阻兵怀贰,自宜置之刑书,以明典宪。陛下若含忍未便加法者,且可削夺威权,使散居藩国,以纾窥窬之祸,全天性之恩。"兴谓梁喜曰:"卿以为何如?"喜曰:"臣之愚见,如昭所陈。"兴以弼才兼文武,未忍致法,免其尚书令,以将军、公就第。懿等闻兴疾瘳,各罢兵还镇。懿、恢及弟谌等皆抗表罪弼,请致之刑法,兴弗许。

时,魏遣使聘于兴,且请婚。会平阳太守姚成都来朝,兴谓之曰:"卿久处东藩,与魏邻接,应悉彼事形。今来求婚,吾已许之,终能分灾共患,远相接援以不?"成都曰:"魏自柴壁克捷已来,戎甲未曾损失,士马桓桓,师旅益盛。今修和亲,兼婚姻之好,岂但分灾共患而已,实亦永安之福也。"兴大悦,遣其吏部郎严康报聘,并致方物。

时，姚懿、姚洸、姚宣、姚谌来朝，使姚裕言于兴曰："懿等今悉在外，欲有所陈。"兴曰："汝等正欲道弼事耳，吾已知之。"裕曰："弼苟有可论，陛下所宜垂听。若懿等言违大义，便当肆之刑辟，奈何距之！"于是引见咨议堂。宣流涕曰："先帝以大圣起基，陛下以神武定业，方隆七百之祚，为万世之美，安可使弼谋倾社稷。宜委之有司，肃明刑宪。臣等敢以死请。"兴曰："吾自处之，非汝等所忧。"先以大司农窦温、司徒左长史王弼皆有密表，劝兴废立。兴虽不从，亦不以为责。抚军东曹属姜虬上疏曰："广平公弼怀奸积年，谋祸有岁，倾诡群竖为之画足，衅成逆著，取嗤戎裔。文武之化，刑于寡妻；圣朝之乱，起自爱子。今虽欲含忍其瑕，掩蔽其罪，而逆党犹繁，扇惑不已，弼之乱心其可革邪！宜斥散凶徒，以绝祸始。"兴以虬表示梁喜曰："天下之人莫不以吾儿为口实，将何以处之？"喜曰："信如虬言，陛下宜早裁决。"兴默然。

太子詹事王周亦虚襟引士，树党东宫。弼恶之，每规陷害周。周抗志确然，不为之屈。兴嘉其守正，以周为中书监。

兴如三原，顾谓群臣曰："古人有言，'关东出相，关西出将，三秦饶俊异，汝颍多奇士'。吾应天明命，跨据中原，自流沙已东，淮汉已北，未尝不倾己招求，冀匡不逮。然明不照下，弗感悬鱼。至于智效一官，行著一善，吾历级而进之，不使有后门之叹。卿等宜明扬仄陋，助吾举之。"梁喜对曰："奉旨求贤，弗曾休倦，未见儒亮大才王佐之器，可谓世之乏贤。"兴曰："自古霸王之起也，莫不将则韩、吴，相兼萧、邓，终不采将于往贤，求相于后哲。卿自识拔不明，求之不至，奈何厚诬四海乎！"群臣咸悦。

晋荆州刺史司马休之据江陵，雍州刺史鲁宗之据襄阳，与刘裕相攻，遣使求援。兴遣姚成王、司马国璠率骑八千赴之。

弼恨姚宣之毁己，遂谮宣于兴。会宣司马权丕至长安，兴责丕以无匡辅之益，将戮之。丕性倾巧，因诬宣罪状。兴大怒，遂收宣于杏城，下狱，而使弼将三万人镇秦州。尹昭言于兴曰："广平公与皇太子不平，握强兵于外，陛下一旦不讳，恐社稷必危。小不忍以致大乱者,陛下之谓也。”兴弗纳。赫连勃勃攻杏城,兴又遣弼救之,至冠泉而杏城陷。兴如北地,弼次于三树,遣弼及敛曼嵬向新平,兴还长安。

姚成王至于南阳,司马休之等为刘裕所败,引归。休之、宗之等遂与谯王文思,新蔡王道赐,宁朔将军、梁州刺史马敬,辅国将军、竟陵太守鲁轨,宁朔将军、南阳太守鲁范奔于兴。

勃勃遣其将赫连建率众寇贰县,数千骑入平凉。姚恢与建战于五井,平凉太守姚周都为建所获,遂入新平。姚弼讨之,战于龙尾堡,大破之,擒建,送于长安。初,勃勃攻彭双方于石堡,方力战距守,积年不能克。至是,闻建败,引归。

休之等至长安,兴谓之曰:“刘裕崇奉晋帝,岂便有阙乎?”休之曰:“臣前下都,琅邪王德文泣谓臣曰:‘刘裕供御主上,克薄奇深。’以事势推之,社稷之忧方未可测。”兴将以休之为荆州刺史,任以东南之事。休之固辞,请与鲁宗之等扰动襄阳、淮、汉。乃以休之为镇南将军、扬州刺史,宗之等并有拜授。休之将行,侍御史唐盛言于兴曰:“符命所记,司马氏应复河洛。休之既得濯鳞南翔,恐非复池中之物,可以崇礼,不宜放之。”兴曰:“司马氏脱如所记,留之适足为患。”遂遣之。

扬武、安乡侯康宦驱略白鹿原氐胡数百家奔上洛,太守宋林距之。商洛人黄金等起义兵以掎宦,宦乃率众归罪。兴赦之,复其爵位。

时,白虹贯日。有术人言于兴曰:“将有不祥之事,终当自消。”时兴药动,姚弼称疾不朝,集兵于第。兴闻之怒甚,收其党殿中侍御史唐盛、孙玄等杀之。泓言于兴曰:“臣诚不肖,不能训谐于弟,致弼构造是非,仰惭天日。陛下若以臣为社稷之忧,除臣而国宁,亦家之福也。若垂天性之恩,不忍加臣刑戮者,乞听臣守藩。”兴惨然改容,召姚赞、梁喜、尹昭、敛曼嵬于咨议堂,密谋收弼。时姚绍屯兵雍城,驰遣告之,数日不决。弼党凶惧。兴虑其为变,乃收弼,囚之中曹,穷责党与,将杀之。泓流涕固请之,乃止。兴谓梁喜曰:“泓天心平和,性少猜忌,必能容养群贤,保全吾子。"于是,皆赦弼党。

灵台令张泉又言于兴曰:"荧惑入东井,旬纪而返,未余月,复来守心。王者恶之,宜修仁虚己,以答天谴。"兴纳之。

正旦,兴朝群臣于太极前殿,沙门贺僧恸泣不能自胜,众咸怪焉。贺僧者,莫知其所从来也,言事皆有效验,兴甚神礼之,常与隐士数人预于宴会。

兴如华阴,以泓监国,入居西宫。因疾笃,还长安。泓欲出迎,其宫臣曰:"今主上疾笃,奸臣在侧,广平公每希觊非常,变故难测。今殿下若出,进则不得见主上,退则有弼等之祸,安所归乎!自宜深抑情礼,以宁宗社。"泓从之,乃拜迎于黄龙门樽下。弼党见兴升舆,咸怀危惧。尹冲等先谋欲因泓出迎害之,尚书姚沙弥曰:"若太子有备,不来迎侍,当奉乘舆直趋公第。宿卫者闻上在此,自当来奔,谁与太子守乎!吾等以广平公之故,陷身逆节。今以乘舆南幸,自当是杖义之理,匪但救广平之祸,足可以申雪前愆。"冲等不从,欲随兴入殿中作乱,复未知兴之存亡,疑而不发。兴命泓录尚书事,使姚绍、胡翼度典兵禁中,防制内外,遣敛曼嵬收弼第中甲杖,内之武库。

兴疾转笃,兴妹伪南安长公主问疾,不应。兴少子耕儿出告其兄愔曰:"上已崩矣,宜速决计。"于是愔与其属率甲士攻端门,殿中上将军敛曼嵬勒兵距战,右卫胡翼度率禁兵闭四门。愔等遣壮士登门,缘屋而入,及于马道。泓时侍疾于咨议堂,遣敛曼嵬率殿中兵登武库距战,太子右卫率姚和都率东宫兵入屯马道南。愔等既不得进,遂烧端门。兴力疾临前殿,赐弼死。禁兵见兴,喜跃,贯甲赴贼,贼众骇扰。和都勒东宫兵自后击之,愔等奔溃,逃于骊山,愔党吕隆奔雍,尹冲等奔于京师。兴引绍及赞、梁喜、尹昭、敛曼嵬入内寝,受遗辅政。义熙十二年,兴死,时年五十一,在位二十二年。伪谥文桓皇帝,庙号高祖,墓曰偶陵。

尹纬,字景亮,天水人也。少有大志,不营产业。身长八尺,腰带十围,魁梧有爽气。每览书传至宰相立勋之际,常辍书而叹。符坚以尹赤之降姚襄,诸尹皆禁锢不仕。纬晚乃为吏部令史,风志豪迈,郎皆惮之。坚末年,祆星见于东井,纬知坚将灭,喜甚,向天再拜,既而流涕长叹。友人略阳桓识怪而问之,纬曰:"天时如此,正是霸王龙飞之秋,吾徒杖策之日。然知己难遭,恐不得展吾才志,是以欣惧交怀。"

及姚苌奔马牧,纬与尹详、庞演等扇动群豪,推苌为盟主,遂为佐命元功。苌既败苻坚,遣纬说坚,求禅代之事。坚问纬曰:"卿于朕何官?"纬曰:"尚书令史。"坚叹曰:"宰相之才也,王景略之俦。而朕不知卿,亡也不亦宜乎!"

纬性刚简清亮,慕张子布之为人。冯翊段铿性倾巧,苌爱其博识,引为侍中。纬固谏以为不可,苌不从。纬屡众中辱铿,铿心不平之。苌闻而谓纬曰:"卿性不好学,何为憎学者?"纬曰:"臣不憎学,憎铿不正耳。"苌因曰:"卿好不自知,每比萧何,真何如也?"纬曰:"汉祖与萧何俱起布衣,是以相贵。陛下起贵中,是以贱臣。"苌曰:"卿实不及,胡为不也?"纬曰:"陛下何如汉祖?"苌曰:"朕实不如汉祖,卿远萧何,故不如甚也!"纬曰:"汉祖所以胜陛下者,以能远段铿之徒故耳。"苌默然,乃出铿为北地太守。

苌死,纬与姚兴灭苻登,成兴之业,皆纬之力也。历辅国将军、司隶校尉、尚书左右仆射、清河侯。

纬友人陇西牛寿率汉中流人归兴,谓纬曰:"足下平生自谓:'时明也,才足以立功立事;道消也,则追二疏、朱云,发其狂直,不能如胡广之徒涛隆随俗。'今遇其时矣,正是垂名竹素之日,可不勉欤!"纬曰:"吾之所庶几如是,但未能委宰衡于夷吾,识韩信于羁旅,以斯为愧耳。立功立事,窃谓未负昔言。"兴闻而谓纬曰:"君之与寿言也,何其诞哉! 立功立事,自谓何如古人?"纬曰:"臣实未愧古人。何则? 遇时来之运,则辅翼太祖建八百之基。及陛下龙飞之始,翦灭苻登,荡清秦雍,生极端右,死飨庙庭,古之君子,正当尔耳。"兴大悦。及死,兴甚悼之,赠司徒,谥曰忠成侯。

# 晋书卷一一九
## 载记第一九

# 姚　泓

　　姚泓，字元子，兴之长子也。孝友宽和，而无经世之用，又多疾病，兴将以为嗣而疑焉。久之，乃立为太子。兴每征伐巡游，常留总后事。博学善谈论，尤好诗咏。尚书王尚、黄门郎段章、尚书郎富允文以儒术侍讲，胡义周、夏侯稚以文章游集。

　　时尚书王敏、右丞郭播以刑政过宽，议欲峻制，泓曰：“人情挫辱，则壮厉之心生；政教烦苛，则苟免之行立。上之化下，如风靡草。君等参赞朝化，弘昭政轨，不务仁恕之道，惟欲严法酷刑，岂是安上驭下之理乎！”敏等遂止。泓受经于博士淳于岐。岐病，泓亲诣省疾，拜于床下。自是，公侯见师傅皆拜焉。

　　兴之如平凉也，冯翊人刘厥聚众数千，据万年以叛。泓遣镇军彭白狼率东宫禁兵讨之，斩厥，赦其余党。诸将咸劝泓曰：“殿下神算电发，荡平丑逆，宜露布表言，广其首级，以慰远近之情。”泓曰：“主上委吾后事，使式遏寇逆。吾绥御失和，以长奸寇，方当引咎责躬，归罪行间，安敢过自矜诞，以重罪责乎！”其右仆射韦华闻而谓河南太守慕容筑曰：“皇太子实有恭惠之德，社稷之福也。”其弟弼有夺嫡之谋，泓恩抚如初，未尝见于色。姚绍每为弼羽翼，泓亦推心宗事，弗以为嫌。及僭位，任绍以兵权，绍亦感而归诚，卒守其忠烈。其明识宽裕，皆此类也。

　　兴既死，秘不发丧。南阳公姚愔及大将军尹元等谋为乱，泓皆诛之。命其齐公姚恢杀安定太守吕超，恢久乃诛之。泓疑恢有阴谋，恢自是怀贰，阴聚兵甲焉。泓发丧，以义熙十二年僭即帝位，大赦殊死已下，改元永和，庐于咨议堂。既葬，乃亲庶政，内外百僚增位一等。令文武各尽直言，政有不便于时、事有光益宗庙者，极言勿有所讳。

初，兴徙李闰羌三千家于安定，寻徙新支。至是，羌酋党容率所部叛还，遣抚军姚赞讨之。容降，徙其豪右数百户于长安，余遣还李闰。北地太守毛雍据赵氏坞以叛于泓，姚绍讨擒之。姚宣时镇李闰，未知雍败，遣部将姚佛生等来卫长安。众既发，宣参军韦宗奸谄好乱，说宣曰："主上初立，威化未著，勃勃强盛，侵害必深，本朝之难未可弭也。殿下居维城之任，宜深虑之。邢望地形险固，总三方之要，若能据之，虚心抚御，非但克固维城，亦霸王之业也。"宣乃率户三万八千，弃李闰，南保邢望。宣既南移，诸羌据李闰以叛，绍进讨破之。宣诣绍归罪，绍怒杀之。初，宣在邢望，泓遣姚佛生谕宣，佛生遂赞成宣计。绍数其罪，又戮之。

泓下书，士卒死王事，赠以爵位，永复其家。将封宫臣十六人五等子男，姚赞谏曰："东宫文武，自当有守忠之诚，未有赫然之效，何受封之多乎？"泓曰："悬爵于朝，所以惩劝来效，标明盛德。元子遭家不造，与宫臣同此百忧，独享其福，得不愧于心乎！"赞默然。姚绍进曰："陛下不忘报德，封之是也。古者敬其事，命之以始，可须来春，然后议之。"乃止。并州、定阳、二城胡数万落叛泓，入于平阳，攻立义姚成都于匈奴堡，推匈奴曹弘为大单于，所在残掠。征东姚懿自蒲坂讨弘，战于平阳，大破之，执弘，送于长安，徙其豪右万五千落于雍州。

仇池公杨盛攻陷祁山，执建节王总，遂逼秦州。泓遣后将军姚平救之，盛引退。姚嵩与平追盛及于竹岭，姚赞率陇西太守姚秦都、略阳太守王焕以禁兵赴之。赞至清水，嵩为盛所败，嵩及秦都、王焕皆战死。赞至秦州，退还仇池。

先是，天水冀县石鼓鸣，声闻数百里，野雉皆雊。秦州地震者三十二,殷殷有声者八,山崩舍坏,咸以为不祥。及嵩将出,群僚固谏止之。嵩曰:"若有不祥,此乃命也,安所逃乎!"遂及于难。识者以为秦州泓之故乡,将灭之征也。

赫连勃勃攻陷阴密,执秦州刺史姚军都,坑将士五千余人。军都瞋目厉声数勃勃残忍之罪,不为之屈,勃勃怒而杀之。勃勃既克阴密,进兵侵雍,岭北杂户悉奔五将山。征北姚恢弃安定,率户五千奔新平,安定人胡俨、华韬等率众距恢,恢单骑归长安。立节弥姐成、建武裴岐为俨所杀,镇西姚谌委镇东走。勃勃遂据雍,抄掠郿城。姚绍及征虏尹昭、镇军姚洽等率步骑五万讨勃勃,姚恢以精骑一万继之。军次横水,勃勃退保安定,胡俨闭门距之,杀鲜卑数千人,据安定以降。绍进兵蹑勃勃,战于马鞍坂,败之,追至朝郧,不及而还。

杨盛遣兄子倦入寇长蛇。平阳氏苟渴聚众千余,据五丈原以叛,遣镇远姚万、恢武姚难讨之,为渴所败。姚谌讨渴,擒之。泓使辅国敛曼嵬、前将军姚光儿讨杨倦于陈仓,倦奔于散关。勃勃遣兄子提南侵池阳,车骑姚裕、前将军彭白狼、建义蛇玄距却之。

寻而晋太尉刘裕总大军伐泓,次于彭城,遣冠军将军檀道济、龙骧将军王镇恶入自淮肥,攻漆丘、项城,将军沈林子自汴入河,攻仓垣。泓将王苟生以漆丘降镇恶,徐州刺史姚掌以项城降道济,王师遂入颍口,所至多降服。惟新蔡太守董遵固守不降,道济攻破之,缚遵而致诸军门。遵厉色曰:"古之王者伐国,待士以礼。君奈何以不义行师,待国士以非礼乎!"道济怒杀之。

姚绍闻王师之至,还长安,言于泓曰:"晋师已过许昌,豫州、安定孤远,卒难救卫,宜迁诸镇户内实京畿,可得精兵十万,足以横行天下。假使二寇交侵,无深害也。如其不尔,晋侵豫州,勃勃寇安定者,将若之何!事机已至,宜在速决。"其左仆射梁喜曰:"齐公恢雄勇有威名,为岭北所惮,镇人已与勃勃深仇,理应守死无二,勃勃终不能弃安定远寇京畿。若无安定,虏马必及于郿、雍。今关中兵马足距晋师,岂可未有忧危先自削损也。"泓从之。吏部郎懿横密言于泓曰："齐公恢于广平之难有忠勋于陛下,自陛下龙飞绍统,未有殊赏以答其意。今外则致之死地,内则不豫朝权,安定人自以孤危逼寇,欲思南迁者十室而九,若拥精兵四万,鼓行而向京师,得不为社稷之累乎!宜征还朝廷,以慰其心。"泓曰："恢若怀不逞之心,征之适所以速祸耳。"又不从。

王师至成皋,征南姚洸时镇洛阳,驰使请救。泓遣越骑校尉阎生率骑三千以赴之,武卫姚益男将步卒一万助守洛阳,又遣征东、并州牧姚懿南屯陕津为之声援。洸部将赵玄说洸曰："今寇逼已深,百姓骇惧,众寡势殊,难以应敌。宜摄诸戍兵士,固守金墉,以待京师之援,不可出战。如脱不捷,大事去矣。金墉既固,师无损败,吴寇终不敢越金墉而西。困之于坚城之下,可以坐制其弊。"时洸司马姚禹潜通于道济,主簿阎恢、杨虔等皆禹之党,嫉玄忠诚,咸共毁之,固劝洸出战。洸从之,乃遣玄率精兵千余南守柏谷坞,广武石无讳东戍巩城,以距王师。玄泣谓洸曰："玄受三帝重恩,所守正死耳。但明公不用忠臣之言,为奸孽所误,后必悔之,但无及耳。"会阳城及成皋、荥阳、武牢诸城悉降,道济等长驱而至。无讳至石关,奔还。玄与晋将毛德祖战于柏谷,以众寡而败,被疮十余,据地大呼。玄司马骞鉴冒刃抱玄而泣,玄曰："吾疮已重,君宜速去。"鉴曰："若将军不济,当与俱死,去将安之!"皆死于阵。姚禹逾城奔于王师。道济进至洛阳,洸惧,遂降。时阎生至新安,益男至湖城,会洛阳已没,遂留屯不进。

姚懿崄薄,惑于信受,其司马孙畅奸巧倾佞,好乱乐祸,劝懿袭长安,诛姚绍,废泓自立。懿纳之,乃引兵至陕津,散谷以赐河北夷夏,欲虚损国储,招引和戎诸羌,树己私惠。懿左常侍张敞、侍郎左雅固谏懿曰："殿下以母弟之亲,居分陕之重,安危休戚,与国共之。汉有七国之难,实赖梁王。今吴寇内侵,四州倾没,西虏扰边,秦、凉覆败,朝廷之危有同累卵,正是诸侯勤王之日。谷者,国之本也,而今散之。若朝廷问殿下者,将何辞以报?"懿怒,笞而杀之。泓闻之,召姚绍等密谋于朝堂。绍曰："懿性识鄙近,从物推移,造成此事,惟当孙畅耳。但驰使征畅,遣抚军赞据陕城,臣向潼关为诸军节度。若畅奉诏而至者,臣当遣懿率河东见兵共平吴寇。如其逆衅已成,违距诏救者,当明其罪于天下,声鼓以击之。"泓曰:"叔父之言,社稷之计也。"于是遣姚赞及冠军司马国璠、建义蛇玄屯陕津,武卫姚驴屯潼关。

懿遂举兵僭号,传檄州郡,欲运匈奴堡谷以给镇人。宁东姚成都距之,懿乃卑辞招诱,深自结托,送佩刀为誓,成都送以呈泓。懿又遣骁骑王国率甲士数百攻成都,成都擒国,囚之,遣让懿曰:"明公以母弟之亲,受推毂之寄,今社稷之危若缀旒然,宜恭恪忧勤,匡辅王室。而更包藏奸宄,谋危宗庙,三祖之灵岂安公乎! 此镇之粮,一方所寄,镇人何功? 而欲给之! 王国为蛇画足,国之罪人,已就囚执,听诏而戮之。成都方纠合义众,以惩明公之罪,复须大兵悉集,当与明公会于河上。"乃宣告诸城,勉以忠义,厉兵秣马,征发义租。河东之兵无诣懿者,懿深患之。临晋数千户叛应懿。绍入于蒲坂,执懿囚之,诛孙畅等。

泓以内外离叛,王师渐逼,岁旦朝群臣于其前殿,凄然流涕,群臣皆泣。时征北姚恢率安定镇户三万八千,焚烧室宇,以车为方阵,自北雍州趣长安,自称大都督、建义大将军,移檄州郡,欲除君侧之恶。扬威姜纪率众奔之。建节彭完都闻恢将至,弃阴密,奔还长安。恢至新支,姜纪说恢曰:"国家重将在东,京师空虚,公可轻兵径袭,事必克矣。"恢不从,乃南攻郿城。镇西姚谌为恢所败,恢军势弥盛,长安大震。泓驰使征绍,遣姚裕及辅国胡翼度屯于澧西。扶风太守姚俊、安夷护军姚墨蠡、建威姚娥都、扬威彭蚝皆惧而降恢。恢舅苟和时为立节将军,守忠不二,泓召而谓之曰:"众人咸怀去就,卿何能自安邪?"和曰:"若天纵妖贼,得肆其逆节者,舅甥之理,不待奔驰而加亲。如其罪极逆销,天盈其罚者,守忠执志,臣之体也。违亲叛君,臣之所耻。"泓善其忠恕,加金章紫绶。姚绍率轻骑先赴难,使姚洽、司马国璠将步卒三万赴长安。恢从曲牢进屯杜城,绍与恢相持于灵台。姚赞闻恢渐逼,留宁朔尹雅为弘农太守,守潼关,率诸军还长安。泓谢赞曰："元子不能崇明德义，导率群下，致祸起萧墙，变自同气，既上负祖宗，亦无颜见诸父。懿始构逆灭亡，恢复拥众内叛，将若之何？"赞曰："懿等所以敢称兵内侮者，谅由臣等轻弱，无防遏之方故也。"因攘袂大泣曰："臣与大将军不灭此贼，终不持面复见陛下！"泓于是班赐军士而遣之。恢众见诸军悉集，咸惧而思善，其将齐黄等弃恢而降。恢进军逼绍，赞自后要击，大破之，杀恢及其三弟。泓哭之悲恸，葬以公礼。

至是，王镇恶至宜阳。毛德祖攻弘农太守尹雅于蠡吾城，众溃，德祖使骑追获之，既而杀晋守者，奔固潼关。

檀道济、沈林子攻拔襄邑堡，建威薛帛奔河东。道济自陕北渡，攻蒲坂，使将军苟卓攻匈奴堡，为泓宁东姚成都所败。泓遣姚驴救蒲坂，胡翼度据潼关。泓进绍太宰、大将军、大都督、都督中外诸军事、假黄钺，改封鲁公，侍中、司隶、宗正、节录并如故，朝之大政皆往决焉。绍固辞，弗许。于是遣绍率武卫姚鸾等步骑五万，距王师于潼关。姚驴与并州刺史尹昭为表里之势，夹攻道济。道济深壁不战，沈林子说道济曰："今蒲坂城坚池浚，非可卒克，攻之伤众，守之引日，不如弃之，先事潼关。潼关天限，形胜之地，镇恶孤军，势危力寡，若使姚绍据之，则难图矣。如克潼关，绍可不战而服。"道济从之，乃弃蒲坂，南向潼关。姚赞率禁兵七千，自渭北而东进，据蒲津。刘裕使沈田子及傅弘之率众万余人入上洛，所在多委城镇奔长安。田子等进及青泥，姚绍方阵而前，以距道济。道济固垒不战，绍乃攻其西营，不克，遂以大众之。道济率王敬、沈林子等逆冲绍军，将士惊散，引还定城。绍留姚鸾守险，绝道济粮道。

时，裕别将姚珍入自子午，窦霸入自洛谷，众各数千人。泓遣姚万距霸，姚强距珍。姚鸾遣将尹雅与道济司马徐琰战于潼关南，为琰所获，送之刘裕。裕以雅前叛，欲杀之。雅曰："前活本在望外，今死宁不甘心。明公将以大义平天下，岂可使秦无守信之臣乎！"裕嘉而免之。

泓遣给事黄门侍郎姚和都屯于尧柳，以备田子。姚绍谓诸将曰:"道济等远来送死,众旅不多,婴垒自固者,正欲旷日持久,以待继援耳。吾欲分军迳据阌乡,以绝其粮运,不至一月,道济之首可悬之麾下矣。济等既没,裕计自沮。"诸将咸以为然。其将胡翼度曰:"军势宜集不可以分,若偏师不利,人心骇惧,胡可以战!"绍乃止。薛帛据河曲以叛。绍分道置诸军为掎角之势,遣辅国胡翼度据东原,武卫姚鸾营于大路,与晋军相接。沈林子简精锐衔杖夜袭之,鸾众溃战死,士卒死者九千余人。

姚赞屯于河上,遣恢武姚难运蒲坂谷以给其军,至香城,为王师所败。时泓遣姚谌守尧柳,姚和都讨薛帛于河东,闻王师要难,乃兼道赴救,未至而难败,因破裕裨将于河曲,遂屯蒲坂。姚赞为林子所败,单马奔定城。绍遣左长史姚洽及姚墨蠡等,率骑三千屯于河北之九原,欲绝道济诸县租输。洽辞曰:"夫'小敌之坚,大敌之擒'。今兵众单弱,而远在河外,虽明公神武,然鞭短势殊,恐无所及。"绍不听。沈林子率众八千,要洽于河上,洽战死,众皆没。绍闻洽等败,忿恚发病,托姚赞以后事,使姚难屯关西,绍呕血而死。

泓以晋师之逼,遣使乞师于魏。魏遣司徒、南平公拔拔嵩,正直将军、安平公乙旃眷,进据河内,游击将军王洛生屯于河东,为泓声援。

刘裕次于陕城,遣沈林子率精兵万余,越山开道,会沈田子等于青泥,将攻尧柳。泓使姚裕率步骑八千距之,泓躬将大众继发。裕为田子所败,泓退次于灞上,关中郡县多潜通于王师。刘裕至潼关,遣将军朱超石、徐猗之会薛帛于河北,以攻蒲坂。姚赞距裕于关西,姚难屯于香城。裕遣王镇恶、王敬自秋社西渡渭,以逼难军。镇东姚璞及姚和都击败猗之等于蒲坂,猗之遇害,超石弃其众奔于潼关。姚赞遣司马休之及司马国璠自轵关向河内,引魏军以蹑裕后。姚难既为镇恶所逼,引师而西。时,大霖雨,渭水泛溢,赞等不得北渡。镇恶水陆兼进,追及姚难。泓自坝上还军,次于石桥以援之。赞退屯郑城。镇北姚强率郡人数千,与姚难阵于泾上,以距镇恶。镇恶遣毛德祖击强,大败,强战死,难遁还长安。

刘裕进据郑城。泓使姚裕、尚书庞统屯兵宫中，姚洸屯于澧西，尚书姚白瓜徙四军杂户入长安，姚丕守渭桥，胡翼度屯石积，姚赞屯霸东，泓军于逍遥园。镇恶夹渭进兵，破姚丕于渭桥。泓自逍遥园赴之，逼水地狭，因丕之败，遂相践而退。姚谌及前军姚烈、左卫姚宝安、散骑王帛、建武姚进、扬威姚蚝、尚书右丞孙玄等皆死于阵，泓单马还宫。镇恶入自平朔门，泓与姚裕等数百骑出奔于石桥。赞闻泓之败也，召将士告之，众皆以刀击地，攘袂大泣。胡翼度先与刘裕阴通，是日弃众奔裕。赞夜率诸军，将会泓于石桥，王师已固诸门，赞军不得入，众皆惊散。

泓计无所出，谋欲降于裕。其子佛念，年十一，谓泓曰："晋人将逞其欲，终必不全，愿自裁决。"泓怃然不答。佛念遂登宫墙自投而死。泓将妻子诣垒门而降。赞率宗室子弟百余人亦降于裕，裕尽杀之，余宗迁于江南。送泓于建康市斩之，时年三十，在位二年。建康百里之外，草木皆焦死焉。

姚苌以孝武太元九年僭立，至泓三世，以安帝义熙十三年而灭，凡三十二年。

史臣曰：自长江徙御，化龙创业，巨寇乘机而未宁，戎马交驰而不息，晦重氛于六漠，鼓洪流于八际，天未厌乱，凶旅实繁。弋仲越自金方，言归石氏，抗直词于暴主，阐忠训于危朝，贻厥之谋，在乎归顺，鸣哀之义，有足称焉。景国弱岁英奇，见方孙策，详其干识，无忝斯言，遽践迷途，良可悲矣！

景茂因仲襄之绪，蹑苻亡之会，啸命群豪，恢弘霸业，假容冲之锐，俯定函秦；挫雷恶之锋，载宁东北。在兹奸略，实冠凶徒。列树而表新营，虽云效绩；荐棘而陵旧主，何其不仁！安枕而终，斯为幸也。

子略克摧勍敌，荷成先构，虚襟访道，侧席求贤，敦友悌以睦其亲，明赏罚以临其下，英髦尽节，爪牙毕命。取汾绛，陷许洛，款僭燕而藩伪蜀，夷陇右而静河西，俗阜年丰，远安迩辑，虽楚庄、秦穆，何以加焉！既而逞志矜功，弗虞后患。委凉都于秃发，授朔方于赫连，专己生灾，边城继陷，距谏招祸，萧墙屡发，战无宁岁，人有危心。岂宜骋彼雄图，被深恩于介士；翻崇诡说，加殊礼于桑门！当有为之时，肆无为之业，丽衣腴食，殆将万数，析实谈空，靡然成俗。夫以汉朝殷广，犹鄙鸿都之费；况乎伪境日侵，宁堪永贵之役！储用殚竭，山林有税，政荒威挫。职是之由，坐致沦胥，非天丧也。

元子以庸懦之质，属倾扰之余，内难方殷，外御斯辍。王师杖顺，弭节而下长安；凶嗣失图，系组而降轵道。物极则反，抑斯之谓欤！

赞曰：弋仲刚烈，终表奇节。襄实英果，苌惟奸杰。兴始崇构，泓遂摧灭。贻诚将来，无践危辙。

晋书卷一二○
载记第二○

# 李特　李流　李痒

　　李特,字玄休,巴西宕渠人,其先廪君之苗裔也。昔武落钟离山崩,有石穴二所,其一赤如丹,一黑如漆。有人出于赤穴者,名曰务相,姓巴氏。有出于黑穴者,凡四姓:曰曋氏、樊氏、柏氏、郑氏。五姓俱出,皆争为神,于是相与以剑刺穴屋,能著者以为廪君。四姓莫著,而务相之剑悬焉。又以土为船,雕画之而浮水中,曰:"若其船浮存者,以为廪君。"务相船又独浮。于是遂称廪君,乘其土船,将其徒卒,当夷水而下,至于盐阳。盐阳水神女子止廪君曰:"此鱼盐所有,地又广大,与君俱生,可止无行。"廪君曰:"我当为君求廪地,不能止也。"盐神夜从廪君宿,旦辄去为飞虫,诸神皆从其飞,蔽日昼昏。廪君欲杀之不可,别又不知天地东西。如此者十日,廪君乃以青缕遗盐神曰:"婴此,即宜之,与汝俱生。弗宜,将去汝。"盐神受而婴之。廪君立砀石之上,望膺有青缕者,跪而射之,中盐神。盐神死,群神与俱飞者皆去,天乃开朗。廪君复乘土船,下及夷城,夷城石岸曲,泉水亦曲。廪君望如穴状,叹曰:"我新从穴中出,今又入此,奈何!"岸即为崩,广三丈余,而阶陛相乘,廪君登之。岸上有平石方一丈,长五尺,廪君休其上,投策计算,皆著石焉,因立城其旁而居之。其后种类遂繁。

　　秦并天下,以为黔中郡。薄赋敛之,口岁出钱四十。巴人呼赋为賨,因谓之賨人焉。及汉高祖为汉王,募賨人平定三秦,既而求还乡里。高祖以其功，复同丰沛，不供赋税，更名其地为巴郡。土有盐铁丹漆之饶，俗性剽勇，又善歌舞。高祖爱其舞，诏乐府习之，今巴渝舞是也。汉末，张鲁居汉中，以鬼道教百姓，賨人敬信巫觋，多往奉之。值天下大乱，自巴西之宕渠迁于汉中杨车坂，抄掠行旅，百姓患之，号为杨车巴。

魏武帝克汉中，特祖将五百余家归之，魏武帝拜为将军，迁于略阳，北土复号之为巴氐。

特父慕为东羌猎将。

特少仕州郡，见异当时，身长八尺，雄武善骑射，沉毅有大度。元康中，氐齐万年反，关西扰乱，频岁大饥，百姓乃流移就谷，相与入汉川者数万家。特随流人将入于蜀，至剑阁，箕踞太息，顾眄险阻曰："刘禅有如此之地而面缚于人，岂非庸才邪！"同移者阎式、赵肃、李远、任回等咸叹异之。

初，流人既至汉中，上书求寄食巴蜀，朝议不许，遣侍御史李苾持节慰劳，且监察之，不令入剑阁。苾至汉中，受流人货赂，反为表曰："流人十万余口，非汉中一郡所能振赡，东下荆州，水湍迅险，又无舟船。蜀有仓储，人复丰稔，宜令就食。"朝廷从之，由是散在益、梁，不可禁止。

永康元年，诏征益州刺史赵廞为大长秋，以成都内史耿滕代廞。廞遂谋叛，潜有刘氏割据之志，乃倾仓廪，振施流人，以收众心。特之党类皆巴西人，与廞同郡，率多勇壮，廞厚遇之，以为爪牙，故特等聚众，专为寇盗，蜀人患之。滕密上表，以为流人刚剽而蜀人懦弱，客主不能相制，必为乱阶，宜使移还其本。若致之险地，将恐秦、雍之祸萃于梁、益，必贻圣朝西顾之忧。廞闻而恶之。时益州文武千余人已往迎滕，滕率众入州，廞遣众逆滕，战于西门，滕败，死之。

廞自称大都督、大将军、益州牧。特弟庠与兄弟及妹夫李含、任回、上官惇、扶风李攀、始平费佗、氐苻成、隗伯等以四千骑归廞。廞以庠为威寇将军，使断北道。庠素东羌良将，晓军法，不用麾帜，举矛为行伍，斩部下不用命者三人，部阵肃然。廞恶其齐整，欲杀之而未言。长史杜淑、司马张粲言于廞曰："传云'五大不在边',将军起兵始尔,便遣李庠握强兵于外,愚窃惑焉。且非我族类,其心必异,倒戈授人,窃以为不可,愿将军图之。"廞敛容曰："卿言正当吾意,可谓'起予者商',此天使卿等成吾事也。"会庠在门,请见廞,廞大悦,引庠见之。庠欲观廞意旨,再拜进曰："今中国大乱,无复纲维,晋室当不可复兴也。明公道格天地,德被区宇,汤武之事,实在于今。宜应天时,顺人心,拯百姓于涂炭,使物情知所归,则天下可定,非但庸蜀而已。"廞怒曰:"此岂人臣所宜言!"令淑等议之。于是淑等上庠大逆不道,廞乃杀之,及其子侄宗族三十余人。廞虑特等为难,遣人喻之曰:"庠非所宜言,罪应至死,不及兄弟。"以庠尸还特,复以特兄弟为督将,以安其众。牙门将许弇求为巴东监军,杜淑、张粲固执不许。弇怒,于廞阁下手刃杀淑、粲,左右又杀弇,皆廞腹心也。

特兄弟既以怨廞,引兵归绵竹。廞恐朝廷讨己,遣长史费远、犍为太守李苾、督护常俊督万余人断北道,次绵竹之石亭。特密收合得七千余人,夜袭远军,远大溃,因放火烧之,死者十八九。进攻成都。廞闻兵至,惊惧不知所为。李苾、张征等夜斩关走出,文武尽散。廞独与妻子乘小船走至广都,为下人朱竺所杀。特至成都,纵兵大掠,害西夷护军姜发,杀廞长史袁洽及廞所置守长,遣其牙门王角、李基诣洛阳陈廞之罪状。

先是,惠帝以凉州刺史罗尚为平西将军、领护西夷校尉、益州刺史,督牙门将王敦、上庸都尉义歆、蜀郡太守徐俭、广汉太守辛冉等凡七千余人入蜀。特等闻尚来,甚惧,使其弟骧于道奉迎,并贡宝物。尚甚悦,以骧为骑督。特及弟流复以牛酒劳尚于绵竹。王敦、辛冉并说尚曰:"特等流人,专为盗贼,急宜枭除,可因会斩之。"尚不纳。冉先与特有旧,因谓特曰:"故人相逢,不吉当凶矣。"特深自猜惧。

寻有符下秦、雍州,凡流人入汉川者,皆下所在召还。特兄辅素留乡里,托言迎家,既至蜀,谓特曰:"中国方乱,不足复还。"特以为

然,乃有雄据巴蜀之意。朝廷以讨赵廞功,拜特宣威将军,封长乐乡
侯,流为奋威将军、武阳侯。玺书下益州,条列六郡流人与特协同讨
廞者,将加封赏。会辛冉以非次见征,不愿应召,又欲以灭廞为己
功,乃寝朝命,不以实上。众咸怨之。罗尚遣从事催遣流人,限七月
上道。辛冉性贪暴,欲杀流人首领,取其资货,乃移檄发遣。又令梓
潼太守张演于诸要施关,搜索宝货。特等固请,求至秋收。流人布
在梁、益,为人佣力,及闻州郡逼遣,人人愁怨,不知所为。又知特兄
弟频请求停,皆感而恃之。且水雨将降,年谷未登,流人无以为行
资,遂相与诣特。特乃结大营于绵竹,以处流人,移冉求自宽。冉大
怒,遣人分榜通逵,购募特兄弟,许以重赏。特见,大惧,悉取以归,
与骧改其购云:"能送六郡之豪李、任、阎、赵、杨、上官及氏、叟侯王
一首,赏百匹。"流人既不乐移,咸往归特,骋马属鞬,同声云集,旬
月间众过二万。流亦聚众数千。特乃分为二营,特居北营,流居东
营。

　　特遣阎式诣罗尚,求申期。式既至,见冉营栅冲要,谋掩流人,
叹曰:"无寇而城,仇必保焉。今而速之,乱将作矣!"又知冉及李苾
意不可回,乃辞尚还绵竹。尚谓式曰:"子且以吾意告诸流人,今听
宽矣。"式曰:"明公惑于奸说,恐无宽理。弱而不可轻者,百姓也。今
促之不以理,众怒难犯,恐为祸不浅。"尚曰:"然。吾不欺子,子其行
矣。"式至绵竹,言于特曰:"尚虽云尔,然未可必信也。何者?尚威
刑不立,冉等各拥强兵,一旦为变,亦非尚所能制,深宜为备。"特纳
之。冉、苾相与谋曰:"罗侯贪而无断,日复一日,流人得展奸计。李
特兄弟并有雄才,吾属将为竖子虏矣。宜为决计,不足复问之。"乃
遣广汉都尉曾元、牙门张显、刘并等潜率步骑三万袭特营。罗尚闻
之,亦遣督护田佐助元。特素知之,乃缮甲厉兵,戒严以待之。元等
至,特安卧不动,待其众半入,发伏击之,杀伤者甚众,害田佐、曾
元、张显,传首以示尚、冉。尚谓将佐曰:"此虏成去矣,而广汉不用
吾言,以张贼势,今将若之何!"

　　于是,六郡流人推特为主,特命六郡人部曲督李含、上邽令任

臧、始昌令阎式、谏议大夫李攀、陈仓令李武、阴平令李远、将兵都尉杨褒等上书，请依梁统奉窦融故事，推特行镇北大将军，承制封拜，其弟流行镇东将军，以相镇统。于是，进兵攻冉于广汉。冉众出战，特每破之。尚遣李苾及费远率众救冉，惮特不敢进。冉智力既窘，出奔江阳。特入据广汉，以李超为太守，进兵攻尚于成都。阎式遗尚书，责其信用谗构，欲讨流人，又陈特兄弟立功王室，以宁益土。尚览书，知特等将有大志，婴城固守，求救于梁、宁二州。

于是特自称使持节、大都督、镇北大将军，承制封拜，一依窦融在河西故事。兄辅为骠骑将军，弟骧为骁骑将军，长子始为武威将军，次子荡为镇军将军，少子雄为前将军，李含为西夷校尉，含子国离、任回、李恭、上官晶、李攀、费佗等为将帅，任臧、上官惇、杨褒、杨圭、王达、曲歆等为爪牙，李远、李博、夕斌、严柽、上官琦、李涛、王怀等为僚属，阎式为谋主，何巨、赵肃为腹心。

时罗尚贪残，为百姓患，而特与蜀人约法三章，施舍振贷，礼贤拔滞，军政肃然。百姓为之谣曰："李特尚可，罗尚杀我。"尚频为特所败，乃阻长围，缘水作营，自都安至犍为七百里，与特相距。

河间王颙遣督护衙博、广汉太守张征讨特，南夷校尉李毅又遣兵五千助尚，尚遣督护张龟军繁城，三道攻特。特命荡、雄袭博。特攻击张龟，龟众大败。荡又与博接战连日，博亦败绩，死者太半。荡追博至汉德，博走葭萌。荡进寇巴西，巴西郡丞毛植、五官襄珍以郡降荡。荡抚恤初附，百姓安之。荡进攻葭萌，博又远遁，其众尽降于荡。

太安元年，特自称益州牧、都督梁益二州诸军事、大将军、大都督，改年建初，赦其境内。于是进攻张征。征依高据险，与特相持连日。时特与荡分为二营，征候特营空虚，遣步兵循山攻之，特逆战不利，山险窘逼，众不知所为。罗准、任道皆劝引退，特量荡必来，故不许。征众至稍多，山道至狭，唯可一二人行，荡军不得前，谓其司马王辛曰："父在深寇之中，是我死日也。"乃衣重铠，持长矛，大呼直前，推锋必死，杀十余人。征众来相救，荡军皆殊死战，征军遂溃。特议欲释征还涪,荡与王辛进曰:"征军连战,士卒伤残,智勇俱竭,宜因其弊遂擒之。若舍而宽之,征养病收亡,余众更合,图之未易也。"特从之,复进攻征,征溃围走。荡水陆追之,遂害征,生擒征子存,以征丧还之。

以骞硕为德阳太守,硕略地至巴郡之垫江。

特之攻张征也,使李骧与李攀、任回、李恭屯军毗桥,以备罗尚。尚遣军挑战,骧等破之。尚又遣数千人出战,骧又陷破之,大获器甲,攻烧其门。流进次成都之北。尚遣将张兴伪降于骧,以观虚实。时骧军不过二千人,兴夜归白尚,尚遣精勇万人衔杖随兴夜袭骧营。李攀逆战死,骧及将士奔于流栅,与流并力回攻尚军。尚军乱,败还者十一二。晋梁州刺史许雄遣军攻特,特陷破之,进击,破尚水上军,遂寇成都。蜀郡太守徐俭以小城降,特以李瑾为蜀郡太守以抚之。罗尚据大城自守。流进屯江西,尚惧,遣使求和。

是时,蜀人危惧,并结村堡,请命于特,特遣人安抚之。益州从事任明说尚曰:"特既凶逆,侵暴百姓,又分人散众,在诸村堡,骄怠无备,是天亡之也。可告诸村,密克期日,内外击之,破之必矣。"尚从之。明先伪降特,特问城中虚实,明曰:"米谷皆欲尽,但有货帛耳。"因求省家,特许之。明潜说诸村,诸村悉听命。还报尚,尚许如期出军,诸村亦许一时赴会。

二年,惠帝遣荆州刺史宋岱、建平太守孙阜救尚。阜已次德阳,特遣荡督李璜助任臧距阜。尚遣大众奄袭特营,连战二日,众少不敌,特军大败,收合余卒,引趣新繁。尚军引还,特复追之,转战三十余里。尚出大军逆战,特军败绩,斩特及李辅、李远,皆焚尸,传首洛阳。在位二年。其子雄僭称王,追谥特景王,及僭号,追尊曰景皇帝,庙号始祖。

李流,字玄通,特第四弟也。少好学,便弓马,东羌校尉何攀称流有贲育之勇,举为东羌督。及避地益州,刺史赵廞器异之。廞之使庠合部众也,流亦招乡里子弟得数千人。庠为廞所杀,流从特安慰流人，破常俊于绵竹，平赵廞于成都。朝廷论功，拜奋威将军，封武阳侯。

特之承制也，以流为镇东将军，居东营，号为东督护。特常使流督锐众，与罗尚相持。特之陷成都小城，使六郡流人分口入城，壮勇督领村堡。流言于特曰："殿下神武，已克小城，然山薮未集，粮仗不多，宜录州郡大姓子弟以为质任，送付广汉，縶之二营，收集猛锐，严为防卫。"又书与特司马上官惇，深陈纳降若待敌之义。特不纳。

特既死，蜀人多叛，流人大惧。流与兄子荡、雄收遗众，还赤祖，流保东营，荡、雄保北营。流自称大将军、大都督、益州牧。

时，宋岱水军三万，次于垫江，前锋孙阜破德阳，获特所置守将骞硕，太守任臧等退屯涪陵县。罗尚遣督护常深军毗桥，牙门左氾、黄訚、何冲三道攻北营。流身率荡、雄攻深栅，克之，深士众星散。追至成都，尚闭门自守，荡驰马追击，角牛倚矛被伤死。流以特、荡并死，而岱、阜又至，甚惧。太守李含又劝流降，流将从之。雄与李骧迭谏，不纳，流遣子世及含子胡质于阜军。胡兄含子离闻父欲降，自梓潼驰还，欲谏不及，退与雄谋袭阜军，曰："若功成事济，约与君三年迭为主。"雄曰："今计可定，二翁不从，将若之何？"离曰："今当制之，若不可制，便行大事。翁虽是君叔，势不得已，老父在君，夫复何言！"雄大喜，乃攻尚军。尚保大城。雄渡江害汶山太守陈图，遂入郫城，流移营据之。三蜀百姓并保险结坞，城邑皆空，流野无所略，士众饥困。涪陵人范长生率千余家依青城山，尚参军涪陵徐舆求为汶山太守，欲要结长生等，与尚掎角讨流。尚不许，舆怨之，求使江西，遂降于流，说长生等使资给流军粮。长生从之，故流军复振。

流素重雄有长者之德，每云："兴吾家者，必此人也。"敕诸子尊奉之。流疾笃，谓诸将曰："骁骑高明仁爱，识断多奇，固足以济大事。然前军英武，殆天所相，可共受事于前军，以为成都王。"遂死，时年五十六。诸将共立雄为主。雄僭号，追谥流秦文王。

李庠，字玄序，特第三弟也。少以烈气闻。仕郡督邮、主簿，皆有当官之称。元康四年，察孝廉，不就。后以善骑射，举良将，亦不就。州以庠才兼文武，举秀异，固以疾辞。州郡不听，以其名上闻，中护军切征，不得已而应之，拜中军骑督。弓马便捷，膂力过人，时论方之文鸯。

　　以洛阳方乱，称疾去官。性在任侠，好济人之难，州党争附之。与六郡流人避难梁益，道路有饥病者，庠常营护隐恤，振施穷乏，大收众心。至蜀，赵廞深器之，与论兵法，无不称善，每谓所亲曰："李玄序盖亦一时之关、张也。"及将有异志，委以心膂之任，乃表庠为部曲督，使招合六郡壮勇，至万余人。以讨叛羌功，表庠为威寇将军，假赤幢曲盖，封阳泉亭侯，赐钱百万，马五十匹。被诛之日，六郡士庶莫不流涕，时年五十五。

晋书卷一二一
载记第二一

# 李雄　李班　李期　李寿
# 李势

　　李雄，字仲俊，特第三子也。母罗氏，梦霍虹自门升天，一虹中断，既而生荡。后罗氏因汲水，忽然如寐，又梦大蛇绕其身，遂有孕，十四月而生雄。常言吾二子若有先亡，在者必大贵。荡竟前死。雄身长八尺三寸，美容貌。少以烈气闻，每周旋乡里，识达之士皆器重之。有刘化者，道术士也，每谓人曰："关陇之士皆当南移，李氏子中惟仲俊有奇表，终为人主。"

　　特起兵为蜀，承制，以雄为前将军。流死，雄自称大都督、大将军、益州牧，都于郫城。罗尚遣将攻雄，雄击走之。李骧攻犍为，断尚运道，尚军大馁，攻之又急，遂留牙门罗特固守，尚委城夜遁。特开门内雄，遂克成都。于时雄军饥甚，乃率众就谷于郪，掘野芋而食之。蜀人流散，东下江阳，南入七郡。雄以西山范长生岩居穴处，求道养志，欲迎立为君而臣之。长生固辞。雄乃深自挹损，不敢称制，事无巨细，皆决于李国、李离兄弟。国等事雄弥谨。

　　诸将固请雄即尊位，以永兴元年僭称成都王，赦其境内，建元为建兴，除晋法，约法七章。以其叔父骧为太傅，兄始为太保，折冲李离为太尉，建威李云为司徒，翊军李璜为司空，材官李国为太宰，其余拜授各有差。追尊其曾祖武曰巴郡桓公，祖慕陇西襄王，父特成都景王，母罗氏曰王太后。范长生自山西乘素舆诣成都，雄迎之

于门,执版延坐,拜丞相,尊曰"范贤"。长生劝雄称尊号,雄于是僣
即帝位,赦其境内,改年曰太武。追尊父特曰景帝,庙号始祖,母罗
氏为太后。加范长生为天地太师,封西山侯,复其部曲不豫军征,租
税一入其家。

雄时建国草创,素无法式,诸将恃恩,各争班位。其尚书令阎式
上疏曰:"夫为国制法,勋尚仍旧。汉晋故事,惟太尉、大司马执兵,
太傅、太保,父兄之官,论道之职,司徒、司空,掌五教九土之差。秦
置丞相,总领万机。汉武之末,越以大将军统政。今国业初建,凡百
未备,诸公大将班位有差,降而竞请施置,不与典故相应,宜立制度
以为楷式。"雄从之。

遣李国、李云等率众二万寇汉中,梁州刺史张殷奔于长安。国
等陷南郑,尽徙汉中人于蜀。

先是,南土频岁饥疫,死者十万计。南夷校尉李毅固守不降,雄
诱建宁夷使讨之。毅病卒,城陷,杀壮士三千余人,送妇女千口于成
都。

时,李离据梓潼,其部将罗羕、张金苟等杀离及阎式,以梓潼归
于罗尚。尚遣其将向奋屯安汉之宜福以逼雄,雄率众攻奋,不克。时
李国镇巴西,其帐下文硕又杀国,以巴西降尚。雄乃引还,遣其将张
宝袭梓潼,陷之。会罗尚卒,巴郡乱,李骧攻涪,又陷之,执梓潼太守
谯登,遂乘胜进军讨文硕,害之。雄大悦,赦其境内,改元曰玉衡。

雄母罗氏死,雄信巫觋者之言,多有忌讳,至欲不葬。其司空赵
肃谏,雄乃从之。雄欲申三年之礼,群臣固谏,雄弗许。李骧谓司空
上官惇曰:"今方难未弭,吾欲固谏,不听主上终谅暗,君以为何
如?"惇曰:"三年之丧,自天子达于庶人,故孔子曰:'何必高宗,古
之人皆然。'但汉魏以来,天下多难,宗庙至重,不可久旷,故释衰
绖,至哀而已。"骧曰:"任回方至,此人决于行事,且上常难违其言,
待其至,当与俱请。"及回至,骧与回俱见雄。骧免冠流涕,固请公
除。雄号泣不许。回跪而进曰:"今王业初建,凡百草创,一日无主,
天下惶惶。昔武王素甲观兵,晋襄墨绖从戎,岂所愿哉?为天下屈

己故也。愿陛下割情从权，永隆天保。"遂强扶雄起，释服亲政。

是时，南得汉嘉、涪陵，远人继至，雄于是下宽大之令，降附者皆假复除。虚己爱人，授用皆得其才，益州遂定。伪立其妻任氏为皇后。氐王杨难敌兄弟为刘曜所破，奔葭萌，遣子入质。陇西贼帅陈安又附之。

遣李骧征越巂，太守李钊降。骧进军由小会攻宁州刺史王逊，逊使其将姚岳悉众距战。骧军不利，又遇霖雨，骧引军还，争济泸水，士众多死。钊到成都，雄待遇甚厚，朝廷仪式，丧纪之礼，皆决于钊。

杨难敌之奔葭萌也，雄安北李稚厚抚之，纵其兄弟还武都，难敌遂恃险多为不法，稚请讨之。雄遣中领军玝及将军乐次、费他、李乾等由白水桥攻下辨，征东李寿督玝弟玝攻阴平。难敌遣军距之，寿不得进，而玝、稚长驱至武街。难敌遣兵断其归道，四面攻之，获玝、稚，死者数千人。玝、稚，雄兄荡之子也。雄深悼之，不食者数日，言则流涕，深自咎责焉。

其后将立荡子班为太子。雄有子十余人，群臣咸欲立雄所生。雄曰："起兵之初，举手捍头，本不希帝王之业也。值天下丧乱，晋氏播荡，群情义举，志济涂炭，而诸君遂见推逼，处王公之上。本之基业，功由先帝。吾兄适统，丕祚所归，恢懿明睿，殆天所命，大事垂克，薨于戎战。班姿性仁孝，好学凤成，必为名器。"李骧与司徒王达谏曰："先王树冢适者，所以防篡夺之萌，不可不慎。吴王舍其子而立其弟，所以有专诸之祸；宋宣不立与夷而立穆公，卒有宋督之变。犹子之言，岂若子也？深愿陛下思之。"雄不从，竟立班。骧退而流涕曰："乱自此始矣！"

张骏遣使遗雄书，劝去尊号，称藩于晋。雄复书曰："吾过为士大夫所推，然本无心于帝王也，进思为晋室元功之臣，退思共为守藩之将，扫除氛埃，以康帝宇。而晋室陵迟，德声不振，引领东望，有年月矣。会获来贶，情在暗室，有何已已。知欲远遵楚汉，尊崇义帝，《春秋》之义，于斯莫大。"骏重其言，使聘相继。巴郡尝告急，云有东军。雄曰："吾尝虑石勒跋扈，侵逼琅邪，以为耿耿。不图乃能举兵，使人欣然。"雄之雅谭，多如此类。

雄以中原丧乱，乃频遣使朝贡，与晋穆帝分天下。张骏领秦、梁，先是，遣傅颖假道于蜀，通表京师，雄弗许。骏又遣治中从事张淳称藩于蜀，托以假道。雄大悦，谓淳曰："贵主英名盖世，土险兵强，何不自称帝一方？"淳曰："寡君乃以祖世济忠良，未能雪天下之耻，解众人之倒悬，日昃忘食，枕戈待旦。以琅邪中兴江东，故万里翼戴，将成桓文之事，何言自取邪！"雄有惭色，曰："我乃祖乃父亦是晋臣，往与六郡避难此地，为同盟所推，遂有今日。琅邪若能中兴大晋于中夏，亦当率众辅之。"淳还，通表京师，天子嘉之。

时李骧死，以其子寿为大将军、西夷校尉，督征南费黑、征东任□攻陷巴东，太守杨谦退保建平。寿别遣费黑寇建平，晋巴东监军毌丘奥退保宜都。雄遣李寿攻朱提，以费黑、印攀为前锋，又遣镇南任回征木落，分宁州之援。宁州刺史尹奉降，遂有南中之地。雄于是赦其境内，使班讨平宁州夷，以班为抚军。

咸和八年，雄生痒于头，六日死，时年六十一，在位三十年。伪谥武帝，庙曰太宗，墓号安都陵。

雄性宽厚，简刑约法，甚有名称。氐苻成、文陆既降复叛，手伤雄母，及其来也，咸释其罪，厚加待纳。由是夷夏安之，威震西土。时海内大乱，而蜀独无事，故归之者相寻。雄乃兴学校，置史官，听览之暇，手不释卷。

其赋男丁岁谷三斛，女丁半之，户调绢不过数丈，绵数两。事少役稀，百姓富实，闾门不闭，无相侵盗。然雄意在招致远方，国用不足，故诸将每进金银珍宝，多有以得官者。丞相杨褒谏曰："陛下为天下主，当网罗四海，何有以官买金邪！"雄逊辞谢之。后雄尝酒醉而推中书令，杖太官令，褒进曰："天子穆穆，诸侯皇皇，安有天子而为酗也！"雄即舍之。雄无事小出，褒于后持矛驰马逐雄。雄怪问之，对曰："夫统天下之重，如臣乘恶马而持矛也，急之则虑自伤，缓之则惧其失，是以马驰而不制也。"雄寤，即还。

雄为国无威仪,官无禄秩,班序不别,君子小人服章不殊;行军无号令,用兵无部队,战胜不相让,败不相救,攻城破邑动以虏获为先。此其所以失也。

班,字世文。初署平南将军,后立为太子。班谦虚博纳,敬爱儒贤,自何点、李钊,班皆师之,又引名士王嘏及陇西董融、天水文夔等以为宾友。每谓融等曰:"观周景王太子晋、魏太子丕、吴太子孙登,文章鉴识,超然卓绝,未尝不有惭色。何古贤之高朗,后人之莫逮也!"为性泛爱,动修轨度。时诸李子弟皆尚奢靡,而班常戒厉之。每朝有大议,雄辄令豫之。班以古者垦田均平,贫富获所,今贵者广占荒田,贫者种殖无地,富者以己所余而卖之,此岂王者大均之义乎!雄纳之。及雄寝疾,班昼夜侍侧。雄少数攻战,多被伤夷,至是疾甚,痕皆脓溃,雄子越等恶而远之。班为吮脓,殊无难色,每尝药流涕,不脱衣冠,其孝诚如此。

雄死,嗣伪位,以李寿录尚书事辅政。班居中执丧礼,政事皆委寿及司徒何点、尚书令王瑰等。越时镇江阳,以班非雄所生,意甚不平。至此,奔丧,与其弟期密计图之。李玙劝班遣越还江阳,以期为梁州刺史,镇葭萌。班以未葬,不忍遣,推诚居厚,心无纤芥。时有白气二道带天,太史令韩豹奏:"宫中有阴谋兵气,戒在亲戚。"班不悟。咸和九年,班因夜哭,越杀班于殡宫,时年四十七,在位一年,遂立雄之子期嗣位焉。

期,字世运,雄第四子也。聪慧好学,弱冠能属文,轻财好施,虚心招纳。初为建威将军,雄令诸子及宗室子弟以恩信合众,多者不至数百,而期独致千余人。其所表荐,雄多纳之,故长史列署颇出其门。

既杀班,欲立越为主,越以期雄妻任氏所养,又多才艺,乃让位于期。于是僭即皇帝位,大赦境内,改元玉恒。诛班弟都。使李寿伐都弟玙于涪,玙弃城降晋。封寿汉王,拜梁州刺史、东羌校尉、中护军、录尚书事;封兄越建宁王,拜相国、大将军、录尚书事。立妻阎氏为皇后。以其卫将军尹奉为右丞相、骠骑将军、尚书令,王瑰为司徒。期自以谋大事既果,轻诸旧臣,外则信任尚书令景骞、尚书姚华、田褒。褒无他才艺,雄时劝立期,故宠待甚厚。内则信宦竖许涪等。国之刑政,希复关之卿相,庆赏威刑,皆决数人而已,于是纲维紊矣。乃诬其尚书仆射、武陵公李载谋反,下狱死。

先是,晋建威将军司马勋屯汉中,期遣李寿攻而陷之,遂置守宰,戍南郑。

雄子霸、保并不病而死,皆云期鸩杀之,于是大臣怀惧,人不自安。天雨大鱼于宫中,其色黄。又宫中豕犬交。期多所诛夷,籍没妇女资财以实后庭,内外凶凶,道路以目,谏者获罪,人怀苟免。期又鸩杀其安北李攸。攸,寿之养弟也。于是与越及景骞、田褒、姚华谋袭寿等,欲因烧市桥而发兵。期又累遣中常侍许涪至寿所,伺其动静。及杀攸,寿大惧,又疑许涪往来之数也,乃率步骑一万,自涪向成都,表称景骞、田褒乱政,兴晋阳之甲,以除君侧之恶。以李奕为先登。寿到成都,期、越不虞其至,素不备设,寿遂取其城,屯兵至门。期遣侍中劳寿,寿奏相国、建宁王越,尚书令、河南公景骞,尚书田褒、姚华,中常侍许涪,征西将军李遐及将军李西等,皆怀奸乱政,谋倾社稷,大逆不道,罪合夷灭。期从之,于是杀越、骞等。寿矫任氏令,废期为邛都县公,幽之别宫。期叹曰:“天下主乃当于小县公,不如死也!”咸康三年,自缢而死,时年二十五,在位三年。谥曰幽公。及葬,赐鸾辂九旒,余如王礼。雄之子皆为寿所杀。

寿,字武考,骧之子也。敏而好学,雅量豁然,少尚礼容,异于李氏诸子。雄奇其才,以为足荷重任,拜前将军、督巴西军事,迁征东将军。时年十九,聘处士谯秀以为宾客,尽其谠言,在巴西威惠甚著。骧死,迁大将军、大都督、侍中,封扶风公,录尚书事。征宁州,攻围百余日,悉平诸郡,雄大悦,封建宁王。雄死,受遗辅政。期立,改封汉王,食梁州五郡,领梁州刺史。

寿威名远振，深为李越、景骞等所惮，寿深忧之。代李玝屯涪，每应期朝觐，常自陈边疆寇警，不可旷镇，故得不朝。寿又见期、越兄弟十余人，年方壮大，而并有强兵，惧不自全，乃数聘礼巴西龚壮。壮虽不应聘，数往见寿。时岷山崩，江水竭，寿恶之，每问壮以自安之术。壮以特杀其父及叔，欲假手报仇，未有其由，因说寿曰："节下若能舍小从大，以危易安，则开国裂土，长为诸侯，名高桓文，勋流百代矣。"寿从之，阴与长史略阳罗恒、巴西解思明共谋据成都，称藩归顺。乃誓文武，得数千人，袭成都，克之。纵兵虏掠，至乃奸略雄女及李氏诸妇，多所残害，数日乃定。

恒与思明及李奕、王利等劝寿称镇西将军、益州牧、成都王，称藩于晋，而任调与司马蔡兴、侍中李艳及张烈等劝寿自立。寿命筮之，占者曰："可数年天子。"调喜曰："一日尚为足，而况数年乎！"思明曰："数年天子，孰与百姓诸侯！"寿曰："朝闻道，夕死可矣。任侯之言，策之上也。"遂以咸康四年僭即伪位，赦其境内，改元为汉兴。以董皎为相国，罗恒、马当为股肱，李奕、任调、李闳为爪牙，解思明为谋主。以安车束帛聘龚壮为太师，壮固辞，特听缟巾素带，居师友之位。拔擢幽滞，处之显列。追尊父骧为献帝，母昝氏为太后，立妻阎氏为皇后，世子势为太子。

有告广汉太守李乾与大臣通谋，欲废寿者。寿令其子广与大臣盟于前殿，徙乾汉嘉太守。大风暴雨，震其端门。寿自悔责，命群臣极尽忠言，勿拘忌讳。

遣其散骑常侍王嘏、中常侍王广聘于石季龙。先是，季龙遗寿书，欲连横入寇，约分天下。寿大悦，乃大修船舰，严兵缮甲，吏卒皆备糗粮。以其尚书令马当为六军都督，假节钺，营东场大阅，军士七万余人，舟师溯江而上。过成都，鼓噪盈江，寿登城观之。其群臣咸曰："我国小众寡，吴会险远，图之未易。"解思明又切谏垦至，寿于是命群臣陈其利害。龚壮谏曰："陛下与胡通，孰如与晋通？胡，豺狼国也。晋既灭，不得不北面事之。若与之争天下，则强弱势异。此虞虢之成范，已然之明戒，愿陛下熟虑之。"群臣以壮之言为然，叩头泣谏,寿乃止,士众咸称万岁。

遣其镇东大将军李奕征牂柯,太守谢恕保城距守者积日,不拔。会奕粮尽,引还。

寿以其太子势领大将军、录尚书事。

寿承雄宽俭,新行篡夺,因循雄政,未遑其志欲。会李闳、王嘏从邺还,盛称季龙威强,宫观美丽,邺中殷实。寿又闻季龙虐用刑法,王逊亦以杀罚御下,并能控制邦域,寿心欣慕,人有小过,辄杀以立威。又以郊甸未实,都邑空虚,工匠器械,事未充盈,乃徙旁郡户三丁已上以实成都,兴尚方御府,发州郡工巧以充之,广修宫室,引水入城,务于奢侈。又广太学,起宴殿。百姓疲于使役,呼嗟满道,思乱者十室而九矣。其左仆射蔡兴切谏,寿以为诽谤,诛之。右仆射李嶷数以直言忤旨,寿积忿非一,托以他罪,下狱杀之。

寿疾笃,常见李期、蔡兴为祟。八年,寿死,时年四十四,在位五年。伪谥昭文帝,庙曰中宗,墓曰安昌陵。

寿初为王,好学爱士,庶几善道,每览良将贤相建功立事者,未尝不反覆诵之,故能征伐四克,辟国千里。雄既垂心于上,寿亦尽诚于下,号为贤相。及即伪位之后,改立宗庙,以父骧为汉始祖庙,特、雄为大成庙,又下书言与期、越别族,凡诸制度,皆有改易。公卿以下,率用己之僚佐,雄时旧臣及六郡士人,皆见废黜。寿初病,思明等复议奉王室,寿不从。李演自越巂上书,劝寿归正返本,释帝称王,寿怒杀之,以威龚壮、思明等。壮作诗七篇,托言应璩以讽寿。寿报曰:"省诗知意。若今人所作,贤哲之话言也。古人所作,死鬼之常辞耳!"动慕汉武、魏明之所为,耻闻父兄时事,上书者不得言先世政化,自以己胜之也。

势,字子仁,寿之长子也。初,寿妻阎氏无子,骧杀李凤,为寿纳凤女,生势。期爱势姿貌,拜翊军将军、汉王世子。势身长七尺九寸,腰带十四围,善于俯仰,时人异之。寿死,势嗣伪位,赦其境内,改元曰太和。尊母阎氏为太后,妻李氏为皇后。

太史令韩皓奏荧惑守心,以宗庙礼废,势命群臣议之。其相国董皎、侍中王嘏等以为景武昌业,献文承基,至亲不远,无宜疏绝。势更令祭特、雄,同号曰汉王。

势弟大将军、汉王广以势无子,求为太弟,势弗许。马当、解思明以势兄弟不多,若有所废,则益孤危,固劝许之。势疑当等与广有谋,遣其太保李奕袭广于涪城,命董皎收马当、思明斩之,夷其三族。贬广为临邛侯,广自杀。思明有计谋,强谏诤,马当甚得人心,自此之后,无复纪纲及谏诤者。

李奕自晋寿举兵反之,蜀人多有从奕者,众至数万。势登城距战。奕单骑突门,门者射而杀之,众乃溃散。势既诛奕,大赦境内,改年嘉宁。

初,蜀土无獠,至此,始从山而出,北至犍为、梓潼,布在山谷,十余万落,不可禁制,大为百姓之患。势既骄吝,而性爱财色,常杀人而取其妻,荒淫不恤国事。夷獠叛乱,军守离缺,境宇日蹙。加之荒俭,性多忌害,诛残大臣,刑狱滥加,人怀危惧。斥外父祖臣佐,亲任左右小人,群小因行威福。又常居内,少见公卿。史官屡陈灾谴,乃加董皎太师,以名位优之,实欲与分灾眚。

大司马桓温率水军伐势。温次青衣,势大发军距守,又遣李福与昝坚等数千人从山阳趣合水距温。谓温从步道而上,诸将皆欲设伏于江南以待王师,昝坚不从,率诸军从江北鸳鸯碕渡向犍为。而温从山阳出江南,昝坚到犍为,方知与温异道,乃回从沙头津北度。及坚至,温已造成都之十里陌,昝坚众自溃。温至城下,纵火烧其大城诸门。势众惶惧,无复固志,其中书监王嘏、散骑常侍常璩等劝势降。势以问侍中冯孚,孚言:"昔吴汉征蜀,尽诛公孙氏。今晋下书,不赦诸李,虽降,恐无全理。"势乃夜出东门,与昝坚走至晋寿,然后送降文于温曰:"伪嘉宁二年三月十七日,略阳李势叩头死罪。伏惟大将军节下,先人播流,恃险因衅,窃自汶蜀。势以暗弱,复统末绪,偷安荏苒,未能改图。猥烦朱轩,践冒险阻。将士狂愚。干犯天威。仰惭俯愧,精魂飞散,甘受斧锧,以衅军鼓。伏惟大晋,天网恢弘,泽及四海，恩过阳日。逼迫仓卒，自投草野。即日到白水城，谨遣私署散骑常侍王幼奉笺以闻，并敕州郡投戈释杖。穷池之鱼，待命漏刻。"势寻舆榇面缚军门，温解其缚，焚其榇，迁势及弟福、从兄权亲族十余人于建康，封势归义侯。升平五年，死于建康。在位五年而败。

始，李特以惠帝太安元年起兵，至此六世，凡四十六年，以穆帝永和三年灭。

史臣曰：昔周德方隆，古公切逾梁之患；汉祚斯永，宣后兴渡湟之师。是知戎狄乱华，衅深自古，况乎巴濮杂种，厥类实繁，资剽窃以全生，习犷悍而成俗。李特世传凶狡，早擅枭雄，太息剑门，志吞井络。属晋纲之落纽，乘罗侯之无断，骋马属犍，同声云集，歼殄蜀汉，荐食巴梁，沃野无半菽之资，华阳有析骸之爨。盖上失其道，覆败之至于斯！

仲俊天挺英姿，见称奇伟，推锋累载，克隆霸业。蹈玄德之前基，掩子阳之故地，薄赋而绥弊俗，约法而悦新邦，拟于其伦，实孙权之亚也。若夫立子以嫡，往哲通训，继体承基，前修茂范。而雄暗经国之远图，蹈匹夫之小节，传大统于犹子，托强兵于厥胤。遗骸莫敛，寻戈之衅已深；星纪未周，倾巢之衅便及。虽云天道，抑亦人谋。

班以宽爱罹灾，期以暴戾速祸，殊涂并失，异术同亡。武考凭籍世资，穷兵窃位，罪百周带，毒甚楚围，获保归全，何其幸也！子仁承绪，继传昏虐，驱率余烬，敢距大邦。授甲晨征，则理均于困兽；斩关宵遁，则义殊于前禽。宜其悬首国门，以明大戮，遂得礼同刘禅，不亦优乎！

赞曰：晋图弛驭，百六斯钟。天垂伏鳖，野战群龙。李特窥衅，盗我巴庸。世历五朝，年将四纪。篡杀移国，昏狂继轨。德之不修，险亦难恃。

晋书卷一二二
载记第二二

# 吕光　吕纂　吕隆

　　吕光,字世明,略阳氐人也。其先吕文和,汉文帝初,自沛避难徙焉,世为酋豪。父婆楼,佐命苻坚,官至太尉。光生于枋头,夜有神光之异,故以光为名。年十岁,与诸童儿游戏邑里,为战阵之法,俦类咸推为主。部分详平,群童叹服。不乐读书,唯好鹰马。及长,身长八尺四寸,目重瞳子,左肘有肉印。沉毅凝重,宽简有大量,喜怒不形于色。时人莫之识也,惟王猛异之,曰:“此非常人。”言之苻坚,举贤良,除美阳令,夷夏爱服。迁鹰扬将军。从坚征张平,战于铜壁,刺平养子蚝,中之,自是威名大著。

　　苻双反于秦州,坚将杨成世为双将苟兴所败,光与王鉴讨之。鉴欲速战,光曰:“兴初破成世,奸气渐张,宜持重以待其弊。兴乘胜轻来,粮竭必退,退而击之,可以破也。”二旬而兴退,诸将不知所为,光曰:“揆其奸计,必攻榆眉。若得榆眉,据城断路,资储复赡,非国之利也,宜速进师。若兴攻城,尤须赴救。如其奔也,彼粮既尽,可以灭之。”鉴从焉,果败兴军。从王猛灭慕容暐,封都亭侯。

　　苻重之镇洛阳,以光为长史。及重谋反,苻坚闻之,曰:“吕光忠孝方正,必不同也。”驰使命光槛重送之。寻入为太子右率,甚见敬重。

　　蜀人李焉聚众二万,攻逼益州。坚以光为破虏将军,率兵讨灭之,迁步兵校尉。苻洛反,光又击平之,拜骁骑将军。

坚既平山东，士马强盛，遂有图西域之志，乃授光使持节、都督西讨诸军事，率将军姜飞、彭晃、杜进、康盛等总兵七万，铁骑五千，以讨西域。以陇西董方、冯翊郭抱、武威贾虔、弘农杨颖为四府佐将。坚太子宏执光手曰：“君器相非常，必有大福，宜深保爱。”行至高昌，闻坚寇晋，光欲更须后命。部将杜进曰：“节下受任金方，赴机宜速，有何不了，而更留乎！”光乃进及流沙，三百余里无水，将士失色。光曰：“吾闻李广利精诚玄感，飞泉涌出，吾等岂独无感致乎！皇天必将有济，诸君不足忧也。”俄而，大雨，平地三尺。进兵至焉耆，其王泥流率其旁国请降。龟兹王帛纯距光，光军其城南，五里为一营，深沟高垒，广设疑兵，以木为人，被之以甲，罗之垒上。帛纯驱徙城外人入于城中，附庸侯王各婴城自守。

至是，光左臂内脉起成字，文曰“巨霸”。营外夜有一黑物，大如断堤，摇动有头角，目光若电，乃明而云雾四周，遂不复见。旦视其处，南北五里，东西三十余步，鳞甲隐地之所，昭然犹在。光笑曰：“黑龙也。”俄而云起西北，暴雨灭其迹。杜进言于光曰：“龙者神兽，人君利见之象。《易》曰：‘见龙在田，德施普也。’斯诚明将军道合灵和，德符幽显。愿将军勉之，以成大庆。”光有喜色。

又进攻龟兹城，夜梦金象飞越城外。光曰：“此谓佛神去之，胡必亡矣。”光攻城既急，帛纯乃倾国财宝请救狯胡。狯胡弟呐龙、侯将馗率骑二十余万，并引温宿、尉须等国王，合七十余万以救之。胡便弓马，善矛矟，铠如连锁，射不可入，以革索为羂，策马掷人，多有中者。众甚惮之。诸将咸欲每营结阵，案兵以距之。光曰：“彼众我寡，营又相远，势分力散，非良策也。于是，迁营相接阵，为勾锁之法，精骑为游军，弥缝其阙。战于城西，大败之，斩万余级。帛纯收其珍宝而走，王侯降者三十余国。光入其城，大飨将士，赋诗言志。见其宫室壮丽，命参军京兆段业著《龟兹宫赋》以讥之。胡人奢侈，厚于养生，家有蒲桃酒，或至千斛，经十年不败，士卒沦没酒藏者相继矣。诸国惮光威名，贡款属路，乃立帛纯弟震为王以安之。

光抚宁西域，威恩甚著，桀黠胡王昔所未宾者，不远万里皆来归附,上汉所赐节传,光皆表而易之。

坚闻光平西域,以为使持节、散骑常侍、都督玉门已西诸军事、安西将军、西域校尉,道绝不通。

光既平龟兹,有留焉之志。时始获鸠摩罗什,罗什劝之东还,语在《西夷传》。光于是大飨文武,博议进止。众咸请还,光从之,以驼二万余头致外国珍宝及奇伎异戏、殊禽怪兽千有余品,骏马万余匹。而苻坚高昌太守杨翰说其凉州刺史梁熙距守高桐、伊吾二关,熙不从。光至高昌,翰以郡迎降。

初,光闻翰之说,恶之,又闻苻坚丧败,长安危逼,谋欲停师。杜进谏曰:“梁熙文雅有余,机鉴不足,终不能纳善从说也,愿不足忧之。闻其上下未同,宜在速进,进而不捷,请受过言之诛。”光从之。及至玉门,梁熙传檄责光擅命还师,遣子胤与振威姚皓、别驾卫翰率众五万,距光于酒泉。光报檄凉州,责熙无赴难之诚,数其遏归师之罪。遣彭晃、杜进、姜飞等为前锋,击胤,大败之。胤轻将麾下数百骑东奔,杜进追擒之。于是,西山胡夷皆来款附。武威太守彭济执熙请降。光入姑臧,自领凉州刺史、护羌校尉,表杜进为辅国将军、武威太守,封武始侯,自余封拜各有差。

光主簿尉祐,奸佞倾薄人也,见弃前朝,与彭济同谋执梁熙,光深见宠任,乃谮诛南安姚皓、天水尹景等名士十余人,远近颇以此离贰。光寻擢祐为宁远将军、金城太守。祐次允吾,袭据外城以叛,祐从弟随据鹯阴以应之。光遣其将魏真讨随,随败,奔祐,光将姜飞又击败祐众。祐奔据兴城,扇动百姓,夷夏多从之。飞司马张象、参军郭雅谋杀飞应祐,发觉,逃奔。

初,苻坚之败,张天锡南奔,其世子大豫为长水校尉王穆所匿。及坚还长安,穆将大豫奔秃发思复鞬,思复鞬送之之魏安。是月,魏安人焦松、齐肃、张济等起兵数千,迎大豫于揖次,陷昌松郡。光遣其将杜进讨之,为大豫所败。大豫遂进逼姑臧,求决胜负,王穆谏曰:“吕光粮丰城固,甲兵精锐,逼之非利。不如席卷岭西,厉兵积粟,东向而争,不及期年,可以平也。”大豫不从,乃遣穆求救于岭西诸郡,建康太守李隰、祁连都尉严纯及阎袭起兵应之。大豫进屯城西，王穆率众三万及思复鞮子奚于等阵于城南。光出击，破之，斩奚于等二万余级。光谓诸将曰："大豫若用王穆之言，恐未可平也。"诸将曰："大豫岂不及此邪! 皇天欲赞成明公八百之业，故令大豫迷于良算耳。"光大悦，赐金帛有差。大豫自西郡诣临洮，驱略百姓五千余户，保据俱城。光将彭晃、徐炅攻破之，大豫奔广武，穆奔建康。广武人执大豫，送之，斩于姑臧市。

　　光至是始闻苻坚为姚苌所害，奋怒哀号，三军缟素，大临于城南，伪谥坚曰文昭皇帝，长吏百石已上服斩衰三月，庶人哭泣三日。光于是大赦境内，建元曰太安，自称使持节、侍中、中外大都督、督陇右河西诸军事、大将军、领护匈奴中郎将、凉州牧、酒泉公。王穆袭据酒泉，自称大将军、凉州牧。

　　时谷价踊贵，斗直五百，人相食，死者太半。光西平太守康宁自称匈奴王，阻兵以叛，光屡遣讨之，不捷。

　　初，光之定河西也，杜进有力焉，以为辅国将军、武威太守。既居都尹，权高一时，出入羽仪，与光相亚。光甥石聪至自关中，光曰："中州人言吾政化何如?"聪曰："止知有杜进耳，实不闻有舅。"光默然，因此诛进。

　　光后宴群僚，酒酣，语及政事。时刑法峻重，参军段业进曰："严刑重宪，非明王之义也。"光曰："商鞅之法至峻，而兼诸侯; 吴起之术无亲，而荆蛮以霸，何也?"业曰："明公受天眷命，方君临四海，景行尧舜，犹惧有弊，奈何欲以商申之末法临道义之神州，岂此州士女所望于明公哉!"光改容谢之，于是下令责躬，乃崇宽简之政。

　　其将徐炅与张掖太守彭晃谋叛，光遣师讨炅，炅奔晃。晃东结康宁，西通王穆，光议将讨之，诸将咸曰："今康宁在南，阻兵伺隙，若大驾西行，宁必乘虚出于岭左。晃、穆未平，康宁复至，进退狼狈，势必大危。"光曰："事势实如卿言。今而不往，当坐待其来。晃、穆共相唇齿，宁又同恶相救，东西交至，城外非吾之有，若是，大事去矣。今晃叛逆始尔，宁、穆与之情契未密，及其仓卒，取之为易。且隆替命也,卿勿复言。"光于是自率步骑三万,倍道兼行。既至,攻之二旬,晃将寇颐斩关纳光,于是诛彭晃。王穆以其党索嘏为敦煌太守,既而忌其威名,率众攻嘏。光闻之,谓诸将曰:"二虏相攻,此成擒也。"光将攻之,众咸以为不可。光曰:"取乱侮亡,武之善经,不可以累征之劳而失永逸之举。"率步骑二万攻酒泉,克之,进次凉兴。穆引师东还,路中众散,穆单骑奔骍马,骍马令郭文斩首送之。

是时,麟见金泽县,百兽从之,光以为己瑞,以孝武太元十四年僭即三河王位,置百官自丞郎已下,赦其境内,年号麟嘉。光妻石氏、子绍、弟德世至自仇池,光迎于城东,大飨群臣。遣其子左将军他、武贲中郎将纂讨北虏匹勤于三岩山,大破之。立妻石氏为王妃,子绍为世子。宴其群臣于内苑新堂。太庙新成,追尊其高祖为敬公,曾祖为恭公,祖为宣公,父为景昭王,母曰昭烈妃。其中书侍郎杨颖上疏,请依三代故事,追尊吕望为始祖,永为不迁之庙,光从之。

是岁,张掖督邮傅曜考核属县,而丘池令尹兴杀之,投诸空井。曜见梦于光曰:"臣张掖郡小吏,案校诸县,而丘池令尹兴臧状狼籍,惧臣言之,杀臣投于南亭空井中。臣衣服形如是。"光寤而犹见,久之乃灭。遣使覆之如梦,光怒,杀兴。著作郎段业以光未能扬清激浊,使贤愚殊贯,因疗疾于天梯山,作表志诗《九叹》、《七讽》十六篇以讽焉。光览而悦之。

南羌彭奚念入攻白土,都尉孙峙退奔兴城。光遣其南中郎将吕方及其弟右将军吕宝、振威杨范、强弩窦苟讨乞伏乾归于金城。方屯河北,宝进师济河,为乾归所败,宝死之。武贲吕纂、强弩窦苟率步骑五千南讨彭奚念,战于盘夷,大败而归。光亲讨乾归、奚念,遣纂及扬武杨轨、建忠沮渠罗仇、建武梁恭军于左南。奚念大惧,于白土津累石为堤,以水自固,遣精兵一万距守河津。光遣将军王宝潜趣上津,夜渡湟河。光济自石堤,攻克枹罕,奚念单骑奔甘松,光振旅而旋。

初,光徙西海郡人于诸郡,至是,谣曰:"朔马心何悲?念旧中心劳。燕雀何徘徊?意欲还故巢。"顷之,遂相扇动,复徙之于西河乐都。

群议以高昌虽在西垂,地居形胜,外接胡虏,易生翻覆,宜遣子弟镇之。光以子覆为使持节、镇西将军、都督玉门已西诸军事、西域大都护,镇高昌,命大臣子弟随之。

光于是以太元二十一年僭即天王位,大赦境内,改年龙飞。立世子绍为太子,诸子弟为公侯者二十人。中书令王详为尚书左仆射,段业等五人为尚书。

乾归从弟轲弹来奔,光下书曰:"乾归狼子野心,前后反覆。朕方东清秦、赵,勒铭会稽,岂令竖子鸱峙洮南!且其兄弟内相离间,可乘之机,勿过今也。其敕中外戒严,朕当亲讨。"光于是次于长最,使吕纂率杨轨、窦苟等步骑三万攻金城。乾归率众二万救之。光遣其将王宝、徐炅率骑五千邀之,乾归惧而不进。光又遣其将梁恭、金石生以甲卒万余出阳武下峡,与秦州刺史没奕于攻其东,光弟天水公延以枹罕之众攻临洮、武始、河关,皆克之。吕纂克金城,擒乾归金城太守卫翰,翰瞋目谓光曰:"我宁守节断头,不为降虏也。"光义而免之。乾归因大震,泣叹曰:"死中求生,正在今日也。"乃纵反间,称乾归众溃,东奔成纪。吕延信之,引师轻进。延司马耿稚谏曰:"乾归雄勇过人,权略难测,破王广,克杨定,皆赢师以诱之,虽蕞尔小国,亦不可轻也。困兽犹斗,况乾归而可望风自散乎!且告者视高而色动,必为奸计。而今宜部阵而前,步骑相接,徐待诸军大集,可一举灭之。"延不从,与乾归相遇,战败,死之。耿稚及将军姜显收集散卒,屯于枹罕。光还于姑臧。

光荒耄信谗,杀尚书沮渠罗仇、三河太守沮渠曲粥。罗仇弟子蒙逊叛光,杀中田护军马邃,攻陷临松郡,屯兵金山,大为百姓之患。蒙逊从兄男成先为将军,守晋昌,闻蒙逊起兵,逃奔资虏,扇动诸夷,众至数千,进攻福禄、建安。宁戎护军赵策击败之,男成退屯乐涫。吕纂败蒙逊于忽谷。酒泉太守垒澄率将军赵策、赵陵步骑万余讨男成于乐涫,战败,澄、策死之。男成进攻建康,说太守段业曰:"吕氏政衰,权臣擅命,刑罚失中,人不堪役,一州之地,叛者连城,瓦解之势，昭然在目，百姓嗷然，无所宗附。府君岂可以盖世之才，而立忠于垂亡之世！男成等既唱大义，欲屈府君抚临鄯州，使涂炭之余蒙来苏之惠。"业不从。相持二旬而外救不至，郡人高遬、史惠等言于业曰："今孤城独立，台无救援，府君虽心过田单，而地非即墨，宜思高算，转祸为福。"业先与光侍中房晷、仆射王详不平，虑不自容，乃许之。男成等推业为大都督、龙骧大将军、凉州牧、建康公。光命吕纂讨业，沮渠蒙逊进屯临洮，为业声势。战于合离，纂师大败。

　　光散骑常侍、太常郭黁明天文，善占候，谓王详曰："于天文，凉之分野将有大兵。主上老病，太子冲暗，纂等凶武，一旦不讳，必有难作。以吾二人久居内要，常有不善之言，恐祸及人，深宜虑之。田胡王气乞机部众最强，二苑之人多其故众。吾今与公唱义，推机为主，则二苑之众尽我有也。克城之后，徐更图之。"详以为然。夜烧光洪范门，二苑之众皆附之，详为内应。事发，光诛之。黁遂据东苑以叛。光驰使召纂，诸将劝纂曰："业闻师回，必蹑军后。若潜师夜还，庶无后患矣。"纂曰："业虽凭城阻众，无雄略之才，若夜潜还，张其奸志。"乃遣使告业曰："郭黁作乱，吾今还都。卿能决者，可出战。"于是引还。业不敢出。纂司马杨统谓其从兄桓曰："郭黁明善天文，起兵其当有以。京城之外非复朝廷之有，纂今还都，复何所补！统请除纂，勒兵推兄为盟主，西袭吕弘，据张掖以号令诸郡，亦千载一时也。"桓怒曰："吾闻臣子之事君亲，有陨无二，吾未有包胥存救之效，岂可安荣其禄，乱增其难乎！吕宗若败，吾为弘演矣。"统惧，至番禾，遂奔郭黁。黁遣军邀纂于白石，纂大败。光西安太守石元良率步骑五千赴难，与纂共击黁军，破之，遂入于姑臧。黁之叛也，得光孙八人于东苑。及军败，恚甚，悉投之于锋刃之上，枝分节解，饮血盟众，众皆掩目不忍视之，黁悠然自若。

　　黁推后将军杨轨为盟主，轨自称大将军、凉州牧、西平公。吕纂击黁将王斐于城西，大破之，自是黁势渐衰。光遗杨轨书曰："自羌胡不靖，郭黁叛逆，南藩安否，音问两绝。行人风传，云卿拥逼百姓，为麿唇齿。卿雅志忠贞，有史鱼之操，鉴察成败，远侔古人，岂宜听纳奸邪，以亏大美！陵霜不雕者松柏也，临难不移者君子也，何图松柏雕于微霜，鸡鸣已于风雨！郭麿巫卜小数，时或误中，考之大理，率多虚谬。朕宰化寡方，泽不逮远，致世事纷纭，百城离叛。戮力一心，同济巨海者，望之于卿也。今中仓积粟数百千万，东人战士一当百余，入则言笑晏晏，出则武步凉州，吞麿咀业，绰有余暇。但与卿形虽君臣，心过父子，欲全卿名节，不使贻笑将来。"轨不答，率步骑二万北赴郭麿。至姑臧，垒于城北。轨以士马之盛，议欲大决成败，麿每以天文裁之。吕弘为段业所逼，光遣吕纂迎之。轨谋于众曰："吕弘精兵一万，若与光合，则敌强我弱。养兽不讨，将为后患。"遂率兵邀纂，纂击败之。郭麿闻轨败，东走魏安，遂奔于乞伏乾归。杨轨闻麿走，南奔廉川。

光疾甚，立其太子绍为天王，自号太上皇帝。以吕纂为太尉，吕弘为司徒。谓绍曰："吾疾病唯增，恐将不济。三寇窥窬，迭伺国隙。吾终之后，使纂统六军，弘管朝政，汝恭己无为，委重二兄，庶可以济。若内相猜贰，衅起萧墙，则晋、赵之变旦夕至矣。"又谓纂、弘曰："永业才非拔乱，直以正嫡有常，猥居元首。今外有强寇，人心未宁，汝兄弟缉穆，则贻厥万世。若内自相图，则祸不旋踵。"纂、弘泣曰："不敢有二心。"光以安帝隆安三年死，时年六十三，在位十年。伪谥懿武皇帝，庙号太祖，墓号高陵。

纂，字永绪，光之庶长子也。少便弓马，好鹰犬。苻坚时入太学，不好读书，唯以交结公侯声乐为务。及坚乱，西奔上邽，转至姑臧，拜武贲中郎将，封太原公。

光死，吕绍秘不发丧，纂排阁入哭，尽哀而出。绍惧为纂所害，以位让之，曰："兄功高年长，宜承大统，愿兄勿疑。"纂曰："臣虽年长，陛下国家之冢嫡，不可以私爱而乱大伦。"绍固以让纂，纂不许之。及绍嗣伪位，吕超言于绍曰："纂统戎积年，威震内外，临丧不哀，步高视远，观其举止乱常，恐成大变，宜早除之，以安社稷。"绍曰："先帝顾命,音犹在耳,兄弟至亲,岂有此乎!吾弱年而荷大任,方赖二兄以宁家国。纵其图我,我视死如归,终不忍有此意也,卿慎勿过言。"超曰:"纂威名素盛,安忍无亲,今不图之,后必噬脐矣。"绍曰:"吾每念袁尚兄弟,未曾不痛心忘寝食,宁坐而死,岂忍行之。"超曰:"圣人称知机其神,陛下临机不断,臣见大事去矣。"既而,纂见绍于湛露堂,超执刀侍绍,目纂请收之,绍弗许。

初,光欲立弘为世子,会闻绍在仇池,乃止,弘由是有憾于绍。遣尚书姜纪密告纂曰:"先帝登遐,主上暗弱,兄总摄内外,威恩被于遐迩,辄欲远追废昌邑之义,以兄为中宗何如?"纂于是夜率壮士数百,逾北城,攻广夏门,弘率东苑之众斫洪范门。左卫齐从守融明观,逆问之曰:"谁也?"众曰:"太原公。"从曰:"国有大故,主上新立,太原公行不由道,夜入禁城,将为乱邪?"因抽剑直前,斫纂中额。纂左右擒之,纂曰:"义士也,勿杀。"绍遣武贲中郎将吕开率其禁兵距战于端门,骁骑吕超率卒二千赴之。众素惮纂,悉皆溃散。

纂入自青角门,升于谦光殿。绍登紫阁自杀,吕超出奔广武。纂惮弘兵强,劝弘即位。弘曰:"自以绍弟也而承大统,众心不顺,是以,违先帝遗敕,惭负黄泉。今复越兄而立,何面目以视息世间!大兄长且贤,威名振于二贼,宜速即大位,以安国家。"纂以隆安四年遂僭即天王位,大赦境内,改元为咸宁。谥绍为隐王。以弘为使持节、侍中、大都督、都督中外诸军事、大司马、车骑大将军、司隶校尉、录尚书事,改封番禾郡公,其余封拜各有差。

纂谓齐从曰:"卿前斫我,一何甚也!"从泣曰:"隐王先帝所立,陛下虽应天顺时,而微心未达,惟恐陛下不死,何谓甚也!"纂嘉其忠,善遇之。纂遣使谓征东吕方曰:"超实忠臣,义勇可嘉,但不识经国大体,权变之宜。方赖其忠节,诞济世难,可以此意谕之。"超上疏陈谢,纂复其爵位。

吕弘自以功名崇重,恐不为纂所容,纂亦深忌之。弘遂起兵东苑,劫尹文、杨桓以为谋主,请宗敞俱行。敞曰:"老臣受先帝大恩,位为列棘,不能陨身授命,死有余罪,而复从殿下,亲为戎首者,岂天地所容乎！且智不能谋，众不足恃，将焉用之！"弘曰："君为义士，我为乱臣！"乃率兵攻纂。纂遣其将焦辨击弘，弘众溃，出奔广武。纂纵兵大掠，以东苑妇女赏军，弘之妻子亦为士卒所辱。纂笑谓群臣曰："今日之战何如？"其侍中房晷对曰："天祸凉室，衅起戚藩。先帝始崩，隐王幽逼，山陵甫讫，大司马惊疑肆逆，京邑交兵，友于接刃。虽弘自取夷灭，亦由陛下无棠棣之义。宜考己责躬，以谢百姓，而反纵兵大掠，幽辱士女。衅自由弘，百姓何罪！且弘妻，陛下之弟妇也；弘女，陛下之侄女也，奈何使无赖小人辱为婢妾。天地神明，岂忍见此！"遂歔欷悲泣。纂改容谢之，召弘妻及男女于东宫，厚抚之。吕方执弘系狱，驰使告纂，纂遣力士康龙拉杀之。是月，立其妻杨氏为皇后，以杨氏父桓为散骑常侍、尚书左仆射、凉都尹，封金城侯。

纂将伐秃发利鹿孤，中书令杨颖谏曰："夫起师动众，必参之天人，苟非其时，圣贤所不为。秃发利鹿孤上下用命，国未有衅，不可以伐。宜缮甲养锐，劝课农殖。待可乘之机，然后一举荡灭。比年多事，公私罄竭，不深根固本，恐为患将来，愿抑赫斯之怒，思万全之算。"纂不从。度浩衅河，为鹿孤弟傉檀所败，遂西袭张掖。姜纪谏曰："方今盛夏，百姓废农，所利既少，所丧者多。若师至岭西，虏必乘虚寇抄都下，宜且回师以为后图。"纂曰："虏无大志，闻朕西征，正可自固耳。今速袭之，可以得志。"遂围张掖，略地建康。闻傉檀寇姑臧，乃还。

即序胡安据盗发张骏墓，见骏貌如生，得真珠簏、琉璃榼、白玉樽、赤玉箫、紫玉笛、珊瑚鞭、马瑙钟，水陆奇珍不可胜纪。纂诛安据党五十余家，遣使吊祭骏，并缮修其墓。

道士句摩罗耆婆言于纂曰："潜龙屡出，豕犬见妖，将有下人谋上之祸，宜增修德政，以答天戒。"纂纳之。耆婆，即罗什之别名也。

纂游田无度，荒耽酒色，其太常杨颖谏曰："臣闻皇天降鉴，惟德是与。德由人弘，天应以福，故勃焉之美奄在圣躬。大业已尔，宜以道守之，廓灵基于日新，邀洪福于万祀。自陛下龙飞，疆宇未辟，崎岖二岭之内，纲维未振于九州。当兢兢夕惕，经略四方，成先帝之遗志,拯苍生于荼蓼。而更饮酒过度,出入无恒,宴安游盘之乐,沉湎樽酒之间,不以寇仇为虑,窃为陛下危之。糟丘酒池,洛汭不返,皆陛下之殷鉴。臣蒙先帝夷险之恩,故不敢避干将之戮。”纂曰:“朕之罪也。不有贞亮之士,谁匡邪僻之君!”然昏虐自任,终不能改。常与左右因醉驰猎于坑涧之间,殿下侍御史王回、中书侍郎王儒扣马谏曰:“千金之子,坐不垂堂;万乘之主,清道而行。奈何去舆辇之安,冒奔骑之危!衔橛之变,动有不测之祸。愚臣窃所不安,敢以死争。愿陛下远思袁盎揽辔之言,不令臣等受讥千载。”纂不纳。

纂番禾太守吕超擅伐鲜卑思盘,思盘遣弟乞珍诉超于纂,纂召超将盘入朝。超至姑臧,大惧,自结于殿中监杜尚。纂见超,怒曰:“卿恃兄弟桓桓,欲欺吾也,要当斩卿,然后天下可定。”超顿首不敢。纂因引超及其诸臣宴于内殿。吕隆屡劝纂酒,已至昏醉,乘步挽车将超等游于内。至琨华堂东阁,车不得过,纂亲将窦川、骆腾倚剑于壁,推车过阁。超取剑击纂,纂下车擒超,超刺纂洞胸,奔于宣德堂。川、腾与超格战,超杀之。纂妻杨氏命禁兵讨超,杜尚约兵舍杖。将军魏益多入,斩纂首以徇曰:“纂违先帝之命,杀害太子,荒耽酒猎,昵近小人,轻害忠良,以百姓为草芥。番禾太守超以骨肉之亲,惧社稷颠覆,已除之矣。上以安宗庙,下为太子报仇。凡我士庶,同兹休庆。”

伪巴西公吕他、陇西公吕纬时在北城,或说纬曰:“超陵天逆上,士众不附。明公以懿弟之亲,投戈而起,姜纪、焦辨在南城,杨桓、田诚在东苑,皆我之党也,何虑不济!”纬乃严兵谓他曰:“隆、超弑逆,所宜击之。昔田恒之乱,孔子邻国之臣,犹抗言于哀公,况今萧墙有难,而可坐观乎!”他将从之,他妻梁氏止之曰:“纬、超俱兄弟之子,何为舍超助纬而为祸首乎!”他谓纬曰:“超事已立,据武库,拥精兵,图之为难。且吾老矣,无能为也。”超闻,而登城告他曰:“纂信谗言,将灭超兄弟。超以身命之切,且惧社稷覆亡,故出万死之计,为国家唱义,叔父当有以亮之。”超弟邈有宠于纬,说纬曰:“纂残国破家,诛戮兄弟,隆、超此举应天人之心,正欲尊立明公耳。

先帝之子，明公为长，四海颙颙，人无异议。隆、超虽不达臧否，终不以孽代宗，更图异望也，愿公勿疑。"纬信之，与隆、超结盟，单马入城，超执而杀之。

初，纂尝与鸠摩罗什棋，杀罗什子，曰："斫胡奴头。"罗什曰："不斫胡奴头，胡奴斫人头。"超小字胡奴，竟以杀纂。纂在位三年，以元兴元年死。隆既篡位，伪谥纂灵皇帝，墓号白石陵。

隆，字永基，光弟宝之子也。美姿貌，善骑射。光末拜北部护军，稍历显位，有声称。

超既杀纂，让位于隆，隆有难色。超曰："今犹乘龙上天，岂可中下！"隆以安帝元兴元年遂僭即天王位。超先于番禾得小鼎，以为神瑞，大赦，改元为神鼎。追尊父宝为文皇帝，母卫氏为皇太后，妻杨氏为皇后。以弟超有佐命之勋，拜使持节、侍中、都督中外诸军事、辅国大将军、司隶校尉、录尚书事，封安定公。

隆多杀豪望，以立威名，内外嚣然，人不自固。魏安人焦朗遣使说姚兴将姚硕德曰："吕氏因秦之乱，制命此州，自武皇弃世，诸子竞寻干戈，德刑不恤，残暴是先，饥馑流亡，死者太半，唯泣诉昊天，而精诚无感。伏惟明公，道迈前贤，任尊分陕，宜兼弱攻昧，经略此方，救生灵之沉溺，布徽政于玉门。篡夺之际，为功不难。"遣妻子为质。硕德遂率众至姑臧。其部将姚国方言于硕德曰："今悬师三千，后无继援，师之难也。宜曜劲锋，示其威武。彼以我远来，必决死距战，可一举而平。"硕德从之。吕超出战，大败，遁还。隆收集离散，婴城固守。

时，荧惑犯帝坐，有群雀斗于太庙，死者数万。东人多谋外叛，将军魏益多又唱动群心，乃谋杀隆、超，事发，诛之，死者三百余家。于是，群臣表求与姚兴通好，隆弗许。吕超谏曰："通塞有时，艰泰相袭。孙权屈身于魏，谯周劝主迎隆，岂非大丈夫哉？势屈故也。天锡承七世之资，树恩百载，武旅十万，谋臣盈朝，秦师临境，识者导以见机，而愎谏自专，社稷为墟。前鉴不远，我之元龟也。何惜尺书单使,不以危易安! 且令卑辞以退敌,然后内修德政,废兴由人,未损大略。"隆曰:"吾虽常人,属当家国之重,不能嗣守成基,保安社稷,以太祖之业委之于人,何面目见先帝于地下!"超曰:"应龙以屈伸为灵,大人以知机为美。今连兵积岁,资储内尽,强寇外逼,百姓嗷然无糊口之寄,假使张、陈、韩、白,亦无如之何!陛下宜思权变大纲,割区区常虑。苟卜世有期,不在和好。若天命去矣,宗族可全。"隆从之,乃请降。硕德表隆为使持节、镇西大将军、凉州刺史、建康公。于是遣母弟爱子文武旧臣慕容筑、杨颖、史难、阎公等五十余家质于长安,硕德乃还。姚兴谋臣皆曰:"隆藉伯父余资,制命河外。今虽饥窘,尚能自支。若将来丰赡,终非国有。凉州险绝,世难先违,道清后顺,不如因其饥弊而取之。"兴乃遣使来观虚实。

　　沮渠蒙逊又伐隆,隆击败之,蒙逊请和结盟,留谷万余斛以振饥人。姑臧谷价踊贵,斗直钱五千文,人相食,饿死者十余万口。城门昼闭,樵采路绝,百姓请出城乞为夷虏奴婢者日有数百。隆惧沮动人情,尽坑之,于是,积尸盈于衢路。

　　秃发傉檀及蒙逊频来伐之,隆以二寇之逼也,遣超率骑二百,多赍珍宝,请迎于姚兴。兴乃遣其将齐难等步骑四万迎之。难至姑臧,隆素车白马迎于道旁。使胤告光庙曰:"陛下往运神略,开建西夏,德被苍生,威振遐裔。枝嗣不臧,迭相篡弑。二虏交逼,将归东京,谨与陛下奉诀于此。"歔欷恸泣,酸感兴军。隆率骑一万,随难东迁,至长安,兴以隆为散骑常侍,公如故;超为安定太守;文武三十余人皆擢叙之。其后隆坐与子弼谋反,为兴所诛。

　　吕光以孝武太元十二年定凉州,十五年僭立,至隆凡十有三载,以安帝元兴三年灭。

　　史臣曰:自晋室不纲,中原荡析,苻氏乘衅,窃号神州。世明委质伪朝,位居上将,爰以心膂,受脉遐征。铁骑如云,出玉门而长骛;琱戈耀景,捐金丘而一息。蕞尔夷陬,承风雾卷,宏图壮节,亦足称焉。属永固运销,群雄竞起,班师右地,便有觊觎。于是要结六戎,潜窥雁鼎;并吞五郡,遂假鸿名。控黄河以设险,负玄漠而为固,自谓克昌霸业,贻厥孙谋。寻而耄及政昏,亲离众叛,瞑目甫尔,衅发萧墙。绍、纂凡才,负乘致寇;弘、超凶狡,职为乱阶;永基庸庸,面缚姚氏。昔窦融归顺,荣焕累叶;隗嚣干纪,靡终身世。而光弃兹胜躅,遵彼覆车,十数年间,终致残灭。向使矫邪归正,革伪为忠,鸣檄而蕃晋朝,仗义而诛丑虏,则燕秦之地可定,桓文之功可立,郭黁、段业岂得肆其奸,蒙逊、乌孤无所窥其隙矣。而猥窃非据,何其谬哉!夫天地之大德,曰生;圣人之大宝,曰位。非其人而处其位者,其祸必速;在其位而忘其德者,其殃必至。天鉴非远,庸可滥乎!

　　赞曰:金行不竞,宝业斯屯。瓜分九宇,沴聚三秦。吕氏伺隙,欺我人神。天命难假,终亦倾沦。

晋书卷一二三
载记第二三

# 慕容垂

慕容垂,字道明,皝之第五子也。少岐嶷有器度,身长七尺七寸,手垂过膝。皝甚宠之,常目而谓诸弟曰:"此儿阔达好奇,终能破人家,或能成人家。"故名霸,字道业,恩遇逾于世子儁,故儁不能平之。以灭宇文之功,封都乡侯。石季龙来伐,既还,犹有兼并之志,遣将邓恒率众数万屯于乐安,营攻取之备。垂戍徒河,与恒相持,恒惮而不敢侵。垂少好畋游,因猎坠马折齿。慕容儁僭即王位,改名缺,外以慕却缺为名,内实恶而改之。寻以谶记之文,乃去夬,以"垂"为名焉。

石季龙之死也,赵魏乱,垂谓儁曰:"时来易失,赴机在速,兼弱攻昧,今其时矣。"儁以新遭大丧,不许。慕舆根言于儁曰:"王子之言,千载一时,不可失也。"儁乃从之,以垂为前锋都督。儁既克幽州,将坑降卒,垂谏曰:"吊伐之义,先代常典。今方平中原,宜绥怀以德,坑戮之刑,不可为王师之先声。"儁从之。及儁僭称尊号,封垂吴王,徙镇信都,以侍中、右禁将军录留台事,大收东北之和。又为征南将军、荆兖二州牧,有声于梁楚之南。再为司隶,伪王公已下莫不累迹。

时慕容暐嗣伪位,慕容恪为太宰。恪甚重垂,常谓暐曰:"吴王将相之才十倍于臣,先帝以长幼之次,以臣先之,臣死之后,愿陛下委政吴王,可谓亲贤兼举。"及败桓温于枋头,威名大振。慕容评深忌恶之，乃谋诛垂。垂惧祸及己，与世子全奔于苻坚。

自恪卒后，坚密有图暐之谋，惮垂威名而未发。及闻其至，坚大悦，郊迎执手，礼之甚重。坚相王猛恶垂雄略，劝坚杀之。坚不从，以为冠军将军，封宾都侯，食华阴之五百户。王猛伐洛，引全为参军。猛乃令人诡传垂语于全曰："吾已东还，汝可为计也。"全信之，乃奔暐。猛表全叛状，垂惧而东奔，及蓝田，为追骑所获。坚引见东堂，慰勉之曰："卿家国失和，委身投朕。贤子志不忘本，犹怀首丘。《书》不云乎：'父父子子，无相及也。'卿何为过惧而狼狈若斯也！"于是复垂爵位，恩待如初。

及坚擒暐，垂随坚入邺，收集诸子，对之悲恸，见其故吏，有不悦之色。前郎中令高弼私于垂曰："大王以命世之姿，遭无妄之运，迍邅栖伏，艰亦至矣。天启嘉会，灵命暂迁，此乃鸿渐之始，龙变之初，深愿仁慈有以慰之。且夫高世之略必怀遗俗之规，方当网漏吞舟，以弘苞养之义；收纳旧臣之胄，以成为山之功。奈何以一怒捐之？窃为大王不取。"垂深纳之。垂在坚朝，历位京兆尹，进封泉州侯，所在征伐，皆有大功。

坚之败于淮南也，垂军独全，坚以千余骑奔垂。垂世子宝言于垂曰："家国倾丧，皇纲废弛，至尊明命著之图箓，当隆中兴之业，建少康之功。但时来之运未至，故韬光俟奋耳。今天厌乱德，凶众土崩，可谓乾启神机，授之于我。千载一时，今其会也，宜恭承皇天之意，因而取之。且夫立大功者不顾小节，行大仁者不念小惠。秦既荡覆三京，窃辱神器，仇耻之深，莫甚于此，愿不以意气微恩而忘社稷之重。五木之祥，今其至矣。"垂曰："汝言是也。然彼以赤心投命，若何害之！苟天所弃，图之多便。且纵令北还，更待其衅，既不负宿心，可以义取天下。"垂弟德进曰："夫邻国相吞，有自来矣。秦强而并燕，秦弱而图之，此为报仇雪辱，岂所谓负宿心也！昔邓祁侯不纳三甥之言，终为楚所灭；吴王夫差违子胥之谏，取祸句践。前事之不忘，后事之师表也。愿不弃汤武之成踪，追韩信之败迹，乘彼土崩，恭行天罚，斩逆氐，复宗祀，建中兴，继洪烈，天下大机，弗宜失也。

若释数万之众，授干将之柄，是却天时而待后害，非至计也。语曰：
'当断不断，反受其乱。'愿兄无疑。"垂曰："吾昔太傅所不容，投身
于秦主，又为王猛所谮，复见昭亮，国士之礼每深，报德之分未一。
如使秦运必穷，历数归我者，授首之便，何虑无之。关西之地，会非
吾有，自当有扰之者，吾可端拱而定关东。君子不怙乱，不为祸先，
且可观之。"乃以兵属坚。初，宝在长安，与韩黄、李根等因宴樗蒲，
宝危坐整容，誓之曰："世云樗蒲有神，岂虚也哉！若富贵可期，频得
三卢。"于是三掷尽卢，宝拜而受赐，故云五木之祥。

　　坚至渑池，垂请至邺展拜陵墓，因张国威刑，以安戎狄。坚许
之。权翼谏曰："垂爪牙名将，所谓今之韩、白，世豪东夏，志不为人
用。顷以避祸归诚，非慕德而至，列土千城未可以满其志，冠军之号
岂足以称其心！且垂犹鹰也，饥则附人，饱便高飏，遇风尘之会，必
有陵霄之志。惟宜急其羁绊，不可任其所欲。"坚不从，遣其将李蛮、
闵亮、尹国率众三千送垂，又遣石越戍邺，张蚝戍并州。

　　时，坚子丕先在邺，及垂至，丕馆之于邺西，垂具说淮南败状。
会坚将苻晖告丁零翟斌聚众谋逼洛阳，丕谓垂曰："翟斌兄弟因王
师小失，敢肆凶勃，子母之军，殆难为敌，非冠军英略，莫可以灭也。
欲相烦一行可乎？"垂曰："下官殿下之鹰犬，敢不惟命是听。"于是
大赐金帛，一无所受，惟请旧田园。丕许之，配垂兵二千，遣其将苻
飞龙率氐骑一千为垂之副。丕戒飞龙曰："卿王室肺腑，年秩虽卑，
其实帅也。垂为三军之统，卿为谋垂之主，用兵制胜之权，防微杜贰
之略，委之于卿，卿其勉之。"垂请入邺城拜庙，丕不许。乃潜服而
入，亭吏禁之，垂怒，斩吏烧亭而去。石越言于丕曰："垂之在燕，破
国乱家，及投命圣朝，蒙超常之遇，忽敢轻侮方镇，杀吏焚亭，反形
已露，终为乱阶。将老兵疲，可袭而取之矣。"丕曰："淮南之败，众散
亲离，而垂侍卫圣躬，诚不可忘。"越曰："垂既不忠于燕，其肯尽忠
于我乎！且其亡虏也，主上宠同功旧，不能铭泽誓忠，而首谋为乱，
今不击之，必为后害。"丕不从。越退而告人曰："公父子好存小人，
不顾天下大计，吾属终当为鲜卑虏矣。"

垂至河内,杀飞龙,悉诛氐兵,召募远近,众至三万,济河焚桥,令曰:"吾本外假秦声,内规兴复。乱法者,军有常刑,奉命者,赏不逾日。天下既定,封爵有差,不相负也。"

翟斌闻垂之将济河也,遣使推垂为盟主。垂距之曰:"吾父子寄命秦朝,危而获济,荷主上不世之恩,蒙更生之惠,虽曰君臣,义深父子,岂可因其小隙,便怀二三。吾本救豫州,不越君等,何为斯议而及于我!"垂进欲袭据洛阳,故见苻晖以臣节,退又未审斌之诚款,故以此言距之。垂至洛阳,晖闭门距守,不与垂通。斌又遣长史河南郭通说垂,乃许之。斌率众会垂,劝称尊号,垂曰:"新兴侯,国之正统,孤之君也。若以诸君之力,得平关东,当以大义喻秦,奉迎反正。无上自尊,非孤心也。"谋于众曰:"洛阳四面受敌,北阻大河,至于控驭燕赵,非形胜之便,不如北取邺都,据之而制天下。"众咸以为然。乃引师而东,遣建威将军王腾起浮桥于石门。

初,垂之发邺中,子农及兄子楷、绍,弟子宙,为苻丕所留。及诛飞龙,遣田生密告农等,使起兵赵、魏以相应。于是农、宙奔列人,楷、绍奔辟阳,众咸应之。农西招库辱官伟于上党,东引乞特归于东阿,各率众数万赴之,众至十余万。丕遣石越讨农,为农所败,斩越于陈。

垂引兵至荥阳,以太元八年自称大将军、大都督、燕王,承制行事,建元曰燕元。令称统府,府置四佐,王公以下称臣,凡所封拜,一如王者。以翟斌为建义大将军,封河南王;翟檀为柱国大将军、弘农王;弟德为车骑大将军、范阳王;兄子楷征西大将军、太原王。众至二十余万,济自石门,长驱攻邺。农、楷、绍、宙等率众会垂。立子宝为燕王太子,封功臣为公侯伯子男者百余人。

苻丕乃遣侍郎姜让谓垂曰:"往岁大驾失据,君保卫銮舆,勤王诚义,迈踪前烈。宜述修前规,终忠贞之节,奈何弃崇山之功,为此过举! 过贵能改,先贤之嘉事。深宜详思,悟犹未晚。"垂谓让曰:"孤受主上不世之恩,故欲安全长乐公,使尽众赴京师,然后修复家国之业,与秦永为邻好。何故暗于机运,不以邺见归也? 大义灭亲,况于意气之顾！公若迷而不返者,孤亦欲穷兵势耳。今事已然,恐单马乞命不可得也。"让厉色责垂曰:"将军不容于家国,投命于圣朝,燕之尺土,将军岂有分乎！主上与将军风殊类别,臭味不同,奇将军于一见,托将军以断金,宠逾宗旧,任齐懿藩,自古君臣冥契之重,岂甚此邪！方付将军以六尺之孤,万里之命,奈何王师小败,便有二图！夫师起无名,终则弗成,天之所废,人不能支。将军起无名之师,而欲兴天所废,窃未见其可。长乐公,主上之元子,声德迈于唐卫,居陕东之任,为朝廷维城,其可束手输将军以百城之地！大夫死王事,国君死社稷,将军欲裂冠毁冕,拔本塞源者,自可任将军兵势,何复多云。但念将军以七十之年,悬首白旗,高世之忠,忽为逆鬼,窃为将军痛之。"垂默然。左右劝垂杀之,垂曰:"古者兵交,使在其间,犬各吠非其主,何所问也！"乃遣让归。

　　垂上表于苻坚曰:"臣才非古人,致祸起萧墙,身婴时难,归命圣朝。陛下恩深周汉,猥叨微顾之遇,位为列将,爵忝通侯,誓在戮力输诚,常惧不及。去夏桓冲送死,一拟云消,回讨郧城,俘馘万计,斯诚陛下神算之奇,颇亦愚臣忘死之效。方将饮马桂州,悬旌闽会,不图天助乱德,大驾班师。陛下单马奔臣,臣奉卫匪贰,岂陛下圣明鉴臣单心,皇天后土实亦知之。臣奉诏北巡,受制长乐。然丕外失众心,内多猜忌,令臣野次外庭,不听谒庙。丁零逆竖寇逼豫州,丕迫臣单赴,限以师程,惟给弊卒二千,尽无兵杖,复令飞龙潜为刺客。及至洛阳,平原公晖复不信纳。臣窃惟进无淮阴功高之虑,退无李广失利之愆,惧有青蝇,交乱白黑。丁零夷夏以臣忠而见疑,乃推臣为盟主。臣受托善始,不遂令终,泣望西京,挥涕即迈。军次石门,所在云赴,虽复周武之会于孟津,汉祖之集于垓下,不期之众,实有甚焉。欲令长乐公尽众赴难,以礼发遣,而丕固守匹夫之志,不达变通之理。臣息农收集故营,以备不虞,而石越倾邺城之众,轻相掩袭,兵阵未交,越已陨首。臣既单车悬轸,归者如云,斯实天符,非臣之力。且邺者臣国旧都,应即惠及,然后西面受制,永守东藩,上成陛下遇臣之意,下全愚臣感报之诚。今进师围邺,并喻丕以天时人事。而丕不察机运，杜门自守，时出挑战，锋戈屡交，恒恐飞矢误中，以伤陛下天性之念。臣之此诚，未简神听，辄遏兵止锐，不敢穷攻。夫运有推移，去来常事，惟陛下察之。"坚报曰："朕以不德，忝承灵命，君临万邦，三十年矣。遐方幽裔，莫不来庭，惟东南一隅，敢违王命。朕爰奋六师，恭行天罚，而玄机不吊，王师败绩。赖卿忠诚之至，辅翼朕躬，社稷之不陨，卿之力也。《诗》云：'中心藏之，何日忘之'。方任卿以元相，爵卿以郡侯，庶弘济艰难，敬酬勋烈，何图伯夷忽毁冰操，柳惠倏为淫夫！览表惋然，有惭朝士。卿既不容于本朝，匹马而投命，朕则宠卿以将位，礼卿以上宾，任同旧臣，爵齐勋辅，歃血断金，披心相付。谓卿食椹怀音，保之偕老。岂意畜水覆舟，养兽反害，悔之噬脐，将何所及！诞言骇众，夸拟非常，周武之事，岂卿庸人所可论哉！失笼之鸟，非罗所羁；脱网之鲸，岂罟所制！翘陆任怀，何须闻也。念卿垂老，老而为贼，生为叛臣，死为逆鬼，侏张幽显，布毒存亡，中原士女，何痛如之！朕之历运兴丧，岂复由卿！但长乐、平原以未立之年，遇卿于两都，虑其经略未称朕心，所恨者此焉而已。"

垂攻拔邺郭，丕固守中城，垂堑而围之，分遣老弱于魏郡、肥乡，筑新兴城以置辎重，拥漳水以灌之。

翟斌潜讽丁零及西人，请斌为尚书令。垂访之群僚，其安东将军封衡厉色曰："马能千里，不免羁绊，明畜生不可以人御也。斌戎狄小人，遭时际会，兄弟封王，自骓兜已来，未有此福。忽履盈忘止，复有斯求，魂爽错乱，必死不出年也。"垂犹隐忍容之，令曰："翟王之功宜居上辅，但台既未建，此官不可便置。待六合廓清，更当议之。"斌怒，密应苻丕，潜使丁零决防溃水。事泄，垂诛之。斌兄子真率其部众北走邯郸，引兵向邺，欲与丕为内外之势，垂令其太子宝、冠军慕容隆击破之。真自邯郸北走，又使慕容楷率骑追之，战于下邑，为真所败，真遂屯于承营。垂谓诸将曰："苻丕穷寇，必守死不降。丁零叛扰，乃我腹心之患。吾欲迁师新城，开其逸路，进以谢秦主畴昔之恩，退以严击真之备。"于是引师去邺，北屯新城。慕容农进攻翟嵩于黄泥,破之。垂谓其范阳王德曰:"苻丕吾纵之不能去,方引晋师规固邺都,不可置也。"进师又攻邺,开其西奔之路。

垂将有北都中山之意,农率众数万迎之。群僚闻慕容暐为苻坚所杀,劝垂僭位。垂以慕容冲称号关中,不许。

晋龙骧将军刘牢之率众救苻丕,至邺,垂逆战,败绩,遂彻邺围,退屯新城。垂自新城北走,牢之追垂,连战皆败。又战于五桥泽,王师败绩,德及隆引兵要之于五丈桥,牢之驰马跳五丈涧,会苻丕救至而免。

翟真去承营,徙屯行唐,真司马鲜于乞杀真,尽诛翟氏,自立为赵王。营人攻杀乞,迎立真从弟成为主,真子辽奔黎阳。

高句骊寇辽东,垂平北慕容佐遣司马郝景率众救之,为高句骊所败,辽东、玄菟遂没。

建节将军徐岩叛于武邑,驱掠四千余人,北走幽州。垂驰敕其将平规曰:"但固守勿战,比破丁零,吾当自讨之。"规违命距战,为岩所败。岩乘胜入蓟,掠千余户而去,所过寇暴,遂据令支。

翟成长史鲜于得斩成而降,垂入行唐,悉坑其众。

苻丕弃邺城,奔于并州。

慕容农攻克令支,斩徐岩兄弟。进伐高句骊,复辽东、玄菟二郡,还屯龙城。

垂定都中山,群僚劝即尊号,具典仪,修郊燎之礼。垂从之,以太元十一年僭即位,赦其境内,改元曰建兴,置百官,缮宗庙社稷,立宝为太子。以其左长史库辱官伟、右长史段崇、龙骧张崇、中山尹封衡为吏部尚书,慕容德为侍中、都督中外诸军事、领司隶校尉,抚军慕容麟为卫大将军,其余拜授有差。追尊母兰氏为文昭皇后,迁祧后段氏,以兰氏配飨。博士刘详、董谧议以尧母妃位第三,不以贵陵姜嫄,明圣王之道以至公为先。垂不从。

遣其征西慕容楷、卫军慕容麟、镇南慕容绍、征房慕容宙等攻苻坚冀州牧苻定、镇东苻绍、幽州牧苻谟、镇北苻亮。楷与定等书,喻以祸福,定等悉降。

　　垂留其太子宝守中山，率诸将南攻翟辽，以楷为前锋都督。辽之部众皆燕赵人也，咸曰："太原王之子，吾之父母。"相率归附。辽惧，遣使请降。垂至黎阳，辽肉袒谢罪，垂厚抚之。

　　为其太子宝起承华观，以宝录尚书政事，巨细皆委之，垂总大纲而已。立其夫人段氏为皇后。又以宝领侍中、大单于、骠骑大将军、幽州牧。建留台于龙城，以高阳王慕容隆录留台尚书事。时，慕容晖及诸宗室为苻坚所害者，并招魂葬之。

　　清河太守贺耕聚众定陵以叛，南应翟辽，慕容农讨斩之，毁定陵城。进师入邺，以邺城广难固，筑凤阳门大道之东为隔城。

　　其尚书郎娄会上疏曰："三年之丧，天下之达制，兵荒杀礼，遂以一切取士。人心奔竞，苟求荣进，至乃身冒衰绖，以赴时役，岂必殉忠于国家，亦昧利于其间也。圣王设教，不以颠沛而亏其道，不以丧乱而变其化，故能杜豪竞之门，塞奔波之路。陛下钟百王之季，廓中兴之业，天下渐平，兵革方偃，诚宜蠲荡颠秽，率由旧章。吏遭大丧，听终三年之礼，则四方知化，人斯服礼。"垂不从。

　　翟辽死，子钊代立，攻逼邺城，慕容农击走之。垂引师伐钊于滑台，次于黎阳津，钊于南岸距守，诸将恶其兵精，咸谏不宜济河。垂笑曰："竖子何能为，吾今为卿等杀之。"遂徙营就西津，为牛皮船百余艘，载疑兵列杖，溯流而上。钊先以大众备黎阳，见垂向西津，乃弃营西距。垂潜遣其桂林王慕容镇、骠骑慕容国于黎阳津夜济，壁于河南。钊闻而奔还，士众疲渴，走归滑台，钊携妻子率数百骑北趣白鹿山。农追击，尽擒其众，钊单骑奔长子。钊所统七郡户三万八千皆安堵如故。徙徐州流人七千余户于黎阳。

　　于是议征长子。诸将咸谏，以慕容永未有衅，连岁征，役士卒疲怠，请俟他年。垂将从之，及闻慕容德之策，笑曰："吾计决矣。且吾投老，扣囊底智，足以克之，不复留逆贼以累子孙也。"乃发步骑七万，遣其丹杨王慕容瓒、龙骧张崇攻永弟支于晋阳。永遣其将刁云、慕容钟率众五万屯潞川。垂遣慕容楷出自滏口，慕容农入自壶关，垂顿于邺之西南，月余不进。永谓垂诡道伐之，乃摄诸军还杜太行轵关。垂进师入自大井关,至于壶壁。永率精卒五万来距,阻河曲以自固,驰使请战。垂列阵于壶壁之南,农、楷分为二翼,慕容国伏千兵于深涧,与永大战。垂引军伪退,永追奔数里,国发伏兵驰断其后,楷、农夹击之,永师大败,斩首八千余级,永奔还长子。慕容瓒攻克晋阳。垂进围长子,永将贾韬等潜为内应。垂进军入城,永奔北门,为前驱所获,于是数而戮之,并其所署公卿刁云等三十余人。永所统新旧八郡户七万六千八百及乘舆、服御、伎乐、珍宝悉获之,于是品物具矣。

使慕容农略地河南,攻廪丘、阳城,皆克之,太山、琅邪诸郡皆委城奔溃,农进师临海,置守宰而还。垂告捷于龙城之庙。

遣其太子宝及农与慕容麟等,率众八万伐魏,慕容德、慕容绍以步骑一万八千为宝后继。魏闻宝将至,徙往河西。宝进师临河,惧不敢济。还次参合,忽有大风黑气,状若堤防,或高或下,临覆军上。沙门支昙猛言于宝曰:“风气暴迅,魏军将至之候,宜遣兵御之。”宝笑而不纳。昙猛固以为言,乃遣麟率骑三万为后殿,以御非常。麟以昙猛言为虚,纵骑游猎。俄而黄雾四塞,日月晦冥。是夜,魏师大至,三军奔溃,宝与德等数千骑奔免,士众还者十一二,绍死之。初,宝至幽州,所乘车轴无故自折。术士靳安以为大凶,固劝宝还,宝怒不从,故及于败。

宝恨参合之败,屡言魏有可乘之机。慕容德亦曰:“魏人狃于参合之役,有陵太子之心,宜及圣略,摧其锐志。”垂从之,留德守中山,自率大众出参合,凿山开道,次于猎岭。遣宝与农出天门,征北慕容隆、征西慕容盛逾青山,袭魏陈留公泥于平城,陷之,收其众三万余人而还。

垂至参合,见往年战处积骸如山,设吊祭之礼,死者父兄一时号哭,军中皆恸。垂惭愤欧血,因而寝疾。乘马舆而进,过平城北三十里疾笃,筑燕昌城而还。宝等至云中,闻垂疾,皆引归。及垂至于平城,或有叛者奔告魏曰:“垂病已亡,舆尸在军。”魏又闻参合大哭,以为信然,乃进兵追之,知平城已陷而退,还馆阴山。垂至上谷之沮阳,以太元二十一年死,时年七十一,凡在位十三年。遗令曰:"方今祸难尚殷,丧礼一从简易,朝终夕殡,事讫成服,三日之后,释服从政。强寇伺隙,秘勿发丧,至京然后举哀行服。"宝等遵行之。伪谥成武皇帝,庙号世祖,墓曰宣平陵。

晋书卷一二四
载记第二四

# 慕容宝　慕容盛　慕容熙
# 慕容云

　　慕容宝，字道佑，垂之第四子也。少轻果无志操，好人佞己。符坚时为太子洗马、万年令。坚淮肥之役，以宝为陵江将军。及为太子，砥砺自修，敦崇儒学，工谈论，善属文，曲事垂左右小臣，以求美誉。垂之朝士翕然称之，垂亦以为克保家业，甚贤之。

　　垂死其年，宝嗣伪位，大赦境内，改元为永康。以其太尉库辱官伟为太师、左光禄大夫，段崇为太保，其余拜授各有差。遵垂遗令，校阅户口，罢诸军营分属郡县，定士族旧籍，明其官仪。而法峻政严，上下离德，百姓思乱者十室而九焉。

　　初，垂以宝冢嗣未建，每忧之。宝庶子清河公会多材艺，有雄略，垂深奇之。及宝之北伐，使会代摄官事，总录、礼遇一同太子，所以见定旨也。垂之伐魏，以龙城旧都，宗庙所在，复使会镇幽州，委以东北之重，高选僚属以崇威望。临死顾命，以会为宝嗣。而宝宠爱少子濮阳公策，意不在会。宝庶长子长乐公盛自以同生年长，耻会先之，乃盛称策宜为储贰，而非毁会焉。宝大悦，乃访其赵王麟、高阳王隆，麟等咸希旨赞成之。宝遂与麟等定计，立策母段氏为皇后，策为皇太子，盛、会进爵为王。策，字道符，年十一，美姿貌，而蠢弱不慧。

　　魏伐并州，骠骑李农逆战，败绩，还于晋阳，司马慕舆嵩闭门距之。农率骑数千奔归中山，行及潞川，为魏追军所及，余骑尽没，单马遁还。宝引群臣于东堂议之。中山尹苻谟曰："魏军强盛，千里转斗，乘胜而来，勇气兼倍，若逸骑平原，形势弥盛，殆难为敌，宜度险距之。"中书令眭邃曰："魏军多骑，师行剽锐，马上赍粮，不过旬日。宜令郡县聚千家为一堡，深沟高垒，清野待之，至无所掠，资食无出，不过六旬，自然穷退。"尚书封懿曰："今魏师十万，天下之勃敌也。百姓虽欲营聚，不足自固，是则聚粮集兵以资强寇，且动众心，示之以弱。阻关距战，计之上也。"慕容麟曰："魏今乘胜气锐，其锋不可当，宜自完守设备，待其弊而乘之。"于是修城积粟，为持久之备。

魏攻中山不克，进据博陵鲁口，诸将望风奔退，郡县悉降于魏。宝闻魏有内难，乃尽众出距，步卒十二万，骑三万七千，次于曲阳柏津。魏军进至新梁。宝惮魏师之锐，乃遣征北隆夜袭魏军，败绩而还。魏军方轨而至，对营相持，上下凶惧，三军夺气。农、麟劝宝还中山，乃引归。魏军追击之，宝、农等弃大军，率骑二万奔还。时，大风雪，冻死者相枕于道。宝恐为魏军所及，命去袍杖戎器，寸刃无返。

魏军进攻中山，屯于芳林园。其夜尚书慕容皓谋杀宝，立慕容麟。皓妻兄苏泥告之，宝使慕容隆收皓，皓与同谋数十人斩关奔魏。麟惧不自安，以兵劫左卫将军、北地王精，谋率禁旅弑宝。精以义距之，麟怒，杀精，出奔丁零。

初，宝闻魏之来伐也，使慕容会率幽、并之众赴中山。麟既叛，宝恐其逆遇会军，将遣兵迎之。麟侍郎段平子自丁零奔还，说麟招集丁零，军众甚盛，谋袭会军，东据龙城。宝与其太子策及农、隆等万余骑迎会于蓟，以开封公慕容详守中山。会倾身诱纳，缮甲厉兵，步骑二万，列阵而进，迎宝蓟南。宝分其兵给农、隆，遣西河公库辱官骥率众三千助守中山。会以策为太子，有恨色。宝以告农、隆，俱曰："会一年少，专任方事，习骄所致，岂有他也。臣当以礼责之。"幽平之士皆怀会威德，不乐去之，咸请曰："清河王天资神武，权略过人，臣等与之誓同生死，感王恩泽，皆勇气自倍。愿陛下与皇太子、诸王止驾蓟宫，使王统臣等进解京师之围，然后奉迎车驾。"宝左右皆害其勇略，潜而不许，众咸有怨言。左右劝宝杀会，侍御史仇尼归闻而告会曰："左右密谋如是，主上将从之。大王所恃唯父母也，父已异图；所杖者兵也，兵已去手，进退路穷，恐无自全之理。劝诛二王，废太子，大王自处东宫，兼邻将相，以匡社稷。"会不从。宝谓农、隆曰："观会为变，事当必然，宜早杀之。不尔，恐成大祸。"农曰："寇贼内侮，中州纷乱，会镇抚旧都，安众宁境，及京师有难，万里星赴，威名之重，可以振服戎狄。又逆迹未彰，宜且隐忍。今社稷之危，若缀旒然，复内相诛戮，有损威望。"宝曰："会逆心已成，而王等仁慈，不欲去之，恐一旦衅发，必先害诸父，然后及吾。事败之后，当思朕言。"农等固谏，乃止。会闻之弥惧，奔于广都黄榆谷。会遣仇尼归等率壮士二十余人分袭农、隆，隆是夜见杀，农中重创。既而会归于宝，宝意在诛会，诱而安之，潜使左卫慕舆腾斩会，不能伤。会复奔其众，于是勒兵攻宝。宝率数百骑驰如龙城，会率众追之，遣使请诛左右佞臣，并求太子，宝弗许。会围龙城，侍御郎高云夜率敢死士百余人袭会，败之，众悉逃散，单马奔还中山，乃逾围而入，为慕容详所杀。

详僭称尊号，置百官，改年号。荒酒奢淫，杀戮无度，诛其王公以下五百余人，内外震局，莫敢忤视。城中大饥，公卿饿死者数十人。麟率丁零之众入中山，斩详及其亲党三百余人，复僭称尊号。中山饥甚，麟乃据新市，与魏师战于义台，麟军败绩。魏师遂入中山，麟乃奔邺。

慕容德遣侍郎李延劝宝南伐，宝大悦。慕容盛切谏，以为兵疲师老，魏新平中原，宜养兵观衅，更俟他年。宝将从之。抚军慕舆腾进曰："今众旅已集，宜乘新定之机以成进取之功。人可使由之，而难与图始，惟当独决圣虑，不足广采异同，以沮乱军议也。"宝曰："吾计决矣，敢谏者斩！"宝发龙城，以慕舆腾为前军大司马，慕容农为中军，宝为后军，步骑三万，次于乙连。长上段速骨、宋赤眉因众军之惮役也，杀司空、乐浪王宙，逼立高阳王崇。宝单骑奔农，仍引军讨速骨。众咸惮征幸乱，投杖奔之。腾众亦溃，宝、农驰还龙城。兰汗潜与速骨通谋，速骨进师攻城，农为兰汗所谲，潜出赴贼，为速骨所杀。众皆奔散，宝与慕容盛、慕舆腾等南奔。兰汗奉太子策承制，遣使迎宝，及子蓟城。宝欲还北，盛等咸以汗之忠款虚实未明，今单马而还，汗有贰志者，悔之无及。宝从之，乃自蓟而南。至黎阳，闻慕容德称制，惧而退。遣慕舆腾招集散兵于巨鹿，慕容盛结豪桀于冀州，段仪、段温收部曲于内黄，众皆响会，克期将集。会兰汗遣左将军苏超迎宝，宝以汗垂之季舅，盛又汗之婿也，必谓忠款无贰，乃还至龙城。汗引宝入于外邸，弑之，时年四十四，在位三年，即隆安三年也。汗又弑其太子策及王公卿士百余人。汗自称大都督、大将军、大单于、昌黎王。盛僭位，伪谥宝惠愍皇帝，庙号烈宗。

皝之迁于龙城也，植松为社主。及秦灭燕，大风吹拔之。后数年，社处忽有桑二根生焉。先是，辽川无桑，及廆通于晋，求种江南，平州桑悉由吴来。廆终而垂以吴王中兴，宝之将败，大风又拔其一。

盛，字道运，宝之庶长子也。少沉敏，多谋略。苻坚诛慕容氏，盛潜奔于冲。及冲称尊号，有自得之志，赏罚不均，政令不明。盛年十二，谓叔父柔曰："今中山王智不先众，才不出下，恩未施人，先自骄大，以盛观之，鲜不覆败。"俄而冲为段木延所杀，盛随慕容永东如长子，谓柔曰："今崎岖于锋刃之间，在疑忌之际，愚则为人所猜，智则危甚巢幕，当如鸿鹄高飞，一举万里，不可坐待罟网也。"于是，与柔及弟会间行东归于慕容垂。遇盗陕中，盛曰："我六尺之躯，入水不溺，在火不焦，汝欲当吾锋乎！试竖尔手中箭百步，我若中之，宜慎尔命，如其不中，当束身相授。"盗乃竖箭，盛一发中之。盗曰："郎贵人之子，故相试耳。"资而遣之。岁余，永诛儁、垂之子孙，男女无遗。盛既至，垂问以西事，画地成图。垂笑曰："昔魏武抚明帝之首，遂乃侯之，祖之爱孙，有自来矣。"于是封长乐公。骁勇刚毅，有伯父全之风烈。

宝即伪位，进爵为王。宝自龙城南伐，盛留统后事。及段速骨作乱，驰出迎卫。宝几为速骨所获，赖盛以免。盛屡进奇策于宝，宝不能从，是以屡败。宝既如龙城，盛留在后。宝为兰汗所杀，盛驰进赴哀，将军张真固谏以为不可。盛曰："我今投命，告以哀穷。汗性愚近，必顾念婚姻，不忍害我。旬月之间，足展吾志。"遂入赴丧。汗妻乙氏泣涕请盛，汗亦哀之，遣其子穆迎盛，舍之宫内，亲敬如旧。汗兄提、弟难劝汗杀盛，汗不从。慕容奇，汗之外孙也，汗亦宥之。奇入见盛，遂相与谋。盛遣奇起兵于外，众至数千。汗遣兰提讨奇。提骄很淫荒，事汗无礼，盛因间之于汗曰："奇，小儿也，未能办此，必内有应之者。提素骄，不可委以大众。"汗因发怒，收提诛之，遣其抚军仇尼慕率众讨奇。汗兄弟见提之诛，莫不危惧，皆阻兵背汗，袭败慕军。汗大惧，遣其子穆率众讨之。穆谓汗曰："慕容盛，我之仇也。奇今起逆，盛必应之。兼内有萧墙之难，不宜养心腹之疾。"汗将诛盛，引见察之。盛妻以告，于是伪称疾笃，不复出入，汗乃止。有李旱、卫双、刘志、张豪、张真者，皆盛之旧昵，兰穆引为腹心。旱等屡入见盛，潜结大谋。会穆讨兰难等斩之，大飨将士，汗、穆皆醉。盛夜因如厕，袒而逾墙，入于东宫，与李旱等诛穆，众皆踊呼，进攻汗，斩之。汗二子鲁公和、陈公杨分屯令支、白狼，遣李旱、张真袭诛之。于是内外帖然，士女咸悦。盛谦挹自卑，不称尊号。其年，以长乐王称制，赦其境内，改元曰建平。诸王降爵为公，文武各复旧位。

初，慕容奇聚众于建安，将讨兰汗，百姓翕然从之。汗遣兄子全讨奇，奇击灭之，进屯乙连。盛既诛汗，命奇罢兵，奇遂与丁零严生、乌九王龙之阻兵叛盛，引军至横沟，去龙城十里。盛出兵击败之，执奇而还，斩龙、生等百余人。

盛于是僭即尊位，大赦殊死已下，追尊伯考献庄太子全为献庄皇帝，尊宝后段氏为皇太后，全妃丁氏为献庄皇后，谥太子策为献哀太子。盛幽州刺史慕容豪、尚书左仆射张通、昌黎尹张顺谋叛，盛皆诛之。改年为长乐。有犯罪者，十日一自决之，无挝捶之罚，而狱情多实。

　　高句骊王安遣使贡方物。有雀素身绿首，集于端门，栖翔东园，二旬而去，改东园为白雀园。

　　盛听诗歌及周公之事，顾谓群臣曰："周公之辅成王，不能以至诚感上下，诛兄弟以杜流言，犹擅美于经传，歌德于管弦。至如我之太宰桓王，承百王之季，主在可夺之年，二寇窥窬，难过往日，临朝辅政，群情缉穆，经略外敷，辟境千里，以礼让维宗亲，德刑制群后，敦睦雍熙，时无二论。勋道之茂，岂可与周公同日而言乎！而燕咏阙而不论，盛德掩而不述，非所谓也。"乃命中书更为《燕颂》以述恪之功焉。

　　又引中书令常忠、尚书阳璆、秘书监郎敷于东堂，问曰："古来君子皆谓周公忠圣，岂不谬哉！"璆曰："周公居摄政之重，而能达君臣之名，及流言之谤，致烈风以悟主，道契神灵，义光万代，故累叶称其高，后王无以夺其美。"盛曰："常令以为何如？"忠曰："昔武王疾笃，周公有请命之诚，流言之际，义感天地，楚挞伯禽以训就王德。周公为臣之忠，圣达之美，《诗》、《书》已来未之有也。"盛曰："异哉二君之言！朕见周公之诈，未见其忠圣也。昔武王得九龄之梦，白文王，文王曰：'我百，尔九十，吾与尔三焉。'及文王之终，已验武王之寿矣。武王之算未尽而求化其死，是非诈乎！若惑于天命，是不圣也。据摄天位而丹诚不见，致兄弟之间有干戈之事。夫文王之化自近及远，故曰刑于寡妻，至于兄弟。周公亲遗圣父之典而蹈嫌疑之踪，戮罚同气以逞私忿，何忠之有乎！但时无直笔之史，后儒承其谬谈故也。"忠曰："启金滕而返风，亦足以明其不诈。遭二叔流言之变，而能大义灭亲，终安宗国，复子明辟，辅成大业，以至太平，制礼作乐，流庆无穷，亦不可谓非至德也。"盛曰："卿徒因成文而未原大理，朕今相为论之。昔周自后稷积德累仁，至于文、武。文、武以大圣应期，遂有天下。生灵仰其德，四海归其仁。成王虽幼统洪业，而卜世修长，加吕、召、毛、毕为之师傅。若无周公摄政，王道足以成也。周公无故以安危为己任，专临朝之权，阙北面之礼。管、蔡忠存王室，以为周公代主，非人臣之道，故言公将不利于孺子。周公当明

大顺之节,陈诚义以晓群疑,而乃阻兵都邑,擅行诛戮。不臣之罪彰
于海内,方贻王《鸱鸮》之诗,归非于主,是何谓乎!又周公举事,称
告二公,二公足明周公之无罪而坐观成王之疑,此则二公之心亦有
猜于周公也。但以疏不间亲,故寄言于管、蔡,可谓忠不见于当时,
仁不及于兄弟。知群望之有归,天命之不在己,然后返政成王,以为
忠耳。大风拔木之征,乃皇天佑存周道,不忘文、武之德,是以赦周
公之始愆,欲成周室之大美。考周公之心,原周公之行,乃天下之罪
人,何至德之谓也!周公复位,二公所以杜口不言其本心者,以明
管、蔡之忠也。”

又谓常忠曰:“伊尹、周公孰贤?”忠曰:“伊尹非有周公之亲而
功济一代,太甲乱德,放于桐宫,思愆改善,然后复之。使主无怨言,
臣无流谤,道存社稷,美溢来今。臣谓伊尹之勋有高周旦。”盛曰:
“伊尹以旧臣之重,显阿衡之任,太甲嗣位,君道未洽,不能竭忠辅
导,而放黜桐宫,事同夷羿,何周公之可拟乎!”郎敷曰:“伊尹处人
臣之位,不能匡制其君,恐成汤之道坠而莫就,是以居之桐宫,与小
人从事,使知稼穑之艰难,然后返之天位,此其忠也。”盛曰:“伊尹
能废而立之,何不能辅之以至于善乎?若太甲性同桀纣,则三载之
间未应便成贤后。如其性本休明,义心易发,当务尽匡规之理以弼
成君德,安有人臣幽主而据其位哉!且臣之事君,惟力是视,奈何挟
智藏仁以成君恶!夫太甲之事,朕已鉴之矣。太甲,至贤之主也,以
伊尹历奉三朝,绩无异称,将失显祖委授之功,故匿其日月之明,受
伊尹之黜,所以济其忠贞之美。夫非常之人,然后能立非常之事,非
常人之所见也,亦犹太伯之三让,人无德而称焉。”敷曰:“太伯三以
天下让,至仲尼而后显其至德。太甲受谤于天下,遭陛下乃申其
美。”因而谈宴赋诗,赐金帛各有差。

辽西太守李朗在郡十年,威制境内,盛疑之,累征不赴。以母在
龙城,未敢显叛,乃阴引魏军,将为自安之计,因表请发兵以距寇。
盛曰:“此必诈也。”召其使而诘之,果验,尽灭其族,遣辅国将军李
旱率骑讨之。师次建安,召旱旋师。朗闻其家被诛也,拥三千余户

以自固。及闻旱中路而还,谓有内变,不复为备,留其子养守令支,躬迎魏师于北平。旱候知之,袭克令支,遣广威孟广平率骑追朗,及于无终,斩之。

初,盛之追旱还也,群臣莫知其故。旱既斩朗,盛谓群臣曰:“前以追旱还者,正为此耳。朗新为叛逆,必忌官威,一则鸠合同类,劫害良善;二则亡窜山泽,未可卒平。故非意而还,以盈怠其志,卒然掩之,必克之理也。群臣皆曰:“非所及也。”

李旱自辽西还,闻盛杀其将卫双,惧,弃军奔走。既而归罪,复其爵位。盛谓侍中孙勍曰:“旱总三军之任,荷专征之重,不能杖节死绥,无故逃亡,考之军正,不赦之罪也。然当先帝之避难,众情离贰,骨肉忘其亲,股肱失忠节,旱以刑余之体,效力尽命,忠款之至,精贯白日,朕故录其忘身之功,免其丘山之罪耳。”

盛去皇帝之号,称庶人大王。

魏袭幽州,执刺史卢溥而去。遣孟广平援之,无及。

盛率众三万伐高句骊,袭其新城、南苏,皆克之,散其积聚,徙其五千余户于辽西。

盛引见百僚于东堂,考详器艺,超拔者十有二人。命百司举文武之士才堪佐世者各一人。立其子辽西公定为太子,大赦殊死已下。宴其群臣于新昌殿,盛曰:“诸卿各言其志,朕将览之。”七兵尚书丁信年十五,盛之舅子也,进曰:“在上不骄,高而不危,臣之愿也。”盛笑曰:“丁尚书年少,安得长者之言乎!”盛以威严驭下,骄暴少亲,多所猜忌,故信言及之。

盛讨库莫奚,大虏获而还。左将军慕容国与殿中将军秦舆、段赞等谋率禁兵袭盛,事觉,诛之,死者五百余人。前将军、思悔侯段玑、舆子兴、赞子泰等,因众心动摇,夜于禁中鼓噪大呼。盛闻变,率左右出战,众皆披溃。俄而有一贼从暗中击伤盛,遂辇升前殿,申约禁卫,召叔父河间公熙属以后事。熙未至而盛死,时年二十九,在位三年。伪谥昭武皇帝,墓号兴平陵,庙号中宗。

盛幼而羁贱流漂,长则遭家多难,夷险安危,备尝之矣。惩宝暗而不断,遂峻极威刑,纤芥之嫌,莫不裁之于未萌,防之于未兆。于是上下振局,人不自安,虽忠诚亲戚亦皆离贰,旧臣靡不夷灭,安忍无亲,所以卒于不免。是岁隆安五年也。

熙,字道文,垂之少子也。初封河间王。段速骨之难,诸王多被其害,熙素为高阳王崇所亲爱,故得免焉。兰汗之篡也,以熙为辽东公,备宗祀之义。盛初即位,降爵为公,拜都督中外诸军事、骠骑大将军、尚书左仆射,领中领军。从征高句骊、契丹,皆勇冠诸将。盛曰:“叔父雄果英壮,有世祖之风,但弘略不如耳。”

及盛死,其太后丁氏以国多难,宜立长君。群望皆在平原公元,而丁氏意在于熙,遂废太子定,迎熙入宫。群臣劝进,熙以让元,元固以让熙,熙遂僭即尊位。诛其大臣段玑、秦兴等,并夷三族。元以嫌疑赐死。元,字道光,宝之第四子也。赦殊死已下,改元曰光始,改北燕台为大单于台,置左右辅,位次尚书。

初,熙悉于丁氏,故为所立。及宠幸苻贵人,丁氏怨恚咒诅,与兄子七兵尚书信谋废熙。熙闻之,大怒,逼丁氏令自杀,葬以后礼,诛丁信。熙狩于北原,石城令高和杀司隶校尉张显,闭门距熙。熙率骑驰返,和众皆投杖,熙入诛之。于是引见州郡及单于八部耆旧于东宫,问以疾苦。

大筑龙腾苑,广袤十余里,役徒二万人。起景云山于苑内,基广五百步,峰高十七丈。又起逍遥宫、甘露殿,连房数百,观阁相交。凿天河渠,引水入宫。又为其昭仪苻氏凿曲光海、清凉池。季夏盛暑,士卒不得休息,暍死者太半。熙游于城南,止大柳树下,若有人呼曰:“大王且止。”熙恶之,伐其树,乃有蛇长丈余,从树中而出。

立其贵嫔苻氏为皇后,赦殊死已下。

熙北袭契丹,大破之。

昭仪苻氏死,伪谥愍皇后。赠苻谟太宰,谥文献公。二苻并美而艳,好微行游宴,熙弗之禁也。请谒必从,刑赏大政无不由之。初,昭仪有疾,龙城人王温称能疗之,未几而卒。熙忿其妄也,立于公车门支解温而焚之。其后好游田，熙从之，北登白鹿山，东过青岭，南临沧海，百姓苦之，士卒为豺狼所害及冻死者五千余人矣。会高句骊寇燕郡，杀略百余人。熙伐高句骊，以苻氏从，为冲车地道以攻辽东。熙曰："待划平寇城，朕当与后乘辇而入，不听将士先登。"于是城内严备，攻之不能下。会大雨雪，士卒多死，乃引归。

拟邺之凤阳门，作弘光门，累级三层。

熙与苻氏袭契丹，惮其众盛，将还，苻氏弗听，遂弃辎重，轻袭高句骊，周行三千余里，士马疲冻，死者属路。攻木底城，不克而还。

尽杀宝诸子。大城肥如及宿军，以仇尼倪为镇东大将军、营州刺史，镇宿军；上庸公懿为镇西将军、幽州刺史，镇令支；尚书刘木为镇南大将军、冀州刺史，镇肥如。

为苻氏起承华殿，高承光一倍。负土于北门，土与谷同价。典军杜静载棺诣阙，上书极谏。熙大怒，斩之。苻氏尝季夏思冻鱼脍，仲冬须生地黄，皆下有司切责，不得，加以大辟，其虐也如此。苻氏死，熙悲号躃踊，若丧考妣，拥其尸而抚之曰："体已就冷，命遂断矣！"于是僵仆气绝，久而乃苏。大敛既讫，复启其棺而与交接。服斩衰，食粥。制百僚于宫内哭临，令沙门素服。使有司案检哭者，有泪以为忠孝，无则罪之，于是群臣震惧，莫不含辛以为泪焉。慕容隆妻，张氏，熙之嫂也，美姿容，有巧思。熙将以为苻氏之殉，欲以罪杀之，乃毁其襜靴，中有弊毡，遂赐死。三女叩头求哀，熙不许。制公卿已下至于百姓，率户营墓，费殚府藏。下锢三泉，周轮数里，内则图画尚书八坐之象。熙曰："善为之，朕将随后入此陵。"识者以为不祥。其右仆射韦璆等并惧为殉，沐浴而待死焉。号苻氏墓曰徽平陵。熙被发徒跣，步从苻氏丧。辒车高大，毁北门而出。长老窃相谓曰："慕容氏自毁其门，将不久也。"

中卫将军冯跋、万卫将军张兴，先皆坐事亡奔，以熙政之虐也，与跋从兄万泥等二十二人结盟，推慕容云为主，发尚方徒五千余人闭门距守。中黄门赵洛生奔告之，熙曰："此鼠盗耳，朕还当诛之。"乃收发贯甲，驰还赴难。夜至龙城，攻北门不克，遂败，走入龙腾苑，微服隐于林中,为人所执,云得而弑之,及其诸子同殡城北。时年二十三,在位六年。云葬之于苻氏墓,伪谥昭文皇帝。

垂以孝武帝太元八年僭立,至熙四世,凡二十四年,以安帝义熙三年灭。初,童谣曰:"一束藁,两头然,秃头小儿来灭燕。"藁字上有草,下有禾,两头然则禾草俱尽而成高字。云父名拔,小字秃头,三子,而云季也。熙竟为云所灭,如谣言焉。

慕容云,字子雨,宝之养子也。祖父高和,句骊之支庶,自云高阳氏之苗裔,故以高为氏焉。云沉深有局量,厚重希言,时人咸以为愚,唯冯跋奇其志度而友之。宝之为太子,云以武艺给事侍东宫,拜侍御郎,袭败慕容会军。宝子之,赐姓慕容氏,封夕阳公。

熙之葬苻氏也,冯跋诣云,告之以谋。云惧曰:"吾婴疾历年,卿等所知,愿更图之。"跋逼曰:"慕容氏世衰,河间虐暴,惑妖淫之女而逆乱天常,百姓不堪其害,思乱者十室九焉,此天亡之时也。公自高氏名字,何能为他养子!机运难邀,千岁一时,公焉得辞也!"扶之而出。云曰:"吾疾苦日久,废绝世务。卿今兴建大事,谬见推逼。所以徘徊,非为身也,实惟否德不足以济元元故耳。"跋等强之,云遂即天王位,复姓高氏,大赦境内殊死以下,改元曰正始,国号大燕。署冯跋侍中、都督中外诸军事、征北大将军、开府仪同三司、录尚书事、武邑公,封伯、子、男、乡、亭侯者五十余人,士卒赐谷帛有差。熙之群官,复其爵位。立妻李氏为天王后,子彭为太子。

越骑校尉慕舆良谋叛,云诛之。

云临东堂,幸臣离班、桃仁怀剑执纸而入,称有所启,拔剑击云,云以几距班,桃仁进而弑之。冯跋迁云尸于东宫,伪谥惠懿皇帝。云自以无功德而为豪桀所推,常内怀惧,故宠养壮士以为腹心。离班、桃仁等并专典禁卫,委之以爪牙之任,赏赐月至数千万,衣食卧起,皆与之同,终以此致败云。

史臣曰:四星东聚,金陵之气已分;五马南浮,玉塞之雄方扰。

市朝屡改,艰虞靡息。慕容垂天资英杰,威震本朝,以雄略见猜而庇身宽政,永固受之而以礼,道明事之而毕力。然而隼质难羁,狼心自野。淮南失律,三甥之谋已构;河朔分麾,五木之祥云启。斩飞龙而遐举,逾石门而长迈,遂使翟氏景从,邺师宵逸,收罗赵、魏,驱驾英雄。叩囊余奇,摧五万于河曲;浮船秘策,招七郡于黎阳。返辽阴之旧物,创中山之新社,类帝禋宗,僭似斯备。夫以重耳归晋,赖五臣之功;句践给吴,资五千之卒。恶有业殊二霸,众微一旅,掎拔而倾山岳,腾啸而御风云!虽卫人忘亡复传于东国,任好余裕伊愧于西邻,信苻氏之奸回,非晋室之鲸鲵矣。

宝以浮誉获升,峻文御俗,萧墙内愤,勍敌外陵。虽毒不被物,而恶足自剿。盛则孝友冥符,文武不坠,韬光而夷仇贼,罪己而逊高危,翩翩然浊世之佳房矣。熙乃地非奥主,举因淫德。骊戎之态,取悦于匡床;玄妻之姿,见奇于鬓发。荡轻舟于曲光之海,望朝涉于景云之山,饰土木于骄心,穷怨嗟于蕞壤,宗祀夷灭,为冯氏之驱除焉。

赞曰:戎狄凭陵,山川沸腾。天未悔祸,人非与能。疾走而捷,先鸣则兴。道明烈烈,鞭笞豪杰。扫燕夷魏,钊屠永灭。大盗潜移,鸿名遂窃。宝心生乱,盛清家难。熙极骄淫,人怀愤惋。孽贻身咎,灾无以逭。

晋书卷一二五
载记第二五

# 乞伏国仁　　乞伏乾归
# 乞伏炽磐　　冯跋 冯素弗

　　乞伏国仁，陇西鲜卑人也。在昔有如弗斯、出连、叱卢三部，自漠北南出大阴山，遇一巨虫于路，状若神龟，大如陵阜，乃杀马而祭之，祝曰："若善神也，便开路；恶神也，遂塞不通。"俄而不见，乃有一小儿在焉。时，又有乞伏部有老父无子者，请养为子，众咸许之。老父欣然自以有所依凭，字之曰纥干。纥干者，夏言依倚也。年十岁，骁勇善骑射，弯弓五百斤。四部服其雄武，推为统主，号之曰乞伏可汗托铎莫何。托铎者，言非神非人之称也。

　　其后有佑邻者，即国仁五世祖也。泰始初，率户五千迁于夏缘，部众稍盛。鲜卑鹿结七万余落，屯于高平川，与佑邻迭相攻击。鹿结败，南奔略阳，佑邻尽并其众，因居高平。佑邻死，子结权立，徙于牵屯。结权死，子利那立，击鲜卑吐赖于乌树山，讨尉迟渴权于大非川，收众三万余落。利那死，弟祁埿立。祁埿死，利那子述延立，讨鲜卑莫侯于苑川，大破之，降其众二万余落，因居苑川。以叔父轲埿为师傅，委以国政，斯引乌埿为左辅将军，镇蔡园川，出连高胡为右辅将军，镇至便川，叱卢那胡为率义将军，镇牵屯山。述延死，子傉大寒立。会石勒灭刘曜，惧而迁于麦田无孤山。大寒死，子司繁立，始迁于度坚山。寻为苻坚将王统所袭，部众叛降于统。司繁叹谓左右曰："智不距敌，德不抚众，剑骑未交而本根已败，见众分散，势亦难全。若奔诸部，必不我容，吾将为呼韩邪之计矣。"乃诣统降于坚。坚大悦，署为南单于，留之长安。以司繁叔父吐雷为勇士护军，抚其部众。俄而鲜卑勃寒侵斥陇右，坚以司繁为使持节、都督讨西胡诸军事、镇西将军以讨之。勃寒惧而请降，司繁遂镇勇士川，甚有威惠。

司繁卒，国仁代镇。及坚兴寿春之役，征为前将军，领先锋骑。会国仁叔父步颓叛于陇西，坚遣国仁还讨之。步颓闻而大悦，迎国仁于路。国仁置酒高会，攘袂大言曰："苻氏往因赵石之乱，遂妄窃名号，穷兵极武，跨僭八州。疆宇既宁，宜绥以德，方虚广威声，勤心远略，骚动苍生，疲弊中国，违天怒人，将何以济！且物极则亏、祸盈而覆者，天之道也。以吾量之，是役也，难以免矣。当与诸君成一方之业。"及坚败归，乃招集诸部，有不附者，讨而并之，众至十余万。及坚为姚苌所杀，国仁谓其豪帅曰："苻氏以高世之姿而困于乌合之众，可谓天也。夫守常迷运，先达耻之；见机而作，英豪之举。吾虽薄德，藉累世之资，岂可睹时来之运而不作乎！"以孝武太元十年自称大都督、大将军、大单于、领秦河二州牧，建元曰建义。以其将乙旃音堙为左相，屋引出支为右相，独孤匹蹄为左辅，武群勇士为右辅，弟乾归为上将军，自余拜授各有差。置武城、武阳、安固、武始、汉阳、天水、略阳、溢川、甘松、匡朋、白马、苑川十二郡，筑勇士城以居之。

鲜卑匹兰率众五千降。明年，南安秘宜及诸羌虏来击国仁，四面而至。国仁谓诸将曰："先人有夺人之心，不可坐待其至。宜抑威饵敌，赢师以张之，军法所谓怒我而怠寇也。"于是勒众五千，袭其不意，大败之。秘宜奔还南安，寻与其弟莫侯悌率众三万余户降于国仁，各拜将军、刺史。

苻登遣使者署国仁使持节、大都督、都督杂夷诸军事、大将军、大单于、苑川王。国仁率骑三万袭鲜卑大人密贵、裕苟、提伦等三部于六泉。高平鲜卑没奕于、东胡金熙连兵来袭，相遇于渴浑川，大战，败之，斩级三千，获马五千匹。没奕于及熙奔还，三部震惧，率众迎降。署密贵建义将军、六泉侯，裕苟建忠将军、兰泉侯，提伦建节将军、鸣泉侯。

国仁建威将军叱卢乌孤跋拥众叛，保牵屯山。国仁率骑七千讨之，斩其部将叱罗侯，降者千余户。跋大惧，遂降，复其官位。因讨鲜卑越质叱黎于平襄，大破之，获其子诘归、弟子复半及部落五千余人而还。

太元十三年，国仁死，在位四年，伪谥宣烈王，庙号烈祖。

乾归，国仁弟也。雄武英杰，沉雅有度量。国仁之死也，其群臣咸以国仁子公府冲幼，宜立长君，乃推乾归为大都督、大将军、大单于、河南王，赦其境内，改元曰太初。立其妻边氏为王后，以出连乞都为丞相，镇南将军、南梁州刺史悌眷为御史大夫，自余封拜各有差。遂迁于金城。

太元十四年，苻登遣使署乾归大将军、大单于、金城王。南羌独如率众七千降之。休官阿敦、侯年二部各拥五千余落，据牵屯山，为其边害。乾归讨破之，悉降其众，于是声振边服。吐谷浑大人视连遣使贡方物。鲜卑豆留鞬、叱豆浑及南丘鹿结并休官曷呼奴、卢水尉地跋并率众降于乾归，皆署其官爵。陇西太守越质诘归以平襄叛，自称建国将军、右贤王。乾归击败之，诘归东奔陇山。既而拥众来降，乾归妻以宗女，署立义将军。

苻登将没奕于遣使结好，以二子为质，请讨鲜卑大兜国。乾归乃与没奕于攻大兜于安阳城，大兜退固鸣蝉堡，乾归攻陷之，遂还金城。为吕光弟宝所攻，败于鸣雀峡，退屯青岸。宝进追乾归，乾归使其将彭奚念断其归路，躬贯甲胄，连战败之，宝及将士投河死者万余人。

苻登遣使署乾归假黄钺、大都督陇右河西诸军事、左丞相、大将军、河南王，领秦梁益凉沙五州牧，加九锡之礼。时登为姚兴所逼，遣使请兵，进封乾归梁王，命置官司，纳其妹东平长公主为梁王后。乾归遣其前将军乞伏益州、冠军翟瑥率骑二万救之。会登为兴所杀,乃还师。

氐王杨定率步骑四万伐之。乾归谓诸将曰:"杨定以勇虐聚众,穷兵逞欲。兵犹火也,不戢,将自焚。定之此役,殆天以之资我也。"于是遣其凉州牧乞伏轲殚、秦州牧乞伏益州、立义将军诘归距之。定败益州于平川,轲殚、诘归引众而退。翟瑥奋剑谏曰:"吾王以神武之姿,开基陇右,东征西讨,靡不席卷,威震秦梁,声光巴汉。将军以维城之重,受阃外之寄,宜宣力致命,辅宁家国。秦州虽败,二军犹全,奈何不思赴救,便逆奔败,何面目以见王乎!昔项羽斩庆子以宁楚,胡建戮监军以成功,将军之所闻也。瑥诚才非古人,敢忘项氏之义乎!"轲殚曰:"向所以未赴秦州者,未知众心何如耳。败不相救,军罚所先,敢自宁乎!"乃率骑赴之。益州、诘归亦勒众而进,大败定,斩定及首虏万七千级。于是,尽有陇西、巴西之地。

太元十七年,赦其境内殊死以下,署其长子炽磐领尚书令,左长史边芮为尚书左仆射,右长史秘宜为右仆射,翟瑥为吏部尚书,翟勍为主客尚书,杜宣为兵部尚书,王松寿为民部尚书,樊谦为三公尚书,方弘、曲景为侍中,自余拜授一如魏武、晋文故事。犹称大单于、大将军。

杨定之死也,天水姜乳袭据上邽。至是,遣乞伏益州讨之。边芮、王松寿言于乾归曰:"益州以懿弟之亲,屡有战功,狃于累胜,常有骄色。若其遇寇,必将易之。且未宜专任,示有所先。"乾归曰:"益州骁勇,善御众,诸将莫有及之者,但恐其专擅耳。若以重佐辅之,当无虑也。"于是,以平北韦虔为长史,散骑常侍务和为司马。至大寒岭,益州恃胜自矜,不为部阵,命将士解甲游畋纵饮,令曰:"敢言军事者斩!"虔等谏曰:"王以将军亲重,故委以专征之任,庶能摧彼凶丑,以副具瞻。贼已垂逼,奈何解甲自宽,宴安酖毒,窃为将军危之。"益州曰:"乳以乌合之众,闻吾至,理应远窜。今乃与吾决战者,斯成擒也。吾自揣之有方,卿等不足虑也。"乳率众距战,益州果败。乾归曰:"孤违蹇叔,以至于此。将士何为,孤之罪也。"皆赦之。

索虏秃发如苟率户二万降之,乾归妻以宗女。

吕光率众十万，将伐乾归，左辅密贵周、左卫莫者羖觝言于乾归曰："光且夕将至。陛下以命世雄姿，开业逃窜，克翦群凶，威振遐迩，将鼓淳风于东夏，建八百之鸿庆。不忍小屈，与奸竖竞于一时，若机事不捷，非国家利也。宜遣爱子以退之。"乾归乃称藩于光，遣子敕勃为质。既而悔之，遂诛周等。

乞伏轲弹与乞伏益州不平，奔于吕光。光又伐之，咸劝其东奔成纪，乾归不从，谓诸将曰："昔曹孟德败袁本初于官渡，陆伯言摧刘玄德于白帝，皆以权略取之，岂在众乎！光虽举全州之军，而无经远之算，不足惮也。且其精卒尽在吕延，延虽勇而愚，易以奇策制之。延军若败，光亦遁还，乘胜追奔，可以得志。"众咸曰："非所及也。"隆安元年，光遣其子纂伐乾归，使吕延为前锋。乾归泣谓众曰："今事势穷踧，逃命无所，死中求生，正在今日。凉军虽四面而至，然相去辽远，山河既阻，力不周接，败其一军而众军自退。"乃纵反间，称秦王乾归众溃，东奔成纪。延信之，引师轻进，果为乾归所败，遂斩之。

秃发乌孤遣使来结和亲。使乞伏益州攻克支阳、鹯武、允吾三城，俘获万余人而还。又遣益州与武卫慕容允、冠军翟瑥率骑二万伐吐谷浑视罴，至于度周川，大破之。视罴遁堡白兰山，遣使谢罪，贡其方物，以子宕岂为质。鲜卑叠掘河内率户五千，自魏降乾归。

乾归所居南景门崩，恶之，遂迁于苑川。姚兴将姚硕德率众五万伐之，入自南安峡。乾归次于陇西以距硕德。兴潜师继发。乾归闻兴将至，谓诸将曰："吾自开建以来，屡摧勍敌，乘机藉算，举无遗策。今姚兴尽中国之师，军势甚盛。山川阻狭，无纵骑之地，宜引师平川，伺其怠而击之。存亡之机，在斯一举，卿等戮力勉之。若枭翦姚兴，关中之地尽吾有也。"于是遣其卫军慕容允率中军二万迁于柏阳，镇军罗敦将外军四万迁于侯辰谷，乾归自率轻骑数千候兴军势。俄而大风昏雾，遂与中军相失，为兴追骑所逼，入于外军。且而交战，为兴所败。乾归遁还苑川，遂走金城，谓诸豪帅曰："吾才非命世，谬为诸君所推，心存拨乱，而德非时雄，叨窃名器，年逾一纪，负乘致寇，倾丧若斯！今人众已散，势不得安，吾欲西保允吾，以避其锋。若方轨西迈，理难俱济，卿等宜安土降秦，保全妻子。"群下咸曰："昔古公杖策，豳人归怀；玄德南奔，荆楚襁负。分岐之感，古人所悲，况臣等义深父子，而有心离背！请死生与陛下俱。"乾归曰："自古无不亡之国，废兴，命也。苟天未亡我，冀兴复有期。德之不建，何为俱死！公等自爱，吾将寄食以终余年。"于是大哭而别，乃率骑数百驰至允吾。秃发利鹿孤遣弟俉檀迎乾归，处之于晋兴。

南羌梁弋等遣使招之。乾归将叛，谋泄，利鹿孤遣弟吐雷屯于扪天岭。乾归惧为利鹿孤所害，谓其子炽磐曰："吾不能负荷大业，致兹颠覆。以利鹿孤义兼姻好，冀存唇齿之援，方乃忘义背亲，谋人父子，忌吾威名，势不全立。姚兴方盛，吾将归之。若其俱去，必为追骑所及。今送汝兄弟及汝母为质，彼必不疑。吾既在秦，终不害汝。"于是送炽磐兄弟于西平，乾归遂奔长安。姚兴见而大悦，署乾归持节、都督河南诸军事、镇远将军、河州刺史、归义侯，遣乾归还镇苑川，尽以部众配之。乾归既至苑川，以边芮为长史，王松寿为司马，公卿大将已下悉降号为偏裨。

元兴元年，炽磐自西平奔长安，姚兴以为振忠将军、兴晋太守。寻遣使者加乾归散骑常侍、左贤王。遣随兴将齐难迎吕隆于河西，讨叛羌党龙头于滋川，攻杨盛将苻帛于皮氏堡，并克之。又破吐谷浑将大孩，俘获万余人而还。寻复率众攻杨盛将杨玉于西阳堡，克之。既而苑川地震裂生毛，狐雉入于寝内，乾归甚恶之。姚兴虑乾归终为西州之患，因其朝也，兴留为主客尚书，以炽磐为建武将军、行西夷校尉，监抚其众。

炽磐以长安兵乱将始，乃招结诸部二万七千，筑城于嵘嵚山以据之。炽磐攻克枹罕，遣使告之，乾归奔还苑川。鲜卑悦大坚有众五千，自龙马苑降乾归。乾归遂如枹罕，留炽磐镇之。乾归收众三万，迁于度坚山。群下劝乾归称王，乾归以寡弱弗许。固请曰："夫道应符历，虽废必兴；图箓所弃，虽成必败。本初之众，非不多也，魏武运筹，四州瓦解。寻、邑之兵，非不盛也，世祖龙申，亡新鸟散。固天命不可虚邀，符箓不可妄冀。姚数将终，否极斯泰，乘机抚运，实系圣人。今见众三万，足可以疆理秦陇，清荡洮河。陛下应运再兴，四海鹄望，岂宜固守谦冲，不以社稷为本！愿时即大位，允副群心。"乾归从之。义熙三年，僭称秦王，赦其境内，改元更始，置百官，公卿已下皆复本位。

遣炽磐讨谕薄地延，师次烦于，地延率众出降，署为尚书，徙其部落于苑川。又遣陇西羌昌何攻克姚兴金城郡，以其骁骑乞伏务和为东金城太守。乾归复都苑川，又攻克兴略阳、南安、陇西诸郡，徙二万五千户于苑川、枹罕。姚兴力未能西讨，恐更为边害，遣使署乾归使持节、散骑常侍、都督陇西岭北匈奴杂胡诸军事、征西大将军、河州牧、大单于、河南王。乾归方图河右，权宜受之，遂称藩于兴。

遣炽磐与其次子中军审虔率步骑一万伐秃发傉檀，师济河，败傉檀太子武台于岭南，获牛马十余万而还。又攻克兴别将姚龙于伯阳堡，王憬于永洛城，徙四千余户于苑川，三千余户于谭郊。乾归率步骑三万征西羌彭利发于枹罕，师次于奴葵谷，利发弃其部众南奔。乾归遣其将公府追及于清水，斩之。乾归入枹罕，收羌户一万三千。因率骑二万讨吐谷浑支统阿若干于赤水，大破降之。

乾归畋于五溪，有枭集于其手，甚恶之。六年，为兄子公府所弑，并其诸子十余人。公府奔固大夏，炽磐与乾归弟广武智达、阳武木奕于讨之。公府走，达等追擒于嵻崀南山，并其四子，轘之于谭郊。葬乾归于枹罕，伪谥武元王，在位二十四年。

炽磐，乾归长子也。性勇果英毅，临机能断，权略过人。初，乾归为姚兴所败，炽磐质于秃发利鹿孤。后自西平逃而降兴，兴以为振忠将军、兴晋太守，又拜建武将军、行西夷校尉，留其众镇苑川。及乾归返政，复立炽磐为太子，领冠军大将军、都督中外诸军、录尚书事。后乾归称藩于姚兴，兴遣使署炽磐假节、镇西将军、左贤王、平昌公，寻进号抚军大将军。

乾归死，义熙六年，炽磐袭伪位，大赦，改元曰永康。署翟瑥为相国，曲景为御史大夫，段晖为中尉，弟延祚为禁中录事，樊谦为司直。罢尚书令、仆射、尚书、六卿、侍中、散骑常侍、黄门郎官，置中左右常侍、侍郎各三人。

义熙九年，遣其龙骧乞伏智达、平东王松寿讨吐谷浑树洛干于浇河，大破之，获其将呼那乌提，虏三千余户而还。又遣其镇东昙达与松寿率骑一万，东讨破休官权小郎、吕破胡于白石川，虏其男女万余口，进据白石城，休官降者万余人。后显亲休官权小成、吕奴迦等叛保白坑，昙达谓将士曰："昔伯圭凭险，卒有灭宗之祸；韩约肆暴，终受覆族之诛。今小成等逆命白坑，宜在除灭。王者之师，有征无战，粤尔舆人，戮力勉之！"众咸拔剑大呼，于是进攻白坑，斩小成、奴迦及首级四千七百，陇右休官悉降。遣安北乌地延、冠军翟绍讨吐谷浑别统句旁于泣勤川，大破之，俘获甚众。炽磐率诸将讨吐谷浑别统支旁于长柳川，掘达于渴浑川，皆破之，前后俘获男女二万八千。

僭立十年，有云五色，起于南山。炽磐以为己瑞，大悦，谓群臣曰："吾今年应有所定，王业成矣！"于是，缮甲整兵，以待四方之隙。闻秃发傉檀西征乙弗，投剑而起曰："可以行矣！"率步骑二万袭乐都。秃发武台凭城距守，炽磐攻之，一旬而克。遂入乐都，论功行赏各有差。遣平远犍虔率骑五千追傉檀，徙武台与其文武及百姓万余户于枹罕。傉檀遂降，署为骠骑大将军、左南公。随傉檀文武，依才铨擢之。炽磐既兼傉檀，兵强地广，置百官，立其妻秃发氏为王后。

十一年，炽磐攻克沮渠蒙逊河湟太守沮渠汉平，以其左卫匹逵为河湟太守，因讨降乙弗窟乾而还。遣其将昙达、王松寿等讨南羌弥姐康薄于赤水，降之。

炽磐攻湼川，师次沓中，沮渠蒙逊率众攻石泉以救之。炽磐闻而引还，遣昙达与其将出连虔率骑五千赴之。蒙逊闻昙达至，引归，遣使聘于炽磐，遂结和亲。又遣昙达、王松寿等率骑一万伐姚艾于上邽。昙达进据蒲水，艾距战，大败之，艾奔上邽。昙达进屯大利，破黄石、大羌二戍，徙五千余户于枹罕。

令其安东木奕于率骑七千讨吐谷浑树洛干于塞上，破其弟阿柴于尧檊川，俘获五千余口而还，洛干奔保白兰山而死。炽磐闻而喜曰："此虏矫矫，所谓有豕白蹢。往岁昙达东征，姚艾败走；今木奕于西讨，黠虏远逃。境宇稍清，奸凶方殄，股肱惟良，吾无患矣。"于是以昙达为左丞相，其子元基为右丞相，曲景为尚书令，翟绍为左仆射。遣昙达、元基东讨姚艾，降之。

至是，乙弗鲜卑乌地延率户二万降于炽磐，署为建义将军。地延寻死，弟他子立，以子轲兰质于西平。他子从弟提孤等率户五千以西迁，叛于炽磐。凉州刺史出连虔遣使喻之，提孤等归降。炽磐以提孤奸猾，终为边患，税其部中戎马六万匹。后二岁而提孤等扇动部落，西奔出塞。他子率户五千入居西平。

先是，姚艾叛降蒙逊，蒙逊率众迎之。艾叔父俊言于众曰："秦王宽仁有雅度，自可安土事之，何为从凉主西迁？"众咸以为然，相率逐艾，推俊为主，遣使请降。炽磐大悦，征俊为侍中、中书监、征南将军，封陇西公，邑一千户。

使征西他子讨吐谷浑觅地于弱水南，大破之。觅地率众六千降于炽磐，署为弱水护军。遣其左卫匹逵、建威梯君等讨彭利和于漒川，大破之，利和单骑奔仇池，获其妻子。徙羌豪三千户于枹罕，漒川羌三万余户，皆安堵如故。

元熙元年，立其第二子慕末为太子，领抚军大将军、都督中外诸军事，大赦境内，改元曰建弘，其臣佐等多所封授。炽磐在位七年而宋氏受禅，以宋元嘉四年死。子慕末嗣伪位，在位三年，为赫连定所杀。

始，国仁以孝武太元十年僭位，至慕末四世，凡四十有六载而灭。


史臣曰：夫天地闭，大祲生；云雷屯，群凶作。自晋室迁孽，胡兵肆祸，封域无纪，干戈是务。国仁阴山遗噍，难以义服，伺我阽危，长其陵暴。向使偶钦明之运，遭雄略之主，已当褫魂沙漠，请命藁街，岂暇窃据近郊，经纶王业者也。

乾归智不及远，而以力诈自矜。陷吕延之师，奸谋潜断；俘视黑之众，威策遄举。便欲誓汧陇之余卒，窥崤函之奥区，秣疲马而宵征，翦勍敌而朝食。既而控弦鸣镝，厥志未逞，沮岸崩山，其功已丧。履重氛于外难，幸以计全；贻巨衅于萧墙，终成凶祸，宜哉！

炽磐叱咤风云，见机而动，牢笼俊杰，决胜多奇，故能命将掩浇河之酋，临戎袭乐都之地，不盈数载，遂隆伪业。览其遗迹，盗亦有道乎！

冯跋，字文起，长乐信都人也，小字乞直伐，其先毕万之后也。万之子孙有食采冯乡者，因以氏焉。永嘉之乱，跋祖父和避地上党。父安，雄武有器量，慕容永时为将军。

永灭，跋东徙和龙，家于长谷。幼而懿重少言，宽仁有大度，饮酒一石不乱。三弟皆任侠，不修行业，惟跋恭慎，勤于家产，父母器之。所居上每有云气若楼阁，时咸异之。尝夜见天门开，神光赫然烛于庭内。及慕容宝僭号，署中卫将军。

初，跋弟素弗与从兄万泥及诸少年游于水滨，有一金龙浮水而下。素弗谓万泥曰：“颇有见不？”万泥等皆曰：“无所见也。”乃取龙而示之，咸以为非常之瑞。慕容熙闻而求焉，素弗秘之，熙怒，及即伪位，密欲诛跋兄弟。其后跋又犯熙禁，惧祸，乃与其诸弟逃于山泽。每夜独行，猛兽常为避路。时赋役繁数，人不堪命，跋兄弟谋曰：“熙今昏虐，兼忌吾兄弟，既还首无路，不可坐受诛灭。当及时而起，立公侯之业。事若不成，死其晚乎！”遂与万泥等二十二人结谋。跋与二弟乘车，使妇人御，潜入龙城，匿于北部司马孙护之室。遂杀熙，立高云为主。云署跋为使持节、侍中、都督中外诸军事、征北大将军、开府仪同三司、录尚书事、武邑公。

跋宴群僚，忽有血流其左臂，跋恶之。从事中郎王垂因说符命之应，跋戒其勿言。云为其幸臣离班、桃仁所杀，跋升洪光门以观变。帐下督张泰、李桑谓跋曰：“此坚势何所至！请为公斩之。”于是奋剑而下，桑斩班于西门，泰杀仁于庭中。众推跋为主，跋曰："范阳公素弗才略不恒，志于靖乱，扫清凶桀，皆公勋也。"素弗辞曰："臣闻父兄之有天下，传之于子弟，未闻子弟藉父兄之业而先之。今鸿基未建，危甚缀旒，天工无旷，业系大兄。愿上顺皇天之命，下副元元之心。"群臣固请，乃许之，于是，以太元二十年乃僭称天王于昌黎，而不徙旧号，即国曰燕，赦其境内，建元曰太平。分遣使者巡行郡国，观察风俗。追尊祖和为元皇帝，父安为宣皇帝，尊母张氏为太后，立妻孙氏为王后，子永为太子。署弟素弗为侍中、车骑大将军、录尚书事，弘为侍中、征东大将军、尚书右仆射、汲郡公，从兄万泥为骠骑大将军、幽平二州牧，务银提为上大将军、辽东太守，孙护为侍中、尚书令、阳平公，张兴为卫将军、尚书左仆射、永宁公，郭生为镇东大将军、领右卫将军、陈留公，从兄子乳陈为征西大将军、并青二州牧、上谷公，姚昭为镇南大将军、司隶校尉、上党公，马弗勤为吏部尚书、广宗公，王难为侍中、抚军将军、颍川公，自余拜授，文武进位各有差。

寻而，万泥抗表请代，跋曰："猥以不德，谬为群贤所推，思与兄弟同兹休戚。今方难未宁，维城任重，非明德懿亲，孰克居也！且折冲御侮，为国藩屏，虽有他人，不如我弟兄，岂得如所陈也。"于是加开府仪同三司。

义熙六年，跋下书曰："昔高祖为义帝举哀，天下归其仁。吾与高云义则君臣，恩逾兄弟。其以礼葬云及其妻子，立云庙于韭町，置园邑二十家，四时供荐。"

初，跋之立也，万泥、乳陈自以亲而有大功，谓当入为公辅，跋以二藩任重，因而弗征，并有憾焉。乳陈性粗犷，勇气过人，密遣告万泥曰："乳陈有至谋，愿与叔父图之。"万泥遂奔白狼，阻兵以叛。跋遣冯弘与将军张兴将步骑二万讨之。弘遣使喻之曰："昔者兄弟乘风云之运，抚翼而起。群公以天命所钟，人望攸系，推逼主上光践宝位。裂土疏爵，当与兄弟共之，奈何欲寻干戈于萧墙，弃友于而为阋伯！过贵能改，善莫大焉。宜舍兹嫌，同奖王室。"万泥欲降，乳陈按剑怒曰："大丈夫死生有命,决之于今,何谓降也!"遂克期出战。兴谓弘曰："贼明日出战,今夜必来惊我营,宜命三军以备不虞。"弘乃密严人课草十束,畜火伏兵以待之。是夜,乳陈果遣壮士千余人来斫营。众火俱起,伏兵邀击,俘斩无遗。乳陈等惧而出降,弘皆斩之。

署素弗为大司马,改封辽西公,冯弘为骠骑大将军,改封中山公。

跋下书曰："自倾多故,事难相寻,赋役繁苦,百姓困穷。宜加宽宥,务从简易,前朝苛政,皆悉除之。守宰当垂仁惠,无得侵害百姓,兰台都官明加澄察。"

初,慕容熙之败也,工人李训窃宝而逃,资至巨万,行货于马弗勤,弗勤以训为方略令。既而失志之士书之于阙下碑,冯素弗言之于跋,请免弗勤官,仍推罪之。跋曰："大臣无忠清之节,货财公行于朝,虽由吾不明所致,弗勤宜肆诸朝市,以正刑宪。但大业草创,彝伦未叙,弗勤拔自寒微,未有君子之志,其特原之。李训小人,污辱朝士,可东市考竟。"于是上下肃然,请赇路绝。

蠕蠕勇斛律遣使求跋女伪乐浪公主,献马三千匹,跋命其群下议之。素弗等议曰："前代旧事,皆以宗女妻六夷,宜许以妃嫔之女,乐浪公主不宜下降非类。"跋曰："女生从夫,千里岂远!朕方崇信殊俗,奈何欺之!"乃许焉。遣其游击秦都率骑二千,送其女归于蠕蠕。库莫奚虞出库真率三千余落请交市,献马千匹,许之,处之于营丘。

分遣使者,巡行郡国,孤老久疾不能自存者,振谷帛有差,孝悌力田闺门和顺者,皆褒显之。昌黎郝越、营丘张买成、周刁、温建德、何纂以贤良皆擢叙之。遣其太常丞刘轩徙北部人五百户于长谷,为祖父园邑。以其太子永领大单于,置四辅。跋励意农桑,勤心政事,乃下书省谣薄赋,堕农者戮之,力田者褒赏,命尚书纪达为之条制。每遣守宰,必亲见东堂,问为政事之要,令极言无隐,以观其志。于是朝野竞劝焉。

先是,河间人褚匡言于跋曰："陛下至德应期,龙飞东夏,旧邦宗族,倾首朝阳,以日为岁。若听臣往迎,致之不远。"跋曰:"隔绝殊域,阻回数千,将何可致也?"匡曰:"章武郡临海,船路甚通,出于辽西临渝,不为难也。"跋许之,署匡游击将军、中书侍郎,厚加资遣。匡寻与跋从兄买、从弟睹自长乐率五千余户来奔,署买为卫尉,封城阳伯,睹为太常、高城伯。

契丹库莫奚降,署其大人为归善王。

跋又下书曰:"今疆宇无虞,百姓宁业,而田亩荒秽,有司不随时督察,欲令家给人足,不亦难乎!桑柘之益,有生之本。此土少桑,人未见其利,可令百姓人殖桑一百根,柘二十根。"又下书曰:"圣人制礼,送终有度。重其衣衾,厚其棺椁,将何用乎?人之亡也,精魂上归于天,骨肉下归于地,朝终夕坏,无寒暖之期,衣以锦秀,服以罗纨,宁有知哉!厚于送终,贵而改葬,皆无益亡者,有损于生。是以祖考因旧立庙,皆不改营陵寝。申下境内,自今皆令奉之。"

魏使耿贰至其国,跋遣其黄门郎常陋迎之于道。跋为不称臣,怒而不见。及至,跋又遣陋劳之。贰忿而不谢。跋散骑常侍申秀言于跋曰:"陛下接贰以礼,而敢骄蹇若斯,不可容也。"中给事冯懿以倾佞有幸,又盛称贰之陵傲以激跋。跋曰:"亦各其志也。匹夫尚不可屈,况一方之主乎!"请幽而降之,跋乃留贰不遣。

是时,井竭三日而复。其尚书令孙护里有犬与豕交,护见而恶之,召太史令闵尚筮之。尚曰:"犬豕异类而交,违性失本,其于《洪范》为犬祸,将勃乱失众,以至败亡。明公位极冢宰,遐迩具瞻,诸弟并封列侯,贵倾王室,妖见里庭,不为他也。愿公戒满盈之失,修尚恭俭,则妖怪可消,永享元吉。"护默然不悦。

昌黎尹孙伯仁、护弟叱支、叱支弟乙拔等俱有才力,以骁勇闻。跋之立也,并冀开府,而跋未之许,由是有怨言。每于朝飨之际,常拔剑击柱曰:"兴建大业,有功力焉,而滞于散将,岂是汉祖河山之义乎!"跋怒,诛之,进护左光禄大夫、开府仪同三司、录尚书事以慰之。护自三弟诛后,常怏怏有不悦之色,跋怒,酖之。寻而辽东太守务银提自以功在孙护、张兴之右,而出为边郡,抗表有恨言,密谋外叛。跋怒,杀之。

跋下书曰:"武以平乱,文以经务,宁国济俗,实所凭焉。自顷丧难,礼崩乐坏,闾阎绝讽诵之音,后生无庠序之教,子衿之叹复兴于今,岂所以穆章风化,崇阐斯文!可营建太学,以长乐刘轩、营丘张炽、成周翟崇为博士郎中,简二千石已下子弟,年十五已上教之。"

跋弟丕,先是,因乱投于高句丽,跋迎致之,至龙城,以为左仆射、常山公。

蠕蠕斛律为其弟大但所逐,尽室奔跋,乃馆之于辽东郡,待之以客礼。跋纳其女为昭仪。时三月不雨,至于夏五月。斛律上书请还寒北,跋曰:"弃国万里,又无内应。若以强兵相送。粮运难继;少也,势不能固。且千里袭国,古人为难,况数千里乎!"斛律固请曰:"不烦大众,愿给骑三百足矣。得达敕勒国,必欣而来迎。"乃许之,遣单于前辅万陵率骑三百送之。陵惮远役,至黑山,杀斛律而还。

晋青州刺史申永遣使浮海来聘,跋乃使其中书郎李扶报之。蠕蠕大但遣使献马三千匹,羊万口。

有赤气四塞,太史令张穆言于跋曰:"兵气也。今大魏威制六合,而聘使断绝。自古未有邻国接境,不通和好。违义怒邻,取亡之道。宜还前使,修和结盟。"跋曰:"吾当思之。"寻而魏军大至,遣单于右辅古泥率骑候之。去城十五里,遇军奔还。又遣其将姚昭、皇甫轨等距战,轨中流矢死。魏以有备,引还。

跋境地震山崩,洪光门鹳雀折。又地震,右寝坏。跋问闵尚曰:"比年屡有地动之变,卿可明言其故。"尚曰:"地,阴也,主百姓。震有左右,比震皆向右,臣惧百姓将西移。"跋曰:"吾亦甚虑之。"分遣使者巡行郡国,问所疾苦,孤老不能自存者,赐以谷帛有差。

跋立十一年,至是,元熙元年也,此后事入于宋。至元嘉七年死。弟弘杀跋子翼自立,后为魏所伐,东奔高句丽。居二年,高句丽杀之。

始,跋以孝武太元二十年僭号,至弘二世,凡二十有八载。

冯素弗,跋之长弟也。慷慨有大志,姿貌魁伟,雄杰不群,任侠放荡，不修小节，故时人未之奇，惟王齐异焉，曰："拔乱才也。"惟交结时豪为务，不以产业经怀。弱冠，自诣慕容熙尚书左丞韩业请婚，业怒而距之。复求尚书郎高邵女，邵亦弗许。南宫令成藻，豪俊有高名，素弗造焉，藻命门者勿纳。素弗迳入，与藻对坐，旁若无人。谈饮连日，藻始奇之，曰："吾远求骐骥，不知近在东邻，何识子之晚也！"当世侠士莫不归之。及熙僭号，为侍御郎、小帐下督。

　　跋之伪业，素弗所建也。及为宰辅，谦虚恭慎，非礼不动，虽厮养之贱，皆与之抗礼。车服屋宇，务于俭约，修己率下，百僚惮之。初为京尹。及镇营丘，百姓歌之。尝谓韩业曰："君前既不顾，今将自取，何如？"业拜而陈谢。素弗曰："既往之事，岂复与君计之！"然待业弥厚。好存亡继绝，申拔旧门，问侍中阳哲曰："秦、赵勋臣子弟今何在乎？"哲曰："皆在中州，惟桃豹孙鲜在焉。"素弗召为左常侍，论者归其有宰衡之度。

　　跋之七年死，跋哭之哀恸。比葬，七临之。

　　史臣曰：自五胡纵蠹，九域沦胥，帝里神州，遂混之于荒裔；鸿名宝位，咸假之于杂种。尝谓戎狄凶器，未窥道德，欺天擅命，抑乃其常。而冯跋出自中州，有殊丑类，因鲜卑之昏虐，亦盗名于海隅。然其迁徙之余，少非雄杰，幸以宽厚为众所推。初虽砥砺，终罕成德，旧史称其信惑妖祀，斥黜谏臣，无开驭之才，异经决之士，信矣。速祸致寇，良谓在兹。犹能抚育黎萌，保守疆宇，发号施令，二十余年，岂天意乎，非人事也！

　　赞曰：国仁骁武，乾归勇悍。矫矫炽磐，临机能断。孰谓獯虏，亦怀沉算。文起常才，凭时叛换。咸窃大宝，为我多难。

晋书卷一二六

载记第二六

# 秃发乌孤　秃发利鹿孤
# 秃发傉檀

秃发乌孤，河西鲜卑人也。其先与后魏同出。八世祖匹孤率其部自塞北迁于河西，其地东至麦田、牵屯，西至湿罗，南至浇河，北接大漠。匹孤卒，子寿阗立。初，寿阗之在孕，母胡掖氏因寝而产于被中，鲜卑谓被为"秃发"，因而氏焉。

寿阗卒，孙树机能立，壮果多谋略。泰始中，杀秦州刺史胡烈于万斛堆，败凉州刺史苏愉于金山，尽有凉州之地，武帝为之旰食。后为马隆所败，部下杀之以降。从弟务丸立。死，孙推斤立。死，子思复鞬立，部众稍盛。

乌孤，即思复鞬之子也。及嗣位，务农桑，修邻好。吕光遣使署为假节、冠军大将军、河西鲜卑大都统、广武县侯。乌孤谓诸将曰："吕氏远来假授，当可受不？"众咸曰："吾士众不少，何故属人！"乌孤将从之，其将石真若留曰："今本根未固，理宜随时。光德刑修明，境内无虞，若致死于我者，大小不敌，后虽悔之，无所及也。不如受而遵养之，以待其衅耳。"乌孤乃受之。

乌孤讨乙弗、折掘二部，大破之，遣其将石亦干筑廉川堡以都之。乌孤登廉川大山，泣而不言。石亦干进曰："臣闻主忧臣辱，主辱臣死，大王所为不乐者，将非吕光乎？光年已衰老，师徒屡败。今我以士马之盛，保据大川，乃可以一击百，光何足惧也。"乌孤曰：

"光之衰老,亦吾所知。但我祖宗以德怀远,殊俗惮威,卢陵、契汗,万里委顺。及吾承业,诸部背叛,迩既乖违,远何以附,所以泣耳。"其将苻浑曰:"大王何不振旅誓众,以讨其罪。"乌孤从之,大破诸部。吕光封乌孤广武郡公。又讨意云鲜卑,大破之。

光又遣使署乌孤征南大将军、益州牧、左贤王。乌孤谓使者曰:"吕王昔以专征之威,遂有此州,不能以德柔远,惠安黎庶。诸子贪淫,三甥肆暴,郡县土崩,下无生赖。吾安可违天下之心,受不义之爵!帝王之起,岂有常哉!无道则灭,有德则昌。吾将顺天人之望,为天下主。"留其鼓吹羽仪,谢其使而遣之。

隆安元年,自称大都督、大将军、大单于、西平王,赦其境内,年号太初。曜兵广武,攻克金城。光遣将军窦苟来伐,战于街亭,大败之。降光乐都、湟河、浇河三郡,岭南羌胡数万落皆附之。光将杨轨、王乞基率户数千来奔。乌孤更称武威王。后三岁,徙于乐都,署弟利鹿孤为骠骑大将军、西平公,镇安夷;傉檀为直骑大将军、广武公,镇西平。以杨轨为宾客。金石生、时连珍,四夷之豪俊;阴训、郭倖,西州之德望;杨统、杨贞、卫殷、曲丞明、郭黄、郭奋、史皓、鹿皓,文武之秀杰;梁昶、韩疋、张昶、郭韶,中州之才令;金树、薛翘、赵振、王忠、赵晁、苏霸,秦雍之世门,皆内居显位,外宰郡县。官方授才,咸得其所。

乌孤从容谓其群下曰:"陇右区区数郡地耳!因其兵乱,分裂遂至十余。乾归擅命河南,段业阻兵张掖,虐氏假息,偷据姑臧。吾藉父兄遗烈,思廓清西夏,兼弱攻昧,三者何先?"杨统进曰:"乾归本我所部,终必归服。段业儒生,才非经世,权臣擅命,制不由己,千里伐人,粮运悬绝,且与我邻好,许以分灾共患,乘其危弊,非义举也。吕光衰老,嗣绍冲暗,二子纂、弘,虽颇有文武,而内相猜忌。若天威临之,必应锋瓦解。宜遣车骑镇浩亹,镇北据廉川,乘虚迭出,多方以误之,救右则击其左,救左则击其右,使纂疲于奔命,人不得安其农业。兼弱攻昧,于是乎在,不出二年,可以坐定姑臧。姑臧既拔,二寇不待兵戈,自然服矣。"乌孤然之,遂阴有吞并之志。

段业为吕纂所侵，遣利鹿孤救之。纂惧，烧氏池、张掖谷麦而还。以利鹿孤为凉州牧，镇西平，追傉檀入录府国事。

是岁，乌孤因酒坠马伤胁，笑曰："几使吕光父子大喜。"俄而患甚，顾谓群下曰："方难未静，宜立长君。"言终而死。在王位三年，伪谥武王，庙号烈祖。弟利鹿孤立。

利鹿孤以隆安三年即伪位，赦其境内殊死已下，又徙居于西平。使记室监麹梁明聘于段业。业曰："贵主先王创业启运，功高先世，宜为国之太祖，有子何以不立？"梁明曰："有子羌奴，先王之命也。"业曰："昔成王弱龄，周、召作宰；汉昭八岁，金、霍夹辅。虽嗣子冲幼，而二叔休明，左提右挈，不亦可乎？"明曰："宋宣能以国让，《春秋》美之；孙伯符委事仲谋，终开有吴之业。且兄终弟及，殷汤之制也，亦圣人之格言，万代之通式，何必胤己为是，绍兄为非。"业曰："美哉！使乎之义也。"

利鹿孤闻吕光死，遣其将金树、苏翘率骑五千屯于昌松漠口。

既逾年，赦其境内，改元曰建和。二千石长吏清高有惠化者，皆封亭侯、关内侯。

吕纂来伐，使傉檀距之。纂士卒精锐，进度三堆，三军扰惧。傉檀下马据胡床而坐，士众心乃始安。与纂战，败之，斩二千余级。纂西击段业，傉檀率骑一万，乘虚袭姑臧。纂弟纬守南北城以自固。傉檀置酒于朱明门上，鸣钟鼓以飨将士，耀兵于青阳门，虏八千余户而归。

乞伏乾归为姚兴所败，率骑数百来奔，处之晋兴，待以上宾之礼。乾归遗子谦等质于西平。镇北将军俱延言于利鹿孤曰："乾归，本我之属国，妄自尊立，理穷归命，非有款诚。若奔东秦，必引师西侵，非我利也。宜徙于乙弗之间，防其越逸之路。"利鹿孤曰："吾方弘信义以收天下之心，乾归投诚而徙之，四海将谓我不可以诚信托也。"俄而乾归果奔于姚兴。利鹿孤谓延曰："不用卿言，乾归果叛，卿为吾行也。"延追乾归至河，不及而还。

利鹿孤立二年，龙见于长宁，麒麟游于绥羌，于是群臣劝进，以隆安五年僭称河西王。其将输勿崘进曰："昔我先君，肇自幽朔，被发左衽，无冠冕之仪，迁徙不常，无城邑之制，用能中分天下，威振殊境。今建大号，诚顺天心。然宁居乐土，非贻厥之规；仓府粟帛，生敌人之志。且首兵始号，事必无成，陈胜、项籍，前鉴不远。宜置晋人于诸城，劝课农桑，以借军国之用，我则习战法以诛未宾。若东西有变，长算以縻之；如其敌强于我，徙而以避其锋，不亦善乎！"利鹿孤然其言。

于是率师伐吕隆，大败之，获其右仆射杨桓。傉檀谓之曰："安寝危邦，不思择木，老为囚虏，岂曰智也！"桓曰："受吕氏厚恩，位忝端贰，虽洪水滔天，犹欲济彼俱溺，实耻为叛臣以见明主。"傉檀曰："卿忠臣也！"以为左司马。

利鹿孤谓其群下曰："吾无经济之才，忝承业统，自负乘在位，三载于兹。虽夙夜惟寅，思惟道化，而刑政未能允中，风俗尚多凋弊；戎车屡驾，无辟境之功；务进贤彦，而下犹蓄滞。岂所任非才，将吾不明所致也？二三君子其极言无讳，吾将览焉。"祠部郎中史皓对曰："古之王者，行师以全军为上，破国次之，拯溺救焚，东征西怨。今不以绥宁为先，惟以徙户为务，安土重迁，故有离叛，所以斩将克城，土不加广。今取士拔才，必先弓马，文章学艺为无用之条，非所以来远人，垂不朽也。孔子曰：'不学礼，无以立。'宜建学校，开庠序，选者德硕儒以训胄子。"利鹿孤善之，于是，以田玄冲、赵诞为博士祭酒，以教胄子。

时利鹿孤虽僭位，尚臣姚兴。杨桓兄经佐命姚苌，早死，兴闻桓有德望，征之。利鹿孤饯桓于城东，谓之曰："本期与卿共成大业，事乖本图，分歧之感，实情深古人。但鲲非溟海，无以运其躯；凤非修梧，无以晞其翼。卿有佐时之器，夜光之宝，当振缨云阁，耀价连城，区区河右，未足以逞卿才力。善勖日新，以成大美。"桓泣曰："臣往事吕氏，情节不建。陛下宥臣于俘虏之中，显同贤旧，每希攀龙附凤，立尺寸之功。龙门既开，而臣违离，公衡之恋，岂曰忘之！"利鹿孤为之流涕。

遣傉檀又攻吕隆昌松太守孟祎于显美,克之。傉檀执祎而数之曰:"见机而作,赏之所先;守迷不变,刑之所及。吾方耀威玉门,扫平秦陇,卿固守穷城,稽淹王宪,国有常刑,于分甘乎?"祎曰:"明公开疆河右,声播宇内,文德以绥远人,威武以惩不恪。况祎蔑尔,敢距天命!衅鼓之刑,祎之分也。但忠于彼者,亦忠于此。荷吕氏厚恩,受藩屏之任,明公至而归命,恐获罪于执事,惟公图之。"傉檀大悦,释其缚,待之客礼。徙显美、丽轩二千余户而归。嘉祎忠烈,拜左司马。祎请曰:"吕氏将亡,圣朝之并河右,昭然已定。但为人守而不全,复忝显任,窃所未安。明公之恩,听祎就戮于姑臧,死且不朽。"傉檀义而许之。

吕隆为沮渠蒙逊所伐,遣使乞师,利鹿孤引群下议之。尚书左丞婆衍苍曰:"今姑臧饥荒残弊,谷石万钱,野无青草,资食无取。蒙逊千里行师,粮运不属,使二寇相残,以乘其衅。若蒙逊拔姑臧,亦不能守,适可为吾取之,不宜救也。"傉檀曰:"苍知其一,未知其二。姑臧今虽虚弊,地居形胜,河西一都之会,不可使蒙逊据之,宜在速救。"利鹿孤曰:"车骑之言,吾之心也。"遂遣傉檀率骑一万救之。至昌松而蒙逊已退,傉檀徙凉泽、段冢五百余家而归。

利鹿孤寝疾,令曰:"内外多虞,国机务广,其令车骑嗣业,以成先王之志。"在位三年而死,葬于西平之东南,伪谥曰康王。弟傉檀嗣。

傉檀少机警,有才略。其父奇之,谓诸子曰:"傉檀明识干艺,非汝等辈也。"是以诸兄不以授子,欲传之于傉檀。及利鹿孤即位,垂拱而已,军国大事皆以委之。以元兴元年僭号凉王,迁于乐都,改元曰弘昌。

初,乞伏乾归之在晋兴也,以世子炽磐为质。后炽磐逃归,为追骑所执,利鹿孤命杀之。傉檀曰:"臣子逃归君父,振古通义,故魏武善关羽之奔,秦昭恕顷襄之逝。炽磐虽逃叛,孝心可嘉,宜垂全宥以弘海岳之量。”乃赦之。至是，炽磐又奔允街，傉檀归其妻子。

姚兴遣使拜傉檀车骑将军、广武公。傉檀大城乐都。姚兴遣将齐难率众迎吕隆于姑臧，傉檀摄昌松、魏安二戍以避之。

兴凉州刺史王尚遣主簿宗敞来聘。敞父燮，吕光时自湟河太守入为尚书郎，见傉檀于广武，执其手曰：“君神爽宏拔，逸气陵云，命世之杰也，必当克清世难。恨吾年老不及见耳，以敞兄弟托君。”至是，傉檀谓敞曰：“孤以常才，谬为尊先君所见称，每自恐有累大人水镜之明。及忝家业，窃有怀君子。《诗》云：‘中心藏之，何日忘之。’不图今日得见卿也。”敞曰：“大王仁侔魏祖，存念先人，虽朱晖聘张堪之孤，叔向抚汝齐之子，无以加也。”酒酣，语及平生。傉檀曰：“卿鲁子敬之俦，恨不与卿共成大业耳。”

傉檀以姚兴之盛，又密图姑臧，乃去其年号，罢尚书丞郎官，遣参军关尚聘于兴。兴谓尚曰：“车骑投诚献款，为国藩屏，擅兴兵众，辄造大城，为臣之道固若是乎？”尚曰：“王侯设险以自固，先王之制也。所以安人卫众，预备不虞。车骑僻在遐藩，密迩勃寇，南则逆羌未宾，西则蒙逊跋扈，盖为国家重门之防，不图陛下忽以为嫌。”兴笑曰：“卿言是也。”

傉檀遣其将文支讨南羌、西虏，大破之。上表姚兴，求凉州，不许，加傉檀散骑常侍，增邑二千户。傉檀于是率师伐沮渠蒙逊，次于氐池。蒙逊婴城固守，芟其禾苗，至于赤泉而还。献兴马三千匹，羊三万头。兴乃署傉檀为使持节、都督河右诸军事、车骑大将军、领护匈奴中郎将、凉州刺史，常侍、公如故，镇姑臧。傉檀率步骑三万次于五涧，兴凉州刺史王尚遣辛晁、孟祎、彭敏出迎。尚出自清阳门，镇南文支入自凉风门。宗敞以别驾送尚还长安，傉檀曰：“吾得凉州三千余家，情之所寄，唯卿一人，奈何舍我去乎？”敞曰：“今送旧君，所以忠于殿下。”傉檀曰：“吾今新牧贵州，怀远安迩之略，为之若何？”敞曰：“凉土虽弊，形胜之地，道由人弘，实在殿下。段懿、孟祎，武威之宿望；辛晁、彭敏，秦陇之冠冕；裴敏、马辅，中州之令族；张昶，凉国之旧胤；张穆、边宪、文齐、杨班、梁崧、赵昌，武同飞、羽。以大王之神略，抚之以威信，农战并修，文教兼设，可以从横于天下，河右岂足定乎！"傉檀大悦，赐敞马二十匹。于是，大飨文武于谦光殿，班赐金马各有差。

遣西曹从事史皓聘于姚兴。兴谓皓曰："车骑坐定凉州，衣锦本国，其德我乎？"皓曰："车骑积德河西，少播英问，王威未接，投诚万里。陛下官方任才，量功授职，彝伦之常，何德之有！"兴曰："朕不以州授车骑者，车骑何从得之！"皓曰："使河西云扰、吕氏颠狈者，实由车骑兄弟倾其根本。陛下虽鸿罗遐被，凉州犹在天纲之外。故征西以周、召之重，力屈姑臧；齐难以王旅之盛，势挫张掖。王尚孤城独守，外逼群狄，陛下不连兵十年，殚竭中国，凉州未易取也。今以虚名假人，内收大利，乃知妙算自天，圣与道合，虽云迁授，盖亦时宜。"兴悦其言，拜骑都尉。

傉檀宴群僚于宣德堂，仰视而叹曰："古人言'作者不居，居者不作'，信矣。"孟祎进曰："张文王筑城苑，缮宫庙，为贻厥之资，万世之业，秦师济河，灌然瓦解。梁熙据全州之地，拥十万之众，军败于酒泉，身死于彭济。吕氏以排山之势，王有西夏，率土崩离，衔璧秦雍。宽饶有言：'富贵无常，忽辄易人。'此堂之建，年垂百载，十有二主，唯信顺可以久安，仁义可以永固，愿大王勉之。"傉檀曰："非君无以闻谠言也。"傉檀虽受制于姚兴，然车服礼章一如王者。以宗敞为太府主簿、录记室事。

傉檀伪游浇河，袭徙西平、湟河诸羌三万余户于武兴、翻禾、武威、昌松四郡。征集戎夏之兵五万余人，大阅于方亭，遂伐沮渠蒙逊，入西陕。蒙逊率众来距，战于均石，为蒙逊所败。傉檀率骑二万，运谷四万石以给西郡。蒙逊攻西郡，陷之。其后傉檀又与赫连勃勃战于阳武，为勃勃所败，将佐死者十余人，傉檀与数骑奔南山，几为追骑所得。傉檀惧东西寇至，徙三百里内百姓入于姑臧，国中骇怨。屠各成七儿因百姓之扰也，率其属三百人叛傉檀于北城。推梁贵为盟主，贵闭门不应。一夜众至数千。殿中都尉张猛大言于众曰："主上阳武之败，盖恃众故也。责躬悔过，明君之义，诸君何故从此小人作不义之事!殿内武旅正尔相寻,目前之危,悔将无及。"众闻之,咸散。七儿奔晏然,殿中骑将白路等追斩之。军咨祭酒梁裒、辅国司马边宪等七人谋反,傉檀悉诛之。

姚兴以傉檀外有阳武之败,内有边、梁之乱,遣其尚书郎韦宗来观衅。傉檀与宗论六国从横之规,三家战争之略,远言天命废兴,近陈人事成败,机变无穷,辞致清辨。宗出而叹曰:"命世大才、经略名教者,不必华宗夏士;拔烦理乱、澄气济世者,亦未必《八索》、《九丘》。《五经》之外,冠冕之表,复自有人。车骑神机秀发,信一代之伟人,由余、日磾,岂足为多也!"宗还长安,言于兴曰:"凉州虽残弊之后,风化未颓;傉檀权诈多方,凭山河之固,未可图也。"兴曰:"勃勃以乌合之众,尚能破之,吾以天下之兵,何足克也!"宗曰:"形移势变,终始殊途,陵人者易败,自守者难攻。阳武之役,傉檀以轻勃勃致败。今以大军临之,必自固求全,臣窃料群臣无傉檀匹也。虽以天威临之,未见其利。"兴不从,乃遣其将姚弼及敛成等率步骑三万来伐,又使其将姚显为弼等后继,遗傉檀书云:"遣尚书左仆射齐难讨勃勃,惧其西逸,故令弼等于河西邀之。"傉檀以为然,遂不设备。弼众至漠口,昌松太守苏霸婴城固守,弼喻霸令降,霸曰:"汝违负盟誓,伐委顺之藩,天地有灵,将不佑汝!吾宁为凉鬼,何降之有!"城陷,斩霸。弼至姑臧,屯于西苑。州人王钟、宋钟、王娥等密为内应,候人执其使送之。傉檀欲诛其元首,前军伊力延侯曰:"今强敌在外,内有奸竖,兵交势踧,祸难不轻,宜悉坑之以安内外。"傉檀从之,杀五千余人,以妇女为军赏。命诸郡县悉驱牛羊于野,敛成纵兵虏掠。傉檀遣其镇北俱延、镇军敬归等十将率骑分击,大败之,斩首七千余级。姚弼固垒不出,傉檀攻之未克,乃断水上流,欲以持久毙之。会雨甚,堰坏,弼军乃振。姚显闻弼败,兼道赴之,军势甚盛。遣射将孟钦等五人挑战于凉风门,弦未及发,材官将军宋益等驰击斩之。显乃委罪敛成,遣使谢傉檀,引师而归。

傉檀于是僭即凉王位,赦其境内,改年为嘉平,置百官。立夫人折掘氏为王后,世子武台为太子、录尚书事,左长史赵晁、右长史郭幸为尚书左右仆射，镇北俱延为太尉，镇军敬归为司隶校尉，自余封署各有差。

　　遣其左将军枯木、附马都尉胡康伐沮渠蒙逊，掠临松人千余户而还。蒙逊大怒，率骑五千至于显美方亭，破车盖鲜卑而还。俱延又伐蒙逊，大败而归。傉檀将亲率众伐蒙逊，赵晃及太史令景保谏曰："今太白未出，岁星在西，宜以自守，难以伐人。比年天文错乱，风雾不时，唯修德责躬可以宁吉。"傉檀曰："蒙逊往年无状，入我封畿，掠我边疆，残我禾稼。吾蓄力待时，将报东门之耻。今大军已集，卿欲沮众邪？"保曰："陛下不以臣不肖，使臣主察乾象，若见事不言，非为臣之体。天文显然，动必无利。"傉檀曰："吾以轻骑五万伐之，蒙逊若以骑兵距我，则众寡不敌；兼步而来，则舒疾不同；救右则击其左，赴前则攻其后，终不与之交兵接战，卿何惧乎？"保曰："天文不虚，必将有变。"傉檀怒，锁保而行，曰："有功当杀汝以徇，无功封汝百户侯。"既而蒙逊率众来距，战于穷泉，傉檀大败，单马奔还。景保为蒙逊所擒，让之曰："卿明于天文，为彼国所任，违天犯顺，智安在乎？"保曰："臣匪为无智，但言而不从。"蒙逊曰："昔汉祖困于平城，以娄敬为功；袁绍败于官渡，而田丰为戮。卿策同二子，贵主未可量也。卿必有娄敬之赏者，吾今放卿，但恐有田丰之祸耳。"保曰："寡君虽才非汉祖，犹不同本初，正可不得封侯，岂虑祸也。"蒙逊乃免之。至姑臧，傉檀谢之曰："卿，孤之蓍龟也，而不能从之，孤之深罪。"封保安亭侯。

　　蒙逊进围姑臧，百姓惩东苑之戮，悉皆惊散。叠掘、麦田、车盖诸部尽降于蒙逊。傉檀遣使请和，蒙逊许之，乃遣司隶校尉敬归及子他为质。归至胡坑，逃还；他为追兵所执。蒙逊徙其众八千余户而归。右卫折掘奇镇据石驴山以叛。傉檀惧为蒙逊所灭，又虑奇镇克岭南，乃迁于乐都，留大司农成公绪守姑臧。傉檀始出城，焦谌、王侯等闭门作难，收合三千余家，保据南城。谌推焦朗为大都督、龙骧大将军，谌为凉州刺史，降于蒙逊。镇军敬归讨奇镇于石驴山，战败，死之。

蒙逊因克姑臧之威来伐，傉檀遣其安北段苟、左将军云连乘虚出番禾以袭其后，徙三千余家于西平。蒙逊围乐都，三旬不克，遣使谓傉檀曰："若以宠子为质，我当还师。"傉檀曰："去否任卿兵势。卿违盟无信，何质以供！"蒙逊怒，筑室返耕，为持久之计。群臣固请，乃以子安周为质，蒙逊引归。

吐谷浑树洛干率众来伐，傉檀遣其太子武台距之，为洛干所败。

傉檀又将伐蒙逊，邯川护军孟恺谏曰："蒙逊初并姑臧，凶势甚盛，宜固守伺隙，不可妄动。"不从。五道俱进，至番禾、苕藋，掠五千余户。其将屈右进曰："陛下转战千里，前无完阵，徙户资财，盈溢衢路，宜倍道旋师，早度峻险。蒙逊善于用兵，士众习战，若轻军卒至，出吾虑表，大敌外逼，徙户内攻，危之道也。"卫尉伊力延曰："我军势方盛，将士勇气自倍，彼徒我骑，势不相及，若倍道旋师，必损弃资财，示人以弱，非计也。"屈右出而告其诸弟曰："吾言不用，天命也。此吾兄弟死地。"俄而，昏雾风雨，蒙逊军大至，傉檀败绩而还。蒙逊进围乐都，傉檀婴城固守，以子染干为质，蒙逊乃归。久之，遣安西纥勃耀兵西境。蒙逊侵西平，徙户掠牛马而还。

邯川护军孟恺表镇南、湟河太守文支荒酒愎谏，不恤政事。傉檀谓伊力延曰："今州土倾覆，所杖者文支而已，将若之何？"延曰："宜召而训之，使改往修来。"傉檀乃召文支，既到，让之曰："二兄英姿早世，吾以不才嗣统，不能负荷大业，颠狈如是，胡颜视世，虽存若陨。庶凭子鲜存卫，藉文种复吴，卿之谓也。闻卿唯酒是耽，荒废庶事。吾年已老，卿复若斯，祖宗之业将谁寄也？"文支顿首陈谢。

邯川人卫章等谋杀孟恺，南启乞伏炽磐。郭越止之曰："孟君宽以惠下，何罪而杀之！吾宁违众而死，不负君以生。"乃密告之恺，诱章等饮酒，杀四十余人。恺惧炽磐军之至，驰告文支，文支遣将军匹珍赴之。炽磐军以城，闻珍将至，引归。

蒙逊又攻乐都，二旬不克而还。镇南文支以湟河降蒙逊，徙五千余户于姑臧。蒙逊又来伐，傉檀以太尉俱延为质，蒙逊乃引还。

傉檀议欲西征乙弗，孟恺谏曰："连年不收，上下饥弊，南逼炽磐，北迫蒙逊，百姓骚动，下不安业。今远征虽克，后患必深，不如结盟炽磐，通籴济难，慰喻杂部，以广军资，畜力缮兵，相时而动。《易》曰：'其亡其亡，系于苞桑。'惟陛下图之。"傉檀曰："孤将略地，卿无沮众。"谓其太子武台曰："今不种多年，内外俱窘，事宜西行，以拯此弊。蒙逊近去，不能卒来，旦夕所虑，唯在炽磐。彼名微众寡，易以讨御，吾不过一月，自足周旋。汝谨守乐都，无使失坠。"傉檀乃率骑七千袭乙弗，大破之，获牛马羊四十余万。

炽磐乘虚来袭，抚军从事中郎尉肃言于武台曰："今外城广大，难以固守，宜聚国人于内城，肃等率诸晋人距战于外，如或不捷，犹有万全。"武台曰："小贼蕞尔，旦夕当走，卿何虑之过也。"武台惧晋人有二心也，乃召豪望有勇谋者闭之于内。孟恺泣曰："炽磐不道，人神同愤。恺等进则荷恩重迁，退顾妻子之累，岂有二乎！今事已急矣，人思自效，有何猜邪？"武台曰："吾岂不知子忠，实惧余人脱生虑表，以君等安之耳。"一旬而城溃。

安西樊尼自西平奔告傉檀，傉檀谓众曰："今乐都为炽磐所陷，男夫尽杀，妇女赏军，虽欲归还，无所赴也。卿等能与吾藉乙弗之资，取契汗以赎妻子者，是所望也。不尔，归炽磐便为奴仆矣，岂忍见妻子在他怀抱中！"遂引师而西，众多逃返，遣镇北段苟追之，苟亦不还。于是将士皆散，惟中军纥勃、后军洛肱、安西樊尼、散骑侍郎阴利鹿在焉。傉檀曰："蒙逊、炽磐昔皆委质于吾，今而归之，不亦鄙哉！四海之广，匹夫无所容其身，何其痛也！蒙逊与吾名齐年比，炽磐姻好少年，俱其所忌，势皆不济。与其聚而同死，不如分而或全。樊尼长兄之子，宗部所寄，吾众在北者户垂一万，蒙逊方招怀遐迩，存亡继绝，汝其西也。纥勃、洛肱亦与尼俱。吾年老矣，所适不容，宁见妻子而死！"遂归炽磐，唯阴利鹿随之。傉檀谓利鹿曰："去危就安，人之常也。吾亲属皆散，卿何独留？"利鹿曰："臣老母在家，方寸实乱。但忠孝之义，义不俱全。虽不能西哭沮渠，申包胥之诚，东感秦援，展毛遂之操，负羁鞿而侍陛下者，臣之分也。惟愿开弘远猷，审进止之算。"傉檀叹曰："知人固未易，人亦未易知。大臣亲戚皆弃我去，终始不亏者，唯卿一人。岁寒不凋，见之于卿。"傉檀至西平，炽磐遣使郊迎，待以上宾之礼。

初，乐都之溃也，诸城皆降于炽磐，傉檀将尉贤政固守浩亹不下。炽磐呼之曰："乐都已溃，卿妻子皆在吾，闻孤城独守，何所为也！"贤政曰："受凉王厚恩，为国家藩屏，虽知乐都已陷，妻子为擒，先归获赏，后顺受诛，然不知主上存亡，未敢归命。妻子小事，岂足动怀！昔罗宪待命，晋文亮之；文聘后来，魏武不责。邀一时之荣，忘委付之重，窃用耻焉，大王亦安用之哉！"炽磐乃遣武台手书喻政，政曰："汝为国储，不能尽节，面缚于人，弃父负君，亏万世之业，贤政义士，岂如汝乎！"既而闻傉檀至左南，乃降。

炽磐以傉檀为骠骑大将军，封左南公。岁余，为炽磐所鸩。左右劝傉檀解药，傉檀曰："吾病岂宜疗邪！"遂死，时年五十一，在位十三年，伪谥景王。武台后亦为炽磐所杀。傉檀少子保周、腊于破羌、俱延子覆龙、鹿孤孙副周、乌孤孙承钵皆奔沮渠蒙逊。久之，归魏，魏以保周为张掖王，覆龙酒泉公，破羌西平公，副周永平公，承钵昌松公。

乌孤以安帝隆安元年僭立，至傉檀三世，凡十九年，以安帝义熙十年灭。

史臣曰：秃发累叶酋豪，擅强边服，控弦玉塞，跃马金山，候满月而窥兵，乘折胶而纵镝，礼容弗被，声教斯阻。乌孤纳苻浑之策，治兵以讨不宾；鹿孤从史皓之言，建学而延胄子。遂能开疆河右，抗衡强国。道由人弘，抑此之谓！

傉檀承累捷之锐，藉二昆之资，摧吕氏算无遗策，取姑臧兵不血刃，武略雄图，比踪前烈。既而叨窃重位，盈满易期，穷兵以逞其心，纵慝自贻其弊，地夺于蒙逊，势蹙于赫连，覆国丧身，犹为幸也。昔宋殇好战，致灾于华督；楚灵黩武，取杀于乾溪。异代同亡，其于傉檀，见之矣。

　　赞曰:秃发弟兄,擅雄群虏。开强河外,清氛西土。傉檀杰出,腾驾时英。穷兵黩武,丧国颓声。

晋书卷一二七
载记第二七

# 慕容德

慕容德，字玄明，皝之少子也。母公孙氏梦日入脐中，昼寝而生德。年未弱冠，身长八尺二寸，姿貌雄伟，额有日角偃月重文。博观群书，性清慎，多才艺。慕容儁之僭立也，封为梁公，历幽州刺史、左卫将军。及暐嗣位，改封范阳王，稍迁魏尹，加散骑常侍。俄而，苻坚将苻双据陕以叛，坚将苻柳起兵枹罕，将应之。德劝暐乘衅讨坚，辞旨慷慨，识者言其有远略。暐竟不能用。德兄垂甚壮之，因共论军国大谋，言必切至。垂谓之曰："汝器识长进，非复吴下阿蒙也。"枋头之役，德以征南将军与垂击败晋师。及垂奔苻坚，德坐免职。后遇暐败，徙于长安，苻坚以为张掖太守，数岁免归。

及坚以兵临江，拜德为奋威将军。坚之败也，坚与张夫人相失，慕容暐将护致之，德正色谓暐曰："昔楚庄灭陈，纳巫臣之谏而弃夏姬。此不详之人，惑乱人主，戎事不逮女器，秦之败师当由于此。宜掩目而过，奈何将卫之也！"暐不从，德驰马而去之。还次荥阳，言于暐曰："昔句践栖于会稽，终获吴国。圣人相时而动，百举百全。天将悔祸，故使秦师丧败，宜乘其弊以复社稷。"暐不纳。乃从垂如邺。

及垂称燕王，以德为车骑大将军，复封范阳王，居中镇卫，参断政事。久之，迁司徒。于时慕容永据长子，有众十万，垂议讨之。群臣咸以为疑，德进曰："昔三祖积德，遗咏在耳，故陛下龙飞，不谋而会，虽由圣武，亦缘旧爱，燕赵之士乐为燕臣也。今永既建伪号，扇动华戎,致令群竖从横,逐鹿不息,宜先除之,以一众听。昔光武驰苏茂之难,不顾百官之疲,夫岂不仁?机急故也。兵法有不得已而用之,陛下容得已乎!"垂笑谓其党曰:"司徒议与吾同。二人同心,其利断金,吾计决矣。"遂从之。垂临终,敕其子宝以邺城委德。宝既嗣位,以德为使持节、都督冀兖青徐荆豫六州诸军事、特进、车骑大将军、冀州牧,领南蛮校尉,镇邺,罢留台,以都督专总南夏。

　　魏将拓拔章攻邺,德遣南安王慕容青等,夜击,败之。魏师退次新城,青等请击之。别驾韩谭进曰:"古人先决胜庙堂,然后攻战。今魏不可击者四,燕不宜动者三。魏悬军远入,利在野战,一不可击也。深入近畿,屯兵死地,二不可击也。前锋既败,后阵方固,三不可击也。彼众我寡,四不可击也。官军自战其地,一不宜动。动而不胜,众心难固,二不宜动。城隍未修,敌来无备,三不宜动。此皆兵家所忌,不如深沟高垒,以逸待劳。彼千里馈粮,野无所掠,久则三军靡资,攻则众旅多毙,师老衅生,详而图之,可以捷矣。"德曰:"韩别驾之言,良、平之策也。"于是召青还师。魏又遣辽西公贺赖卢率骑与章围邺,德遣其参军刘藻请救于姚兴,且参母兄之问,而兴师不至,众大惧。德于是亲飨战士,厚加抚接,人感其恩,皆乐为致死。会章、卢内相乖争,各引军潜遁。章司马丁建率众来降,言章师老,可以败之。德遣将追破章军,人心始固。

　　时,魏师入中山,慕容宝出奔于蓟,慕容详又僭号。会刘藻自姚兴而至,兴太史令高鲁遣其甥王景晖随藻送玉玺一纽,并图谶秘文,曰"有德者昌,无德者亡。德受天命,柔而复刚"。又有谣曰:"大风蓬勃扬尘埃,八井三刀卒起来。四海鼎沸中山颓,惟有德人据三台。"于是德之群臣议以慕容详僭号中山,魏师盛于冀州,未审宝之存亡,因劝德即尊号。德不从。会慕容达自龙城奔邺,称宝犹存,群议乃止。寻而宝以德为丞相,领冀州牧,承制南夏。

　　德兄子麟自义台奔邺,因说德曰:"中山既没,魏必乘胜攻邺,虽粮储素积,而城大难固,且人情沮动,不可以战。及魏军未至,拥众南渡,就鲁阳王和,据滑台而聚兵积谷,伺隙而动,计之上也。魏虽拔中山，势不久留，不过驱掠而返。人不乐徙，理自生变，然后振威以援之，魏则内外受敌，使恋旧之士有所依凭，广开恩信，招集遗黎，可一举而取之。"先是，慕容和亦劝德南徙，于是许之。

隆安二年，乃率户四万、车二万七千乘，自邺将徙于滑台。遇风，船没，魏军垂至，众惧，议欲退保黎阳。其夕流澌冻合，是夜济师，旦，魏师至而冰泮，若有神焉。遂改黎阳津为天桥津。及至滑台，景星见于尾箕。漳水得白玉，状若玺。于是，德依燕元故事，称元年，大赦境内殊死已下，置百官。以慕容麟为司空、领尚书令，慕容法为中军将军，慕舆拔为尚书左仆射，丁通为尚书右仆射，自余封授各有差。初，河间有麟见，慕容麟以为己瑞。及此，潜谋为乱，事觉，赐死。其夏，魏将贺赖卢率众附之。

至是，慕容宝自龙城南奔至黎阳，遣其中黄门令赵思召慕容钟来迎。钟本首议劝德称尊号，闻而恶之，执思付狱，驰使白状。德谓其下曰："卿等前以社稷大计，劝吾摄政。吾亦以嗣帝奔亡，人神旷主，故权顺群议，以系众望。今天方悔祸，嗣帝得还，吾将具驾奉迎，谢罪行阙，然后角巾私第，卿等以为何如？"其黄门侍郎张华进曰："夫争夺之世，非雄才不振；从横之时，岂懦夫能济！陛下若蹈匹妇之仁，舍天授之业，威权一去，则身首不保，何退让之有乎！"德曰："吾以古人逆取顺守，其道未足，所以中路徘徊，怅然未决耳。"慕舆护请驰问宝虚实，德流涕而遣之。乃率壮士数百，随思而北，因谋杀宝。初，宝遣思之后，知德摄位，惧而北奔。护至无所见，执思而还。德以思闲习典故，将任之。思曰："昔关羽见重曹公，犹不忘先主之恩。思虽刑余贱隶，荷国宠灵，犬马有心，而况人乎！乞还就上，以明微节。"德固留之，思怒曰："周室衰微，晋郑夹辅；汉有七国之难，实赖梁王。殿下亲则叔父，位则上台，不能率先群后，以匡王室，而幸根本之倾为赵伦之事。思虽无申胥哭秦之效，犹慕君宾不生莽世。"德怒，斩之。

晋南阳太守闾丘羡、宁朔将军邓启方率众二万来伐，师次管城。德遣其中军慕容法、抚军慕容和等距之，王师败绩。德怒法不穷追晋师，斩其抚军司马靳瑰。

初，苻登既为姚兴所灭，登弟广率部落降于德，拜冠军将军，处之乞活堡。会荧惑守东井，或言秦当复兴者，广乃自称秦王，败德将慕容钟。时，德始都滑台，介于晋魏之间，地无十城，众不过数万。及钟丧师，反侧之徒多归于广。德乃留慕容和守滑台，亲率众讨广，斩之。

初，宝之至黎阳也，和长史李辩劝和纳之，和不从。辩惧谋泄，乃引晋军至管城，冀德亲率师，于后作乱。会德不出，愈不自安。及德此行也，辩又劝和反，和不从。辩怒，杀和，以滑台降于魏。时将士家悉在城内，德将攻之，韩范言于德曰：“魏师已入城，据国成资，客主之势，翻然复异，人情既危，不可以战。宜先据一方，为关中之基，然后畜力而图之，计之上也。”德乃止。德右卫将军慕容云斩李辩，率将士家累一万余人而出，三军庆悦。德谋于众曰：“苻广虽平，而抚军失据，进有强敌，退无所托，计将安出？”张华进曰：“彭城阻带山川，楚之旧都，地险人殷，可攻而据之，以为基本。”慕容钟、慕舆护、封逞、韩诨等固劝攻滑台，潘聪曰：“滑台四通八达，非帝王之居。且北通大魏，西接强秦，此二国者，未可以高枕而待之。彭城土旷入稀，地平无险，晋之旧镇，必距王师。又密迩江淮，水路通浚，秋夏霖潦，千里为湖。且水战国之所短，吴之所长，今虽克之，非久安之计也。青齐沃壤，号曰‘东秦’，土方二千，户余十万，四塞之固，负海之饶，可谓用武之国。三齐英杰，蓄志以待，孰不思得明主以立尺寸之功！广固者，曹嶷之所营，山川阻峻，足为帝王之都。宜遣辩士驰说于前，大兵继进于后。辟闾浑昔负国恩，必翻然向化。如其守迷不顺，大军临之，自然瓦解。既据之后，闭关养锐，伺隙而动，此亦二汉之有关中、河内也。”德犹豫未决。沙门朗公素知占候，德因访其所适。朗曰：“敬览三策，潘尚书之议可谓兴邦之术矣。今岁初，长星起于奎娄，遂扫虚危，而虚危，齐之分野，除旧布新之象。宜先定旧鲁，巡抚琅邪，待秋风戒节，然后北转临齐，天之道也。”德大悦，引师而南，兖州北鄙诸县悉降，置守宰以抚之。存问高年，军无私掠，百姓安之，牛酒属路。

德遣使喻齐郡太守辟闾浑，浑不从，遣慕容钟率骑二万击之。德进据琅邪，徐、兖之士附者十余万，自琅邪而北，迎者四万余人。德进寇莒城，守将任安委城而遁，以潘聪镇莒城。钟传檄青州诸郡曰："隆替有时，义列昔经；困难启圣，事彰中筴。是以，宣王龙飞于危周，光武凤起于绝汉，斯盖历数大期，帝王之兴废也。自我永康多难，长鲸逸网，华夏四分，黎元五裂。逆贼辟闾浑父蔚，昔同段龛阻乱淄川，太宰东征，剿绝凶命。浑于覆巢之下，蒙全卵之施，曾微犬马识养之心，复袭凶父乐祸之志，盗据东秦，远附吴越，割剥黎元，委输南海。皇上应期，大命再集，矜彼营丘，暂阻王略，故以七州之众二十余万，巡省岱宗，问罪齐鲁。昔韩信以神将伐齐，有征无战；耿弇以偏军讨步，克不移朔。况以万乘之师，扫一隅之寇，倾山碎卵，方之非易。孤以不才，忝荷先驱，都督元戎一十二万，皆乌丸突骑，三河猛士，奋剑与夕火争光，挥戈与秋月竞色。以此攻城，何城不克！以此众战，何敌不平！昔窦融以河西归汉，荣被于后裔；彭宠盗逆渔阳，身死于奴仆。近则曹嶷跋扈，见擒于后赵；段龛干纪，取灭于前朝。此非古今之吉凶，已然之成败乎？浑若先迷后悟，荣宠有加。如其敢抗王师，败灭必无遗烬。稷下之雄，岱北之士，有能斩送浑者，赏同佐命。脱履机不发，必玉石俱摧。"浑闻德军将至，徙八千余家入广固。诸郡皆承檄降于德。浑惧，将妻子奔于魏。德遣射声校尉刘纲追斩于莒城。浑参军张瑛常与浑作檄，辞多不逊。及此，德擒而让之。瑛神色自若，徐对曰："浑之有臣，犹韩信之有蒯通。通遇汉祖而蒙恕，臣遭陛下而婴戮，比之古人，窃为不幸。防风之诛，臣实甘之，但恐尧舜之化未弘于四海耳。"德初善其言，后竟杀之。德遂入广固。

四年，僭即皇帝位于南郊，大赦，改元为建平。设行庙于宫南，遣使奉策告成焉。进慕容钟为司徒，慕舆拔为司空，封孚为左仆射，慕舆护为右仆射。遣其度支尚书封恺、中书侍郎封逞观省风俗，所在大飨将士。以其妻段氏为皇后。建立学官，简公卿已下子弟及二品士门二百人为太学生。

后因宴其群臣，酒酣，笑而言曰："朕虽寡薄，恭己南面而朝诸侯，在上不骄，夕惕于位，可方自古何等主也？"其青州刺史鞠仲曰："陛下中兴之圣后，少康、光武之俦也。"德顾命左右赐仲帛千匹。仲以赐多为让，德曰："卿知调朕，朕不知调卿乎！卿饰对非实，故亦以虚言相赏。赏不谬加，何足谢也！"韩范进曰："臣闻天子无戏言，忠臣无妄对。今日之论，上下相欺，可谓君臣俱失。"德大悦，赐范绢五十匹。自是昌言竞进，朝多直士矣。

德母兄先在长安，遣平原人杜弘如长安问存否。弘曰："臣至长安，若不奉太后动止，便即西如张掖，以死为效。臣父雄生逾六十，未沾荣贵，乞本县之禄，以申乌鸟之情。"张华进曰："杜弘未行而求禄，要利情深，不可使也。"德曰："吾方散所轻之财，招所重之死，况为亲尊而可吝乎！且弘为君迎亲，为父求禄，虽外如要利，内实忠孝。"乃以雄为平原令。弘至张掖，为盗所杀，德闻而悲之，厚抚其妻子。

明年，德如齐城，登营丘，望晏婴冢，顾谓左右曰："礼，大夫不逼城葬。平仲古之贤人，达礼者也，而生居近市，死葬近城，岂有意乎？"青州秀才晏谟对曰："孔子称臣先人平仲贤，则贤矣。岂不知高其梁，丰其礼？盖政在家门，故俭以矫世。存居湫隘，卒岂择地而葬乎！所以不远门者，犹冀悟平生意也。"遂以谟从至汉城阳景王庙，宴庶老于申池，北登社首山，东望鼎足，因目牛山而叹曰："古无不死！"怆然有终焉之志。遂问谟以齐之山川丘陵，贤哲旧事。谟历对详辩，画地成图。德深嘉之，拜尚书郎。立冶于商山，置盐官于乌常泽，以广军国之用。

德故吏赵融自长安来，始具母兄凶问。德号恸吐血，因而寝疾。其司隶校尉慕容达因此谋反，遣牙门黄璐率众攻端门，殿中师侯赤眉开门应之。中黄门孙进扶德逾城，隐于进舍。段宏等闻宫中有变，勒兵屯四门。德入宫，诛赤眉等，达惧而奔魏。慕容法及魏师战于济北之摽榆谷，魏师败绩。

其尚书韩诨上疏曰:"二寇遭诛,国耻未雪,关西为豺狼之薮,扬越为鸱鸮之林,三京社稷,鞠为丘墟,四祖园陵,芜而不守,岂非义夫愤叹之日,烈士忘身之秋。而皇室多难,威略未振,是使长蛇弗翦,封豕假息。人怀愤慨,常谓一日之安不可以永久,终朝之逸无卒岁之忧。陛下中兴大业,务在遵养,矜迁萌之失土,假长复而不役,愍黎庶之息肩,贵因循而不扰。斯可以保宁于营丘,难以经措于秦越。今群凶僭逆,实繁有徒,据我三方,伺国瑕衅。深宜审量虚实,大校成败,养兵厉甲,广农积粮,进为雪耻讨寇之资,退为山河万全之固。而百姓因秦、晋之弊,迭相荫冒,或百室合户,或千丁共籍,依托城社,不惧熏烧,公避课役,擅为奸宄,损风毁宪,法所不容。但检令未宣,弗可加戮。今宜隐实黎萌,正其编贯,庶上增皇朝理物之明,下益军国兵资之用。若蒙采纳,冀裨山海,虽遇商鞅之刑,悦绾之害,所不辞也。"德纳之,遣其车骑将军慕容镇率骑三千,缘边严防,备百姓逃窜。以诨为使持节、散骑常侍、行台尚书,巡郡县隐实,得荫户五万八千。诨公廉正直,所在野次,人不扰焉。

德大集诸生,亲临策试。既而飨宴,乘高远瞩,顾谓其尚书鲁邃曰:"齐鲁固多君子,当昔全盛之时,接、慎、巴生、淳于、邹、田之徒,荫修檐,临清沼,驰朱轮,佩长剑,恣非马之雄辞,奋谈天之逸辩,指麾则红紫成章,俯仰则丘陵生韵。至于今日,荒草颓坟,气消烟灭,永言千载,能不依然!"邃答曰:"武王封比干之墓,汉祖祭信陵之坟,皆留心贤哲,每怀往事。陛下慈深二主,泽被九泉,若使彼而有知,宁不衔荷矣。"

先是,妖贼王始聚众于太山,自称太平皇帝,号其父为太上皇,兄为征东将军,弟征西将军。慕容镇讨擒之,斩于都市。临刑,或问其父及兄弟所在,始答曰:"太上皇帝蒙尘于外,征东、征西乱兵所害。惟朕一身,独无聊赖。"其妻怒之曰:"止坐此口,以至于此,奈何复尔!"始曰:"皇后!自古岂有不破之家,不亡之国邪!"行刑者以刀环筑之,仰视曰:"崩即崩矣,终不改帝号。"德闻而哂之。

时,桓玄将行篡逆,诛不附己者。冀州刺史刘轨、襄城太守司马休之、征虏将军刘敬宣、广陵相高雅之、江都长张诞并内不自安，皆奔于德。于是德中书侍郎韩范上疏曰："夫帝王之道，必崇经略。有其时无其人，则弘济之功阙；有其人无其时，则英武之志不申。至于能成王业者，惟人时合也。自晋国内难，七载于兹。桓玄逆篡，虐逾董卓，神怒人怨，其殃积矣。可乘之机，莫过此也。以陛下之神武，经而纬之，驱乐奋之卒，接厌乱之机，譬犹声发响应，形动影随，未足比其易也。且江淮南北户口未几，公私戎马不过数百，守备之事盖亦微矣。若以步骑一万，建雷霆之举，卷甲长驱，指临江会，必望旗草偃，壶浆属路。跨地数千，众逾十万，可以西并强秦，北抗大魏。夫欲拓境开疆，保宁社稷，无过今也。如使后机失会，豪杰复起，枭除桓玄，布惟新之化，遐迩既宁，物无异望，非但建邺难屠，江北亦不可冀。机过患生，忧必至矣。天与不取，悔将及焉。惟陛下览之。"德曰："自顷数缠屯六，宏纲暂弛，遂令奸逆乱华，旧京墟秽，每寻否运，愤慨兼怀。昔少康以一旅之众，复夏配天，况朕据三齐之地，藉五州之众，教之以军旅，训之以礼让，上下知义，人思自奋，缮甲待衅，为日久矣。但欲先定中原，扫除逋孽，然后宣布淳风，经理九服，饮马长江，悬旌陇坂。此志未遂，且韬戈耳。今者之事，王公其详议之。"咸以桓玄新得志，未可图，乃止。于是讲武于城西，步兵三十七万，车一万七千乘，铁骑五万三千，周亘山泽，旌旗弥漫，钲鼓之声，振动天地。德登高望之，顾谓刘轨、高雅之曰："昔郤克忿齐，子胥怨楚，终能畅其刚烈，名流千载。卿等既知投身有道，当使无惭昔人也。"雅之等顿首答曰："幸蒙陛下天覆之恩，大造之泽，存亡继绝，实在圣时，虽则万陨，何以上报！"俄闻桓玄败，德以慕容镇为前锋，慕容钟为大都督，配以步卒二万，骑五千，克期将发，而德寝疾，于是罢兵。

初，德迎其兄子超于长安，及是而至。德夜梦其父曰："汝既无子，何不早立超为太子。不尔，恶人生心。"寤而告其妻曰："先帝神明所敕，观此梦意，吾将死矣。"乃下书以超为皇太子，大赦境内，子为父后者人爵二级。其月死，即义熙元年也，时年七十。乃夜为十余棺,分出四门,潜葬山谷,竟不知其尸之所在。在位五年,伪谥献武皇帝。

# 慕容超　慕容钟 封孚

　　慕容超，字祖明，德兄北海王纳之子。苻坚破邺，以纳为广武太
守，数岁去官，家于张掖。德之南征，留金刀而去。及垂起兵山东，
苻昌收纳及德诸子，皆诛之，纳母公孙氏以耄获免，纳妻段氏方娠，
未决，囚之于郡狱。狱掾呼延平，德之故吏也，尝有死罪，德免之。至
是，将公孙及段氏逃于羌中，而生超焉。年十岁而公孙氏卒，临终授
超以金刀，曰："若天下太平，汝得东归，可以此刀还汝叔也。"平又
将超母子奔于吕光。及吕隆降于姚兴，超又随凉州人徙于长安。超
母谓超曰："吾母子全济，呼延氏之力。平今虽死，吾欲为汝纳其女
以答厚惠。"于是娶之。超自以诸父在东，恐为姚氏所录，乃阳狂行
乞。秦人贱之，惟姚绍见而异焉，劝兴拘以爵位。召见与语，超深自
晦匿，兴大鄙之，谓绍曰："谚云'妍皮不裹痴骨'，妄语耳。"由是得
去来无禁。德遣使迎之，超不告母妻乃归。及至广固，呈以金刀，具
宣祖母临终之言，德抚之号恸。
　　超身长八尺，腰带九围，精彩秀发，容止可观。德甚加礼遇，始
名之曰超，封北海王，拜侍中、骠骑大将军、司隶校尉，开府，置佐
吏。德无子，欲以超为嗣，故为超起第于万春门内，朝夕观之。超亦
深达德旨，入则尽欢承奉，出则倾身下士，于是内外称美焉。顷之，
立为太子。
　　及德死，以义熙元年僭嗣伪位，大赦境内，改元曰太上。尊德妻

段氏为皇太后。以慕容钟都督中外诸军、录尚书事,慕容法为征南、都督徐兖扬南兖四州诸军事,慕容镇加开府仪同三司、尚书令,封孚为太尉,麴仲为司空,潘聪为左光禄大夫,封嵩为尚书左仆射,自余封拜各有差。后又以钟为青州牧,段宏为徐州刺史,公孙五楼为武卫将军、领屯骑校尉,内参政事。封孚言于超曰:"臣闻:'五大不在边,五细不在庭。'钟,国之宗臣,社稷所赖;宏,外戚懿望,亲贤具瞻。正应参翼百揆,不宜远镇方外。今钟等出藩,五楼内辅,臣窃未安。"超新即位,害钟等权逼,以问五楼。五楼欲专断朝政,不欲钟等在内,屡有间言,孚说竟不行。钟、宏俱有不平之色,相谓曰:"黄犬之皮,恐当终补狐裘也。"五楼闻之,嫌隙渐遘。

初,超自长安行至梁父,慕容法时为兖州,镇南长史悦寿还谓法曰:"向见北海王子,天资弘雅,神爽高迈,始知天族多奇,玉林皆宝。"法曰:"昔成方遂诈称卫太子,人莫辩之,此复天族乎?"超闻而恚恨,形于言色。法亦怒,处之外馆,由是结憾。及德死,法又不奔丧,超遣使让焉。法常惧祸至,因此遂与慕容钟、段宏等谋反。超知而征之,钟称疾不赴,于是,收其党侍中慕容统、右卫慕容根、散骑常侍段封诛之,车裂仆射封嵩于东门之外。西中郎将封融奔于魏。

超寻遣慕容镇等攻青州,慕容昱等攻徐州,慕容凝、韩范攻梁父。昱等攻莒城,拔之,徐州刺史段宏奔于魏。封融又集群盗袭石塞城,杀镇西大将军余郁,青土振恐,人怀异议。慕容凝谋杀韩范,将袭广固。范知而攻之,凝奔梁父。范并其众,攻梁父,克之,凝奔姚兴,慕容法出奔于魏。慕容镇克青州,钟杀其妻子,为地道而出,单马奔姚兴。

于时超不恤政事,畋游是好,百姓苦之。其仆射韩诨切谏,不纳。超议复肉刑、九等之选,乃下书于境内曰:"阳九数缠,永康多难。自北都倾陷,典章沦灭,律令法宪,靡有存者。纲理天下,此焉为本,既不能导之以德,必须齐之以刑。且虞舜大圣,犹命咎繇作士,刑之不可已已也如是!先帝季兴,大业草创,兵革尚繁,未遑修制。朕猥以不德,嗣承大统,抚御寡方,致萧墙衅发,遂戎马生郊,典仪寝废。今四境无虞，所宜修定，尚书可召集公卿。至如不忠不孝若封嵩之辈，枭斩不足以痛之，宜致烹辗之法，亦可附之律条，纳以大辟之科。肉刑者，乃经之先圣不刊之典，汉文易之，轻重乖度。今犯罪弥多，死者稍众。肉刑之于化也，济育既广，惩惨尤深，光寿、建兴中二祖已议复之，未及而晏驾。其令博士已上参考旧事，依《吕刑》及汉、魏、晋律令，消息增损，议成燕律。五刑之属三千，而罪莫大于不孝。孔子曰：'非圣人者无法，非孝者无亲，此大乱之道也。'辗裂之刑，烹煮之戮，虽不在五品之例，然亦行之自古。渠弥之辗，著之《春秋》；哀公之烹，爰自中代。世宗都齐，亦愍刑罚失中，咨嗟寝食。王者之有刑纠，犹人之左右手焉。故孔子曰：'刑罚不中，则人无所措手足。'是以，萧何定法令而受封，叔孙通以制仪为奉常。立功立事，古之所重。其明议损益，以成一代准式。周汉有贡士之条，魏立九品之选，二者孰愈，亦可详闻。"群下议多不同，乃止。

超母妻既先在长安，为姚兴所拘，责超称藩，求太乐诸伎，若不可，使送吴口千人。超下书遣群臣详议。左仆射段晖议曰："太上囚楚，高祖不回。今陛下嗣守社稷，不宜以私亲之故而降统天之尊。又太乐诸伎皆是前世伶人，不可与彼，使移风易俗，宜掠吴口与之。"尚书张华曰："彼侵掠吴边，必成邻怨。此既能往，彼亦能来，兵连祸结，非国之福也。昔孙权重黎庶之命，屈己以臣魏；惠施惜爱子之头，舍志以尊齐。况陛下慈德在秦，方寸崩乱，宜暂降大号，以申至孝之情。权变之道，典谟所许。韩范智能回物，辩足倾人，昔与姚兴俱为秦太子中舍人，可遣将命，降号修和。所谓屈于一人之下，申于万人之上也。"超大悦，曰："张尚书得吾心矣。"使范聘于兴。及至长安，兴谓范曰："封恺前来，燕王与朕抗礼。及卿至也，款然而附。为依《春秋》以小事大之义？为当专以孝敬为母屈也？"范曰："周爵五等，公侯异品，小大之礼，因而生焉。今陛下命世龙兴，光宅西秦，本朝主上承祖宗遗烈，定鼎东齐，中分天曜，南面并帝。通聘结好，义尚谦冲，便至矜诞，苟折行人，殊似吴、晋争盟，滕、薛竞长，恐伤大秦堂堂之盛，有损皇燕巍巍之美，彼我俱失，窃未安之。"兴怒曰：

"若如卿言,便是非为大小而来。"范曰:"虽由大小之义,亦缘寡君纯孝过于重华,愿陛下体敬亲之道,霈然垂愍。"兴曰:"吾久不见贾生,自谓过之,今不及矣。"于是,为范设旧交之礼,申叙平生,谓范曰:"燕王在此,朕亦见之,风表乃可,于机辩未也。"范曰:"大辩若讷,圣人美之,况尔日龙潜凤戢,和光同尘,若使负日月而行,则无继天之业矣。"兴笑曰:"可谓使乎延誉者也。"范承间逞说,姚兴大悦,赐范千金,许以超母妻还之。慕容凝自梁父奔于姚兴,言于兴曰:"燕王称藩,本非推德,权为母屈耳。古之帝王尚兴师征质,岂可虚还其母乎!母若一还,必不复臣也。宜先制其送伎,然后归之。"兴意乃变,遣使聘于超。超遣其仆射张华、给事中宗正元入长安,送大乐伎一百二十人于姚兴。兴大悦,延华入宴。酒酣,乐作,兴黄门侍郎尹雅谓华曰:"昔殷之将亡,乐师归周;今皇秦道盛,燕乐来庭。废兴之兆,见于此矣。"华曰:"自古帝王,为道不同,权谲之理,会于功成。故老子曰:'将欲取之,必先与之。'今总章西入,必由余东归,祸福之验,此其兆乎!"兴怒曰:"昔齐楚竞辩,二国连师。卿小国之臣,何敢抗衡朝士!"华逊辞曰:"奉使之始,实愿交欢上国,上国既遗小国之臣,辱及寡君社稷,臣亦何心,而不仰酬!"兴善之,于是还超母妻。

义熙三年,追尊其父为穆皇帝,立其母段氏为皇太后,妻呼延氏为皇后。祠南郊,将登坛,有兽大如马,状类鼠而赤,集于圆丘之侧,俄而不知所在。须臾大风暴起,天地昼昏,其行宫羽仪皆振裂。超惧,密问其太史令成公绥,对曰:"陛下信用奸臣,诛戮贤良,赋敛繁多,事役殷苦所致也。"超惧而大赦,谴责公孙五楼等。俄而复之。

是岁,广固地震,天齐水涌,井水溢,女水竭,河济冻合,而渑水不冰。

超正旦朝群臣于东阳殿,闻乐作,叹音伎不备,悔送伎于姚兴,遂议入寇。其领军韩诨谏曰:"先帝以旧京倾没,载翼三齐,苟时运未可,上智辍谋。今陛下嗣守成规,宜闭关养士,以待贼衅,不可结怨南邻,广树仇隙。"超曰:"我计已定,不与卿言。"于是遣其将斛谷提、公孙归等率骑寇宿豫，陷之，执阳平太守刘千载、济阴太守徐阮，大掠而去。简男女二千五百，付太乐教之。

时，公孙五楼为侍中、尚书，领左卫将军，专总朝政，兄归为冠军、常山公，叔父颓为武卫、兴乐公。五楼宗亲皆夹辅左右，王公内外无不惮之。

超论宿豫之功，封斛谷提等并为郡、县公。慕容镇谏曰：“臣闻悬赏待勋，非功不侯。今公孙归结祸延兵，残贼百姓，陛下封之，得无不可乎！夫忠言逆耳，非亲不发。臣虽庸朽，忝国戚藩，辄尽愚款，惟陛下图之。”超怒，不答，自是百僚杜口，莫敢开言。

尚书都令史王俨谄事五楼，迁尚书郎，出为济南太守，入为尚书左丞，时人为之语曰：“欲得侯，事五楼。”

又遣公孙归等率骑三千入寇济南，执太守赵元，略男女千余人而去。刘裕率师将讨之，超引见群臣于东阳殿，议距王师。公孙五楼曰：“吴兵轻果，所利在战，初锋勇锐，不可争也。宜据大岘，使不得入，旷日延时，沮其锐气。可徐简精骑二千，循海而南，绝其粮运，别敕段晖率兖州之军，缘山东下。腹背击之，上策也。各命守宰，依险自固，校其资储之外，余悉焚荡，芟除粟苗，使敌无所资。坚壁清野，以待其衅，中策也。纵贼入岘，出城逆战，下策也。”超曰：“京都殷盛，户口众多，非可一时入守。青苗布野，非可卒芟。设使芟苗城守，以全性命，朕所不能。今据五州之强，带山河之固，战车万乘，铁马万群，纵令过岘，至于平地，徐以精骑践之，此成擒也。贺赖卢苦谏，不从，退谓五楼曰：“上不用吾计，亡无日矣。”慕容镇曰：“若如圣旨，必须平原用马为便，宜出岘逆战，战而不胜，犹可退守。不宜纵敌入岘，自贻窘逼。昔成安君不守井陉之关，终屈于韩信；诸葛瞻不据束马之险，卒擒于邓艾。臣以为天时不如地利，阻守大岘，策之上也。”超不从。镇出，谓韩𧨣曰：“主上既不能芟苗守险，又不肯徙人逃寇，酷似刘璋矣。今年国灭，吾必死之，卿等中华之士，复为文身矣。超闻而大怒，收镇下狱。乃摄莒、梁父二戍，修城隍，简士马，畜锐以待之。

其夏，王师次东莞，超遣其左军段晖、辅国贺赖卢等六将步骑五万，进据临朐。俄而王师度岘，超惧，率卒四万就晖等于临朐，谓公孙五楼曰："宜进据川源，晋军至而失水，亦不能战矣。"五楼驰骑据之。刘裕前驱将军孟龙符已至川源，五楼战败而还。裕遣咨议参军檀韶率锐卒攻破临朐，超大惧，单骑奔段晖于城南。晖众又战败，裕军人斩晖。超又奔还广固，徙郭内人入保小城，使其尚书郎张纲乞师于姚兴。赦慕容镇，进录尚书、都督中外诸军事。引见群臣，谢之曰："朕嗣奉成业，不能委贤任善，而专固自由，覆水不收，悔将何及！智士逞谋，必在事危，忠臣立节，亦在临难，诸君其勉思六奇，共济艰运。"镇进曰："百姓之心，系于一人。陛下既躬率六军，身先奔败，群臣解心，士庶丧气，内外之情，不可复恃。如闻西秦自有内难，恐不暇分兵救人，正当更决一战，以争天命。今散卒还者，犹有数万，可悉出金帛、宫女，饵令一战。天若相我，足以破贼。如其不济，死尚为美，不可闭门坐受围击。"司徒慕容惠曰："不然。今晋军乘胜，有陵人之气，败军之将，何以御之！秦虽与勃勃相持，不足为患。且二国连横，势成唇齿，今有寇难，秦必救我。但自古乞援，不遣大臣则不致重兵，是以赵隶三请，楚师不出；平原一使，援至从成。尚书令韩范德望具瞻，燕秦所重，宜遣乞援，以济时艰。"于是遣范与王蒲乞师于姚兴。

未几，裕师围城，四面皆合。人有窃告裕军曰："若得张纲为攻具者，城乃可得耳。"是月，纲自长安归，遂奔于裕。裕令纲周城大呼曰："勃勃大破秦军，无兵相救。"超怒，伏弩射之，乃退。右仆射张华、中丞封恺并为裕军所获。裕令华、恺与超书，劝令早降。超乃遗裕书，请为藩臣，以大岘为界，并献马千匹，以通和好，裕弗许。江南继兵相寻而至。尚书张俊自长安还，又降于裕，说裕曰："今燕人所以固守者，外杖韩范，冀得秦援。范既时望，又与姚兴旧昵，若勃勃败后，秦必救燕，宜密信诱范，唊以重利，范来则燕人绝望，自然降矣。"裕从之，表范为散骑常侍，遗范书以招之。

时，姚兴乃遣其将姚强率步骑一万，随范就其将姚绍于洛阳，

并兵来援。会赫连勃勃大破秦军,兴追强还长安。范叹曰:"天其灭
燕乎!"会得裕书,遂降于裕。裕谓范曰:"卿欲立申包胥之功,何以
虚还也?"范曰:"自亡祖司空,世荷燕宠,故泣血秦庭,冀匡祸难。属
西朝多故,丹诚无效,可谓天丧弊邑而赞明公。智者见机而作,敢不
至乎!"翌日,裕将范循城,由是人情离骇,无复固志。裕谓范曰:"卿
宜至城下,告以祸福。"范曰:"虽蒙殊宠,犹未忍谋燕。"裕嘉而不
强。左右劝超诛范家,以止后叛。超知败在旦夕,又弟谅尽忠无贰,
故不罪焉。是岁,东莱雨血,广固城门鬼夜哭。

明年朔旦,超登天门,朝群臣于城上,杀马飨将士,文武皆有迁
授。超幸姬魏夫人从超登城,见王师之盛,握超手而相对泣。韩谅
谏曰:"陛下遭百六之会,正是勉强之秋,而反对女子悲泣,何其鄙
也!"超拭目谢之。其尚书令董锐劝超出降,超大怒,系之于狱。于
是贺赖卢、公孙五楼为地道出战王师,不利。河间人玄文说裕曰:
"昔赵攻曹嶷,望气者以为渑水带城,非可攻拔,若塞五龙口,城必
自陷。石季龙从之,而嶷请降。后慕容恪之围段龛,亦如之,而龛降。
降后无几,又震开之。今旧基犹在,可塞之。"裕从其言,至是,城中
男女患脚弱病者太半。超辇而升城,尚书悦寿言于超曰:"天地不
仁,助寇为虐,战士疛病,日就凋陨,守困穷城,息望外援,天时人
事,亦可知矣。苟历运有终,尧舜降位,转祸为福,圣达以先。宜追
许郑之踪,以存宗庙之重。"超叹曰:"废兴,命也。吾宁奋剑决死,不
能衔璧求生。"于是张纲为裕造冲车,覆以版屋,蒙之以皮,并设诸
奇巧,城上火石弓矢无所施用;又为飞楼、悬梯、木幔之属,遥临城
上。超大怒,悬其母而支解之。城中出降者相继。裕四面进攻,杀
伤甚众,悦寿新开门以纳王师。超与左右数十骑出亡,为裕军所执。
裕数之以不降之状,超神色自若,一无所言,惟以母托刘敬宣而已。
送建康市斩之,时年二十六,在位六年。

德以安帝隆安四年僭位,至超二世,凡十一年,以义熙六年灭。

慕容钟,字道明,德从弟也。少有识量,喜怒不形于色,机神秀

发，言论清辩。至于临难对敌，智勇兼济，累进奇策，德用之颇中。由是政无大小，皆以委之，遂为佐命元勋。后公孙五楼规挟威权，虑钟抑己，因劝超诛之，钟遂谋反。事败，奔于姚兴，兴拜始平太守、归义侯。

封孚，字处道，渤海蓨人也。祖悛，振威将军。父放，慕容暐之世吏部尚书。孚幼而聪敏和裕，有士君子之称。宝僭位，累迁吏部尚书。及兰汗之篡，南奔辟闾浑，浑表为渤海太守。德至莒城，孚出降。德曰："朕平青州，不以为庆，喜于得卿也。"常外总机事，内参密谋，虽位任崇重，谦虚博纳，甚有大臣之体。及超嗣位，政出权嬖，多违旧章，轨宪日颓，残虐滋甚，孚屡尽匡救，超不能纳也。后临轩谓孚曰："朕于百王可方谁？"孚对曰："桀纣之主。"超大惭怒。孚徐步而出，不为改容。司空鞠仲失色，谓孚曰："与天子言，何其亢厉，宜应还谢。"孚曰："行年七十，墓木已拱，惟求死所耳。"竟不谢。以超三年死于家，时年七十一。文笔多传于世。

史臣曰：慕容德以季父之亲，居邺中之重，朝危未闻其节，君存遽践其位，岂人理哉！然禀倜傥之雄姿，韫从横之远略，属分崩之运，成角逐之资，跨有全齐，窃弄神器，抚剑而争衡秦魏，练甲而志静荆吴，崇儒术以弘风，延谠言而励己，观其为国，有足称焉。

超继已成之基，居霸者之业，政刑莫恤，畋游是好，杜忠良而谗佞进，暗听受而勋戚离，先绪俄颓，家声莫振，陷宿豫而贻祸，启大岘而延敌，君臣就虏，宗庙为墟。迹其人谋，非不幸也。

赞曰：德实奸雄，转败为功。奄有青土，淫名域中。超承伪祚，挠其国步。庙失良筹，庭悲沾露。

晋书卷一二九
载记第二九

# 沮渠蒙逊

　　沮渠蒙逊，临松卢水胡人也。其先世为匈奴左沮渠，遂以官为氏焉。蒙逊博涉群史，颇晓天文，雄杰有英略，滑稽善权变。梁熙、吕光皆奇而惮之，故常游饮自晦。

　　会伯父罗仇、曲粥从吕光征河南，光前军大败，曲粥言于兄罗仇曰："主上荒耄骄纵，诸子朋党相倾，谗人侧目。今军败将死，正是智勇见猜之日，可不惧乎！吾兄弟素为所惮，与其经死沟渎，岂若勒众向西平，出苕藋，奋臂大呼，凉州不足定也。"罗仇曰："理如汝言，但吾家累世忠孝，为一方所归，宁人负我，无我负人。"俄而，皆为光所杀。宗姻诸部会葬者万余人，蒙逊哭谓众曰："昔汉祚中微，吾之乃祖翼奖窦融，保宁河右。吕王昏耄，荒虐无道，岂可不上继先祖安时之志，使二父有恨黄泉！"众咸称万岁。遂斩光中田护军马邃、临松令井祥以盟，一旬之间，众至万余。屯据金山，与从兄男成推光建康太守段业为使持节、大都督、龙骧大将军、凉州牧、建康公，改吕光龙飞二年为神玺元年。业以蒙逊为张掖太守，男成为辅国将军，委以军国之任。

　　业将使蒙逊攻西郡，众咸疑之。蒙逊曰："此郡据岭之要，不可不取。"业曰："卿言是也。"遂遣之。蒙逊引水灌城，城溃，执太守吕纯以归。于是，王德以晋昌，孟敏以敦煌降业。业封蒙逊临池侯。吕弘去张掖，将东走，业议欲击之。蒙逊谏曰："归师勿遏，穷寇弗追，此兵家之戒也。不如纵之，以为后图。"业曰："一日纵敌，悔将无及。"遂率众追之，为弘所败。业赖蒙逊而免，叹曰："孤不能用子房之言，以至于此！"业筑西安城，以其将臧莫孩为太守。蒙逊曰："莫孩勇而无谋，知进忘退，所谓为之筑冢，非筑城也。"业不从。俄而，为吕纂所败。蒙逊惧业不能容己，每匿智以避之。

业僭称凉王，以蒙逊为尚书左丞，梁中庸为右丞。

吕光遣其二子绍、纂伐业，业请救于秃发乌孤，乌孤遣其弟鹿孤及杨轨救业。绍以业等军盛，欲从三门关挟山而东。纂曰："挟山示弱，取败之道，不如结阵冲之，彼必惮我而不战也。"绍乃引军而南。业将击之，蒙逊谏曰："杨轨恃虏骑之强，有窥觎之志。绍、纂兵在死地，必决战求生。不战则有太山之安，战则有累卵之危。"业曰："卿言是也。"乃按兵不战。绍亦难之，各引兵归。

业惮蒙逊雄武，微欲远之，乃以蒙逊从叔益生为酒泉太守，蒙逊为临池太守。业门下侍郎马权俊爽有逸气，武略过人。业以权代蒙逊为张掖太守，甚见亲重，每轻陵蒙逊。蒙逊亦惮而怨之，乃谮之于业曰："天下不足虑，惟当忧马权耳。"业遂杀之。蒙逊谓男成曰："段业愚暗，非济乱之才，信谗爱佞，无鉴断之明。所惮惟索嗣、马权，今皆死矣，蒙逊欲除业以奉兄何如？"男成曰："业羁旅孤飘，我所建立，有吾兄弟，犹鱼之有水。人既亲我，背之不祥。"乃止。蒙逊既为业所惮，内不自安，请为西安太守。业亦以蒙逊有大志，惧为朝夕之变，乃许焉。

蒙逊期与男成同祭兰门山，密遣司马许咸告业曰："男成欲谋叛，许以取假日作逆。若求祭兰门山，臣言验矣。"至期日，果然。业收男成，令自杀。男成曰："蒙逊欲谋叛，先已告臣，臣以兄弟之故，隐忍不言。以臣今在，恐部人不从，与臣克期祭山，返相诬告。臣若朝死，蒙逊必夕发。乞许言臣死，说臣罪恶，蒙逊必作逆，臣投袂讨之，事无不捷。"业不从。蒙逊闻男成死，泣告众曰："男成忠于段公，枉见屠害，诸君能为报仇乎？且州土兵乱，似非业所能济。吾所以初奉之者，以之为陈、吴耳，而信谗多忌，枉害忠良，岂可安枕卧观，使百姓离于涂炭。"男成素有恩信，众皆愤泣而从之。比至氏池，众逾一万。镇军臧莫孩率部众附之，羌胡多起兵响应。蒙逊壁于侯坞。

业先疑其右将军田昂，幽之于内，至是，谢而赦之，使与武卫梁中庸等攻蒙逊。业将王丰孙言于业曰："西平诸田，世有反者，昂貌恭而心很，志大而情险，不可信也。"业曰："吾疑之久矣，但非昂无可以讨蒙逊。"丰孙言既不从，昂至侯坞，率骑五百归于蒙逊。蒙逊至张掖，昂兄子承爱斩关内之，业左右皆散。蒙逊大呼曰："镇西何在？"军人曰："在此。"业曰："孤单飘一己，为贵门所推，可见丐余命，投身岭南，庶得东还，与妻子相见。"蒙逊遂斩之。

业，京兆人也。博涉史传，有尺牍之才，为杜进记室，从征塞表。儒素长者，无他权略，威禁不行，群下擅命，尤信卜筮、谶记、巫觋、征详，故为奸佞所误。

隆安五年，梁中庸、房晷、田昂等推蒙逊为使持节、大都督、大将军、凉州牧、张掖公，赦其境内，改元永安。署从兄伏奴为镇军将军、张掖太守、和平侯，弟挐为建忠将军、都谷侯，田昂为镇南将军、西郡太守，臧莫孩为辅国将军，房晷、梁中庸为左右长史，张骘、谢正礼为左右司马。擢任贤才，文武咸悦。

时姚兴遣将姚硕德攻吕隆于姑臧，蒙逊遣从事中郎李典聘于兴，以通和好。蒙逊以吕隆既降于兴，酒泉、凉宁二郡叛降李玄盛，乃遣建忠挐、牧府长史张潜见硕德于姑臧，请军迎接，率郡人东迁。硕德大悦，拜潜张掖太守，挐建康太守。潜劝蒙逊东迁。挐私于蒙逊曰："吕氏犹存，姑臧未拔，硕德粮竭将还，不能久也。何故违离桑梓，受制于人！"辅国莫孩曰："建忠之言是也。"蒙逊乃斩张潜，因下书曰："孤以虚薄，猥忝时运，未能弘阐大猷，裁荡群孽，使桃虫鼓翼东京，封豕荐涉西裔。戎车屡动，干戈未戢，农失三时之业，百姓户不粒食。可蠲省百徭，专功南亩，明设科条，务尽地利。"

时，梁中庸为西郡太守，西奔李玄盛。蒙逊闻之，笑曰："吾与中庸义深一体，而不信我，但自负耳，孤岂怪之！"乃尽归其妻孥。

蒙逊下令曰："养老乞言，晋文纳舆人之诵，所以能招礼英奇，致时邕之美。况孤寡德，智不经远，而可不思闻谠言以自镜哉！内外群僚，其各搜扬贤俊，广进刍荛，以匡孤不逮。”

遣辅国臧莫孩袭山北虏，大破之。姚兴遣将齐难率众四万迎吕隆，隆劝难伐蒙逊，难从之。莫孩败其前军，难乃结盟而还。

蒙逊伯父中田护军亲信、临松太守孔笃并骄奢侵害，百姓苦之。蒙逊曰：“乱吾国者，二伯父也，何以纲纪百姓乎！”皆令自杀。

蒙逊袭狄洛磐于番禾，不克，迁其五百余户而还。

姚兴遣使人梁斐、张构等拜蒙逊镇西大将军、沙州刺史、西海侯。时兴亦拜秃发傉檀为车骑将军，封广武公。蒙逊闻之，不悦，谓斐等曰：“傉檀上公之位，而身为侯者，何也？”构对曰：“傉檀轻狡不仁，款诚未著，圣朝所以加其重爵者，褒其归善即叙之义耳。将军忠贯白日，勋高一时，当入谐鼎味，匡赞帝室，安可以不信待也。圣朝爵必称功，官不越德，如尹纬、姚晃佐命初基，齐难、徐洛元勋骁将，并位才二品，爵止侯伯。将军何以先之乎？窦融殷勤固让，不欲居旧臣之右，未解将军忽有此问！”蒙逊曰：“朝廷何不即以张掖见封，乃更远封西海邪？”构曰：“张掖，规画之内，将军已自有之。所以远授西海者，盖欲广大将军之国耳。”蒙逊大悦，乃受拜。

时地震，山崩折木。太史令刘梁言于蒙逊曰：“辛酉，金也。地动于金，金动刻木，大军东行无前之征。”时，张掖城每有光色，蒙逊曰：“王气将成，百战百胜之象也。”遂攻秃发西郡太守杨统于日勒。统降，拜为右长史，宠逾功旧。

张掖太守句呼勒出奔西凉。以从弟成都为金山太守，罗仇子也；鄙为西郡太守，曲粥子也。句呼勒自西凉奔还，待之如初。

蒙逊率骑二万东征，次于丹岭，北虏大人思盘率部落三千降之。

时木连理，生于永安，永安令张掖上书曰：“异枝同干，遐方有齐化之应；殊本共心，上下有莫二之固。盖至道之嘉祥，大同之美征。”蒙逊曰：“此皆二千石令长匪躬济时所致，岂吾薄德所能感之！”

蒙逊率步骑三万伐秃发傉檀，次于西郡。大风从西北来，气有五色，俄而昼昏。至显美，徙数千户而还。傉檀追及蒙逊于穷泉，蒙逊将击之。诸将皆曰："贼已安营，弗可犯也。"蒙逊曰："傉檀谓吾远来疲弊，必轻而无备，及其垒壁未成，可以一鼓而灭。"进击，败之，乘胜至于姑臧，夷夏降者万数千户。傉檀惧，请和，许之而归。及傉檀南奔乐都，魏安人焦朗据姑臧自立，蒙逊率步骑三万攻朗，克而宥之。飨文武将士于谦光殿，班赐金马有差。以敦煌张穆博通经史，才藻清赡，擢拜中书侍郎，委以机密之任。以其弟挐为护羌校尉、秦州刺史，封安平侯，镇姑臧。旬余而挐死，又以从祖益子为镇京将军、护羌校尉、秦州刺史，镇姑臧。

俄而，蒙逊迁于姑臧，以义熙八年僭即河西王位，大赦境内，改元玄始。置官僚，如吕光为三河王故事。缮宫殿，起城门诸观。立其子政德为世子，加镇卫大将军、录尚书事。

傉檀来伐，蒙逊败之于若厚坞。傉檀湟河太守文支据湟川，护军成宜侯率众降之。署文支镇东大将军、广武太守、振武侯，成宜侯为振威将军、湟川太守，以殿中将军王建为湟河太守。蒙逊下书曰："古先王应期拔乱者，莫不经略八表，然后光阐纯风。孤虽智非靖难，职在济时，而狡虏傉檀，鸱峙旧京，毒加夷夏。东苑之戮，酷甚长平，边城之祸，害深猃狁。每念苍生之无辜，是以不遑启处，身疲甲胄，体倦风尘。虽倾其巢穴，傉檀犹未授首。傉檀弟文支追项伯归汉之义，据彼重藩，请为臣妾。自西平已南，连城继顺。惟傉檀穷兽，守死乐都。四支既落，命岂久全！五纬之会已应，清一之期无赊，方散马金山，黎元永逸。可露布远近，咸使闻知。"

蒙逊西如苕藋，遣冠军伏恩率骑一万袭卑和、乌啼二虏，大破之，俘二千余落而还。

蒙逊寝于新台，阉人王怀祖击蒙逊，伤足，其妻孟氏擒斩之，夷其三族。

蒙逊母车氏疾笃，蒙逊升南景门，散钱以赐百姓。下书曰："孤庶凭宗庙之灵，乾坤之佑，济否剥之运会，拯遗黎之荼蓼，上望扫清氛秽，下冀保宁家福。而太后不豫，涉岁弥增，将刑狱枉滥，众有怨乎？赋役繁重，时不堪乎？群望不洁，神所谴乎？内省诸身，未知罪之攸在。可大赦殊死已下。"俄而，车氏死。

蒙逊遣其将运粮于湟河，自率众攻克乞伏炽磐广武郡。以运粮不继，自广武如湟河，度浩亹。炽磐遣将乞伏韂尼寅距蒙逊，蒙逊击斩之。炽磐又遣将王衡、折斐、曲景等率骑一万据勒姐岭，蒙逊且战且前，大破之，擒折斐等七百余人，曲景奔还。蒙逊以弟汉平为折冲将军、湟河太守，乃引还。

晋益州刺史朱龄石遣使来聘。蒙逊遣舍人黄迅报聘益州，因表曰："上天降祸，四海分崩。灵耀拥于南裔，苍生没于丑虏。陛下累圣重光，道迈周汉，纯风所被，八表宅心。臣虽被发边徼，才非时俊，谬为河右遗黎推为盟主。臣之先人，世荷恩宠，虽历夷险，执义不回，倾首朝阳，乃心王室。去冬益州刺史朱龄石遣使诣臣，始具朝廷休问。承车骑将军刘裕秣马挥戈，以中原为事，可谓天赞大晋，笃生英辅。臣闻少康之兴大夏，光武之复汉业，皆奋剑而起，众无一旅，犹能成配天之功，著《车攻》之咏。陛下据全楚之地，拥荆扬之锐，而可垂拱晏然，弃二京以资戎虏！若六军北轸，克复有期，臣请率河西戎为晋右翼前驱。"

炽磐率众三万袭湟河，汉平力战固守，遣司马隗仁夜出击炽磐，斩级数百。炽磐将引退，先遣老弱。汉平长史焦昶、将军段景密信招炽磐，炽磐复进攻汉平。汉平纳昶、景之说，面缚出降。仁勒壮士百余据南门楼上，三日不下，众寡不敌，为炽磐所擒。炽磐怒，命斩之。段晖谏曰："仁临难履危，奋不顾命，忠也。宜宥之，以厉事君。"炽磐乃执之而归。在炽磐所五年，晖又为之固请，乃得还姑臧。及至，蒙逊执其手曰："卿，孤之苏武也！"以为高昌太守。为政有威惠之称，然颇以爱财为失。

蒙逊西祀金山，遣沮渠广宗率骑一万袭乌啼虏，大捷而还。蒙逊西至苕藋，遣前将军沮渠成都将骑五千袭卑和虏，蒙逊率中军三万继之，卑和虏率众迎降。遂循海而西，至盐池，祀西王母寺。寺中有《玄石神图》，命其中书侍郎张穆赋焉，铭之于寺前，遂如金山而归。

蒙逊下书曰："顷自春炎旱，害及时苗，碧原青野，倏为枯壤。将刑政失中，下有冤狱乎？役繁赋重，上天所谴乎？内省多缺，孤之罪也。《书》不云乎：'百姓有过，罪予一人。'可大赦殊死已下。"翌日，而澍雨大降。

蒙逊闻刘裕灭姚泓，怒甚。门下校郎刘祥言事于蒙逊，曰："汝闻刘裕入关，敢研研然也！"遂杀之。其峻暴如是。顾谓左右曰："古之行师，不犯岁镇所在。姚氏舜后，轩辕之苗裔也。今镇星在轩辕，而裕灭之，亦不能久守关中。"

蒙逊为李士业败于解支涧，复收散卒欲战。前将军成都谏曰："臣闻高祖有彭城之败，终成大汉，宜旋师以为后图。"蒙逊从之，城建康而归。

其群下上书曰："设官分职，所以经国济时；恪勤官次，所以缉熙庶政。当官者以匪躬为务，受任者以忘身为效。自皇纲初震，戎马生效，公私草创，未遑旧式。而朝士多违宪制，不遵典章；或公文御案，在家卧署；或事无可否，望空而过。至令黜陟绝于皇朝，驳议寝于圣世，清浊共流，能否相杂，人无劝竞之心，苟为度日之事。岂忧公忘私，奉上之道也！今皇化日隆，遐迩宁泰，宜肃振纲维，申修旧则。"蒙逊纳之，命征南姚艾、尚书左丞房晷撰朝堂制。行之旬日，百僚振肃。

太史令张衍言于蒙逊曰："今岁临泽城西当有破兵。"蒙逊乃遣其世子政德屯兵若厚坞。蒙逊西至白岸，谓张衍曰："吾今年当有所定，但太岁在申，月又建申，未可西行。且当南巡，要其归会，主而勿客，以顺天心。计在临机，慎勿露也。"遂攻浩亹，而蛇盘于帐前。蒙逊笑曰："前一为腾蛇，今盘在吾帐，天意欲吾回师先定酒泉。"烧攻具而还，次于川岩。闻李士业征兵欲攻张掖，蒙逊曰："入吾计矣。但恐闻吾回军，不敢前也。兵事尚权。"乃露布西境，称得浩亹，将进军黄谷。士业闻而大悦，进入都渎涧。蒙逊潜军逆之，败士业于坏城，遂进克酒泉。百姓安堵如故,军无私焉。以子茂虔为酒泉太守,士业旧臣皆随才擢叙。

蒙逊以安帝隆安五年自称州牧,义熙八年僭立,后八年而宋氏受禅,以元嘉十年死,时年六十六,在伪位三十三年。子茂虔立,六年,为魏所擒,合三十九载而灭。

史臣曰:蒙逊出自夷陬,擅雄边塞。属吕光之悖德,深怀仇粥之冤;推段业以济时,假以陈、吴之事。称兵白涧,南凉请和;出师丹岭,北寇宾服。然而见利忘义,苞祸灭亲,虽能制命一隅,抑亦备诸凶德者矣。

赞曰:光猜人杰,业忌时贤。游饮自晦,匿智图全。凶心既逞,伪绩修宣。挺兹奸数,驰竞当年。

晋书卷一三〇
载记第三〇

# 赫连勃勃

　　赫连勃勃,字屈孑,匈奴右贤王去卑之后,刘元海之族也。曾祖武,刘聪世以宗室封楼烦公,拜安北将军、监鲜卑诸军事、丁零中郎将,雄据肆卢川。为代王猗卢所败,遂出塞表。祖豹子招集种落,复为诸部之雄,石季龙遣使就拜平北将军、左贤王、丁零单于。父卫辰入居塞内,苻坚以为西单于,督摄河西诸虏,屯于代来城。及坚国乱,遂有朔方之地,控弦之士三万八千。后魏师伐之,辰令其子力俟提距战,为魏所败。魏人乘胜济河,克代来,执辰杀之。勃勃乃奔于叱干部。叱干他斗伏送勃勃于魏。他斗伏兄子阿利先戍大洛川,闻将送勃勃,驰谏曰:“鸟雀投人,尚宜济免,况勃勃国破家亡,归命于我?纵不能容,犹宜任其所奔。今执而送之,深非仁者之举。”他斗伏惧为魏所责,弗从。阿利潜遣劲勇篡勃勃于路,送于姚兴高平公没奕于,奕于以女妻之。

　　勃勃身长八尺五寸,腰带十围,性辩慧,美风仪。兴见而奇之,深加礼敬,拜骁骑将军,加奉车都尉,常参军国大议,宠遇逾于勋旧。兴弟邕言于兴曰:“勃勃天性不仁,难以亲近。陛下宠遇太甚,臣窃惑之。”兴曰:“勃勃有济世之才,吾方收其艺用,与之共平天下,有何不可!”乃以勃勃为安远将军,封阳川侯,使助没奕于镇高平,以三城、朔方杂夷及卫辰部众三万配之,使为伐魏侦候。姚邕固谏以为不可。兴曰:“卿何以知其性气?”邕曰:“勃勃奉上慢,御众残,贪暴无亲,轻为去就,宠之逾分,终为边害。"兴乃止。顷之,以勃勃为持节、安北将军、五原公,配以三交五部鲜卑及杂虏二万余落,镇朔方。时河西鲜卑杜岑献马八千匹于姚兴,济河,至大城,勃勃留之,召其众三万余人伪猎高平川,袭杀没奕于而并其众,众至数万。

义熙二年,僭称天王、大单于,赦其境内,建元曰龙升,署置百官。自以匈奴夏后氏之苗裔也,国称大夏。以其长兄右地代为丞相、代公,次兄力俟提为大将军、魏公,叱干阿利为御史大夫、梁公,弟阿利罗引为征南将军、司隶校尉,若门为尚书令,叱以鞬为征西将军、尚书左仆射,乙斗为征北将军、尚书右仆射,自余以次授任。

其年,讨鲜卑薛干等三部,破之,降众万数千。进讨姚兴三城已北诸戍,斩其将杨丕、姚石生等。诸将谏固险,不从,又复言于勃勃曰:"陛下将欲经营宇内,南取长安,宜先固根本,使人心有所凭系,然后大业可成。高平险固,山川沃饶,可以都也。"勃勃曰:"卿徒知其一,未知其二。吾大业草创,众旅未多,姚兴亦一时之雄,关中未可图也。且其诸镇用命,我若专固一城,彼必并力于我,众非吾敌,亡可立待。吾以云骑风驰,出其不意,救前则击其后,救后则击其前,使彼疲于奔命,我则游食自若,不及十年,岭北、河东尽我有也。待姚兴死后,徐取长安。姚泓凡弱小儿,擒之方略,已在吾计中矣。昔轩辕氏亦迁居无常二十余年,岂独我乎!"于是侵掠岭北,岭北诸城门不昼启。兴叹曰:"吾不用黄儿之言,以至于此!"黄儿,姚邕小字也。

勃勃初僭号,求婚于秃发傉檀,傉檀弗许。勃勃怒,率骑二万伐之,自杨非至于支阳三百余里,杀伤万余人,驱掠二万七千口、牛马羊数十万而还。傉檀率众追之,其将焦朗谓傉檀曰:"勃勃天姿雄骜,御军齐肃,未可轻也。今因抄掠之资,率思归之士,人自为战,难与争锋。不如从温围北渡,趣万斛堆,阻水结营,制其咽喉,百战百胜之术也。"傉檀将贺连怒曰:"勃勃以死亡之余,率乌合之众,犯顺结祸,幸有大功。今牛羊塞路,财宝若山,窘弊之余,人怀贪竞,不能督厉士众以抗我也。我以大军临之,必土崩鱼溃。今引军避之,示敌以弱。我众气锐,宜在速追。"僮檀曰:"吾追计决矣,敢谏者斩!"勃勃闻而大喜,乃于阳武下陕凿凌埋车以塞路。僮檀遣善射者射之,中勃勃左臂。勃勃乃勒众逆击,大败之,追奔八十余里,杀伤万计,斩其大将十余人,以为京观,号"髑髅台",还于岭北。

勃勃与姚兴将张佛生战于青石原,又败之,俘斩五千七百人。兴遣将齐难率众二万来伐,勃勃退如河曲。难以去勃勃既远,纵兵掠野,勃勃潜军覆之,俘获七千余人,收其戎马兵杖。难引军而退,勃勃复追击于木城,拔之,擒难,俘其将士万有三千,戎马万匹。岭北夷夏降附者数万计,勃勃于是拜置守宰以抚之。勃勃又率骑二万入高冈,及于五井,掠平凉杂胡七千余户以配后军,进屯依力川。

姚兴来伐,至三城。勃勃候兴诸军未集,率骑击之。兴大惧,遣其将姚文宗距战,勃勃伪退,设伏以待之。兴遣其将姚榆生等追之,伏兵夹击,皆擒。兴将王奚聚羌胡三千余户于敕奇堡,勃勃进攻之。奚骁悍有膂力,短兵接战,勃勃之众多为所伤。于是堰断其水,堡人窘迫,执奚出降。勃勃谓奚曰:"卿,忠臣也!朕方与卿共平天下。"奚曰:"若蒙大恩,速死为惠。"乃与所亲数十人自刎而死。勃勃又攻兴将金洛生于黄石固,弥姐豪地于我罗城,皆拔之,徙七千余家于大城,以其丞相右地代领幽州牧以镇之。

遣其尚书金纂率骑一万攻平凉,姚兴来救,纂为兴所败,死之。勃勃兄子左将军罗提率步骑一万攻兴将姚广都于定阳,克之,坑将士四千余人,以女弱为军赏。拜广都为太常。勃勃又攻兴将姚寿都于清水城,寿都奔上邽,徙其人万六千家于大城。是岁,齐难、姚广都谋叛,皆诛之。

姚兴将姚详弃三城,南奔大苏。勃勃遣其将平东鹿奕于要击之,执详,尽俘其众。详至,勃勃数而斩之。

其年,勃勃率骑三万攻安定,与姚兴将杨佛嵩战于青石北原,败之,降其众四万五千,获戎马二万匹。进攻姚兴将党智隆于东乡,降之,署智隆光禄勋,徙其三千余户于贰城。姚兴镇北参军王买德来奔。勃勃谓买德曰:"朕大禹之后,世居幽朔。祖宗重晖,常与汉魏为敌国。中世不竞,受制于人。逮朕不肖,不能绍隆先构,国破家亡,流离漂虏。今将应运而兴,复大禹之业,卿以为何如?"买德曰:"自皇晋失统,神器南移,群雄岳峙,人怀问鼎,况陛下弈叶载德,重光朔野,神武超于汉皇,圣略迈于魏祖,而不于天启之机,建成大业乎!今秦政虽衰,藩镇犹固,深愿蓄力待时,详而后举。"勃勃善之,拜军师中郎将。

乃赦其境内,改元为凤翔。以叱干阿利领将作大匠,发岭北夷夏十万人,于朔方水北、黑水之南营起都城。勃勃自言:"朕方统一天下,君临万邦,可以统万为名。"阿利性尤工巧,然残忍刻暴,乃蒸土筑城,锥入一寸,即杀作者而并筑之。勃勃以为忠,故委以营缮之任。又造五兵之器,精锐尤甚。既成呈之,工匠必有死者:射甲不入即斩弓人;如其入也,便斩铠匠。又造百炼刚刀,为龙雀大环,号曰"大夏龙雀",铭其背曰:"古之利器,吴楚湛卢。大夏龙雀,名冠神都。可以怀远,可以柔通。如风靡草,威服九区。"世甚珍之。复铸铜为大鼓、飞廉、翁仲、铜驼、龙兽之属,皆以黄金饰之,列于宫殿之前。凡杀工匠数千,以是器物莫不精丽。

于是,议讨乞伏炽磐。王买德谏曰:"明王之行师也,轨物以德,不以暴。且炽磐,我之与国,新遭大丧,今若伐之,岂所谓乘理而动,上感灵和之义乎!苟恃众力,因人丧难,匹夫犹耻为之,而况万乘哉!"勃勃曰:"甚善。微卿,朕安闻此言!"

其年,下书曰:"朕之皇祖,自北迁幽朔,姓改姒氏,音殊中国,故从母氏为刘。子而从母之姓,非礼也。古人氏族无常,或以因生为氏,或以王父之名。朕将以义易之。帝王者,系天为子,是为徽赫实与天连,今改姓曰赫连氏,庶协皇天之意,永享无疆大庆。系天之尊,不可令支庶同之,其非正统,皆以铁伐为氏,庶朕宗族子孙刚锐如铁,皆堪伐人。"立其妻梁氏为王后,子璝为太子,封子延阳平公,昌太原公,伦酒泉公,定平原公,满河南公,安中山公。

又攻姚兴将姚逵于杏城,二旬,克之,执逵及其将姚大用、姚安和、姚利仆、尹敌等,坑战士二万人。

遣其御史中丞乌洛孤盟于沮渠蒙逊曰："自金晋数终,祸缠九服,赵魏为长蛇之墟,秦陇为豺狼之穴,二都神京,鞠为茂草,蠢尔群生,罔知凭赖。上天悔祸,运属二家,封疆密迩,道会义亲,宜敦和好,弘康世难。爰自终古,有国有家,非盟誓无以昭神祇之心,非断金无以定终始之好。然晋楚之成,吴蜀之约,咸口血未干,而寻背之。今我二家,契殊曩日,言未发而有笃爱之心,音一交而怀倾盖之顾。息风尘之警,同克济之诚,戮力一心,共济六合。若天下有事,则双振义旗;区域既清,则并敦鲁卫。夷险相赴,交易有无,爰及子孙,永崇斯好。"蒙逊遣其将沮渠汉平来盟。

勃勃闻姚泓将姚嵩与氐王杨盛相持,率骑四万袭上邽,未至而嵩为盛所杀。勃勃攻上邽,二旬克之,杀泓秦州刺史姚平都及将士五千人,毁城而去。进攻阴密,又杀兴将姚良子及将士万余人。以其子昌为使持节、前将军、雍州刺史,镇阴密。泓将姚恢弃安定,奔于长安,安定人胡俨、华韬率户五万据安定,降于勃勃。以俨为侍中,韬为尚书,留镇东羊苟儿镇之,配以鲜卑五千。进攻泓将姚谌于雍城,谌奔长安。勃勃进师次郿城,泓遣其将姚绍来距,勃勃退如安定。胡俨等袭杀苟儿,以城降泓。勃勃引归杏城,笑谓群臣曰:"刘裕伐秦,水陆兼进,且裕有高世之略,姚泓岂能自固!吾验以天时人事,必当克之。又其兄弟内叛,安可以距人!裕既克长安,利在速返,正可留子弟及诸将守关中。待裕发轸,吾取之若拾芥耳,不足复劳吾士马。"于是秣马厉兵,休养士卒。寻进据安定,姚泓岭北镇戍郡县悉降,勃勃于是尽有岭北之地。

俄而,刘裕灭泓,入于长安,遣使遗勃勃书,请通和好,约为兄弟。勃勃命其中书侍郎皇甫徽为文而阴诵之,召裕使前,口授舍人为书,封以答裕。裕览其文而奇之,使者又言勃勃容仪瑰伟,英武绝人。裕叹曰:"吾所不如也!"既而勃勃还统万,裕留子义真镇长安而还。勃勃闻之,大悦,谓王买德曰:"朕将进图长安,卿试言取之方略。"买德曰:"刘裕灭秦,所谓以乱平乱,未有德政以济苍生。关中,形胜之地,而以弱才小儿守之,非经远之规也。狼狈而返者,欲速成篡事耳，无暇有意于中原。陛下以顺伐逆，义贯幽显，百姓以君命，望陛下义旗之至，以日为岁矣。青泥、上洛，南师之冲要，宜置游兵断其去来之路。然后杜潼关，塞崤陕，绝其水陆之道。陛下声檄长安，申布恩泽，三辅父老皆壶浆以迎王师矣。义真独坐空城，逃窜无所，一旬之间，必面缚麾下。所谓兵不血刃，不战而自定也。"勃勃善之，以子璝都督前锋诸军事，领抚军大将军，率骑二万南伐长安，前将军赫连昌屯兵潼关，以买德为抚军右长史，南断青泥，勃勃率大军继发。璝至渭阳，降者属路。义真遣龙骧将军沈田子率众逆战，不利而退，屯刘回堡。田子与义真司马王镇恶不平，因镇恶出城，遂杀之。义真又杀田子。于是悉召外军入于城中，闭门距守。关中郡县悉降。璝夜袭长安，不克。勃勃进据咸阳，长安樵采路绝。刘裕闻之，大惧，乃召义真东镇洛阳，以朱龄石为雍州刺史，守长安。义真大掠而东，至于灞上，百姓遂逐龄石，而迎勃勃入于长安。璝率众三万追击义真，王师败绩，义真单马而遁。买德获晋宁朔将军傅弘之、辅国将军蒯恩、义真司马毛修之于青泥，积人头以为京观。于是，勃勃大飨将士于长安，举觞谓王买德曰："卿往日之言，一周而果效，可谓算无遗策矣。虽宗庙社稷之灵，亦卿谋猷之力也。此觞所集，非卿而谁！"于是拜买德都官尚书，加冠军将军，封河阳侯。

赫连昌攻龄石及龙骧将军王敬于潼关之曹公故垒，克之，执龄石及敬送于长安。群臣乃劝进，勃勃曰："朕无拨乱之才，不能弘济兆庶，自枕戈寝甲，十有二年，而四海未同，遗寇尚炽，不知何以谢责当年，垂之来叶！将明扬仄陋，以王位让之，然后归老朔方，琴书卒岁。皇帝之号，岂薄德所膺！"群臣固请，乃许之。于是为坛于灞上，僭即皇帝位，赦其境内，改元为昌武。遣其将叱奴侯提率步骑二万，攻晋并州刺史毛德祖于蒲坂，德祖奔于洛阳。以侯提为并州刺史，镇蒲坂。

勃勃归于长安，征隐士京兆韦祖思。既至而恭惧过礼，勃勃怒曰："吾以国士征汝，奈何以非类处吾！汝昔不拜姚兴，何独拜我？我今未死，汝犹不以我为帝王，吾死之后，汝辈弄笔，当置吾何地！"遂杀之。

群臣劝都长安，勃勃曰："朕岂不知长安累帝旧都，有山河四塞之固！但荆吴僻远，势不能为人之患。东魏与我同壤境，去北京裁数百余里，若都长安，北京恐有不守之忧。朕在统万，彼终不敢济河，诸卿适未见此耳！"其下咸曰："非所及也！"乃于长安置南台，以璝领大将军、雍州牧、录南台尚书事。

勃勃还统万，以宫殿大成，于是赦其境内，又改元曰真兴。刻石都南，颂其功德，曰：

夫庸大德盛者，必建不刊之业，道积庆隆者，必享无穷之祚。昔在陶唐，数钟厄运，我皇祖大禹以至圣之姿，当经纶之会，凿龙门而辟伊阙，疏三江而决九河，夷一元之穷灾，拯六合之沉溺，鸿绩侔于天地，神功迈于造化，故二仪降祉，三灵叶赞，揖让受终，光启有夏。传世二十，历载四百，贤辟相承，哲王继轨，徽猷冠于玄古，高范焕乎畴昔。而道无常夷，数或屯险，王桀不纲，网漏殷氏，用使金晖绝于中天，神綦辍于促路。然纯曜未渝，庆绵万祀，龙飞漠南，凤峙朔北。长辔远驭，则西罩昆山之外；密网遐张，则东绹沧海之表。爰始逮今，二千余载，虽三统迭制于崤函，五德革运于伊洛，秦雍成篡弑之墟，周豫为争夺之薮，而幽朔谧尔，主有常尊于上；海代晏然，物无异望于下。故能控弦之众百有余万，跃马长驱，鼓行秦赵，使中原疲于奔命，诸夏不得高枕，为日久矣。是以偏师暂拟，泾阳摧隆周之锋；赫斯一奋，平阳挫汉祖之锐。虽霸王继踪，犹朝日之升扶桑；英豪接踵，若夕月之登濛汜。自开辟已来，未始闻也。非夫卜世与乾坤比长，鸿基与山岳齐固，孰能本枝于千叶，重光于万祀，履寒霜而逾荣，蒙重氛而弥耀者哉！

于是，玄符告征，大猷有会，我皇诞命世之期，应天纵之运，仰协时来，俯顺时望。龙升北京，则义风盖于九区；凤翔天域，则威声格于八表。属奸雄鼎峙之秋，群凶岳立之际，昧旦临朝，日旰忘膳，运筹命将，举无遗策。亲御六戎，则有征无战。故伪秦以三世之资，丧魂于关陇；河源望旗而委质，北虏钦风而纳款。德音著于柔服，威刑彰于伐叛，文教与武功并宣，俎豆与干戈俱运。五稔之间，道风弘著，暨乎七载而王猷允洽。乃远惟周文，启经始之基；近详山川，究形胜之地，遂营起都城，开建京邑。背名山而面洪流，左河津而右重塞。高隅隐日，崇墉际云，石郭天池，周绵千里。其为独守之形，险绝之状，固以远迈于咸阳，超美于周洛。

若乃广五郊之义，尊七庙之制，崇左社之规，建右稷之礼，御太一以缮明堂，模帝坐而营路寝，阊阖披霄而山亭，象魏排虚而岳峙，华林灵沼，崇台秘室，通房连阁，驰道苑园，可以荫映万邦，光覆四海，莫不郁然并建，森然毕备，若紫微之带皇穹，阆风之夸后土。然宰司鼎臣，群黎士庶，佥以为重威之式，有阙前王。于是延王尔之奇工，命班输之妙匠，搜文梓于邓林，采绣石于恒岳，九域贡以金银，八方献其瑰宝，亲运神奇，参制规矩，营离宫于露寝之南，起别殿于永安之北。高构千寻，崇基万仞。玄栋镂榥，若腾虹之扬眉；飞檐舒咢，似翔鹏之矫翼。二序启矣，而五时之坐开；四隅陈设，而一御之位建。温宫胶葛，凉殿峥嵘，络以随珠，绵以金镜。虽曦望互升于表，而中无昼夜之殊；阴阳迭更于外，而内无寒暑之别。故善目者不能为其名，博辩者不能究其称，斯盖神明之所规模，非人工之所经制。若乃寻名以求类，迹状以效真，据质以究名，形疑妙出，虽如来须弥之宝塔，帝释刀利之神宫，尚未足以喻其丽，方其饰矣。

昔周宣考室而咏于诗人，閟宫有侐而颂声是作。况乃太微肇制，清都启建，轨一文昌，旧章唯始，咸秩百神，宾享万国，群生开其耳目，天下咏其来苏，亦何得不播之管弦，刊之金石哉！乃树铭都邑，敷赞硕美，俾皇风振于来叶，圣庸垂乎不朽。其辞曰：

于赫灵祚，配乾比隆。巍巍大禹，堂堂圣功。仁被苍生，得格玄穹。帝锡玄珪，揖让受终。哲王继轨，光阐徽风。道无常

夷，数或不竞。金精南迈，天辉北映。灵祉逾昌，世叶弥盛。惟
祖惟父，克广休命。如彼日月，连光接镜。玄符瑞德，乾运有归。
诞钟我后，应图龙飞。落落神武，恢恢圣姿。名教内敷，群妖外
夷。化光四表，威截九围。封畿之制，王者常经。乃延输尔，肇
建帝京。土苞上壤，地跨胜形。庶人子来，不日而成。崇台霄
峙，秀阙云亭。千榭连隅，万阁接屏。晃若神曦，昭若列星。离
宫既作，别宇云施。爰构崇明，仰准乾仪。悬甍风阅，飞轩云垂。
温室嵯峨，层城参差。楹雕虬兽，节镂龙螭。莹以宝璞，饰以珍
奇。称因褒著，名由实扬。伟哉皇室，盛矣厥章！义高灵台，美
隆未央。迈轨三五，贻则霸王。永世垂范，亿载弥光。

其秘书监胡义周之辞也。名其南门曰朝宋门，东门曰招魏门，西门
曰服凉门，北门曰平朔门。追尊其高祖训兀曰元皇帝，曾祖武曰景
皇帝，祖豹子曰宣皇帝，父卫辰曰桓皇帝，庙号太祖，母苻氏曰桓文
皇后。

　　勃勃性凶暴好杀，无顺守之规。常居城上，置弓剑于侧，有所嫌
忿，便手自杀之，群臣忤视者毁其目，笑者决其唇，谏者谓之诽谤，
先截其舌而后斩之。夷夏嚣然，人无生赖。在位十三年而宋受禅，
以宋元嘉二年死。子昌嗣伪位，寻为魏所擒。弟定僭号于平凉，遂
为魏所灭。自勃勃至定凡二十有六载而亡。

　　史臣曰：赫连勃勃，獯丑种类，入居边宇，属中壤分崩，缘间肆
慝，控弦鸣镝，据有朔方。遂乃法玄象以开宫，拟神京而建社，窃先
王之徽号，备中国之礼容，驱驾英贤，窥窬天下。然其器识高爽，风
骨魁奇，姚兴睹之而醉心，宋祖闻之而动色。岂阴山之韫异气，不然
何以致斯乎！虽雄略过人，而凶残未革，饰非距谏，酷害朝臣，部内
嚣然，忠良卷舌，灭亡之祸，宜在厥身，犹及其嗣，非不幸也。

　　赞曰：淳维远裔，名王之余。啸群龙漠，乘衅侵渔。爰创宫宇，
易彼毡庐。虽弄神器，犹曰凶渠。